누가복음
어떻게 설교할 것인가

두란노 HOW주석 시리즈 36
누가복음 어떻게 설교할 것인가

엮은이 | 목회와신학 편집부

펴낸곳 | 두란노아카데미
등록번호 | 제302-2007-00008호
주소 | 서울시 용산구 서빙고로 65길 38 두란노빌딩

편집부 | 02-2078-3484   academy@duranno.com   http://www.duranno.com
영업부 | 02-2078-3333   FAX 080-749-3705
초판1쇄발행 | 2007. 5. 21.   개정판1쇄발행 | 2009. 12. 1.   11쇄 발행 | 2021. 4. 22

ISBN 978-89-6491-086-3   04230
ISBN 978-89-6491-045-0   04230(세트)

책값은 뒤표지에 있습니다.

두란노아카데미는 두란노의 '목회 전문' 브랜드입니다.

누가복음

어떻게 설교할 것인가

• 목회와신학 편집부 엮음 •

두란노 HOW 주석

두란노아카데미

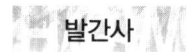 발간사

설교는 목회의 생명줄입니다

설교는 목회의 생명줄입니다. 교회 공동체를 향한 하나님의 음성입니다. 그래서 목회자는 설교에 목숨을 겁니다. 하나님의 말씀을 가감 없이 전하기 위해 최선을 다합니다.

이번에 출간하게 된 「두란노 HOW주석 시리즈」는 한국 교회의 강단을 섬기는 마음으로 설교자를 위해 준비했습니다. 「목회와신학」의 별책부록 「그말씀」에 연재해온 것을 많은 목회자들의 요청으로 출간하게 된 것입니다. 특별히 2007년부터는 표지를 새롭게 하고 내용을 더 알차게 보완하는 등 시리즈의 질적 향상을 추구하였습니다. 독자 여러분의 끊임없는 관심과 격려를 부탁드립니다.

「두란노 HOW주석 시리즈」는 성경 본문에 대한 주해를 기본 바탕으로 하면서도, 설교에 결정적으로 중요한 '적용'이라는 포인트를 놓치지 않았습니다. 또한 성경의 권위를 철저히 신뢰하는 복음주의적 관점을 견지하고자 노력했습니다. 또한 성경 각 권이 해당 분야를 전공한 탁월한 국내 신학자들에 의해 집필되었습니다.

학문적 차원의 주석서와는 차별되며, 현학적인 토론을 비껴가면서도 고밀도의 본문 연구와 해석이 전제된 실제적인 적용을 중요시하였습니다.

이 점에서는 목회자뿐만 아니라 성경공부를 인도하는 평신도 지도자들에게도 매우 귀중한 지침서가 될 것입니다.

오늘날 교회에게 주어진 사명은 땅 끝까지 이르러 예수 그리스도의 복음을 전파하는 것입니다. 사도행전적 바로 그 교회를 통해 새롭게 사도행전 29장을 써나가는 것입니다. 이 시리즈를 통해 설교자의 영성이 살아나고, 한국 교회의 강단에 선포되는 말씀 위에 성령의 기름부으심이 넘치기를 바랍니다. 이 땅에 말씀의 부흥과 치유의 역사가 일어나고, 설교의 능력이 회복되어 교회의 권세와 영광이 드러나기를 기도합니다.

바쁜 가운데서도 성의를 다하여 집필에 동참해 주시고, 이번 시리즈 출간에 동의해 주신 모든 집필자들에게 이 자리를 빌어 감사의 뜻을 전합니다.

두란노서원 원장

contents

발간사

I 배경연구

1장 누가복음의 장르, 신학, 구조 / 양용의   11
2장 복음서 안에서 누가복음의 위치 / 김상훈   23
3장 누가복음 이해를 위한 배경연구 / 김경진   33
4장 누가복음과 사도행전의 구제 신학 / 최원준   43
5장 누가복음에 나타난 예수님의 기도 / 한규삼   59
6장 누가와 바울의 성령론 비교 / 조영모   75

II 본문연구

1장	눅 1장 : 이스라엘을 돌아보시는 하나님 / 허 주	105
2장	눅 2장 : 예수 그리스도의 탄생과 유년시절 / 변종길	121
3장	눅 3장 : 주의 길을 예비하는 '세례' / 장동수	141
4장	눅 4장 : 오직 아버지의 일에 몸 바치신 예수님 / 조병수	151
5장	눅 5장 : 죄 사함과 제자도의 부름 / 심상법	167
6장	눅 6장 : 논쟁과 훈화에 담긴 새 정신 / 권성수	179
7장	눅 7장 : 소외된 자들에 대한 메시아의 긍휼하심 / 양용의	195
8장	눅 8장 : 하나님나라와 드러난 예수의 정체 / 윤철원	207
9장	눅 9장 : 부족하지만 고난의 그리스도를 좇아서 / 유승원	227
10장	눅 10장 : 제자의 의무와 특권 / 정근두	241
11장	눅 11장 : 이렇게 기도하라! / 김동수	251
12장	눅 12장 : 종말의 심판을 준비하는 삶 / 나요섭	263
13장	눅 13장 : 너무 늦기 전에 해야 할 시급한 일 / 정창균	277
14장	눅 14장 : 끝자리에 앉으라 / 이 달	293
15장	눅 15장 : 함께 기뻐하고 즐거워하자 / 정종성	307
16장	눅 16장 : 재물을 극복하는 제자도가 필요합니다 / 조병수	323
17장	눅 17장 : 하나님나라의 도래를 맞이하는 제자도 / 변종길	337

18장	눅 18장 : 하나님나라의 재배치와 역전의 결과들 / 최승락	355
19장	눅 19장 : 종반을 의식한 예수님의 구원 사역 / 허 주	369
20장	눅 20:1~21:4 : 예루살렘에서의 환호와 적대 / 정훈택	383
21장	눅 21장 : 성전파괴와 인자의 오심 / 양용의	399
22장	눅 22장 : 예루살렘에서의 마지막 일들 / 소기천	415
23장	눅 23장 : 인류의 구원이 된 정치범 예수의 이야기 / 유승원	429
24장	눅 24장 : 너무 기뻐 믿을 수 없는 사실 / 장해경	445
주		460

I. 배경연구

- 1 누가복음의 장르, 신학, 구조 / 양용의
- 2 복음서 안에서 누가복음의 위치 / 김상훈
- 3 누가복음 이해를 위한 배경연구 / 김경진
- 4 누가복음과 사도행전의 구제 신학 / 최원준
- 5 누가복음에 나타난 예수님의 기도 / 한규삼
- 6 누가와 바울의 성령론 비교 / 조영모

1 누가복음의 장르, 신학, 구조

누가복음은 다른 공관복음서와 분명하게 구별되는 몇몇 두드러진 특징들을 가진다. 먼저 내용면에서 살펴보면 누가복음에는 사회에서 소외당한 자들인 가난한 자, 여자, 사마리아인, 이방인에 대한 관심이 두드러지며, 특히 성령에 대한 언급들도 도입부(1~4장)에 자주 등장한다. 누가복음은 구원사에 깊은 관심을 보이고 있으며, 그 구원사를 주관하시는 하나님의 주권을 매우 강조한다.

누가복음은 또한 다른 복음서들과 매우 구별된 구조를 가진다. 특히 그 중심부를 형성하는 여행 이야기(눅 9:51~19:27)는 누가복음의 매우 두드러진 구조적 특징으로서, 이 복음서를 적절히 이해하는 데 매우 중요한 위치를 차지한다. 아래에서는 이러한 특징들을 포함하여 누가복음을 적절히 이해하는 데 보다 중요한 몇몇 주제들을 간략하게 다루고자 한다.

누가복음의 장르

누구든지 어떤 작품을 읽고 바르게 이해하려고 할 때, 먼저 자신이 읽고 있는 작품의 종류, 즉 장르(genre)를 정확하게 인식하는 것이 결정적으로 중요하다. 누가복음의 경우도 예외는 아니다. 누가는 서론 부분(1:1~4)에서 자신의 복음서를 '디에게시스'(이야기, 진술, 설명[1])에 속하는 것으로 규정한다. 하지만 이 단어만으로는 누가복음의 장르를 정확하게 결정하기가 어렵다.

1세기 당시 '디에게시스'는 역사 기술, 전기(傳記), 소설 등 크게 세 종류의 장르를 지칭했다. 역사 기술이나 전기는 실제 역사적 사건과 인물에 초점을 맞추는데 반해, 소설은 역사적 실제성을 전제하지 않는다.[2] 그런데 누가는 그의 복음서 서론에서 자신의 작품이 역사적 사건들에 관한 '디에게시스' 임을 분명히 한다('우리 중에 이루어진 사실', '처음부터 말씀의 목격자 되고 일꾼 된 자들', '그 모든 일을 근원부터 자세히 미루어 살핀' 등). 따라서 누가복음은 소설과는 구별된 장르임이 분명하다.

또한 적지 않은 학자들이 누가복음을 다른 복음서들과 함께 그리스-로마 전기 작품의 한 부류로 이해하려는 시도를 하였다. 탈버트(C. H. Talbert)[3] 와 버리즈(R. A. Burridge)[4]는 복음서가 고대 그리스-로마 전기 작품들과 유사한 특징들을 가진다는 점을 적절히 제시한다(예. Plutarch, Lives). 물론 이들이 제시한 복음서와 전기 작품들과의 유사성은 인상적이며, 따라서 우리는 그들 사이의 유사성을 부인할 수는 없을 것이다. 하지만 누가복음이 사도행전과 하나의 작품을 이룬다는 점에 비추어 볼 때,[5] 누가복음을 전기로 보는 것은 무리다. 더욱이 아래에서 살펴보겠지만, 누가복음의 관심의 초점이 예수의 생애 자체라기보다는 그의 가르침과 사역에 나타난 하나님의 목적 성취라는 보다 폭넓은 신학적 주제에 맞추어져 있다는 사실은 누가복음을 단순히 그리스-로마 전기 작품의 한 부류로 보려는 시도를 더욱 어렵게 만든다.

한편 캐드베리(H. J. Cadbury)의 「누가복음 서론 주석」(*Commentary on the Preface of Luke*)[6] 출판 이후 누가복음의 서론인 1:1~4은 고대 역사 기술의 문학적 전통을 충실히 반영한다고 널리 받아들여져 왔다. 실제로 누가복음은 서론 이외에도 그리스-로마 역사 기술의 특징들을 많이 반영하고 있다. 족보(눅 3:23~28), 여행 이야기, 드라마틱한 일화(예. 눅 4:16~30), 요약(눅 4:14, 37; 7:17; 참조. 막 1:28) 등이 그러한 예들이다.[7] 이러한 유사성들로 미루어 볼 때, 누가복음을 (사도행전과 더불어) 그리스-로마 역사 기술의 한 부류로 이해하려는 시도는 적절해 보인다.

그럼에도 불구하고 여러 학자들은 누가복음이 그리스-로마 역사 기술과는 구별되는 특징들도 포함하고 있음을 주목한다. 알렉산더(L. Alexander)는 누가복음의 서론이 다른 역사 기술의 서론에 비해 너무 짧다는 사실에 주목한다.[8] 또 많은 학자들이 누가복음의 저자가 복음서를 기술해 가는 가운데 신학적인 문제들에 지대한 관심을 보이는 것이 그리스-로마 역사 기술과 구별되는 점으로 지적한다.

그렇다면 우리는 누가복음이 그리스-로마 역사 기술을 그 기본 장르로 사용하면서도, 그 장르의 틀에 전적으로 얽매이지는 않은 상당히 유연한 문학 양식을 띠고 있다고 볼 수 있을 것 같다.

이렇게 볼 때, 아마도 누가는 자신의 복음서를 저작하면서 주로 당대의 역사 기술 장르(그리고 부분적으로 전기 장르)를 기본적인 틀로 사용하면서도, 자신의 궁극적인 목표인 신학적 진리를 전달하기 위해서는 그 정해진 틀을 무리 없이 벗어나는 자율성을 발휘했던 것으로 보인다. 누가복음의 저자 누가는 '역사가'와 '신학자'로서의 두 가지 관점을 함께 견지하면서,[9] 그의 복음서를 당대 역사 기술의 새로운 한 형태로 저작해 나갔다고 볼 수 있다.

이제 누가가 복음서를 저작해 가는 가운데 중요한 관심의 초점으로 삼았던 그의 신학적 관점에 대해 살펴보도록 하겠다.

누가복음의 신학

1. 구원사와 종말론: 예언의 시대와 성취의 시대

누가복음에 대한 근대적 연구는 1953년에 출간된 콘첼만(H. Conzelmann)의 「시간의 가운데」(*Die Mitte der Zeit*)[10]와 더불어 시작되었다. 콘첼만은 누가의 두 저작인 누가복음과 사도행전의 신학적 열쇠가 '구원사'(salvation history, Heilsgeschichte)라는 개념에서 발견된다고 제안하였다.

콘첼만은 누가-행전에서 하나님의 구원 활동 영역인 세상의 역사가 세 단계로 나타난다고 제안하였다. 즉 1)이스라엘 시대, 2)예수 시대, 3)교회 시대다. 이스라엘 시대는 구약 시대를 비롯하여 세례 요한의 때까지를 포함하며, 예수 시대는 '시간의 가운데'로서 사단의 활동이 정지되었던 누가복음 4:13~22:3 사이의 시간을 포함한다. 한편, 교회 시대는 더 이상 종말의 시대가 아니다. 콘첼만에 의하면, 누가는 그의 교회가 재림의 지연때문에 위기에 처하게 되었을 때, 그 위기를 극복하기 위해 세상 끝에 대한 기대의 자리를 교회 시대로 대체하였다는 것이다.

하지만 적지 않은 학자들이 콘첼만의 이러한 제안에 난점들이 있음을 지적한다.[11] 예를 들어, 누가가 그의 저작들에서 종말론적 기대를 제거해 버리지 않았다는 사실은 콘첼만의 제안에 큰 부담으로 남는다(참조. 눅 12:35ff.; 17:22ff.; 21:25ff.). 이러한 사실은 누가가 교회 시대를 종말과 무관한 시대가 아니라 종말에 속하는 시대로 간주했음을 보여 주기 때문이다.

이렇게 볼 때, 누가-행전과 관련하여 세 시대로 구분하는 것이 편리한 시기적 구분인 것은 인정되지만, 콘첼만이 주목하는 구원사 및 종말과 관련해서는 '예언의 시대'와 '성취의 시대'로 특징지어지는 두 시대만이 있을 뿐이다. 그리고 교회 시대는 예수 시대와 더불어 성취의 시대에 속하는 것으로 간주되어야 한다.

그런데 신약성경이 전반적으로 보여 주는 바, 성취의 시대에는 현재와 미래 사이의 긴장 관계가 있다. 누가는 이러한 종말론적 긴장 관계를 잘 인지하고 있으며, 다른 복음서들과 마찬가지로 그의 복음서 안에서 그 긴장 관계를 적절히 반영하고 있다.[12]

2. 구원을 계획하시고 성취하시는 하나님의 주권

누가는 구원사에 대한 자신의 관심을 철저히 하나님 중심적으로 제시해 나간다. 물론 이것은 누가의 이야기 가운데 하나님이 자주 언급된다는 의미는 아니다. 그보다는 이야기 전개의 주된 초점이 하나님의 목적을 이루는 데 모아진다는 뜻이다.[13] 누가는 하나님의 구원 계획과 활동에 대한 자신의 관심을 그의 복음서 초두에서 '하나님 내 구주'(눅 1:47)라는 마리아의 고백을 통해 잘 드러내 보여 준다.

누가는 하나님의 구원 계획이 성취되는 것에 큰 관심을 가지는데, 그것은 구원과 관련된 구약의 예언들이 성취된 것에 대해 자주 기술함으로써 구체적으로 드러난다(참조. 눅 1:67~79; 2:28~33 3:4~6; 4:16~21). 아울러 누가는 하나님의 구원 계획을 이루시는 분이 예수라는 사실과, 예수의 구원 활동 배후에 성령께서 계신다는 사실을 명백히 한다(눅 3:21~22; 4:16~21). 누가는 하나님께서 주관하시는 구원 계획의 성취에서 예수와 성령의 적극적인 역할을 이처럼 확고히 인지하고 있었다.

3. 구원의 시행자로서의 주와 그리스도이신 예수

하나님의 구원 계획을 다루는 누가복음의 중심 인물은 예수시다. 흥미롭게도 누가는 하나님을 지칭할 때 사용하는 '주'(퀴리오스)라는 호칭을(눅 1:38; 2:29~32 등) 예수를 지칭하면서 자주 사용한다.[14] 물론 1세기 당시 헬라 문학과 유대교 문학에서 '주'라는 단어는 다양한 의미로 사용될 수 있었다. 즉 1)점잖은 존칭, 2)주인, 3)신들이나 천상적 존재들, 4)여호와 하나님 등이다. 누가복음에서도 '주'라는 호칭이 언제나 기독론적 무게를 싣고 있었던 것으로 보이지는 않는다. 그러나 적어도 몇몇 경우들은 명백히 기독론적 무게를 싣고 있다(참조. 눅 1:43; 2:11; 12:41~42; 19:8; 24:3, 34, 49).

이러한 용례들로 미루어 볼 때, 누가는 하나님의 구원 계획을 이루시는 예수께서 하나님의 속성들과 기능들을 소유하고 행사하고 계심을 확고히 인지한 것으로 보인다.[15] '주'라는 호칭이 예수의 부활과 깊은 연관을 갖는 것은 사실이지만(참조. 행 2:36), 누가가 이 호칭을 부활 이전의 상황에서도 이미 폭넓게 사용하고 있다는 점에 주목할 필요가 있다.

누가가 예수를 지칭할 때 역시 자주 사용하는 호칭은 '그리스도'(즉, '메시야)다. '주'의 경우와 마찬가지로 부활은 구약의 성취 사상과 더불어 예수의 '그리스도' 되심과 매우 밀접한 관계를 갖는다(행 2:23~36, 특히 27, 31, 36절). 하지만 누가는 예수의 고난과 죽음도 구약에서 예언된 메시아의 기능들을 성취하는 데 필수적인 요소들임을 지적한다(눅 24:26~27; 참조. 행 3:18; 17:3). 한편 메시아의 왕적 요소는 매우 두드러지지는 않지만, 그렇다고 완전히 결여되어 있는 것은 아니다(눅 1:27; 33~34, 69; 2:4; 18:38). 한 가지 주목할 점은 누가가 제시하는 예수의 왕적 기능은 정치적이거나 군사적 경향과는 거리가 멀다는 사실이다(참조. 눅 19:38; 23: 2~4, 36~37).[16]

또한 누가는 예수의 메시아적 기능을 제시할 때 그의 선지자적 기능을 특별히 강조한다. 누가복음의 주제 선언적 단락(4:16~21)에 바로 뒤이어 나타나는 나사렛 일화(눅 4:22~30)에서 예수는 자신이 엘리야나 엘리사에 비유될 수 있는 선지자이심을 전제하신다(눅 4:24). 예수의 이러한 자기 이해는 예루살렘에로의 여행 목적을 밝히시는 가운데 더욱 분명하게 드러난다. "선지자가 예루살렘 밖에서는 죽는 법이 없느니라"(눅 13:33).

한편 누가복음에만 나타나는 나인성 과부의 아들을 살리신 예수의 이야기(눅 7:10~17)는 사렙다 과부의 아들을 살린 엘리야의 이야기(왕상 17:17~24)를 인상적으로 반영하는데, 이야기 말미에 '큰 선지자가 우리 가운데 일어나셨다'는 무리의 반응은 매우 시사적이다(눅 7:16). 복음서 말미에서 엠마오로 가는 제자들의 예수 이해 역시 예수를 구속적 기능을 하시는 선지자로 제시하고자 하는 누가의 관심을 반영해 준다(눅 24: 19~21).

한편 누가는 예수를 '하나님의 아들', '인자', '종' 등으로 다양하게 제시하면서, 예수께서 구약에서 예언된 하나님의 구원 계획을 성취하신 메시아라는 사실을 다각적으로 보여 준다.

4. 구원의 원동력이신 성령

누가가 마태나 마가보다 성령에 더 관심이 많았다는 점에는 이론의 여지가 없다. 성령에 대한 누가의 관심은 주로 사도행전에 집중되어 있지만,

누가복음에도(특히 1~4장에서) 그 관심은 매우 인상적이다.[17] 예수의 메시아로서의 사역 시작에 앞서 예수께서 세례받으실 때 임한 성령은 '좋은 소식'을 전하게 될 예수의 사역과 성령 사이에 밀접한 연관성이 있음을 시사해 준다(눅 3:21~22; 참조. 막 1:9~11). 그런데 이 사건에 대한 예수 자신의 해석(눅 4:16~21)[18]은 자신의 종말론적 해방 사역이 성령 강림의 결과라는 사실을 아주 명확하게 보여 준다.

예수의 출생과 관련된 이야기들에서(눅 1~2장) 성령에 대한 누가의 집중적인 언급은 매우 괄목할 만하다. 무엇보다 성령은 예수의 출생 자체를 가능케 하신다(눅 1:35). 이러한 사실은 예수께서 그의 잉태 당시 이미 동터 오르는 종말에 가장 깊은 수준으로 연관되어 있었음을 시사해 준다.

또한 성령은 예수의 출생에 즈음하여 많은 경건한 자들을 감동시키신다(눅 1:41, 67; 2:25; 참조. 1:15, 47). 그리고 그처럼 성령에 감동된 자들이 부르는 찬송들은 이러한 성령의 활동과 더불어 시작되는 예수의 시대가 종말론적 성취의 시대임을 강력하게 지시해 준다(눅 1:42~45, 46~55, 68~79; 2:29~32).

한편 누가복음 24:49과 사도행전 1:4~5, 8절(참조. 행 2장)에 비추어 볼 때, 교회의 증인으로서의 사역은 철저하게 성령에 의존해 있음을 알 수 있다. 누가는 이 성령이 모든 그리스도인들에게 주어질 것으로 약속된(눅 24:49; 행 1:4~5; 2:33, 39), 증인으로서의 능력을 부여하시는(눅 24:49; 행 1:8), 하나님의 선물(행 2:38)이라고 밝힌다. 이처럼 누가에게 성령은 예수의 탄생에서부터 시작하여, 그의 메시아로서의 사역과 교회의 증인 됨에 이르기까지, 종말론적 구원 사역의 모든 과정에 철저히 관여하시는 분으로 나타난다.

5. 구원의 대상: 소외된 자들

누가는 하나님께서 계획하신 구원의 대상들을 제시해 나가면서 아주 특별한 부류의 사람들에게 관심을 집중시킨다. 특히 그들은 대개 사회·경제적, 종교적, 민족적 소외 계층들이라는 점이 괄목할 만하다.

1) 가난한 자

가난한 자에 대한 누가의 관심은 지나칠 정도여서, 마치 하나님께서 가난한 자들을 편애하는 분이신 것처럼 제시한다.[19] 그의 이러한 관심은 이사야 61:1~2을 인용한 누가복음 4:16~21 말씀을 예수의 선교 목적으로 제시한 데서 가장 명백하게 나타난다. "주의 성령이 내게 임하셨으니 이는 가난한 자에게 복음을 전하게 하"(눅 4:18)려 하심이다.

사실 가난한 자에 대한 누가의 관심은 마리아 송가(눅 1:46~55, 특히 51~53절)와 사복사화(6:20~26)에서 가난한 자와 배고픈 자에게는 축복이 선언되는 데 반해, 부자와 배부른 자에게는 대조적으로 화가 선언되고 있는 부분에서 가장 인상적으로 나타난다. 특히, 사복사화의 경우 마태복음에서처럼 영적인 가난이나 의에 대한 굶주림이 아닌(마 5:3, 6), 물질적 가난과 육체적 배고픔이 언급되고 있음은(눅 6:20~21) 누가에게 물질적 가난의 문제가 매우 중요한 관심사였음을 보여 준다.

이에 더하여 누가복음 12:13~34; 14:7~33; 16:1~31에 나타나는 부(富)와 소유에 대한 긴 가르침들은 물질주의에 대한 맹렬한 비난과 더불어, 가난한 자에 대한 관대한 나눔의 중요성을 부각시킨다(참조. 눅 10:29~36; 19:8; 행 2:44~46; 4:32~37).

그렇다면 누가가 하나님의 구원의 복음을 누리게 되는 특별한 대상으로 언급한 '가난한 자'(οἱ πτωχοί 호이 프토코이)는 누구인가? 이 질문에 적절히 대답하기 위해서는 가난한 자에 대한 구약적 배경을 살펴보는 것이 필수적이다. 구약에는 '가난한 자'로 번역될 수 있는 중요한 두 단어는 '아니'(עָנִי)와 '아나브'(עָנָו)다. 이 단어들은 힘이 없고 의존적이어서, 그 결과 힘을 가진 자들의 착취에 쉽게 노출될 수밖에 없는 자들을 지칭한다. 그런데 그들은 바로 그런 처지 때문에 자신들의 필요를 채워 주시고 위로해 주실 하나님께 의존하게 된다(시 14:6; 25:16; 40:17; 69:29; 86:1 등).[20]

한편 이와 같이 경건한 가난한 자들은 하나님의 특별한 관심 대상들로 간주된다(참조. 시 9:18; 34:18; 82:3; 사 57:15 등). 특히 이 가난한 자들은 종말론적 소망을 표현하는 가운데 언급되기도 하는데(사 49; 51; 54; 61장), 이사야 61:1은 가장 대표적인 예다. "주 여호와의 신이 내게 임하셨으니 … 가난한 자에게 아름다운 소식을 전하게 하려 하심이라." 누가복음의 '가난한 자'가 이러한 구약적 배경을 반영하고 있다는 점은 누가복음 4:16~21에서 이사야 61:1~2을 직접 인용하고 있다는 사실에 의해 확증된다.

이렇게 볼 때 누가복음의 '가난한 자'는 그 경제적인 처지 때문에 하나님께 철저히 의존적인 자들, 그리고 그 결과 하나님의 종말론적 축복인 구원의 특별한 관심 대상이 되는 자들을 지칭한다고 볼 수 있다. 가난한 자와 종말론적 축복 사이의 이러한 긴밀한 관계 때문에, 아마도 누가는 제자도의 기본 요건으로 모든 소유를 버려야 하는 문제를 계속 반복해서 강조했던 것으로 보인다(눅 5:11, 28; 9:1~6; 10:1~16; 14:33; 18:22).

2) 이방인

하나님의 구원의 중요한 대상으로서의 이방인에 대한 누가의 관심은 사도행전에서 집중적으로 나타나지만, 이미 누가복음에서도 상당히 주목할 정도다(눅 2:31~32; 3:6; 4:25~27; 14:16~24; 24:47). 일반적으로는 누가 자신도 이방인이었다고 받아들여진다. 그래서 어쩌면 그가 보수적인 유대 그리스도인들에 대항하여 이방 선교의 타당성을 입증해 보이고자 그의 두 작품을 저작했는지도 모른다.

그런데 여기서 문제는 누가가 이방인에 대한 선교를 이스라엘 선교의 실패 결과로 돌렸는가 하는 점이다(참조. 행 13:44~51). 이와 관련하여 예르벨(J. Jervell)은 결코 그렇지 않다고 주장한다. 예르벨은 이방인 선교가 유대인 선교의 실패 결과가 아니라, 오히려 성공의 결과라는 점을 지적한다(예. 예루살렘에서의 집단적인 개종, 이방인을 위한 초대 유대인 선교사들).[21] 사실 누가가 반-유대적 입장을 취하지 않았다는 제안은 누가-행전 가운데 예루살렘과 성전의 긍정적인 역할에 대해 매우 두드러지게 강조한다는 점에 의해서도 지지를 얻는다(참조. 눅 2:23, 41~51; 19:47; 24:53; 행 11, 15장). 하지만 누가의 저작이

극도로 반-유대적이라고 주장하는 학자들도 없는 것은 아니다(참조. 눅 13:26~27; 14:16~24; 19:43~44 등).[22]

만일 동일한 저작에 대해 이와 같이 반대적인 입장들이 가능하다면, 이는 누가가 이 문제에서 경향성이 분명한 일관된 입장을 취하지 않았음을 보여 주는 것 같다. 아마도 이러한 현상은 누가가 그의 저작에서 그때 당시 교회 내에 매우 민감한 문제였던 유대 민족의 운명과 관련된 주제를 이방인 저자로서 매우 조심스럽고도 고민스러운 자세로 다룬 결과로 보인다.

3) 그 밖의 대상들

그 밖에도 누가복음에는 다양한 소외 계층에 대한 관심이 두드러진다. 특히 사마리아인들에 대한 누가의 관심은 매우 놀랍다. 선한 사마리아인의 비유(눅 10:25~37)는 사마리아인을 유대인 종교 지도자들도 순종하는 데 실패한 하나님의 뜻을 잘 순종하는 자로 제시하고 있다. 또한 예수께 유일하게 감사한 문둥병자 이야기(17:11~19) 역시 사마리아인을 유대인들보다 더 구원받을 만한 믿음을 소유한 자로 제시한다.

누가의 이러한 관심은 마태의 경우와 비교해 볼 때 더욱 인상적이다. 마태복음에는 사마리아에 대한 언급이 단 한 번, 사마리아에 전도하지 말라는 명령에서 나타나고 있기 때문이다(10:5). 흥미롭게도 누가는 사도행전 1:8에서 사마리아를 중요한 전도 대상 지역으로 언급하고 있고, 사도행전 8장에서는 사마리아에서의 복음 전도를 기술하는 데 대단히 많은 지면을 할애하고 있다(8:4~25). 이렇게 볼 때, 사마리아에 대한 누가의 관심은 가히 충격적이라고 할 수 있다.

한편 누가복음 15장에 나타나는 세 비유들은 죄인들도 하나님의 구원의 중요한 대상들임을 점증적 방식으로 강조하고 있다(백 마리 중의 하나 → 열 드라크마 중의 하나 → 두 아들들 중 하나; 또한 참조. 19:1~10). 또한 누가복음에는 여자들에 대한 관심도 다른 복음서들에 비해 매우 두드러진다(1:10~20, 26~38; 2:25~38; 4:31~39; 7:1~17; 13:10~17, 18~21; 14:1~6; 15:4~10).[23]

누가복음의 구조

누가복음의 구조 분석은 다양한 관점에서 시도되어 왔다. 누가복음을 연대기적 진행 관점에서 이해할 경우 그 주된 단락 구분은 상당히 명확하다. 1)탄생 및 유아 시절(1~2장), 2)갈릴리 선교(3:1~9:50), 3)예루살렘 여행(9:51~19:27), 4)예루살렘 선교, 수난, 죽음, 부활(19:28~24:53) 등이다. 하지만 누가는 그의 자료들을 언제나 연대기 순으로만 배열하지 않은 것이 분명하며,[24] 따라서 이러한 구조 분석은 전반적인 이야기 흐름을 파악하는 데는 도움이 될지 몰라도, 세부적인 이해에는 불필요한 오해를 불러일으킬 요소가 있다.

반면 적지 않은 학자들이 지리적 요소에 초점을 맞추어 구조를 이해하려고 시도하였다.[25] 이 경우 누가복음은 전체적으로 세 부분으로 나눠질 수 있다. 즉 1)갈릴리(1:1~9:50), 2)여행(9:51~19:27), 3)예루살렘(19:28~24:53)이다. 누가복음의 구조에서 지리적 요소가 매우 중요하게 작용하고 있음은 부인할 수 없다. 하지만 이러한 지리적 구분에도 문제가 없는 것은 아니다. 특히 예수의 탄생과 유년 시절에 대한 이야기는 갈릴리에 속하지 않는 것이 분명하다.

흥미로운 사실은 위의 두 관점에 의거한 구조 분석이 거의 같은 결과들을 제안한다는 것이다. 특히 누가복음 9:51~19:27[26]을 중앙 단락으로 구분하는 점에서 더욱 그러하다. 누가복음 9:51~19:27의 이러한 독특한 위치와 기능은 마태복음이나 마가복음의 구조와 뚜렷이 구별된다.[27] 마태나 마가와 달리, 누가는 이 단락의 시작 부분에서 예루살렘으로 올라간다는 사실을 명확히 밝히고 있다. 그리고 예수의 선교에서 목적지인 예루살렘의 중요성이 13:32~34에서 인상적으로 강조되고 있다(참조. 17:11). 누가에게 예루살렘은 핍박의 장소일 뿐 아니라, 동시에 궁극적 승리의 장소다.

하지만 이 긴 단락이 누가의 '여행 이야기'로 불리는 것은 오해의 소지가 있다. 이 긴 단락 모두에서 예수의 여행 주제가 다루어지고 있는 것은 아니기 때문이다. 오히려 누가가 이 긴 단락에서 그 여행 이후에 제자들이 맞게 될 상황에 대처하도록 하기 위한 예수의 가르침을 소개하는 데 주된 지면을 사용하고 있음을 주목할 필요가 있다(참조. 9:60; 10:3, 16; 17:22~25).[28] 중앙 단락과 관련된 이러한 점들을 염두에 두기만 한다면, 누가복음의 전체 구조는 대체로 아래와 같이 자명하다.

    Ⅰ. 서언(1:1~4)
    Ⅱ. 예수의 메시아 신분과 갈릴리 선교(1:5~9:50)
    Ⅲ. 예수의 예루살렘 여행과 가르침(9:51~19:27)
    Ⅳ. 예수의 예루살렘 선교와 목표 완수(19:28~24:53)

2 복음서 안에서 누가복음의 위치

　누가복음이 교회에 의해 정당히 평가되며 이해되고 있는가? 누가에 의해 기록된 이 복음서가 그 의미와 목표가 제대로 이해되지 못한 채 사용되고 있거나, 반대로 일각에서 이 복음서만을 지나치게 부각하는 경향이 있지 않는가 묻고 싶다.
　만일 누가복음이 다른 복음서와 똑같은 기능과 신학적 목적만 가지고 있다고 생각한다면 그것은 바른 이해가 아니다. 당시 헬라인을 위한 복음서이며 사도행전의 저자이자 의사인 누가에 의해 쓰여진 것이라는 정도의 피상적인 지식만으로 다른 복음서의 본문과 단순히 섞어 이해한다면 그것은 저자인 누가의 의도나 이 복음서를 교회에 주신 성령의 의도가 제대로 파악되고 있지 않은 것이다.
　복음서라는 점에서는 누가복음도 다른 복음서와 동일한 가치와 목표를 지닌다. 그러나 제3복음서로서의 특별한 위치와 신학적 기능이 있음을 이해할 필요가 있다. 하나님께서 누가를 통해 제3복음서를 이 땅에 주셨던 특별한 이유가 있는 것이다. 이것을 제대로 이해하지 못하면 단지 또 하나의 복음서를 주셨다는 생각에 머물 수밖에 없다.
　2세기의 인물인 이레니우스(Irenaeus)는 사복음서를 세상의 네 구역 또는 건축물의 네 기둥으로 묘사했다. 이 세상에 네 방향이 존재하듯, 사복음서는 전체를 이루기 위해 모두 한결같이 필요하다는 점을 말한 것이다. 사복음서가 한 방향을 가리킨다거나, 단순히 같은 기둥으로 간주되지 않는다는 점에 주목해야 한다. 공통의 복음서이면서도 독특한 가치와 의미가 있는 것이다.

이레니우스와 동일 시대의 인물로 알려진 타티안(Tatian)이 사복음서를 하나로 묶어 만든 디아테사론(Diatessaron)은 한때 동방교회에서 상당히 인정을 받는 듯했다. 그러나 개별 복음서의 가치를 약화시켰다는 점 때문에 후대 교회에 의해 폐기되고 말았다. 네 복음서를 하나로 만드려는 시도는 성공할 수 없었다. 사복음서가 각기 독자적이고 특별한 가치가 있기 때문이다. 다시 말해, 사복음서는 '예수 그리스도의 복음'이라는 점에서 공통적이지만, 각각의 독특한 특징과 목적을 가지고 있는 특별한 복음서들이다.

그러나 누가복음이 사복음서 가운데 하나라는 점에 또한 주의해야 한다. 누가복음이 가진 장점과 귀한 특징들이 많지만 다른 복음서를 제치거나 그것만이 월등한 그런 성경이라 생각하는 것 또한 지나친 것이다. 제3복음서는 신약의 세 번째 책으로서의 특별한 가치와 신학적 기능이 있다. 이 점에 주의해야 한다.

하나는 다른 셋과 함께 전체를 이룬다. 그 하나들은 각기 독특하면서 한편으로 함께하여 전체를 이룬다는 점을 이해하자. 하나님께서 그렇게 풍성하게 교회에 복음의 은혜를 허락하셨다.

먼저 공통점을 이해하자

누가복음은 상당 부분 마가복음이나 마태복음과 유사하다. 마가복음 내용의 절반 정도가 누가복음에서 찾아진다. 마태복음의 250절 가량이 누가복음과 그 내용 면에서 유사성이 상당하다. 그래서 이 셋을 '공관복음'이라 부르는 것이다. 이 세 복음서는 요한복음에 비해 구조와 형식, 내용 면에서 상당한 공통점을 가진다.

그렇지만 공관복음만 공통점을 갖는 것은 아니다. 요한복음과 함께 네 권의 복음서는 하나님의 아들 주 예수 그리스도의 생애, 특히 그분의 말씀과 사역에 초점을 맞춰, 사람들에게 그분을 믿어 천국의 생명에 이르도록 이끄는 하나님의 거룩한 책이다. 사복음서 모두 그리스도 예수와 관련된 복음전도(선교), 양육(영적 성장)과 교육, 예식과 예배의 기능과 목적을 소개한다. 그리스도는 이 복음서들을 통해 지금도 그의 사람들과 말씀하고 계신다. 그의 손을 얹으시고 축복해 주시며, 때로 깊은 말씀의 충격으로 선포하며 설득하며 확신을 주신다. 그의 한없는 사랑이 그렇게 표현되고 있다.

그러므로 그 어느 복음서를 접하더라도 우리는 살아계신 그리스도를 만날 수 있다. 생명의 주님은 복음서를 통해 지금도 우리에게 다가오시는 것이다. 그분이 어떤 분이신지, 그분이 무엇을 강조하며 말씀하시는지 우리가 알 수 있는 유일한 채널은 바로 이 귀한 복음서들이다. 그러므로 설교자는 이 복음서를 열어 주님에 대해 설교할 때마다 말씀 가운데 살아 계셔서 다가오시는 생명의 주, 하나님의 아들 그리스도를 생생히 증거해야 한다. 이천 년의 시간의 간극은 그렇게 메꿔진다. 주님이 오시는 것이다. 그래서 주님을 뵐 수 있다.

먼저는 이처럼 '예수 그리스도에 대한 복음서'라는 공통적 특징을 기반으로 사복음서를 이해하는 것이 필요하다. 그 다음은 사복음서를 모아 예수 그리스도에 대한 전체적인 그림을 얻고자 하는 노력이 필요하다.

사복음서에서 공통적이고 반복되는 것은 예수의 생애에서의 사역과 말씀의 핵심적인 윤곽, 즉 사건(또는 메시지)의 골격이라 할 수 있다. 복음서 기자들이 동일하게 수록하고 있는 것은 대부분 그만큼 사건의 비중이 큰 것이거나, 신학적 의미가 특별한 것일 가능성이 많다. 그렇다고 각 복음서에서 별도로 수록된 것들이 무시될 수는 없다. 어떤 사건에 대한 기록 가운데 마태복음이나 마가복음에 없는 것이 누가복음에 나타난다고 해서 그 내용이 비중 없는 것으로 소홀히 취급될 수 없다. 오히려 그런 부분들이 합쳐져서 전체의 종합된 내용을 알려 주는 것이다. 부분이 모여 전체를 구성한다.

예수님 당시 실제 일어난 사건들은 사복음서를 합한 내용보다 더 많을 것이다. 또 사복음서에 나타난 예수 그리스도의 말씀을 모두 합해도 실제 주님께서 전하신 말씀 그 자체보다 적을 것이 분명하다. 사복음서의 합이 실제 사건과 말씀의 전체보다 많을 수 없다. 그렇지만 사복음서를 다 합할 때, 한 복음서의 내용보다는 더 큰 사건과 말씀의 전체적 그림을 얻을 수 있다. 이런 점에서 사복음서를 사건별, 말씀별로 합쳐보는 노력이 필요하다. 이를 통해 주님의 사역과 메시지를 분량 면에서 좀 더 많이, 그리고 개별 복음서보다는 좀 더 종합적인 정보를 얻을 수 있기 때문이다.

필요하다면 설교자는 이처럼 좀 더 전체적인 그림을 가지면서 특정 복음서의 본문을 이해하려는 노력을 기울일 필요가 있다. 전체적인 사건(메시지)에 대해서는 특정 복음서의 내용만으로 충분하지 않을 수 있기 때문이다.

사복음서의 이해에서 중요한 단계는 전체를 종합하는 것에서 그치지는 않는다. 그 다음 단계라 할 수 있는 것은 개별 복음서의 특징, 즉 그 독특성을 이해하는 것이다.

독특한 점을 어떻게 이해할까

각 복음서간에는 차이가 있다. 각각의 복음서가 겨냥하고 있는 대상이 다르기도 하고, 묘사된 예수 그리스도의 모습에도 각 복음서에 따라 특징적인 부분들이 있기 때문이다. 각각의 복음서 기자들이 가지고 있는 예수 그리스도에 대한 자료들이나 그들이 회상하고 있는 그리스도에 대한 내용들이 공통적인 것뿐 아니라 독특한 것들이 있는 것이다.

그러나 그것들은 서로 반대되는 개념들이 아니라, 앞서 강조했듯이 합쳐서 전체를 이루는 것이다. 전체의 부분들이다. 그런데 이 부분들 가운데 어떤 것을 주로 수록했느냐 하는 것이 그 복음서의 신학적 특징으로 나타난다. 같은 예수의 말씀도 어떤 부분을 발췌했는가에 따라 해당 복음서의 특징이 구별된다. 특정 복음서에 주로 선택된 말씀과 사건의 내용서술은 그 복음서의 신학적 방향을 결정한다. 그렇기 때문에 차별된(다른 기록들보다 더 기록되거나, 때론 덜 기록되거나, 때론 다소 다르게 기록된) 내용은 그 복음서의 신학적 특성과 기술 목적을 보여 주는 경우가 많다.

앞에서 서로 다른 부분들이 합쳐져서 전체의 그림을 그려 준다고 했는데, 이번에는 서로 다른 부분들이 그 부분을 선택하여 발췌한(기록한) 저자의 의도를 반영한다는 점을 강조하고 싶다. 또한 그것은 그렇게 배열하도록 성경 지지들을 이끈 성령 하나님의 의도라고 할 수 있다.

왜 그런(다른 복음서와 다른) 부분을 누가복음에 수록하게 하셨는가? 이 물음은 그 독특한 부분에 대해 저자를 영감으로 이끄셨던 하나님의 수록 의도를 묻는 질문이기도 하다. 설교자는 이런 점에서 누가복음의 독특한 점(부분)을 발견하고자 해야 하고, 발견했을 때 그 '저자적'(authorial) 의도를 묻고 찾아야 한다. 그런 해석적 노력이 하나님과 저자의 의도에 대한 확신으로 이어져 힘 있고 생명력 있는 설교를 가능하게 하는 것이다.

다시 말해 다른 점, 특히 어떻게 다른가에 초점을 두면 특정한 복음서의 신학적인 특징을 이해할 수 있게 된다. 특히 성령께서 그 복음서(누가복음)를 통해 우리에게 말씀하고자 하시는 것이 무엇인지를 이해할 수 있게 된다.

예컨대, 사복음서에 모두 등장하는 세례 요한에 대한 소개는 각기 조금씩 차이가 난다. 누가는 역사가로서 세례 요한의 역사적 배경에 대해 상세히 소개한다(3:1~2). 마태(3:1~6), 마가(1:2~6), 누가(3:3~6) 모두 이사야의 글을 인용하지만 누가는 특히 5~6절에서 그리스도의 구원에 대한 범위가 보다 확대될 것을 강조하는 이사야의 말씀을 더 담는다("모든 육체가 하나님의 구원하심을 보리라 함과 같으니라").

마가는 요한의 메시지 대부분을 생략해서 소개하고 있는 반면, 보다 상세히 소개하는 마태(3:7~10)와 누가(3:7~14)는 죄와 회개의 주제에 초점을 맞추어 기록하고 있다. 그런데 여기서 누가의 소개가 좀 더 자세한데, 특히 요한이 일반인들에게는 구제를, 세리들에게는 정직한 세금 징수를, 군병들에게는 폭력을 사용하지 말고 자족하는 법을 배울 것을 권하는 내용이 독특하게 나온다(11~14절).

이런 부분은 모두 누가복음의 신학적 특성을 반영하는 대표적인 내용이다. 누가는 이들 내용이 세례 요한의 기록 가운데 소홀히 취급되어서는 안 된다고 판단했던 것이다. 하나님은 누가를 통해 이런 주제의 말씀을 강조하신 것이다.

누가복음은 어떻게 독특한가

누가복음의 가장 중요한 특징은 예수 그리스도께서 모든 이들의 구주가 되신 것과, 그분이 행하신 복음의 메시지와 행적이 사실상 모두를 위한 것임을 보여 주고자 한 것이다. 당시 로마제국에 속해 있던 모든 이들의 구주로서 예수께서 오셨다는 것이다. 그렇기 때문에 예수의 족보는 마태복음에 나와 있는 것과 그 배열과 특징이 다르다. 아브라함에서 멈추지 않고 아담, 그 위로 하나님을 예수의 족보에 포함시켰다. 하나님으로부터 나온 첫 인류 아담을 예수의 족보 앞에 둠으로써 모든 인류를 향한 하나님의 복음을 주지시키고자 했다. 모든 인류를 위한 그리스도의 구원이라는 주제는 사도들의 행적을 담은 사도행전에서 연속된다. 그리스도의 구원이 모든 인류, 땅 끝까지 전파되는 것이다. 이 일은 누가복음과 사도행전에서 연속적으로 강조되고 있는 성령의 사역으로 진행된다.

특히 누가복음은 약하고 소외된 자들에 대한 관심이 많다. 그래서 누가복음에는 주님께서 이들에게 보여 주신 구주로서의 사랑과 연민에 대한 기록을 많이 담고 있다.

첫째, 병들고 가난한 자에 대한 내용이 담겨 있다. 다른 복음서에서처럼 예수님은 치유하는 분이시다. 누가복음에서 그분이 보여 주신 연민이 강조된다. 나병 환자에 대한 관심을 보여 주는 기록 중 열 명의 나병 환자를 고치신 사건(17:11~19)을 특히 주목할 필요가 있다.

또 누가복음에는 병든 자뿐만 아니라, 가난한 자에 대한 관심이 특히 많이 나타난다(4:18; 6:29~31; 7:22; 12:33; 14:12~14; 18:22). 이와 관련해서 부의 위험에 대한 누가복음 특유의 비유들이 등장한다(12:13~21의 미련한 부자, 16:1~13의 부정직한 청지기, 16:19~31의 부자와 나사로). 또 주님은 가난한 과부의 연보(21:1~4)를 귀하게 여기신다. 특히 예수께서 나사렛에서 사역을 시작하실 때 이사야 61:1~2의 글을 펴고 읽으신 부분에서 그가 오신 목적이 "가난한 자에게 복음을"(4:18) 전하러 오신 것임을 증거하신다.

둘째, 소외된 자들에 대한 예수의 관심은 아이들과 여인들에 대해서도 특별하다. 로마 시대의 아이들은 부모들이 쉽게 버릴 수 있을 정도로 권익이 없었다. 그러한 때였으므로 제자들이 예수께 나아오는 어린아이들을 용납하지 않으려 했을 것이다. 그러나 예수께서는 "어린아이들이 내게 오는 것을 용납하고 금하지 말라 하나님의 나라가 이런 자의 것이니라"(18:16)고 말씀하시면서 아이들을 사랑으로 품으셨다(8:49~56; 9:37~43, 46~48 등도 참조하라). 물론 이 부분은 누가복음에만 나오는 것은 아니다. 그렇지만 누가복음에만 예수의 어린 시절(2:40~52)에 대한 기록이 있는 것은 우연이 아니다.

여성이 남성보다 열등한 존재로 간주되던 시대에 누가복음은 다른 복음서보다 여성에 대한 기록을 더 많이 담고 있다. 엘리사벳과 마리아에 대한 적지 않은 기록들(1:5~7, 24~25, 39~45; 1:25~26; 2:5~7, 19~20, 34~35)은 누가만 기록하고 있다. 성전의 안나(2:36~38), 나인성 과부(7:1~17), 예수 사역에 함께 섬겼던 여인들(8:2~3), 18년 동안 병중에 있던 여인(13:10~17), 십자가에 못 박히실 때 울던 예루살렘의 여인들(23:27~31) 등은 누가복음에 나타난 대표적인 여인 관련 기록들이다.

셋째, 사회에서 버림받고 천대받는 이들에 대한 주님의 특별한 관심이 나타나 있다. 당시 사회의 주류 세력이던 바리새인들이 죄인이라 여겨 가까이 하지 않던 이들을 주님은 기꺼이 받으셨다. 이와 관련된 세 가지 비유(15:3~7의 잃은 양, 15:8~10의 잃어버린 동전, 15:11~32의 잃어버린 아들)에 대한 소개와 19장의 세리 삭개오의 소개는 누가복음의 독특한 내용이다. 바리새인과 세리의 기도 비교(18:9~14), 바리새인 시몬의 비난 가운데 주님의 발에 기름 붓던 죄인 여인의 기록(7:36~50), 십자가 상에서 회개하던 강도의 구원 사건(23:39~43) 등은 누가가 어떤 관점을 가지고 예수의 행적을 지속적으로 발굴해 냈는지 보여 주는 내용들이다.

이와 함께 이방인들에 대한 관심도 지대하다. 예수께서 사마리아인들을 특별히 사랑하셨고(9:51~56), 이들 사마리아인에 대한 사회적 편견을 거절하셨다는 것을 '선한 사마리아인의 비유'(10:25~37)에서 찾을 수 있다. 특히 이방인들의 믿음에 대한 강조(4:24~27; 7:1~10; 13:29; 23:47)는 결국 모든 민족, 모든 이에게 전파될, 만인을 위한 주 예수의 복음이라는 신학적 선포를 강조한다.

설교자는 이런 누가복음의 신학적 특징을 외면할 수 없다. 누가복음을 설교하면서 소외되고 연약한 이들에 대한 교회적 관심을 강조하지 않는 일은 상상하기 어렵다. 마태, 마가, 요한보다 더 강하게 도전하는 이런 주제의 말씀은 주님의 뜻대로 교회 사역에 힘쓰는 사역자들이 늘 염두에 두어야 할 부분이다. 주님께서 마태와 마가, 요한만이 복음서를 쓰도록 허락하지 않으시고 그 안에 누가를 포함시켰다는 점을 교회는 생각해야 한다.

누가복음에만 나오는 부와 관련된 특별한 비유들

1. 선한 사마리아인(10:29~42)

'내 이웃이 누구인가'라는 질문에 주님은 오히려 "가서 너도 이와 같이 하라", 즉 이웃이 누군지 찾기보다는 선한 이웃이 되라는 말씀을 주신다. 섬김의 사역을 중시하시는 예수 그리스도를 본다. 앞서 지적한 것처럼, 사마리아인에 대한 사회적 편견을 외면하시는 주님의 의도를 엿보게 하는 말씀이다. 하나님과 이웃을 사랑하는 자의 특징은 주님의 말씀대로 연약한 자의 선한 이웃이 되는 것이다. 약하고 상처받은 자들에게 베풀어져야 할 실제적인 도움을 강조해야 할 부분이다.

2. 미련한 부자(12:13~21)

탐심을 경계하기 위해 주어진 이 비유는 자신만을 위해 재물을 쌓아 두고 스스로 위안을 삼는 사람을 어리석은 자로 규정한다. 자신을 위해 쌓는 재물과 하나님께 대해 부요한 것을 대조시키고 있다. 이어진 말씀(특히 12:33을 보라)을 통해 가난한 자를 돕는 것은 하나님께 대해 부요한 것으로 소개한다. 물질에 대해 어떻게 생각해야 하는지, 특히 가난한 자에 대해 어떤 관심을 가져야 하는지 보여 주는 말씀이므로 설교자는 이런 부분을 외면할 수 없다.

3. 옳지 않은 청지기(16:1~13)

해석하기 난해한 부분은 청지기의 지혜로움에 대한 것이다. 그러나 중심적인 내용은 역시 이 땅의 재물(자신의 것이 아닌, 본래 주인의 것인)을 사용하여 이 땅의 연약한 자를 도우라는 것이다. 그것이 곧 하나님을 사랑하는 일이라는 것이다. 결론 부분인 13절에서 "너희가 하나님과 재물을 겸하여 섬길 수 없느니라"고 말씀하고 있기 때문이다. 돈을 사랑했던 바리새인들은 이것을 듣고 비웃었다고 누가는 기록한다(16:14). 요컨대 이 내용은 재물을 사랑하지 말고 하나님을 사랑하라는 말씀을 설명하기 위한 비유라 할 수 있다.

4. 부자와 나사로(16:19~31)

좋은 옷을 입고 날마다 호사하던 부자와 늘 병을 앓으며 아무것도 소유하지 못했던 나사로에 대한 말씀이다. 부자의 잘못은 단지 부귀영화를 누렸다는 데 있지 않고 그의 문 앞에 있던 나사로에 대한 관심이 없었다는 데 있다고 보아야 할 것이다. 거지는 죽어 천사들에게 받들려 아브라함의 품에 들어간다. 반면에 부자는 죽어 장사되어 음부에 보내진다. 아브라함의 말에 따르면 살았을 때 좋은 것을 받았던 부자와 나쁜 것을 받았던 나사로는 내세에서 입장이 바뀐다. 한 쪽은 위로를 받고 다른 쪽은 고통을 얻는다. 그러나 물론 부자는 다 음부에 간다거나 가난한 자는 모두 아브라함의 품에 받아들여진다고 볼 수는 없다('하나님이 도우시는 자' 라는 뜻을 함유한 나사로 라는 이름에 힌트가 있을지 모르겠다. 나사로는 하나님과 특별한 관계에 있었음이 전제되고 있기 때문이다).

그럼에도 불구하고 이 말씀은 약하고 어렵고 가난한 자들에게 이 세상의 것을 가지고 섬기는 이들은 참으로 지혜로운 사람이라는 메시지를 가지고 있다. 그래서 앞의 옳지 않은 청지기 비유와 주제상으로 연속된 말씀인 것이다.

물론 설교자들은 이와 같은 말씀들만이 교회에서 강조되어야 한다고 생각해서는 안 될 것이다. 하나님은 우리에게 누가복음만을 허락하신 것이 아니기 때문이다. 마태복음, 마가복음, 요한복음을 함께 주신 것은 말씀의 균형이 필요했기 때문일 것이다. 그와 함께 또한 누가복음을 교회에 주신 이유를 잊어서는 안 된다. 신약 정경의 순서로 마태, 마가 다음에 누가를 두심으로 주님은 우리 교회가 주님과 같이 균형 잡힌 사역을 감당해 나가기를 원하셨을 것이다. 그 다음 요한복음을 허락하심으로 교회는 다시 새롭게 주님의 의미를 이해하도록 하셨을 것이다.

누가복음을 통해 나타나신 그리스도는 모든 이를 구원하고자 하시며, 특히 연약한 자와 소외된 자를 사랑으로 이끄시며, 그의 제자들로 하여금 이 땅의 부귀에 마음을 두지 말고 다른 이들을 섬기는 자로, 복음을 전하는 자로 주님을 따라 살도록 촉구하신다. 오늘도 우리는 이것을 누가복음을 통해 배우는 것이다.

3 누가복음 이해를 위한 배경연구

　본 글을 시작하면서 하나의 전제로 염두에 두어야 할 사실이 있다. 그것은 지금 우리가 여기서 추구하고 있는 것이 제3복음서의 저자 누가가 쓴 누가복음이지, 역사적 예수 그리스도의 삶과 교훈 자체가 아니라는 점이다. 역사적 예수님의 삶과 교훈은 복음서의 통일성을 구성하는 것으로서, 공관복음뿐 아니라 요한복음에도 담겨져 있다. 그러므로 이 주제를 다루려면 당연히 한 권의 복음서만을 다뤄서는 안 되고, 사복음서 모두를 통합적으로 연구해야 한다.

　따라서 우리가 다루는 주제는 복음서의 통일성이 아니라 다양성의 견지에서 접근하는 것이므로, 우리의 관심은 역사적 예수님이 아니라, 그 역사적 예수님의 사역과 교훈을 복음서의 배경이 되는 교회 공동체에 전달하는 복음서 저자 누가의 신학에 있는 것이다. 그러나 물론 여기에는 우리가 주의해야 할 점이 하나 있다. 그것은 복음서 저자의 신학과 (역사적) 예수님의 신학 사이의 차이점에 대한 부분이다. 우리가 이것을 구분한다는 것은 차이점이 있음을 전제로 한 것인데, 그렇다면 그 차이점을 우리는 어떻게 이해해야 할 것인가?

　흔히 차이점이라고 하면 상위(相違)로 생각하기 쉬운데, 사실 그것은 차이점이라기보다 '확대된 관심'이라고 표현하는 것이 나을 듯하다. 이렇게 말할 수 있는 것은, 역사적 예수님의 말씀과 행함은 복음서의 기본 뼈대를 이루고 있으며(역사), 각 복음서 저자들은 그 배경이 되는 교회 공동체의 상황과 그 안에서 논의되는 문제 및 청중을 고려하여, 자료들을 추가 혹은 생략함으로써, 또는 이야기의 순서를 바꿈으로써 결코 동일하지 않은 복음서를 저술하였기 때문이다(해석). 결국 이런 과정을 통해 '역사적 사실'에 해당하는 뼈대가 되는 예수님의 신학에, 그 '역사적 사실의 해석'에 해당하는 각 복음서 저자의 신학이 추가되어 복음서가 형성된 것이다. 이 글에서 우리의 관심은 '확대된 관심'인 제3복음서의 저자 누가의 신학이다.

또한 예수님의 신학과 복음서 저자의 신학이 과연 다른가 하는 점이 우리의 관심거리가 된다. 그러나 성령이 성경의 제1저자(著者)고 복음서 저자들을 포함하여 성경 기자들은 모두 제2저자임을 기억할 때, 예수의 영(靈)인 성령이 각 저자들에게 영감(靈感)을 주어 기록한 글이기에 구태여 예수님의 신학과 복음서 저자의 신학을 구분 지을 필요는 분명 없는 것이다. 이를테면 누가의 신학은 누가로 하여금 그렇게 역사적 사실을 해석하도록 만든 성령 하나님의 신학과 다를 수 없다는 말이다. 한마디로, 누가의 신학은 곧 하나님의 신학 또는 예수님의 신학이라고 확실하게 말할 수 있는 것이다.[1]

그러므로 이러한 구분을 무조건 '부정적으로' 이해할 것만은 아니다. 마태, 마가, 누가의 신학의 독특성과 차별적 특징을 알기 위해서는 이러한 구분을 또한 '긍정적으로' 인정해야 할 필요성이 있기 때문이다. 그러나 이러한 논의와 관련하여, 안타깝게도 오늘날 복음서 연구에서 양극화(兩極化) 현상이 존재함을 보게 된다.

한쪽에서는 복음서 사이에 엄연히 존재하는 다양성을 무시하여, 어느 복음서를 연구하든지 모두 다 예수님의 신학으로만 귀속시키려는 과도한 단순화(reductionism) 현상이 발견된다. 이것은 복음서를 통일성의 시각에서만 바라보려는 시도로서, 다분히 디아테사론(Diatessaron)적 오류를 범할 우려를 낳게 된다.[2] 하나님은 통일과 조화의 목적만을 위하여 하나로 단순화시켜 이해하도록 네 권의 복음서를 우리에게 주신 것이 아니다.[3] 교회사적으로 성령과 교회가 디아테사론을 정경으로 인정하지 않는 것이 바로 이런 시도에 대한 성령과 교회의 판단이라고 우리는 이해한다.[4] 따라서 복음서를 예수님의 객관적, 역사적 전기(傳記)로 보고 한 데 섞거나 혼합하여 이해하려는 시도는 분명히 시정되어야 할 것이다.

다른 한쪽에서는 통일성보다 다양성에 초점을 맞추는데, 문제는 여기서 좀 더 나아가 다양성을 구성하는 복음서 사이의 차이점을 모순(矛盾)으로 이해하려고 시도한다는 것이다. 다양성이 모순으로 간주되면, 복음서는 결국 실수와 오류가 있는 인간들의 책으로 전락되어 정확무오한 하나님의 말씀으로서의 성경의 권위는 여지없이 무너져 버리고 만다.

그러므로 우리는 어느 한쪽으로 치우친 시도의 약점을 간파한 후, 통일성을 전제로 한 다양성에 초점을 두는 것이 복음서 연구의 바람직한 방향이라고 생각하고, 이런 방향성에 의거하여 본 글을 전개해 나가고자 한다.

누가복음의 역사적 배경

우리의 관심이 1세기 초 팔레스타인을 배경으로 한 역사적 예수님의 사역과 교훈이 아니라 그것을 근거로 하여 확대되어 기록된 누가복음에 있다고 한다면, 누가복음의 역사적 배경에 대한 이해는 매우 중요한 문제다. 이 문제는 복음서 개론에서 논의되는 주제인데, 사실 학자들간에 의견이 통일된 것은 아니다. 따라서 여기서 필자가 기술하는 것은 오늘날 복음주의 신학의 일반적 경향을 반영한 것임을 밝혀 둔다.

누가복음의 역사적 배경은 결국 기록연대와 무관하지 않다. 이 문제에서, 복음서 기록연대 추정에 중요한 근거로 제시되는 주후(AD) 70년의 예루살렘 성전의 멸망이 누가복음에서는 – 예언적 형태로 기록되어 있는 마가복음과는 달리(막 13:14) – 매우 구체적인 형태로 나타나 있어(눅 21:20) 대체로 주후 70년 이후로 본다. 이와 함께 마가복음과는 달리 누가복음에서는 임박한 종말론 경향이 완화되어 나타나고(눅 19:11; 21:8; 막 13:6), 핍박적 요소가 희석되어 나타나는 것으로 보아(눅 9:23), 대체로 80년대 무렵에 저술되었을 것으로 추정된다.[5] 그리고 이러한 추정은 마가복음의 기록 연대를 70년 이전, 좀 더 구체적으로 주후 65~69년 사이로 간주하고, 이 마가복음을 누가가 참조했다고 가정할 때 더욱 설득력을 가진다.[6]

그러나 성경과 같은 고대 문서의 기록연대를 정확하게 언급하는 것은 사실상 불가능하며, 따라서 이와는 다르게 주장하는 경우도 없지 않다. 그러므로 이러한 추정은 단지 하나의 가능성 있는 주장으로 남아 있다.

누가복음의 문화적 배경

누가복음의 문화적 배경을 말하자면, 자연히 누가복음의 배경이 되는 공동체와 그 구성원들을 염두에 두어야 한다. 물론 일부 학자들은 복음서의 배경이 되는 구체적인 공동체를 상정(想定)하는 것 자체를 부인하기도 한다. 그들의 주장에 따르면, 복음서는 국지적인 어느 한 지역에 위치한 교회를 위하여 기록된 것이 아니라, 시·공간적 한계를 벗어나서 모든 장소와 모든 시대의 그리스도인들을 위한 책이라는 것이다.[7] 이런 주장은 복음서에 대한 기존의 견해와 사뭇 다른 것이어서 약간의 논의가 필요하리라 생각한다. 이를 위하여 우리는 복음서 기록의 배경과 동기에 대하여 먼저 잠시 살펴볼 필요를 느낀다.

첫째, 성경의 다른 책들도 마찬가지지만, 복음서 저자들이 처음 복음서를 기록할 때부터 그 책을 (구약)성경과 동일한 권위를 가진 성경으로 인식하고 쓴 것이 아니라는 점을 기억해야 한다. 왜냐하면 신약성경은 1세기 말에 가서야 비로소 정경(正經)으로 인정되기 시작했기 때문이다. 물론 이것을 인정한다고 해서 신약성경이 기록될 때는 정경이 아니었다가 후대에 비로소 정경이 되었다는 뜻은 결코 아니다. 성경은 처음 기록될 때부터 성경이었다. 왜냐하면 성경의 제1저자이신 성령이 기록할 당시부터 이미 영감(靈

感)으로 인간 저자들과 함께하셨기 때문이다. 그러나 여기서 지적하는 것은, 적어도 그 저자 자신은 그런 의도나 목적을 가지고 성경을 기록한 것이 아니라는 점이다.

둘째, 그러면 왜 누가나 마태는 먼저 기록된 마가복음을 알고 있으면서도 새로운 복음서를 기록해야 했는가 하는 질문에 답해야 할 것이다. 복음서가 모든 장소와 모든 시대의 그리스도인들을 위한 책이라면, 구태여 같은 이야기를 중복하여 기록할 필요가 없을 뿐 아니라, 또한 같은 이야기를 다르게 표현할 이유도 없었을 것이다. 동일 사건이나 교훈의 중복 혹은 복음서 사이에서 발견되는 내용과 구조상의 차이점은 혼란을 불러올 것이므로, 유익(有益)하기보다 오히려 유해(有害)할 가능성이 더 많았을 것이기 때문이다.

이런 난점을 알면서도 그들이 새로이 또 다른 복음서를 써야 했던 것은 결국 그 배경이 되는 공동체의 상황과 문제 및 청중을 염두에 두었기 때문일 것으로 생각된다. 다시 말하면 마가복음에 기록된 예수님 이야기만으로는 누가의 공동체에서 현재 논의되고 있는 모든 문제에 대하여 답을 줄 수 없었기에, 누가는 자신이 속한 공동체의 상황을 반영한 채 마가복음의 자료 중 일부는 생략하거나 자신만의 새로운 자료를 추가하여 마가복음과는 매우 다른 복음서를 기록하게 되었던 것이다. 이렇게 볼 때 바울서신도 그렇지만 복음서 역시 그 배경이 되는 공동체의 상황이 그 기록 목적에 반영되어 있음이 분명하다.

아울러 이 시점에서 우리가 누가의 교회 혹은 공동체라고 부르는 그 교회의 공간적 장소와 관련하여 일반적으로 수리아의 안디옥이 지목되고 있음을 참작(參酌)할 필요가 있다. 물론 사도행전은 안디옥교회에 대하여 자세하게 설명하고 있다. 이를테면, 최초로 그리스도를 믿는 사람들이 그리스도인이라 불려진 곳이 안디옥이고(행 11:26), 또한 최초로 예루살렘 모(母) 교회에 구제헌금을 보낸 것도 안디옥이며(행 11:27~30), 또한 최초로 이방인 선교를 위하여 선교사를 파송한 것도 안디옥이다(행 1:3~4).

그런데 놀랍게도 세 차례에 걸친 사도 바울의 선교여행이 안디옥을 중심으로 일어났다고 묘사하고 있는 누가의 사도행전과는 달리, 정작 바울서신 자체에는 안디옥에 대한 언급이 겨우 한 번 등장한다(갈 2:11). 이 점을 들어 일부 학자들은 사도행전의 저자인 누가가 소속되었던 교회가 바로 안디옥교회였을 것이라고 주장한다.[8]

이런 까닭에 비록 사도행전의 안디옥교회가 곧 누가복음의 배경 및 수신처였을 것이라고 단정할 수는 없지만, 그러한 가능성은 충분히 존재하며, 만일 이런 가능성을 인정할 수 있다면 누가의 공동체에 대한 역사적 기록이 전혀 부재(不在)하다고 할 수는 없을 것이다. 그리고 이런 논리는 마태의 공동체나 마가의 공동체에도 그대로 적용될 수 있을 것이다.

이런 정의에 따를 때 누가복음의 문화적 배경, 즉 누가 공동체의 구성원들은 누구였을까? 이 질문에 대하여 이제까지 전통적인 견해는 누가 공동체가 이방인 중심으로 이루어져 있으며, 따라서 친(親) 이방적 성향을 띠었을 것으로 추정한다. 이에 대한 증거로 다음의 몇 가지 내용을 지적할 수 있을 것이다.

첫째, 누가복음의 보편주의적 특징이다. 보편주의(universalism)란 유대인들만의 구원을 강조하는 특수주의(particularism)와는 확실히 구분되는 것으로,[9] 이방인들을 배려하고 또 그들의 구원을 인정 및 수용하는 주장이다. 그런데 사복음서 중에서 이 보편주의가 가장 부각되어 나타나는 복음서가 바로 누가복음이다.[10] 예를 들면, 그 기원이 하나님까지 올라가는 족보(눅 3:23~38), 사마리아인들을 포함한 이방인들에 대한 관심(이방인=눅 2:32; 4:25~27; 14:23; 사마리아인=눅 9:52~56; 눅 10:30~37; 17:11~19), 만민(萬民)이란 용어의 잦은 사용(눅 2:29~31; 3:4~6; 24:47) 등이 그 증거로 제시될 수 있다.

둘째, 대표적 수신자로서 데오빌로를 들 수 있다. 우선은 "데오빌로"란 이름 자체가 헬라 식(式) 이름이고, 또 그에게 붙여진 "각하"라는 칭호를 고려할 때 분명 로마제국 내의 고급관리였을 가능성이 높은 것으로 보아 자연히 그는 이방인이었으라 여겨진다. 책의 제작과 출판에 재정적으로 도움을 준 후견인(patron)에게 책을 헌정하던 당시 그리스-로마 사회의 문학적 관습에 따라 누가-행전이 데오빌로에게 헌정되기는 하였지만(눅 1:1~4; 행 1:1),[11] 결코 그 한 사람만을 위하여 두 권의 긴 책이 기록되지는 않았을 것이다. 그렇다면 데오빌로는 대표적 수신인으로서 등장하는 것이고, 누가는 데오빌로와 유사한 사회적·문화적 배경을 지닌 이방인들을 염두에 두고 그 책들을 기록하였을 것이다.[12]

셋째, 이와 관련된 그 밖의 증거들은 다음과 같다.[13] 1)마태, 마가, 요한복음에 나오는 유대식 호칭인 '랍비'가 나타나지 않는다. 2)예루살렘 입성시 '호산나'란 유대 용어가 생략되었다(막 11:10; 마 21:15). 3)십자가 처형 장소를 가리킬 때 마태(27:33), 마가(15:22), 요한(19:17)복음이 '골고다'라는 히브리 지명을 쓰는 반면, 누가는 '해골'이라는 헬라 지명을 사용한다(23:33). 4)유대 지역 및 관습을 설명하는데, 무교절 축제를 '유월절'이라 하는 것으로(22:1), 아리마대를 '유대인의 동네'(23:51)라고, 엠마오를 '예루살렘에서부터 이십오 리 되는'(24:13) 곳으로 설명한다. 5)마태복음과는 달리(마 23:1~36) 서기관과 바리새인들에 대한 비판이 약화되어 나타난다(11:37~52). 이는 누가복음이 1세기 유대교의 문제에 대하여 별 관심이 없었음을 가리킨다고 할 수 있다.

그러나 이 주장에 반대하는 견해도 있다. 그들은 누가복음을 보면, 이방인들이 선뜻 이해하기 힘든 이스라엘의 역사가 아무런 설명 없이 등장하고, 또한 유대적 용어들, 즉 하나님의 나라, 인자(人子) 등의 용어가 역시 자연스럽게 사용되고 있기 때문에, 누가의 공동체 내에는 분명히 유대인들이 존재하였을 것이라고 주장한다.[14] 그러나 이러한 문제 제기에 대하여 다음과 같이 답변할 수 있을 것이다. 이스라엘의 역사와 유대적 용어의 사용은 아마도 이방인들이 기독교로 개종한 이후 시행된 개종자 혹은 초신자 교육의 내용 속에 포함되었을 것이며, 그리하여 이러한 유대적인 내용들에 대한 설명 없이도 누가는 자연스럽게 이들 용어들을 사용할 수 있었을 것이다.[15]

이런 점에서 볼 때 누가 공동체의 구성원들은, 역시 이방인 중심의 마가의 공동체와 유사한 것으로 여겨지는데, 차이점이라면 마가복음의 배경이 시골적이라고 한다면 누가복음의 배경은 다분히 도시적이라는 점이다. 누가는 마가보다 도시를 가리키는 폴리스를 네 배나 더 많이 사용하면서, 주님의 사역을 대체로 도시 중심의 사역으로 묘사하고 있다.[16] 아울러 이와 함께 부자들에 대한 언급이 다른 복음서들보다 더 많이 나타나는 것은[17] 누가-행전이 도시적 환경 및 상황 속에서 기록되었다는 사실에 대한 또 다른 증거일 수 있을 것이다.[18]

누가복음의 사회적 배경

누가복음의 사회적 배경은 같은 공관복음인 마가복음과 마태복음의 그것과는 확연한 차이를 드러낸다. 이러한 차이를 야기하는 요소들은 다음과 같다.

첫째, 우선 두드러진 것은 핍박적 요소의 약화다. 마가복음과 마태복음에서는 핍박적 요소가 매우 현저하게 나타나는 반면, 누가복음에서는 이 요소가 분명하게 나타나지 않는다. 사실 마가복음은 '약간의 서론이 있는 수난기사(passion narrative)'라고 할 정도로 수난과 핍박이 주요한 내용이 되고 있다.[19]

이와 더불어 마가복음에는 세 개의 수난예언을 포함하여 핍박 관련 구절들이 많이 발견된다(8:31, 34~38; 9:31; 10:30, 33~34, 45; 13:9~13). 이 중 특별히 관심을 끄는 것은 마가복음 10:30인데, 그것은 마태복음이나 누가복음에는 없는 "핍박을 겸하여"란 구절이 등장하기 때문이다. 따라서 다른 핍박 관련 구절들과 함께 이 말씀은 마가복음이 무서운 박해의 상황에서 기록되었을 가능성을 가리키는 증거일 수 있다.[20] 그리고 마태복음의 경우 마가복음 10:33의 병행구절인 19:29만 마가복음과 다를 뿐 대체로 마가복음의 핍

박 관련 구절이 등장하고 있음을 근거로, 회당(會堂)으로부터의 박해에 직면하였을 것으로 생각된다.[21]

이와는 달리 누가복음은 마가복음에 나타나 있는 핍박적 요소가 많이 완화되어 나타나고 있음을 본다. 앞서 언급한 마가복음 10:30의 병행구절인 18:30에 "핍박을 겸하여"가 없고, 또한 9:23에 "날마다"를 추가하여 핍박을 의미하는 십자가의 의미를 희석하고 있다(참조. 막 8:34; 마 16:24).[22] 이와 함께 누가복음에 자주 등장하는 구제하라는 명령은, '만일 누가의 공동체가 재물의 완전한 손실을 가져올 수 있는 핍박에 직면해 있었다고 한다면' 대단히 어색한 일이 아닐 수 없을 것이다.[23]

둘째, 상이한 사회적 배경의 동기가 되는 것은 임박한 종말론에 대한 묘사다. 누가복음 3:12~13("세리들도 세례를 받고자 하여 와서 가로되 선생이여 우리는 무엇을 하리이까 하매 가로되 정한 세 외에는 늑징치 말라 하고")은 3:7~9에 나오는 세례 요한의 종말론적인 불같은 설교를 듣고 나아온 세 부류의 사람들(무리, 세리, 군병) 중 세리들의 질문과 그에 대한 요한의 답변을 기록하고 있다. 만일 종말이 임박했다면, 당대에 불의(不義)하다고 알려진 세리들에게 세례 요한은 "이제 종말이 임박하였으니, 당장 그 불의한 직업을 집어치우라"고 말하였을 법하다. 그러나 그렇게 하지 않은 것은 곧 아직 종말이 임박하지 않았다는 증거일 수 있다.

또한 누가복음 19:11("저희가 이 말씀을 듣고 있을 때에 비유를 더하여 말씀하시니 이는 자기가 예루살렘에 가까이 오셨고 저희는 하나님의 나라가 당장에 나타날 줄로 생각함이러라")에서 누가는 마태복음의 달란트 비유와 유사한 열 므나의 비유를 소개하면서 서론을 달고 있는데, 이는 마태복음에는 전혀 없는 내용이다(마 25:14). 그런데 그 내용을 보면 임박한 종말을 기대하는 자들의 견해를 수정할 목적, 즉 종말이 그들의 기대처럼 임박한 것이 아니라 오히려 하나님의 나라가 이미 신자들 가운데 임하였음을(눅 17:20~21) 가르쳐 주기 위한 것이다.[24] 아울러 마가복음과는 달리(막 13:6) "때[종말]가 가까웠다"고 선포하는 자들을 경계하라고 주의를 주는 것은(눅 21:8) 임박한 종말과는 거리감이 있

는 것이다.[25]

셋째, 빈부(貧富) 및 재물문제에 대한 강조를 들 수 있다. 사실 이 특징은 누가복음을 다른 복음서들과 차별화시키는 매우 중요한 요소가 되면서, 누가복음의 사회적 성격을 여실하게 드러내 주고 있다. 이러한 특징은 다른 복음서에는 없는 것으로, 주님의 선구자인 세례 요한의 설교에서 이미 나타나 있고(눅 3:10~14), 주님의 취임설교(눅 4:18~19)에서도 발견된다.

사실 주님의 첫 설교에 해당하는 취임설교는 주님의 사역과 교훈에 대해 여러 가지로 시사하는 바가 많은데, 누가복음의 취임설교는 마가복음이나 마태복음과는 확실한 경계를 긋고 있다. 마가, 마태복음에서 주님의 설교의 핵심은 하나님나라의 도래와 그를 위한 준비로서 회개의 강조다(막 1:15; 마 4:17). 그러나 누가복음에서는 그런 내용이 전혀 없이 가난한 자, 포로 된 자, 눈먼 자, 눌린 자를 위한 메시아 사역을 선포하고 있다(눅 4:18~19).

그리고 이러한 가난한 자들에 대한 관심은 복음서의 내용 가운데 계속 반복하여 등장하면서(눅 6:20; 7:22; 14:13, 21; 16:20, 22), 가난한 자들에 대한 구제 명령과 함께(눅 11:41; 12:33; 18:22), 누가복음의 사회복음(social gospel)적 특징을 여실하게 드러내 준다.[26] 누가복음을 흔히 '가난한 자들을 위한 복음'(the Gospel for the Poor)이라고 부르는 이유가 바로 여기에 있다.[27]

이런 사회복음적 특징은 핍박이 없고 종말이 연기된 상황 속에서 나타나는 일상적 삶의 윤리에 대한 강조와 맞물려 있다고 볼 수 있겠다.

4 누가복음과 사도행전의 구제 신학

가난한 자들의 복음서 누가복음

"인자가 온 것은 잃어버린 자를 찾아 구원하려 함이니라"(19:10). 예수님이 삭개오에게 하신 이 말씀은 당신께서 이 땅에 오신 소명을 밝혀주고 있다. 누가복음은 잃어버린 자를 찾아 구원하시는 예수님의 생애를 그리고 있다. 예수님이 말씀하신 잃어버린 자란 당시 사회적으로 멸시를 당하던 사람들, 사회적 약자들이다. 세리와 죄인들, 여인들, 가난한 자들 등이 이에 해당한다. 누가복음에는 그 어떤 복음서보다 세리가 자주 등장한다(총 10회, 마가 2회, 마태 8회). 또 누가복음은 '여자들을 위한 복음서'로 불릴만큼 여인들에 대한 관심이 매우 높다. 그러나 무엇보다 누가복음에는 가난한 자들에 대한 관심이 두드러진다. 누가복음은 가난한 자들의 복음서다. 아니 누가는 예수님의 부모가 가난한 자들이었다고 말한다(2:22~24). 예수님의 어머니 마리아가 부른 찬가는 비천하고, 주린 자를 돌보시는 하나님을 보여준다(1:52~53). 또 예수님은 가난한 자들에게 복을 선포하시고(6:20~21), 부자들에게는 화(禍)를 선포하신다(6:24~25).

누가복음에 나타난 예수님은, 가난한 자들과 관련하여 이렇듯 하나님의 은총을 말씀하시는 데 그치지 않으신다. 가난한 자들을 구체적으로, 즉 물질적으로 도우라고 말씀하신다. 누가복음에 등장하는 가난한 자들은 단순히 가난한 자에 그치지 않는다. 이들은 남의 도움이 없으면 굶어 죽을 수밖에 없는 불구자, 소경, 문둥병자들과 같은 절대 빈곤자들이다. 이들을 괴롭히는 가난의 문제에 대한 해법으로 예수님이 제시한 것은 프롤레타리아 혁명이 아니라 구제였다. '구제'(엘레에모쉬네)는 신약에서 14번 사용되고 있는데, 마태복음에서 4번(6:1, 2, 3, 4), 누가복음에서 2번(11:41; 12:33), 그리고 사도행전에서 8번(3:2, 3, 10; 9:36; 10:2, 4, 31; 24:17) 사용되고 있다. 어휘의 빈도는 누가복음이 마태복음보다 적지만 구제를 주제로 한 본문은 더 많다. 이 글에서는 구제에 관한 누가복음과 사도행전의 본문을 살펴봄으로써 누가복음의 구제 신학을 정리해보고자 한다.[1]

1. 독사의 자식과 아브라함의 자손

세례 요한은 자기에게 세례를 받으러 나온 무리들을 향해 '독사의 자식들'이라고 심한 욕을 퍼부었다. 왜 요한은 이런 독설을 퍼부었을까? 8절에 따르면 이들은 "아브라함이 우리 조상이라"고 속으로 말하는 사람들이다. 이들은 자신들이 '아브라함의 자손'이라고 믿었다. 이 말은 이들이 혈통적으로 유대인들임을 뜻한다. 이들에게는 하나님께서 아브라함을 택하시고 그 후손들을 당신의 백성으로 삼으셨다는 자부심이 있었다. 그러나 유대인들은 이 자부심 때문에 중요한 한 가지 사실을 놓치고 있었다. 세례 요한이 통렬히 지적한 것은 바로 그들이 망각한 한 가지 사실이었다. 유대인들은 자신들의 혈통이 단순히 아브라함의 자손이라는 이유 한 가지 만으로 자신들이 자동적으로 하나님의 심판을 면제받을 수 있다고, 즉 구원을 받을 수 있다고 생각했다. 그러나 세례 요한이 보기에는 그렇지 않았다. 세례 요한은 비장한 목소리로 말한다. "내가 너희에게 이르노니!"(8절)는 그의 비장함을 보여준다. 요한은 하나님께서는 생명이 없는 이 돌들을 아브라함의 자손이 되게 하실 수 있는 능력이 있노라고 선포한다. 유대인들이 그토록 소중히 여기는 혈통은 하나님 앞에서는 무의미하다는 것이다. 자, 그렇다면 그들에게 요구되는 것은 무엇인가?

2. 회개에 합당한 열매를 맺으라!

요한은 진정 '아브라함의 자손'이 되기 위해서 '회개에 합당한 열매'(8절)를 맺어야 한다고 소리 높여 주장한다. 그저 '회개'가 아니다. '회개에 합당한 열매'라는 사실에 주목해야 한다. 지금 요한으로부터 신랄한 비판을 듣고 있는 무리들은 '세례를 받기 위해서' 요한을 찾아왔다. 요한이 베푼 세례는 '죄사함을 받게 하는 세례'였다. 이들은 요한의 세례를 거부한 채 자신들은 혈통적으로 아브라함의 후손이기 때문에 문제될 것이 없다고 생각한 것이 아니다. 그렇다면 이 무리들은 자신의 죄를 인정하고 세례를 통해 죄사함을 받고 싶어했다고 볼 수 있지 않을까?

그러나 요한에게 세례는 단순히 입술로만 죄를 고백하는 자들에게 면죄부를 주는 종교의식이 아니었다. 세례가 죄사함을 받게 한다면 그것은 세례라는 의식을 통해 자신이 죄인임을 고백하고, 다시는 죄악된 삶을 살지 않고, 하나님의 뜻에 순종하는 삶을 살겠다는 결단과 실천을 전제로 한 것이다. 진정한 회개는 그에 합당한 '열매'를 맺는 삶을 사는 것이다. 만약 회개에 합당한 열매를 맺지 않는다면 아무리 세례를 받아도 '아브라함의 자손'이 아니라 '독사의 자식들'이며, 장차 하나님의 진노가 임할 것이다. 아니 이미 하나님의 심판은 시작되었다. 이미 도끼가 나무 뿌리에 놓여 있다. 열매를 맺지 않으면 찍혀 불에 던져질 것이다! 이 엄중한 경고를 예수님께서도 말씀하시지 않았던가?(눅 13:6~9 참조). 그러면 여기서 열매를 맺는다는 것은 무슨 말일까?

3. 삶 속에서 실천하는 회개에 합당한 열매는 나눔이다

무리들은 세례 요한의 질책을 듣고 나서 그러면 우리가 무엇을 해야 하느냐고 묻는다. 이에 요한은 옷 두 벌 있는 자는 옷 없는 자에게 나눠 주라고 요구한다. 먹을 것이 있는 자도 그렇게 하라고 말한다. 여기서 '옷'(키톤)이란 속옷을 말한다. 누가복음 6:29를 보면 두 가지 종류의 옷이 나온다. '속옷'은 3:11에서도 언급된 '키톤'이며, '겉옷'은 '히마티온'으로서 겉에 입는 긴 옷이다. 속옷은 그 안에 입는 짧은 옷을 말한다. '속옷 없는 자'란 가장 기본적인 생활필수품을 가지지 못한 자들을 뜻한다. 아무리 가난해도 속옷 한 벌 없는 자가 있을까? 요한의 이야기는 극단적이다. 그러나 요한이 속옷 두 벌을 가진 자가 속옷이 한 벌도 없는 자에게 나누어 줘야 한다고 말하는 것은 금욕적인 생활을 실천해야 한다는 것이 아니라, 가장 기본적인 것조차 없는 사람에게 관심을 갖고, 비록 자신도 속옷 두 벌 밖에 없지만 함께 나눠야 한다는 뜻이다. 회개에 합당한 열매를 맺는 삶이란 이렇듯 나눔의 삶을 말한다. 나눔은 부자만 실천할 수 있는 것이 아니다. 속옷 두 벌 정도는 거지가 아닌 한 누구나 가지고 있다. 나눔은 모든 이가 실천해야 할 삶의 모습이다.

4. 삭개오가 아브라함의 자손이 된 내막(19:1~10)

예수님은 삭개오를 향해 오늘 구원이 이 집에 이르렀다고 선포하시고, 그를 '아브라함의 자손'이라고 불러주셨다(9절). 사람들에게 '죄인'으로 불리운 삭개오가 구원받은 백성을 뜻하는 '아브라함의 자손'이 될 수 있었던 이유는 무엇인가? 그것은 삭개오가 '회개에 합당한 열매'를 맺었기 때문이다. 삭개오에게 있어서 회개에 합당한 열매는 자신의 소유의 절반을 가난한 자들에게 나누어 주는 구제 행위였다. 또 누구의 것을 속여 빼앗은 일에 대해 네 갑절로 갚은 일이었다.

삭개오 이야기는 18:18~23에 나오는 부자 관리의 이야기와 대조된다는 사실에 주목할 필요가 있다. 관리 역시 큰 부자였고(18:23), 삭개오 역시 부자(19:2)였다는 공통점이 있다. 그러나 이 관리는 어릴 때부터 십계명을 지켜온 경건한 사람인 반면에 삭개오는 죄인이라고 조롱받았다. 그렇지만 관리는 재산을 팔아 가난한 자들에게 나누어 주라는 예수님의 말씀을 듣고도 따르지 못했으나 삭개오는 예수님이 그런 요구를 하지도 않았는데, 자신이 먼저 자기 소유의 절반을 가난한 자들에게 주겠다고 말하였다. 예수님은 부자가 하나님의 나라에 들어가기가 얼마나 어려운지 낙타가 바늘귀로 들어가는 것이 오히려 쉽다고 말씀하셨다(18:24~25). 그렇다면 삭개오는 낙타가 바늘귀로 들어가는 것보다 더 어려운 일, 즉 부자가 하나님의 나라에 들어가는 일을 해낸 사람이다. 그는 과연 "바늘귀를 통과한 부자"다(이 용어는 김영봉의 「바늘귀를 통과한 부자」에서 온 것이다).

삭개오가 이런 대단한 일을 해낼 수 있었던 이유는 예수님이 먼저 그에게 사랑을 보이셨기 때문임을 기억해야 한다. 아무도 자기 집을 찾아오지 않았을 삭개오를 예수님은 먼저 부르셨다. 그의 집에 유하시겠다고 말씀하셨다. 이 말씀은 삭개오에게 사랑의 음성으로 들렸을 것이다. 이 사랑이 삭개오를 변화시켰던 것이다.

선한 사마리아인이 선한 이유(10:30~37)

선한 사마리아인은 이웃을 네 몸과 같이 사랑한 사람이다. 그는 내 것을 함께 나눔으로 이웃을 사랑한 사람이다. 이 선한 사마리아인은 부자 청년(18:18~23)과 좋은 대조를 이룬다. 부자 청년이 예수님께 어떻게 하면 영생을 얻을 수 있겠느냐고 질문했던 것처럼, '선한 사마리아인의 비유'(눅 10:30~37) 역시 영생에 관한 문제와 깊이 관련되어 있다. 10:25에 따르면 어떤 율법교사가 예수님께 "선생님, 내가 무엇을 해야 영생을 얻겠습니까?"라고 질문한다. 부자 관원의 질문과 똑같다. 또 이에 대한 예수님의 대답 역시 유사하다. 예수님의 대답의 요지는 율법의 핵심, 즉 하나님 사랑과 이웃 사랑을 실천하라는 것이다. 그러자 그 율법 교사가 그러면 누가 자신의 이웃이냐고 묻는다. 이에 대한 답변으로 주신 것이 선한 사마리아인의 비유다. 이 비유에서 예수님은 강도 만난 자가 우리의 이웃이라고 말씀하신다. 즉 나의 도움을 필요로 하는 자라면 그가 바로 나의 이웃이라는 것이며, 그 이웃은 내가 내 몸처럼 사랑해야 할 대상인 것이다.

그러면 이웃을 내 몸처럼 사랑한다는 것은 무엇인가? 사마리아인이 그것을 잘 보여주고 있다. 33절에 따르면 사마리아인이 강도 만난 사람을 도운 것은 그를 불쌍히 여겼기 때문이다. 구제를 뜻하는 헬라어 '엘레에모쉬네'는 '긍휼 혹은 자비'라는 뜻의 '엘레오스'에서 왔다. 34~35절은 사마리아인이 그를 어떻게 도왔는지 구체적으로 열거하고 있다. 먼저 그는 "가까이 갔다." 제사장과 레위인이 그 사람을 보고 "피하여 지나간 것"(31, 32절)과는 대조가 된다. 그는 일종의 구급약인 올리브 기름과 포도주로 상처를 치료해 주었고, 자기가 타고 온 짐승에 태워 여관으로 데리고 가서 돌보아 주었으며, 여관 비용 및 치료 비용을 일체 댔다. 사마리아인이 강도 만난 자에게 베푼 긍휼, 곧 구제는 대단히 구체적이고 자기 것을 나누어 생명을 살리는 것임을 알 수 있다. 결국 선한 사마리아인의 비유 역시 영생을 얻는 길에 대한 대답으로서 자기 것을 이웃과 나누는 사랑, 즉 구제를 말하고 있다.

"그 안에 있는 것으로 구제하라"(11:41)

예수님이 한 번은 바리새인의 초청으로 함께 식사하게 되었다. 그런데 예수님이 식사 전에 손을 씻지 않자, 바리새인은 이를 이상하게 여겼다. 예수님이 식탁정결법을 지키지 않았기 때문이다. 그런데 갑자기 예수님은 그들 속에 '탐욕'과 '악독'이 가득하다고 비판하셨다(39절). 그러면서 "그 안에 있는 것으로 구제하라"고 말씀하셨다. 41절의 '그 안에 있는 것'(타 에논타)이 무엇을 뜻하는지 정확히 알 수 없으나, 아마도 39절의 '탐욕'과 관련된 것으로 보인다. 그렇다면 '그 안에 있는 것'이란 바리새인들이 물질에 대한 탐욕 속에서 쌓아둔 재산인 것 같다. 결국 예수님은 바리새인들이 탐욕의 죄를 회개하고, 그 회개에 합당한 열매를 맺는 방법으로 구제를 행하라고 명하시는 것이다. 그 구제는 그들을 정결케 할 것이다.

구제는 구약과 유대교에서 의로움의 본질적인 요소였다. 70인역은 히브리어 '체타카'(의)를 '엘레에모쉬네'로 번역하기도 했다. 또 다니엘 4:27을 보면 의와 구제가 서로 바꾸어 사용되고 있다. 나아가 구제는 죄사함의 효과까지도 가지고 있다. "그런즉 왕이여 내가 아뢰는 것을 받으시고 공의를 행함으로 죄를 사하고 가난한 자를 긍휼히 여김으로 죄악을 사하소서 그리하시면 왕의 평안함이 혹시 장구하리이다 하니라." 구제가 죄사함의 효과를 가지고 있다는 생각은 유대교에서 심심치 않게 발견된다. "물은 타오르는 불을 꺼뜨린다 그같이 구제는 죄를 속하느니라"(집회서 3:30), "구제는 사망으로부터 구원하며, 모든 죄를 정결케 하리라"(토비트 12:9). 또한 유대교에서는 구제는 희생제사와 같은 효과를 지닌다고 보았다. "이를 실천하는 모든 사람들에게 구제는 지극히 높으신 이께 드리는 탁월한 헌물이니라"(토비트 4:11).

갚을 것이 없는 사람에게 베풀라(14:12~14)

어느 안식일에 예수님은 어떤 바리새인 지도자의 식사 초대를 받아 그의 집에 가게 되셨다. 여기서 예수님은 점심이나 저녁 식사를 베풀 때에 친구나 형제 혹은 친척, 또 부유한 이웃을 초대하지 말고, 가난한 자들과 장애인들을 초청하라고 말씀하셨다. 이들은 되갚을 능력이 없다는 공통점을 가지고 있는 사람들이다. 우리는 여기서 예수님이 이 말씀을 한 대상이 예수님을 식사자리에 초청할 수 있는 사람, 즉 재력이 있는 사람이란 점을 주목해야 한다. 따라서 이 교훈의 대상은 부자들이다. 예수님은 부자들이 그들의 재물을 가난한 자들을 위해 사용하라고 말씀하고 계신 것이다.

구제에 대한 보상은 수혜자로부터 받는 것이 아니다. 성경은 구제하는 자와 구제 받는 자간의 상호호혜주의(reciprocity)를 인정하지 않는다. 상호호혜주의는 주후 1세기 그레코-로만 세계의 대표적 가치관이었다. 성경의 구제는 당대의 가치관을 뛰어넘는다. 우리의 구제에 대한 보상은 하나님께로부터 온다. 그 보상은 의인이 부활할 때 이루어지는 종말론적 보상이 될 것이다. 잠언 19:17도 구제한 자에게 하나님이 갚아주실 것을 말하고 있다. "가난한 자를 불쌍히 여기는 것은 여호와께 꾸이는 것이니 그 선행을 갚아 주시리라."

재물과 구제

누가복음에는 부자에 대한 여러 경고가 나오는데, 그 가운데 '어리석은 부자의 비유'(12:13~24)와 '부자와 나사로의 비유'(16:19~31)는 재물을 혼자만 사용하고, 가난한 자들을 구제하는 데 사용하지 않는 삶이 어떤 비극적 결과에 이를지 생생하게 보여주고 있다.

1. '어리석은 부자의 비유'(12:13~24)

어느 날 예수님은 그에게 모여든 수많은 사람들 앞에서 제자들에게 교훈을 베푸셨다(12:1). 예수님의 가르침을 듣던 한 사람이 예수님에게 오더니, 형과 자신이 재산분배를 놓고 싸우고 있으니 중재해달라고 부탁했다. 예수님은 이 사람의 요청을 거부하셨다. 왜냐하면 부탁한 사람의 마음에는 탐욕이 있었기 때문에, 재산 분배 문제를 해결주어도, 본질적인 문제인 탐심을 버리지 않으면 소용이 없었기 때문일 것이다. 그래서 예수님은 인간의 탐심에 관해 교훈하셨다. "삼가 모든 탐심을 물리치라 사람의 생명이 그 소유의 넉넉한 데 있지 아니하니라"(15절). 이 말씀을 하신 예수님은 무리들의 이해를 돕기 위해 '어리석은 부자의 비유'를 들려주셨다.

비유에 나오는 부자는 유능한 재산 관리자였던 것 같다. 그가 소유하고 있는 밭에 소출이 풍성하였다는 것은 적어도 그가 밭을 잘 관리한 것으로 볼 수 있다. 또한 부자는 넘쳐나는 곡식을 관리하기 위해 새로운 곡간(창고)을 지을 계획을 한다. 부자는 세상적인 관점에서 볼 때, 유능한 사람이었다. 또한 본문 어디에도 부자가 그릇된 방법으로 부를 늘렸다는 말이 없으므로, 그는 정당하게 부를 축적한 사람이다.

오늘날 자본주의의 관점에서 볼 때 유능한 재산 관리자로 존경받을만한 이 사람을 하나님은 '어리석은 자'라고 평가한다. 왜 그는 어리석은 자인가?

첫째, 부자는 재산 축적에만 관심이 있었다. 화자는 부자의 독백을 통해 그가 철저히 자신만을 위해 재물을 축적하는 이기적인 자로 묘사한다.

17~21절을 통해 '내가', '나의'라는 표현이 무려 7회 나오고 있다.

> 심중에 생각하여 이르되 내가 (내)* 곡식 쌓아 둘 곳이 없으니 어찌할까 하고 또 이르되 내가 이렇게 하리라 내 곳간을 헐고 더 크게 짓고 내 모든 곡식과 물건을 거기 쌓아 두리라 또 내가 내 영혼에게 이르되 영혼아 여러 해 쓸 물건을 많이 쌓아 두었으니 평안히 쉬고 먹고 마시고 즐거워하자 하리라 하되…[* 헬라어 원문에는 '나의'를 뜻하는 '무'(μου)가 있다].

부자의 재산 축적은 오로지 '자기 자신만을 위한 것'이었다는 데에 문제의 심각성이 있다. 특히 19절의 경우 부자는 자기 영혼에게 말한다. 자기가 자신의 영혼에게 말하는 이 모습은 그가 자기 중심적인 사람임을 여실히 보여준다. 또 부자는 풍성한 소출을 오직 '평안히 쉬고', '먹고', '마시고' '즐거워'하는 데만 사용하고자 하였다. 재물을 오직 나 한 사람의 쾌락만을 위해 사용하는 것, 이것이 이 부자의 문제였다.

둘째, 부자의 문제는 자신의 재산을 '여러 해 동안'(19절) 누릴 수 있다는 착각에 있다. 하나님은 '오늘 밤 당장'이라도 그의 영혼을 찾아 갈 수 있다('여러 해 동안'과 '오늘밤'이라는 단어의 대조에 주목하라). 그렇게 되면 부자가 먹고 마시며 즐기기 위해 '준비해 놓은 것'은 아무 쓸데가 없고, 결국 다른 사람에게 넘어갈 것이다(재물을 부자는 자신이 누릴 것이라고 생각한 것과 그 재물이 다른 사람에게 넘어가는 것과의 대조에 주목하라). 그런데 그것을 알지 못한 채 부자는 말한다. "내 영혼아 여러 해 쓸 물건을 많이 쌓아 두었으니 즐기자." 그래서 부자는 어리석은 자다. 우리는 이와 반대되는 모습을 시편 39편에서 발견할 수 있다.

> "여호와여 나의 종말과 연한이 언제까지인지 알게 하사 내가 나의 연약함을 알게 하소서 주께서 나의 날을 한 뼘 길이만큼 되게 하시매 나의 일생이 주 앞에는 없는 것 같사오니 사람은 그가 든든히 서 있는 때에도 진실로 모두가 허사뿐이니이다 (셀라) 진실로 각 사람은 그림자 같이 다니고 헛된 일로

소란하며 재물을 쌓으나 누가 거둘는지 알지 못하나이다 주여 이제 내가 무엇을 바라리요 나의 소망은 주께 있나이다."

부자에게는 많은 재물이 있었다. 그러나 그 재물을 자신의 쾌락만을 위해 사용할 때, 그 재물은 그의 생명을 지켜주지 못한다. 예수님이 15절에서 하신 말씀 그대로다. "사람의 생명이 그 소유의 넉넉한 데 있지 아니하니라." 그렇기에 예수님은 "삼가 모든 탐심을 물리치라!"고 외치셨던 것이다. 사람의 생명은 하나님에 대해 부요한가에 달려있다.

예수님은 어리석은 부자에 대해 이렇게 평가하신다. 자기만을 위해 재물을 쌓아둘 줄 알았지, 하나님께 대해서는 부요치 못한 자였다고. 그렇다면 하나님께 대해 부요하다는 것은 무엇을 말하는가? 자기만을 위해 재물을 쌓아두는 것이 곧 하나님께 대해 부요하지 못한 것이라면, 가난한 자들을 위해 재물을 베푸는 것은 곧 하나님께 대해 부요한 것이다.

너희 소유를 팔아 구제하여 낡아지지 아니하는 주머니를 만들라 곧 하늘에 둔 바 다함이 없는 보물이니 거기는 도적도 가까이 하는 일이 없고 좀도 먹는 일이 없느니라(눅 12:33).

구제하는 일은 하늘에 보물을 쌓는 일이요, 그것은 결국 31절에서 언급한 '하나님 나라를 구하는 것'이다. 또한 예수님은 "너희 보물이 있는 곳에는 너희 마음도 있으리라"(12:34)고 말씀하신다. 보물을 땅에 쌓아두는 사람의 마음은 땅에 있다. 그러나 가난한 자를 구제함으로써 하늘에 보화를 쌓아두는 사람의 마음은 하늘에 있다. 그래서 구제는 생명을 지키는 것이요, 하나님 나라를 구하는 일이 된다.

2. '부자와 거지 나사로의 비유'(16:19~31)
'부자와 거지 나사로의 비유'는 "하나님과 재물을 겸하여 섬길 수 없다"

(16:13)는 예수님의 말씀을 듣고 비웃는 바리새인들, 돈을 좋아하는 바리새인들에 대한 강력한 경고다. 이 비유에 따르면 부자는 음부에 갔다. 그 이유는 무엇때문인가? 단지 그가 부자라는 이유 때문인가? 그렇지 않다. 부자는 분명 잘못한 것이 있다. 부자가 아브라함에게 나사로를 지상에서 살고 있는 자기 형제들에게 보내 증언하라고 부탁한 것, 그리고 "아브라함이여 만일 죽은 자에게서 그들에게 가는 자가 있으면 회개하리이다"(30절)라고 말한 것은 부자가 나사로에게 이 땅에 살아있을 때에 잘못했음을 인정하는 것이다. 그렇다면 부자의 잘못은 무엇인가?

본문에 따르면 부자는 날마다 잔치를 열어 쾌락을 누리며 남부럽지 않게 참으로 화려하게 살았다. '세마포'(fine linen)란 이집트산 세마포로서, 최고급 직물에 속한다. 부자가 자색 옷과 세마포를 입고 살았다는 것은 그가 부자일 뿐만 아니라 권세를 누린 세도가(勢道家)였음을 암시한다. 이러한 모습은 '탕자의 비유'에 나오는 둘째 아들과 유사하다고 추측된다. 그도 역시 아버지로부터 받은 재산을 다 모아 가지고 먼 나라에 가서 '허랑방탕하며'(디아스코르피조) 낭비하였는데, 그 허랑방탕한 모습이 부자와 별반 다르지 않았을 것이다. 또한 부자가 "날마다 호화롭게 즐거더라"(19절)에서 '즐기다'(유프라이노)는 어리석은 부자가 자기 영혼에게 "영혼아…먹고 마시고 즐거워하자(유프라이노, 12:19)"라고 말한 것과 일치한다. 부자가 입고 있었던 '자색 옷'(purple)은 고대 세계에서 가장 사치스런 직물로서, 주로 왕이 입었다.

부자는 이러한 호화롭고 쾌락적인 생활을 '날마다' 하였다. 이와는 대조적으로 거지 나사로는 극심한 고통 가운데 살았다. 그는 몸에 헌데가 있었다. 몸이 불편하여 제대로 거동하지도 못해, 부자의 집 대문에 누워 지냈다. 먹을 것이 너무 없어, 부자의 상에서 떨어지는 부스러기로 배를 채우려고 했다. 이렇게 거지 나사로가 극심한 고통과 가난 가운데 있었지만, 부자는 단 한 번도 바로 그의 집 대문에 누워 있는 나사로에게 자비를 베풀지 않았다. 주후 1세기 부자들은 자신들의 높은 지위, 재물, 명예를 과시하기 위해 가난한 사람들에게 잔치를 베풀어 음식을 대접하는 일이 있었다. 이런 일이 드물게 있기는 하였지만 가난한 자들에게는 배고픔을 면할 수 있는 좋은 기회였다. 그런데 이 부자는 매일 호사스럽게 살면서도 거지 나사로에게 긍휼을 베풀지 않았던 것이다.

25절에서 아브라함이 한 말은 부자가 이 땅에서 좋은 것을 누리고 살면서도 가난하고 병든 자를 돌보지 않으면 음부에 가게 된다는 것을 보여준다. 부자는 자신의 재산으로 가난한 자를 구제해야 한다. 좋은 것, 즉 재산을 자기만을 위해 누리면서 살아서는 안 된다는 것이다. 부자가 아브라함에게 나사로를 자기 형제에게 보내어 증언케함으로써 그들로 회개하도록 해달라고 부탁한 것은 이 비유가 부자에 대한 강력한 경고요 재물을 가난한 자에게 베풀라는 강력한 촉구임을 보여준다.

한편 나사로는 어떻게 아브라함 품에 안길 수 있었을까? 오덕호는 매우 적절하게 설명한다. "나사로가 구원받은 사실도 가난한 사람들을 위로하거나 내세의 희망을 가지도록 격려하는 것이 아니다. 오히려 가난한 사람들이 천국에 들어간다는 것을 보여주어 사람들이 가난하게 살 수 있도록 격려하는 것이다."

당시에는 부자들이 하나님의 복을 받았기 때문에 잘 살고, 반대로 가난한 자는 하나님에게 저주를 받아 그처럼 비참한 생활을 한다고 생각했다. 그러나 이 비유는 이같은 당시의 잘못된 생각을 뒤집는다. 부자들도 구제의 삶을 살지 않으면 하나님 나라에 들어갈 수 없고, 반대로 가난한 자들도 하나님 나라에 들어갈 수 있음을 보여주는 것이다. 그리하여 이 비유를 듣는 자들로 하여금 자기 것을 나누며 살아가도록 촉구한다(오덕호, 「값진 진주를 찾아서」, 545~546).

예수님이 그러하셨듯이 예수님의 제자들에게 있어서 가난은 '자발적 가난', 즉 구제를 통해 좀 더 가난하게 살아가는 것이다. 이 점을 차정식은 적절하게 지적하고 있다. "예수의 가난을 특정 계층의 이해관계를 대변하기 위한 배타적 제스처나 가난의 현실 자체를 미화하는 이상주의자의 구호로 파악하는 것은 옳지 않다. 예수와 그의 추종자들이 당시 유대교 내에 상존하던 가난의 정서에 동참한 점이 있다면 이는 형제애적 나눔과 베풂의 차원에서 추구된 자발적 가난의 유형에 가깝다. 그리고 그 가난은 하나님의 나라에 동참하기 위한 겸비한 태도로 그 의미가 심화됨으로써 단순히 물질적인 차원을 넘어선 것이다."

사도행전에 나타난 구제 신학

누가복음과 사도행전이 동일한 저자에 의해 기록되었기에 두 저서는 공통된 신학 주제를 보인다. 여기서는 간략하게 사도행전에 나타난 구제 사상을 정리해보고자 한다.

1. 초대교회의 구제 실천(2:44~45)

예루살렘 초대교회 성도들은 "모든 물건을 서로 통용하고 또 재산과 소유를 팔아 각 사람의 필요를 따라 나눠" 주는 생활을 했다. 여기서 '팔다'에 해당되는 헬라어 동사 '에피프라스콘'은 지속적, 반복적 행동을 나타내는 미완료 시제다. 따라서 45절은 한번에 자기의 재산과 소유를 다 팔아서 처분하였다는 뜻이라기보다는 필요한 경우가 생기면 그 때마다 성도들이 자신의 소유를 팔아서 나눈 것으로 이해하는 것이 옳다. 마가 요한의 어머니 마리아가 여전히 집을 가지고 있었던 것도 당시에 초대 교인들이 일시에 자기의 전재산을 팔아 교회에 내놓은 것이 아님을 보여준다. 그러나 마리아는 자기 집을 집회 장소로 사용케 하였다. 이런 점에서 초대 예루살렘 교회는 재산을 공유했던 쿰란 공동체와는 구분된다. 쿰란 공동체의 정회원이 되면 공동체에 개인 재산을 헌납해야 했다. 그 이유는 평등의 이념을 이루기 위해서라기보다는, 성결에 대한 높은 기준 때문이었다. 그들은 돈이 하나님의 택한 백성이 되는 데 방해물이 된다고 보았던 것이다. 부에 대한 증오심은 결국 부자에 대한 적대감으로 나타났다. 에비온주의자들(Ebionites)은 쿰란 공동체보다 한

술 더 떠 가난을 자기 종파의 정체성으로 삼았다. 이들은 물과 소금, 딱딱하게 굳어진 빵을 함께 나누는 공동 식사를 행했다.

예루살렘 교회 성도들의 자발적인 구제행위로 인해 그들 가운데는 가난한 사람이 없게 되는 놀라운 일이 이루어졌다. 이것은 여호와 하나님의 말씀을 듣고 순종하면 "네가 반드시 복을 받으리니 너희 중에 가난한 자가 없으리라"(신 15:5)는 말씀의 성취로 볼 수 있다. 주께서 구원 받는 사람을 날마다 더하게 하신(2:47) 이유는 예루살렘 교회 성도들이 하나님의 은혜와 성령으로 충만하였을 뿐만 아니라 자발적으로 가난한 자들을 구제하는 일에 힘썼기 때문임을 기억해야 한다. 여기에 교회 부흥의 비결이 있다.

2. 바나바의 구제(4:36~37)

누가는 자기 밭을 처분하여 교회에 바쳐 구제를 실천한 모범적 인물로 바나바를 제시한다. 바나바는 자기 밭을 팔아 받은 그 돈을 속임없이 "사도들의 발 앞에 두었다"(4:37). 그런데 바나바는 레위인이었다. 구약에 따르면 레위인은 땅을 개인적으로 소유할 수 없었다. 일부 학자들은 이 규정이 신약시대에는 통용되지 않았으며, 레위인들도 개인적으로 재산을 소유할 수 있었다고 주장한다. 그러나 일부 학자에 따르면 이 규정은 여전히 유효하였고, 그렇다면 레위인이었던 바나바가 가지고 있었던 밭이란 자신이 죽으면 묻힐 무덤이었을 것으로 본다. 후자의 견해를 따르면 바나바는 자신의 무덤으로 사용할 땅까지 팔아 교회에 바친 것이다!

바나바가 이렇게까지 자기 것을 아낌없이 내놓을 수 있었던 것은 그가 "착한 사람이요 성령과 믿음이 충만한 자"(행 11:24)였기 때문일 것이다. 우리는 바나바가 자기 밭을 팔았다는 보도 직전에 사도들이 큰 권능으로 주 예수의 부활을 증거하였다는 보도(4:33)에 주목할 필요가 있다. 여기서 권능이란 병을 고치는 이적 등을 말한다. 사도들은 성령이 주신 놀라운 능력을 드러내면서 복음을 전하였던 것이다. 이것을 본 사람들이 큰 은혜를 받았다. 그러자 그들이 자기 밭과 집을 팔아 얻은 돈을 "사도들의 발 앞에"(4:35) 두었고,

사도들은 각 사람의 필요에 따라 나눠주었던 것이다. 이런 일을 한 사람의 대표적인 모델이 바나바였던 것으로 보인다.

그러나 아나니아와 삽비라는 자기 소유를 팔아 얻은 돈 가운데 일부를 감추고, 나머지만 "사도들의 발 앞에 두었다"(5:2). 바나바는 성령충만한 가운데 기쁨으로 이 일을 행했다면, 아나니아와 삽비라가 한 일은 성령을 속이고(5:3), 주의 영을 시험하는 것(5:9)이었다. 오히려 그들은 '사단이 그 마음에 가득한 자'였다(5:3). 그 결과는 비참한 죽음이었다.

3. 7명의 지도자를 세운 이유

예루살렘 교회 안에서 물질 문제는 아나니아와 삽비라의 문제로 그치지 않았다. 6:1~7은 교회 공동체가 하나가 되는 데 물질의 문제가 매우 중요함을 보여준다. 갈등의 원인은 교회 안에서 히브리파 과부들에 비해 헬라파 과부들이 매일의 구제에 빠지게 된 일이었다. 그 이유는 제자들(여기서는 성도)의 수가 더 많아지면서(1절) 실수로 헬라파 과부들이 혜택을 받지 못하게 된 것인지, 아니면 교회 재정이 고갈되어갔기 때문인지는 확실하지 않다.

이 문제에 대해 사도들은 일곱 명의 지도자를 세움으로써, 즉 제도적 장치를 통해 해결한다. 흔히 이들을 일곱 집사라고 이해하여, 오늘날 교회 내의 직제로서 '집사'의 시작으로 알려져 있지만, 실제 헬라어 본문에는 직제로서의 집사를 뜻하는 헬라어 '디아코노스'는 사용되고 있지 않다. 개역한글 성경과 개역개정 성경 역시 집사라는 말을 사용하지 않고 있다. 다만 21:8에서 "일곱 집사 중 하나인 전도자 빌립"이라고 부르는데, 헬라어 본문은 "그 일곱 가운데 하나인 전도자 빌립"이다. 이 일곱 명은 예루살렘 교회 내에 있던 헬라어파 지도자로 보아야 한다. 이들은 헬라어를 할 줄 알고, 국제적 감각을 지녔으며, 신학적으로는 예루살렘 교회 내의 바리새인들의 보수적 신학과는 달리 진보적이었다. 그 대표적인 인물이 스데반이다. 성경은 스데반이 구제하는 일에 대해 말하지 않는다. 오히려 그는 큰 기사와 표적을 민간에 행하고(6:8), 당시에 예루살렘에 있던 헬라어권 출신들의 사람들과 논쟁을 하였다. 빌립 역시 사마리아에 전도하러 갔다.

어쨌든 이 일곱 명은 구제하는 일을 위해 선출된 것은 사실이다. 그런데 구제하는 일을 담당할 자를 선출하는 기준이 경영 능력이 아니라 믿음과 성령 충만이었음에 주목해야한다(6:3, 5). 교회도 세상에서 하는 일(재정 등)을 할 수 있으나, 그 일은 언제나 영적인 관점에서 이루어져야 한다는 것을 알 수 있다. 그러나 스데반이 순교하고, 교회에 닥친 박해로 인해 빌립 등이 각지로 흩어졌기 때문에 7명의 헬라파 지도자들이 재정을 담당할 수 없었다. 재정 문제는 예루살렘 교회 장로들이 담당한 것 같다(행 11:30).

4. 다비다의 구제(9:36~43)와 고넬료(10:1~3)

다비다는 선행과 구제를 심히 많이 한 여제자(마쎄트리아)였다. 이 단어는 오직 이 곳에만 나오는 단어다. 여자로서 제자라는 호칭을 들은 사람은 다비다가 유일하다. 그 이유는 무엇일까? 선행과 구제하는 일이 심히 많았기 때문이다(36절). 39절에 따르면 다비다는 재봉 기술이 있었고, 이 기술을 가지고 손수 겉옷과 속옷을 만들어 가난한 과부들에게 나눠줌으로써 이웃 사랑을 실천했던 여자였던 것 같다. 그녀가 베푼 사랑이 컸기 때문에 과부들은 그녀를 살리기 위해 베드로를 불렀고, 결국 다시 살아날 수 있었다.

다비다처럼 구제를 많이 한 사람이 다비다에 이어 소개되고 있다. 고넬료다. 고넬료는 구제를 많이 하고 항상 기도하는 사람이었다(10:2). 그의 구제와 기도는 하나님께 상달되었으며, 이러한 고넬료에게 하나님은 베드로를 보내셔서 성령의 임재를 허락하셨다.

5. 서로 돕는 초대 교회(11:27~30; 24:17)

기근으로 인해 유대에 사는 신도들이 어려움을 당하자 안디옥 교회가 이들을 돕는다. 국제적인 차원에서 행해진 구제를 통해 교회 공동체가 하나되는 모습을 보여준다.

5 누가복음에 나타난 예수님의 기도

목회자가 가장 많이 사용하는 말 중에는 "기도 많이 하세요"와 "기도하겠습니다"가 있다. 어떤 목회자 모임에서 입술로 범하는 가장 빈번한 범죄가 기도 약속에 대한 부도 수표임에 의견을 모으고 깊이 회개한 적이 있다. 비단 목회자뿐 아니라 어떤 결정을 내리기 전에 생각할 시간을 가지는 의미로도 "기도해 보겠습니다"란 말을 많이 사용하는 경우를 본다. 우리에게 가장 필요한 것임을 알면서 항상 부족한 것 중의 하나가 바로 기도가 아닐까 한다.

기독교의 영성을 주도해 온 사람들 중에 깊은 기도의 습관을 체득하지 않은 사람은 없는 것 같다. 토머스 머튼, 헨리 나우웬, 리처드 포스터 등과 같은 영성 관련 저술가는 말할 것도 없고, C. S. 루이스 같은 탁월한 변증학자도 꾸준한 기도를 몸에 익힌 사람이었다. 루이스는 매일 아침 한 시간씩 걸어가 아침 7시에 하는 대학 캠퍼스의 기도 모임에 참석했다고 한다.

꾸준한 기도를 강조하는 누가

그러나 막상 꾸준한 기도를 익히는 것은 쉽지 않다. 예수님을 따르던 제자들도 기도의 방법에 관해 질문했었다. '선생님, 어떻게 기도해야 합니까? 기도하는 법을 알려 주십시오'(눅 11:1). 물론 예수님은 기도의 방법과 내용에 대해 비유와 주기도문을 통해 알려 주셨지만, 예수님 생애 전체를 통해서도 꾸준히 기도하는 모습을 보여 주셨다.

사복음서가 모두 예수님의 기도에 대해 언급한다. 그러나 다른 세 복음서에 나타난 기도에 대한 가르침을 모두 합쳐도 누가복음만큼 조직적이며 상세한 예수님의 기도관(觀)을 찾아내기는 어렵다. 그래서 흔히 예수님의 기도 신학은 누가복음을 중심으로 심도 있게 다루어져 왔다.

기도는 훈련이다. 지식적인 깨달음 자체가 훈련을 의미하지 않는다. 지식적인 깨달음 없이도 반복되는 훈련을 통해 기도의 사람이 된 경우가 많다. 필자가 섬기는 교회에는 목회자보다 더 많이 그리고 더 꾸준히 기도하는 성도들이 있다. 그러나 누구나 쉽게 기도의 사람이 되는 것이 아니며, 기도하는 시간이 많다고 항상 바르게 기도하는 것도 아니다. 따라서 예수님께서 모델로 보여 주시고 직접 가르쳐 주신 기도에 대한 교훈을 분명히 알 필요가 있다.

분명한 지식은 정보 이상의 의미가 있다. 깨달음은 대부분 바른 지식의 습득에서 시작된다. 필자는 기도 훈련을 많이 받은 목회자라기보다는 신학의 훈련에 익숙하다. 그러나 누가복음에 나타난 예수님의 기도에 대한 연구는 나에게 기도를 훈련하는 가장 중요한 지침서가 되었다. 누가복음에 나타난 예수님의 기도를 바로 깨달음으로 지금은 전보다 조금 더 깊게 그리고 꾸준히 기도하게 되었음을 감히 밝힐 수 있다.

누가복음에 나타난 예수님의 기도는 모범적인 천국 백성의 삶의 핵심에 기도가 있으며, 또한 기도는 온전히 아버지의 뜻을 이루는 근간임을 밝힌다. 누가복음은 예수님을 따르는 제자들에게 기도가 필수 불가결한 것임을 천명하고, 아주 구체적으로 '어떻게', '무엇을', '왜' 기도해야 하는지도 가르쳐 주고 있다. 이 글을 읽는 독자들도 예수님이 가르쳐 주시는 기도를 통해 기도를 훈련하고 기도의 사람이 되기를 바란다.

누가의 기도 신학에 대한 견해들

누가복음에 나타난 예수님의 기도는 크게 두 가지 부류다. 하나는 예수님의 기도 생활에 관련된 것이고, 다른 하나는 기도에 대한 가르침이다. 두 부류 모두 다른 복음서들에 비해 독특하고 조직적이어서 누가가 예수님의 기도에 특별한 관심이 있었음을 분명히 드러낸다. 물론 누가복음은 '기도'와 관련된 용어 사용도 훨씬 빈번하며,[1] 예수님께서 기도하시는 모습도 예수님의 사역에서 중요한 자리가 되는 곳에는 어김없이 기록된다.[2]

편집 비평이 성행하던 1960년 이후 누가만이 예수님의 기도를 강조한 데 대한 신학적 이유를 규명하는 논문이 지속적으로 출간되었다. 오토(W. Ott)가 처음으로 이 문제를 다룬 데 이어 해리스(O. G. Harris)가 학위 논문을 같은 주제로 썼다.[3] 이 둘은 서로 다른 견해를 주장하는데, 오토는 누가의 기도 신학은 누가 신학의 핵심인 구속사를 보여 주는 한 맥을 이룬다고 주장했다. 그 근거로 누가가 기록한 예수님의 기도는 구속의 역사를 이루기 위한 중요한 사건마다 빠짐없이 등장한다는 점이다. 그의 관찰은 누가복음을 대충만 훑어 보아도 타당함을 알게 된다. 예수님의 세례 때도, 가이사랴 빌립보에서 베드로가 고백할 때나 변화산에서도 예수님이 기도하신 것을 누가만 기록하고 있기 때문이다.

문제는 누가복음이 기록하는 예수님의 기도는 이렇듯 예수님의 기도 생활에 관한 것뿐 아니라, 직접적인 가르침도 다른 복음서보다 훨씬 풍부하다는 것이다. 해리스는 오히려 후자를 중요시하여, 누가가 예수님의 기도를 강조한 것은 신학적인 이유라기보다 실천적인 이유라고 주장한다. 구체적으로 기도하는 이유, 방법, 내용을 가르쳐 주기 위함이지, '구속사'란 신학적 관점을 제시하기 위함이 그 주된 목적이 아니라는 주장이었다.

이후에 출간된 소논문이나 단행본, 학위논문 대부분은 이 둘의 견해 중 하나를 견지하거나, 둘 중 하나를 주된 관심으로 보고 다른 하나는 보조로 보는 시도였다.[4] 필자는 2000년 *Journal for the Evangelical Theological*

*Society*에 출간한 소논문에서 누가복음에 나타난 예수님의 기도와 관련된 구절은 크게 기도 생활을 보여 주는 구절과 기도에 대한 구체적인 가르침을 담은 구절로 나눠지지만, 이 두 부류는 모두 예외 없이 하나님나라와 십자가 그리고 제자도와 관련되어 있음을 증명했다.[5] 이를 통해 누가복음은 예수님의 제자는 기도를 통해 도래할 하나님나라를 준비하고 이루는 것이며, 이는 이미 도래한 하나님나라에 속한 모든 성도에게 요구되는 것임과 동시에 이들이 누리는 축복이다. 오토가 발견한 '신학적' 관점과 해리스가 주장한 '실천적'인 요소가 궁극적으로는 조화를 이루고 있음을 보였다.

누가가 이해한 예수님의 기도는 신학적이며 동시에 실천적이다. 힘있는 실천은 견고한 신학적 이해 위에 서 있다. 반면, 실천적 의미가 없는 신학은 초대 교회 리더들의 관심이 아니었다.

예수님의 기도하시는 모습을 통한 고찰

바울은 쉬지 말고 기도하라고 권면한다(살전 5:17). 그러나 그의 편지 중에 실상 자신의 기도 생활에 대한 언급은 없다. 예수님의 기도에 대한 가르침은 예수님께서 실제로 기도하시던 모습과 정확하게 일치한다. 예수님은 사명을 이루기 위한 인생의 고비 때마다 그리고 예수님의 사명이 드러나는 의미 있는 순간마다 어김없이 기도하고 계셨으며, 이런 사건들은 기도를 배경으로 일어나고 있음을 보여 준다.

공생애를 시작하면서 세례를 받을 때도, 사역이 바삐 진행되어 점점 유명세를 타고 있을 때도, 대를 이어 사역할 열두 제자를 뽑기 전에도, 베드로의 고백을 듣고 수난을 처음으로 예고하던 때도, 변화산에서 미래에 있을 하나님나라의 영광을 미리 보여 줄 때도, 그리고 수난을 준비하면서, 마지막으로 십자가 상에서도 예수님의 기도는 쉬지 않고 드려지고 있다. 이런 기도들은 예수님께서 당신의 소명을 이루기 위해 아버지의 뜻에 집중하게 한다. 하나님나라를 이루는 삶은 지속적인 기도 없이는 불가능함을 보여 준다.

1. 예수님이 세례받으실 때 드린 기도

"백성이 다 세례를 받을새 예수도 세례를 받으시고 기도하실 때에 하늘이 열리며"(눅 3:21).

예수께서는 세례를 받으신 직후 기도를 시작하셨고 이 기도는 하늘에서 "소리"가 있을 때까지 계속된다. 또한 이 기도는 성령과도 연계되어 있다. "기도하실 때"에 해당하는 원어는 현재형 분사(participle)인데, 성령께서 오신 것이 세례받을 때가 아니라 기도하실 때임을 보여 준다. 언뜻 보기에는 예수께서 받으신 세례는 십자가 및 하나님나라와 무관해 보인다. 그러나 예수님의 세례에 언급된 성령은 하나님의 나라와 세례를 연결하는 고리가 된다.[6]

오스카 쿨만에 의하면, 예수님은 지상 사역을 하시는 동안 세례를 베풀지 않으셨다(요 3:26; 4:2). 예수님이 의도하셨던 세례는 당신의 죽으심과 부활에의 연합이기 때문에, 진정한 의미의 세례는 예수님의 사역이 완성된 후에야 가능했기 때문이다.[7] 따라서 예수님의 세례는 사역의 시작일 뿐 아니라, 예수님 사역의 마지막을 미리 보게 한다. 예수님 사역의 마지막은 십자가며, 이를 통해 하나님나라는 힘있게 도래한다. 예수님의 기도는 단순히 첫 시작에 드려진 헌신일 뿐 아니라, 사역 전체를 향한 기도라고 보아야 한다.

세례 때 드렸던 예수님의 기도와 짝을 이루는 기도가 누가의 기록 가운데 한 번 더 나온다. 사도행전 7장에 있는 스데반의 기도다(행 7:55~56, 60). 스데반의 기도는 예수님이 세례 중에 드렸던 기도 및 마지막으로 십자가 상에서 드렸던 기도(눅 23:34)의 반복인 듯하다. 세례 때처럼 하늘이 열렸고,

십자가 상의 기도처럼 타인의 무지에 대한 용서를 구했다. 결과적으로 복음이 불신의 세계로 확대되는 놀라운 선교의 장(場)을 연다.

세례 때 드려진 기도의 의미는 십자가 상에서의 기도와 연결하여 이해해야 한다. 곧 예수님 사역의 전모를 보여 주는 것이다. 이는 하나님나라의 실현이다.

2. 예수님의 반복적인 기도 생활

"예수의 소문이 더욱 퍼지매 허다한 무리가 말씀도 듣고 자기 병도 나음을 얻고자 하여 모여 오되 예수는 물러가사 한적한 곳에서 기도하시니라"(눅 5:15~16).

본문은 예수께서 일상 가운데 반복적으로 하셨던 기도 생활의 모습을 담고 있다. "물러가사"와 "기도하다"의 시제는 현재형이며 be동사와 함께 사용되어 반복적인 상태를 묘사하는 분사다(Jesus was [in habit of] retiring … and praying). 물론 이 기도의 목적은 헛된 명성에 현혹되지 않기 위함이었다. 십자가를 지시기 위해 철저히 준비하는 모습이다. 예수께서 한시라도 사람의 환호에 관심을 두셨다면 그만큼 십자가의 길은 어려웠을 것이다. 기도는 하나님께로부터 받은 목적에 마음을 고정하게 만들고 세상의 현혹에 이끌리지 않게 한다.

그런데 누가복음 5:16은 단순히 명성을 멀리하려는 의도 이상이다. 만약 그것이 목적이었다면, 누가는 이런 예수님의 기도 모습을 누가복음 4:42(막 1:35와 평행구)에 삽입했어야 한다. 그러나 누가복음 4:42에는 예수님의 모습이 언급되지 않았다. 따라서 누가복음 5:16은 명성에 현혹되지 않기 위함인 동시에 뒤따르는 일련의 시련을 준비하기 위한 기도임을 알 수 있다(눅 5:17~26; 27~39; 6:1~11, 특히 눅 6:11은 십자가의 미리 보기다). 이런 이해는 누가복음이 겟세마네에서 기도하는 예수님의 모습을 다른 복음서보다 상세하게 기록한 것과 맥을 같이한다. 누가는 또한 기도의 목적이 "시험에 들지 않기 위함"임을 분명히 한다(눅 22:32).

성도들의 기도도 예수님의 기도처럼 일상 생활 중에 쌓여야 한다. 기도에 훈련된 사람은 세상의 일과 칭찬 혹은 비난에 현혹되거나 낙심하지 않는다. 관심과 목적이 뚜렷하다. 또한 일상 생활에서 쌓인 기도는 고난을 대비한다. 고난이 피해 가는 것이 아니라, 고난을 당당히 맞이할 힘과 지혜를 공급받는다. 고난의 의미를 알고, 고난을 넘어서 인생의 목적을 알기 때문이다.

3. 열두 제자를 세우기 전에 드린 기도

"이때에 예수께서 기도하시러 산으로 가사 밤이 맞도록 하나님께 기도하시고 … 예수를 파는 자 될 가롯 유다라"(눅 6:12, 16).

예수님께서는 밤새도록 기도하신 후에 열두 제자를 택하신다. 누가복음 6:12의 기도는 열두 제자의 선택을 준비하는 기도인 셈이다.[8] 누가복음에서 열두 제자의 역할은 다른 공관복음서에서보다 더 중요하다. 누가복음이 예수님의 미션을 주제로 한다면, 사도행전은 교회의 미션을 보여 준다. 예수님의 미션을 이어받아 교회의 미션을 이루는 사람들이 제자들이기 때문이다.

그러나 본 절에 기록된 예수님의 철야기도는 더 깊은 의미를 담고 있다. 누가복음의 흐름에서 볼 때 누가복음 5:16에 기록된 예수님의 정규적인 기도 생활에 관한 기록과 본 절 사이에는 예수님을 반대하는 무리들의 반발이 점점 거세짐이 나타난다. 이런 흐름의 정점이 누가복음 6:11이다. "저희는 분기가 가득하여 예수를 어떻게 처치할 것을 서로 의논하니라." 본 절의 철야 기도는 생명의 위협을 느끼면서 드린 것이다.

예수님의 생명을 위협하던 당시의 상황은 실제적이며 또한 상징적이다. 상징적이란 말은 앞으로 지실 십자가에 대한 '미리 보기'란 의미다. 그래서 열두 제자를 선택한 시기가 우리의 관심을 끈다. 예수님은 반대자들의 위협 속에서 결국 당하실 죽음을 예견하면서, 죽으심 이후에 있을 "교회의 미션"을 위해 열두 제자를 부르셨음을 보여 주신 것이다. 이런 관점에서 보면 누가복음이 기록하는 열두 제자의 선택이 마태복음의 그것과 다른 문맥에 있는 이유를 알게 된다. 누가는 보다 선명하게 열두 제자의 임무를 암시하고 있다.

한 가지 더 관심 있는 사실은 열두 제자의 이름 목록 중에 부연설명이 붙은 사람은 베드로와 유다뿐이라는 점이다. 베드로에게 붙은 설명은 베드로의 다른 이름이지만, 유다에게 붙은 설명은 그가 할 역할 곧 "예수를 팔" 것에 관한 예언을 담고 있다. 유독 유다에게만 설명을 붙이는 이유가 무엇일까? 열두 제자의 선택이 예수님의 죽음과 연결되었다는 의미다.

4. 베드로의 고백을 듣기 전에 드린 기도

"예수께서 따로 기도하실 때에 제자들이 주와 함께 있더니 물어 가라사대 무리가 나를 누구라고 하느냐"(눅 9:18).

가이사랴 빌립보에서 했던 베드로의 고백은 예수님 사역의 새로운 국면을 여는 계기가 된다. 이 고백 직후 예수님은 당신의 수난을 분명히 예고하시며, 세상을 향한 가르침보다는 제자들을 향한 가르침에 몰두하심으로 당신의 죽으심 이후를 대비하기 시작한다. 누가는 베드로의 고백 직전에도 예수님께서 기도하셨음을 기록한다.

예수님이 드리셨던 기도의 의미를 파악하기 위해서, 베드로의 고백 사건에 관하여 누가가 독특하게 이해한 부분을 살펴보자(비교, 막 8:32~33). 누가는 마가와는 달리 베드로의 무지한 간청과 이에 대한 예수님의 꾸지람을 기록하지 않고 있다("베드로가 예수를 붙들고 간하매 예수께서 돌이키사 제자들을 보시며 베드로를 꾸짖어 가라사대 사단아 …"). 그것은 한때 베드로가 무지한 간청을 드렸지만, 기도하는 예수님 때문에 궁극적으로 베드로가 한 고백이 성취됨에 역점을 두었기 때문이다.

예수님의 기도는 또한 '제자도'의 가르침과도 연결되어 있다. 예수님께서 베드로의 고백을 듣기 위해 기도하신 것은 또한 제자들에게 십자가를 지는 삶을 날마다의 삶에서 실천할 것을 가르치시기 위한 기도이기도 하다. 롱게네커는 누가복음이 강조하는 제자도의 핵심을 누가복음 9:23에서 찾았다.[9] 그는 누가가 평행구인 마가복음 8:34에 "날마다"를 삽입함으로 십자가의 도를 생활 중에 적용하였음을 지적한다.

누가는 예수님의 기도를 십자가와 연결하는데, 수난으로서의 십자가뿐 아니라, 성도들이 생활에서 지는 십자가와도 연결한다. 결국 기도의 신실한 삶은 십자가를 삶의 현장에서 지는 실천적인 삶을 의미한다.[10]

5. 변화산에서 드린 기도

"예수께서 베드로와 요한과 야고보를 데리시고 기도하시러 산에 올라가사 기도하실 때에 용모가 변화되고 그 옷이 희어져 광채가 나더라"(눅 9:28~29).

누가는 변화산 사건도 기도의 맥 안에서 이해했다.[11] 기도와 변화의 장면을 연결시킴으로, 예수님의 변화는 기도 중에 일어났음을 보여 준다. 누가가 기록한 변화산 사건을 마가의 기록과 비교하여 보면, 역시 첨가된 부분이 있다. 31절이다. "영광 중에 나타나서 장차 예수께서 예루살렘에서 별세하실 것을 말씀할 새." 변화산 사건은 예수님이 받으실 부활의 영광을 예표하지만, 그 영광은 수난 없이 얻어진 것이 아님을 보여 준다. 우리말 번역의 '별세'는 직역하면 '길로 들어선다'는 의미다. "예루살렘에서 이룰 그 길에 들어선다"란 뜻이다. 변화산에서 드린 예수님 기도의 의미를 정리하면, 기도는 당신이 최종적으로 이루실 십자가와 하나님나라를 준비하는 방편이며, 또한 이루는 과정이었다.

6. 베드로를 위한 예수님의 중보기도

"시몬아, 시몬아, 보라 사단이 밀 까부르듯 하려고 너희를 청구하였으나 그러나 내가 너를 위하여 네 믿음이 떨어지지 않기를 기도하였노니 너는 돌이킨 후에 네 형제를 굳게 하라"(눅 22:31~32).

누가만이 기록하고 있는 베드로를 위한 중보기도는 예수님의 제사장적 사역을 보여 준다(비교 요한복음 17장). 이 기도도 앞서 살핀 기도처럼, 예수께서 지실 십자가를 위한 준비며 제자들을 세우기 위함이었다. 바로 뒤따르는 34절은 베드로의 예수님 부인을 예견하고 있다.

베드로를 위한 중보기도는 실패한 베드로가 예수께서 십자가를 지신 후에 다시 회복되어 주님의 일을 할 수 있도록 중보하는 기도라고 보아야 한다. 누가복음 22:29~30은 이런 의미를 더욱 분명히 한다. "내 아버지께서 나라를 내게 맡기신 것같이 나도 너희에게 맡겨 너희로 내 나라에 있어 내 상에서 먹고 마시며 또는 보좌에 앉아 이스라엘 열두 지파를 다스리게 하려 하노라." 예수께서 베드로를 위해 중보하신 것은 장차 그에게 맡기려는 사역을 위해서이며, 이것은 예수께서 십자가를 지신 이후에 도래할 하나님 나라에서 제자들이 감당해야 할 일이었다.

7. 그 밖의 기도들

누가복음에는 앞서 살핀 것 이외에도 예수님의 기도 생활에 대한 두 개의 구절이 더 있다. 겟세마네의 기도(22:39~46)와 십자가 상에서의 기도(23:46)다. 물론 이 두 구절도 마가복음과 비교하여 살펴보면 누가만의 독특한 관점이 드러나며, 이 독특성은 앞서 살핀 구절들에서 도출된 결론들과 멋지게 일치한다.[12]

누가복음에 나타난 예수님의 기도에 대한 가르침 고찰

예수님은 누가복음에서 네 번에[13] 걸쳐 기도에 대해 가르쳐 주시는데(눅 11:2~4; 5~8; 18:1~18; 21:36), 누가복음 21:36만이 마가복음에도 있으며 나머지는 누가만이 기록하고 있다. 누가복음 21:36도 마가와 비교하면 "인자 앞에 서도록 항상 기도하며"가 추가되어 있어 기도에 대한 가르침임을 분명히 한다. 이 네 가르침을 종합하여 보면 기도에 대한 균형 있는 가르침을 추출해 낼 수 있다. 두 개의 비유는 기도하는 방법(manner)에 대해서, 주기도문은 기도의 내용(content)에 대해서, 그리고 누가복음 21:36은 기도해야 하는 이유(reason)에 대해서 가르쳐 준다.

누가복음은 기도에 대해 구체적이며 종합적인 가르침을 통해 예수님의 참 "제자"가 되려는 데 기도가 차지하는 중요성을 강조한다. 특히 누가복음은 기도를 하나님나라에 대한 가르침과 깊게 연결함으로 제자들의 필수 조건으로 제시한다. 기도에 대한 가르침의 핵심은 하나님나라에 속한 제자들은 쉬지 말고 기도해야(persistent prayer) 하는데, 이는 예수님의 생애가 하나님나라를 이 땅에 도래시키기 위해 쉬지 않고 기도하셨던 모습에서 그 모델을 찾을 수 있다는 의미다.

일부 학자들은 누가가 강조한 기도 신학이 다가올 천국을 준비하는 방편으로 이해했다고 주장하지만 이것은 누가 신학을 반 정도 이해한 것이다. 누가는 이미 도래한 하나님나라에 속한 하나님의 백성들이 도래할 하나님의 나라를 기대하면서 살아가는 가장 본질적인 신앙생활의 모습(자세)으로 지속적인 기도를 제시한다.

누가복음 11:2~4에 나타나고 있는 주기도문은 기도의 모델을 가르쳐 달라는 제자들의 요청에 예수님께서 주신 것이었다(11:1). 이 기도를 통해 예수님은 제자들이 드려야 할 기도의 내용을 명확하게 밝혀 주신다. 주기도문에는 다섯 개의 간청이 있는데 처음 둘은 "당신의"가 중심이며, 다음 셋은 "우리에게"가 중심이다. 특별히 "당신의" 기도는 하나님나라가 이미 도래하였음을 보여 준다.

독일 신학자 예레미야스는 주기도문의 원형을 복원하려고 힘썼다. 그가 제시한 원본과 누가복음의 주기도문을 비교하면 누가복음의 주기도문은 확실히 현재적 측면이 강조되어 있다.[14] 그렇다고 미래에 대한 이해가 모두 없어진 것은 아니다. 학자들은 누가복음 11:13을 주기도문을 포함한 기도에 대한 가르침의 종결절로 본다. "너희가 악할지라도 좋은 것을 자식에게 줄줄 알거든 하물며 너희 천부께서 구하는 자에게 성령을 주시지 않겠느냐 하시니라." 우리의 기도에 대해 하나님께서 주실 선물이 "성령"임을 강조한다. 즉 "성령"은 도래할 하나님나라를 상징한다. 최종적인 승리는 성령께서 주시는 선물이기 때문이다.

요약하면, 누가가 이해한 주기도문의 의미는 제자들에서 꼭 필요한 기도의 내용을 제시함으로 제자들이 이미 도래한 하나님나라와 도래할 나라 사이의 기간을 어떻게 살아갈 것인가를 가르쳐 준다.[15] 주기도문은 이미 경험한 구원이 현재에 반복적으로 확인되기를 간구하는 것이며, 미래에 최종적으로 이루어질 것을 기도하는 것이다.[16] 첫 번째 "당신의" 기도에 있는 "아버지여" 또한 이미 하나님의 통치가 이 땅에 임했음을 전제하고 있다. 두 번째인 "하나님나라"에 대한 부분은 더욱 명백하게 기도와 하나님나라를 연결시킨다. 이미 도래한 하나님나라를 전제하여 그 통치의 온전함이 이루어지기를 간구하고 있는 것이다.

누가복음 11:5~13의 강청기도의 비유에서 주는 가르침은 지속적인 기도다. 물론 한밤중에 이웃집 문을 두드리며 무엇인가를 달라는 것은 예의에서 크게 벗어난 것이지만, 그럼에도 불구하고 지속적으로 구하는 모습 속에서 제자들이 익혀야 할 기도의 진수가 포함되어 있음을 보여 준다. 제자는 기도 중에 바른 것을 구해야 한다. 그러나 고상한 것만을 구해야 하는 것은 아니다. 기도를 많이 그리고 힘있게 하는 사람일수록 기도 중에 다양한 것을 구한다. 심지어 사소한 것까지도 구하는 기도의 습관이 기도의 사람을 만든다.

누가복음 11:9~10은 우리에게 지속적으로 구하고, 찾고, 문을 두드려야 얻을 수 있음을 교훈한다. 하나님은 주시려고 준비되어 있으시기 때문이다. 그러나 9절을 보면 우리가 얻게 되는 것은 불특정 주어인 "그것"(it)이지 우리가 구한 바로 그것은 아니다. 하나님은 주시지만, 당신이 주시려는 것을 주신다. 11~13절은 이 점을 더 분명히 한다. '구하는 자에게 성령'을 주신다고 한다. 누가는 사도행전 1:14에서도 성령과 기도를 연결한다.[17]

물론 성령의 강림은 하나님나라의 도래를 예표한다. 성도들이 지속적으로 기도하는 것이 가능하고 필요한 이유는 하나님나라가 이미 도래했기 때문이다. 이 도래한 하나님나라에서는 성령께서 지속적으로 기도하려는 성도를 붙드신다.

누가복음 18:1~8에서는 기도와 하나님나라의 연관성은 불의한 재판장과 과부의 비유에서도 분명하게 드러난다. 누가는 보통 비유를 해석하는 열쇠가 되는 구절을 명시하지 않지만 본 비유 1절에는 비유의 주제가 무엇이라는 명시가 있다("항상 기도하고 낙망치 말아야 될 것"에 관한 비유).[18] 하나님은 지속적이며 성실한 기도로 부르짖는 당신의 백성들의 부르짖음을 반드시 들으시고 속히 응답하실 것을 약속하신다. 따라서 낙심하여 기도를 쉬는 일이 없도록 하라는 가르침이다.

'불의한 재판장의 비유'는 주된 의미가 분명하지만, 끝마무리는 상당히 혼란스럽다. "인자가 올 때에 세상에서 믿음을 보겠느냐"(8b절). 우선 알아야 할 것은 본 비유가 언제 하나님나라가 올 것이냐는 바리새인들의 질문에 대한 예수님의 대답이라는 것이다(눅 17:20, "바리새인들이 하나님의 나라가 어느 때에 임하나이까 묻거늘 예수께서 대답하여 가라사대 하나님의 나라는 볼 수 있게 임하는 것이 아니요").

블롬버그는 본 비유를 통해 예수님은 기도를 하나님나라의 도래를 완성하는 한 가지 방편으로 제시하고 있다고 주장했다.[19] 예수님의 초림과 재림 사이에 약간의 시간이 존재한다. 그렇지만 재림이 막연히 연장된 것이 아니라, 언제 다가올지 모르기 때문에 성도들은 늘 준비된 자세로 살아야 하는 것이다. 낙심하여 기도를 쉬는 것은 재림에 대한 긴장을 푼 것으로 이해된다. 따라서 본 비유는 초림과 재림 사이의 기간을 살아가는 제자들에게 요구되는 것이 성실한 기도 곧 끊임없이 계속되는 기도임을 가르쳐 준다. 이렇게 성실하게 기도하는 제자가 인자가 보고 싶어하는 제자다.[20]

누가복음 21:36 역시 누가복음의 기도 신학의 주된 가르침인 꾸준한 기도와 깊이 관련되어 있다. 본 절은 기도를 통해 제자들이 항상 깨어 있을 수 있음을 가르쳐 준다. 항상 깨어 있기 위한 최고의 수단[21]은 꾸준한 기도란 뜻이다. 기도는 성도들을 끝까지 붙들고, 견고케 하며, 힘을 얻게 함으로, 다가올 미래를 바르게 준비하게 한다. 기도가 종말을 준비하며 이루는 수단임을 암시하기 위해 누가는 기도와 '인자'를 연결시킨다(눅 18:1~8; 눅 21:36; 행 7:56, 60). 기도를 통해 성도는 어느 때에 다가올지 모르는 재림을 준비할 수 있으며, 기도를 통해 재림을 두려움과 당혹으로 맞이하는 것이 아니라, 당연한 약속의 성취로 담대하게, 또 담담한 기쁨 속에 맞이할 수 있게 된다.

앞서 살핀 네 구절들을 종합하면 예수님께서 가르쳐 주신 기도는 제자들을 바로 세우기 위한 구체적인 제시임을 알게 된다. 구체적으로 "어떻게" 기도할 지를 가르쳐 주며(낙심치 말고 계속해서), "무엇을" 기도할 지를 제시하고(하나님나라), 그리고 "왜" 기도해야 하는지(지탱할 힘을 얻기 위해)를 보여 준다. 흥미로운 것은 네 개의 가르침 모두 기도와 하나님나라를 연결하고 있다는 것이다. 기도와 하나님나라는 두 가지로 관련된다. 즉 이미 이룬 하나님나라가 우리로 하여금 실망치 않고 계속 기도할 수 있게 하며, 또 오직 기도로 도래할 하나님나라를 온전히 준비할 수 있다.

누가의 기도 신학과 종말론

오토와 견해를 같이 하는 학자들이 누가의 기도 신학에서 오류를 범한 부분은 콘첼만 이래로 누가가 미래적 종말론만을 알고 있었다는 전제다. 자연히 기도는 이런 미래를 준비하는 도구일 뿐, 이미 도래한 현재적 종말이 요구하는 제자의 모습이란 측면을 충분히 제시하지 못했다. 이 점에 관해 콘(Conn)과 쉬나겐버그(Schnackenberg)[22]는 누가의 종말론에 현재적 요소가 있으며, 깨어 있으라는 명령은 미래적 종말론만으로 충분히 설명할 수 없음을 지적했다. 소위 연기된 재림(delay of parousia)은 자칫 종말에 대한 긴장을 늦추기 때문이다.

사실 다가올 일을 항상 준비하면서 오랫 동안 같은 긴장을 유지할 수 있는 사람은 거의 없다. 하나님은 성도들이 할 수 없는 일을 요구하시지 않는다. 다가올 일을 준비하면서 사는 것은 지혜롭지만, 그것만을 붙들고 사는 것은 균형을 잃은 삶이다. 예수 안에서의 축복 곧 하나님나라의 소유는 미래의 당연한 일을 준비하지만, 현재에 이미 이루어진 사실을 즐기면서 현재에 바탕을 두고 미래를 준비하는 것이다. 이미 도래한 하나님나라를 소유한 제자들에게는 도래할 하나님나라를 초조해 하면서 긴장한 가운데 맞이하는 것이 아니라, 현재를 소중하게 살아가는 균형 잡힌 긴장감이 있기에, 곧 깨어 있는 가운데 맞이하기 때문에 도래할 나라의 시기와 기다려야 할 시간의 길이가 그다지 문제가 되지 않을 것이다.[23]

누가복음의 기도에 대한 가르침은 바로 누가 신학의 종말론이 현재적 요소(이미 이루어진 것)와 미래적 요소(앞으로 이루어질 것)에 대한 균형을 이루고 있음을 보여 주는 좋은 예라고 할 수 있다.

기도 신학의 목회 적용

누가가 보여 주는 예수님의 기도에 대한 가르침의 핵심은 낙망하지 말고, 꾸준히 기도하라는 것이다. 기도 가운데, 예수님은 당신의 소명을 분명히 하셨고, 기도하면서 그 소명을 이루어 가셨다. 특별히 사역의 전환기에는 어김없이 기도하셨다. 미래가 불투명하며 큰 환난을 앞에 두고 집중적으로 하신 것도 기도였다.

기도는 제자들에게 마땅히 요구되는 것이다. 예수님의 참 제자가 되는 길은 기도의 사람이 되는 것을 필수 조건으로 한다. 이런 실천적인 교훈을 누가는 또한 신학적인 논리로 설득한다. 예수님의 제자는 스승이신 예수님의 사역을 통해 이미 이룬 하나님나라 안에서 아직 도래하지 않은 하나님의 온전한 통치를 이루기 위해 힘쓰는 사람들임을 가르쳐 주면서, 예수님이 보여 주신 제자의 모델인 십자가를 날마다 지고 가야 함을 강조한다(눅 9:23). 제자들이 날마다 지고 가야 하는 십자가에는 꾸준히 드려지는 기도가 엄연히 포함되어 있다.

기도는 성도가 하나님 앞에 깨어 있는 가장 확실한 수단이며 성도가 이 땅에서 해야 할 가장 뚜렷한 일이다. 성도의 기도는 개인적으로 드리는 예배다. 하나님은 믿는 자들을 부르셨다. 하나님께 예배드리라고 말이다.

6 누가와 바울의 성령론 비교

문제 제기와 방법론

초대 교회의 그리스도교 선교가 성공을 거둔 이유는 그들의 기독론적 경험, 즉 그들의 케리그마에 핵심적으로 자리 잡고 있던 예수의 삶과 죽음 그리고 특별히 부활신앙 때문이었다. 그러나 동시에 그 일을 가능하게 만든 중요 요소는 그들의 그리스도교적 성령 경험이었다. 그들의 성령 경험은 그리스도에 대한 사역을 능력 있는 실체로 만드는 기초가 되었고, 이 점을 인식했던 신약의 저자들은 성령의 다양한 사역을 그들의 저서를 통해 소개했다. 대표적인 예가 누가와 바울 그리고 요한이다. 그들은 초대 교회가 경험한 성령의 사건들을 다양한 상황과 환경에서 기록하고 있다.

누가는 초대 교회의 성장 과정과 선교가 확장되어가는 상황에서, 바울은 목회적인 상황에서, 그리고 요한은 다분히 신학적(기독론적)으로 성령에 대해 기술했다. 성령에 대한 신약 저자들의 이런 다양한 이해는 오늘날 우리로 하여금 성령에 대한 학문적 연구의 필요성을 요구하고 있으며 이런 필요성은 교회의 사역과 관련하여 무관하지 않을 것이다. 특히 본서는 누가와 바울의 성령론을 비교하고자 하는 것인데, 과거에 논의되어 왔던 이슈들을 중심으로 하지 않고 두 저자가 이해한 하나님나라의 개념과 관련하여 논의하고자 한다.

누가와 바울의 성령론을 비교한다는 말에는 누가를 신학자로 인정한다(바울은 말할 것도 없지만)는 가정을 전제로 한다. 사실, 과거의 누가에 대한 묘사는 신학적 관심이 없는 역사학자나, 혹은 역사에는 관심이 없는 신학자로 편중되어 설명되어 왔다. 그러나 마샬(I. Marshall)은 누가를 신학자이자 역사가로 보았고, 따라서 역사적 설명에 신학적 목적까지 두어 그의 저서들을 썼다고 주장했다.[1]

　　이러한 주장은 누가를 신학자로 인식하는 데 새로운 전환점을 가져왔다. 즉, 신학적으로 나름대로의 관점을 가지고 있기에 신학자로서의 누가를 인정해야 하고 이 방법론을 기초로 우리는 누가의 신학을 논할 수 있다는 것이다. 최근 누가의 신학적 관점을 다양한 이슈와 함께 설명하는 논문과 책들이 봇물처럼 쏟아져 나오는 것은 바로 이런 이유 때문이다.

　　이런 현상은 누가의 성령론을 이해하는 데 큰 영향을 미치게 되었다. 그동안은 주로 누가의 성령 이해를 바울의 관점에서 해석하려고 했고 따라서 신약의 성령론의 다양성보다는 하나의 통일된 관점으로 보아왔다. 다시 말하면, 구원론적인 차원을 지닌 것으로 폭넓게 특징 지워진 바울의 성령론이 초대 교회(非바울), 특히 누가의 성령론과 매우 유사하다는 것이다. 이와 같은 견해는 잘 알려진 대로 최근 던(J. Dunn)과 터너(M. Turner)를 중심으로 주장되어 왔을 뿐만 아니라 이전의 몇몇 학자들도 주장해 왔던 바다. 예를 들면, 훌(J. Hull)은 "사도행전의 저자는(그의 성령론의 이해 안에서) 바울과 진심으로 마음을 함께 하는 것처럼 보인다"고 주장한다.[2]

　　본서(그리고 본 소고)에서 필자는 다음 두 가지 논제에 초점을 맞추려고 한다. 우선 바울의 성령론이 단순히 이미 존재했던 것을 반영한다는 일반적인 관점과 반대로, 바울은 혁신자(innovator)로서 초대 교회 신학에 새롭고 중요한 무언가를 첨가시켰다는 것이다. 그는 공관복음서에 나타난 하나님 나라 개념을 중심에 놓고 있는 기독교 메시지를 그의 새로운 용어, 특히 성령의 용어로 보다 새롭고 포괄적인 방식으로 이야기한다. 환언하면, 바울은 하나님나라에 관한 예수의 가르침의 본질을 다른 방식, 즉 성령의 사역에 집중하는 방식으로 내용을 전개했다. 공관복음서에서 하나님나라가 임함으로 나타날 축복들을 바울은 그의 저술 안에서 성령의 사역의 영향으로 묘사하고 있는 것이다(예를 들면, 롬 14:17). 여기서 우리는 바울의 성령의 개념과 공관복음서에 나타난 하나님나라 개념간의 관계성에 대한 독특한 모습을 볼 수 있다.

또한 이 논제와 관련하여 필자는 특별히 누가와 바울의 저술들에서 성령이 하나님나라와 어떻게 연관되는가를 묻는다. 일반적으로 신약의 두 저자인 누가와 바울이 성령의 현존을 하나님나라의 현존과 본질적으로 같은 것으로 간주했고, 결국 이런 이해는 바울의 성령론이 누가로 대표되는 초대 교회(非바울)의 성령론과 유사하다는 결론으로 내려져 왔다. 하지만 이 논점이 바울의 경우에는 분명히 옳지만 누가의 관점에서도 옳은지를 물어야 한다.

필자는 바울이 누가보다 더욱 성령의 역할을 발전시켰으며, 모든 사람이 현재 하나님나라의 축복 안으로 들어가게 해 주는 수단으로 성령을 이해했다고 본다. 바울에게 성령 안에서의 삶은, 공관복음서의 하나님나라 안에서의 삶에 대한 축복을 설명하는 방식이 된다. 하지만 누가는 성령을 하나님나라의 개념과 관련하여 제한된 방식으로 설명한다. 이러한 구별에 대한 논의는 하나님나라의 개념과 관련하여 누가와 바울의 성령의 이해에 대한 차이점들을 해명해 줄 수 있을 것이다. 이에 필자는 본 소고에서 이 두 논제를 중심으로 본서에 대한 내용을 대신하고자 한다.

바울은 공관복음서의 하나님나라 개념을 성령 개념으로 대체했는가?

신약성경의 중심 주제 중 하나가 하나님나라인 것을 부인하는 사람은 아무도 없을 것이다. 달리 말하면 초대 교회에서 선포하는 핵심 메시지가 바로 하나님나라라는 말이다. 그런데 한 가지 궁금한 사실은 하나님나라의 개념이 공관복음서에서는 예수 그리스도의 중심 메시지로 빈번히 그리고 중요하게 기록되어 있는 반면, 바울의 서신에는 공관복음서에 비하여 아주 희박하게 기록되어 있다는 것이다. 바울은 그의 서신(여기서는 7개의 비논쟁적 서신을 중심으로 한다)에서 하나님나라라는 용어를 총 7번에 걸쳐 기록하고 있다(롬 14:17; 고전 4:20; 6:9, 10; 15:50; 갈 5:21; 살전 2:12).

이 사실은 우리에게 두 가지 해석을 하게 하는데, 하나는 아마도 바울에 의해서 쓰여진 하나님나라 개념은 그에게 신학적으로 중요하지 않았을 것이라는 것이고, 또 다른 상반된 해석은 비록 그 단어가 자주 쓰여지지는 않았지만 바울의 선포에 중요한 원리 중의 하나로 보아야 한다는 것이다. 대부분의 학자들은 후자의 견해에 동의하는 편이다. 왜냐하면 설령 그 단어가 자주 쓰이지는 않았더라도 부활 후 기독교 선포자들에게서 그리스도의 죽음과 부활로 확신된 구원의 소식, 즉 하나님나라의 소식이 근본적으로 강조되어지지 않는다는 것은 사실상 불가능하기 때문이다(참조. 고전 15:3~11).

그렇다면 바울은 왜 그 개념을 사용하는 것에 상당한 주의(caution)를 기울였을까? 대표적으로 두 가지 원인을 살펴볼 수 있다. 첫째, 하나님나라(바실레이아 투 테우)가 팔레스타인에 있는 유대인들에게는 익숙한 개념이었지만, 대다수 바울의 독자층인 헬라인 독자들에게는 훨씬 덜(less) 익숙한 개념이었기 때문일 것이다. 다시 말하면 개인주의와 인본주의에 깊이 영향을 받은 헬라인들에게 하나님나라라는 개념은 큰 의미를 주지 못했기 때문이다. 둘째, "왕" 혹은 "왕국"이라는 단어가 바울의 선교지였던 도시 중심의 그레코-로마 상황에서 쓰여지기에는 민감했기 때문이다. 왜냐하면 그 단어 속에는 정치적인 뉘앙스가 있었고 자칫 잘못하면 로마의 정치가들과 권력자들에게 오해를 불러 일으킬 위험이 있었기 때문에 바울은 그 단어의 사용을 자제했을 것이다.

그렇다면 바울은 이 중요한 하나님나라 개념을 어떻게 이해하고 다루었으며 또한 선포했을까? 그는 혹시 다른 유사한 개념으로 환언하여 사용하지 않았나? 즉, 바울이 하나님나라의 기본적인 의미와 개념은 보존하되 언어를 다른 것으로 선택하여 썼지 않았느냐 하는 것이다. 사실, 이와 같은 신학적 방법론은 널리 알려져 있으며 특히 융겔의 설명은 도움이 된다. 융겔에 의하면 바울이 예수의 가르침을 다루는 방법 중의 하나가 다른 언어, 그러나 공통된 신학적 관점, 즉 비록 표현된 언어는 다르지만 그 다른 단어들 속에는 신학적으로 공통된 요소가 있음을 지적했다.[3]

이에 필자는 하나님나라 개념이 바울에 의해 성령의 개념으로 발전했을 가능성을 본 단락에서 밝히고자 하는데, 이 문제를 풀기 위해서 다음 세 가지 점을 고려해 보아야 한다. 첫째, 공관복음서에 쓰인 하나님나라와 바울서신에 쓰인 성령 언어의 통계적 분석, 둘째, 두 개념의 종말론적 구조의 유사성, 셋째, 바울에게 성령 안에서의 현재적 삶과 공관복음서의 하나님나라 안에서의 현재적 삶의 유사성이다.

1. 통계적 분석

공관복음서에 쓰인 하나님나라와 바울 서신에 쓰인 성령 언어의 통계적 분석을 보면 놀라운 사실이 발견된다. '하나님나라'가 공관복음서에 약 92번 쓰였는데 반해 바울서신에는 7번밖에 쓰이지 않았다. 또한 '성령'이라는 단어는 공관복음서에 13번 정도 쓰인 반면 바울은 그 단어를 무려 110번 이상 사용하고 있다는 것이다. 이런 통계를 통해 알 수 있는 사실은 – 비록 그것이 절대적이지는 않지만 – 예수께서 가르치신 하나님나라의 사상을 바울은 성령의 개념으로 대체해서 썼을 가능성을 한편으로 보여 준다.

2. 두 개념 사이의 종말론적 구조의 유사성

공관복음서에 기록된 하나님나라는 예수의 오심과 사역으로 미래적 개념의 하나님나라가 현재화되어진다. 유사하게 바울에게 성령 역시 성도들의 현재 삶속에서 장차 올 것에 대한 첫 보증(아라본)으로 묘사된다.

1) 바울의 성령

유대 종말론의 영향으로 주로 미래 중심이던 바울의 종말론적 사상이 현재적 차원으로 바뀌는 것을 그의 서신을 통해서 알 수 있다. 어떤 영향으로 그의 종말론적 사상이 변화되었는가? 많은 학자들은(Dunn, Hamilton, Vos, Fee) 그 답을 바울의 성령 이해에서 찾는다.

바울은 미래를 위한 준비를 성령의 역할과 귀속시켜 이해했다. 다시 말하면 신자는 성령으로 말미암아 미래의 왕국을 미리 현재에서 맛보며 경험할 수 있는데 그것은 성령이 다가올 시대의 첫 보증이자(고후 1:22; 5:5; 참조. 엡 1:14) 첫 열매(롬 8:23)기 때문이다. 따라서 바울 서신들에서 성령의 현재성이 미래성보다 훨씬 자주 언급되는 점은 주목할 만하다.[4]

바울에 따르면 성령은 신자들의 "검증"(hallmark)이 되는 종말론적 표적과 앞으로 올 시대의 능력의 표시로서 현재의 신자들에게 주어진다. 마지막 수확(구속의 완성)이 있을 것이며, 성령은 그 수확의 첫 열매 또는 보증으로서 구속 과정의 시작이라고 규정하고 있다. 이것을 달리 표현하면 성령은 성도의 삶에 "이미"(already)와 "아직"(not yet)으로 구조되어 있다.

갈라디아서 4:4~6과 로마서 8장은 이 논지를 정확하게 설명한다. 우선 갈라디아서에서 바울은 때가 차매 하나님이 그의 아들을 보내셨는데 죄와 율법 아래 있는 사람들을 구원하기 위해서라고 말한다. 동시에 6절에서는 우리 마음 가운데 그 아들의 영, 즉 성령을 보내셔서 구원의 확신을 주시고 하나님을 '아바 아버지'라 부르게 하셨음을 선포한다. 갈라디아서 4:4~6의 구조를 보면 바울이 같은 문장의 패턴을 사용하여 그리스도의 오심과 성령의 오심을 종말론적 사건으로 관련시키고 있음을 볼 수 있다. 특히 성령은 때가 찼을 때 약속되어진 실체로(갈 3:14), 그리고 마지막 첫 열매로(롬 8:23) 세상에 옴으로 각 사람에게 분배되어진다. 따라서 성령에 의해서 미래가 현재 속에 침투되어짐으로(breaking into) 새로운 시대가 도래하는 것이다. 또한 성령의 오심은 성도들로 하여금 그들이 하나님의 자녀(미래에 확실히 완성될)인 것을 실제화시킨다.

또한 로마서 8장은 현재적 실재(a present reality)로서 성도 안에 내주하시는 성령의 특징을 설명하는데, 바울은 성도의 삶과 행위의 근원이 성령임을 선포한다(8:9). 특히 로마서 8:14에 이것이 잘 나타나 있다. "무릇 하나님의 영으로 인도함을 받는 그들은 곧 하나님의 아들이라."

또한 그는 내주하시는 성령의 특징을 종말론적으로 설명하고 있다. 즉 내주하시는 성령이 그리스도 안에 있는 죽은 자들을 살릴 것이라고 선포하며(8:11), 종말에 우리 몸의 구속을 이룰 때 성령께서 도우실 것임을 가르친다(8:23). 그러나 그 성령은 "현재"에 양자 됨의 확신을 주며 우리가 하나님의 자녀가 된 것을 증거하신다고 로마서 8:15~16은 말한다.

요약하면 바울에게 현재란 그리스도의 죽음과 부활, 즉 파루시아(parousia) 사이에 있는 일시적인(transitory) 시간이다. 이 일시적인 시간은 다름 아닌 성령에 의한 성도의 현재 경험이라고 할 수 있다. 왜냐하면 성령은 종말론적 실재로서 성도들의 삶 속에서 현재에 경험되어지고 있기 때문이다.

2) 공관복음서의 하나님나라

공관복음서에 나타나는 하나님나라 개념 역시 바울의 성령 개념과 유사하다. 즉 하나님나라는 주로 미래적 개념(주로 구약과 유대 개념으로)인데 예수 그리스도의 오심과 사역의 결과로 말미암아 그 하나님나라가 현재에 실현되어진다. 공관복음서에는 미래와 현재의 두 개념이 동시에 나타나는데 미래에 대한 하나님나라 설명이 월등이 많다(마 6:10; 8:11~12; 13:47~50; 16:28; 18:3; 20:21; 26:29; 눅 10:15, 23; 13:29; 18:17; 막 9:47; 13:30; 14:25 등). 바이스(J. Weiss)와 슈바이쳐(A. Schweitzer)의 미래 종말론과 도드(C. H. Dodd)의 실현된 종말론의 두 극단적 관점을 보완하기 위한 학자들(특히, G. Kümmel; O. Cullmann; G. E. Ladd; J. Jeremias; G. R. Beasley-Murray)의 구원 - 역사적(Salvation-History) 견해는 신약학계에 상당한 지지를 받고 있다. 이들에 의하면 복음서에 나타난 하나님나라는 미래적이면서 동시에 현재적 실제로 나타난다고 주장한다.

하나님나라의 현재성을 설명하는 대표적인 본문이 누가복음 11:20(=마 12:28)과 17:20 이하 그리고 마가복음 1:15과 누가복음 4:18 이하다. 예를 들면, 마태복음 12:28/누가복음 11:20은 예수의 축귀 사역을 설명하는데 이 본문은 하나님나라가 신자들의 현재적 삶 안으로 침투하는 하나님의 통치로서 그의 백성들에게로 임함을 보여 준다. 비록 '에프타센'(임하였느니라)의 해석에 대해 학자들간에 약간의 의견 차이가 있지만 이 단어의 중요성은 특히 전치사구인 "너희에게"(에프 휘마스)와 관련하여 신자들 가운데 하나님나라가 이미 도래했음을 함축한다. 하나님의 통치가 예수의 축귀 사역을 통하여 '지금 여기'(here and now)에서 미래에 경험되어질 그의 왕국이 현재에 미리 경험되어진다. 예수의 기적과 축귀 사역은 하나님나라가 활동 중에 있음을 알려 준다.

우리의 관심을 끄는 또 다른 본문이 누가복음 17:20 이하다. 이곳에서 바리새인들은 하나님나라의 때에 관한 질문을 던진다. "하나님의 나라가 어느 때에 임하나이까?" 예수께서는 "하나님의 나라는 볼 수 있게 임하는 것이 아니요 또 여기 있다 저기 있다고도 못하리니 하나님의 나라는 너희 안에(엔토스 휘몬) 있느니라(에스틴)"(눅 17:20~21). 예수의 이 대답은 백성들에게 다가올 왕국의 때에 관한 답변일 뿐만 아니라 그 왕국이 임하는 방법까지도 포함한다.

본 구절에서 가장 이슈가 되는 두 단어가 전치사 '엔토스'와 동사 '에스틴'이다. 본 구절에서 '엔토스'를 어떻게 정확하게 번역해야 하며 '에스틴'의 시제를 어떻게 결정해야 하는가? '엔토스'는 원래 "안에"(within) 혹은 "중에/가운데"(among)로 번역될 수 있다. NIV를 비롯한 일부 영어성경 번역과 한글성경은 "안에"로 번역한다. 물론 일부 학자들(Dalman, Sneed 등)도 이 번역을 선호한다. 이런 해석의 용례는 70인역의 시편 39:3; 103:1; 109:22 그리고 이사야 16:11과 같은 본문들에 나타나기도 한다. 또한 도마복음서의 세 번째 로기온에도 유사한 형태가 나타나기도 한다.

그러나 이 본문과 관련하여 보자면 필자는 "너희 안에"라고 번역한 것에 쉽게 동의할 수 없다. 왜냐하면 "너희 안에"라고 번역할 경우 하나님의 나라는 내적인 영적 실재(inward spiritual entity)를 의미한다. 문맥상 목적어 "너희"가 바리새인들을 지칭한다면 하나님의 나라는 그들 안에 있는 것이 된다. 그러한 번역은 부자연스럽고 문맥에도 어울리지 않기 때문에 부정확한 것으로 평가받아야 한다.

한편, 일부 학자들은 "너희 안에 있다"는 의미를 식별할 수 있는 표적들과 관련되어 있는 20절의 "볼 수 있게 임하는 것"(메타 파라테레세오스)의 대조적 표현의 견지에서 해석되어져야 한다고 주장한다. 그럴 경우 "너희 안에 있다"의 의미가 하나님나라의 내적인 본질을 지칭하는 것으로 해석된다. 하지만 난점은 하나님나라에 대한 그러한 관점이 예수께서 왕국에 대해 말씀하시는 다른 구절들 안에서는 전혀 발견되지 않는다는 점이다. 공관복음서에서 예수께서 사람 안에 하나님나라가 들어가는 것으로 설명하지 않고 오히려 사람이 하나님나라에 들어가는 것으로 설명한다.

동사 '에스틴'의 시제에 관해서 일부 학자들은 비록 그 동사가 형태적으로 현재이긴 하지만 예수의 말씀이 급박한 미래적 사건을 이야기하는 누가복음 17:24의 관점에서 임박한 미래로 취급되어져야 한다고 주장한다(예를 들면, Nolland). 하지만 21절과 24절은 서로 다른 두 청중들을 향한 예수의 말씀이기에 그가 동일한 요점을 만들고 있다는 점으로 간주해서는 안 된다.

따라서 이 두 단어에 대한 더 나은 번역은 '엔토스'를 "너희 안에"(within you)로 번역하기보다 NRSV에서 번역되어진 것처럼 "너희 가운데/중에"(among you)가 더 적절하다. 이 번역은 "너희"의 실체가 바리새인들인지 아니면 누가복음 17:21의 예수의 추종자들인지에 관계없이 하나님의 나라가 예수의 청중의 체험의 범주 안에 놓여 있음을 설명한다.

예수 안에서 명시되는 하나님의 나라는 현재적이고 사람들 가운데 활동 중이다. 그래서 '에스틴'의 시제는 의심 없이 현재로 번역되어야 한다. 이것은 예수의 능력적인 사역 안에서 제시되는 그의 백성을 위한 하나님의 역동적인 구원 활동을 설명한다. 결국, 공관복음서에서 가르치는 하나님나라는 "이미"와 "아직"의 구조로 그리스도의 오심과 사역으로 이미 하나님의 통치가 현재 가운데 임함을 설명한다.

요약컨대, 바울은 성령을 영원한 유산의 종말론적 도구로 현재 안으로 개입시킴으로써 나타낸다. 바울 안에서 나타나는 이러한 성령의 모습은 예수와 그의 사역을 통하여 현재적 실재로서 명시되는 공관복음서의 하나님 나라 묘사와 유사하다. 따라서 공관복음서의 하나님나라와 바울의 성령 이해는 종말론적 긴장과 관련하여 공통의 특징들이 존재한다.

3. 성령 안에서의 삶과 하나님나라 안에서의 삶의 유사성

바울의 성령 안에서의 현재적 삶과 공관복음서의 하나님나라 안에서의 현재적 삶의 유사성을 비교함으로 하나님나라 개념이 바울에 의해 성령 개념으로 사용되어졌음을 개연성 있게 설명할 수 있다. 그러므로 성령과 관련된 구원의 현재적 요소들을 개념적으로 하나님나라와 관련지어 비교할 수 있다. 여기서 구원의 현재적 요소라 함은 양자 됨, 부활, 의, 윤리, 그리고 새 생명과 같이 현재의 삶에서 경험되어지는 구원의 주요한 요소들이다. 그런데 흥미롭게도 바울은 이 개념들을 성령 안에서의 삶과 연결하여 설명하고 있고, 공관복음서에는 성령 안에서의 삶이라기보다 하나님나라 안에서의 삶과 연결하여 설명하고 있다.

몇 가지 예를 들어보자. 우선 새 생명(new life)의 개념과 관련하여 살펴보면, 구원의 시작으로서 새 생명을 얻는 것은 바울과 공관복음서 저자들에게 아주 중요한 주제였다. 특히 바울은 그 어떤 신약의 저자들보다 새로운 생명을 얻는 원천을 성령으로 이해한다(롬 7:6; 8:2; 고전 3:3~6; 고후 5:17등). "이는 그리스도 예수 안에 있는 생명의 성령의 법(호 노모스 투 프뉴마토스 테스 조에스)이 죄와 사망의 법에서 너를 해방하였음이라"(롬 8:2). 성령은 그리스도를 통한 하나님의 구원 사역 속에서 신자들에게 새 생명을 가져다주는 능력을 수여하는 결정적 역할을 수행하며, 따라서 새 생명은 성령의 임재 안에서 현실화된다. 그래서 바울은 성령 안에서 이뤄지는 새로운 생명의 경험을 구원의 시작으로 보며 또한 새 시대의 축복으로 간주한다.

그런데 공관복음서에 의하면 이런 새 생명은 오히려 하나님나라의 문맥에서 발견되어진다(막 1:15; 눅 15:11~32; 비교 눅 7:48~50; 18:18~30; 막 10:17~31; 마 19:16~28 등). 즉, 공관복음서에서 새로운 생명을 얻는다는 것은 예수와의 개인적인 만남을 의미하며 하나님나라에 참여함을 의미한다. "때가 찼고 하나님나라가 가까웠으니 회개하고(메타노에이테) 복음을 믿으라(피스튜에테)" (막 1:15). 여기서 마가의 예수는 하나님나라의 도래를 하나님의 구원의 복된 소식을 듣기 위한 회개와 믿음의 요구와 연결한다. 두 명령형인 "회개하라"와 "믿으라"는 하나님나라를 경험할 수 있는 방법으로 묘사되어 있다. 따라서 도래한 하나님나라에 회개와 믿음으로 반응하는 사람들은 새 생명을 경험할 수 있는 것이다. 이러한 방식으로 새 생명은 하나님의 나라와 긴밀히 연결된다. 요약하면, 바울에게 성령 안에서 새 생명을 경험하는 것이 공관복음서에서는 그 새 생명이 하나님나라의 도래와 관련되어짐을 볼 수 있다.

이런 유비는 양자 됨(sonship)의 개념에서도 찾아 볼 수 있다. 새로운 신분으로서 양자 됨을 입는다는 것은 현재 삶에서의 축복이자 마지막 시대의 축복이다. 바울은 이 축복을 성령의 사역과 관련시키는데, 갈라디아서 4:6과 로마서 8:15을 통해서 명백히 알 수 있다. 비록 "아바 아버지"란 단어가 1세기 초대 교회에서 광범위하게 사용되었다 할지라도 오직 바울만이 "아바 아버지"라 부를 수 있는 근거를 성령의 사역의 결과로 귀속시키고 있다. 따라서 신자들에 의해 현재 체험되고 마지막 때에 확증될 양자 됨의 이해는 확실히 종말론적 실재로서의 성령과 관련된다.

그러나 공관복음서에서 이 단어는 하나님나라와 관련된 맥락에서 쓰여지고 있다. 공관복음서에서 신자들의 양자 됨은 종말론적인 왕국에서의 궁극적 약속으로 제시되지만 그것은 또한 예수 그리스도를 통한 하나님의 주권적 통치로서 현재적 실재로 특징지어진다. 현재(그리고 미래)에 경험되어지는 양자 됨은 궁극적으로 하나님나라의 맥락에서 나타난다(마 5:45//눅 6:35;

6:9~10// 눅 11:2).

의(righteousnes, 디카이오쉬네)의 개념 역시 바울은 성령의 사역과 가까이 연관시킨다. 바울에 의하면 신자들은 성령의 임재 안에서 확신을 얻기 때문에 미래에 완전히 경험되어질 의를 현재에서 경험할 수 있다. "너희 중에 이와 같은 자들이 있더니 주 예수 그리스도의 이름과 우리 하나님의 성령 안에서 씻음과 거룩함과 의롭다 하심을 얻었느니라"(고전 6:11). 이렇게 성령은 믿는 자에게 의를 현재에 실제화시킬 뿐만 아니라(고전 6:11; 롬 8:10; 14:17; 갈 3:5~6, 14) 일종의 보증으로 그것의 완전한 실현을 입증한다(갈 5:5). 그러므로 바울에게 의로움을 입는다는 것은 성령의 사역과 분리될 수 없다.

공관복음서에서 의의 개념은 비교적 드물고 바울에서처럼 폭넓게 사용되지 않는다. 그럼에도 불구하고 그것은 기본적으로 예수의 가르침 안에서 하나님의 뜻 혹은 하나님의 법에 순응하는 의미로 등장한다(마 3:15; 5:6, 10, 20; 6:1, 33; 21:32; 27:19; 눅 1:6; 2:25; 23:47, 50; 참조. 행 10:22 등). 그런데 흥미롭게도 공관복음서에 나타나는 의의 개념이 하나님나라와 아주 밀접하게 연결되어 있는 것을 볼 수 있다.

하나님나라의 도래와 함께 예수께서는 그의 제자들에게 "새로운 의" 혹은 "더 나은 의"를 추구할 것을 권면하신다(마 5:10, 참조. 눅 6:21; 마 5:20; 마 6:33, 참조. 눅 12:31). "내가 너희에게 이르노니 너희 의가 서기관과 바리새인보다 더 낫지 못하면 결단코 천국(하나님나라)에 들어가지 못하리라"(마 5:20). 따라서 하나님나라 안에 거하는 것은 그 특징과 행동 안에서 의의 방식으로 사는 것을 의미한다. 만일 바울에게 성령께서 믿는 자들 안에서 의로움을 현실화시킨다고 보았다면 공관복음서에서는 하나님나라 안에서의 삶이 결국 그 의를 가능케 한다.

마지막으로 신자의 윤리적 삶을 보자. 바울은 분명하게 성령을 자신의 윤리적 가르침의 근원으로 이해하는데, 이것은 바울에게 독특한 것으로 간주될 수 있다. 성령은 신자들로 하여금 새 시대에 요구되는 새로운 삶의 방식을 가능케 한다. 성령으로 경험되어지는 이 윤리적 변화는 구원의 한 표적이라 할 수 있다. 따라서 바울은 그의 서신을 통하여 성도의 윤리적 삶에 성령의 역할이 분명히 연계됨을 선포한다. "내가 이르노니 너희는 성령을 쫓아 행하라 그리하면 육체의 욕심을 이루지 아니하리라"(갈 5:16). "만일 우리가 성령으로 살면 성령으로 행할지니"(갈 5:25).

만일 바울에게 신자의 윤리적 삶이 성령 안에서의 삶을 근거로 한다면, 공관복음서에서는 그것을 하나님나라가 중심이 되고 제자도의 삶의 근본인 예수의 가르침과 연관시키는 것을 볼 수 있다. 따라서 공관복음서에서 하나님나라와 윤리는 불가분의 관계다.

우리는 위에서 하나님나라가 현재적 실체이자 또한 동시에 미래에 완전히 임할 실체임을 지적했다. 따라서 미래의 하나님나라를 위한 현재의 윤리적 삶은 제자들에게 필수적인 것임을 예수께서 가르치신다(how to enter the kingdom of God). 또한 동시에 예수께서 요구하시는 신자들의 현재의 삶 속에서의 윤리적 요구는 하나님나라의 본질로서 실현 가능함을 반영한다(how to live in the realized kingdom of God)(마 5:43~48//눅 6:27~36).

본 단락에서 필자는 바울이 왜 그토록 중요한 초대 교회의 케리그마의 핵심인 하나님나라 언어를 사용하는 것에 상대적으로 신중했는지 살펴보았다. 동시에 그에게 하나님나라의 개념이 여전히 중요했다면 다른 개념으로 환언하여 사용했을 가능성도 보았다. 즉 다른 개념이란 바로 성령의 개념이다. 바울에게 성령 언어의 선택은 그에게 하나님나라의 실제에 대해 말하는 대안이다.

여기서 우리는 예수와 바울간의 연속성(continuity)이 존재함을 간과해서는 안 되겠지만, 동시에 바울의 언어 사용에 독특함이 많음을 엿볼 수 있어야 한다. 하나님나라가 개시됨으로 나타날 축복들을 바울은 그의 문헌 안에서 성령의 사역의 영향으로 묘사했으며 여기서 우리는 바울의 성령의 개념과 공관복음서의 하나님나라의 개념간의 밀접한 연관성을 볼 수 있다. 바울은 자신만의 독특한 신학적 어법으로 새로운 환경과 시대에서 요구되는 하나님나라의 보편적 의미를 추구했던 것이다. 이것은 바울에 의한 초대 교회의 신학적 발전을 보여 주는 좋은 예다.

누가가 본 하나님나라와 성령의 관계

하나님나라와 성령의 관계는 누구도 부인할 수 없을 정도로 누가의 문헌(누가-행전)에 명확히 나타나 있다. 그럼에도 불구하고 이 두 관계를 구체적으로 다룬 학자들이 많지 않았고[5] 비록 다룬다고 해도 바울의 관점으로 단순화시켜 이해하여 왔다. 즉, 누가와 바울 모두에게 "성령의 임재(the presence of the Spirit)는 하나님나라의 임재(the presence of the kingdom of God)를 의미"한다는 일관된 관점으로 해석되어 왔다. 이러한 이해는 바울과 누가의 성령론이 유사하다는 이해에 바탕을 둔 것이다.

그러나 이 진술은 의심할 바 없이 바울의 관점에서는 옳다. 앞서 본 것처럼, 바울은 성령을 하나님나라의 축복들을 경험하게 하는 본질로 보았다(롬 8:11, 14~16; 14:17; 갈 5:16~23; 4:6; 고전 6:11; 15:44~45 등). 그러나 과연 이런 이해가 누가의 관점에서도 동일하게 적용되어질 수 있을까?

일부 학자들(예, Dunn)은 누가에게는, "예수가 있는 곳에 하나님나라가 있다기보다 성령이 있는 곳에 하나님나라가 있다"(It is not so much a case of where Jesus is there is the kingdom of God, as where the Spirit is there is the kingdom)고 주장한다. 즉 성령의 임재와 하나님나라의 임재를 필연적으로 동일하게 이해하고 있다는 것이다.

그러나 필자는 이런 주장이 기독론 중심으로 하나님나라를 연계 지어왔던 전통적 관점에서 성령 개념을 새롭게 하나님나라와 연결시켰다는 점은 인정하지만, 과연 누가의 관점을 정확하게 반영하고 있는지 물어야 한다고 생각한다. 이 문제 해결을 위해서 선행되어져야 할 것은 일부 학자들이 주장하고, 또 이 논점을 지지하기 위해 논의한 누가-행전의 본문들(눅 11:2; 12:31~32; 11:13; 눅 11:20)을 구체적으로 분석해야 하지만[6] 지면 관계상 하나님나라와 관련된 성령의 활동이 무엇인지 알기 위해서 누가-행전에 직·간접적으로 나타나는 성령과 하나님나라의 관계를 살핌으로(눅 4:16 이하; 행 1:3~8; 8:4~12, 26~40; 19:1~8; 20:22~28; 28:23~31) 누가 자신이 그 두 실체의 연관성을 어떻게 이해하는지 보고자 한다.

1. 성령과 예수의 하나님나라의 선포(눅 4:16~19, 참조. 42~44)

성령의 권능으로 갈릴리로 돌아온 후 예수께서 첫 공사역의 시작을 알리며 선포하는 장면이 누가복음 4:16, 특히 18절 이하에 그려져 있다. "주의 성령이 내게 임하셨으니 이는 가난한 자에게 복음을 전하게 하시려고 내게 기름을 부으시고 나를 보내사 포로 된 자에게 자유를, 눈먼 자에게 다시 보게 함을 전파하며 눌린 자를 자유케 하고 주의 은혜의 해를 전파하게 하려 하심이라"(눅 4:18~19). 이 선포의 주체는 다름 아닌 얼마 전 세례를 받은 예수 자신임에 틀림없다. 누가는 그의 복음서 4:21과 43절에 이 예수를 하나님에 의해 보내심을 받은 선지자적 사역을 감당할 자로 묘사한다.

마태(4:12~17)와 마가(1:14~15)가 예수의 공사역의 시작을 묘사한 것과는 대조적으로 누가는 몇 가지 점에서 구분되는 점이 있다. 주목해야 할 두 가지를 언급하면, 첫째, 모든 공관복음서 저자들이 하나님나라를 함께 언급하는데, 마태와 마가가 하나님나라의 임박함(the nearness of the kingdom of God)을 강조하는 반면, 누가는 하나님나라의 내용과 그것의 선포에 초점을 맞추고 있다는 것이다. 둘째, 예수의 공사역의 시작을 묘사하는 데 오직 누가만이 성령을 언급하고 있다는 점이다.

그렇다면 본문에서 말하는 성령과 하나님나라의 관계의 본질은 무엇인가? 누가는 하나님나라의 실체와 관련하여 성령의 역할을 어떻게 묘사하는가? 누가는 이사야 61:1~2(70인역)을 그의 복음서 4:18~19에 인용하면서 몇 가지 주목할 만한 70인역의 원래(original) 구절들을 변형시켜 기록한다. 이 변형의 종합적 분석은 본 소고의 범위를 벗어나기에 본 글의 목적과 관련하여 다음의 세 부정사 구문(infinitival phrase)에 주목하고자 한다.

1) 18절: 가난한 자에게 복음을 전하게 하시려고(εὐαγγελίσασθαι πτωχοῖς 유앙겔리사스타이 프토코이스)

2) 18절: 포로 된 자에게 자유를 그리고 눈먼 자에게 다시 보게 함을 전파하며(κηρύξαι αἰχμαλώτοις ἄφεσιν, καὶ τυφλοῖς ἀνάβλεψιν 케뤽싸이 아이크말로토이스 아페신, 카이 튀프로이스 아나블렙신)

3) 19절: 주의 은혜의 해를 전파하게 하시려고(κηρύξαι ἐνιαυτὸν κυρίου δεκτόν 케뤽싸이 에니아우톤 퀴리우 데크톤)

여기서 누가는 세 번에 걸쳐 동사를 사용하는데, 주요한 두개의 동사, '유앙겔리사스타이'와 '케뤽싸이'를 18절에서 연속해서 쓰고 있고, 19절에는 '케뤽싸이'를 반복해서 쓰고 있다. 18절에 사용된 두 동사는 의심의 여지없이 누가에 선포의 중요성을 담고 있는데, 보다 관심을 끄는 것은 19절에 사용된 동사 '케뤽싸이'다. 70인역의 이사야 61:2에서 사용된 원래 동사는 '칼레사이'였다. 그러나 누가는 70인역을 인용하면서 누가복음 4:18~19을 구성할 때 원래의 단어인 '칼레사이'를 '케뤽싸이'로 변형시켜 사용하고 있다.

이러한 편집은 누가 자신에 의해서 의도적으로 이루어진 것으로 18절의 동사 '유앙겔리사스타이'를 실체화하는 데 도움을 주었을 뿐만 아니라, 앞서 18절에 사용된 동사 '케뤽싸이'와 분명하게 연결되어 있음을 보여 준다. 동사 '칼레사이'를 '케뤽싸이'로 변형한 사실은 누가가 이 본문을 통하여 강조하고자 하는 것이 성령이 임함으로 예수의 사역에 나타나는 결과가 주요하게(primarily) 능력 있는 선포와 깊이 관련되어 있음을 잘 보여 주고 있다.[7] 흥미롭게도 누가가 그의 복음서에서 동사 '칼레사이'를 선포와 관련하여 전혀 사용하지 않고 있는 것을 고려해 볼 때 이 주장은 더욱 개연성이 있다.

누가는 동사 '유앙겔리조마이'와 '케뤼쏘'를 쓸 때 복음이나 예수 그리고 하나님나라의 선포와 연결해서 쓰는 반면, '칼레오'는 이름을 부를 때(눅 1:32, 76; 2:23; 6:46) 혹은 사람들을 초청할 때(눅 7:39 등) 주로 쓴다. 그렇다면,

이 사실을 염두에 두면서, 누가복음 4:18~19에서 예수가 선포하고 있는 구체적 내용은 무엇인가? 누가에게 "복음을 전한다," 혹은 "하나님나라를 선포한다"라는 표현은 하나님나라의 현재적 실체를 수반하는 의미로 사용되어진다.[8]

누가는 또한 두 동사 '유앙겔리조마이' (눅 4:18, 43; 8:1; 9:6; 16:16; 행 8:12; 11:20)와 '케뤼소' (눅 3:3; 4:18, 19, 44; 8:1, 39; 24:47; 행 8:5; 9:20; 10:37, 42; 15:21; 19:13; 20:25; 28:31)를 사용할 때 그 단어들을 선포자들의 증거와 그 선포의 목적(object)으로서 하나님나라와 예수를 밀접하게 연결시키고 있다. 이 사실을 고려해 볼 때, 누가복음 4:18~19에 사용된 이 두 동사가 하나님나라와 중요하게 연결되고 있음을 부인하기 어렵다. 여기서 예수가 선포하는 복음은 다름 아닌 하나님나라의 메시지기 때문이다.[9]

또한 많은 학자들은 이 복음(good news)이 19절의 "주의 은혜의 해의 선포"(the proclamation of the acceptable year of the Lord), 즉 하나님나라의 도래와 일치한다고 주장한다.[10] 그래서 스펜서(F. Spencer)는 누가복음 4:18~19에 나타나 있는 하나님나라의 실체를 다음과 같이 주장한다. "누가의 관점에서 볼 때, 복음을 전하고, 눌린 자에게 자유를 선포한다는 등등의 것은 의심할 여지없이 바로 하나님나라가 선포되어짐을 분명히 의미한다."[11]

이 사실은 또한 누가복음 4:43~44에도 명확히 나타난다. 누가의 예수는 4:43에서 다음과 같이 말한다. "예수께서 이르시되 내가 다른 동네에서도 하나님의 나라 복음을 전하여야 하리니 나는 이 일로 보내심을 입었노라." 두 가지 점을 주목하면, 첫째, 그의 주된 사역은 하나님나라의 선포다. 수동형으로 쓰여진 '아페스탈렌' (보내심을 입었노라)은 직접적인 신적 명령형으로, 예수가 하나님나라 선포를 위해 하나님의 부르심을 받았음을 말한다. 이것은 같은 상황을 설명해 주고 있는 마가복음 1:38과 비교해 보면 더 잘 알 수 있는데 누가의 것과 대조적으로 마가는 단순히 "내가 이를 위하여 왔노라"(for this purpose I have come forth)고 말한다. 둘째, 내가 다른 동네에서도 (to the other cities also (카이)) 하나님나라를 전한다는 말은 그가 앞서 나사렛과 가버나움(눅 4:16~41)에서 전한 것이 다름 아닌 하나님나라였다는 것을 분명히 시사해 주고 있다.

따라서 이 주해와 분석을 통하여 성령과 하나님나라가 분명히 밀접하게 연결되어 있음을 개연성 있게 주장할 수 있고, 그 관계는 성령이 하나님나라를 선포하게 하는 원천으로 그려진다는 것이다. 성령이 임함으로 나타난 예수의 "주요"(primary) 사역은 하나님나라의 좋은 소식들이 가난한 자에게, 포로 된 자에게, 눈먼 자에게 그리고 눌린 자에게 선포된다는 사실이다.

2. 성령과 제자들의 하나님나라 선포의 위임(행 1:3~8)

사도행전 1:3~8은 많은 논란이 될 만한 내용들을 안고 있다. 이 본문에서 말하는 하나님나라는 무엇인가? 특별히 6절에서 제자들의 질문 중에 나타난 하나님나라의 회복은 무엇을 의미하며 이 전체 본문에서 어떤 역할을 하는가? 뿐만 아니라, 하나님나라의 가르침과 함께 예수께서는 성령에 관하여 동시에 가르치시는데 하나님나라와 성령은 어떤 관계로 묘사되어 있는가? 이 두 실체 속에 저자의 어떤 신학적 목적이 존재하는가? 그렇다면 그것은 무엇인가?

이렇게 많은 논란을 안고 있다는 것은 이 본문이 갖는 중요성을 간접적으로 보여 주는 것이다. 사실 많은 학자들이 이 본문의 중요성을 다양한 입장에서 강조하고 있지만 이 본문이 전체 사도행전의 청사진적(programmatic) 역할을 한다는 사실에는 의견을 모으고 있다.[12] 또한 이 본문은 적어도 예수의 승천 직전에 무슨 일이 일어났는지 그리고 예수께서 제자들에게 남기신 마지막 말씀이 무엇인지 잘 묘사하고 있는데 이것은 이 본문의 중요성을 설명하기에 충분하다.

더욱이 이 본문에는 하나님나라의 언어가 두 번에 걸쳐 직접적으로 기록되어 있는데 "사도행전 1:3~8의 하나님나라의 주제는 사도행전 전체 주제"라는 한 학자의 주장은 결코 지나치지 않다.[13] 예수의 지상 사역에서 하나님나라의 선포와 가르침이 주된 주제였듯이 부활 이후 40일간의 그의 가르침 역시 하나님나라에 관한 것이었다(행 1:3). 3절의 "하나님나라의 일"(페리 테스 바실레이아스 투 테우)은 누가복음 24:19의 "나사렛 예수의 일"(페리 예수 투 나자레누)과 병행을 이루며 그 두 실체의 연속성을 나타내고 있다. 뿐만 아니라, 사도행전 1:3에서 말하는 하나님나라의 일이란 누가복음 24장의 예수 자신의 사건, 즉 거절당한 그러나 승귀된 메시아로서 기독론적 주제를 담고 있다.

이제 그 기독론적 사건이 교회의 범 우주적 선교 선포의 중심 된 주제로 사도행전 1장(그리고 사도행전 전체)에서 그려지고 있다. 그런 다음, 4절과 5절에 예수께서 그의 제자들에게 "아버지의 약속(텐 에팡겔리안 투 파트로스)하신 것을 기다리라"고 말씀하신다. 이것은 3절의 하나님나라의 가르침과 관련하여 결코 우연이 아닐 것이다. 예수의 하나님나라와 성령에 대한 가르침은 자연적으로 후자(성령)의 중요성을 부각시키는데 이것은 그의 제자들이 성령의 능력으로 그가 가르치고 선포했던 그 하나님나라를 어떻게 선포해야 하는가를 잘 보여 주고 있기 때문이다.

그런 다음 6절은 4절과 5절의 성령에 관한 이야기에 이어 또다시 하나님나라, 특히 이스라엘의 하나님나라 회복에 대해서 제자들의 질문을 기록한다. 이것은 아마도 종말론적 두 실체인 하나님나라와 성령의 특징을 감안해 볼 때 제자들이 물은 하나님나라의 회복에 관한 질문은 예수의 성령에 관한 가르침 뒤에 할 수 있는 가능성 있는 질문이었다고 가정할 수 있다. 그런 다음 8절에서 모든 대화는 승천 직전, 제자들을 향한 예수의 하나님나라 선포에 관한 위임과 성령에 관한 약속, 즉 예수의 마지막 유언으로 결론 지어진다. "오직 성령이 너희에게 임하시면 너희가 권능을 받고 예루살렘과 온 유대와 사마리아와 땅 끝까지 이르러 내 증인이되리라 하시니라."

비록 하나님나라라는 단어가 8절에 직접적으로 언급되어 있지는 않지만 위에 언급한 사도행전 1:3~8의 전반적 내용 외에 몇 가지 점에서 그 주제가 분명히 함축되어 있음을 다음과 같은 사실에서 알 수 있다.

1) 만약 7~8절의 예수의 답변이 6절의 제자들의 질문에 대한 답변이라

고 가정한다면 6절에서 시작된 하나님나라의 주제가 7~8절에서 계속되고 있음을 부인할 수 없다. 7절에서 예수의 답변에 나타난 하나님나라의 개념은 특히 하나님나라의 완성의 때(time)에 관한 것이라 할 수 있고, 8절에 와서는 7절에 나타난 하나님나라의 시간적 개념과는 달리 그것이 무엇인가(what of the kingdom) 하는 것으로 제자들의 질문에 답하고 있는 것으로 볼 때 8절에는 분명히 하나님나라 개념이 함축되어 있음을 볼 수 있다.[14]

2) 사도행전의 전체 상황을 보면 하나님나라와 기독론적 주제의 선포는 밀접하게 연관되어 있음을 볼 수 있다. 예를 들어, 누가는 사도행전 8:12에서 빌립의 하나님나라의 선포와 예수 그리스도의 이름을 증거하는 것을 연관시키고 있다(참조. 행 28:23, 31). 특히 하나님나라와 기독론적 주제는 사도행전의 첫 장과 끝 장인 1:8과 28:23에 잘 연결되어 나타난다.

다시 말하면, 1:8의 "나(예수)의 증인이 된다"(에세스테 무 마르투레스)는 의미는 28:23의 "하나님나라를 증거하는 것"(디아마르투로메노스 텐 바실레이안 투 테우)과 일치한다고 볼 수 있다. 여기서 선포되는 증거의 목적과 대상은 동일하게 예수며 하나님나라다. 아구아(A. D. Agua)의 주장처럼, 1:8의 "예수의 증인이 되라"는 명령은 28:23의 "하나님나라를 증거하는 것"으로 완성됨을 볼 수 있기 때문에 누가에게 예수의 증인이 된다는 것은 바로 하나님나라를 증거하는 것이라 할 수 있다.[15]

3) 마지막으로, 사도행전 1:3~8과 위에서 살핀 누가복음 4:16 이하 사이에 유사성이 있다는 점이다. 예수께서 성령의 능력으로 하나님나라의 선포자가 되셨듯이(눅 4:16ff.) 제자들 역시 성령의 능력으로 예수와 하나님나라의 증인이 됨을 보여(행 1:3~8) 주고 있다.

위에서 관찰한 세 가지 점은 1:8에서 제자들의 선포와 증거의 목적이 분명히 예수와 하나님나라임을 증거한다. 이 사실을 기초로 성령과 하나님나라의 관계는 분명한데 어떻게 이 두 관계를 설명할 수 있을까? 일부 주석가들은 사도행전 1:3~8에 나타난 성령과 하나님나라의 관계를 균등한 것으로 이해한다. 대표적인 학자가 던(J. Dunn)이다. 던의 해석에 의하면, 3절과

4절에 나타난 하나님나라와 성령의 관계는 동일한 개념으로 이해되어질 수 있는데 4절의 성령에 관한 예수의 가르침은 3절에서 예수가 40일간 제자들에게 가르친 것을 다른 측면에서 요약해 놓은 것이라 주장한다. 그는 또한 1:6~8도 하나님나라와 성령을 같은 방법으로 이해하면서 결론 맺기를, 성령과 하나님나라는 균등한 관계에 있다고 주장한다.[16]

그러나 던의 이러한 주장은 누가가 말하고자 하는 이 두 관계의 본질을 너무 쉽게 단순화시킨 것이다. 물론 종말론적 두 실체인 성령과 하나님나라는 아주 긴밀하게 관련되어져 있음을 부정할 수 없다. 예수의 오심으로 하나님나라는 실제화되었고, 약속되어진 성령은 이제 조금 후면 오순절에 임한다. 그러나 이 두 관계의 본질을 종말론적 실체라는 이해 아래 균등한 것으로 단순화시키는 것은 누가가 말하려는 성령과 하나님나라의 관계를 바로 반영시키지 못하는 것이다.

그렇다면 사도행전 1:3~8에서 누가가 말하고자 하는 이 두 관계의 본질은 무엇인가? 위에서 본 것처럼, 아버지의 약속으로 묘사된 성령은 오순절에 임한 사건의 실현이었고, 그 성령의 특징은 바로 예언적인 요소(행 2:17~18)로서 명백히 묘사되어져 있다. 또한 제자들이 선포할 핵심적 내용은 바로 하나님나라다. 그렇다면 이 두 관계를 다음과 같이 주장할 수 있다. 즉 그것은 성령이 예언적 능력으로 역할을 함으로 하나님나라를 선포하게 하는 원동력 혹은 근원(source)이라는 것이다.

이 점은 특히 예수와 제자들의 대화의 결론인 1:8에 강조된다. 이스라엘에의 하나님나라의 회복에 관한 제자들의 질문이 예수에 의해서 간접적으로 부정되면서 오히려 세계를 향한 선교, 즉 그 하나님나라의 회복이 이스라엘에게만 해당되는 것이 아니라 세계에까지 이르기 위한 선교로 전환되어 강조되며 이 임무를 위해 전제되어야 하는 것은 바로 성령의 능력을 받는 것이었다. 따라서 회복된 이스라엘로서의 제자들은 성령의 능력으로 땅끝까지 이르러 하나님나라와 예수를 전해야 하는 임무를 가진다. 그들에게 "무엇이 전해져야 하는 것"도 중요하였고(the content of what they will proclaim), 그것을 위한 성령의 "능력 받음" 역시 필수적이었기 때문에 예수께서는 제자들에게 그 약속의 선물을 위해 기다리라는 말씀을 하신 것이다 (4, 5, 8절).

사도행전 서문에 나타난 그 두 관계의 본질은 분명하다. 일부 학자들이 주장하듯이 단순히 그 두 관계가 동일하게 그려져 있지 않다. 오히려 성령은 하나님나라를 선포하기 위한 능력의 근원으로 강조되어 있다.

3. 성령과 빌립의 하나님나라 선포(행 8:4~12; 26~40)

사도행전 8장에서 묘사하는 빌립의 주요 사역은 그의 기적 행함과(6, 17, 13절) 하나님나라와 예수에 대한 선포다(5, 12, 35, 40절 참조. 25절). 주목할 사실은 선포를 의미하는 단어 '유앙겔리조마이'가 빌립과 관련하여 사도행전 8장에서 5번 사용되었는데, 이것은 단일 이야기(pericope)에서 한 단어가 가장 많이 사용된 경우다.

사도행전 8:12을 보면 "빌립이 하나님나라와 예수 그리스도의 이름에 관하여 전도함을 저희가 믿고 남녀가 다 세례를 받으니"라고 기록되어 있다. 이 문장은 하나의 같은 동사와 두 개의 다른 목적어로 구성되어 있다. 이것은 빌립에 의해서 선포되어진 하나님나라가 기독론적 주제들, 즉 예수의 이름과 깊이 연관되어짐을 확실히 보여 준다. 여기에 기록된 하나님나라에 대한 언급은 1:8의 예수의 명령 후 처음으로 이스라엘의 영역을 넘어 (non-Israelite territory) 선포된 케리그마였다.

그렇다면 이렇게 선포되는 하나님나라와 성령은 어떤 관계로 연관되어 있는가? 다음과 같은 이유에서 빌립의 하나님나라 선포는 성령의 능력과 인도하심에 의한 것이라고 주장할 수 있다. 우선, 사마리아에서의 빌립의 사역이 예언자적인 특징을 지닌다는 사실은 그가 성령에 의해 인도되고 있음을 분명히 보여 주는 요소다. 빌립의 사역은 설교 전파 사역과 함께 표적과 능력 행함의 사역이었다(행 8:13, 6). 7절을 보면 빌립은 귀신을 축출하고 많은 중풍병자와 앉은뱅이를 고친다. 사도행전 8:9~13에 나타난 마술사 시몬에 견주어 비춰진 빌립의 "말씀과 행위"(word and deed)의 전체적 사역은 그가 진정한 선지자(a true prophet)였음을 보여 준다.[17] 그의 능력 행함(뒤나미스)은 성령이 사역하고 있음을 보여 주는 분명한 표시다.

빌립의 이 두 사역은 예수께서 성령 충만하여 행하신 기적과 표적의 사역(눅 4:1, 14, 18, 33~39; 행 2:22) 및 그의 하나님나라의 선포(눅 4:18~19, 43~44; 참조. 8:1; 16:16)를 상기시킬 뿐 아니라, 스데반과 사도들의 성령 충만한 능력 행함과 말씀 선포사역 역시 빌립의 사역과 아주 유사함을 보여 준다.

요약하면, 빌립은 성령에 의하여 능력을 부여받은 진정한 선지자적 역할을 행한 자였으며, 이 사실은 그가 선포한 하나님나라는 바로 성령의 능력에 의한 것이었음을 의미한다.

또 한 가지 이 주장을 지지하는 사실은 사도행전 8:26~40에 나타난 한 에디오피아 사람에게 행한 빌립의 설교 사역에서 볼 수 있다. 이 전체 이야기의 서론과 결론 부분에 빌립의 설교 사역과 관련하여 성령이 언급되어 있다. 빌립은 성령의 인도하심 따라(29절) 에디오피아 내시에게 주의 말씀을 가르치며 예수의 복음을 전한다(35절). 이 예수에 대한 복음이 빌립이 앞서 사마리아에서 전한 하나님나라에 관한 복음과 다를 리가 없다.[18]

사도행전 8:39~40을 보면 성령이 빌립을 아소도에 이끄는 장면이 나오는데 성령의 이끌리심 이후 나타난 직접적인 결과는 그가 복음을 전하는 것이었다. 빌립이 에디오피아 내시에게 전한 예수의 복음은 그가 사마리아에서 선포한 하나님나라의 복음과 같이 사도행전 1:8의 예수의 명령의 완성 과정으로 특징지을 수 있다. 따라서 만약 그 에디오피아 내시에게 빌립이 전한 복음의 선포의 원천이 성령에 귀속되어진다면, 빌립이 사마리아에서 전한 하나님나라 역시 성령에 의해 가능했을 것이라는 주장은 아주 설득력이 있다.

요약하면, 빌립이 사마리아에서 전한 하나님나라는 예수와 그의 제자들이 전한 그것과 동일한 것이었다. 예수와 제자들의 선포 뒤에 성령이 역할을 하셨듯이 빌립의 하나님나라의 선포 역시 성령에 기초하여 가능함을 보여 준다.

4. 성령과 바울의 하나님나라 선포(행 19:1~8; 20:22~28; 28:23~31)

마지막으로 살펴보려는 것은 바울과 관련하여 묘사된 성령과 하나님나라에 관한 문제다. 사도행전에서 누가에 의해 묘사되는 바울의 모습은 주로 성령 충만한 선지자와 같은 존재다. 누가는 바울의 "말씀과 행위"의 선교 사역의 기초를 바로 성령에 의한, 성령에 이끌리는, 혹은 성령으로 능력 받은 모습에 둔다(9:17; 13:2, 4, 9, 52; 16:6~10; 19:21; 20:22; 21:4, 11등).

다시 말하면, 8장의 빌립처럼, 바울이 성령으로 능력을 받았을 때 나타난 주된 사역은 이적과 기적 행함과 함께 그의 담대한 말씀 선포 사역이었다(9:20, 22, 27; 13:9, 15~41, 47; 14:3 등). 사도행전에는 하나님나라 단어가 총 8번 쓰였는데 그 중 5번이 바울과 관련하여 쓰였으며(14:22; 19:8; 20:25; 28:23, 31), 놀랍게도 14:22을 제외한 나머지 언급에서는 모두 바울의 말씀 선포 사역의 상황에서 쓰였다.

그렇다면, 바울이 선포한 하나님나라와 성령의 관계는 어떻게 관련되어 있을까? 이것을 위하여 사도행전의 세 본문, 19:1~8; 20:22~28; 28:23~31 모두 논의되어야 하는데 지면 관계상 본 단락에서는 마지막 28:23~31을 예로 들어 두 관계를 살펴보고자 한다.

사도행전의 마지막 부분인 28:23~31에는 두 번의 하나님나라 언급(23, 31절)과 한 번에 걸쳐 성령에 관한 언급이 있다(25절). 하나님나라의 언급은 바울이 로마에서 행한 설교 사역의 중심 주제로 묘사되어 있고 성령은 이사야의 선지자적 메시지의 원천으로 그려진다. 그러나 비록 이 두 개체가 한 본문에 언급되어 있다 하더라도 각각 다른 상황에서 언급되었기 때문에 성령과 하나님나라의 관계를 단순화시켜 이 본문에서 마치 성령이 바울의 하나님나라 선포의 원천이라고 주장하는 것은 적절치 못하다. 그렇다면, 바울이 전한 하나님나라와 성령의 역할을 어떻게 연결하여 설명할 수 있을까?

사도행전 전체의 관점에서 볼 때 바울이 로마를 방문하는 장면은 예수께서 명령하신(행 1:8) 교회의 범 우주적 선교의 성취로 보여진다. 누가가 이 선교의 완성을 성령의 인도하심에 둔 것은 그리 놀랄 일이 아니다. 사도행전 19:21은 사도행전의 남은 선교 이야기의 무대를 설정하는 장면인데, 여기서 주목해야 할 부분은 누가가 바울의 마게도냐, 아가야, 예루살렘, 그리고 로마 선교 방문이 바로 성령에 의해서(에테토 호 파울로스 엔 토 프뉴마티, directed by the Spirit) 인도되어졌다고 기록한 것이다.[19] 특히 누가는 바울의 로마 방문과 관련하여 표현하기를, "I must(데이) also see Rome"라고 하는데, 이것은 바울의 로마 방문은 하나님의 계획과 목적을 이루기 위한 필수적인 사역임을 나타내는 것이다.

여기에서 주목해야 할 점은 하나님나라와 예수를 전하기 위한 바울의 로마 방문은 바로 성령에 근거하고 있다는 것이다. 또 로마에서 행한 바울의 설교 사역은 성령의 인도하심과 능력에 근거하고 있음을 간접적으로 보여 준다. 이 사실은 바울이 전에 에베소에서 하나님나라를 전할 때 역시 성령의 능력을 힘입어 전한 것을 고려해 보면 설득력을 더해 준다(행 9:1~8).

이 점에서 피츠너가 진술하는 다음 주장은 상당한 개연성을 가진다. "사도행전 마지막 절인 31절에 바울이 로마에서 선포한 하나님나라 설교가 기록되어 있는데, 성령은 지금까지 다른 사도들과 함께 했던 것처럼 바울의 하나님나라 선포 사역에까지 함께하고 있음이 분명하다. 하나님나라가 선포되는 바로 거기에 성령이 늘 사역하고 있다(Where the kingdom is being proclaimed there the Spirit is still at work)."[20]

나오면서

지금까지 필자는 두 주요 논제를 중심으로 본 소고를 전개해 보았다. 바울 문헌 안에 나타나는 성령 안에서의 삶이 공관복음서 안에 나타나는 하

나님나라의 현재적 삶과 실질적으로 유사함을 보임으로 바울의 성령 개념
이 공관복음서에 나타난 하나님나라의 개념을 대신했음을 주장했다.

이러한 논의를 통해서 우리는 바울이 성령을 하나님나라의 현재적 축복
의 원천으로 간주했다고 말할 수 있다. 이 논지는 성령이 하나님나라의 축
복들 안에서 기능하는 방식과 관련하여 바울이 이해한 성령의 역할을 누가
는 어떻게 이해하는지를 물어야 하는데, 누가는 바울처럼 성령을 이런 구
원의 축복들의 원천으로 연결 짓지 않았음을 그의 복음서와 사도행전을 통
해서 알 수 있다.[21]

그러면 누가는 하나님나라와 성령의 관계를 어떻게 이해했는가? 누가-
행전의 여러 본문들에서 본 것처럼 누가에게 하나님나라와 연관하여 설득
력 있게 설명할 수 있는 성령의 역할은 보다 제한된 의미로 이해할 수 있
다. 즉 그것은 하나님나라를 선포하기 위한 신적 능력(divine power)이라는
것이다.

성령의 기름 부으심을 받은 메시아의 주요 사역은 하나님나라의 복음
선포와 긴밀히 연관되어 있다. 사도행전에 나타난 교회의 선포의 핵심은
기독론적 주제(christological themes)와 하나님나라였다. 제자들과 빌립 그리
고 바울이 유대 땅을 넘어 사마리아와 에베소 그리고 로마에 이르기까지
하나님나라를 선포할 때 바로 그 뒤에는 성령이 부여하는 능력과 힘이 있
었다. 하나님나라가 선포되어지는 곳에 성령이 사역하고 있음을 누가는 분
명히 보여 준다.

그러므로 하나님나라와 관련된 성령의 사역에 대한 누가의 이해는 바울
의 이해와는 다르며 이 점에서 우리는 누가의 성령론의 또 다른 특징을 말
할 수 있다. 누가에게 하나님나라와 성령의 관계는 분명하다. 종말론적 두
실체가 단순히 균등한 관계로 그려져 있는 것이 아니라 성령이 임함으로
그리스도의 증인들이 하나님나라를 효과적으로 전할 수 있도록 능력을 제
공하는 것으로 이해해야 한다. 성령은 하나님나라를 전하고 선포하는 근원
적 힘이다.

이 전체적 논의에서 말하고자 하는 바가 무엇인가? 이 논지의 바른 이해를 위해서 다분히 신학적 해석들이 있었지만 누가가 제시하는 이 두 관계는 오늘날 교회를 위한 또 다른 메시지임을 간과해서는 안 된다. "무엇을 위해 교회가 존재하는가?" "그 무엇을 위해 교회는 어떻게 준비해야 하는가?"라는 근본적 질문들이 오늘 교회와 세상과의 긴장 속에서 끊임없이 요구되어지는 질문들이라면, 누가가 제시하는 이해는 주로 바울적으로 – 즉, 하나님나라의 축복들을 성령으로 말미암아 개인적으로 혹은 내면적으로 누리는 – 이해해 왔던 교회에 새로운 도전을 제시해 준다.

세계를 향한 하나님나라의 복음화(evangelization of the kingdom of God)를 위해 부르심을 받은 그리스도의 제자들처럼 그리고 그 막중한 사역을 위해 성령의 능력을 기다리며 기대하며 힘입었던 것처럼 오늘날 우리 교회들은 이 모범적 모델이 주는 메시지를 들어야 할 것이다. 이것이 바로 1세기 한 신약 저자가 오늘날 교회에 던지는 메시지다.

Ⅱ. 본문연구

1	눅 1장 : 이스라엘을 돌아보시는 하나님 / 허 주
2	눅 2장 : 예수 그리스도의 탄생과 유년시절 / 변종길
3	눅 3장 : 주의 길을 예비하는 '세례' / 장동수
4	눅 4장 : 오직 아버지의 일에 몸 바치신 예수님 / 조병수
5	눅 5장 : 죄 사함과 제자도의 부름 / 심상법
6	눅 6장 : 논쟁과 훈화에 담긴 새 정신 / 권성수
7	눅 7장 : 소외된 자들에 대한 메시아의 긍휼하심 / 양용의
8	눅 8장 : 하나님나라와 드러난 예수의 정체 / 윤철원
9	눅 9장 : 부족하지만 고난의 그리스도를 좇아서 / 유승원
10	눅 10장 : 제자의 의무와 특권 / 정근두
11	눅 11장 : 이렇게 기도하라 / 김동수
12	눅 12장 : 종말의 심판을 준비하는 삶 / 나요섭
13	눅 13장 : 너무 늦기 전에 해야 할 시급한 일 / 정창균
14	눅 14장 : 끝자리에 앉으라 / 이 달
15	눅 15장 : 함께 기뻐하고 즐거워하자 / 정종성
16	눅 16장 : 재물을 극복하는 제자도가 필요하다 / 조병수
17	눅 17장 : 하나님나라의 도래를 맞이하는 제자도 / 변종길
18	눅 18장 : 하나님나라의 재배치와 역전의 결과들 / 최승락
19	눅 19장 : 종반을 의식한 예수님의 구원사역 / 허 주
20	눅 20:1~21: 예루살렘에서의 환호와 적대 / 정훈택

21	눅 21:5~38 : 성전파괴와 인자의 오심 / 양용의
22	눅 22장 : 예루살렘에서의 마지막 일들 / 소기천
23	눅 23장 : 인류의 구원이 된 정치범 예수의 이야기 / 유승원
24	눅 24장 : 너무 기뻐 믿을 수 없는 사실 / 장해경

1 이스라엘을 돌아보시는 하나님
누가복음 1장의 주해와 적용

누가복음은 신약성경 중에 분량이 가장 긴 문서다. 뿐만 아니라 이 복음서의 기록자로 알려진 누가는 복음서 저자들 가운데 유일하게 자신의 역사적 증언과 신앙적 고백을 전편과 후편으로 구상하여, 이스라엘 땅에서 시작된 하나님나라의 복음 선포뿐 아니라(누가복음), 이스라엘 땅을 넘어서까지 전파되는 하나님나라 복음의 확장(사도행전)을 기록하여 증거하고 있다. 말하자면 기록자 누가는 신약성경의 어떤 단독 저자들보다도 더 많은 분량의 내용을 우리에게 남긴, 예수님과 초대 기독교 신앙 공동체의 역사적 증인이다.

우리가 누가의 기록 의도에 주의할 경우 다음과 같은 사실을 알 수 있다. 즉 누가복음이 구약 시대에 역사하신 동일한 그 하나님의 뜻 가운데 이 땅에 보냄을 받아 복음의 구원을 계시하고 증거하시는 '예수님의 지상 사역'을 다루는 반면, 사도행전은 그 하나님의 뜻 가운데 십자가의 죽음으로 새 언약을 맺으시고 부활·승천하셔서, 계속되는 하나님의 목적을 따라 복음의 구원을 여전히 계시하고 증거하시는 '예수님의 천상 사역'을 다룬다고 볼 수 있다. 이런 점에서 누가(복음)-(사도)행전 내러티브의 구원사적 연결과 점진성은 기독론적 이해와 밀접히 관련되어 있으며, 이 두 주제(즉, 구원론과 기독론)는 누가의 성령 이해와 불가분리의 관계로 나타나고 있다.[1]

여기서 우리는 누가복음을 어떻게 읽어야 할 것인지에 대한 두 가지 필수적 가능성을 고려할 수 있다. 첫째는 누가복음 원 저자의 의도에 따라 누가복음(전편)을 사도행전(후편)과의 상호관련성 속에서 읽어야 한다는 사실과, 둘째는 누가복음을 다른 (공관)복음서와의 비교 내지 대조 속에서 읽을 수 있다는 점이다. 그리고 이 두 관심 내지 관점은 무엇보다 하나님 말씀으로서의 누가복음 본문 자체에 대한 경외와 사랑 그리고 이에 따른 끊임없는 반복적 읽기가 우선되고 전제되어야 할 것이다.

누가복음의 서문(1:1~4)

누가복음은 다른 공관복음서와 달리 잘 짜여진 서문(마카비후서 2:19~32; 요세푸스의 Antiquities 1; Against Apion 1:1; 2:1 참조)으로 시작하는 것이 특징이다.[2] 이 서문은 특히 헬라어 문법에서 1)원인절(1~2절), 2)중심절(3절), 3)목적절(4절)로 구성되어 있는데, 누가는 결과적으로 '우리(행 16:10~17; 20:5~15; 21:1~18; 27:1~28:16 참조) 가운데 성취된 복음의 역사적 사실에 대한 내력(디에게시스)의 확실함'을 보여 주려는 것이 기록 의도임을 밝히고 있다.

이 역사적 사실에 대한 내러티브는 누가에 의해 기록되어 보도되기 전, 많은 다른 복음 증거자들에 의해 이미 나름대로 정리되어 전해져 내려왔음을 알 수 있다. 누가에 앞서서 복음의 내력을 문서로 전달한 자들은 자신들의 정보를 예수님의 사도/제자들과 같은 말씀의 일차적 목격자들로부터, 그리고/또는 예수님을 직접 눈으로 보지는 못하였지만 사도/제자들이 감당했던 복음의 사역을 곧 뒤이은 말씀의 신실한 일꾼들로부터 전수받게(막 7:13; 고전 11:2, 23; 15:3; 유 3장 참조) 된 것을 알려 준다. 이런 점에서 기록자 누가를, 그보다 앞서서 문서로 남긴 복음 전도자들(마가와 마태?)과 비교해 볼 때, 우리는 누가가 그 역할에서 이들과 동일선상에 있었던 신실한 복음 전파자요 기록자임을 새삼 기억할 필요가 있다.

반면 기록자 누가는 복음에 대한 자신의 내러티브(즉, 누가-행전)를 기록하면서 자신의 각별한 의지와 확신이 있음을 서문의 중심절을 통해 밝히고 있다. "그 모든 일을 근원부터 자세히 미루어 살핀 나도 데오빌로 각하에게 차례대로 써 보내는 것이 좋은 줄 알았노니"(눅 1:3).

즉 누가는 복음 전도자와 기록자로서 1)신중성(자세히), 2)충족성(모든 일), 3)엄밀성(근원부터)을 가지고 복음의 기원과 전승을 탐구한 후, 마침내 자신의 문서인 누가-행전 내러티브 구조의 4)체계성(차례대로)을 글로 전개시키고 있는데, 이것은 데오빌로 각하가 이미 듣고 배운 복음의 확실성을 더욱 견고케 하기 위함이었다. 여기서 누가가 특히 예수님의 승천 이후에도 계속되는 하나님나라 복음의 확장을 그 기원과의 상호 관계 속에 증언하고 있다는 점에서 마태와 마가가 다루는 복음서의 구원역사적 지평보다 더 폭넓음을 보게 된다.

서문에 이어 누가는 1:5~2:52까지 요한과 예수님의 탄생 기사를 집중적으로 다룬다. 아울러 이 탄생 기사의 본문은 서문(1~4절)에서 나타난 것과는 사뭇 다른 70인역 문체의 헬라어(즉 히브리적 헬라어)로 드러나고 있다. 이것은 서문 이후로 시작되는 누가복음(과 사도행전)이 구약성경과 마찬가지로 거룩하고 권위있는 내러티브인 것을 암시해 준다. 아울러 누가의 이 탄생 기사는 누가-행전 문서 전체에 걸친 일종의 '서곡'(prologue) 역할을 하는데, 이것은 예수님의 메시아적 정체성과 사역뿐만 아니라 예수님과 관련되어 나타나는 주요 인물들(예, 요한, 사가랴, 엘리사벳, 마리아, 시므온, 안나, 천사, 성령, 하나님)과 그에 따른 주요 주제(예, 구원, 회개와 죄 용서, 증인, 기도, 비천한 자가 높아지며 교만한 자가 낮아짐에 따른 반전, 메시아 수용과 거부)에서도 읽어 낼 수 있다.

한편, 누가복음 1:5~2:52의 서곡은 요한의 탄생 및 예수님의 탄생과 관련하여 병행적 묘사를 통해 그 중심 테마가 드러나고 있다.[5] 이를 통해 말하고자 하는 누가의 의도는 예수께서 요한보다 뛰어난, 즉 다윗의 후손이요 메시아로 이 땅에 오신 하나님의 아들 예수라는 사실이며, 또한 오래 전 구약 시대부터 역사하신 그 하나님께서 아브라함과 맺은 언약을 돌아보사 마침내 그의 아들 예수를 통하여 이스라엘(하나님의 백성)을 구원케 하기 위한 언약의 성취이자 구원 계시의 사건이 됨을 보여 주는 데(눅 1:20, 57; 2:6, 21~22; 4:21; 9:31; 21:22, 24; 24:44~47) 있다.

이제 이런 맥락 속에서 누가복음 1장의 단락들, 즉 1)요한 탄생에 대한 예언과 사가랴의 반응(1:5~25), 2)예수 탄생에 대한 예언과 마리아의 반응 (1:26~38), 3)마리아의 엘리사벳 방문과 찬미(1:39~56), 4)요한의 탄생(1:57~66), 그리고 5)요한 탄생에 따른 사가랴의 찬미(1:67~80)를 핵심적으로 살펴보자.

요한 탄생에 대한 예언과 사가랴의 반응(1:5~25)

누가는 먼저 요한의 부모에 대한 설명으로 본 단락을 시작한다. 때는 유대 왕 헤롯(기원전 37~4)이 집권하던 시기로서 요한의 아버지 사가랴뿐 아니라 그 어머니 엘리사벳이 모두 제사장 가문의 후손임을 말해 준다. 또 이 두 사람은 하나님 앞에 의인이니(신 6:25; 24:13; 시 106:31 참조) 주의 모든 계명과 규례대로 흠이 없이(6절; 창 26:5; 신 28:3; 삼상 1:3, 5; 왕상 3:14 참조) 생활하는 경건한 하나님의 사람이요 부부임을 인정해 줌으로써 7절에 소개된 엘리사벳의 수태치 못함이 이 여인의 범죄함이나 남편 사가랴의 죄악 때문이 아님을 보여 준다. 말하자면, 하나님에게서 인정받고 있는 이들 제사장 부부는 자신들의 오류 때문이 아닌 하나님의 선하신 계획에 따라 시련을 받고 있던 셈이었다. 이런 경우, 사가랴와 엘리사벳 부부에게 그 당시 유대 사회 통념상 적용되었음직한 수치나 모욕(눅 1:25 참조)은 오히려 하나님의 역사하심을 더욱 간절히 갈망하면서 그분의 축복을 배가적으로 체험할 수 있는 기회가 된 사례다.[6]

한편, 그 아들 요한은 이스라엘 백성들을 하나님의 메시아인 예수님께 소개하고 그들을 회개케 하기 위해 주의 길을 예비하는 선지자적 사역을 감당해야 했으며, 그 자신 역시 자신의 범죄함 때문이 아닌 하나님의 뜻에 따라 하나님의 나라가 이미 도래한 새 구원사적 시대에 첫 순교를 당함으로써(눅 9:7~9; 16:16; 행 1:21~22 참조) 메시아의 길을 말뿐이 아닌 자신의 몸으로 예비한 자였다.

사가랴는 자신의 제사장 직무를 따라 그리고 하나님의 인도하심을 따라(제비를 뽑아, 9절) 여러 제사장들 중 택함을 입었고, 성전의 성소에서 분향하며 기도하는 가운데 주의 사자인 가브리엘 천사(창 16:10~11; 17:15~19; 18:10~15; 25:23; 삿 13:3~21 참조)의 방문을 받는다. 가브리엘은 사가랴를 향해 그의 간구에 대한 응답으로 엘리사벳이 아들을 낳게 될 것과 그 이름을 요한이라 지을 것까지 고지해 주면서(13절 참조, 창 16:8, 11; 17:19; 왕상 13:2; 사 7:14; 49:1) 요한에 대한 사람들의 반응과 요한의 정체성 그리고 그의 사명을 지시해 준다. 그는 주 앞에 큰 자(15절)가 되어 나실인과 유사하게 구별된 자로 성장할 것이며 엘리사벳의 모태에서 성령의 충만(15절)을 입을 것이다. 왜냐하면 요한은 엘리야의 심령과 능력으로(왕상 17~18장; 말 4:5 참조) 주 앞에 앞서 가서(말 2:6; 시락 48:10 참조) 주를 위하여 세운 이스라엘 백성을 하나님께로 돌아오게(눅 1:16~17; 신 30:2; 호 3:5; 7:10 참조) 하는 일을 위해 세움을 입은 자이기 때문이다.

천사 가브리엘로부터 고지된 요한 탄생 예언에 대한 제사장 사가랴의 반응은 황당함 속에서 내뱉어진 의아함 자체였다. 누가복음 1:6에 묘사된 하나님을 향한 사가랴의 경건과 신앙에도 불구하고 아이를 잉태할 수 없는 자신과 엘리사벳의 늙음은 또 하나의 엄연한 현실(18절)이었기 때문이다. 이에 대해 가브리엘은 다시 한 번 자신의 출처(하나님 앞에 섰는 가브리엘)와 사명(이 좋은 소식을 전하여 네게 말하라고 보내심을 입었노라)을 사가랴에게 상기시키면서(19절), 불신앙에 따른 잠정적 징계(이 일이 성취되는 날까지)로 사가랴는 벙어리가 되고 만다.

성소에서 하나님의 현현인 천사를 만나 그 동안 간구하던 기도의 응답인 아들 출산의 축복 메시지를 받은 사가랴가 오히려 벙어리가 되어(비록 잠정적이지만) 성소를 나올 수밖에 없었다는 점은 아이러니가 아닐 수 없다. 하지만 이처럼 하나님의 능력과 역사하심은, 하나님을 전적으로 신뢰하고 그분 앞에서 의롭고 흠이 없는 자라도 그분의 하시는 일을 온전히 다 깨달을 수 없는 연약한 피조물이라는 사실과, 이처럼 하나님께서 하시는 일은 사람의 모든 이성과 신앙까지도 초월하실 수 있다는 점을 시사해 준다.

벙어리가 된 채 성소에서 나온 사가랴의 모습을 통해 다른 제사장들은 그가 하나님의 이상을 목도한 것을 감지할 수 있었다. 이처럼 제사장들이 성전이나 성소 안에서 하나님의 계시를 받는 일은 흔치 않지만 전례가 있는 일이었다(사 6:1~5; 겔 10:3~19 참조).

한편, 모든 직무를 마치고 집으로 돌아간 지 얼마 안 되어 사가랴는, 가브리엘의 예언대로 그의 아내 엘리사벳이 수태한 것을 확인할 수 있었을 것이다. 엘리사벳은 남편이 성소에서 하나님의 이상을 본 후 벙어리가 되어 돌아온 것과 나이 많은 자신이 수태한 것을 알고, 제사장 남편과는 대조적으로 자신의 간구에 응답하시는 하나님께 즉각적인 감사와 감격을 발산하고 있다(25절).

이런 상황 가운데 사가랴는 시간이 경과함에 따라 점점 더 자신이 성소에서 받은 하나님의 이상과 천사 가브리엘의 예언을 묵상하면서 하나님의 능력과 역사하심에 대한 깊은 경외감을 새롭게 하였을 것이다. 그리고 이 같은 침묵 속에서의 깨달음은 마침내 요한의 출생과 더불어 성령의 충만한 역사하심 가운데 사가랴의 심령과 입술을 통해 하나님 찬양의 선포로 이어진다(눅 1:67~79).

예수 탄생에 대한 예언과 마리아의 반응(1:26~38)

26절부터 새롭게 시작되는 단락은 천사 가브리엘이 사가랴에게 요한의 수태를 고지한 이후 실제로 그의 아내 엘리사벳이 요한을 수태한 지 여섯째 달이 지난 후, 동일한 천사 가브리엘이 하나님으로부터 보냄을 받아 갈릴리 나사렛 동네에 다윗의 자손 청년 요셉과 약혼한 처녀 마리아에게 나타나는 것으로 시작된다.

이미 19절에서도 언급되었듯이, 가브리엘은 하나님에게서 보냄을 받은 신적 인물인데, 이것은 요한의 수태와 탄생 그리고 예수님의 수태와 탄생은 처음부터 마지막까지 하나님의 전적 주권에 의한 하나님의 구원 계획에 의해 펼쳐지고 있음을 말해 준다. 이 점에서 누가복음 1~2장 내러티브의 중심 인물이 요한이나 예수님이라기보다 실제로 이들의 탄생을 계획하고 메시아 예수님을 통해 구원을 선포하고 계시하기 원하시는 하나님 자신임을 잊어서는 안 된다.

이런 점에서 (제사장 사가랴와 달리) 가브리엘을 향한 마리아의 돋보이는 순종적 태도와 하나님을 향한 믿음(37~38, 45절), 그리고 그에 따른 하나님을 향한 찬미(46~55절)는 모든 독자들에게 매우 모범적임에도 불구하고, 마리아에게 이미 베푸시고 그녀를 택한 하나님의 은혜와 평안(28절)을 우선적으로 주목할 필요가 있다.

가브리엘을 통한 예수님의 탄생 예언에는 그의 독특한 정체성과 권위가 드러나고 있다. 그는 먼저 '큰 자요 지극히 높으신 이의 아들'로 일컬음을 받게 될 것과 '다윗의 왕위에 앉아 영원히 이스라엘 나라를 다스릴 왕'으로서 그 나라/통치가 영원하게 될 것을 말해 준다(32~33절). 이와 함께 마리아에 의해 초자연적인 방법, 즉 성령 곧 지극히 높으신 이의 능력으로 수태되고 태어나게 될 예수님은 거룩한 자이신 하나님의 아들로 칭함을 받게 된다. 이것은 한마디로, 태어나실 예수님께서 오래 전부터 구약에 약속된 다윗의 후손일 뿐 아니라 하나님의 영으로 기름 부음을 받을, 오실 그 메시아임을 증거해 주는 묘사들이다(삼하 7:8~17; 시 89; 132; 미 4:7; 단 2:44; 7:14; 사 9:5~6; 11:1~5; 렘 23:5~6).[7]

갈릴리 나사렛에 임한 가브리엘에게서 한 평범한 처녀 마리아에게 고지된 이 엄청난 하나님의 구원 계획에 대한 소식은 마리아 자신뿐 아니라 모든 누가복음의 원 독자들에게도 충격적인 메시지였을 것이다. 그러나 우리

(과거와 현재의 모든 독자들)는 다시 한 번 이 일의 기원이 전능자 하나님 자신의 기쁘신 뜻과 섭리에 의한 것임을 기억할 필요가 있다. 이 점에서 우리는 가브리엘의 선언을 깊이 묵상해야 된다. "대저 하나님의 모든 말씀은 능치 못하심이 없느니라"(37절). 이 선언에 대한 나사렛의 처녀 마리아의 절대적이고 순수한 신앙은 다시 한 번 제사장 사가랴의 머뭇거린 반응(18절)과 대조를 잘 이루고 있다.

한편, 세례 요한의 탄생 기사와 예수님의 탄생 기사에는 의미 있는 병행 구절들로 이루어져 있는데 이것을 통해 우리는 요한과 예수님간의 유비적 관계를 이해해 볼 수 있다. 예를 들어, 이들의 선지자적 사역과 이에 따른 죽음으로의 길은 매우 흡사한 '하나님의 사람' 으로서의 선지자적 이미지를 보게 한다. 그러나 이 두 탄생 기사 병행 구절에서 드러나는 차이야말로 요한과 예수님의 정체성을 더 분명하게 보여 주고자 하는 누가의 의도가 있는 것이다. 그것은 바로 나사렛 예수로 이 땅에 오신 그리스도의 탄생의 의미가 세례 요한의 탄생과는 비교할 수 없는 하나님의 큰 능력과 구원을 가지고 왔음을 계시한다는 점이다.

마리아의 엘리사벳 방문과 찬미(1:39~56)

가브리엘 천사로부터 하나님의 아들인 예수님을 자신이 수태하게 될 것이라는 소식을 전해 들은 마리아는 자신의 친족 엘리사벳을 방문하기 위해 유대로 올라갔다. 왜냐하면 나이 많은 엘리사벳이 이미 6개월 전부터 기적적으로 아기를 잉태했다는 소식을 가브리엘로부터 들었기 때문이다(36절). 나사렛에서부터 유대로 향하는 마리아의 발걸음이 얼마나 흥분되었을까? 마침내 유대에 도착한 마리아는 사가랴의 집에 들어가 엘리사벳을 마주 대하며 문안 인사를 나눌 수 있었다.

그런데 누가의 본문은 매우 주목할 만한 기사를 독자들에게 소개하고 있다. 그것은 엘리사벳이 마리아의 문안 인사를 들었을 때, 엘리사벳 태중에 있는 6개월 된 아기 요한이 마리아의 태중에 막 자리잡았을 예수님을 영접하며 기뻐하는 사건(40~41절)을 보도하는 내용이다. 즉, 이 사건은 마리아와 엘리사벳의 만남인 동시에 각각의 태 속에 있는 아기 요한과 아기 예수님의 첫 만남이기도 한 것이다. 이 묘사는 장차 나타날 요한과 예수님의 장래 사역의 상호 관계를 미리 유비적으로 보여 주는 것으로, 이미 모태에 있을 때부터 성령의 충만함을 입은(15절) 아기 요한은 아기로서 예수님을 기쁨 가운데(44절 참조) 증거하고 있음을 시사해 준다.

태중에 있던 요한을 통해 예수님을 향한 증거를 감지할 수 있었던 엘리사벳(44절) 역시 성령의 충만함 가운데 큰 소리로 마리아와 마리아의 태중에 있는 예수님을 향해 축복을 선언하게 된다. 이때 마리아를 향한 엘리사벳의 호칭은 '내 주의 모친'이라는 용어인데, 이것은 엘리사벳이 아기 예수님을 성령의 인도함 가운데 내 주로 인식하고 있음을 말해 주는 것이기도 하다. 엘리사벳은 이제 마리아의 순종과 믿음을 높이 평가하면서 가브리엘을 통해 이미 선언된 하나님의 예언의 말씀이 축복 가운데 마리아에게 그대로 성취될 것을 영감 찬 성령의 권위 가운데 선포하고 있다(45절).[8]

엘리사벳을 통해 성령에 의한 예언의 말씀을 목도한 마리아는 이제 북받치는 감사와 기쁨 속에서 하나님을 향한 찬미(46~55절: the Magnificat)를 올리게 된다.[9] 마리아의 찬미는 자신이 하나님과 사람들 앞에서 내세울 것 없는 신분과 상황에 처해 있음에도 그것에 상관없이, 자신에게 놀라운 축복을 허락하시는 주를 향한 개인적인 감사와 찬양(46~49절)으로부터 시작되고 있다.

특히 '내 영혼이'(46절), '내 마음이'(47절), '하나님 내 구주를'(47절), '그[하나님]의 여종의 비천함'(48절), '나를'(48절), 그리고 '내게'(49절)와 같은 표현이 주목된다. 마리아는 여기서 '하나님을 향하여 주'(46절), '내 구주'(47절), '능하신 이'(49절), '거룩하신 이름을 소유하신 분'(49절)으로 고백하면서 이분께서 자신을 돌아보고(48절) 자신에게 큰 일 행하심(49절)을 찬양하며 기뻐하고 있다. 우리는 여기서 마리아의 겸손과 순종 그리고 자신에게 말씀하신 주를 향한 강한 신뢰를 발견할 수 있다.

마리아는 계속해서 자신이 믿고 있는 하나님께서는 다른 일반인들에게도 주권적으로 역사하시는 분임을 선언하고 있다(50~53절). 이때 사람들에게 역사하시는 하나님의 행위는 상반된 결과로 드러나게 됨을 보여 준다. 그것은 다름 아닌 '구원하심'(끌어올리심, 배불리심)과 '심판하심'(흩으심, 끌어내리심, 공수로 보내심)이며, 이 두 상반된 효과가 하나님의 개입하심으로 이 땅의 두 부류의 사람들(하나님을 두려워/경외하는 자, 비천한 자, 주리는 자와 마음의 생각이 교만한 자, 권세 있는 자, 부자)에게 각각 극적으로 반전되어 나타남을 알 수 있다. 실제로 이것은 구약성경에 자주 반복되는 주제 중의 하나로서 메시아의 도래에 나타나는 종말론적 현상이기도 하다(삼상 2:5, 7; 시 68:1; 89:10; 107:9; 146:7; 147:6; 욥 12:19; 15:29; 22:9; 렘 17:11 참조).

이 두 부류의 사람들에 대한 묘사는 본문의 문맥뿐만 아니라 누가 – 행전 전체를 고려할 때, 문자적인 것과 비유적인 것 중 어느 한 편에만 초점을 맞추기보다는 양자 모두를 고려해서 해석하고 적용하는 것이 더 타당해 보인다(눅 6:20~26; 7:22~23; 12:13~21; 14:12~14; 16:14~29).[10] 누가가 진정한 (영적) 회개와 구원의 징표를 실제 생활에서의 재물에 대한 자유함 내지 나눠 줌과 상호 관련시키는 것(눅 3:10~11; 10:25~37; 12:33~34; 14:12~24; 16:1~13, 19~31; 18:18~30; 19:1~10; 행 2:43~47; 4:32~35; 9:36~43)도 주목할 필요가 있다. 결코 절대적인 것은 아니지만, 실제적인 삶에서 사회 · 경제적으로 가난하고 시련 중에 있는 자들이, 권세 있는 자들이나 부자들보다 더욱 더 겸손한 심령으로 하나님을 가까이 의지하게 되는 것을 보는 것도 같은 이치일 것이다.

이제 마리아는 자신의 찬미 마지막 단락에서 '하나님의 종'으로서 자기 민족 이스라엘을 돌아보며 오래 전 구약 시대 아브라함과 그 자손에게 말씀하시고 약속하신 하나님의 언약(창 12:1~3)을 상기하면서 하나님의 신실하심을 찬양하고 있다(55절; 참조, 72~73절). 즉, 열방 가운데 이스라엘을 자기 소유 삼으시고(출 19:4~6), 주인과 왕이 되신 하나님께서 자신의 '종'이자 '맏아들' 된 언약 백성 이스라엘을 '도우시고 긍휼 가운데 기억하시는' 분임을 깨닫게 되면서 터져 나온 찬미다.

말하자면, 이것은 누가복음 1:31~33 그리고 35절에서 묘사된 하나님의 아들 예수께서 자신의 몸에서 수태되고 태어날 것에 대한 마리아 자신의 영감 찬 예언적 해석이요 찬양이다. 이 본문은 누가-행전의 진행 속에서 민족적 이스라엘 백성에게뿐 아니라 이방인들까지도 포함된 새롭게 회복될 모든 영적 이스라엘 백성들에게 적용되는 것을 관찰할 수 있다(눅 2:30~32; 24:47; 행 2:39; 9:15; 13:47 참조).[11]

마리아의 찬미가 끝난 후, 성경은 그녀가 제사장 사가랴의 집에서 엘리사벳과 함께 3개월을 더 유숙하고서 갈릴리 나사렛으로 돌아간 것을 말해 준다(56절). 이 기간 동안 마리아와 엘리사벳은 제자상 신분의 사가랴의 말하지 못함과 듣지도 못함(62절 참조)과는 대조적으로 자신들에게 역사하고 계신 하나님의 크신 일들에 대한 놀라움과 함께 기쁨을 나누며 서로를 격려했을 것이다.

요한의 탄생(1:57~66)

마침내 엘리사벳이 해산할 때가 왔다. 태어난 아기는 가브리엘을 통해 약속된 대로 아들이었다. 이 사건은 누가복음의 예언적 말씀이 실제적으로 성취되는 첫 번째 경우로서, 이제 이 같은 예언과 함께 구약에서 약속하셨던 하나님의 여러 말씀들이 계속적으로 성취될 것을 기대하게 해 준다. 이 일로 그 이웃과 친척들 역시 하나님께서 베푸신 이적을 목도하게 되었으며, 이런 일을 행하신 하나님의 긍휼(58절; 50, 54절 참조)을 듣고 엘리사벳과 함께 기뻐하지 않을 수 없었다.

태어난 지 팔일 째가 되어 율법의 규례를 따라(레 12:3) 아기에게 할례를 행하면서, 이웃과 친척들은 유대인의 관례대로 아버지 이름을 따라 아기의 이름을 사가랴로 정하고자 추천하였다(59절). 그러나 어머니 엘리사벳은 가문에 명명된 적이 없는 요한이라는 이름을 제안하였고(60절), 이에 따라 이들은 비록 말을 못하고 듣지 못하게 된 아버지 사가랴의 의사를 타진해 보지 않을 수 없었다(62절). 문맥으로 볼 때, 사가랴는 제사장이며 한 가정의 가장이었음에도 요한의 수태 고지를 받은 이후, 그의 아들 요한의 탄생과 관련하여 적극적 역할은 좀처럼 발견할 수 없다. 말하자면, 예수님의 탄생과 마찬가지로 세례 요한의 탄생은 하나님의 주권적 간섭과 직접 일하심에 따른 이적임을 드러내 준다.

이에 아들의 이름과 관련하여 아버지 사가랴는 서판을 통해 요한이란 이름을 기록함으로써 그 자신이 약 10개월 전 천사 가브리엘에게 들었던 그 이름을 표기하지 않을 수 없었다. 이에 대한 반응으로 주위 사람들은 그 당시 일반 관습을 따르지 않는 이 아기의 부모들의 결정을 이해할 수 없었다(63절). 그러나 이 사람들이 더 놀라게 된 것은, 서판에 요한이란 이름을 쓰자마자 곧 사가랴의 혀와 입이 다시 정상으로 돌아와 말을 하게 된 일일 것이다(64절). 아니 어떤 면에선 다른 누구보다도 사가랴 자신이 가장 놀라며 흥분하지 않았을까?

어쨌든 제사장 사가랴는 순간적인 의혹과 불신앙 속에서 가브리엘에게 내뱉은 말(18절)로 인해 말을 하지 못하게 된 이후, 약 10개월의 침묵과 시련을 통해 하나님께서 홀로 역사하시는 이 일을 목도하며, 하나님을 전적으로 신뢰하는 것이 어떤 것인지를 몸으로 더욱 철저히 깨닫게 되었다. 다시 말을 할 수 있게 된 사가랴의 입술에서 터져 나온 것은 결코 불평이나 원망이 아닌 하나님을 향한 찬송이었다(64절).

나이 늙어 정상적인 방법으로 수태와 출산이 불가능했던 사가랴와 엘리사벳 가정. 그 가정에 하나님께서 개입하심으로 한 아기가 출생하게 되었다. 출생한 남자 아기의 이름은 관례대로가 아닌 천사의 고지대로 요한이라 명명되었다. 이 아기의 수태 고지를 듣는 순간부터 갑작스럽게 말을 할 수 없었던 아버지 사가랴가 10개월이 지나 아기의 출생과 함께 그 이름을 요한이라 허락하는 순간, 다시 이전처럼 정상적인 상태로 회복되면서 바로 하나님을 찬양하게 되었다. '이 모든 일들'(65절)이 온 유대의 동네에 두루 퍼지게 된 것은 당연할 것이다.

따라서 이 일을 본 사람뿐 아니라 듣게 된 사람도 이 유대인의 아기 요한이 범상치 않음을 느낄 수 있었던 것이다. "이 아이가 장차 어찌 될꼬"(66절). 왜냐하면 아기 요한과 관련된 위의 일련의 사항들은 주의 손(참조, 눅 11:20), 즉 하나님의 특별한 간섭과 능력(참조, 출 13:3; 15:6; 사 5:12; 26:11; 66:14; 겔 1:3; 3:14, 22)이 요한과 함께함을 보여 주는 것 이외의 그 어떤 것도 생각할 수 없기 때문이었다.

요한 탄생에 따른 사가랴의 찬미(1:67~80)

약 10개월간의 침묵으로 하나님의 계시(11~17절)를 묵상할 수 있었던 사가랴는, 특히 지난 약 3개월 동안 자신의 집에 머물렀던 마리아의 방문(56절)을 통해 요한의 이적적 탄생뿐 아니라 동정녀 마리아로부터 예수님의 탄생을 함께 생각할 수 있었을 것이다. 누가복음 1장의 마지막 단락을 구성하고 있는 사가랴의 찬미(the Benedictus)는 이런 점에서 메시아 사역을 예비할 요한과 구약에서 약속했던 그 메시아로서의 예수님의 사역을 예언적으로 선포하고 있음을 이해하게 된다.

그리고 무엇보다 사가랴의 이 예언적 찬양이 '성령의 충만함'(눅 1:41; 2:25~27; 행 2:17~18; 4:8; 7:55; 11:28; 13:9 참조) 가운데 선포되고 있다는 사실이 이 내용의 신적 권위를 더해 준다. '찬송하리로다'로 시작되는 사가랴의 찬미는 이전의 사가랴의 태도(18절)와 극적인 대조를 이룬다. 이처럼 하나님의 사람들은 하나님의 존재와 역사하심에 대한 신앙이 있더라도(요한의 탄생 이전의 사가랴), 이 신앙이 구체적인 삶의 경험 속에서 체험될 때(요한의 탄생 이후의 사가랴) 살아있는 신앙 속에서 자신이 믿는 하나님을 비로소 하나님으로 깨닫고 그분께 영광을 돌린다.

사가랴의 찬미는 주 되신 하나님으로서 특별히 '이스라엘의 하나님' 께 올리는 찬양이다. 마리아의 찬미(54~55절)와 마찬가지로 '이스라엘' 과 '주의 백성'(77절)은 누가 - 행전의 전체 문맥(눅 2:32; 행 10:44~48; 11:17~18; 15:1~21 참조)에서 볼 때 민족적 이스라엘을 향한 구원/회복이면서 동시에 하나님의 새 언약적 이스라엘 백성으로 이방인의 구원을 포함하게 되는 포괄적 개념으로 이해할 수 있다.

사가랴는 요한의 탄생과 예수님의 탄생의 의미를 오래 전 약속하셨던 (70, 72~73절) 그 하나님께서 이제 마침내 자기 백성을 '방문하셔서'(출 4:31; 눅 1:78; 7:16; 19:44; 행 7:23; 15:14 참조) '구속하는' 것으로 선포하고 있다. 말하자면 이것은 예수님을 메시아로, 요한은 그 메시아를 예비하는 자로 정확하게 인식하고 있음을 보여 주는 것이다.

본문에서 이 메시아는 특별히 다윗의 후손으로 오는 왕같은 이미지(69절)가 강조되어 있다. '구원의 뿔' 로서 메시아를 '일으키시는'(삼하 3:10; 행 3:22, 26; 13:22 참조) 하나님께서는 이 모든 일에 주권자시며 계시자시다. 여기서 구원의 뿔은 전쟁 중 적군과 싸워서 승리/구원을 가져오는 용사(삼하 22:3; 시 75:4~5, 10; 148:14 참조)나 왕(삼상 2:10; 시 132:17 참조)의 이미지를 형상화시켜 줌으로써, 72~74절에 소개되는 메시아의 장래 사역에 대한 암시를 얻을 수 있다.

메시아 사역은 하나님의 백성들의 원수와 이들을 대적하는 악한 자들의 모든 세력으로부터 구출해서 보호해 주시는 '구원 사역' 이다. 실제로 이 사역은 장차 있을 예수님의 하나님나라 선포 사역으로서(눅 4:43), 질병 치유와 이적 행함 그리고 특히 귀신을 내어쫓는 행위(눅 4:16~37; 11:14~26; 13:10~17)로 나타나게 된다. 그런데 하나님께서 구원의 약속을 기억하시고 메시아를 통해 구원을 이루시고자 하는 것은 하나님께서 자기 백성들과 거룩한 교제를 나누기 위함인 것을 알 수 있다. "(하나님의 백성으로 하여금) 종신토록 주의 앞에서 성결과 의로 두려움이 없이 (하나님을) 섬기게 하리라"(75절).

사가랴 찬미의 마지막 단락(76~79절)은 자신의 아들 요한의 정체성을 하나님의 구원 사역을 예비하는 선두주자로 나타내면서 장차 나타날 예수님의 메시아 사역의 의미를 드러낸다. 즉, 요한은 지극히 높으신 이의 선지자(1:17 참조)로서 주에 앞서(1:15, 17 참조) 사역하는 자로 묘사된다. 여기서 주는 구약에서 의미하듯 우선적으로 '주 하나님'(눅 1:6, 9, 11, 25, 28, 32, 38, 46, 58, 66, 70, 77)을 지칭하는 것으로 보아야 하지만, 실질적으로 '주 예수'(눅 1:43, 2:11; 행 2:36)를 암시하는 것도 고려하지 않을 수 없다.[12] 요한이 해야 될 사역의 초점은 주의 백성에게 (장차 오실 메시아 예수로 힘입은) 그 죄 사함으로 말미암는 구원을 알게 하는 일(눅 3:3 참조)이다. '죄 사함을 얻게 하는 회개'로의 이 외침은 요한과 예수님의 연속성 있는 구원 선포의 요약 메시지기도 하다(눅 5:17~32; 24:47; 참조, 행 2:38; 26:20).

이와 같은 방법으로 하나님께서 자기 백성들에게 구원을 계시하는 동기는 하나님 자신의 긍휼하심(78절; 눅 1:50, 54, 58 참조)에 기인한다. 이 같은 하나님의 긍휼 베푸심이 지금도 모든 성도들의 구원의 기초며 배경이다. 그리고 하나님의 긍휼하심에 기인한 주의 백성들의 죄 사함으로 말미암는 구원은, 구체적으로 돋는 해같이 하나님의 아들이신 메시아 예수님께서 이 땅에 오심으로 나타나게 될 것이다(78절). 즉 이분이 오시게 되면, 어둠과 죽음의 그늘에 속한 사람이 빛(눅 2:32; 행 13:47; 26:17~20 참조)을 만나 깨어나듯이(행 9:3~22의 사울을 참조), 이 세상 삶의 절망과 고통 속에서 아무런 소망도 없이 살아가던 사람이 인생의 새 방향과 의미를 찾아 자신을 회복하고 평강의 길 곧 구원의 길로 들어갈 수 있는 새 시대를 맞이할 것이다(79절).

사가랴의 찬미가 끝나면서 누가복음 1장은 요한의 유아-청년 시절을 한 절로 요약함으로써 독자들로 하여금 장차 메시아 출현에 앞서 나타나게 될 요한의 사역을 더욱 기대하게 해 준다. "아이가 자라며 심령이 강하여지며 이스라엘에게 나타나는 날까지 빈 들에 있으니라"(80절). 요한의 부모는 가브리엘에게 고지 받은 대로(눅 1:15) 요한이 하나님 앞에서 구별되어 거룩한 자로 성장하도록 힘썼을 것이다. 그리고 이 같은 요한의 성장은 장차 이스라엘 백성들에게 메시아의 오심을 증거하는 하나님의 계획을 이루기 위한 의미 있는 성장이어야 했다.

요한이 예수님과 동년배기에 그의 공적 사역이 시작된 것도 대략 삼십 세 전후로 고려해 볼 수 있는데(눅 3:23), 그가 죄 사함을 얻게 하는 회개의 세례(눅 3:3; 참조, 1:77)를 공식적으로 선포하기 몇 년 전부터 빈 들/광야(눅 1:80과 3:4에서는 같은 헬라어 단어 '에레모스'가 사용됨)에서 생활했는지는 정확히 알 수 없다. 그러나 본문은 요한이 그의 공적 사역이 있기 전부터 상당 기간 '하나님의 선지자'로서의 준비 기간을 가진 자임을 말해 준다.

하나님께서 자기 백성의 구원을 위해 이들을 돌아보기 원하심과 긍휼 베푸심은 이처럼 철저하게 하나님의 선하신 의지를 따라(옛적에 아브라함과 다윗에게 약속하셨고 이제 선지자 요한과 메시아 예수님의 탄생을 위해 엘리사벳과 마리아를 택하심), 하나님의 때(눅 1:5, 57; 2:1, 6; 3:1~2, 23)에 이루어질 하나님의 자기 계시다.

맺음말

본문은 메시아이신 예수님을 통하여 하나님의 장엄한 구원의 역사하심이 어떻게 이 땅에서 펼쳐지고 있는지를 보여 주는 것에 그 초점이 있다. 그러므로 독자들은 먼저 구약의 약속대로 긍휼 가운데 구원을 베풀기 원하시는 신실하신 하나님과 그분의 열심과 선하신 뜻을 깊이 묵상할 필요가 있다. 그리고 이 하나님의 구원을 향하신 열심과 뜻은 이 세상의 구체적인 삶의 현장 속에서 하나님의 사람들을 통하여 나타난다는 점을 잊지 말아야 한다. 누가가 데오빌로에게 요구했던 것처럼(눅 1:4), 한 사람의 예외도 없이 오늘날의 누가복음 독자들도 자신들이 이미 배운 복음의 내용들이 오늘 각자의 삶에서 얼마나 확실한 것인지를 필히 점검해 보아야 할 것이다.

2. 예수 그리스도의 탄생과 유년시절
누가복음 2장의 주해와 적용

누가복음 2장은 예수 그리스도의 탄생과 유년시절을 다루고 있다. 예수 그리스도의 탄생 기사는 마태복음 1, 2장과 누가복음 2장에 나오는데, 누가복음에 나오는 것이 마태복음의 것보다 대체로 더 자세하며 마태복음에 나오지 않는 것도 더러 있다. 그래서 해마다 성탄절이 다가오면 누가복음 2장은 사랑받는 본문이 된다. 특히 베들레헴 구유에 뉘인 아기 예수 이야기는 어린아이들의 좋은 연극거리가 된다.

그러나 우리는 이러한 기사를 한낱 재미있는 동화나 이야기 소재로 생각하지 말고, 실제로 이 세상 역사 속에 일어났던 사건으로 이해해야 한다. 그리고 구유에 뉘인 아기 예수는 그렇게 낭만적인 이야기가 아니라 인간의 죄악상을 그대로 드러낸 가슴 아픈 사건이다. 따라서 우리는 본문의 말씀을 냉정하게, 하나님의 의도를 좇아서 바로 이해하도록 해야 할 것이다.

예수 그리스도의 탄생(2:1~7)

1. 탄생 시기(1~3절)

예수 그리스도의 탄생은 로마의 아우구스투스(Augustus) 황제가 통치하던 때였다. "이때에 가이사 아구스도가 영을 내려 천하로 다 호적하라 하였으니"(1절). 여기서 '가이사 아구스도'는 로마의 아우구스투스 황제를 가리킨다. 그의 본명은 옥타비아누스(Octavianus)였으며, 원래는 율리우스 카이사르(Julius Caesar)의 누이동생(Julia)의 딸(Attia)의 아들이었다. 옥타비아누스의 입장에서 보면 외할머니의 오빠가 율리우스 카이사르였던 것이다. 그는 18세 되던 해에 율리우스 카이사르의 유언장에 의해 그의 양자로 입양되었다. 그래서 '카이사르'라는 성을 물려받아 옥타비아누스 율리우스 카이사르가 된 것이다.

그는 주전 31년에 악티움 해전에서 승리한 후 안토니우스를 물리치고 로마 제국 전체에 대한 단독통치권을 쥐게 되었으며, 주전 30년에는 로마의 '최고사령관'(Imperator)과 로마원로원의 '수장'(Princeps)이 되었다. 그리고 주전 27년에는 로마 원로원으로부터 '아우구스투스'라는 칭호를 수여받았다. 이 칭호는 '숭고한 자, 고귀한 자, 지고자(至高者)'란 의미를 가지고 있는데, 거의 신적(神的)으로 들리는 묘한 이름이었다. 그래서 이 칭호를 부여받은 카이사르 아우구스투스는 거의 신적인 존재로 추앙받았으며, 그가 죽고 난 후에 그는 실제 '신격'으로 불리며 숭배받게 되었다.

그런데 카이사르 아우구스투스가 실권을 잡은 지 얼마 후에 로마 제국의 통치 기반을 든든히 하기 위해, 로마 제국 전역에 걸쳐 국세조사 곧 인구조사를 실시했다. 그 목적은 세금 재원을 파악하고, 유사시의 군대 동원 능력을 조사하기 위한 것이었다. 이것을 처음 실시한 해는 주전 28년이었으며, 그 다음에는 주전 8년에 실시되었다고 한다. 요세푸스(Josephus)의 기록에 의하면 주후 6년에도 실시되었다고 전해진다.

그런데 본문 2절에 보면 "이 호적은 구레뇨가 수리아 총독 되었을 때에 처음 한 것이라"고 한다. 유대 역사가 요세푸스에에 의하면 구레뇨 곧 퀴리니우스(Quirinius)는 주후 6년부터 수리아의 '총독'을 맡았다(Ant. XVIII,1). 그렇지만 주후 6년은 예수님의 탄생 연도로는 너무 늦다. 그래서 누가의 이 기록과 예수님의 탄생 연대 사이에 문제가 생긴다. 그러나 20세기에 들어와서 윌리엄 램지(W. Ramsey)에 의해 발견된 비문(碑文)들에 의하면, 구레뇨는 그 이전부터 수리아를 다스렸다고 한다. 곧 주전 12년부터 수리아의 '최고 사령관'(commander-in-chief)을 지냈던 것이다.

그리고 개역성경에는 "수리아의 총독 되었을 때"라고 되어 있지만, 원문에는 '총독'이란 말이 없고 "구레뇨가 수리아를 다스릴 때"로 되어 있다. 곧 "구레뇨가 수리아의 헤게모니를 장악하고 있을 때"라고 되어 있다. 이것은 구레뇨가 수리아를 사실상 통치하고 있을 때를 말한다. 따라서 구레뇨가 수리아를 다스리고 있을 때 시행된 두 번의 인구조사 중 첫 번째 것 곧 주전 8년에 시행된 국세 조사(호적)를 가리킨다고 볼 수 있다.

그렇다면 우리는 이런 의문을 가질 수 있다. 예수님이 태어나신 연도는 도대체 몇 년인가? 성경의 기록과 아우구스투스의 호적 명령과는 어떻게 조화될 수 있는가? 실제로 이런 의문을 가진 사람 중의 하나가 「로마인 이야기」를 쓴 시오노 나나미 여사다. 그는 일본인 여자로서 로마 제국의 역사를 아주 재미있고 깊이 있게 쓰고 있다. 헬라어와 라틴어 원전을 섭렵하여 뛰어난 통찰력을 가지고 재미있게 풀어쓴 그의 지식과 솜씨는 탁월하다고 할 수 있다.

그러나 문제는 우상숭배의 나라 일본 출신으로 일신교보다 다신교를 칭찬하고 있다는 사실이다. 그래서 책 곳곳에 은근히 반기독교적인 견해를 피력하고 있다. 그리고 시오노 나나미 여사는 율리우스 카이사르를 얼마나 좋아하는지 심지어 그의 여성 편력까지도 아름답게 미화하고 있는 것을 보면 실소를 금할 수 없다. 비기독교적인 문화권에서 자란 사람은 역시 별 수 없구나 하는 생각이 든다.

그런데 그녀는 「로마인 이야기」 제6권에서 예수님의 탄생 연대와 관련하여 중요한 의문을 제기하고 있다(p. 322). 곧 예수님의 탄생으로부터 계산하는 '서력'으로 기원 1년에는 국세 조사가 실시되지 않았다는 것이다. 그리고 말하기를, 그의 이런 의문에 납득할 만한 대답을 해 준 연구자는 지금까지는 한 사람도 없다고 한다.

그러나 이런 의문은 사실 기독교계에서는 논란거리도 되지 않는 초보적인 상식에 불과하다. 현재 우리가 사용하는 서력(西曆)은 주후 525년에 수도승 디오니시우스 엑시구우스(Dionysius Exiguus)가 도입한 것인데, 예수님의 탄생을 기점으로 연도를 새로 만들었다. 그런데 그때 그가 계산을 잘못해서 약 4~5년 정도의 오차가 발생하고 말았다. 그래서 후대에 와서 다시 정밀하게 계산해 보니 예수님의 탄생 연대는 주전 4~5년경이라는 이상한 결과가 되고 만 것이다. 그런데 시오노 나나미 여사는 기독교인들이 예수님의 탄생연도를 기원 1년으로 보고 있다고 (자기 혼자만) 잘못 알고 있는 것이다. 이것은 기독교에 대한 그의 무지를 드러낸 것에 불과하다.

우리가 예수님의 탄생 연대를 정확히 알 수는 없으나, 확실한 것은 헤롯 대왕이 주전 4년 유월절 직전에 죽었다는 것이다. 그리고 예수님은 헤롯 대왕이 죽기 얼마 전에 탄생하셨다는 것이다(마 2장). 그래서 예수님의 탄생 시기를 대개 주전 4년 1, 2월 또는 주전 5년 12월경으로 잡고 있다. 경우에 따라서는 주전 6년, 드물게는 주전 7년으로 보는 학자들도 있다.

그런데 이것은 또 아우구스투스 황제의 호적 명령 연도인 주전 8년과는 2~4년의 차이가 있다. 이것을 어떻게 설명할 것인가 하는 문제가 여전히 남는다. 그러나 이것도 사실 어려운 문제는 아니다. 왜냐하면 옛날에 국세 조사라는 것은 대단히 힘들고 시간이 많이 걸리는 일이었기 때문이다. 오늘날처럼 단 며칠 사이에 해치울 수 있는 문제가 아니었다. 당시에는 교통 통신의 미비, 행정 체제의 미비 등으로 국세 조사에 수년이 걸리는 것은 예사였다. 이 점은 이방인 역사가 시오노 나나미도 스스로 말한다.

> 로마인들은 이런 종류의 조사에 익숙해져 있었고, 지방자치단체(무니키아)를 중심으로 이런 조사에 필요한 조직이 만들어져 있었기 때문이다. 그렇지 못한 속주에서는 본국과 같은 효율성을 요구할 수 없고, 따라서 결과가 나올 때까지 몇 년이 걸린 것도 어쩔 수 없는 일이었다.[1]

뿐만 아니라 유대인들은 옛날부터 '인구 조사'라 하면 기겁을 하였다.

왜냐하면 옛날에 다윗 왕이 인구 조사를 하다가 하나님께 호되게 벌을 받은 적이 있기 때문이다. 그때 3일 동안 유대 전역에 '온역'(전염병)이 있었는데, 이로 인해 죽은 자가 7만 명이었다고 한다(삼하 24장). 그 후로 유대인들은 인구 조사라 하면 극구 반대하였으며, 목숨을 걸고 저항하는 사람들도 있었다(행 5:37 참조). 그래서 이러한 사정을 잘 아는 헤롯 대왕은 유대 지역에서의 국세 조사를 연기하였을 가능성이 있다. 아우구스투스 황제도 결코 서두르는 사람이 아니었다. 그리고 실시하더라도 지파별로, 가문별로 조금씩, 조금씩 시행하였을 것이다. 그래서 예수님은 유다 지파 다윗 가문이 호적할 때인 주전 4, 5년 경에 탄생하시게 된 것이다.

2. 탄생 장소(4~7절)

그러나 탄생 시기보다 더 중요한 것은 예수님이 탄생하신 장소다. 4절에 보면 요셉은 갈릴리 나사렛 동네에서 유대의 베들레헴으로 올라갔다고 한다. 왜냐하면 그가 유다 지파 중 다윗의 집 족속이었기 때문이다. 요셉은 비록 가난했지만, 혈통으로 따지면 유다 지파 중 다윗 가문에 속해 있었다. 그래서 '다윗의 동리'라 불리는 베들레헴으로 가서 호적을 하게 된 것이다.

이때 요셉은 정혼(定婚)한 마리아를 데리고 간다. 원래 여자는 호적할 때 같이 갈 필요가 없었지만, 잉태한 마리아를 혼자 두기가 어려웠을 것이다. 처녀로 임신했다고 놀림받는 처지에 그를 홀로 버려두고 떠난다는 것이 요셉의 마음에 걸렸을 것이다. 그래서 사려 깊고 친절한 요셉은 배가 부른 마리아를 데리고 함께 베들레헴으로 갔다(5절). 그래서 그들이 베들레헴에 도착했을 때 마리아가 맏아들을 낳았는데, 이 아기의 이름이 곧 예수였다.

그런데 마리아는 예수를 낳아서 구유에 뉘었다. 7절에 보면 "맏아들을 낳아 강보로 싸서 구유에 뉘었으니 이는 사관에 있을 곳이 없음이러라"고 한다. '구유'란 소나 말 또는 나귀가 죽을 먹는 그릇 곧 여물통을 말한다. 성탄절이 되면 주일학교 아이들이 성극을 한다. 마리아가 아기를 낳아 구유에 뉘는데, 그것을 보는 사람들이 다 재미있어 한다. 그래서 구유는 매우 낭만적으로 보인다. 그러나 '구유'는 결코 낭만이 아니다. 이것은 사실 슬프고 비참한 이야기였다. 마구간의 여물통은 춥고 냄새 나고 더러운 곳이었다. 예수님은 이처럼 춥고 더럽고 냄새 나는 구유에 뉘었던 것이다.

그러면 왜 메시아로 오신 예수님께서 이런 비천한 구유에 뉘었을까? 왜 하나님의 아들이 소나 말이 죽을 먹는 통에 누워 있어야만 했을까? 그 이유를 누가는 짤막하게 한 문장으로 말하고 있다. "이는 사관에 있을 곳이 없음이러라"(7b절).

여기서 '사관'이란 옛날 말인데, 오늘날로 말하면 '여관'이다. 그러나 여기에 '사관'으로 번역된 그리스어 '카탈뤼마'는 오히려 '객실'로 번역하는 것이 더 옳다고 한다. 예수님께서 제자들과 함께 최후의 만찬을 가진 곳도 '객실' 곧 '다락방'이었다(막 14:14). 옛날 우리나라의 사랑방과 비슷한 것으로 친척이나 손님들이 잠시 묵고 가는 방이다. 그러나 '여관'이든 '객실'이든 중요한 것은 그 당시에 다윗 집 가문에 속한 사람들이 베들레헴에 많이 몰려 왔기 때문에 요셉과 마리아가 머물 방이 없었다는 사실이다. 너무나 많은 사람들이 한꺼번에 몰려와서 방이 동이 났다는 것이다.

그러나 문제는 여기서 끝나지 않는다. 왜냐하면 마리아는 지금 만삭이 되어 몸이 무거웠기 때문이다. 무거운 몸을 이끌고 겨우 베들레헴에 도착했는데, 먼저 온 유대인들이 방을 양보해 주지 않았다는 데 문제의 심각성이 있다. 아무리 먼저 와서 방을 잡았다 하더라도, 배부른 여인네가 와서 곧 해산을 하려고 하면 자기가 빌린 방이라 할지라도 얼른 비껴 주고 양보해 줬어야 하지 않을까? 이것이 인간의 도리가 아닌가?

옛날 우리나라 시골에서는 거지들이 오면 꼭 밥을 퍼 주었다. 밥과 반찬을 깡통에 퍼 주면 거지들이 대문 밖에서 맛있게 먹었다. 그리고 길 가던 손님이 와서 "하룻밤 자고 갑시다"고 하면 반갑게 맞이해서 사랑방을 내어 주었다. 그러고는 얼른 저녁을 지어서 대접하고 나무를 가져다가 군불을 때어 주었다. 이것이 옛날 우리나라 사람들의 인심이었다. 하나님을 모르는 이방인이었지만 이 정도의 인심은 있었다.

그런데 옛날의 유대인들은 어떠했는가? 하나님의 백성이라는 유대인들이, 그것도 다윗 왕의 집 족속들이, 자기 가문에 속한 배부른 여인이 왔는데도 방을 비워 주기는커녕 도로 내어쫓아 버렸다. "이 방은 내가 먼저 와서 계약했으니까 당연히 내가 사용할 권리가 있어!" "선계약 우선의 원칙도 몰라?" 이처럼 그들은 각각 저마다 자기의 '기득권'(既得權)을 주장하면서 방을 양보하지 않았다.

그 결과 어떻게 되었는가? 하나님의 아들이 이 땅에 오셨는데도 누울 곳이 없었다. 예수님은 저 높고 영화로운 하늘나라를 떠나 불쌍한 인생을 구하시려고 하늘나라의 모든 기득권을 포기하고 낮고 천한 이 세상에 오셨건만(빌 2:6~7), 세상 사람들은 그를 환영하지 아니하고 도리어 무시하고 천대했다. 그것도 자기 백성 유대인들한테서, 그것도 다윗 집 가문 사람들에게서 문전박대를 당하고 말았다. 각자 자기의 권리를 주장하는 사람들 때문에 하나님의 아들이 거할 곳이 없었던 것이다. 이것이 구유에 뉘인 예수님의 실상이었다.

천군 천사들의 합창(2:8~14)

그러나 하나님은 자기의 아들 예수 그리스도의 탄생을 모른 채 하지 않으시고 축하하셨다. 그 축하는 세상의 권세자들을 통해서가 아니라 힘 없고 멸시받는 목자들과 하늘의 천사들을 통해 하신 것이다. 유대 사회에서 목자 곧 목동들은 천한 직업에 종사하는 자로 분류되었다(Jeremias).

야외에서 양을 치고 있던 목자들에게 갑자기 천사가 나타나서 예수님의 탄생 사실을 알려 주었다. "무서워 말라 보라 내가 온 백성에게 미칠 큰 기쁨의 좋은 소식을 너희에게 전하노라"(10절). 천사들이 목자들에게 전한 소식은 우선 '온 백성에 미칠 큰 기쁨의 좋은 소식'이었다. 원문에 의하면 '좋은 소식을 전하다'는 하나의 동사로 되어 있고, 따라서 그 전하는 내용은 곧 '온 백성에게 미칠 큰 기쁨'이다. 예수님의 탄생은 무엇보다 온 인류에게 '큰 기쁨'이다. 따라서 이러한 예수님을 믿는 그리스도인들은 무엇보다도 그 표정이 밝고 기뻐야 할 것이다. '얼굴을 찡그린 그리스도인'은 도무지 앞뒤가 맞지 않는 표현이다.

그렇다면 예수님의 탄생이 우리에게 '큰 기쁨'이 되는 이유는 무엇인가? 이에 대해 천사는 다음과 같이 말한다. "오늘날 다윗의 동네에 너희를 위하여 구주가 나셨으니 곧 그리스도 주시니라"(11절). 즉, 우리를 위해 '구주'가 탄생하셨다는 것이 우리가 기뻐해야 할 이유다. 구유에 뉘인 예수님은 우리의 '구주'(救主)가 되신다. 따라서 우리는 성탄절을 맞이하여 구유에 누워 잠든 아기 예수를 쳐다보고 마냥 재미있어 하고만 있으면 안 된다. 그분은 비록 어린 아기의 모습으로 누워 있지만 우리의 '구주'가 되신다. 우리를 죄와 사망에서 건져 주실 '구주'시다. 따라서 항상 마리아의 품안에 안겨 있는 아기 예수의 모습만을 생각하고 있는 가톨릭 교회나 러시아 정교는 이 점에서 중대한 잘못을 범하고 있는 것이다. 마리아의 품에 안겨 있는 예수님이 바로 우리의 '구주'가 되시며 또한 마리아의 '구주'가 되신다. 따라서 우리는 성탄절을 맞이하고 성극을 하면서도 이 사실을 잊어서는 안 될 것이다.

그때 홀연히 허다한 천군 천사들이 하나님을 찬송하였다. "지극히 높은 곳에서는 하나님께 영광이요 땅에서는 기뻐하심을 입은 사람들 중에 평화로다"(14절). 예수님의 탄생은 먼저 하늘에 계신 하나님께 '영광'이다. 왜냐하면 하나님은 온 천지만물을 창조하시고 그 가운데 인간을 창조하셨으며, 인간의 타락 이후에도 인간의 구원과 운명에 대해 지속적으로 관심을 가지고 계셨기 때문이다. 그래서 모든 구원을 계획하시고 준비하셨다가, 때가 차매 자기 아들을 이 땅에 내려보내신 것이다. 따라서 수천 년간에 걸친 이러한 구원 계획이 드디어 결실을 맺기 시작하는 예수 그리스도의 탄생을 맞이하여 그 누구보다도 하나님 아버지께서 기뻐하시고 만족해 하셨을 것이다. 그래서 천사들은 지극히 높은 곳에 계신 하나님께 먼저 영광을 돌리고 있는 것이다.

그러고 나서 땅위에 있는 사람들에게 '평화'를 선포한다. 여기서 '평화'란 인간이 누리는 건강과 평안, 번영과 복지를 포함한 넓은 의미에서의 '평강'이다. 구약에서는 '샬롬'(Shalom)이라고 불리는 것인데, 이것은 이 땅에서 하나님을 믿는 성도가 누리는 행복이며 하나님의 상급이다(시 37:37, 119:165; 참조. 사 48:22, 57:21). 신약에서는 예수 그리스도를 믿음으로 말미암아 누리는 복의 대표가 곧 평강이다(롬 5:1). 이것은 하나님과의 적대 관계가 해소될 때 비로소 누리는 하나님과의 근본적인 평화와, 그로부터 나오는 마음의 평안과, 실제 생활 가운데서의 화평함과 번성함을 다 포함하는 넓은 개념이다.

그런데 이러한 '평화'는 모든 사람들에게 다 주어지는 것이 아니라 하나님의 '기뻐하심을 입은 사람들'에게만 주어진다. 여기서 '기뻐하심'이란 단어의 원어는 '유도키아'인데, 이것은 하나님이 기뻐하시는 것, 하나님의 기쁘신 뜻을 의미한다. 이것은 구원의 은혜 곧 평화의 은혜를 받는 것이 전적으로 하나님의 주권에 속한 것임을 말한다. 곧 사람의 노력으로 되는 것도 아니고 사람의 희망으로 되는 것도 아니며, 오직 하나님의 기쁘신 뜻을 따라 우리를 구원하시고 은혜 베풀어 주신 것을 의미한다.

목자들의 경배(2:15~21)

천사들에게서 메시아 탄생 사실을 통고받은 목자들은 이 사실을 보기 위해 베들레헴으로 달려갔다. 그들은 서둘러서 빨리 달려갔다(16절). 목자들은 가진 것이 없는 가난한 자들이었기 때문에, 아기 예수님을 보러 가는 데 방해될 것이 없었다. 그래서 그들은 양들과 모든 것을 버려 두고 속히 달려갔다. 이처럼 하나님의 말씀에 속히 반응하는 사람, 하나님의 구원 사역에 재빨리 반응하는 사람을 하나님은 기뻐하시고 복을 주신다.

목자들은 베들레헴에 가서 마리아와 요셉과 구유에 누워 있는 아기를 찾아서 보고 천사가 자기들에게 이 아기에 대하여 말한 것을 다 말해 주었다(16~17절). 이로써 목자들은 자기들에게 주어진 사명을 충실히 감당하였으며, 천사의 고지 내용과 천군 천사들의 찬송 내용이 마리아에게 전달된다(19절). 이것은 나중에 다시 사도들에게 전달되어 누가가 이 사실을 기록하게 되었을 것이다.

21절에는 예수님의 할례와 작명에 대해 간단히 언급되어 있다. 예수님은 다른 유대인들과 마찬가지로 난 지 8일 만에 할례를 받았다. 이것은 하나님의 아들이 '율법 아래' 나신 것을 의미한다(갈 4:4). 예수님은 율법 아래 있는 자들을 구원하시기 위해 '율법 아래' 나셨으며, 율법에 복종하셨다.

그리고 아기의 이름을 '예수'라고 지었는데, 이것은 수태하기 전에 천사가 일러 준 이름이었다(눅 1:31; 마 1:21). '예수'라는 이름은 원래 구약의 '여호수아'에서 온 이름이다. '여호수아'라는 이름은 나중에 '예수아', '예수'라고도 불리게 되는데 '여호아는 구원'이란 뜻이다. 그래서 마태는 "이는 그가 자기 백성을 저희 죄에서 구원할 자이심이라"고 풀이한다(마 1:21).

시므온의 예언(2:22~35)

예수님의 부모는 얼마 후 모세의 법에 따라 아기를 데리고 예루살렘에 올라갔다. 그것은 '결례'를 행하기 위해서였다. 모세가 명한 율법에 의하면 남자아이는 난 지 40일이 지나면 예루살렘 성전에 데리고 가서 제사를 드려야만 했다(레 12장). 따라서 경건한 예수님의 부모는 율법의 명령을 따라 예루살렘에 올라가서 제사를 드렸다.

그런데 그들은 '비둘기 한 쌍'이나 혹 '어린 반구 둘'로 제사하려 했다고 하는데(24절), 이것은 그들이 가난하였음을 보여 준다. 왜냐하면 율법에 의하면 보통 번제로는 1년 된 '어린양'을 취하여 드리고, 속죄제로는 '집비둘기'나 '산비둘기'를 취하여 드려야만 했기 때문이다(레 12:6). 그러나 경제적 형편이 여기에 미치지 못하면 어린양 대신 산비둘기나 집비둘기로 대신할 수 있도록 했다(레 12:8). 따라서 예수님의 부모가 '어린양'을 번제로 드리지 못하고 '비둘기'를 드린 것은 그들이 매우 가난하였음을 반증한다.

그런데 중요한 것은 이때 그들이 예루살렘 성전에서 시므온이라고 하는 한 경건한 사람을 만났다는 사실이다. 시므온은 예루살렘 사람으로서 의롭고 경건하여 이스라엘의 위로를 기다리는 사람이었다(25절). 여기서 '이스라엘의 위로'란 메시아의 오심으로 말미암은 하나님의 구원과 도우심을 의미한다. 여기에는 로마의 압제로부터의 해방과 같은 정치적인 독립도 포함되어 있었다고 볼 수 있으나, 시므온에게 그것이 얼마나 큰 비중을 차지했는지는 알 수 없다. 시므온은 의롭고 경건한 사람이었으며 그의 위에 '성령'이 계셨다는 기록으로 미루어 볼 때, 그에게는 오히려 메시아의 등장으로 인한 이스라엘의 영적 구원 곧 죄와 악으로부터의 구원이 훨씬 더 중요하지 않았을까 생각된다. 어쨌든 그는 하나님의 약속을 기다리며 기도하는 경건한 사람이었다.

이 시므온은 그가 "주의 그리스도(기름 부음 받은 자)를 보기 전에는 죽지 아니하리라" 하는 성령의 지시를 받았다고 한다(26절). 경건한 사람들이 특별한 경우에 하나님으로부터 계시를 받는 일은 성경에 많이 기록되어 있다(행 8:29; 11:28; 21:11; 엡 2:20 등). 시므온이 성령에 의해 계시를 받은 것은 메시아를 증거하기 위한 하나님의 목적이 있었기 때문이다. 하나님은 자신의 사역을 위해 필요한 사람들을 도구로 사용하신다.

결례를 행하기 위해 예루살렘 성전으로 들어오는 예수님의 부모를 성전에서 만난 시므온은 오랫동안 기다렸다는 듯이 아기 예수를 안고 하나님을 찬송하였다. 이 시므온의 찬송은 "이제는 놓아 주시는도다(Nunc dimittis)"로 잘 알려진 메시아 찬송이다. "주재여, 이제는 말씀하신 대로 종을 평안히 놓아 주시는도다 내 눈이 주의 구원을 보았사오니 이는 만민 앞에 예비하신 것이요 이방을 비추는 빛이요 주의 백성 이스라엘의 영광이니이다"

(29~32절). 이 찬송을 보면 시므온이 얼마나 메시아의 오심을 고대하고 사모하였는가 하는 것을 알 수 있다. 늙고 고달픈 몸을 이끌고 살아가는 그에게 주어진 사명은 이 땅에 오신 메시아를 눈으로 보고 증거하는 것이었다. 이 사명 때문에 그는 죽지도 못하고 힘든 나날을 보내고 있었으나, 이제는 메시아를 보았으니 평안히 죽을 수 있게 되었다는 것이다. 여기서 우리는 하나님께 받은 사명을 이루기 위해 전심전력을 다한 경건한 한 신앙인의 모습을 보게 된다.

시므온은 아기 예수님에 대해 '주의 구원'을 보았다고 말한다(30절). 예수님은 비록 아기의 모습으로 계시지만 만민을 위한 하나님의 구원이셨다. 이어서 시므온은 이 예수님에 대해 설명한다. 즉 '만민 앞에 예비하신 것'이요 '이방을 비추는 빛'이요 '이스라엘의 영광'이다(31, 32절). 예수님은 하나님께서 오래 전부터 예비하신 좋은 소식이며 선지자들을 통해 약속하신 것이다(롬 1:2). 구약성경 전체가 예수님을 증거하고 있다(요 5:39). 그는 '이방인의 빛'으로서, 하나님을 알지 못하고 흑암 가운데 거하던 사람들을 비추는 빛이다(마 4:15~16; 요 8:12).

그리고 '주의 백성 이스라엘의 영광'이란 말은 단지 유대 민족 이스라엘 백성의 영광이란 뜻이 아니라, 모든 하나님의 백성 곧 새 이스라엘의 영광이란 말로 이해해야 할 것이다. 2:10에서 '온 세상에 미칠 큰 기쁨'이라고 하였고, '이방을 비추는 빛'이라고 한 마당에 특별히 유대인들만의 영광으로 제한할 이유가 없는 것이다. 특히 본 절에서 '당신의 백성'이란 말을 덧붙여서 여기서 말하는 '이스라엘'이 육적 이스라엘이 아니라 영적 이스라엘 곧 모든 성도들의 영광임을 말하고 있다.

그리고 나서 시므온은 아이의 장래에 대해 예언한다. 그 예언의 내용은 다음과 같다. "이 아이는 이스라엘 중 많은 사람의 패하고 흥함을 위하며 비방을 받은 표적 되기 위하여 세움을 입었고 또 칼이 네 마음을 찌르듯 하리라 이는 여러 사람의 마음의 생각을 드러내려 함이니라"(34~35절). 여기서 우리는 예수님의 이중적인 사역을 볼 수 있다. 예수님의 오심은 예외 없이 모든 사람에게 다 복이 되는 것은 아니다. 그를 믿고 영접하는 자에게는 구원이요 영생이 되지만, 그렇지 않은 자들에게는 오히려 낭패가 되고 심판이 된다(요 3:18; 고후 2:16). 이것은 하나님의 율법이 그것을 듣고 지키는 자에게는 '축복'이 되지만 그렇지 않은 자에게는 '저주'가 되는 것과 같은 원리다(수 8:34; 신 28장).

실제로 예수님이 이 세상에 오셔서 사역을 시작하셨을 때 많은 유대인들이 그를 반대하였으며, 심지어 그를 죽이려고까지 하였다. 그리고 마침내 그를 십자가에 못 박아 죽이고 말았다. 그래서 시므온은 마리아를 향하여 "칼이 네 마음을 찌르듯 하리라"고 한 것이다.

그리고 "이는 여러 사람의 마음의 생각을 드러내려 함이니라"고 한 것은 예수님의 사역의 목적(또는 결과)을 나타낸다. 예수님의 말씀과 행동은 결국 사람들의 마음속에 있는 것이 무엇인지를 확연히 드러내는 것이 되었다. 겸손한 마음으로 예수님의 말씀을 듣고 그를 구주로 고백하는 사람은 구원을 얻었지만, 그렇지 않고 교만하고 악한 생각으로 하나님의 아들을 배척하고 모욕한 사람들은 하나님의 벌을 받게 되었다. 그래서 악한 사람은 더욱 악하게 되고 그들의 근본이 마귀에게 있다는 사실을 드러내고 말았다(요 8:44). 그러나 하나님의 은혜로 긍휼을 입은 자들은 예수님의 음성을 듣고 그를 따르게 되었다. 이처럼 예수님의 사역으로 말미암아 선과 악, 택함받은 자와 택함받지 못한 자 사이의 구분이 확연하게 되었으며, 사람의 속에 있는 생각이 악함을 드러내게 되었다(막 7:21~23; 요 2:24).

여선지자 안나의 예언(2:36~39)

이어서 누가는 경건한 여선지자 안나의 기사를 간단히 기록한다. 안나는 아셀 지파에 속한 바누엘의 딸로서 나이가 많아 매우 늙었다고 전한다(36절). 그는 일곱 해 동안 남편과 같이 살다가 과부가 되었는데, 37절에 보면 "과부된 지 84년이라"고 한다. 그러나 이 부분의 원어 문장은 두 가지 해석이 가능하다. 첫째는 우리 개역판 성경이 번역하는 것처럼 "과부된 지 84년이 지났다"고 보는 견해다. 이 견해에 의하면 안나는 이때 나이가 100살은 족히 넘었을 것이다.

그러나 다른 해석도 가능한데, 곧 "84세에 이르기까지 과부로 있었다"는 것이다. 곧 과부 안나의 나이가 이때 84세였다는 말이다. 이 두 가지 해석이 다 가능하며 각각 논거를 가지고 있는데, 어느 경우든 "나이 많아 매우 늙었다"는 사실에는 변함이 없다. 참고로 위 두 해석 중 필자가 선호하는 해석은 두 번째다. 그러나 확실치는 않다.[2]

어쨌든 이 여선지자는 성전을 떠나지 아니하고 주야에 금식하며 기도로 하나님을 섬겼다(37절). 그러다가 예수님의 부모가 결례를 행하기 위하여 성전에 왔을 때 마침 성전에서 그들을 만나 하나님께 감사하고, 그리고 아기 예수에 대하여 말하였다고 한다(38절). 아마 여선지자 안나도 시므온의 찬송과 예언을 듣고 이에 대해 "아멘"으로 화답하며 하나님께 감사했으리라 생각된다.

그 뒤 예수님의 부모는 율법을 좇아 모든 일을 다 마치고 나서 갈릴리로 돌아가 본 동네 나사렛에 이르렀다(39절). 예루살렘에서 나사렛에 이르기까지의 정확한 경로와 그간에 있었던 일들에 대해서는 우리가 다 알지 못한다. 어쩌면 이 어간에 베들레헴으로 다시 돌아가서 쉬고 있을 때 동방박사들의 방문이 있었을지도 모르며(마 2:1~12), 애굽으로 피난 간 사건이 있었을 수도 있다(마 2:13~15). 혹은 그 후에 다시 애굽에서 나와서 처음에는 유대 땅으로 가려고 했으나 헤롯 대왕의 아들 아르켈라우스(Archelaus)를 두려워하여 본 고향 나사렛으로 돌아갔을 수도 있다(마 2:19~23).

이 어간에 있었던 여러 사건들을 다 기록하는 것이 목적이 아니었기 때문에 누가는 중간 과정을 생략하고 간단하게 "모든 일을 다 마치고 갈릴리로 돌아가서 본 동네 나사렛에 이르렀다"고 기록했을 가능성도 있다. 그러나 우리는 그 복잡한 과정을 알지 못한다고 말하는 것이 옳을 것이다.

아기 예수님의 성장 과정(2:40, 52)

이어서 40절에서는 예수님의 성장 과정에 대해 간단히 기록해 준다. "아기가 자라가며 강하여지고 지혜가 충족하며 하나님의 은혜가 그 위에 있더라." 여기서 우리는 예수님의 성장의 세 측면을 볼 수 있다.

첫째, '신체적 성장'이다. 이것은 예수님의 육체가 자라고 강해지는 것을 말한다. 예수님도 다른 아이들과 마찬가지로 신체적 성장 발육 과정을 거치셨다. 둘째, '지적 성장'이다. "지혜가 충만하며"는 분사구문으로서 신체적 성장과 밀접히 연결되어 있다. 따라서 우리는 어린이의 성장에는 신체적 성장과 아울러 지적 성장이 함께 병행되어야 함을 알 수 있다. 셋째로 생각할 수 있는 것은 '영적 성장'이다. 이것은 '하나님의 은혜'가 예수님 위에 있었다는 것이다. 인간의 성장에 하나님의 은혜는 빼놓을 수 없는 중요한 요소다. 눈에 보이지 않지만 이 은혜가 있어야만 아이가 하나님과 사람 앞에서 온전하게 자라게 된다.

그런데 요즈음 부모들은 자녀 교육에서 이 세 번째 요소를 망각하고 그저 첫 번째와 두 번째 요소를 위해서만 열심히 노력하고 있음을 보게 된다. 좋은 음식을 먹이고 돈을 많이 들여 과외공부를 시키기에 열심이다. 그러나 그렇게 자란 아이는 몸은 튼튼하고 공부는 잘할지 모르지만 영적으로 은혜가 없다. 그러니 하나님 앞에서 온전하지 못하고 정신적으로 방황한다. 마음에 참된 평안과 기쁨이 없고 삶의 목적을 찾지 못해 방황한다. 그래서 컴퓨터 게임이나 인터넷에 빠지거나 육적 쾌락에 탐닉하다가 인생을 망치기도 한다. 그 근본 이유는 그들에게는 눈에 보이지 않는 '하나님의 은혜'가 없기 때문에 그런 것이다.

그러면 하나님의 은혜가 있으려면 어떻게 해야 하는가? 몸이 튼튼하게 자라게 하려면 잘 먹이고 운동을 시키면 되고, 지혜가 있게 하려면 과외를 시키거나 공부를 많이 하게 하면 된다. 그러면 하나님의 은혜는 어떻게 해야 되는 것일까? 이것은 돈으로도 힘으로도 되지 않고, 오직 하나님의 말씀과 기도로 가능하다. 아이들에게 하나님의 말씀을 먹이고, 또 그들을 위해 힘써 기도하면 아이들이 하나님의 은혜 가운데 자라게 된다. 하나님의 은혜가 있으면 얼굴이 순화되고 빛이 나며, 마음에 평안이 있고 즐거움이 있으며, 무슨 일이든지 조급하지 않고 느긋하며, 부모의 말씀에 순종하며 착한 일을 찾아서 하게 된다. 무엇보다 하나님을 잘 믿고 하나님을 두려워하게 된다. 이것이 하나님 앞에서의 올바른 성장이라 할 수 있다.

52절에도 같은 내용의 말씀이 나온다. "예수는 그 지혜와 그 키가 자라가며 하나님과 사람에게 더 사랑스러워 가시더라." 여기서 마지막에 나오는 '사랑스러워'라는 말은 정확한 번역이 아니다. 이것은 '은혜에 있어서'로 번역해야 옳다. 즉, 예수님은 1)지혜에 있어서, 2)키에 있어서, 3)은혜에 있어서 자라갔다는 말이다. 여기서도 앞에서와 마찬가지로 지적 성장, 신체적 성장, 영적 성장에 대해 말하고 있는데, 다만 앞 둘의 순서만 바뀌었을 뿐이다. 따라서 여기서는 지적 성장이 신체적 성장보다 좀 더 강조되어 있다.

예수님의 성장은 하나님 앞에서의 성장과 사람들 앞에서의 성장, 이 둘을 다 갖춘 균형 잡힌 성장이었다. 사람들과의 관계뿐만 아니라 하나님과의 관계도 바로 되어야 한다. 아니, 오히려 하나님과의 관계가 바로 되는 것이 더 중요하며 기본적인 것이다. 그러나 하나님과의 관계가 바로 된 사람은 또한 사람들과의 관계도 바로 되어야 한다. 우리는 이 세상에 홀로 살아가는 존재가 아니라 사람들 가운데 더불어 살아가는 존재기 때문이다. 그러므로 하나님은 우리를 이 어두운 세상에 빛으로 두셨으며(마 5:14), 하나님의 흠 없는 자녀로 세상에서 빛들로 나타나기를 원하셨다(빌 2:15).

예수님의 유년 시절(2:41~51)

다음으로 누가는 예수님의 유년 시절 중에 있었던 사건 하나를 들려 준다. 그것은 예수님이 열두 살 때 예루살렘에 올라가셨을 때의 일이다. 유월절 절기를 맞이하여 예수님의 부모들이 예루살렘으로 올라갈 때 예수님도 함께 동행하였다. 그런데 문제는 절기를 다 마치고 집으로 돌아갈 때 발생하였다. 열두 살의 아이 예수는 아직 예루살렘에 머물러 있는데, 요셉과 마리아는 그것도 모르고 그냥 동행 중에 있는 줄로 생각하고 하룻길을 가다가 아이가 없는 것을 발견하였다. 그제서야 사태의 심각성을 깨닫고 허겁지겁 아이를 찾았으나 찾지 못하고, 사흘 후에 예루살렘 성전에서 아이 예수를 발견하게 되었다.

그때 예수님은 성전에서 선생들 가운데 앉아서 듣기도 하고 묻기도 하셨다(46절). 이것은 유대인의 교육 방식이다. 유대 랍비들은 학생들에게 주입식으로 가르치지 않고 문답식으로 가르쳤다. 그런데 열두 살의 아이 예수와 이야기를 주고받던 랍비들(선생들)은 아이의 지혜와 대답을 기이히 여겼다고 한다(47절). 여기서 '기이히 여겼다'는 것은 '놀랐다, 깜짝 놀랐다'는 말이다.

이때 예수님의 부모가 와서 예수님을 발견하고는 놀라서 이렇게 말하였다. "아이야, 어찌하여 우리에게 이렇게 하였느냐 보라 네 아버지와 내가 근심하여 너를 찾았노라"(48절). 이 말에는 아이에 대한 책망과 원망이 함께 들어 있다. 이에 대해 예수님은 다음과 같이 대답하셨다. "어찌하여 나를 찾으셨나이까 내가 내 아버지의 집에 있어야 될 줄을 알지 못하셨나이까"(49절). 여기서 중요한 것은 "내 아버지의 집에 있어야 된다"는 것이 무슨 뜻인가 하는 것이다. 원어로 보면 '집'이라는 단어는 없고 관사만 있어서 그 뜻이 모호하다(억지로 우리말로 직역해 본다면 '내 아버지의 것들에 있어야 할 줄을' 정도가 된다). 그래서 이 표현에 대해서는 다음과 같은 해석들이 있다.

첫째, '아버지의 일들에 종사해야 한다'는 해석이다. 이것은 영국의 흠정역(KJV)이 취하는 번역이다("··· wist ye not that I must be about my Father's business"). 그러나 이것은 언어학적으로 근거가 약하다. 둘째, 여기의 불분명한 관사를 '집'으로 이해하는 해석이다. 그래서 '내 아버지의 집에 있어야 한다'로 이해한다. 요세푸스의 책에 이런 식의 표현이 나온다고 한다(Contra Apionem, I, 118). 셋째, 여기 이 문장에 의도적인 모호성이 있다고 보는 견해다. 곧 예수님은 요셉과 마리아 편이 아니라 아버지 편에 있어야 한다는 뜻으로 본다.

이러한 해석들에 대해 야콥 판 브루헌(Jakob van Bruggen) 교수는 이 본문이 어디에서 예수를 찾아야 할 것인가에 대해 말하고 있는 문맥에서 나온 것이라고 한다.[3] 그래서 49절의 이 표현은 '장소'를 가리킨다고 본다. 곧 예수님은 나사렛이 아니라 예루살렘에, 예루살렘 성전에 있어야 한다는 뜻으로 본 것이다.

이보다 한 세대 전의 주석가인 그레이다누스(S. Greijdanus)는 장소적 의미와 영적 의미 둘 다 있다고 본다. 예수님은 성전에 있어야 했을 뿐 아니라, 또한 하나님의 계시와 하나님에 대한 지식과 하나님을 섬기는 일에 종사했어야 했다. 따라서 예수님은 계시에 대한 통찰력을 얻을 수 있는 성전 곧 교사들에게 있어야 한다는 의미로 본다.[4]

물론 49절의 이 표현이 일차적으로 장소적인 의미를 가지고 있는 것은 분명하다. 예수님은 다른 곳에 계시지 않고 예루살렘의 성전에 계셨다. 그러나 단지 그런 장소적인 의미로만 끝나는 것은 아니라고 생각된다. 예수님은 여기서 그 이상의 의미를 암시적으로 말씀하셨다. 왜냐하면 예수님은 예루살렘 성전을 '내 아버지의 집'이라고 부르셨기 때문이다. 이로써 예수님은 하나님이 바로 자기 아버지이심을 말씀하고 계신 것이다. '내 아버지의 집'은 예루살렘 성전을 가리킨다. 왜냐하면 이사야 56:7에서 하나님은 "내 집은 만민의 기도하는 집이라 일컬음이 될 것이라"고 하셨기 때문이다. 그런데 여기서 예수님은 '하나님의 집'을 '내 아버지의 집'이라고 부르심으로, 하나님을 자기 아버지와 일치시키고 있는 것이다.

따라서 예수님은 여기서 육신의 아버지뿐만 아니라 영적인 아버지 곧 '하늘의 아버지'가 계심을 말씀하셨다고 생각된다. 그리하여 예수님 자신은 바로 그 하나님의 '아들' 되심을 말씀하신 것이다. 곧 예수님은 열두 살의 나이에 이미 부드러운 표현 가운데 자신의 신성(神性)을 드러내셨다고 생각할 수 있다. 이어서 나오는 50절에서 "양친이 그 하신 말씀을 깨닫지 못하더라"는 말도 바로 이러한 의미로 이해된다. 곧 예수님의 '하나님의 아들 되심(Sonship)'을 깨닫지 못했다는 뜻으로 봐야 할 것이다.[5]

이 사건이 있고 나서 예수님은 그 부모와 같이 내려가서 "나사렛에 이르러 순종하여 받드시더라"고 한다(51절). 여기서 "… 순종하여 받드시더라"는 표현은 헬라어 원어로 보면 '에이미 동사'와 '현재 분사'의 결합으로 되어 있다. 이런 것을 '우설적 구조'(periphrastic construction)라고 부르는데, 이것은 예수님의 지속적인 순종을 강조하는 효과가 있다.[6]

이것을 억지로 우리말로 직역해 본다면 "계속 순종하면서 계셨다"라 할 수 있다. 이것은 혹시라도 바로 앞에 나온 예루살렘 성전에서의 사건이 부모에 대한 반항이나 불순종으로 비춰질까 염려하여 예수님은 부모님께 잘 순종한 모범적인 아들이었음을 강조하는 것이다. 즉, 예루살렘 성전에서 예수님이 하신 말씀은 부모에 대한 불순종과는 전혀 관계 없으며, 오직 하나님 아들 되심 곧 예수님의 신성을 드러내고자 한 것이었음을 말하는 것이다.

3 주의 길을 예비하는 '세례'
누가복음 3장의 주해와 적용

누가복음 3장은 복음서의 두 번째 큰 단락의 시작으로, 첫 번째 큰 단락인 1~2장의 서문(1:1~4)과 세례 요한과 예수의 탄생 및 유·소년기 이야기(1:5~2:52)에 이어서 나온다. 누가복음의 두 번째 큰 단락을 형성하는 3장과 4장 전반부(1~13절, 예수의 광야 시험)는 예수 그리스도의 공적 사역에 대한 준비 과정이 소개되면서 첫 번째 단락(1~2장)과 흡사하게 요한과 예수가 병행으로 대비해 진술한다. 이러한 '요한-예수 병행' 방식을 보고 우리는 양자를 서로 분리해 생각할 것이 아니라, 요한을 구약과 신약을 잇는 가교적 인물로 보아야 함을 알 수 있다. 요한은 옛 시대의 끝인 동시에 새 시대의 시작을 소개하며(눅 16:16) 하나님의 아들의 길을 예비하는 인물이다.

누가복음 3장부터가 원래 누가복음의 시작이었고 처음 두 장(1~2장)은 나중에 첨가된 것이라는 주장이 자주 제기되었으나, 1~2장과 3~24장의 연관성과 통일성을 고려해 볼 때 그러한 주장은 설득력이 없다.[1] 누가복음 3장의 내용은 예수 그리스도의 공적 사역의 길을 예비한 세례 요한의 사역(1~20절)과 예수의 세례사건 및 족보(21~38절)로 이루어져 있다.

이것을 다시 세분하면, 전반부인 요한의 사역 부분은 세례 요한의 소명(1~6절), 선포(7~18절), 체포(19~20절)로, 후반부는 이미 언급한 대로 예수의 세례사건(성령이 주어지고 아들로 인정됨, 21~22절)과 족보(23~38절)로 구성된다.

본고는 방금 제시한 구분에 따라, 목회자들의 설교 준비에 도움이 되도록 하는 것을 주목적으로 본문 주해와 함께 적용 중심으로 작성되었다.

세례 요한의 사역(3:1~20)

3장의 전반부(1~20절)는 세속사를 언급하는 가운데 세례 요한의 소명, 그가 선포한 메시지, 그의 체포로 구성되어 있다. 여기에 제시된 요한의 부르심, 메시지, 그의 운명은 그가 소개하는 예수 그리스도의 공적 사역의 시작, 메시지 그리고 그 운명과 동일하거나 흡사한 점이 많다.

1. 요한의 소명(1~6절)

3장의 첫 문단 여섯 구절은 복음서의 서론(1:1~4, 한 문장)과 흡사하게 긴 두 개의 문장으로 구성되었다. 본 문단은 팔레스타인에 영향을 미치고 있는 동시대 정치·종교 지도자들을 육중(여섯 직책을 언급하나 일곱 명의 인물을 거론한다)으로 표현하는 어구로 시작하여(1~2a절), 하나님의 말씀이 요한에게 임하여(2b절), 그가 죄 사함을 위한 회개의 세례를 선포하였는데(3절), 이것은 이사야 40:3~5의 성취임을 시사하는 구약 인용으로 끝난다(4~6절). 예수 그리스도의 사역이 요한의 시대 다음에 시작되었다기보다 그의 사역과 동시에 시작되었다고 본다면(비교. 행 1:22; 10:37; 13:24~25), 본 문단은 예수 그리스도의 사역 시점도 시사한다고 볼 수 있다.

누가는 세속사의 특정한 시점(티베리우스 황제 통치 15년째 해)을 그 기점으로 삼지만(1절),[2] 그의 목적은 연대기적으로 정확한 연대를 제공하는 데 있지 않고 세속사의 맥락에다 구속사의 결정적 사건을 연관시키고자 하는 데 있다고 보아야 한다. 그 결정적인 사건이 하나님의 말씀이 빈들(광야)에서 요한에게 임함으로 시작된다(2절; 비교 4절). 이렇게 연대기를 겹쳐 언급하는 것은 고대 역사가들의 습관이었으나 구약에서 선지자들의 소명을 언급한 구절들을 참고한다면(렘 1:2; 사 6:1; 겔 1:1~3; 호 1:1), 누가는 요한을 하나님이 보내신 선지자로 그리고자 했음을 알 수 있다.

이것은 2절과 이사야 40:3의 인용인 4절의 동일한 어구 '엔 테 에레모'('빈들에서' 혹은 '광야에서')를 보면 더 확실해진다. 이 두 구절의 '빈들(광야)에서'라는 어구는 단순히 물리적인 장소를 말하는 것이 아니라, 요한이 이사야 40:3에서 약속된 '광야에서 외치는 자'며 그 예언의 성취임을 시사한다. 구약(겔 20:33~38; 호 2:14~23)에서나 당대의 문헌(주로 쿰란 공동체의 문헌인 사해사본)에서 빈들(광야)은 이스라엘의 종말론적 갱신의 장소였던 것이다.

3절에 나타난 요한의 소명은 회개의 촉구인데, 다음 문단(7~18절)을 보면 그가 요구하는 회개가 국가적 혹은 율법적 의의 개념이 아니라 하나님을 향한 윤리적·종교적으로 돌아서는 것임을 알 수 있다.[3] 3절의 핵심어구 '밥티스마 메타노이아스 에이스 아페신 하마르티온'('죄 사함을 얻게 하는 회개의 세례')에서 '죄 사함을 얻게 하는'(원문에는 '죄들의 사함을 위한')이라는 부분이 수식하는 어휘는 위치적으로는 '회개'가 더 가깝지만, 문법적으로는 '(회개의) 세례'가 될 수도 있다. "죄의 용서를 가져오는 것이 회개의 세례(repentance baptism)는 아니지만, 요한의 세례는 죄 용서를 가져다 주는 회개의 표현이다."[4]

여기서 제시되는 죄 용서를 위한 회개의 메시지는 누가복음과 사도행전의 중심 주제 가운데 하나인 동시에(눅 4:18; 5:17~32; 24:47; 행 5:31; 8:22) 복음의 중심요소다. 세례는 회개와 분리될 수 없고(행 2:38; 13:24; 19:4; 22:16) 믿음과도 그러하다(행 8:12~13; 16:31~33; 18:8; 19:4~5). 하지만 요한의 세례 기원이나 이것과 회개를 연관시킨 것에 대한 선례를 찾기가 매우 힘들어서,[5] 세례의 물이 회개를 표현하는지 회개에 대한 하나님의 응답인 씻음을 표현하는지는 결정하기 힘든 점이 있다. 그러나 결론적으로 요한의 세례는 종말론적 구원 시대의 도래를 준비하는 일시적인 세례며, 그의 사역은 백성들로 하여금 '오시는 메시아'를 향하여 마음을 열어 반응하도록 하나님의 구원의 도래를 위해 준비시키는 것이다.[6]

4~6절은 이사야 40:3~5을 70인역에서 인용하되, 5a절은 생략하는 등

부분적인 변화를 포함하고 있다. 누가는 다른 공관복음서 기자들과는 달리 6절에서 이사야 40:5b("모든 육체가 하나님의 구원하심을 보리라")을 인용함으로써 요한이 모든 이들에게 하나님의 구원이 임하였다고 선포하는 이사야 예언의 성취임을 암시한다.

본 문단에서 누가가 제시하는 메시지는 다음과 같다. 첫째, 1~2절을 통해 보면, 누가가 예수의 오심과 요한의 출현을 세속사와 신적 역사의 틀 안에 두고자 했음을 알 수 있다. 세속사의 언급은 이미 누가복음 2:1~2에서도 나왔고, 신적 역사에 대한 강조는 요한의 사역을 구약 인용으로 소개함으로써 그의 사역이 예언의 완성과 하나님의 계획 안에 있었음을 강조하는 데서 발견된다.[7]

둘째, 하나님의 구원의 도래와 인간의 반응이 동시에 강조되었다. 다른 공관복음서 기자들은 보통 이사야 40:3을 인용하지만, 누가는 유별나게 여기에 40:5b을 첨가하여 인용함으로써 하나님의 구원의 도래를 강조하고,[8] '죄 사함을 위한 회개의 세례'를 언급함으로써 하나님의 구원에 대한 인간의 반응을 강조하고 있다. 인간의 반응은 회개뿐만 아니라 5절에서 발견되는 하나님 앞에서의 겸손도 포함된다(비교 1:48, 51~52; 2:24; 6:20~26).

셋째, 6절에서 언급된 모든 이들을 위한 복음에 대한 강조다. 이 주제는 24:47에서 더욱 분명해지고, 무엇보다도 사도행전에서 그러하며, 이미 2:30~32에 암시되었는데, 본 문단에서 누가가 이사야 40:5b을 첨가해 인용하면서 아주 분명하게 강조한다.

2. 요한의 선포(7~18절)

본 문단은 앞 문단에서 간단하게 제시된 요한의 사역 혹은 그가 전한 메시지를 구체적으로 알려 준다. 요한의 설교를 통해 그의 명성은 퍼져 나가고 수많은 군중들이 그의 세례에 참여하려고 몰려온다. 그러나 요한은 그들에게 심하게 말하면서 그 진정성을 의심한 나머지, '독사의 자식들'(7절)

이라고 부른다. 회개를 위한 그들의 준비에 대하여 요한은 회의적이다. 그러나 그는 자신에게 온 자들에게 세례 주는 것을 거절하지 않고, 오히려 진정한 회개를 보여 주는 마음의 변화를 가시적으로 표현하는 열매를 요구한다. 왜냐하면 '나무는 각각 그 열매로 알기 때문'이다(눅 6:44). 요한은 임박한 종말론적 심판의 도끼와 불을 면할 수 있는 이러한 열매의 긴박한 필요성을 강조한다.

누가복음 3:7~18의 열두 절을 읽어 보면, 요한은 세례를 선포하고 있으나 누가의 관심은 세례가 아니라 설교자로서의 요한임을 알게 된다. 본 문단에서 세례 요한의 설교는 세 가지 예로 제시된다.[9] 첫째(7~9절), 성격상 종말론적이며 하나님나라의 도래를 선포한다. 둘째(10~14절), 7~9절에서 촉구한 회개에 수반하는 열매를 말하면서 다양한 윤리적 교훈을 제시한다. 셋째(15~17절), 오시는 메시아(그리스도)에 대하여 요한이 공포하는 내용이다. 그리고 마지막 18절은 요한의 사역에 대한 요약이다.

처음 두 종류의 메시지에서 우리는 변화된 삶이 뒤따라오지 않는 한, 사람이 세례만으로 다가오는 심판을 면할 수 없음을 알게 된다. 즉 결단과 변화가 긴박하게 요구된다. 종말론적인 하나님나라의 도래 앞에서 회개의 열매가 요구되는데, 그것은 세상에서 분리되는 것도 아니고 거룩한 일에만 전념하는 것도 아니다. 오히려 사회 속에서 사람들과의 관계 가운데 열매가 맺혀야 한다. 요한은 두 가지 윤리를 제시하고 있다. 군중들에게는, 필수적인 필요를 넘어서는 것들을 필요한 자들에게 나눠 주는 일, 즉 다른 사람들에 대한 혁신적 관용을 요구한다. 요한은 선지자들이 외쳤던 인자함(미 6:8; 호 4:1)을 부르짖고 있다. 그리고 세리들과 군병들에게는 계명들을 지키라고 요구하고 있다.

세 번째 설교인 15~17절이 본 문단에서 가장 중요한 부분이자 요한의 기독론적 설교의 예다. 그 중요성은 요한이 자기 뒤에 오시는 이가 더 능력이 있다고 말하면서 자신의 역할을 메시아와 비교하여 설명한 대목(16절)에서 두드러진다. 누가는 마태처럼 메시아의 세례는 '성령과 불'로 이루어질 것이라고 말한다.

이 어구는 많은 논란을 일으키는 부분인데, 특히 '불'을 긍정적으로 보느냐(성령의 정결하게 하는 사역을 표현하는 축복) 혹은 부정적으로 보느냐(믿지 않는 자에게 떨어지는 불의 심판)에 따라서 해석이 달라진다. 누가복음 3:9에 언급된 불은 신적인 심판을 의미하고, 16절 바로 다음 구절(17절)의 '꺼지지 않는 불'도 심판을 언급하는 것이 분명하기 때문에, 여기서는 불이 심판을 의미한다고 보아야 한다. 이어지는 17절에도 동일한 주제가 16절과 연결되어 요한의 종말론적 설교가 나타난다. 그러므로 메시아 시대는 그 성격상 두 가지 면으로 알려진다. 즉 메시아 시대가 회개하는 자에게는 성령의 축복을, 회개하지 않는 자에게는 심판의 불을 가져온다.

요한의 세 종류의 설교로 구성된 본 문단에서 누가의 메시지는 다음 세 가지로 요약된다. 첫째, 하나님의 나라에 참여하는 것은 단순히 세례의식이나 회개의 고백에만 참여하는 것이 아니라 진정한 회개를 보여 주는 삶이 따라야 하는 것이다. 둘째, 종말론적이며 기독론적 강조가 두드러지는데, 종말론적 메시아 시대는 그 성격상 두 가지 면으로 알려진다. 즉 메시아 시대가 회개하는 자에게는 성령의 축복을, 그러나 회개하지 않는 자에게는 심판의 불을 가져온다. 셋째, 본 문단에서 기독론적 요소가 확연히 드러나는데, 예수는 선지자 세례 요한보다 위대하며, 이스라엘의 소망과 갈망이 달려 있는 분이시다. 예수는 메시아시며 기다리던 성령을 주시는 분이시다.

3. 요한의 체포(19~20절)

누가는 초점을 예수께로 옮기기 전에 요한의 투옥에 관하여 간단히 언급한다. 1~2장이나 3:1~6에서 요한은 예언을 성취한 인물로 묘사되었으나, 누가에게 요한은 지나가는 인물이다. 요셉푸스는 그의 「유대 상고사」 (18.5.2)에서 헤롯이 요한을 투옥시킨 것은 정치적 이유라고 말했지만, 누가복음은 다른 복음서 기록들과 함께 종교적 이유를 제시한다. 헤롯 안디바에 대한 요한의 책망은 레위기의 구절들(18:16; 21:21)에 기초했을 것이다. 누가는 '또 그의 행한 모든 악한 일' 이라는 어구를 첨가시킴으로써 헤롯의 악함을 강조하여 요한의 선함과 대비시킨다. 그리고 누가는 요한의 투옥을 통하여 예수의 운명에 대한 그림자를 드리운다(비교, 눅 13:33).

예수의 세례사건과 족보(3:21~38)

누가복음 3장의 후반부는 이미 앞부분에서 언급된 요한과의 연결점을 가지고 예수 그리스도가 소개되기 시작한다. 이제부터 누가의 이야기는 예수에게 초점이 맞추어진다.

1. 예수의 세례사건: 성령이 주어지고 아들로 인정됨(21~22절)

하나의 긴 복합문으로 이루어진 누가복음 3:21~22은 원문에서 세 개의 부정사(한글 번역으로는, 각각 21절의 '열리며', 22절의 '강림하시더니' 와 '나기를' 이다)로 이루어진 연속되는 사건에 초점이 잡혀 있다. 이 짧은 두 구절에서 누가는 예수의 세례를 보고한다기보다,[10] 세례 후 기도하시는 동안 하늘이 열린 것을 보고한다. 예수가 하나님의 아들 되심이 하늘로부터의 목소리로 확언되고, 그분의 그리스도, 즉 기름부은 바 된 자로서의 역할이 성령이 그 위에 강림함으로 드러난다.

여기서 예수에게 일어난 사건은 이사야 61:1~2(누가복음 4:18~19에 인용함)의 사역에로의 성령에 의한 기름부음인데, 이는 예수께 주어지는 사명부여다. 예수 그리스도로부터 시작되는 새 시대에는 성령이 그 중심역할을 한다는 것이 강조되었다. 그러나 더 중요한 초점은 "너는 내 사랑하는 아들이라 내가 너를 기뻐하노라"는 하늘의 음성 속에 나타난, 예수가 하나님의 아들 됨의 독특성이다. 이 어구는 여호와의 종의 노래인 이사야 42:1과 왕의 대관시인 시편 2:7과 언어적·신학적으로 깊은 연관이 있다.

2. 예수의 족보(23~38절)

누가복음에 나오는 예수의 족보에는 하나님을 포함해 일흔여덟 명의 이름이 나온다. 누가의 족보는 뒤에서부터 보면 하나님의 아들 아담(38절)부터 시작하여 일곱 사람이 들어가는 일곱 세트로 나눠지고, 매 일곱째마다 중요한 인물이 위치한다. 즉 에녹(37절), 아브라함(34절), 다윗(31절), 요셉(30절), 예수(29절), 요셉(24절), 예수(23절)다.

그런데 우리가 누가의 족보를 대할 때 만나는 문제는 마태의 족보와 현격하게 차이가 있다는 것이다. 마태는 예수의 족보를 복음서 시작에 두지만(마 1:1~17), 누가는 예수의 세례(눅 3:21~22)와 시험(눅 4:1~13) 사이에 두고 있다. 마태는 아브라함부터 시작하여 예수에게서 끝나는데, 누가는 예수로부터 역순으로 올라가 아담과 하나님에게서 끝난다. 마태는 동사('낳고')를 사용하나, 누가는 속격('그 이상은'으로 번역됐으나 원문은 '-의 [아들]'이라는 관사의 속격을 사용함)을 사용한다.

또한 마태는 다윗의 조상들을 솔로몬에서 여고냐(마 1:6~12)로 보지만, 누가는 나단에서 네리(눅 3:27~31)로 본다. 마태는 아브라함에서 예수까지 세 번의 열네 대, 즉 42명을 거명하지만(마 1:17), 누가는 57명을 거명한다. 마태는 스룹바벨에서 예수까지 12명을 거명하지만, 누가는 21명을 거명한다. 이렇듯 누가복음과 마태복음 족보와의 상이점에 대한 해결책이 다양하게 제시되었으나,[11] 만족스런 해답은 없다.

하지만 누가가 예수의 족보를 통해 우리에게 전하고자 하는 메시지는 많다. 그는 족보를 예수의 세례와 시험(눅 4:1~13) 사이에 위치시킴으로써, 예수를 인간의 대표로서 하나님의 아들인가 아닌가에 대하여 사탄의 시험을 받게 한다. 또한 다윗/아브라함뿐 아니라 아담에게까지 거슬러 올라감으로써 예수를 유대인뿐만 아니라 모든 인류의 소망의 성취로 부각시킨다.

그리고 마지막 구절의 '아담, 하나님의 아들'이라는 어구에서 아담을 하나님과의 독특한 관계로서의 아들로 표현함으로써, 예수도 동일하게 하나님과 독특한 관계에 있는 아들로 묘사한다.

그러므로 예수의 족보에 나타난 누가의 주요 메시지는 기독론적이다. 이 주제는 예수를 하나님의 아들로 지칭하는 데서 발견된다. 이것은 마태복음 3:17이나 마가복음 1:11에서 언급된 것처럼 초대교회 전승을 누가가 받아들였다고 볼 수 있는데, 본 문단에서는 예수의 족보를 아담에게까지 그리고 최종적으로 하나님에게까지 올라가게 함으로써 하나님의 아들 주제를 강조하고 있다. 이렇게 함으로써 누가는 복음의 우주성과 예수의 중요성을 동시에 강조한다.

4 오직 아버지의 일에 몸 바치신 예수님
누가복음 4장의 주해와 적용

누가복음 4장은 다음과 같이 다섯 장소를 중심으로 색다른 주제를 따라 예수 그리스도의 활동을 묘사한다. 먼저 1~13절에 나오는 장소인 '광야'를 통해서 본문은 '시험'이라는 주제를 드러낸다. 이어서 14~30절의 '나사렛'을 통해서 '설교'를, 31~37절의 '가버나움'을 통해서 '교훈'을, 38~41절의 '시몬의 집'을 통해서 '치병'을, 42~44절의 '한적한 곳'을 통해서는 '대화'를 주제로 드러낸다.

광야에서의 시험(4:1~13)

1. 요단에서 광야로(1~2절)

성령으로 충만한 것은 예수 그리스도의 일상적인 모습이다. 예수께서는 항상 성령으로 충만하셨다. 공생애를 시작하실 때도(눅 3:22), 사역 중에도(눅 4:14; 10:21), 부활 후에도(행 1:2) 성령으로 충만하셨다. 성령으로 충만한 예수께서 요단강을 떠나 광야로 들어가셨다. 요단강은 어떤 자리인가? 요단강은 예수께서 하늘이 열리는 것을 보았고, 성령이 비둘기 형체로 오시는 것을 보았고, 하늘의 소리를 들었던 곳이다. 요단강은 인류 역사상 가장 놀라운 일이 벌어진 열광적인 장소다.

그러나 예수께서는 이 놀라운 자리에 더 이상 머물지 않으시고 광야로 가셨다. 광야는 어떤 곳인가? 광야는 맹수가 살고 돌이 깔려 있으며 사람이 거주하지 않는 고적한 곳이다(광야에서 활동한 세례자 요한이 독사와 돌을 언급한 것에 주의하라, 눅 3:2, 7~8). 예수께서는 열광적인 자리를 떠나서 고독한 자리로 나아가고 있는 것이다. 그리고 광야에서 굶주림이라는 인간의 최악의 문제에 접하신다. 이것이 예수의 모습이다. 예수께서는 놀라운 체험으로 만족하지 않으시고 인간의 고통을 알고 싶어하신다. 그래서 열광의 자리에서 고난의 자리로 나아가시며 인간의 문제를 해결하려 하신 것이다.

오늘날 기독교가 저지르는 오류 가운데 하나는 놀라운 영적 체험은 사모하지만 인간의 고난의 문제에 참여하여 해결하려는 관심과 의지가 없다는 것이다. 즉 요단강에 머무는 것을 고집하고 광야로 나아가지를 않는다.

2. 마귀 시험을 받으시다(3~13절)

예수께서는 광야에서도 성령에 의하여 이끌림을 받는다. 성령의 이끌림을 받는 예수는 사탄에게서 자유로운가? 그렇지 않다. 성령으로 충만한 예수께서 사탄에게 시험을 받으신다. 사탄은 성령으로 충만한 사람도 공격한다. 성령으로 충만한 사람이라고 사탄의 공격권에서 벗어나 있는 것이 아니다. 성령으로 충만할수록 사탄은 그 사람을 넘어뜨리려 한다.

마귀는 세 가지로 예수를 시험하였다(누가복음은 시험의 순서를 마태복음과 다르게 기록하고 있는데 어차피 이 시험은 영적인 세계에서 일어난 것이므로 시간적인 순서를 따지는 것은 무의미하다). 사탄의 첫째 시험은 떡과 관련이 있다(눅 4:3~4). 사탄이 가장 먼저 건드리고 있는 것은 예수 그리스도의 신분이다. "네가 하나님의 아들이라면."

여기서 우리는 사탄의 두 가지 악랄한 면을 발견하게 된다. 첫째, 사탄은 자명성에 대하여 도전한다. 예수께서는 자신이 하나님의 아들이심은 분명하게 알고 계셨다(눅 2:49; 3:22). 그렇다면 이제 와서 사탄이 예수께 "네가 하나님의 아들이라면"이라고 말하는 것은 아무런 의미가 없다. 이것은 자명성에 대한 도전이다. 사탄은 지금도 하나님의 성도들에게 자명성에 대하여 회의를 품게 한다. 분명히 하나님의 자녀인 성도들에게 다가와 과연 하나님의 자녀인가 의심을 가지게 한다.

둘째, 사탄은 하나님에게 도전하는 우회성을 사용한다. 사탄이 예수께서 하나님의 아들이시라는 신분에 도전하는 것은 결국 하나님에게 도전하는 것이다. 예수께서 하나님의 아들이신 신분을 망가뜨리는 것은 하나님이 하나님이신 신분을 망가뜨리는 것이기 때문이다. 사탄이 근본적으로 목적하는 것은 하나님에 대한 도전이다. 마찬가지로 사탄이 성도들을 공격할 때 목적으로 삼는 것도 하나님에 대한 도전이다. 성도들을 무너뜨림으로써 하나님의 권위를 무너뜨리려는 것이다. 그러나 결국 사탄은 멸망하고 말 것이다. 왜냐하면 하나님께서 하나님의 성도들을 엄밀하게 보호하시기 때문이다.

사탄은 예수께 놀라운 유혹을 하고 있다. 그것은 "이 돌에게 말하여 떡이 되게 하라"(눅 4:3)는 것이다. 사탄은 예수께 기적의 떡을 요구하였다. 그렇다면 사탄이 이 시험으로 의도한 것은 무엇인가? 그것은 하나님의 창조질서를 깨뜨리는 것이다. 하나님은 창조시에 모든 사물을 구별하여 만드셨다. 그러므로 만물은 아무런 이유 없이 그 영역과 범주를 떠나서는 안 된다. 그런데 사탄은 하나님의 창조질서를 깨뜨림으로써 하나님의 주권을 파괴하려고 한다. 오늘날도 사탄은 우리에게 같은 것을 충동질하고 있다. 유전공학이나 컴퓨터공학 등으로 창조의 고유한 영역을 넘어서도록 사주하고 있는 것이다.

이때 예수께서 사탄의 시험을 이기기 위해 의존하신 것은 성경이다. 예수께서는 "사람이 떡으로만 살 것이 아니라"(신 8:3)는 성경 말씀을 인용한다. 이 말씀을 하시면서 무엇을 생각하셨을까? 일차적으로 이 말씀은 사람이 물질적인 것으로만 사는 것이 아니라는 뜻을 나타낼 것이다. 그러나 예수께서 이 말씀을 신명기 8:3에서 끄집어냈다면 그것은 조금 더 깊은 의미를 가진다. 신명기에 나오는 떡은 단순한 떡이 아니다. 그것은 기적의 떡 만나다.

그러나 기적의 떡이라 할지라도 그것은 사람이 진정으로 의지해서 살 것이 아니다. 마찬가지로 돌이 변하여 된 기적의 떡이라 해도 그것은 인생이 진정으로 의지할 것이 아니다. 따라서 예수께서는 심지어 기적의 떡이라도 그것이 하나님의 주권에 도전하는 것이라면 단호하게 거절하셨던 것이다.

사탄의 둘째 시험은 권세에 관한 것이다(눅 4:5~8). 마귀는 예수께 순식간에 세계의 모든 왕국을 보여 주었다. 말하자면 사탄은 시간적으로는 가장 짧은 시간에, 공간적으로는 가장 넓은 공간을 보여 줌으로써 최소한 시간의 압축과 최대한 공간의 확대라는 절묘한 능력을 발휘한 것이다. 사탄은 예수에게 모든 사람이 가는 길을 갈 것을 요구하고 있다. 모든 사람이 추구하는 바는 가장 짧은 시간에 가장 넓은 공간을 차지하는 것이다. 인간의 마음 가장 밑바닥에는 이러한 의식이 박혀 있다. 사탄은 다음과 같이 예수를 떠보고 있는 것이다. "너도 사람이다. 모든 사람과 똑같이 욕심과 열망을 가지고 살아라. 모든 사람들과 똑같은 인생을 살다가 끝내라." 사탄의 숨은 의도는 예수를 위대한 사람으로 만들어 버림으로써 인류의 구속을 위한 신성을 잊어버리게 하는 것이었다.

그러나 예수께서는 사탄의 시험에 대해 주 하나님만을 경배하라(신 6:13)고 대답하셨다. 이것은 외면적으로 볼 때 사탄은 결코 경배의 대상이 될 수 없다는 것을 지시하는 것이다. 그러나 이 말씀을 조금 더 내면적으로 살펴보면 예수께서 이 대답으로써 모든 시간과 공간을 초월해 계시는 하나님을 경배할 때 참된 권세와 영광을 얻게 된다는 것을 알려 주시고 있음을 알 수 있다. 왜냐하면 신명기 문맥에서 이 말씀은 사람의 진정한 행복이 시간과 공간에서 나오는 것이 아니라 하나님을 경배하는 것에서 나오는 것임을 말하고 있기 때문이다.

사탄의 셋째 시험은 능력과 관련이 있다(눅 4:9~13). 사탄은 예수께 성전 꼭대기에서 뛰어내리라고 요구했다. 예수께서 구속성취보다는 능력행사에 더 마음을 두게 하려는 것이었다. 이것은 예수를 능력자로 만들어 구속자의 신분을 잊게 하려는 것이다. 하지만 이러한 일반적인 계교 뒤에 더욱 놀라운 계교를 숨기고 있다. 사탄은 예수님을 '성전' 꼭대기에 세워 놓고 뛰어 내리라고 말한다. 성전은 하나님을 예배하기 위하여 있다(참조. 눅 1:9; 2:26, 37; 19:46). 그러나 사탄에게는 이런 일들이 전혀 중요하지 않다. 사탄은 예수께 성전을 능력행사의 장소로 이해시키려 하는 것이다. 사탄의 의도는 성전이 본래적으로 지니고 있는 의미를 완전히 상실시키려는 것이다. 이것이 사탄이 예수님을 시험하는 진정한 목적 가운데 하나다. 사탄은 하나님의 성전을 오용하는 것을 목적으로 삼고 있다.

또 사탄은 예수를 시험하기 위하여 철저한 증빙서류를 제시한다(시 91:11~12). 즉 마치 성경이 예수가 능력자인 것을 입증하기 위해 기록된 것인 양 말하고 있다. 이것은 성경의 목적을 오용하고 있는 것이다. 사탄은 성경을 시험함으로써 하나님을 시험하려고 했던 것이다. 그래서 예수께서는 사탄의 시험에 대하여 "주 너의 하나님을 시험하지 말라"(신 6:16)고 대답하신 것이다. 신명기(그리고 이와 연관된 출애굽기)의 문맥을 따르자면 하나님을 시험하면서까지 능력을 얻으려고 하는 것은 죄악 중의 죄악이기 때문이다(출 17:2, 7).

나사렛에서의 설교(4:14~30)

사탄의 시험 후에 예수께서는 성령의 능력으로 갈릴리로 돌아가 여러 회당에서 가르치셨는데, 그 가운데 가장 먼저 나사렛 회당에서의 설교가 언급되고 있다. 사역을 시작하는 벽두에 이사야의 글(사 61:1~2)을 인용하며 해설하신다(눅 4:18~19). 구원 사역의 첫 단계를 이 말씀으로 시작하고 있는 것이다. 여기에 예수의 자기의식이 있다. 예수께서는 사역의 처음에서 "성령의 임하심"을 인지하고 있다. 이것은 세례자 요한에 의하여 세례를 받을 때 일어난 일이다(눅 3:22). 그 후 사도 베드로는 고넬료에게 예수의 사역의 각 단계를 정리하여 주었다. 이때 베드로는 예수 사역의 처음을 "하나님께서 나사렛 예수에게 성령과 능력을 기름 붓듯 하셨다"고 증거하였다(행 10:38).

예수께서는 이사야의 글을 인용하심으로써 자신이 어떤 사람들을 대상으로 사역할 것인지를 설명하신다. 예수께서는 가난한 자들에게 복음을 전하는 것(눅 4:18a) 외에도 여러 종류의 사람들에게 복음을 전할 것이다. 예수께서는 포로 된 자들에게 자유를 전파하실 것이다(눅 4:18b). 본래 여기에 사용된 '포로 된 자들' 이라는 말은 전쟁에서 패배해 사로잡힌 자들을 의미한다. 이 말은 신체적인 의미에서 질병에 사로잡힌 것을 뜻할 수도 있고, 더 나아가 영적인 의미에서도 사용될 수 있다. 즉 죄에 의해 사로잡히는 것이다. 예수께서는 바로 이런 우리에게 자유(용서)를 주시려고 오셨다(엡 4:8). 또한 예수께서는 눈 먼 자들이 다시 보도록 해 주실 것이다(눅 4:18c). 육체적으로 눈 먼 자의 상태는 참으로 불행하다(눅 6:39). 그런데 사실상 따져 보면 모든 사람이 소경이다. 재물에 눈이 어두워서 영혼의 문제를 보지 못하는 사람들이 대단히 많다. 예수께서는 눌린 자들에게 자유를 주실 것이다(눅 4:18d). 여기에 '눌린 자들'을 정확하게 번역하면 '깨어진 자들'(상한 자들)이다. 이들은 육체가 깨어진 자들이며 영혼이 깨어진 자들이다. 예수께서는 불구자와 같은 인생들에게 자유를 주시기 위해서 오셨다. 이 모든 것을 한마디로 요약하면 주님께서는 희년을 선포하러 오신 것이다.

예수께서는 이사야의 예언을 인용하고는 이 예언이 드디어 예수와 함께 실현되었음을 말씀하셨다. "오늘 이 글이 너희 귀에 이루어졌다"(눅 4:21). 예수께서는 성령을 받은 자며 기름부음 받은 메시아로서 이사야가 예언한 은혜가 실현되고 있음을 알린다. 인간의 악한 상황에 변화가 주어질 수 있는 가능성이 드디어 실현되고 있다. 무질서할 뿐 아니라 무질서한 줄도 모르며, 파괴되어 있을 뿐 아니라 파괴되어 있는 줄도 모르고, 사로잡혀 있을 뿐만 아니라 사로잡혀 있는 줄도 모르는 인간들에게 예수께서는 새로운 변화의 가능성을 제시한다. 예수는 성령의 임함을 받은 자로서 새로운 생명의 길을 주실 수 있다.

그런데 예수의 이같은 가르침에 대하여 사람들은 놀람으로 반응한다. 나사렛 회당에서 유대인들은 예수의 말씀을 듣고 놀란다(눅 4:22). 예수께서는 은혜의 말씀을 전하시고, 사람들은 의아함으로 반응한다. 예수께서는 "성령이 내게 임하셨다"고 말하고 있는데, 사람들은 "이가 요셉의 아들이 아니냐"고 반문한다. 예수께서는 성령에 대하여 말하는데, 유대인들은 사람에 대하여 말한다. 예수께서는 성령의 임하심으로 인생들에게 근본적인 변화가 가능하게 되었음을 전파하시는데, 이들은 예수에게 "너도 사람이지 않느냐"라는 식으로 깎아 내리고 있다. 그리고 예수의 은혜로운 말씀에 대하여 유대인들은 조롱 섞인 말로 응수한다. "의원아 너를 고치라"(눅 4:23).

바르게 가르칠 때 잘 듣는 사람이 있는가 하면, 가르쳐도 듣지 않는 사람이 있다. 이러한 사람들에게 예수께서 보이실 수 있는 것은 꾸짖음밖에 없다. 머리가 있다고 함부로 생각하는 자들에게, 입이 있다고 함부로 말하는 자들에게 예수의 책망이 임한다. 예수의 책망은 하나님의 은혜가 유대인을 떠나서 이방인에게로 갈 것이라는 말씀에서 절정에 이른다(눅 4:25~27). 예수께서는 이방인을 향한 하나님의 은혜를 설명하기 위하여 사렙다 과부와 수리아의 나아만을 예로 제시하셨다.

예수께서는 "선지자가 고향에서 환영을 받는 자가 없느니라"(눅 4:24)고 말씀하신 후에 구약의 선지자 가운데 유명한 두 사람을 예화로 든다. 즉 엘리야와 엘리사다. 이들을 예화로 제시하는 것은 이들이 선지자의 대명사적인 인물들이기 때문이다. 여기서 중요한 것은 하나님의 구원계획이다.

하나님의 은혜가 이방인들에게 임하였다. 사렙다 과부는 시돈 사람으로서 이방 여인이다(왕상 17:9). 이스라엘에 많은 과부가 있었지만 엘리야는 그 중의 한 사람에게도 보냄을 받지 않고 오직 시돈 땅에 있는 사렙다 과부에게만 보냄을 받았다(눅 4:26). 하나님은 엘리야를 통하여 벌써 이방인에게도 하나님을 알려 주시려는 의도를 가지고 계셨던 것이다. 마찬가지로 나아만도 수리아 사람으로서 이방인이다. 엘리사 시대에 많은 문둥이들이 이스라엘에 있었지만 그 중의 한 사람도 깨끗함을 얻지 못하고 오직 수리아 사람 나아만 뿐이었다(눅 4:27). 이것은 이방인의 구원을 위한 하나님의 은혜를 알려 준다. 하나님의 사람 엘리사를 중심으로 이방 구원의 역사가 펼쳐진 것이다.

그러나 나사렛 사람들은 이방인을 위한 하나님의 구원계획을 이해하지 못했기 때문에 예수를 배척했다. 여기에 나사렛 사람들이 예수를 배척하는 행위가 점점 더 강하게 설명된다. 처음에 이것은 감정적인 문제였다. 회당에 있는 사람들이 분노로 가득했다고 설명한다(눅 4:28). 둘째로 이것은 폭력적인 행위로 나타난다. 그들은 예수를 동네 밖으로 쫓아냈다(눅 4:29a). 셋째로 이것은 살인적인 행동으로 표현된다. 그들은 예수를 낭떠러지에서 밀쳐 내리치려고 했다(눅 4:29b).

누가는 여기서 나사렛이 산 위에 건설된 도시임을 지적한다(눅 4:29). 그는 왜 나사렛이 산 위에 건설된 도시임을 언급하는가? 아마 나사렛에게 산 위 도시가 가지고 있는 기능이 주어졌다는 것을 밝히려고 하는 것 같다. 즉 산상의 도시에게는 산하의 도시를 위한 사명이 있다. 그것은 산 아래 세계에 자신을 보이는 것이다. 이것은 이방인에게 드러나야 할 이스라엘을 의미하는 것으로 생각해 볼 수 있다. 이스라엘은 자신만을 위하여 존재하지 않고 이방인을 위하여 존재해야 한다. 그러나 나사렛 사람들은 도리어 이방인을 위한 사명을 일깨우는 예수 그리스도를 배척하고 말았다.

가버나움에서의 교훈(4:31~37)

예수께서는 가버나움이라는 공간과 안식일이라는 시간을 택하셨다. 가버나움은 도시라고 설명된다. 예수는 도시를 공략하셨다. 사람들이 많이 사는 곳을 택하신 것이다. 이런 의미에서 도시는 황금어장이다. 또 예수께서 택하신 시간은 안식일이다. 예수께서 안식일을 택하신 것은 그날 사람들이 많이 모이기 때문이다. 이후에 사도들도 예수의 방식을 따라 전도했다.

본문은 특히 예수의 가르침에 대해 강조한다. '가르치시매'(눅 4:31), '가르치심'(눅 4:32a), '말씀'(눅 4:32b) 등의 단어를 많이 사용하는 것을 통해 알 수 있다. 예수의 종교는 가르침을 중심을 삼는다. 그래서 기독교는 말씀중심의 종교다. 기독교에서는 다른 어떤 요소보다도 말씀이 강조된다. 이 단락은 예수의 말씀이 어떤 능력을 가지고 있는지 입증한다. 즉 예수께서 말씀으로 귀신을 쫓아내신 것이다(눅 4:33~35). 우리는 예수께서 가버나움에서 귀신을 쫓아낸 사건(이야기)을 통해 예수가 누구인지를 배운다.

예수께서는 인정받으셨다. 예수께서는 귀신에게서 인정을 받으셨다(눅 4:33~35). 귀신은 예수를 두려워하며 크게 소리를 질렀다. 또한 사람에게서도 인정을 받으셨다(눅 4:36~37). 사람들은 예수의 말씀 앞에서 경악했다. 이 두 가지 반응을 통해 예수가 어떤 분인지 잘 드러난다.

첫째, 예수는 나사렛 사람이다(눅 4:34a). 이것은 귀신의 말에서 언급된 것이다. 귀신은 예수께서 나사렛에서 자라나시고 성장하신 인성의 과정을 잘 알고 있다. 예수께서는 우리와 동일한 몸을 입고 오셨다. 그러다면 예수는 왜 성육신하여 나사렛 사람이 되셨는가? 그 이유는 사람으로서 사람의 비참함을 이해하고 사람의 죄악을 사하시기 위함이다. 귀신이 나사렛 예수를 무서워하는 이유가 바로 이것이다. 예수의 구속으로 말미암아 사람들이 죄 사함받기 때문에 귀신은 더 이상 사로잡을 사람이 없게 된다.

둘째, 예수께서는 하나님의 거룩하신 자다(눅 3:34b). '하나님의 거룩하신 자'라는 표현은 본래 하나님의 아들이라는 표현의 대용어다. 이것은 예수께서 하나님과 동등하신 분임을 나타내며 예수의 신성을 의미한다. 여기에서 조금 더 주의해 보아야 할 것이 있다.

먼저 예수께서 '하나님의' 거룩하신 자라는 사실이다. 예수는 하나님께 속하신 분이다. 그러므로 예수께서는 하나님과 관계없는 것에 대하여는 싸우신다. 마귀는 하나님에게 속하지 않은 자이기에 마귀와 싸우시는 것이다. 따라서 귀신은 예수 앞에서 두려워한다.

또한 예수는 하나님의 '거룩하신 자' 시다. 예수께서 거룩하신 분이라는 사실은 이미 예수께서 탄생하실 때 천사가 알려 준 내용이다. "나실 바 거룩한 자는 하나님의 아들이라"(눅 1:35). 예수께서는 자라시면서 점차 거룩해지신 것이 아니라, 탄생하셨을 때 이미 거룩한 자로 태어나셨다. 예수의 거룩하심은 완벽한 거룩하심이다. 거룩하다는 것은 예수에게는 악이 틈탈 부분이 없다는 것을 의미한다. 예수는 광채시며 성결이시다. 그에게는 악한 것이 조금도 없다. 그는 완전히 성결하신 분이다. 따라서 더러운 귀신은 예수를 보았을 때 두려워하지 않을 수가 없었다. 예수를 더럽힐 흠을 조금도 발견할 수 없었기 때문이다. 빛 앞에서 어둠이 드러나듯 예수 앞에서 귀신의 더러움이 드러난다. 귀신은 자신의 더러움이 드러나는 것을 두려워하고 있는 것이다.

그러나 여기서 우리가 또 한 가지 알아야 할 사실이 있다. 그것은 거룩하신 예수는 또한 거룩하게 하시는 분이라는 것이다. 예수는 더러운 것을 보면 그것을 거룩하게 하신다. 이 때문에 가버나움 회당에서 귀신들린 자를 보았을 때 귀신을 쫓아내셨다. "그 사람에게서 나오라"(눅 4:35). 예수는 거룩하신 분으로 가만히 정지해 있는 분이 아니라, 오히려 거룩하게 하시는 분으로 활동하신다. 귀신이 두려워하는 것이 바로 이것이다. 예수께서 거룩하게 하시는 분이라는 사실이 귀신에게는 절대적인 두려움이 된다.

예수의 능력은 거룩하게 하시는 일에서 가장 명확하게 드러난다. 이 사실을 인식하는 교회는 거룩하게 하는 작업에 참여하게 된다. 이것이 교회의 능력이다. 오늘날 교회가 회복해야 할 능력은 이적적인 능력이 아니라 거룩하게 하는 능력이다. 그러므로 교회는 거룩하게 하는 일에 힘을 기울여야 한다. 그렇게 하기 위해서는 예수 그리스도의 교훈에 바르고 굳게 서야 한다.

시몬의 집에서의 치병(4:38~41)

1. 시몬의 장모를 고치심(38~39절)

회당예배를 마치신 뒤 예수께서는 제자들과 함께 안식일 식사를 위해 한 가정을 방문하신다. 예수님은 가정의 초대를 받는 것을 기뻐하시는 분이었다. 개인을 만나는 것도 좋아하셨지만 또한 가정을 만나는 것을 좋아하셨다. 그 가정은 시몬의 집이었다. 물론 우리는 어떻게 예수께서 시몬의 가정과 알게 되었는지, 또 어떻게 시몬이 예수를 초청하게 되었는지 전혀 알 수 없다.

예수께서 시몬의 집에 가시게 된 것은 바로 뒤에 이어지는 시몬의 회심 사건(눅 5:1~11)과 밀접한 관계가 있다. 시몬의 장모를 치료하신 사건은 시몬이 회심하여 예수의 제자가 되는 사건을 미리 내다보는 준비의 역할을 한다. 어쨌든지간에 예수께서 방문한 시몬의 집은 한 가지 어려운 문제를 안고 있었다. 시몬의 장모가 극심한 열병으로 고생하고 있었던 것이다. 아무런 어려움 없는 가정은 세상에 하나도 없다. 모든 가정이 그 나름의 고통스런 문제점을 가지고 있는 듯하다.

예수께서 집안에 들어가셨을 때 시몬의 장모는 예수께 아무런 말도 할 수 없을 정도로 연약한 상태에 있었다. 이런 여인의 모습을 보면서 주위에 있는 사람들이 예수께 이 여인을 고쳐 주시기를 간구했다. 예수께서는 은혜로우신 마음으로 시몬의 장모를 열병에서 구출하셨다. 우리는 이 사건에서 중요한 사실들을 배울 수 있다.

1) 간구를 듣는 예수

예수께서 시몬의 장모를 치료하게 된 중요한 동기는 무엇인가? 놀랍게도 시몬이나 시몬의 장모는 열병치료를 위하여 아무런 말도 하지 않았다. 시몬의 장모를 위하여 예수께 간구한 것은 무명의 사람들이었다. 성경은 단지 "사람들이 저를 위하여 예수께 구하니"(눅 4:38)라고 말씀한다. 이 무명의 사람들이 예수의 제자들이었는지, 아니면 가버나움 회당에서 예수의 설교를 듣고 감동하여 따라온 사람들이었는지 정확하게 알 수는 없다. 누가는 이들의 정체를 드러내지 않고 있다. 그러나 우리는 여기에서 예수 주위에 있던 사람들의 신앙을 엿볼 수 있다. 중요한 것은 예수께서는 이들이 여자를 위하여 간구했을 때 이들의 간구를 외면하지 않고 들어 주셨다는 사실이다.

주님께서는 이후에도 교회에게 이런 은혜를 허락하셨다. 베드로가 감옥에 갇혔을 때 교회는 그를 위하여 간절히 하나님께 빌었고 주님은 그 기도에 응답해 주셨다(행 12:5; 참조 행 12:12). 이것은 중보기도의 놀라운 은혜다. 주님께서는 중보의 기도를 간과하지 않으신다.

2) 가까이 서시는 예수

무명의 사람들의 간구 앞에 예수께서는 먼저 몸을 움직이셨다. "예수께서 가까이 서서"(눅 4:39). 사람들의 간청에 따라 시몬의 장모 머리 곁으로 바싹 다가가신 것이다. 이것은 예수께서 탄생하시던 밤에 주의 천사가 목자들 곁에 가까이 선 것과 같은 동작을 의미한다(눅 2:9). 우리 주님께서 부활하신 새벽에 주의 천사가 여인들 곁에 가까이 선 것과 같고(눅 24:4), 베드로가 감옥에 갇혀 있던 밤에 주의 천사가 그의 곁에 가까이 선 것과 같은 행동을 나타낸다(행 12:7). 이것은 하늘이 땅에 가까이 온 것을 의미하며, 하나님이 사람에게 가까이 온 것을 의미한다. 하나님의 영광이 인간의 비참함을 향해 가까이 다가온 것이다.

마찬가지로 우리 주님께서는 시몬의 장모 곁으로 다가가셨다. 강하신 주님께서 연약한 여인에게 가까이 다가가셨다. 능력의 주님께서 질병의 여인에게 다가가셨다. 엄숙하고 영광스런 모습으로 초라하고 비참한 몰골을 한 여인의 곁에 서셨다. 이제 놀라운 일이 일어나지 않을 수 없다. 주님께서 여인을 일으켜 세우셨다.

주님은 이후에도 여러 차례 같은 일을 되풀이하셨다. 사도 바울이 예루살렘에서 복음을 전파한 후에 유대인의 위협 때문에 로마군대의 영문에서 보호받던 밤에 주님은 바울의 곁에 가까이 오셨다(행 23:11). 사도 바울이 군선을 타고 로마로 가는 동안 풍랑을 만나 죽음의 자리에 있을 때도 주님은 그의 곁에 가까이 오셨다(행 24:23). 가까이 오시는 주님은 성도를 위로하고 격려하신다. 우리 주님은 지금도 성도에게 가까이 오시는 분이다.

3) 여자의 수종

시몬의 장모는 예수에 의해 치료받았다. 열병이 떠나자 시몬의 장모는 곧 일어나 사람들을 섬긴다. 이 여인에게서 자원하는 봉사가 생긴 것이다(눅 4:39). 예수의 은혜를 체험한 사람은 자원의 봉사를 표현한다. 은혜가 없이는 봉사도 없다. 역으로 말해 봉사가 없는 것은 은혜가 없음을 의미한다. 그러므로 가장 큰 문제는 봉사가 없는 것이 아니라 은혜가 없는 것이다.

2. 각색 병자를 고치심(40~41절)

예수님은 사람에 대해 열심을 가지고 있었다. 사람에 대한 예수님의 열심은 밤을 지새우는 것으로 분명하게 표현되었다. 그런데 여기서 그 열심에 대한 또 다른 표현 한 가지를 발견할 수 있다. 그것은 예수께서 병자들에게 "일일이 손을 얹으셨다"는 것이다(눅 4:40). 예수께서는 자기에게 나아오는 수많은 사람들을 한 명도 빼놓지 않고 안수해 주셨다. 그 누구도 예수의 사람에서 제외될 수 없다. 그 누구도 예수의 사랑의 대상이 되지 않을 수 없다. 이것이 주님의 은혜다.

주님은 사람을 외모로 보시지 않는다. 이것은 신·구약성경이 누누이 강조하는 사실이며, 주님이 여느 인간과 다른 점이다. 예수의 손은 크고 넓은 손이다. 예수의 손은 쉬지 않으신다. 예수는 한 사람 한 사람에게 모두 관심을 가지신다. 이러한 생각이 바로 잃어버린 양에 대한 비유에서 잘 나타난다. 예수께서는 하나에 대한 집착이 있다. 예수님은 잃어버린 하나를 무시하지 않고 잃어버린 하나를 찾기 위하여 온 힘을 기울이신다.

한적한 곳에서의 대화(4:42~44)

우리는 본문에서 시간의 흐름을 읽을 수 있다. '해질 적에'(눅 4:40)와 '날이 밝으매'(눅 4:42)라는 흐름이다. 예수께서는 안식일 낮 동안 회당에서 말씀을 가르치시고 식사에 참여하셨다. 그런데 해가 질 무렵에도 예수님은 많은 사람들을 만나셨다. 수많은 사람들이 예수께로 몰려 나왔기 때문이다. 예수께서는 분명히 사람들을 만나시는 일 때문에 밤을 꼬박 지새우셨다. 그래서 이 내용에 이어서 '날이 밝으매' 라고 표현하고 있는 것이다.

여기서 우리는 예수의 시간 사용을 살펴볼 수 있다. 예수님은 한 순간도 헛되이 보내지 않으시고, 시간을 최대한 사용하셨다. 낮에도 일하고 밤에도 일하셨다. 예수께서 일하시는 데는 낮과 밤의 구별이 있을 수가 없었다. 예수께서 이런 말씀을 하신 적이 있다. "때가 아직 낮이매 나를 보내신 이의 일을 우리가 하여야 하리라 밤이 오리니 그때는 아무도 일할 수 없느니라"(요 9:4). 그러나 실제 예수님은 밤낮을 가리지 않고 일하셨다. 예수는 일하는 예수다. 하나님의 일을 하는 데 몸을 아끼지 않으셨다.

그런데 주님께서 이처럼 시간을 놓치지 않고 일하신 까닭은 무엇인가? 그것은 사람들에 대한 열심 때문이다. 우리는 여기서도 사람들에 대한 예수 그리스도의 열심을 발견하게 된다. 예수는 사람을 아셨다. 그들이 무엇을 필요로 하는지, 그들이 어떤 어려움에 처해 있는지, 그들이 어떤 존재인지 아셨다. 그러므로 주님은 자기에게 다가오는 사람들을 피하지 않으셨다. 그리고 그들을 돕기 위해 몸을 지치도록 사용하셨다.

예수님은 사람들을 위하여 존재하셨다. 목숨을 버리기까지 사람들을 위하셨다. 예수님의 머리 속에는 사람들을 세우기 위한 생각이 끊임없이 이어졌고, 사람들을 돕기 위해 손과 발은 부지런히 움직이셨다. 예수 그리스도는 자신을 세우기 위한 생각으로 가득찬 우리와는 완전히 다르셨다. 자신만을 위해 행동하는 우리와는 절대적으로 다르시다. 예수의 눈과 손과 발과 몸의 모든 것은 사람들을 위해 사용되었다. 예수의 몸은 예수의 것이 아니라 사람들을 위한 것이었다. "그가 우리를 위하여 목숨을 버리셨으니 우리가 이로써 사랑을 알고 우리도 형제를 위하여 목숨을 버리는 것이 마땅하니라"(요일 3:16).

5 죄 사함과 제자도의 부름
누가복음 5장의 주해와 적용

누가복음에 대한 설교는 누가복음 해석에 관한 문제와 밀접하게 관련되어 있다. 특히 병행구절을 가진 누가복음 기사들의 경우 그 해석과 설교가 그 동안 공관복음의 차이에 관한 문제와 관련하여 논의되어 왔는데, 이미 공관복음 대조연구와 함께 편집·비평적 해석을 통하여 괄목할 만한 성과를 가져왔다.

그러므로 본 글에서는 본문 중심의 해석적 관심을 통하여 본문이 가진 의도성과 그 역동성에 초점을 맞추어 누가복음의 본문을 해석함으로써 본문의 의미를 보다 원청중에 부합된 의미로 서술하는 데 집중하려고 한다. 누가복음 5장에 대한 필자의 해석은 누가복음 자체의 문맥과 사건기술에 집중하여 살펴볼 것이며, 여기에 (장르이해를 포함한) 문학적 해석능력은 본문이 말하는 사건의 의미를 보다 잘 재구성하게 해 줌으로써 이 사건이 갖는 의미와 그 독서효과를 보다 역동적으로 제시할 것이다.

누가복음 5장은 예수님의 갈릴리 초기 사역을 기술한 것(참고. 눅 4:14, 31)으로서, 크게 네 개의 기사로 구성되어 있다. 이들 네 개의 기사는 1)베드로 함께 어부들을 부르심(5:1~11), 2)문둥병자를 고치심(5:12~16), 3)중풍병자를 고치심(5:17~26), 그리고 4)레위를 부르심과 식탁교제 및 금식논쟁(5:27~39) 등이다. 그러므로 우리는 누가복음 5장을 적어도 네 개의 설교본

문으로 사용할 수 있다.

물론 누가복음의 사건 배열은 마가복음을 따르고 있는 것으로 추정되지만, 그 강조점이나 메시지는 마가나 마태와 다르다. 이 점은 공관복음 대조서를 관찰하면 잘 알 수 있다. 5장의 간결한 구조적 이해는 제자를 부르심에 대한 기사가 5장의 처음(1~11절)과 끝(27~39절)에 나오고 그 중간에 두 이적기사가 나온다. 5장의 주제는 예수님의 사역의 핵심인 '죄인을 불러 회개케 하는 사역', 즉 회개를 통한 죄 사함의 사역과 제자도의 부름이다. 특히 5장의 이적·기사들은 믿음을 통해 이루어진 예수님의 정결 사역과 죄 사함의 사역을 강조한 것으로써, 이것은 누가복음 전체의 중심 된 메시지(눅 24:47)라 할 수 있다.

베드로와 함께 어부들을 부르심(5:1~11)

다른 공관복음들(마 4:18~22; 막 1:16~20)과 비교해 볼 때 이 기사의 특이점은 단연 이적적인 어획(漁獲)과 베드로에게 집중된 사건의 전개방식(4[3]~10절)이다. 물론 우리는 이 기사를 '부름기사'(call story)로 볼 것인지 아니면 '이적기사'(miracle story)로 이해할 것인지에 따라 설교(해석)의 내용과 방향이 달라진다.

이 본문에 대한 설교는 이적기사에 초점을 맞추어 설교(믿음과 순종에 대한 강조)하거나 부름기사(제자도)에 대하여 설교할 수 있다. 혹은 베드로의 모습을 중심으로 한 인물 설교를 할 수도 있다. 물론 기독론적인 관점에서 예수님의 주 되심에 초점을 맞추어 설교하거나, 믿음과 제자도와 관련하여 선교적인 관점으로 설교할 수도 있다. 이 경우 설교해야 할 청중의 상황은 설교자의 설교방향과 설교구성에 중요한 단초가 된다.

그러나 이 본문이 누가복음의 전체 메시지와 어떤 연관을 가지고 있는지에 대하여 전체의 흐름과 그 의도(의미)를 잃지 않으려는 해석적 시도는 꼭 필요할 것이다.

특별히 가르침으로 시작된(1절) 이 부름(이적)기사는 다른 공관복음서와는 달리 "나를 따라 오너라"라는 제자도의 부름의 명령 없이 "깊은 데로 가서 그물을 내려 고기를 잡으라"는 선교적인 명령이 중심을 이룬다. 본문의 사건을 이해하자면 다음과 같다. 1~3절은 사건의 배경과 함께 사건이 어떻게 전개되는지를 언급하고 있다.

갈릴리의 게네사렛 호숫가에서 지난 밤, 밤이 맞도록 수고했으나 고기를 잡지 못하고 허탕치고 돌아온 후에(5절 참조) 그물을 씻고 있는 어부들과 그들의 두 배를 주목하신 주님께서 그 중 시몬의 배를 택하여 육지로부터 조금 띄기를 청한 후에 그 배에 앉아 무리를 가르치신다. 가르침이 끝난 후 주님은 기다렸다는 듯이 그 배에 함께한 시몬에게 "깊은 데로 가서 그물을 내려 고기를 잡으라"(4절)고 명하고, 시몬은 어젯밤의 악몽 같은 헛수고의 시간을 회고하며 다시 사용하기 위하여 씻겨진 그물처럼 주님의 말씀에 순종(의지)하여 그물을 내린다.

아마 그가 이렇게 그물을 내리기까지는 배에서의 예수의 가르침에 큰 영향을 받지 않았나 생각된다. 이 점은 그가 언급한 '말씀에 의지하여'(5절)라는 표현('하나님의 말씀을 들을 새'[1절]와 '말씀을 마치시고'[4절]에서 '말씀'이란 단어의 반복된 사용)과 그 앞 뒤 정황을 고려한다면 전혀 무리한 해석은 아니다. 즉 어부 시몬이 어부가 아닌 주님의 말씀에, 그것도 상식 밖의 시간(그물 씻는 시간)에 깊은 데로 가서 그물을 내리라는 예수의 말씀(4절)을 의지할 수 있었던 것은 이전의 이적사건(4:38~39)과 함께 배에서 들었던 예수님의 말씀(3~4절[1절 참조])이 주는 믿음 때문이었을 것이다.

그런데 놀랍게도 어젯밤에는 밤이 맞도록 수고해도 전혀 잡지 못했던 물고기가 그물이 찢어질 정도로 많이 잡히게 되고, 이 놀라운 일을 목도한 시몬 베드로는 주님(의 현존) 앞에 자신이 죄인임을 고백한다(8절). 이 고백 역시 배에서의 예수님의 가르치심 – 그 내용을 명확하게 알 수는 없지만 – 의 결과로 여겨진다. 이 고백 후에 주님은 시몬에게 사람을 취하는 사람, 즉

'사람 낚는 어부'의 사명을 부여하고, 이에 그들은 예수를 좇는 제자(베드로)가 된다(10~11절).

본문을 통하여 우리는 말씀(의 들음)과 순종과 회개와 사명부여라는 등식을 발견한다. 결국 복음서를 통해 누가가 전하고자 하는 메시지의 핵심은 '회개'와 '죄 사함', 그리고 이 '복음'('죄 사함을 얻게 하는 회개')을 만방에 증거하는 일(선교적 일)'이다(눅 24:47~48 참조). 이 선교적 일을 수행하는 데 최초로 부름받은 시몬은 이 사역에 가장 중요한 인물(예수의 제자)로 제시되며, 이적적인 놀라운 어획을 경험한 시몬 베드로의 고백(회개)의 모습과 예수의 부르심은 이 일에 가장 중요한 범례가 된다.

이처럼 우리는 본문의 사건이 어떻게 진행되었는지 상상력을 동원하여 사건의 줄거리를 보다 적절하게 재구성해 볼 필요가 있다. 이것을 문학적 용어로는 '틈메우기'(filling gaps) 방법이라고 한다. 주해를 위한 이 '틈메우기' 해석방법은 다른 공관복음서의 도움을 받아 본문에 나타난 행간의 여백과 생략을 적절하게 메우고 보충하여 그 당시 시간과 공간을 적절히 직조(織造)하여 사건을 재구성하는 것이다. 만약 이 방법을 동원해 강해한다면 이러한 강해는 청중의 삶에 매우 실제적으로 다가올 수 있을 것이다.

이 경우 해석자는 사건의 발단과 전개를 유심히 관찰하면서 사건의 중심인물('믿음의 주')이신 예수 그리스도의 관심과 행동이 어떻게 전환되는지, 그리고 대담자인 시몬의 형편과 행동을 살핌으로 사건이 갖는 의미의 주안점이 무엇인지를 알게 된다.

이때 해석자는 누가의 사건 진술방식과 스토리의 흐름을 세밀히 살펴볼 필요가 있다. 가령 시몬 베드로의 모습(소명)을 중심으로 이 기사를 재구성한다면 다음과 같다. 어젯밤의 헛수고로 그물을 씻고 있는 시몬 → 시몬을 주목하며 그의 배를 바다에 띄우고 무리를 가르치신 예수님 → 가르침 후에 깊은 데로 가서 그물을 내리도록 명함 → 순종을 통한 놀라운 어획을 경험 → 죄인임을 고백하는 시몬 베드로 → 사람을 취하는 사명이 시몬에게 주어짐.

문둥병자를 고치심(5:12~16)

 이어지는 기사는 '온 몸에 문둥병이 들린 사람'을 고치신 예수님의 이적 기사다. 이 기사는 예수께서 동네에 계실 때 한 문둥병자가 예수의 말씀을 듣고 동네로 나아와 주님에게서 고침(깨끗함)을 받은 이적기사로, 본문의 설교는 예수님의 긍휼하심과 그 능력에 초점을 맞출 수도 있고 병자의 믿음에 설교의 초점을 맞출 수도 있다.

 전자의 경우 예수님의 말씀과 행동을 통하여 그가 두려움 없는 사랑의 사람(의원)이시며 능력의 주님이시라는 사실을 알게 될 것이며, 후자의 경우 병자의 '병의 심각함과 절박함'(온 몸에 문둥병이 들림), '간절함'(엎드려 간구), 그리고 '저돌성'(사람을 만날 수 없는 문둥병자, 그것도 온 몸에 문둥병이 걸린 사람이 사람들이 많이 사는 동네로 와서 주님께 나아왔다는 사실)을 통해 그의 '두려움 없는 믿음'을 보게 된다.

 문둥병자의 반응을 보신 예수님은 그가 깨끗케 되기를 원하셨고("내가 원하노니 깨끗함을 받으라"[13절]), 그를 만져 주셨다. 한마디로 예수님의 이러한 행동은 '두려움 없는 사랑의 행동'이다. 우리가 아는 대로 예수님의 중심된 사역이 있다면 그것은 정결 사역, 즉 죄를 용서함이다. 이것은 죄인에 대한 하나님의 가장 큰 관심이며, 이 일을 위해 하나님은 자신의 사랑과 기쁨이 되신 독생자 예수 그리스도를 보내셨다. 특히 5장에서 '병을 고치는 주의 능력'(17절)과 '의원'(31절; 참조, 4:23)으로 묘사된 주님의 모습은 이 이적기사의 해석적 배경이 되기에 충분하다.

 예수님은 말씀만으로도 문둥병자를 깨끗하게 하실 수 있지만 "손을 내밀어 저에게 대시며 말씀하신" 모습(13절)은 정결의 대속적 사역과 그 적극성을 잘 암시해 준다. 또한 그의 간구에 단지 멀리서 '가라사대'가 아니라 '손을 내밀어 저에게 대시며 가라사대'의 모습은 예수님의 '두려움 없는 긍휼의 사랑'을 잘 보여 준다. 율법(정결법)에 의하면 결코 사람이 가까이 할 수 없는 문둥병자(레 13:45~46), 그것도 보기조차 혐오스러운 '온 몸에 문둥병이 들린 사람'(아네르 플레레스 레프라스)을 물리치지 않으시고 오히려 자신의 손을 내밀어 그와 접촉하신 주님(불결해지신 주님)의 모습은 독자들에게 율법(정결법)을 어긴(율법의 경계를 넘어선), 아니 사랑으로 율법을 완성하신 두려움 없는 위대한 희생적 사랑의 모습을 극명하게 보여 준다.

그리고 문둥병자를 만져 치유하셨기 때문에 제의적으로 불결하게 되신 예수께서 스스로 마을을 떠나 광야로 가신 것(16절)은 마치 백성의 죄를 대신 지고 광야로 간 구약의 '아사셀의 염소'의 모습(레 16:20~22)과 비교될 수 있다. 율법(레 14:1~32)에 따르면 문둥병의 치유과정은 제사장의 역할과 제물에 의해 시행되는데, 결과적으로 예수님의 치유는 이러한 제의적 의미를 성취하고 있음을 암시해 준다.

문둥병자를 고치신 주님의 모습은 대신 맞음(불결하게 됨)으로 우리가 나음(깨끗하게 됨)을 입게 되었다는 이사야 53장의 '고난받는 종'의 모습을 가장 극명하게 성취한 모습으로, 지금 주님은 이러한 대속적 사랑(속죄적 희생)을 실천하시고 계신다. 이것은 요한이 말한 '말과 혀로만' 하는 사랑이 아니라 '행함과 진실함으로' 보여 주신 사랑(요일 3:18)이며 '두려움 없는 사랑'(요일 4:18)의 모습이다. 이 모습은 또한 '사랑은 율법의 완성'이라는 진리를 몸소 보여 주신 산 교훈이다.

주님이 만지며 깨끗케 됨을 선언하자 문둥병이 즉시 없어지게 된 것(13절)은 주님의 위대한 능력의 결과임을 의미한다. 특히 율법을 따라 제사장에게 보이고 깨끗케 되었음을 확증하라는 예수님의 제안(14절)은 그 동안 문둥병자가 고통당했던 모든 사회적인 단절과 불행으로부터 회복되는 일이 얼마나 중요한 일임을 잘 보여 준다. 깨끗케 된 문둥병자는 동네로 돌려보내고, 제의적으로 불결해진 자신은 동네를 떠나 광야에 홀로 지내시는 모습(15~16절) 속에서 주님의 위대한 대속적 사랑을 본다.

사실 예수님께 나아와 엎드려 깨끗함을 간구한 그 문둥병자의 간절함과 절박함은 죄인인 우리 모두의 간절함과 절박함이 되어야 한다. 특히 누가의 관점에서 병든 자를 죄인으로 묘사한 점(눅 5:31~32)을 비추어 볼 때, 이

병자의 모습이나 문둥병의 모습은 개인과 공동체의 죄가 얼마나 심각한 결과를 낳는지 보여 주기에 충분하다. 율법도 어찌할 수 없어 축출하고 격리해야만 하는 이 병자를 예수께서 치유하신 것은 전적으로 하나님의 자비를 통해 이루어지는 메시아의 위대한 사역이다(눅 7:22). 이것은 주의 은혜로 죄인을 깨끗게 하는 복음의 위대한 모습이기도 하다.

중풍병자를 고치심(5:17~26)

연이어 기술된 중풍병자를 고친 이적기사 역시 예수님의 가르치심의 사역(17절) 중에 일어난 것으로, 이로 인해 종교 지도자들과 논쟁이 발발된다. 이 기사에 대한 설교는 이적기사에 초점을 맞출 것인가, 아니면 논쟁기사로서 취급해야 할 것인가에 따라서 설교의 방향이 달라질 것이다.

이적기사를 선택할 때는 병자나 친구들 - 이 경우엔 그를 주님께 데리고 나온 친구들 - 의 믿음을 강조할 것인지, 아니면 치유자(예수님)의 신분과 능력을 강조할 것인가 하는 점도 설교를 듣는 회중의 상황이나 필요에 따라 달라질 수 있다. 이 기사는 '주님이 과연 누구신가'(21절의 서기관과 바리새인들의 의문)에 대하여 설교의 초점을 맞출 수도 있고, 중풍병자의 친구들의 믿음(20절의 주님의 선언)에 대하여 설교의 초점을 맞출 수도 있다. 어쩌면 이 두 가지가 설교에 병합될 수도 있다.

물론 독자는 이 기사를 통해 서기관과 바리새인들이 던진 질문에 적절한 답변을 얻게 된다. 과연 예수는 하나님을 모독한, 즉 신성모독죄를 범한 수치스러운 사람인가? 아니면 거룩하신 능력의 하나님(주님)이신가? 이 질문에 대하여 누가는 예수님께서 행하신 중풍병자에 대한 치유 사역(정결 사역)을 중풍병자와 사람들이 하나님께 영광을 돌린 사건으로 종결지음(25~26절)으로써, 예수가 하나님을 모독한 사람이 아니라 하나님께 영광을 돌리게 하는 사람, 즉 죄를 용서할 수 있는 유일하신 분(주님)이심을 제시한다(24절).

누가복음에서 종교 지도자들이 처음으로 소개되는 이 이적기사는 그들이 이스라엘의 모든 지역에서 나왔다('갈릴리 각 촌과 유대와 예루살렘에서 나온')는 사실 때문에 예수님에 대한 종교 지도자들의 반대가 온 이스라엘에 나타났음을 암시한다. 사실 예수님의 가르치심과 이적 사역은 사방에 커다란 반향을 일으켰다(눅 4:14, 37). 특히 나사렛에서의 안식일 강론(눅 4:28~29)과 문둥병자를 고치신 소문, 또 그로 인해 허다한 무리가 예수님을 따르는 상황(5:15)은 종교 지도자들의 적대적 관심을 끌기에 충분했을 것이라고 본다. 누가가 지적한 대로 '말과 일에 능한' 나사렛 예수의 사역, 즉 메시아(선지자)로서의 사역(눅 24:19)이 그의 가르치심과 이적 사역의 모습 속에 잘 드러나고 있다.

특히 "병을 고치는 주의 능력이 예수와 함께하더라"는 17절의 언급은 누가의 이러한 관심, 즉 성령의 권능을 가지신 능력 있는 주님으로서의 모습을 잘 소개하고 있다. 그리고 누가복음에서 처음으로 믿음과 죄의 용서가 언급(20절)되고 있는데, 이 점은 죄의 용서가 제의적인 것에서부터 이제 오직 믿음으로 주어진다는 점을 예수님의 사역을 통하여 보다 명백하게 드러낸 것이다. 이전까지 죄 용서의 사역은 세례 요한의 사역(1:77; 3:3)으로 언급되었는데, 여기서부터 저자는 예수님의 사역으로 소개하고 있다.

믿음으로 죄 용서가 주어짐이 선언되어진 이러한 상황은 서기관들과 바리새인들에게는 매우 당혹스러운 것이었고, 일종의 신성모독으로 여겨졌다. 그러나 실제로 누가 과연 하나님을 모독한 것인가 하는 점은 독자의 몫으로 남는다. 이 기사를 통해 독자는 하나님을 모독한 사람이 누구인지를 깨닫게 된다. 즉 거동할 수 없는 중풍병자를 고쳐 주신 예수님이 하나님을 모독한 사람이 아니라, 이 놀라운 주의 능력으로 주위의 모든 사람들이 하나님께 영광을 돌린 일에 대하여 예수를 신성모독자라고 한 종교 지도자들이 오히려 하나님을 모독한 사람으로 남게 된다. 이 기사는 사람들의 유전만을 지키며 하나님의 자비로운 사역을 멸시한 종교 지도자들의 잘못을 따르지 않도록 우리를 경고한다(39절 참조).

레위를 부르심과 식탁교제와 금식논쟁(5:27~39)

누가복음 5장의 나머지 부분은 레위라는 세리가 예수님의 부르심에 주님의 제자가 된 후 자기 집에서 큰 잔치를 베풀면서 일어나는 사건이다. 누가는 레위가 잔치를 베풀어 세리와 죄인들이 주님과 함께 먹고 마시는 놀라운 식탁교제를 제공함으로써 참된 제자의 길이 무엇인지 그리고 새롭게 도래한 메시아의 시대란 어떤 것인지를 알리고 있다. 특히 식탁교제와 금식에 대한 종교 지도자들과의 논쟁은 메시아 시대의 의미를 보다 잘 제시해 준다.

우리는 예수님께서 그 당시 백성들의 경멸의 대상이던 세리를 조건없이 제자로 부르시는 모습을 보면서 하나님나라의 일꾼은 오직 하나님의 은혜로 되어짐을 배운다. 오늘날로 말하면 오히려 그 시대의 경건한(?) 서기관과 바리새인들이 새 시대의 일꾼으로 적합하게 준비된 사람처럼 여겨질지 모르지만 예수님은 우리의 생각과는 달리 어부와 세리를 하나님나라의 일꾼으로 부르셨다.

예수께서 세관에 앉아 있는 세리를 주목하시고 부르시자 세리는 일어나 모든 것을 버려두고 예수를 좇는다(28절). 그리고 이어 누가는 그가 예수를 위하여 자기 집에 큰 잔치를 베풀었다(29절)고 말한다. 제자로 부르심에 대한 세리의 반응은 세 가지로 나타났는데, 1)망설임 없이 그곳에서 일어나, 2)모든 것을 버려두고, 3)주님을 좇았다. 단지 그 자리에서 일어난 것으로 끝나지 않고, 모든 것을 버리고, 그리고 주님을 좇았다.

특별히 그가 주님을 위하여 베푼 연회는 회심의 결과로 이해되는데, 이 연회는 (소외된) 사람들을 주님 앞으로 인도하는 훌륭한 기회가 되었다. 당시 갈릴리에서의 큰 잔치는 일종의 공적 행사라 수많은 사람들이 참석했기 때문에 사람들이 메시아의 새 시대를 경험하게 된 것이다. 주의 제자로 부름 받은 레위(세리)의 이러한 반응은 주님의 제자로서 오고가는 세대의 훌륭한 범례로 소개되며, 역사적으로 훌륭한 주의 사도(마태)가 되었다.

죄 용서에 대한 논쟁에 이어 바리새인과 서기관들은 그들의 율법준수와 경건에 비추어서, 예수가 세리와 죄인들과 함께 먹고 마시는 불경건한 사람이라고 비난한다. 그러나 주님은 자신이 이 땅에 온 것은 "의인을 부르러 온 것이 아니라 죄인을 불러 회개시키려 왔다"고 하신다(32절). 다른 곳에서 누가는 주님이 오신 목적을 달리 표현하는데, 그것은 '잃은 자를 찾아 구원하는' 일(눅 19:10)이다. 이 일은 주님의 근본 사역이며, 교회는 이 사역을 위해 매진해야 한다.

소위 의인이라고 자처하는 사람들을 찾는 것이 아니라 '죄인 부르기/초대하기'며, 건강한 자들을 모으기가 아니라 병든 자를 찾아 그들을 회복 혹은 치유(구원)하여 온전한 주의 일꾼으로 만드는 것이 교회의 사명이다. 사회에서 버림받은 소외계층에 대한 주님의 높은 관심(누가의 관심이기도 함)을 오늘 교회는 배워야 한다. 의사 누가는 의원으로서 병든 자를 향한 예수님의 태도와 삶에 깊은 관심을 가지고 있음을 본다.

그리고 이어지는 예수와 바리새인들과의 금식 논쟁(33~39절)은 참된 제자도가 무엇인지를 잘 보여 주는데, 그것은 제자들의 경건이 단지 금식과 기도로만 이루어지는 개인 경건 혹은 제의적 경건으로 끝날 것이 아니라 소외계층에 대한 돌봄으로 나아가야 함을 잘 보여 준다. 바리새인들과 서기관들이 바라 본 세례 요한의 경건이란 오직 금식과 기도에 국한되어 있지만, 누가가 바라보는 세례 요한의 경건은 훨씬 실제적인 면, 즉 회개에 합당한 열매를 맺는 일로 나눔의 삶, 정직하고 성실한 삶을 언급하고 있다. 이 점은 누가복음 3:7~14에서 잘 나타나 있다.

바리새인들은 죄인들에 대한 예수님의 사역을 단지 '그들과 함께 먹고 마시는 일'로 폄하하고 있다. 그들의 눈에 비친 세리와 죄인들이란 오직 불결한 자일 뿐이다. 그래서 그들은 이러한 소외계층의 비애를 알지 못하고 또 이들에 대한 돌봄(치유와 구원)의 필요성도 느끼지 못한다. 소외된 계층들과 함께 먹고 마시는 '돌봄[자비]의 사역'이 주님의 주된 사역임을 누가는 여러 곳에서 강조하고 있는데, 특히 누가가 강조하는 식탁교제의 모티브는 이 점을 잘 제시한다.

오늘날 우리의 교회도 누가가 강조하며 보여 주는 소외된 계층(세리와 죄인들)에 대한 예수님의 돌봄의 사역(용서[영접]와 접대의 사역)을 우리의 주된 교회 사역으로 삼아야 한다. 최근 밥퍼 사역이나 감자탕 교회 이야기, 중국에서 나병환자들을 섬기며 사역하는 김요섭 목사의 돌봄의 사역은 이러한 실천의 아름다운 한 모습이다.

끝으로 본문은 바리새인과 서기관들의 질문(33절)에 대하여 예수님이 말씀하신 혼인잔치에 대한 비유와 함께 다른 두 비유로 종결되고 있다. 이 혼인잔치의 비유는 이미 누가복음 4:18에서 언급한 탕감과 해방(자유)을 선언하는 '주의 은혜의 해'와 같은 구원의 새 시대의 축제적인 모습이다. 이 축제(잔치)의 분위기는 누가복음 15장의 세 비유들을 통해서도 잘 제시되고 있다. 그리고 이어지는 두 비유 역시, 메시아 시대는 옛 시대와는 다른 질적으로 새로운 구원의 시대가 왔음을 의미한다. 이 구원의 시대에는 인종적, 계층적, 성적 차별을 넘어 주의 이름을 부르는 자는 누구든지 죄 용서와 영접을 받고 주님의 식탁에서 함께 먹고 마실 수 있는 놀라운 축복을 경험할 수 있다.

예수의 사역을 통해 나타난 이 메시아 시대는 질적으로 새롭고(카이노스), 시간적으로 새로운(네오스) 시대를 의미한다. 주님의 비유처럼 이 시대는 새 옷으로 꾸며진 시대며, 새 포도주와 새 가죽부대로 이루어진 시대다. 교회는 바로 이러한 새 시대의 복음을 전하고 실천해야 한다. 특히 "묵은 포도주를 마시고 새 것을 원하는 자가 없나니 이는 묵은 것이 좋다"고 표현한(39절) 누가의 역설적인 경고는 우리로 하여금 당시 종교 지도자들이 범한 잘못처럼 단지 지금의 종교적 관행에만 젖어 진정한 새 시대의 삶(복음에 합당한 삶)을 살지 못하는 잘못을 범하지 않도록 깊은 경각심을 갖게 해 준다.

6 논쟁과 훈화에 담긴 새 정신
누가복음 6장의 주해와 적용

예수께서 나사렛 회당에서 '주의 은혜의 해'(희년)를 전파하는 메시아 사역에 대한 취임설교(inaugural address)를 하신(4:16~30) 뒤 메시아 사역을 전개하시면서 당시 종교 지도층과 서서히 논쟁에 들어가시게 되었다(5:12~6:11).

예수님이 성령의 권능으로 가르치실 때 '뭇사람에게 칭송'을 받으시면서(4:17) 신유와 축사(逐邪)의 소문이 사방에 퍼졌고(4:37), 능력으로 가르치시고 병 고치시는 일을 하실 때 당시 종교 지도자들도 듣고 보았다(5:17). 그런데 그들은 예수님의 사죄권(5:21)과 죄인들과의 교제(5:30) 및 예수님의 제자들이 금식하지 않는 것(5:33) 등으로 예수님을 비판적인 눈으로 보기 시작한다. 예수님은 오히려 자신의 교훈이 전통적인 유대 종교사상과 비교할 때 헌옷을 대치하는 새 옷, 낡은 가죽부대를 터뜨리는 새 포도주라는 것을 5장 마지막에서 비유로 말씀하신다(5:36~39).

이런 식으로 당시 종교 지도층과의 논쟁의 씨는 본문의 안식일 논쟁사건 이전에 이미 심겨졌고 본문의 안식일 논쟁으로 더 깊이 뿌리내렸다. 종교 지도층과의 논쟁은 후에 점차 심각해지고 마침내 십자가 사건으로 절정에 이른다.

6장 초두(1~11절)에는 예수님의 제자들이 안식일에 밀 이삭을 잘라 비벼 먹은 사건과 예수님께서 안식일에 손 마른 사람을 고치신 사건을 계기로 바리새인들 및 서기관들과 논쟁하신 내용이 나온다. 또한 예수님께서 열두 제자들을 부르신 사건과 병을 고치신 사건에 이어 제자들에게 교훈하신 내용(12~49절)이 따른다.

예수님은 안식일 논쟁사건을 통해 자신의 교훈이 당시 지도층의 전통적인 종교사상과 얼마나 다른가를 분명하게 밝히신 뒤 제자훈화를 통해 자신의 교훈을 선명하게 선언하신 것이다. 제자훈화의 결론에서, 예수님은 사람들이 당시 지도층의 교훈에 청종할 것이 아니라 '내[예수님의] 말을 듣고 행 하여야 한다는 것을 못을 박듯이 강조하셨다(6:46~49). 안식일 논쟁과 제자훈화는 당시 지도층의 종교사상과 대조되는 메시아의 교훈과 사역을 더욱 분명하게 한 것이다.

안식일 논쟁(6:1~11)

예수님은 밀 이삭 사건(6:1~5)과 손 마른 자를 고친 사건(6:6~11)을 통해 당시 종교 지도자들의 안식일관과 예수님의 안식일관이 근본적으로 다르다는 것을 말씀과 행위로 보여 주셨다. 예수님은 당시 종교 지도자들에게 이렇게 말씀하신 셈이다. '당신들의 안식일관은 사람들을 굶주리게 하고 장애인으로 버려 두는 것이지만, 나의 안식일관은 사람들의 배고픔을 해결하고 병을 고쳐 주는 것이다. 당신들은 안식일의 규정을 지키는 데 초점을 두고 있지만, 나는 안식일에 선을 행하고 생명을 구하는 일(희년 사역)에 초점을 두고 있다. 안식일의 근본 취지는 사람들을 구원하는 데 있지, 사람들을 규정으로 옭아매는 데 있는 것이 아니다.'

성경에는 네 가지 안식이 있다. 첫 번째는 하나님께서 6일 동안 창조를 완성하시고 제7일에 쉬신 창조 안식이다. 두 번째는 십계명에 나오는 구약 하나님의 백성들의 제7일 안식이다(출 20:8). 세 번째는 하나님의 새로운 백성들이 그리스도 안에서 매일 누리는 일상적인 구원 안식이다(히 4:3). 네 번째는 완성된 천국에서 하나님의 백성들이 누리는 영원 안식이다(히 4:9~10).

창조 안식과 제7일 안식, 구원 안식, 영원 안식은 의도상 근본적으로 같은 것이지만 제7일 안식은 구약 시대 하나님의 백성들의 상황 속에서 구원 안식을 예표하는 방식으로 의식 속에 제도화되어 있던 것이다. 그리고 구원 안식은 제7일 안식이 예수 그리스도 안에서 성취된 것이다(골 2:16~17). 예수님은 안식의 본래 의미를 상실하고 제도와 의식에만 매여 있는 당시 종교 지도자들과 충돌하신 것이지, 안식의 본래 의미나 본래 규정과 충돌하신 것이 아니다.

1. 밀 이삭 사건(1~5절)

안식일에 예수님과 제자들이 밀밭 사이를 지나가다가 제자들이 시장해서 밀 이삭을 잘라 비벼 먹은 사건을 두고 바리새인들은 안식일에 하지 말아야 할 일을 했다고 항변했다(1~2절). 밀 이삭을 잘라 먹는 것은 죄가 아니었지만(신 23:25) 안식일에 먹은 것이 죄라는 것이다. 그것은 '무엇'(what)의 문제가 아니라 '언제'(when)의 문제였다. 율법에는 본래 추수 때도 안식일을 지키게 되어 있었다(출 34:21). 바리새인들이 볼 때 예수님의 제자들이 밀 이삭을 잘라 비벼 먹은 것은 곡식을 거두어들이고(reaping) 탈곡하고(threshing) 빻고(grinding) 음식을 준비하는(preparing for food) '노동'을 한 것이므로 안식일에 해서는 안 될 불법행위라는 것이다.

예수님은 제자들에게 들어온 항변을 반문(counter-question, '다윗이 … 주지 아니하였느냐')으로 직접 답변하심으로써 제자들을 보호하셨다. 예수님의 답변은 얼른 보면 엉뚱해 보이는 것이었다. 제자들이 안식일에 밀 이삭을 잘라 비벼 먹은 것을 죄로 보고 바리새인들이 항변했으므로, 예수님께서 안식일 규정을 들먹거리시고 그 규정에 대한 올바른 해석을 내리심으로써 답변하셨어야 할 것 같았다. 그러나 예수님은 그런 방법을 사용하시지 않고 권위개념을 사용하셨다.

안식일을 누가 해석할 수 있는가? 누가 안식일에 관한 하나님의 뜻을 알고 드러낼 수 있는가? 다시 말해 예수님은 안식일 규정 자체를 다루신 것이 아니라 안식일과 관련된 하나님의 뜻, 즉 하나님의 구원의 뜻을 누가 밝힐 수 있는가 하는 것을 중심으로 다루신 것이다.

예수님은 다윗의 경우를 들었다(3절). 다윗 일행이 사울에게 쫓길 때 제사장 아히멜렉으로부터 제사장만 먹을 수 있는 진설병을 받아 먹은 사건을 언급하셨다(삼상 21:1~6). 다윗은 '시장할 때' 제사장만 먹을 수 있는 진설병을 먹고 함께한 일행에게도 먹도록 주었지만, 그것이 죄가 되지 않았다. 다윗은 하나님의 마음에 합한 자로서 하나님의 뜻을 수행했던 것이다(삼상 13:14; 행 13:22). 예수님은 바리새인들이 성경을 읽어서 알고 있는 내용('주지 아니하였느냐')을 언급하시면서 그들의 오해와 정죄를 비판하셨다. 바리새인들은 성경을 읽어도 다윗의 권위도 이해하지 못했고, 율법 규정이 인간의 구원을 위한 것이라는 법정신도 이해하지 못했다.

예수님은 다윗사건을 언급하신 후 자신이 안식일의 주인으로서의 권위를 가지고 계시다는 것을 밝히셨다(5절). 예수님은 다윗보다 더 위대하신 분으로(1:32; 마 22:43) 안식일 규정을 해석하시고 안식일 규정과 관련된 하나님의 뜻을 아시고 드러내시는 권위를 가지셨다. 예수님은 안식일의 주인이라는 권위로 제자들이 안식일에 밀 이삭을 잘라 비벼 먹은 것이 죄가 되지 않는다고 하신 것이다.

2. 치유사건(6~11절)

안식일에 제자들이 밀 이삭을 잘라 먹은 사건에 이어 예수님께서 안식일에 손 마른 사람을 치료하신 사건이 나온다(6~11절). 예수님은 밀 이삭사건에서 안식일의 주인으로서의 자신의 권위를 '말씀으로' 밝히셨는데, 손 마른 사람 치유사건에서는 자신의 권위를 '행동으로' 보여 주셨다.

서기관들과 바리새인들이 이미 예수님을 공적으로 고소할 근거를 찾고 있는 상황에서(7절) 예수께서 안식일에 그 사람을 고치시는지를 엿보았다. 그러나 예수님은 그들의 생각을 아실 정도의 권위를 가지고 계셨다(8절). 사람의 생각은 하나님만 아시기 때문에(렘 17:10; 시 139:23~24) 예수님은 하나님의 권위를 가지고 계신 것이다. 예수님은 서기관들과 바리새인들의 악한 생각을 아시고 분명한 교훈을 주시기 위해 그 손 마른 사람을 '한 가운데 일어서라' 고 하셨다(8절).

예수님은 손 마른 사람을 한 가운데 세워 두신 채 서기관들과 바리새인들에게 질문하셨다. "안식일에 선을 행하는 것과 악을 행하는 것, 생명을 구하는 것과 멸하는 것, 어느 것이 옳으냐"(9절). 오른손이 말랐다는 것은 기본적인 생활을 하지 못할 정도의 장애(근육의 약화 또는 마비)를 가졌다는 것이다. 그런 사람을 고쳐 주는 것은 선을 행하는 것이고 고쳐 줄 수 있는데도 고쳐 주지 않는 것은 악(害)을 행하는 것이다. 선행의 능력이 있으나 소극적으로 선을 행하지 않는 것은 적극적으로 악을 행하는 것과 같다. 그런 사람을 고쳐 주는 것은 생명을 구하는 것이고 고쳐 줄 수 있는데도 고쳐 주지 않는 것은 생명을 서서히 멸하는 것이다. 사랑은 가만히 있는 수동성(passivity)에 의해 표현되는 것이 아니라 앞서 나가 도와주는 능동성(proactivity)에 의해 표현된다.

예수님은 안식일과 관련하여 선행과 악행, 구원과 멸망의 개념을 질문하셨다. 안식일법이 선을 행하기 위한 것인가, 악을 행하기 위한 것인가? 생명을 구원하기 위한 것인가, 생명을 멸하기 위한 것인가? 좀 더 확대해 하나님의 율법이 선을 위한 것인가, 악을 위한 것인가? 구원을 위한 것인가, 멸망을 위한 것인가? 이렇게 예수님은 안식일과 관련된 법정신에 관한 핵심적인 질문을 던지신 것이다.

하나님의 법은 선행과 구원을 위한 것이다. 예수님은 하나님의 기름부음받은 메시아, 매인 자를 풀어 주는 종말적 희년(Jubilee)의 메시아로 오셨다. 그런데 서기관들과 바리새인들은 사람에게 선을 행하기 위한 안식일 규정을 자신들도 모르게 악행의 규정으로, 사람을 살리기 위한 안식일 규정을 부지불식간에 사람을 죽이는 규정으로 오용하고 있었던 것이다.

예수님은 확실한 교훈을 위해 무리를 둘러보시면서 손 마른 사람에게 '네 손을 내밀라' 고 하셨고 그 사람이 그렇게 했을 때 '그 손이 즉시 회복되었다(10절). 예수님은 의사들이 할 수 없는 일을 즉시 하신 것이다. 예수님은 자신이 안식일의 주인이라는 말씀을 손 마른 자를 즉각적으로 치유하시는 행위로 입증하신 것이다. 이 정도 되면 서기관들과 바리새인들은 예수님의 권위 앞에 무릎을 꿇어야 했다. 그러나 그들은 그렇게 하지 않고 더 악한 마음을 품었다. 그들은 분기가 가득하여 예수님을 죽일 방도를 구하기 위해 의논한 것이다.

제자훈화(6:12~49)

예수님은 '제자의 허다한 무리'(17절) 중에서 특별히 이스라엘 12지파에 상응하는 12제자/사도들(22:30; 마 19:28)을 부르시고 세우심으로써 하나님의 새로운 백성들의 새로운 지도층, 즉 당시 지도층과 대조되는 하나님의 새로운 백성으로서의 교회의 창설 사역자들(엡 2:20; 4:11~12)을 세우셨다.

그리고 예수님은 이어 이스라엘의 새로운 백성들(제자들)이 어떻게 살아야 할 것인가에 대한 제자훈화를 하셨다. 예수님은 새로운 백성과 새로운 지도층과 새로운 법을 주실 때 이스라엘의 옛 백성과 옛 지도층(12지파 대표들)과 옛 법을 무시하고 폐지하는 방식이 아니라 그것과 연속되는 방식으로 주신 것이다(마 5:17).

1. 제자로 부르심(12~16절)

예수님께서 제자들에게 교훈하시는 것(20~49절)보다 제자들을 부르신 사건이 12~16절에 먼저 기록되어 있다. 예수님께서는 산에서 철야기도를 드리신 후에 제자들을 부르셨다. 예수님께서 기도하신 것은 '제자의 허다한 무리'(17절) 중에 특별히 12명을 제자로 부르시고 사도로 세우시기 전 하나님의 뜻을 살피시기 위함이었다. 예수님의 경우, 기도와 사역이 잘 연결되어 있었다. 예수님은 기도를 통해 하나님의 뜻을 분별하시고 하나님의 뜻을 이루시는 사역을 위한 능력을 받으셨다(3:21~22; 5:16~17).

'제자'는 부르심을 받은 사람이고 '사도'는 보내심을 받은 사람이다. 제자는 소명이고 사도는 사명이다. 12사도가 선교사 역할을 하지만(9:1~10) 72문도도 선교사 역할을 한다. 따라서 누가의 2부작인 누가-행전으로 볼 때, 누가복음에는 사도의 독특한 위상과 사역이 잘 드러나 있지 않고, 사도행전에서는 사도의 특징이 잘 드러난다. 서기관들과 바리새인들이 메시아를 오해하고 증오하는 가운데, 예수님은 12제자(사도)를 하나님의 구원의지를 이해하고 하나님의 백성에게 진정으로 필요한 것을 공급하는 새로운 지도층으로 세우신 것이다.

12제자 목록을 볼 때 베드로, 야고보, 요한은 이미 제자로 알려진 자들이다(5:1~11). 12제자의 이름 중에 특이한 것은 시몬이 두 사람, 야고보가 두 사람, 유다가 두 사람이라는 점이다. 즉 동명이인이 3쌍이나 있는 것이다. 또한 단순한 이름만이 아니라 설명귀가 붙은 것이 몇 가지 있다. '베드로라고도 이름 주신 시몬'은 예수님과의 새로운 관계('베드로' = '반석')를 시사하고, '그 형제 안드레'는 자신의 친 형제인 베드로를 예수님께 인도한 제자다. '알패오의 아들 야고보'는 다른 야고보와 구분하기 위한 이름이고, '셀롯이라 하는 시몬'은 식민정권인 로마에 저항하는 '열심당원'(Zealot) 출신 시몬을 말한다. '예수를 파는 자가 될 가룟 유다'는 아직 예수님을 팔기(22:22) 전 예수님을 통한 하나님의 구원목적과 예수님의 사명에 반대하여 예수님을 넘겨 줄 배신자 유다를 암시적으로 표기한 것이다. 예수님의 12제자 중에 배신자가 나올 것이라는 경고와 함께 그 불길한 예감을 주는 서스펜스가 여기에 암시되어 있다.

2. 평지보훈(17~49절)

1) 병을 고치심(17~19절)

예수님께서 12제자와 함께 산에서 평지로 내려오신 것은 모세가 시내산에서 백성들에게로 내려온 것(출 19:24; 24:3; 34:29~32)과 유사한 면이 있다.

모세가 예수님의 예표라는 모형론이 본문에 명시되거나 강조되지는 않았지만 암시되어 있는 것이다. 모세가 시내 산에서 내려와 하나님의 백성들에게 하나님의 법을 제시한 것처럼, 예수님도 산에서 내려오셔서 하나님의 새로운 백성들에게 하나님의 새로운 법을 주셨다. 예수님의 법은 옛 법을 폐지하거나 대치하는 것이 아니라 옛 법을 성취하고 완성하는 천국의 법, 즉 사랑의 법이다(요 13:34; 2:8).

예수님께서 평지로 내려오셨을 때 '그 제자의 허다한 무리'와 말씀도 듣고 병도 고치고자 하는 '많은 백성'이 있었다. 예수님은 12제자에게만 관심을 가지신 것이 아니라 허다한 선민들(유대와 예루살렘 사람들)과 이방인들(두로와 시돈 사람들)에게도 관심을 가지셨다. 하나님의 은혜의 품은 매우 넓다. 예수님께서 20~49절에서 제자들에게 말씀하신 제자도는 12제자에게만 아니라 모든 사람들에게 그렇게 살라는 초청이며 도전이다.

예수님께서 산상에서 평지로 내려오셔서 20~49절의 보훈을 말씀하셨다 하여 마태복음 5~7장이 산상보훈이라 불리는 것에 비해, 누가복음 6장은 평지보훈이라 불린다. 여기서 산과 평지의 차이를 어떻게 이해할 것인가? 갈릴리 호수 주변을 가 본 사람들은 이해하겠지만 예수께서 보훈을 말씀하신 장소는 어떻게 보면 산으로 보이고 어떻게 보면 평지로 보이는 곳이다. 예수님은 상대적으로 더 높은 산에서 상대적으로 더 낮은 평지로 내려오셔서 보배로운 교훈을 주셨는데, 그곳은 산도 되고 평지도 된다는 것이다.

서기관들과 바리새인들은 예수님의 지위와 권위를 거절했어도, 허다한 무리는 예수님에게로 몰려들었다. 서기관들과 바리새인들은 예수님을 함정에 빠뜨리려는 목적을 가지고 있었으나, 무리는 예수님의 말씀도 듣고 병도 고침을 받으려는 목적을 가지고 있었다. 예수님은 모든 질병을 고치신 분으로서(마 4:23) '더러운 귀신에게 고난받는 자들'도 고쳐 주셨다.

예수님은 사람들의 영적인 구원뿐만 아니라 신체적, 정서적, 사회적 구원도 주셨다. 예수님의 구원은 전포괄적인 구원이다. 예수님은 사람들을 온전하게 해 주시지만 귀신은 온전한 구원의 적수다. 예수님이 사람을 온전하게 하신다는 것을 보고 듣고 알게 된 '온 무리'가 예수님을 만지려고 애를 썼다.

2) 제자의 복(20~26절)
예수님은 제자훈화를 하실 때 제자들의 복된 상태부터 밝혀 주셨다. 당시 예수님의 제자들은 '가난하고 주리고 울고 핍박받는 자들'이다. 예수님은 가난한 자, 주린 자, 우는 자, 핍박받는 자가 복이 있다고 말씀하셨다. 여기에 네 가지 복이 나오는데, 그 중 주린 자의 복과 우는 자의 복은 '이제'라는 말이 앞에 붙어 있다(21절). '이제'는 '그날에'와 대조되어 있다(23절).

이제 가난하고 주리고 울고 핍박받는 자가 오히려 복된 자라는 현재적 가치관의 전복(reversal of values)과, 현재의 상태가 후에는 거꾸로 뒤집어진다는 미래적 전복이 암시되어 있다. 상태의 전복(reversal of fortunes)은 마리아의 노래(1:46~55), 예수님의 식탁교제(14:7~24), 부자와 나사로 비유(16:19~31), 바리새인과 세리 이야기(18:9~14), 예수님의 십자가와 부활(22~24장) 등에 암시되어 있다.

사실, 이제 가난하고 주리고 울고 핍박받는 자는 세상의 눈으로 볼 때 전혀 복이 없는 자다. 그러나 예수님은 세상이 볼 때 전혀 복이 없는 자를 진정으로 복된 자라고 선언하신다. 예수님은 가치관의 혁신적인 패러다임 쉬프트(a paradigm shift)를 단행하셨다. 복의 원천이신 예수님과 연결된 제자는 세상적으로 복이 없어 보여도 진정으로 복된 자다. 예수님의 제자는 하나님나라에 소속되어 있기 때문이다(20절).

예수님의 제자는 가난해도 하나님나라에 속한 부가 있고, 주려도 하나님나라에 속한 배부름이 있고, 울어도 하나님나라에 속한 웃음이 있고, 핍박을 받아도 하나님나라에 속한 큰 상이 있다. 제자의 4대 복이 다 하나님나라의 복이다. 하나님나라에 속해 있기 때문에 누리는 복이라는 것이다. 하나님은 슬픔을 기쁨으로 바꾸어 주시는 분이시다(시 126:2, 5~6; 사 60:20;

61:3; 렘 31:13; 계 7:17; 21:4).

하나님나라는 하나님나라의 메시아이신 예수님이 땅에 오실 때 이미 현세 속에 시작되었고, 예수님이 재림하실 때 완성된다. 따라서 4복은 미래의 완성된 하나님나라에서만 누릴 수 있는 것이 아니라 현세에 시작된 하나님나라에서도 누리는 것이다. 다시 말해, 예수님을 믿고 따르는 사람들은 미래뿐만 아니라 현재에 이미, 가난하면서도 부유하고 주리면서도 배부르며 울면서도 웃고 미움과 따돌림('멀리하고'), 모욕('욕하고 너희 이름을 악하다 하여 버릴 때')을 받으면서도 기뻐하고 즐거워하는 것이다.

예수님의 이름 때문에 사회적으로 따돌림받는 변두리 인생(marginalization and expulsion)을 사는 제자들이 오히려 복된 핵심인생으로 기뻐하고 즐거워할 수 있다는 것이다. 그들이 따돌림 당한 것은 하나님이 그들을 따돌리셨기 때문이 아니라 그들을 박해하는 자들이 예수님을 거절했기 때문이다. 예수님의 제자들은 예수님과 함께 사회의 따돌림을 당함으로써 예수님이 겪으시는 고난과 영광에 동참하는 복을 받는 것이다.

예수님께서 가난하고 주리고 울고 핍박받는 자의 복을 말씀하실 때 가난이나 굶주림, 울음, 핍박 자체의 복을 말씀하신 것이 아니다. "예수께서 눈을 들어 제자들을 보시고 가라사대 가난한 자는 복이 있나니"라고 하셨다(20절). 즉 예수님은 제자의 가난, 제자의 굶주림, 제자의 울음, 제자의 핍박이 복과 연결되어 있다고 하신 것이다.

가난 자체가 복이라면 부 자체는 화(禍)가 된다. 부 자체가 화라면 누가복음 8장에 기록된 '자기들의 소유'로 예수님 일행을 섬긴 상대적으로 부유한 여인들(8:3)과 예수님을 '바위에 판 무덤'에 장사한 '부자 요셉'(마 27:57, 눅 23:50~53)도 화 있는 사람들이 된다. 따라서 예수님은 가난 자체를 복되다고 하신 것이 아니라 예수님을 믿고 따르는 자의 가난을 복되다고 하신 것이다. 이렇게 볼 때 누가복음 6:20의 '가난'과 마태복음 5:3의 '심령의 가난'은 본질적으로 동일한 것이다.

그러나 또한 본문의 '가난'이 영적인 가난만 의미하고 실제적인 가난을 의미하지 않는 것은 아니다. 20절의 '가난'은 24절의 '부요'와 대조되어 있는데, 24절의 '부요'가 실제적인 부요를 의미하므로 20절의 '가난'도 실제적인 가난을 의미하는 것이 사실이다. 누가복음은 가난한 자와 부유한 자의 대조를 두드러지게 다루는 복음서다.

마리아 찬가에도 "주리는 자를 좋은 것으로 배불리셨으며 부자를 공수로 보내셨도다"라는 내용이 나오고(1:53), 예수님의 메시아 취임설교에도 "주의 성령이 내게 임하셨으니 이는 가난한 자에게 복음을 전하게 하려고 내게 기름을 부으시고"라는 말씀이 나온다(4:18). 여기 '가난한 자' 속에는 사렙다 과부와 같은 사람이 들어가는 것으로 보아(4:26) 분명히 '가난'은 실제적인 가난을 포함하는 개념이다. '어리석은 부자' 비유(12:16~21) 다음에 '무엇을 먹을까, 무엇을 입을까'로 염려할 만한 가난한 제자들이 언급된 부분에서도 실제적인 가난이 나오며, 부자와 나사로 비유에서도 그러하다(16:19~31).

누가복음이 실제적으로 가난한 자를 두드러지게 다루고 있기 때문에 6:20에 복이 있다고 선언된 '가난한' 자도 실제적으로 가난한 사람이라는 것이다. 하나님께서는 미련한 자들과 약한 자들, 천한 자들, 멸시받는 자들과 함께 없는 자들을 택하사 부르신다(고전 1:26~29).

그러나 앞서 언급한 것처럼 누가복음 6:20 본문의 '가난'이 실제적인 가난을 포함하는 것은 사실이지만 실제적인 가난 자체가 복이 된다는 말씀은 아니다. 예수님께서 '제자'에 한해 가난한 자의 복을 선언하셨기 때문이다. 예수님의 제자로서 가난한 자, 예수님의 생명과 영적으로 연결된 자로서 가난한 자가 복이 있는 것이다. 그러므로 마태복음 5:3의 '심령이 가난한 자'와 누가복음 6:20의 '가난한 자'는 일맥상통하는 면이 있다. 가난한 사람은 자신의 문제를 자력으로 해결하지 못하기 때문에 겸손하게 하나님께 도움을 요청하고 하나님의 도움을 받는 사람이다(시 12:5; 86:1; 사 55:1; 암 8:11). 그러므로 가난한 사람이 복이 있다.

제자의 4복은 비제자의 4화와 대조되어 있다(24~26절). 예수님을 믿지도 따르지도 않는 자는 부요해도 화가 있고 배불러도 화가 있고 웃어도 화가 있고 모든 사람들에게 칭찬을 받아도 화가 있다. 비제자의 4화 역시 미래의 완성된 지복(至福)의 하나님나라와 반대로 지화(至禍)의 지옥에서 당할 화일 뿐만 아니라 현세에도 당할 화를 말한다. 예수님을 믿고 따르지 않는 자는 현세에서 이미 예수님 없이 위로를 받았기 때문에(12:21; 16:25) 예수님으로부터 받을 것이 없다. '너희의 위로를 이미 받았느니라' 라는 말씀이 그것이다(24절). 비제자는 현세에 화를 당할 뿐 아니라 내세에도 화를 당한다. 비제자는 '하나님을 떠난 교만한 자기안전'(arrogant self-security apart from God)이라는 '부요' 속에서 이제 배부르고 웃지만(25절) 앞으로 지옥에서 주리고 애통할 것이다.

예수님은 제자가 핍박받는 것을 선지자들이 핍박받는 것과 유비시키고, 비제자가 모든 사람들에게 칭찬받는 것을 거짓 선지자들이 칭찬받는 것과 유비시키셨다(23, 26절). 제자가 당하는 고통이 선지자의 고통과 유사하다고 할 때, 제자는 선지자와 유비되는 위로를 받게 된다. 마찬가지로 비제자가 받는 칭찬이 거짓 선지자가 받은 칭찬과 유사하다면, 비제자가 받는 칭찬은 결국 모독이 된다.

3) 제자의 윤리(27~38절)

제자의 복에 이어 제자의 윤리가 나온다. 제자의 복에서 세상적인 가치관의 전도가 전체적인 원리로 드러나 있는데, 이는 제자의 윤리에서도 마찬가지다. 즉 세상은 원수를 미워하지만 제자는 원수를 사랑해야 한다. 세상 사람들은 자기를 사랑하는 자들을 사랑하고 미워하는 자들을 미워하지만, 제자들은 자기를 미워하는 자도 사랑해야 한다.

예수님은 원수를 사랑하며 미워하는 자에게 선대하며 저주하는 자를 축복하고 모욕하는 자를 위해 기도하라고 하셨다(27~28절). 세상 사람들은 사랑해야 할 대상과 미워해야 할 대상의 선을 긋지만, 예수님의 제자들은 사랑해야 할 대상 속에 미워해야 할 대상도 포함되어 있어야 한다. 제자의 경우 사랑의 대상 속에 원수도 들어가야 한다.

또한 예수님은 원수를 사랑하라 하시면서, 요구하는 자에게 거절하지 말고 주라고 하셨다(29~30절). 구하는 자에게 주는 것도 쉽지 않은데, 한 뺨을 치는 자에게 다른 뺨을 돌려대는 것과, 겉옷을 빼앗는 자에게 속옷도 금하지 않는 것과, 가져 가는 자에게 다시 달라고 하지 말라는 말씀은 예수님께서 마치 범죄를 묵인하고 인간윤리를 깨는 것처럼 보이기도 한다. 가져 가는 것과 빼앗는 것은 도적질과 강도짓인데, 가져 가는 자에게 다시 달라고 하지 말고 빼앗는 자에게 덤으로 더 주라는 것은 도적질과 강도짓을 조장하는 말씀인가?

그러나 예수님의 윤리는 세상의 상식윤리를 비웃는 윤리가 아니다. 본문에 나오는 제자의 윤리는 하나님나라의 새로운 공동체를 염두에 둔 윤리다. 이해타산을 따져서는 원수를 사랑할 수 없다. 원수를 사랑하는 것 자체가 이해타산을 떠난 것이다. 즉 예수님은 이해타산을 벗어난 하나님나라의 사랑의 윤리를 제시하신 것이다. 이해타산에 매여 사는 세상 공동체와 본질적으로 다른 대안 공동체로서 제자들의 공동체를 위한 사랑윤리를 제시하신 것이다. 뺨 한 대를 맞으면 몇 대로 복수하는 자세로는 원수를 도무지 사랑할 수 없다. 한 쪽 뺨을 맞으면 다른 뺨을 돌려댈 정도의 여유와 관대와 포용의 자세가 있어야만 원수까지 사랑하는 제자가 될 수 있다.

예수님은 원수까지 포함하는 사랑(6:27~28)과 원수까지 사랑하는 사랑의 자세와 실례(6:29~30)를 드신 후 그런 사랑을 황금률(6:31)과 연결지으셨다. 남에게 대접을 받고자 하는 바로 그것을 남에게 해 주는 것이 원수까지 사랑하는 비결이다. '왜 전화를 안 해 주지' 싶으면 내가 먼저 전화하면 된다. '왜 한 번도 방문하지 않는가' 싶으면 내가 먼저 방문하면 된다. '격려는 없이 비판만 한다' 싶으면 내가 먼저 격려하면 되는 것이다.

그렇다면 우리는 원수까지 포함한 제자의 사랑을 왜 해야 하는가? 예수님은 그 이유를 몇 가지로 설명하신다. 첫째, 보응의 원리다. 용서하면 용서받고 비판하면 비판받는다(6:37~38). 정죄하면 정죄받고 정죄하지 않으면 정죄받지 않는다. 용서하면 용서받고 용서 안 하면 용서받지 못한다. 남을 헤아리는 그 헤아림으로 내가 헤아림을 받는 것이다.

둘째, '더' 해 주는 원리다. 사랑하는 자를 사랑하는 것은 죄인들도 하니 칭찬 들을 것도 없다(6:32~34). 예수님의 제자는 죄인들의 수준에서 살지 않고 그보다 더 높은 수준에서 산다. 사랑하는 자를 사랑하는 것은 죄인도 하는 것이지만, 제자는 사랑하지 않거나 미워하는 자도 사랑한다.

셋째, 하나님의 상 원리다. 원수까지 사랑하면 하나님께서 넘치게 갚아 주신다(6:35, 38). 우리가 원수까지 사랑하면 세상 사람들은 우리에게 아무것도 갚아 주지 않아도 하나님은 '후히 되어 누르고 흔들어 넘치도록 너희에게 안겨 주'신다(6:38). 하나님은 되를 속이거나 인색하게 담아 주시는 분이 아니라, 흔들어 누르고 넘치도록 담아 주시는 분이시다.

넷째, 하나님의 형상 원리다. 원수까지 사랑하면 하나님의 자녀로서 하나님의 성품을 닮는 것이다(6:35~36). 하나님은 은혜를 모르는 자와 악한 자에게도 인자를 베푸시는 자비로운 분이시다. 하나님은 위대한 자선가(Great Benefactor)시다. 예수님의 제자는 하나님을 닮아 은혜를 모르는 자와 악한 자에게도 인자하게 대해야 한다.

4) 제자의 인격(39~49절)

원수까지 사랑하는 제자의 윤리를 지키는 자는 밝히 보고 인도하고, 선생을 닮아 행동하며, 먼저 자신의 허물을 고치고 남을 고쳐 주며, 좋은 열매를 맺으며, 말만 아니라 행동으로 실천하는 인격을 가진 사람이다. 인격(character)과 헌신(commitment)이 행동(action)을 낳는다. 제자의 윤리를 말씀하신 예수님은 이제 제자의 인격과 헌신에 대해 말씀하신다.

'소경이 소경을 인도하면 둘 다 구덩이에 빠진다'는 것과 '제자가 선생보다 높지 못하고 제자가 잘 훈련되면(fully qualified) 선생처럼 된다'는 것은 속담 수준의 말이다. 예수님은 속담을 가지고 제자의 인격에 대한 교훈을 하셨다. 예수님은 앞 속담을 질문형식으로 바꾸어 "소경이 소경을 인도할 수 있느냐 둘이 다 구덩이에 빠지지 아니하겠느냐"고 하셨다(39절). 이것은 답이 너무도 뻔한 질문이다. 예수님은 이런 수사의문문을 통해 공을 제자들에게 던져 제자로 하여금 뻔한 답을 마음속으로 하게 하셔서 교훈을 마음에 새기게 하셨다. 인도자와 추종자가 다 구덩이에 빠지는 어리석음을 제자는 범하지 않는다.

예수님은 두 번째 속담으로 제자가 스승을 닮아야 한다는 교훈을 주신다. 제자는 스승보다 높지 못하기 때문에 항상 스승을 닮도록 노력하고 잘 훈련하게 되면 스승처럼 행동하게 된다(6:40). 예수님은 이 말씀을 통해 제자들이 예수님 자신을 닮아야 할 것을 암시하신 것이다. 예수님의 제자들이 잘 훈련되면 예수님처럼 행동하게 되어 있다.

사실 위에 나오는 제자의 윤리, 즉 원수까지 사랑하는 사랑윤리는 예수님의 모습이다. 예수님은 자신을 십자가에 못 박는 자들에 대해 "아버지여 저희를 사하여 주옵소서 자기의 하는 것을 알지 못함이니이다"(23:34)라고 하셨다. 예수님은 자신을 십자가에 못 박는 자들, 자신을 희롱하고 자신의 옷을 빼앗아가고 자신을 치는 자들을 관대와 용서와 포용과 원수 사랑의 자세로 대하신 것이다. 예수님의 십자가는 예수님을 따르는 제자에게 사랑 윤리의 결정적 모델이다.

예수님의 제자는 자기 눈 속의 들보를 먼저 빼낸 후에 형제의 눈 속의 티를 빼 주는 사람이다(6:41~42). 자기 눈 속의 들보는 그대로 두고 형제의 눈에 들어 있는 티를 빼 주려는 사람은 외식자다. 즉 외식자는 자기의 결점을 작게 보고 남의 결점을 크게 보거나, 아예 자기의 결점을 보지 못하고 남의 결점만 크게 본다. 예수님은 외식자의 이런 시각이 심각하게 비뚤어져 있다는 것을 예리하게 지적하셨다. 나의 결점은 '들보' 고 남의 결점은 '티' 라고 하신 것이다.

예수님은 이렇게 남의 결점을 비판함으로써 자기의 경건을 드러내고자 하는 사람, 남의 눈의 티만 보고 자기 눈의 들보를 보지 못하는 외식자를 강하게 비판하셨다. 외식자는 하나님의 영광을 위해 일하지 않고 대중의 인기를 통해 자기에게 돌아오는 자기 영광을 위해 일한다. 예수님은 외식자의 한 특징이 남의 작은 결점을 지적함으로써 자기의 큰 결점을 가리는 것임을 지적하신 것이다. 예수님의 제자는 자신의 큰 결점을 먼저 고치고 남의 결점을 고쳐 주는 사람이다.

예수님의 제자는 먼저 좋은 나무가 된 후에 좋은 열매를 맺는 사람이다(6:43~45). 예수님은 이 말씀을 통해 제자의 윤리(좋은 열매)는 제자 자신이 맺는 것임을 분명히 하셨다. 예수님의 제자가 되면 좋은 나무가 되는 것이고 좋은 나무가 되면 좋은 열매를 맺는다. 예수님은 윤리가 마음에서 나오는 것임을 분명히 하셨다(6:45). 사람은 그 마음에 쌓여 있는 것을 입으로 말하게 되어 있다. 따라서 제자의 윤리를 실천하려면 먼저 마음이 바로 되어야 한다. 마음이 바로 되는 길은 예수님을 믿고 순종하는 것이다.

예수님은 제자의 윤리가 입술만의 윤리가 아니라 실천의 윤리임을 밝히셨다(6:46~49). 예수님에게 '주여, 주여' 하면서 예수님이 말씀하신 것을 실천하지 않는 인생은 기초 없이 흙 위에 집을 지은 것과 같아서 인생 시련의 탁류가 부딪히면 허망하게 무너진다. 그러나 예수님의 말씀을 듣고 실천하는 인생은 깊이 파서 반석 바닥이 나왔을 때 그 위에 집을 지은 것과 같아서 시련의 탁류가 부딪혀도 그 집은 무너지지 않는다.

7 소외된 자들에 대한 메시아의 긍휼하심
누가복음 7장의 주해와 적용

예수의 메시아적 가르침인 평지 설교(눅 6:20~49)에 이어, 이제 누가는 이미 표제 단락인 누가복음 4:16~30에서 선언된 '소외된 자들'을 위한 메시아의 특징적인 사역을 구체적으로 소개해 나간다. 즉 1) 이방인(7:1~10), 2) 과부(7:11~17), 3) 죄인 여인(7:36~50)에 대한 이야기다.

누가복음 4:16~30과 7장 사이의 연관성은 매우 두드러진다. 이방인 군인을 위한 예수의 사역은 이방인 나아만을 위한 엘리사의 사역을 상기시킨다(4:27; 7:1~10). 나인 성 과부의 아들을 살리신 예수의 기적은 사렙다 과부의 아들을 살린 엘리야의 기적을 연상케 하고(4:25~27; 7:11~17), 죄인 여인에 대한 예수의 구원 선포는 누가복음 4:18~19의 해방 주제를 반영한다(36~50절).

이러한 일련의 이야기들 사이에 세례 요한의 질문과 그에 대한 예수의 답변 및 그와 연관된 가르침이 소개되고 있는데(7:18~35), 이 역시 누가복음 4:18~19에 기술된 메시아에게 기대되는 역할을 반향하고 있다.[1] 이 단락은 메시아의 역할 및 그에 대한 사람들의 반응과 관련하여 그 주변 이야기들의 의미를 보다 명백하게 설명해 준다.[2]

누가복음 7장의 네 단락들 중 백부장의 종 치유 이야기(1~10절)와 세례 요한의 질문 및 그와 연관된 예수의 가르침(18~35절)은 마태복음 8:5~13과 11:2~19에서 각각 그 평행 단락들이 발견된다. 그러나 나인 성 과부의 독자를 살리신 이야기(11~17절)와 바리새인 시몬과 죄인인 여인에 대한 이야기(36~50절)는 누가복음에서만 발견된다. 평지/산상 설교, 백부장의 종 치유 이야기, 세례 요한과 관련된 이야기 등은 마태복음과 누가복음에 공통으로 그리고 동일한 순서로 나타나 있다. 이 단락들이 마태와 누가의 공동 전승에 함께 위의 순서대로 배열되어 있었을 가능성이 상당히 크다.[3]

누가는 그 이야기들과 더불어 나인 성 과부 이야기와 죄인인 한 여인 이야기를 함께 배열함으로써 '소외된 자들'에 대한 예수의 긍휼하신 메시아적 특성을 효과적으로 강조해 준다.

백부장의 종을 치유하심(7:1~10)

첫째 단락은 평지 설교의 완결을 알리는 진술(1절)과 바로 연결됨으로써 이 단락을 평지 설교와 긴밀하게 연관지어 이해해야 할 것을 기대하고 있다. 첫째 단락의 첫 부분(2~3절)과 마지막 부분(10절)은 역대칭을 이룸으로써 단락의 구조적 완성도를 높여 준다.

    A. 백부장의 종이 병으로 죽게 됨(2절)
        B. 백부장이 대리인들을 보냄(3절)
        B′. 대리인들이 백부장에게 돌아 옴(10a절)
    A′. 종이 강건하여짐(10b절)[4]

첫째 단락의 주된 관심은 메시아의 구원 사역이 이방인에게까지 베풀어진다는 점에 모아진다. 이러한 관심은 이미 평지 설교에서 원수 사랑의 교훈 가운데 원리적으로 표현되고 있다(6:27~36). 만일 사랑이 원수에게까지 베풀어져야 한다면 가장 큰 구원의 은혜가 이스라엘의 가장 명백한 원수인 로마 군인(이방인; 참조. 눅 1:71)에게까지 베풀어지는 것은 당연한 것이다. 그렇다면 본 단락은 예수의 원수 사랑에 대한 가르침의 구체적 적용으로 이해될 수 있다.

이방인에 대한 본 단락의 이러한 관심은 이미 표제 단락(4:16~30)에서 잘 드러난다. 특히 누가복음 4:27의 시리아 군인 나아만에 대한 언급은 본 단락의 백부장 이야기와 인상적으로 연결된다. 실제로 본 단락과 열왕기하 5:1~14 사이의 유사성은 매우 두드러진다.[5]

> 누가복음 7:1~10
> A. 백부장: 존경받는 이방인 장교(2, 4~5절)
> B. 유대인 장로들이 치유를 중재함(3~5절)
> C. 백부장이 예수를 만나지 않음(6~9절)
> D. 원거리에서 치유가 일어남(10절)

> 열왕기하 5:1~14
> A′. 나아만: 존경받는 이방인 장교(1절)
> B′. 유대인 소녀가 치유를 중재함(2~3절)
> C′. 나아만이 엘리사를 만나지 못함(5~10절)
> D′. 원거리에서 치유가 일어남(14절)

더욱이 이방인 백부장에 대한 예수의 구원 사역은 아기 예수를 바라보며 한 시므온의 예언(2:30~32)을 성취하고 있는 모습이다.

본 이야기에서 백부장이 자기 종의 치유를 위하여 두 차례에 걸쳐 예수께 대리인들을 보내는 모습은 의미심장하다(장로들-7:3~5; 친구들-7:6a~8). 특히 마태복음의 평행 이야기(8:5~13)에서는 대리인들을 보내는 내용이 둘 다 생략되어 있다는 점으로 미루어 볼 때, 이들 두 경우 모두 누가의 독특한 관심사를 반영하고 있는 것이 분명하다.[6]

예수를 직접 만나지 않고 대리인들을 보내는 백부장의 태도는 이방인들의 집을 방문함으로써 자신들의 정결 규례를 범하는 것을 경계하는 유대인들의 전통적인 태도와 연관되어 있는 것으로 보인다. 사실 유대인들의 이러한 태도는 초대 교회 사도들에 의해서도 받아들여지고 있었던 것이 분명하다(행 10:28a).

이처럼 이방인 백부장은 유대인들의 전통을 존중하여 처신하고 있는데 반해, 예수님은 이방인들과의 거리를 유지하려는 유대인들의 전통에 얽매이지 않으신다. 예수께서 몸소 백부장의 집을 향하여 가고 계시기 때문이다(6절). 예수님의 이러한 태도는 백부장의 믿음을 유대인들의 믿음보다 뛰어난 것으로 칭찬하시는 가운데 더욱 충격적으로 드러난다(9절). 이것은 예수께서 이방인들이 메시아의 구원의 대상에서 제외된 자들이 아니라 오히려 유대인들보다 더 적극적인 대상이 될 수 있음을 선언하신 것이다. 예수의 이러한 입장은 이미 표제 단락에서도 표현되었는데(4:24~27), 본 단락은 그 구체적인 실례를 보여 주고 있는 것이다.[7]

끝으로, 본 단락은 장로들이 예수의 구원 사역의 대상이 될 수 있는 조건으로 백부장의 '선행들'을 나열하는 것과 대조적으로, 예수께서는 백부장의 '믿음'을 강조하고 있음을 적절히 보여 준다.[8]

나인 성 과부의 아들을 살리심(7:11~17)

누가복음에만 나타나는 둘째 단락(7:11~17)은 첫째 단락(7:1~10)에 뒤이어 표제 단락(4:16~30)의 주제를 또다시 구체화해 준다. 나인 성 과부를 위한 예수의 사역은 소외된 자들을 위한 메시아의 사역을 특징 짓는 가운데 언급된 사렙다 과부 이야기(4:25~26)를 효과적으로 상기시켜 준다. 또한 본 단락은 가운데 단락(7:18~35), 특히 누가복음 7:22의 증거를 제공해 준다.

본 단락의 관심이 남자인 죽은 아들이 아니라 여자인 그의 어머니에게 집중되어 있음을 주목하는 것은 본 단락 이해에 상당히 중요하다. 죽은 청년은 '그의 어머니의 독자'로 규정된다. 이후로 이야기는 그의 어머니에게 집중된다. 그녀는 과부였고 그 성의 많은 사람도 그녀와 함께 있었다(12절). 예수께서 그녀를 보시고 불쌍히 여기셨으며 그녀에게 말씀하셨다(13절). 그리고 마침내 죽었던 아들을 그녀에게 돌려 주셨다(15절).

이러한 사실은 누가가 기적 사건 자체보다 '과부'에 대한 예수의 관심에 이야기의 초점을 맞추고자 했음을 시사한다. 그녀는 남편을 잃은 과부인데다가 이제 하나밖에 없는 아들마저 잃고 애통해 하는 자로서, 아마 예수께서 복음을 전하기 위해 오신 대상인 '가난한 자들'(4:18)을 대표하는 인물로 제시되는 듯하다.[9] 그렇다면 본 단락의 초점 역시 소외된 자들을 위한 메시아의 자비로우신 사역에 맞추어져 있다고 볼 수 있다.

본 단락의 이야기는 열왕기상 17:8~24의 사렙다 과부의 아들을 살린 엘리야의 이야기를 인상적으로 반향하고 있다. 두 경우 모두 죽은 청년이 과부의 독자로 확인된다. 또한 엘리야의 경우처럼 예수님은 과부를 성문에서 만나신다. 그리고 소생한 아들은 그의 어머니에게 돌려진다.

이러한 긴밀한 연관성은 예수의 기적을 지켜본 무리들도 인지하였던 것으로 보이며, 따라서 그들은 과부의 아들을 살리신 예수를 '큰 선지자'로 지칭하고 있다. 누가복음의 문맥에서 그들의 이러한 이해는 예수 자신의 기대를 크게 벗어난 것이 아니었다. 이미 표제 단락에서(4:24~26) 예수는 자신을 선지자에 비유하시면서 사렙다 과부를 만난 엘리야를 예로 들고 있기 때문이다.[10]

그러나 두 이야기 사이에는 중요한 차이점도 있다. 즉 엘리야는 과부와 그녀의 아들을 위해 하나님께 탄원하고, 또 그 아들을 살리기 위해 육체적인 수고를 더하고 있는데 반해, 예수는 죽은 청년에게 직접 명령하셨고 그 명령 한마디에 청년은 즉시 일어난다. 이러한 둘 사이의 차이는 예수께서 단지 선지자들 중의 한 분이 아니라 그 이상의 인물임을 강력히 시사한다.

실제 누가는 그러한 예수를 '주'라 지칭하고 있으며(13절), 또한 엘리야 이야기에서 하나님께서 수행하신 능력을 예수께서 직접 행하신 것으로 간주한다(14~15절).[11] 예수의 기적을 목격한 모든 이들이 두려워하며 하나님께 영광을 돌리는 반응을 보인 것(16절)은 바로 이러한 이해를 반영하는 것으로 보인다(참조. 5:26). 누가는 '하나님께서 자기 백성을 돌아보셨다'(16절)는 무리의 반응을 누가복음 1:68, 78절의 성취로 보는 듯하다.[12]

예수와 세례 요한(7:18~35)

누가복음 7장의 중심부를 차지하는 셋째 단락(18~35절)은 앞의 두 단락(1~10, 11~17절)과 긴밀하게 연관된다. 누가복음 7:18의 '이 모든 일들'은 이들 둘 사이의 연결성을 명확히 보여 주는데, 이는 본 단락에서 전개될 질문들과 주제들이 앞의 두 단락들에서 묘사된 예수의 사역들에 확고하게 기초하고 있음을 지시한다.

본 단락에서는 예수의 메시아 신분과 사역의 성격이 세례 요한과 관련하여 기술된다. 누가는 이미 그의 복음서 첫 부분에서 예수의 탄생을 세례 요한의 출생과 긴밀하게 연결하여 기술했다(1:5~80). 앞 부분에서 요한은 '엘리야의 심령과 능력으로 주 앞에 앞서 가서 … 주를 위해 세운 백성을 예비할' 자로 예견되고 있는데 반해(1:17, 76~77; 참조. 말 3:1; 4:5), 예수는 '우리 원수에게서와 우리를 미워하는 모든 자의 손에서 구원하시는 구원'으로 기대되고 있다(1:71).

누가복음 3장에서는 세례 요한 자신이 자기와 예수를 비교하여 예수는 자기보다 능력이 많은 분으로서 '성령과 불로 너희에게 세례를 주실' 분으로 예견한다(3:16). 하지만 요한에 대한 기술은 누가복음 3:19~20에서 감옥에 갇힌 사건에 대한 언급을 끝으로 중단되었다. 이제 본 단락은 바로 그 중단되었던 이야기를 이어받고 있다.

그런데 본 단락에서 세례 요한은 자신이 예견했던 예수의 역할에 대해 의구심을 표현하는 질문을 던지고 있다(19절). 예수는 그러한 요한의 의구심을 해소해 주실 뿐 아니라(22절), 그 요한의 역할을 매우 긍정적인 모습으로 확언하신다(24~28절). 예수는 세례 요한의 질문을 자신의 메시아적 사역의 자비로운 성격을 확고히 드러내 보여 주는 기회로 삼으신다(22절).

본 단락은 크게 세 개의 소 단락으로 나눠진다. 1) 세례 요한의 질문에 대한 예수의 답변(18~23절), 2) 세례 요한에 관한 예수의 증언(24~28절), 3) 세례 요한과 예수께 대한 부정적 반응(29~35절) 등이다. 이들 세 단락들은 마태복음 11:2~19에서 그 평행 단락들이 발견되는데, 누가복음 7:20~21(요한의 제자들의 질문 및 예수의 치유 활동 요약)과 7:29~30(세리들을 포함한 모든 사람들이 세례를 받았는데 바리새인들과 율법사들은 세례를 받지 않았다는 언급)은 누가복음의 독특한 구절들이고, 마태복음 11:12~15(침노하는 자가 하늘나라를 빼앗는다는 교훈)은 누가복음에서 발견되지 않는다(참조. 눅 16:16).

첫째 소 단락(18~23절)은 세례 요한의 질문과 예수의 답변을 기술한다. 예수의 사역들에 대한 제자들의 보고에도 불구하고(18절), 예수의 신분에 대한 세례 요한의 질문은 세례 요한이 기대했던 메시아의 역할과 보고받은 예수의 사역이 충분히/정확하게 일치하지 않았음을 보여 준다. 그렇다면 세례 요한이 기대했던 메시아의 역할로서 예수의 사역에서 성취되지 못한 것으로 여겨졌을 요소는 무엇이었을까?

세례 요한은 자기 뒤에 오실, 자신보다 크신 분에게 기대되는 역할로서 '손에 키를 들고 자기의 타작마당을 정하게 하사 알곡은 모아 곡간에 들이고 쭉정이는 꺼지지 않는 불에 태우실'(3:17) 심판자의 역할을 언급했었다. 그런데 자신의 이러한 기대가 예수의 사역에서 적어도 부분적으로는 이루어지지 않은 것으로 판단한 것 같다. 따라서 세례 요한은 예수께서 과연 자신이 예견한 바로 그분이신지 확인하기 위한 질문을 던지고 있는 것이다.

그렇다고 세례 요한의 질문이 확신에서 의심으로의 전환을 보여 준다고 단정할 필요는 없다. 단지 좀 더 분명한 확신을 위한 질문으로 이해될 수도 있을 것이다.[13] 하지만 누가복음 7:23에서 기술된 실족의 가능성에 대한 예수의 경고는 세례 요한의 질문에 부정적인 요소가 어느 정도 포함되어 있었음을 시사한다.

세례 요한의 질문에 대한 예수의 답변은 간단하면서도 확고하다. 예수님은 이사야 61:1을 비롯하여 26:19, 29:18~19, 35:5~6 등에 나타나는 메시아적 기대를 나열하시면서, 그러한 기대가 예수의 사역 가운데 성취되고 있음을 지적하신다(22절; 참조. 7:21). 예수는 이 답변을 통해 자신의 메시아직과 관련하여 두 가지 대답을 하신다.

한편으로, 예수는 자신의 사역이 구약에서 예언하던 메시아의 긍휼하신 사역을 성취하는 것임을 확증하심으로써 그 자신이 바로 세례 요한이 내다보았던 메시아심을 확인해 주신다. 다른 한편으로는 세례 요한이 예견한 메시아의 심판적 역할에 대해서는 침묵하심으로써[14] 그 역할이 예수께서 현재 수행해야 할 기능이 아님을 시사하신다. 메시아의 역할에 심판적 기능이 있는 것은 분명하지만 누가는 그것을 예수께서 현재 수행하시는 역할이 아니라 미래에 수행하실 것으로 보고 있다(참조. 행 17:31).[15]

둘째 소 단락(24~28절)은 요한의 제자들이 떠난 이후 무리에게 주어지는 세례 요한에 대한 예수의 평가를 기술한다(24절). 예수의 평가는 세례 요한이 사람들의 주목을 끌기에 합당한 능력 있는 진정한 선지자였음을 강조한다(26a절). 과연 그는 선지자보다 더 뛰어난 인물이었는데, 그가 메시아의 길을 예비하도록 하나님께서 미리 보내신 말라기 3:1의 예언을 성취한 자이기 때문이다(26b~27절). 이러한 임무에 비추어 예수는 그를 사람들 중에 가장 높은 자의 지위에 올려놓으신다(28a절).

그럼에도 하나님나라의 백성은 가장 보잘것없는 자라도 그 나라의 도래를 준비한 요한보다 더 큰 자다(28b절). 그렇다면 요한을 따르는 것보다 더 중요한 일은 바로 하나님나라에 들어가는 것이다. 예수의 이러한 평가는 예수 자신께서 하나님나라를 도래케 하신 분으로서 그 나라의 도래를 준비한 세례 요한보다 더 크신 분이심을 암시적으로 제안해 준다.[16]

셋째 소 단락(29~35절)은 요한과 예수 자신을 거부하는 '이 세대의 사람들'에 대한 예수의 평결을 기술한다. 예수는 그들이 친구들과 더불어 놀려고 하지 않는 어린아이들과 같다고 비유하신다(32절). 이 세대 사람들은 금욕적인 삶을 사는 세례 요한에 대해서도 호감을 갖지 않았을 뿐 아니라, 하찮은 사람들과 함께 어울리며 그들의 연회에 참석하시는 예수도 신랄하게 비판했기 때문이다(33~34절). 사람들의 이러한 거부에도 불구하고 하나님의 지혜는 '그 자녀들'에 의해 그 옳음이 드러나게 된다(35절). '그 자녀들'이란 요한과 예수께 공히 긍정적으로 반응한 자들을 지칭하는 것으로 보인다.[17] 그럴 경우 누가복음 7:35의 긍정적인 반응을 보인 자들은 7:31~34의 부정적인 반응을 보인 자들과 적절한 대조를 이루게 된다.[18]

이렇게 볼 때 부정적이고 어두운 그림이 본 소 단락의 전체적인 분위기가 아닌 것이 분명하다. 그러한 분위기는 결론부에서 비유적이지만 매우 긍정적인 선언으로 마무리되고 있기 때문이다. 메시아를 통한 소외된 자들을 향한 하나님의 구원 계획이 많은 사람들에게 호감을 얻지 못하고 심지어 대단한 반대에 부딪히게 되겠지만, 그럼에도 하나님은 메시아의 사역에 긍정적으로 반응하는 그의 자녀들 가운데서 그 구원 계획을 실패 없이 이루어 가실 것이다.

바리새인과 죄인 여인(7:36~50)

누가복음에만 나타나는 마지막 단락(36~50절)[19]은 바로 앞 단락(18~35절)과 긴밀하게 연관되는 것이 분명하다. 우선적으로 두 단락 사이에는 시간적 구분을 알리거나 지리적 장면의 변화를 알리는 그 어떤 암시조차도 없다.[20] 그 다루는 내용에서 본 단락의 이야기는 앞 단락의 내용을 인상적으로 반영한다.

먼저 누가복음 7:36~50 전체 이야기는 7:29~30에서 제시되는 바, 세리들이 하나님의 구원 계획에 적극적으로 반응하는데 비해 바리새인들과 율법사들은 부정적 내지는 소극적으로 반응하는 일반적 현상에 대한 구체적인 예를 제공해 준다. 뿐만 아니라 예수께 죄인 여인이 다가오고 예수께서 그녀를 물리치지 않으시고 오히려 영접하시는 모습은 누가복음 7:34에서 기술된 바, 예수를 '세리와 죄인의 친구'라고 비난하는 사람들의 비방 내용을 구체적으로 예시해 준다.[21] 또한 예수를 위해 최선의 호의적 태도를 취하는 여인의 모습은 '지혜는 그 자녀로 인하여 옳다 함을 얻는다'라는 누가복음 7:35의 주장을 적절히 입증해 준다.

본 단락은 크게 네 개의 소 단락들로 나뉜다. 즉 1) 시몬의 초청에 뒤이은 죄인 여인의 적극적인 행동(36~39절), 2) 빚진 자의 비유 및 시몬의 답변(40~43절), 3) 시몬과 여인의 행동 대조 및 예수의 결론(44~47절), 4) 여인에 대한 사죄와 구원의 선언 및 무리의 질문(눅 7:48~50절) 등이다.[22]

본 단락은 이야기가 진행될수록 그 관심의 초점이 바리새인 시몬에게서 죄인인 한 여인에게로 옮겨간다.

첫째 소 단락(36~39절)의 경우, 바리새인에 관한 언급이 그 처음(36절)과 끝(39절)을 감싸고 있는 구조가 보여 주듯 이야기의 초점은 시몬에게 집중되어 있는 느낌이다. 그렇지만 이 여인의 행동이 자세히 묘사됨으로써(37~38절) 여인에 대한 관심 역시 상당히 강하게 드러나고 있다.

둘째 소 단락(40~43절)에서 빚진 자의 비유와 시몬의 답변은 이야기의 관심을 '암시적으로' 죄인인 여인을 지칭하는 많이 빚진 자에게 집중시킨다.

셋째 소 단락(44~47절)에서는 바리새인 시몬과 죄인 여인을 '명시적으로' 대조시키면서 죄인 여인이 바리새인 시몬보다 예수를 훨씬 더 사랑한다는 결론을 내림으로써 관심의 무게가 여인에게 드러나게 집중되고 있다.

넷째 소 단락(48~50절)의 경우, 시몬은 이야기의 표면에 더 이상 나타나지 않는데 반해, 예수께서 죄인 여인에게 직접 사죄와 구원을 선언하심으로써 관심이 여인에게만 집중된다. 이와 같은 관심의 전환은 본 단락의 전체적인 주된 관심이 소외된 자인 죄인 여인에 대한 메시아 예수의 긍휼하신 구원 사역을 강조하고자 한 것임을 효과적으로 보여 준다.

예수의 특징적인 메시아적 사역에 대한 본 단락의 전체적인 관심사는 예수가 누구인가라는 질문들과 자연스럽게 연결되어 나타난다. 첫째 질문은 예수를 초청한 바리새인 시몬에 의해 제기된다. 그는 마음속에 예수께서 과연 선지자인가라는 질문을 던진다(39절). 만일 그가 선지자라면 그를 만지려는 여인이 죄인인 것을 알았을 것이고, 그렇다면 그녀가 자신을 만지는 것을 허락하지 않았을 것이라고 생각했기 때문이다.

둘째 질문은 예수와 함께 식사하는 자들(즉, 바리새인과 그의 친구들)에 의해 제기된다. 그들은 죄의 용서를 선언하는 이 예수가 과연 어떤 인물인가라는 의구심에서 그의 신분에 대한 질문을 역시 마음속으로 던진다(49절). 그들의 질문은 누가복음 5:21[23]의 질문을 반영하는 것으로 보이며, 그렇다면 그렇게 호의적인 질문은 아닌 것으로 보인다. 그들이 보기에 죄를 사하실 수 있는 권한은 하나님께만 속한 것인데, 과연 선지자로 보이는 예수께서 그런 권한을 행사할 수 있는가라는 의구심을 표현하는 것으로 보인다.

이러한 질문들에 대한 예수의 대답은 명시적이지 않다. 하지만 그 대답에 해당하는 비유(40~47절)와 선언(50절)을 통해 비록 간접적이지만 명확한 답변을 제공하신다. 즉 예수님은 과연 하나님의 구원을 시행하는 메시아로서의 권위를 가지신 진정한 선지자시기 때문에 죄인들을 영접하시며 그들의 죄를 용서하신다는 것이다.[24] 그리고 그렇게 하심으로써 자신의 메시아적 선교의 목적인 구원을 죄인들에게 베푸신다는 것이다.[25]

본 단락과 관련하여 신학적으로 문제가 되는 질문은 여인에 대한 죄 사함이 언제 선언되었으며, 그 죄 사함의 근거는 무엇인가라는 것이다. 이는 누가복음 7:47a을 어떻게 번역하고 이해해야 할 것인가와 직결되어 있는 문제다. 누가복음 7:47a은 두 가지로 번역될 수 있다. 1) '내가 너에게 말한다. 그러므로 그녀의 많은 죄들이 사하여졌다. 왜냐하면 그녀가 많이 사랑했기 때문이다'(한글 개역). 2) '그러므로 내가 너에게 말한다. 그녀의 많은 죄들은 사하여졌다. 그 때문에 그녀는 많이 사랑한다'(NRSV).

이 두 가지 가능성 중 첫째 가능성(즉, 사랑의 행동이 죄 용서의 근거라는 제안)은 신약성경의 전체적인 신학적 입장에 맞지 않을 뿐 아니라 주변 문맥(41~43,

47b, 50절)의 내용들과도 맞지 않으며, 따라서 타당해 보이지 않는다. 둘째 가능성(즉 사랑의 행동은 죄 용서의 근거가 아니라 결과라는 제안)은 신약성경 전체의 신학적 입장과 잘 어울릴 뿐 아니라 주변 문맥(41~43, 47b, 50절)과도 잘 들어맞기 때문에 보다 타당해 보인다.[26] 특히 누가복음 7:47b은 사랑의 행동이 죄 사함의 '근거'가 아니라 '결과'임을 분명히 하고 있으며, 7:50은 죄 사함의 근거가 (사랑의 행동이 아니라) '믿음'이라는 점을 명확히 선언하고 있다. 다만 이러한 제안은 본 이야기의 사건 이전에 예수께서 죄인 여인을 이미 만났고, 그 만남에서 그 여인은 죄 사함을 이미 받았음을 전제한다. 그리고 그 결과 그 여인은 지금 예수께 사랑의 행동을 표하고 있는 것이다.[27]

누가복음 7장은 이방인 백부장(1~10절)과 나인 성 과부(11~17절) 및 죄인인 한 여인으로(36~50절) 대표되는 소외된 자들을 향한 메시아 예수의 긍휼하신 관심과 사역을 매우 효과적으로 강력하게 제시해 준다. 특히 세례 요한과 관련된 단락(18~35절)은 메시아의 그러한 역할과 관련하여, 그 주변 이야기들의 의미를 보다 명백히 드러내 보여 준다. 이처럼 누가복음 7장은 전체적으로 표제 단락(4:16~30)과 평지 설교(6:20~49)의 선언과 가르침에 나타난 메시아의 특징을 매우 효과적으로 입증해 주고 있다.

8 하나님나라와 드러난 예수의 정체
누가복음 8장의 주해와 적용

누가복음 8장은 이 복음서의 전체적인 독서를 위해 아주 유용한 지침을 제공한다. 예수의 사역은 편파적이거나 독점적이지 않다. 이미 누가복음의 서론부에서도 확인되었듯이, 그의 사역은 남성과 여성을 아우르고(예, 사가랴와 엘리사벳, 요셉과 마리아, 시므온과 안나 그리고 사도행전의 아나니아와 삽비라, 아굴라와 브리스길라 등), 유대인과 이방인을 고루 보듬는다. 이 점은 예수의 탄생 내러티브에서도 고스란히 드러나고 있다. 이러한 누가 문서의 특징을 강조라도 하듯이 본문의 서두는 여성 협력자들의 예수를 향한 강한 연대와 협력을 시사한다.

또한 누가복음의 전체 주제인 하나님나라를 가르치는 씨 뿌리는 비유와 풍랑을 잔잔하게 하고 귀신들린 상태와 혈루증 그리고 죽은 자를 살려 내는 기적과 치유 사역을 통해 예수가 누구인지를 분명하게 밝혀 주고 있다.

8장의 서론부(8:1~3)

누가복음 8장은 예수의 사역을 요약하면서 시작하는데, 여기서 사용된 요약 기법은 앞뒤로 이어지는 내러티브의 장면들을 고리로 연결하기 위해 사용된다. 여기서는 이전의 강조 – 특히 4:18~19에 있는 예수의 선교적인 항목들부터, 4:43~44에 있는 그의 신적 위임에 관한 누가의 요약, 그리고 그의 사역의 성격을 반복하고 확언하는 7:18~35 – 를 한 데 모아 놓았는데, 강조된 내용은 다음과 같다. 1)복음 전달, 2)선포, 3)하나님의 나라, 4) '해방'의 메시지, 5)예수의 순회 사역 등이다. 이것을 다시 제시하는 본문은 본서 앞부분을 요약하고, 이어지는 사건의 해석을 위한 서론을 제공한다. 그래서 8:1~3은 중요한 전환점 역할을 수행한다고 할 수 있다.

또한 누가는 이 서론에서 예수의 사역에 동행하는 제자들, 특히 여성 제자들에게 그 초점을 맞추고 있다. 예수에게 여성 제자들이 있었는지는 상당한 논쟁이 되는 문제다. 그러나 여성을 어린아이들이나 노예처럼 무가치한 존재로 여기던 당시의 사회적인 배경에서 기록된 문서가 여성들의 실명을 나열하고 그들의 행동을 묘사했다는 것은 예수의 공동체에서 그 여성들이 차지하는 위치가 평범하지 않았음을 짐작케 한다.

더욱이 그들의 이름이 12사도에 대한 언급과 나란히 거명되는 것은 당시의 사회적인 배경에도 불구하고 예수의 제자로 받아들여졌음을 가늠케 한다. 사실, 이 밖에도 우리는 누가복음을 통해, 당시의 사회와 가치관의 한계를 극복하는 예수의 공동체의 파격적이고 급진적인 특성을 발견해 왔고, 또 발견하게 될 것이다.

누가복음 8장을 읽는 독자들은 이전에 4:43에서 예수가 '해야만 한다'(데이)고 말한 것을 기억할 것이다. 8:1과 4:43~44은 중요한 동사를 공유한다. 즉 하나님나라의 복음을 '반포하고'(케뤼쏜), '전하는'(유앙겔리조메노스) 것으로, 예수의 나사렛 설교를 상기시킨다(4:18). '반포하다'에 해당하는 동사(케뤼쏘)는 '크게 외치다, 선포하다, 알리다'를 의미한다. 일반적으로는 '알리다'의 의미지만, 구체적으로 '포고하다'를 의미할 수도 있다.

또한 이 단어는 종교적인 중요성을 지닌 구절들에서 운동 경기와 축제들에 관련된 선언을 가리키거나, 이적사화집(Aretalogy)에서 신적인 가르침과 신의 권고에 의해 신의 일들을 선포하는 것을 가리킨다. 신약에서 이 단어는 기본적으로 어떤 사건을 선포하는 것으로 역동적인 선포에 강조점이

주어지는 단어다.[1]

둘째, '전하다'에 해당하는 동사(유앙겔리조마이)는 '기쁜 소식을 선포하다'라는 의미인데, 이 단어는 특히 이사야 40장 이하에서 의미가 있다. 거기서 사자는 시온에 이르러 구원의 시대를 시작하는 하나님의 전 세계적인 승리를 선포한다(사 52:7). 종말론적인 위대한 때가 이르렀고, '하나님의 능력 있는 행동'이라는 메시지가 민족들에게로 퍼져 나간다(시 96:2). 실제로 이방인들은 메시지를 선포할 것이다(사 60:6).

이러한 모든 주제들 – 종말론적 대망, 이방인들의 포용, 구원, 의와 평화와의 연결(시 95:1; 40:9; 사 52:7) – 은 신약의 신학적 범위를 암시한다. 이 단어는 특히 누가–행전에서 많이 나타나는데, 천사 가브리엘이 세례 요한과 예수의 탄생을 알릴 때(1:19; 2:10), 예수의 취임 설교에서(4:18), 12제자들의 파견 목적(9:1ff), 하나님나라의 기쁜 소식이 전파된다는 사실을 서술할 때(16:16), 그리고 예수의 복음이 전파되는 것과 관련된 본문들(행 5:42; 8:8, 12, 35, 40; 10:36; 14:10, 15; 15:35; 17:18)에서 나온다. 즉 예수가 선포하는 기쁜 소식은 예수 자신을 통한 하나님의 구원이며, 선포되는 구원의 기쁜 소식은 예수의 사역 가운데 이미 실현되고 있다는 것이다. 이처럼, 누가복음 8장은 예수가 4:18, 43~44절에서 선포한 구원 사역을 각 촌과 성에서 착실하게 실행하고 있다는 것을 잘 보여 준다.

이 본문은 내러티브에서 명백해지기 시작한 것, 즉 예수와 함께 여행하는 동료들이 계속해서 존재한다는 것을 더욱 드러내 놓고 소개한다. 예수와 함께 있는 것은 '제자직'을 암시한다. 누가복음에서 제자에 대한 의미를 구체화하는 여자들이 예수와 함께하는 동료 12제자와 동시에 언급됨으로 이 두 그룹은 실제로 동일시된다. 이것은 6:12~16에서 12명이 선택된 이래로 '12제자'에 대한 최초 언급이다. 거기서 그들은 규모가 큰 제자 그룹 가운데 한 그룹으로 소개되었다. 그런데 8장에서 그들은 예수의 사역을 목격하지만 오히려 무지한 모습을 드러낼 뿐이다(45, 51절).

누가는 예수를 따르던 무리들 중 두 번째 그룹을 소개한다. 즉 일곱 귀신이 나간 자 막달라인이라 하는 마리아와 헤롯의 청지기 구사의 아내 요안나와 수산나, 다른 여러 여자들(8:2b~3a)이다. 누가는 그들을 예수의 제자 역할을 수행하는 중요한 의미를 가진 자들로 구분한다. 이들은 예수가 악귀를 쫓아내 주었고 병을 고쳐 주었던 여성들로, 그들의 소유로 예수 일행을 섬기는 자들이었다(8:2~3). 비록 누가복음이 그들이 선포와 치유의 사역을 행했는지에 대해 침묵할지라도 그들을 70인의 사역에서 제외시키기는 어려울 것이다(10:1~11).

8장의 서두는 여성에 대한 누가의 관심을 반영한다. 그는 예수를 좇는 무리들 중에서 '자기들의 소유로 저희들을 섬기던' 여자들을 소개한다(8:2~3). 적어도 이름이 거명된 것으로 보아 이 여성들은 12제자에 버금가는 위치였을 것이다. 특히 헤롯의 청지기의 아내인 요안나에 대한 언급은 주목할 만하다. 청지기는 '에피트로포스'로서, 총독의 서열에 속하는 상당한 고위층을 지칭하는 명칭임을 기억할 때 결코 낮은 신분이 아니었음을 알 수 있다.[2] 상류 계층인 그녀가 자신의 소유로 예수를 섬겼다면 그 그룹의 후원자로서 재정적으로 기여했을 수도 있다.

누가는 그의 청중들에게 빌립보의 루디아(행 16:14~15, 40)처럼 지역 교회의 발전에 중요한 위치를 차지하면서 상당한 영향력을 행사한 것으로 알려진 여성 후원자들을 암시해 준다. 고대 지중해 사회에서 여성들은 '후견인' 이나 후원자로 간혹 종교 교사들 혹은 준교사들을 위해 봉사했다(후견인 중에는 남성이 여성보다 10배 이상 많았다. 남성들은 경제적 자원을 더 많이 가지고 있었기 때문이다).[3]

하지만 이 여성들이 제자들의 무리와 함께 여행하면 좋지 못한 소문이 날 수도 있었을 것이다. 또 여성들이 남성 제자들과 똑같이 가까이에서 예수의 가르침을 받았다는 사실은 분명 다른 몇몇 외부인들에게도 거슬리는 일이었다. 비록 2~3절이 모든 점에서 전통적인 성의 역할을 깨뜨리지 않는다 하더라도 순회하는 설교자와 그의 무리들과 함께 시골을 누비는 여성들에 대한 서술은 당시의 청중들에게 충격을 줄 수 있었을 것이다. 여성의 성적 순결에서 오는 명예는 그녀의 남편과 가족에게 매우 중요한 것으로 가족 이외의 남자들과 접촉이 길어지는 것은 그 여성과 그녀 가족의 명예를 위협할 수도 있었다.[4]

누가복음의 후반부에서 이 여성들은 매우 중요한 역할을 하게 될 것이다. 그들은 12명의 남성 제자들 대신 예수의 십자가 처형 현장과 매장 장면을 목격한다(23:49, 55). 뿐만 아니라 예수 부활의 첫 증인 역시 여성 제자들 가운데 한 명이다(24:1~11). 누가는 이 부분을 통해서 여성에 대한 사회적인 편견과 벽을 허물려는 시도와 함께 이후에 일어날 일들까지 착실하게 준비하고 있다.

씨 뿌리는 비유에 드러난 하나님의 나라(8:4~21)

예수는 '씨 뿌리는 자의 비유'를 통해서 하나님의 나라를 선포한다. 여기서 하나님나라의 비밀스러운 특성이 노출된다. 즉 하나님나라의 비밀을 아는 것이 허락된 자들이 있는 반면, 그것을 아는 것이 허락되지 않은 자들도 있다는 것이 처음으로 드러난다. 그러나 들을 귀 있는 자들에게는 하나님나라의 본질은 결코 비밀스러운 것이 아니다.

이 비유는 마가복음 4:1~9 그리고 마태복음 13:1~9과 평행을 이루고 있다. 다른 복음서 저자들이 복수형 '씨들'을 언급하는 반면, 누가는 그의 비유에서 단수 '씨'(스포로스)를 사용한다. 고대 세계의 씨 뿌리는 방법은 땅을 일구기 전에 씨를 넓게 흩뿌리는 것이었다. 따라서 씨들은 비유에 등장하는 네 가지 형태의 장소인 1) 길, 2) 바위, 3) 가시떨기, 4) 좋은 땅 가운데 한 곳에 떨어지기 마련이다.

예수님의 이 비유를 통해 우리는 하나님나라의 복음을 듣는 것의 중요성을 먼저 발견하게 될 것이다. 그러나 듣는 것만으로는 부족하다. 왜냐하면 실제로 예수의 비유는 하나님의 말씀을 들은 자들을 향한 하나의 경고기 때문이다. 이 부분은 비교적 길고 끊어진 듯 보이는 세 단락으로 구성된다. 즉 1) 씨 뿌리는 비유, 2) 빛의 비유, 3) 가족에 대한 재정의다. 그러나 이 세 단락은 모두 하나의 주제를 가지는데 그것은 하나님의 나라가 하나님의 말씀을 듣고 행하는 사람들 가운데 권능으로 임한다는 것이다.

갈릴리의 각 성과 마을을 두루 지나는 예수의 순회 사역이 진행되면서 예수는 이제 큰 무리의 청중들로부터 관심을 받는다(6:17~19). 그 무리의 거대함은 누가가 '각 동네 사람들'과 '큰 무리를 이루니'라는 표현을 사용함으로 강조된다. 누가는 이런 식으로 예수의 평판과 갈릴리 전체를 통과하는 예수의 사역의 광대함을 알린다. 예수의 제자들은 시작 부분에서는 명확하게 언급되지 않고 단지 8:1~2과 9절에서 그 존재가 암시될 뿐이다.

예수님은 청중들에게 비유를 활용해서 말씀하신다. 곧이어 제자들에게 간단한 설명을 하고 나서, 하나의 해석을 제공한다. 그러므로 예수는 백성들을 가르친다기보다 오히려 그가 하나님나라의 복음을 선포할 때 무엇이 일어나는지를 해석하는 데 그 중심을 두고 있다.

예수의 비유 설교는 씨를 뿌리는 자가 그 씨를 뿌리는 것에서부터 시작한다. 예수님 당시의 팔레스타인에는 땅을 일군 뒤에 씨를 뿌리는 것이 아니라 땅을 경작하기 전에 씨를 뿌렸다. 따라서 뿌린 씨들이 모두 제 자리를 잡아 결실을 내는 것은 아니었다. 농부가 뿌린 씨들은 비유에 나타나는 네 가지 경우(길 가, 바위 위, 가시떨기 속, 좋은 땅) 중 하나의 운명에 처해지곤 했다. 예수는 이 비유에서 네 종류의 땅을 언급한다. 그러나 그 땅들은 아직 경작되지 않은 상태기 때문에 실제로는 어떤 땅인지 알지 못한다. 그 땅을 구분할 수 있는 때는 씨를 뿌리고 난 후 그 씨로부터 어떤 반응이 나타난 이후여야 한다.

만일 예수의 이야기가 너무나 일상적인 것이라면 어떻게 그 많은 청중들, 즉 농경문화에 삶의 근거를 둔 사람들을 자극할 수 있었겠는가? 분명히 예수는 이 이야기에 의미를 부여하고 이 비유의 마지막 말, "들을 귀 있는 자들은 들을지어다"라는 말에 주의를 기울이기를 기대했을 것이다. 동시에 해석을 요구하는 제자들의 이어진 반응은 예수의 이야기가 그 자체로 해석하기 어렵다는 것을 암시한다. 물론 이 말이 제자들 가운데 농부 출신이 없었다는 것을 전제로 하는 것은 아니지만 그만큼 예수의 교훈이 제자들에게 해명되기 어려운 어떤 것을 담고 있음을 암시하는 것이다. 우리는 이 해석에 대한 세 개의 단서를 추측할 수 있다.

첫째, 누가는 이미 예수의 비유 설교를 소개하면서 그 설교를 해석하는 과정에 착수했다. 이 서술은 비유라는 단어를 기교적인 언어로 사용하는 것이 아니라 넌지시 비추는 것이다. 그의 가르침은 예수가 그 이야기를 해석할 때 '들음'이라는 반응과 연결된다.

둘째, 예수의 이야기에서 씨를 뿌리는 모습을 형상화하는 운율은 각각의 경우에 사용된 전치사에 관심을 둔다. 더러는 길가에(파라), 더러는 바위 위에(에피), 더러는 가시떨기 속에(엔 메소), 더러는 좋은 땅에(에이스). 씨를 뿌리는 것에 이어 쟁기질한다는 어떤 언급도 없다. 단지 마지막 경우에 그 씨가 실제로 땅 속에서 발견되었다는 것은 명백하다. 그래서 일정한 기간 후에 결과적으로 그 씨는 상당한 양의 결실을 생산할 수 있다.

셋째, 예수는 이 이야기 속에서 농사에 대한 실제적인 묘사에도 불구하고 과장된 범주들을 소개한다. 예를 들면 어떤 땅에 심긴 씨앗이 '공중의 새들'의 공격을 받기 쉬울지라도 예수의 이야기에서 '길가'는 단지 씨를 이런 식으로 빼앗긴다. 좋은 땅을 다른 땅과 구분하는 근본적인 특성은 행운이 아니라 추수의 열매를 맺는 것이다. 좋은 땅에 떨어진 씨들은 분명히 많은 양의 결실을 낸다. 누가는 마가나 마태처럼 30배, 60배, 100배의 점층적인 발전을 언급하지 않는다. 누가는 단지 좋은 땅이 얼마만큼의 수확을 가져올 수 있는지를 지적한다.

예수는 6:43~49에서 이미 군중들과 제자들에게 단순히 그의 말을 듣는 것만으로는 충분하지 않다는 것을 경고했다. 현재의 장면은 그 메시지를 강화한다. 예수는 우선 비유로 말한다. 그리고 그 다음에 자신의 제자들에게 간단하게 설명한 후 해석해 준다. 누가는 10절에서 단수 '비밀'(뮈스테리온)을 사용하는 마가복음 4:11보다 복수형으로 비밀과 지식에 그 강조점을 두는 마태복음 13:11과 더 가깝다.

예수의 제자들은 비유의 가르침이 끝나자 예수에게 그 비유의 뜻을 묻는다. 마태와 마가와 날카롭게 대조되는 이곳에서 제자들은 왜 예수가 비유로 말하는지를 묻는다. 누가복음에서 제자들은 단지 이 비유의 의미만을 추구한다(이전의 사가랴와 마리아의 질문과 비교하라: 1:18, 34). 비유의 뜻을 묻는 제자들의 질문은 예수의 비유 설교가 그들에게는 이해하기 어려운 설교라는 것을 지적한다.

제자들이 이 비유에 대해 물었을 때 예수는 왕국의 비밀(또는 '신비')들을 아는 것이 허락된 제자들과 허락되지 않은 다른 사람들 사이를 처음으로 정확하게 구분한다. 예수는 자신의 선포를 이해해서는 안 되는 어떤 자들 때문에 비유로 말을 하는 것이다. '비밀'에 해당하는 뮈스테리온은 누가-행전에서는 유일하게 이곳에서만 사용되는데, 하나님이 가진 비밀스러운 특성(숨겨졌지만 이제는 폭로되는)은 누가의 내러티브에서 사실 중심 요소다. 어떤 사람들은 이해하는 것이 가능하지만, 하나님의 목적에 대한 예비지식에 의해 세계관이 재형성되지 않았던 다른 사람들은 그의 메시지를 듣고 어리둥절할 뿐이다.

하나님의 말씀을 듣는 자와 듣지 못하는 자라는 구분에도 불구하고 누가는 그 제자들을 큰 무리들로부터 분리시키는 엄격한 경계선을 긋지 않는다. 제자들이 씨 뿌리는 자의 이야기를 해석하도록 요청하는 것은 그들 역시 비유의 말씀을 제대로 듣지(이해하지) 못했다는 것을 의미한다. 그러므로 예수의 제자들은 자신들이 어떻게 듣는지에 주의해야 한다(8:18). 예수의 가르침을 귀담아 듣고 이해하려고 할 때, 하나님은 듣는 능력과 이해력을 성장시켜 줄 것이다.

비유에 대한 설명은 씨를 하나님의 말씀으로 간주하는 것부터 시작한다. 그것은 이 상황에서 예수의 가르침과 설교를 언급한다(눅 5:1). 예수의 비유는 왕국의 비밀을 쉽게 드러내지 않는다. 이 계시는 오직 선한 마음으로 말씀을 지키고 그 말씀이 인내로 열매 맺도록 허락한(15절) 사람들에게만 드러난다. 예수의 말씀에 귀를 기울이고 마음을 여는 열심이 없다면 예수의 말씀은 그들 속에서 어떤 열매도 맺지 못할 것이다. 예수는 씨 뿌리는 자의 비유를 통해서 바로 이 점을 가르치는 것이다.

누가는 예수의 비유에서 말씀이 결코 성장하지 못하는 실패에 대한 세 가지의 특별한 형태를 언급한다. 이런 실패는 악에서 기인하고, 반 신앙적인 힘은 세상에서 나타난다. 시험받을 때 배반하는 것과 염려와 재리와 안락에 대한 경고는 군중들은 물론 제자들에게도 적용된다. 그리고 예수는 다가올 시험과 박해를 당할 때 그의 제자들이 믿음을 잃어버리지 않도록 되풀이해 노력할 것이다(9:23~26; 12:4~12; 21:12~19).

제자직과 충돌을 일으키는 재정적인 안전에 대한 열망은 제자들에게 반복적으로 교훈되는 주제 가운데 하나다(12:22~34; 14:33; 16:1~13; 18:18~30). 이 비유에 대한 설명은 누가복음의 청중들이 그 자신들뿐만 아니라 내러티브 안에 등장하는 사람들을 평가할 수 있도록 기준을 제공한다. 누가복음에서 제자들은 예수의 수난이라는 가장 큰 시험 앞에서 맥없이 쓰러질 것이다. 그러기에 앞서 제자들은 바로 다음에 나오는 폭풍 장면에서 그들의 믿음이 턱없이 부족하다는 것을 여실히 보여 준다.

예수는 제자들에게 하나님의 말씀을 비유로 가르치는 이유를 어떤 이들에게는 보아도 보지 못하고 들어도 깨닫지 못하게 하려 함이라고 말씀하셨다(10절). 그러나 예수의 진정한 의도는 비밀스럽게 가르치고 전수하는 것이 아니라 오히려 공공연하게 선포되고 공개적으로 알려지는 것이었다.

등불을 켠 사람은 그 불을 그릇으로 덮지 않는다. 그것은 등불을 켜는 목적이 들어가는 자들이 그 빛을 보게 하려는 데 있기 때문이다(16절). 그래서 누가는 '등경 위에 둔 그 빛을 보게 하려 한다' 는 것을 지적한다. 그것은 모호하기는 하지만 이 비유에서 발견되는 '비밀/드러남' 의 모티브와 이 말씀들을 하나의 주제로 결합하도록 돕는다. 하나님이 예수를 통해서 백성들을 방문하는 것은 그들이 알아보지 못하도록 하고 깨닫지 못하게 하며, 심지어 거부하게 하려는 것이 아니다. 하나님은 예수를 통해 자기의 백성을 속량하기를 원하신다. 따라서 예수의 제자들은 그의 모든 말을 귀담아 들어야 한다. 들음은 그들의 믿음을 증진시켜 줄 것이며, 더욱이 듣는 것을 지켜 행할 때 그 믿음은 반석 위에 세운 집처럼 흔들리지 않고 견고해질 것이다. 예수의 마지막 교훈은 의미심장하다. "누구든지 있는 자는 받겠고 없는 자는 그 있는 줄로 아는 것까지 빼앗기리라"(18절).

8:19~21은 하나님의 말씀을 듣는 것이 얼마나 중요한 것인지를 설명하기 위해 예수의 어머니와 형제들을 소개한다. 여기서 예수는 생물학적인 가족보다 우위를 차지하는 새로운 가족의 결속을 강조한다. 즉 '하나님의 말씀을 듣고 행하는 사람들'만이 이 새로운 가족의 일원이 될 수 있다. 그 이야기는 이제 씨 뿌리는 자의 비유에 대한 교훈을 완성시킨다. 사실 누가에게 예수의 모친 마리아는 그 말씀을 듣고 지킨 사람이다(1:37; 11:28). 대조적으로 요한의 세례를 거부한 유대교의 지도자들을 언급하는 7:29~30은 유대교의 지도자들은 그렇지 않다는 것을 지적한다. 왜냐하면 요한이 하나님의 말씀을 선포했고(3:2), 그의 세례가 '하늘로부터 온 것'이었기 때문이다(20:4).

때때로 예수를 따르는 것은 가족의 파괴를 요구할 수 있다. 그리고 가정에서 빚어지는 갈등은 다른 누가복음의 본문(12:51~53; 14:26; 18:29~30; 21:16)에서 명백히 반영되어 있다. 그러나 가족을 떠난 자들을 위해 예수의 공동체는 그들을 위한 '대리 가족'이 된다.[5] 새로운 부모, 형제, 자매가 가정의 지원을 잃어버린 그들을 위해 새로운 지원을 공급하는 공동체 안에서 새롭게 조성된다. 그리고 이 작은 장면은 말씀을 굳게 붙잡아야 한다는 앞의 권면에 더 큰 도전을 더한다. 예수처럼 누가의 청중은 하나님의 말씀을 듣고 행함으로 일체감을 찾는 새로운 가족에게 기꺼이 우선권을 두는 것을 기대하게 될 것이다.

이런 이미지는 사도행전의 초대 예루살렘 교회의 공동체 생활에서 선명하게 나타난다. 누가는 그의 복음서와 사도행전을 기록하면서 철저한 문학적 평행법을 활용하고 있는데, 초기 그리스도인들의 대리 가족 개념의 확대를 세밀하게 묘사한다(행 2, 4장).

그러나 문제는 이러한 이상적인 공동체 생활이 과연 가능한가 하는 것이다. 멀리 갈 것도 없이 한국 교회의 현실적 모습이 과연 말씀이 제시하는 것과 얼마나 일치하느냐는 말이다. 물론 교회가 사회 복지의 기능만을 위한 기관은 아니다. 그렇더라도 교회는 사회적 관심에 대해 어느 조직보다 유기적으로 기능해야 한다. 이것은 너무나 성서적이며 예수의 교훈에도 일치하는 것이다. 한국 교회는 이 점을 망각하는 오류를 거듭하지 말아야 할 것이다. 그것이 선교고 복음 전파다. 한국 교회(물론 전부는 아니지만)가 이런 이상적인 공동체의 아름다운 모습을 힘써 드러낸다면 복음 전달의 기회가 더 풍성해질 것이다.

누가복음의 주제: 예수는 누구인가 (8:22~39)

제자들이 광풍을 만나는 장면은 가족의 의미가 재조명되는 장면과 예수가 거라사 인을 치료하는 이야기 사이에 놓여 있다. 두 장면 모두 제자들이나 당시 예수의 청중들이 극복해야 할 중요한 문제들임에 틀림이 없었을 것이다. 하나님의 말씀을 듣고 행하는 것은 때로 가족과의 뼈아픈 이별과 그로 인한 사회적인 질타를 감수하게 했다. 뿐만 아니라 제자들의 눈앞에는 유대인으로서 이방인에게 복음을 전파해야 한다는 내키지 않는 사역이 기다리고 있었다.

따라서 이 광풍 내러티브가 드러내는 하나의 위기 상황처럼 제자들과 예수의 청중들은 마치 광풍처럼 일어나는 내적 갈등을 겪고 있었을 것이다. 이 내러티브에서 광풍과 같은 이미지는 위기 상황이나 등장인물들의 심리 상태를 대변해 주는 역할을 하기도 한다.

이 광풍 내러티브는 바람과 물을 순종케 하시는 예수의 능력을 보여 주면서 끝을 맺는다. 이 풍랑 앞에서 제자들은 죽음 이전이든 이후든 모든 인류를 향한 하나님의 구원 능력과 목적에 대한 믿음을 잃어버리지 않아야 한다는 것을 배운다(23:46; 참조. 행 7:59). 이 사건은 예수에 대한 더욱 강한 긍정으로 이끌어 준다.

누가는 이 광풍 내러티브에 이어 거라사 땅에서의 예수의 축귀 사역을 이야기한다. 이 이야기는 광풍 내러티브에서 떠오르는 예수의 정체에 대한 하나의 대답을 제시한다. 예수는 포로 된 자(이것은 단순히 전쟁 포로만을 의미하지는 않는다)를 자유롭게 하는 하나님의 아들이다. 그러나 이것은 거라사 사람 하나를 지배하고 있던 귀신의 입을 통해 폭로된다. 뿐만 아니라 이런 폭로에도 불구하고 거라사 땅의 사람들은 예수를 하나님의 아들로 인정하거나 하나님께 영광을 돌리기보다 그를 자신들의 땅에서 쫓아 버린다. 유대인들 사이에서나 이방인들 사이에서나 예수의 사역은 그리 환영받을 만한 것이 못되는 것 같다. 그리고 하나님의 나라를 선포하지만 그의 선포를 잘 알아듣는 사람은 매우 드물다.

이 광풍 내러티브에서 제자들을 위험에 빠뜨리는 장소는 호수다. 예수께서 가고자 하시는 호수 저편은 이방인의 땅인 거라사였다. 또한 거라사 땅에서 예수가 내쫓은 군대 귀신들은 돼지 떼에게 들어가 호수에 빠져 몰살한다. 호수는 때때로 묵시 문학에서 하나님의 원수들이 처벌받는 장소를 가리킨다.

풍랑을 만난 제자들은 다급하게 예수를 깨운다. 예수를 깨우는 그들의 행위는 절망의 표현으로 생각할 수 있다. 이어서 예수는 그들의 필요에 대답하고 마치 귀신을 꾸짖듯이 바람과 파도를 꾸짖는다. 그리고 '너희의 믿음이 어디 있느냐?'(푸 헤 피스티스 휘몬)는 질문으로 제자들을 꾸짖는다. 시험의 때에 믿음의 부족을 드러낸 그들은 '잠깐 믿다가 시험을 받을 때에 배반하는'(8:13) 돌밭 같은 사람의 위험에 처해 있다.

신적 권능을 드러내는 예수에 대한 제자들의 최종적인 질문은 예수님의 능력에 대한 그들의 놀라움을 보여 주지만 또한 그들의 불충분한 이해도 드러낸다. "저가 뉘기에?" 누가복음 9:9에서 헤롯 역시 동일한 질문을 던질 것이고, 이후에 예수는 자신에 대하여, 먼저는 군중들의 판단을 묻고 그런 다음 제자들의 판단을 물어보기 위해 이와 동일한 질문을 하게 될 것이다 (9:18~20). 그리고 그것은 9:20~22, 35절에서 예수에 대한 직접적인 폭로를 끌어낼 것이다.

이제 예수와 그 일행은 갈릴리 맞은편 거라사 사람들의 땅에 이르게 된다. 이곳은 유대인의 땅이 아닌 이방인의 지역이다. 예수는 이곳에서 귀신을 내쫓는 기적을 행하는데 누가는 4:31~37에서처럼 귀신과 상대하는 예수를 매우 상세하게 그려 준다.

본문은 우선 귀신들린 자의 상태를 생생하게 묘사한다. 그는 오랫동안 옷을 입지 않았고 집에서 살지도 않았다. 즉 오랫동안 인간성을 상실한 채 짐승처럼 산 것이다. 그리고 그는 유대인들에게 부정한 장소로 인식되던 무덤에서 살았다. 여기서 무덤은 부정한 장소를 의미한다기보다 오히려 인간이 처할 수 있는 가장 절망적인 상태를 묘사한다.

그는 인간의 통제 저편에 놓여 있었다. 그를 동정하는 사람들이 그에게 베풀 수 있는 일이라곤 그의 몸을 쇠사슬과 고랑으로 묶어 귀신으로부터 그를 지키는 것이었다. 그러나 이것은 소용없는 일이었을 뿐 아니라 그를 더욱 괴롭게 하는 일이었다. 왜냐하면, 귀신은 쇠사슬과 고랑을 끊고 그를 광야로 몰아가곤 했기 때문이다. 귀신들린 자에 대한 누가의 묘사는 그가 얼마나 오랫동안 비참한 상황에 처해 있었는지를 잘 보여 준다.

거라사 사역에 대한 누가의 내러티브는 상당히 복잡하게 얽혀 있다. 즉 실제 벌어진 상황과 내러티브에서 서술하는 상황이 뒤섞여 있는 것이다. 귀신들린 사람은 예수가 거라사 땅에 도착하기 전부터 오랫동안 귀신에 매여 있었다. 그러나 내러티브는 예수의 도착을 먼저 말한다. 그리고 귀신들린 사람을 만난 예수는 즉시 그 사람에게서 나오라고 귀신에게 명령한다. 귀신이 예수를 향해 떠들어대는 이유가 바로 여기에 있었다. 그러나 내러티브는 귀신의 외침을 먼저 서술하고 그 이유를 나중에 이야기한다. 그리고 귀신들린 사람의 비참한 상태를 다시 한 번 언급한 뒤 귀신의 정체를 묻는 예수의 질문이 이어진다.

누가는 왜 이렇게 실제 벌어진 상황과 다른 순서로 내러티브를 구성하고 있을까? 이것은 아마 축귀에 대한 극적인 이미지를 강조하기 위한 일종의 수사학적 구성일 것이다. 누가는 예수의 일회적 방문과 귀신들린 사람의 오랜 고통, 광포한 귀신을 향한 예수의 명령(광풍을 향한 예수의 명령과 매우 유사함), 수포로 돌아갔던 사람들의 노력과 단 한마디뿐이었지만, 권능 있는 예수의 명령을 효과적으로 배치시킨다.

다른 귀신들처럼 그 귀신은 즉시 예수가 '지극히 높으신 하나님의 아들'임을 인식하고 떠들어댄다. 이전에 예수의 시험 내러티브에서 예수를 시험하던 마귀 역시 예수를 '하나님의 아들'로 불렀다(4:1~13). 또한 사도행전에서 귀신들린 여종 하나는 바울 일행을 '지극히 높으신 하나님의 종(들)'이라고 불렀다(행 16:17). 이런 용어는 유대교뿐 아니라 그레꼬-로마 세계에서 잘 알려져 있는 것이었다. 그것은 천사 가브리엘이 예수를 가리켜 언급했던 용어기도 하다(1:32, 35). 이처럼 거라사의 군대 귀신은 예수가 자신보다 더 뛰어난 위치에 있는 존재임을 폭로하고 있는 것이다.

귀신은 자신의 정체를 '군대'(레기온)라고 밝힌다. 라틴어 '레지오'에 그 어원을 둔 레기온은 약 5,000~6,000명으로 구성된 군대 단위다. 이 이름은 그 남자를 사로잡고 있는 능력이 매우 강함을 드러낼 뿐만 아니라 로마 제국의 막강한 군사력으로 식민지를 지배하는 것과 평행을 이루면서 정치적인 이미지를 제공한다.[6]

예수에게 정체가 발각된 귀신은 무저갱(아뷔쏘스)으로 들어가라고 명하지 말 것을 간청한다. 이런 귀신의 지극히 무력한 반응을 통해 우리는 '군대'라는 이름에서 드러나는 대적자의 수적 우세와 강함에도 불구하고 예수의 능력과 권위가 더 뛰어나다는 것을 쉽게 간파하게 된다. 이 이야기는 예수가 군대 귀신들린 사람에게서 그 귀신들을 돼지 떼에게로 내쫓고 그 돼지 떼들은 무저갱을 상징하는 호수에 빠져 몰살하는 것으로 끝을 맺는다.

이 이야기에서 우리가 상당히 주의해야 할 점은 사건의 영향이 귀신에게서 자유로워진 오직 그 사람에게뿐 아니라 거라사라는 전체 지역에 미치고 있다는 것이다. 귀신들렸던 자가 '옷을 입고 정신이 온전하여' 예수 앞에 무릎을 꿇은 것을 보고 사람들은 두려워한다. 그리고 그 두려움은 예수에게 그 지역을 떠나도록 요청하는 요인이 된다. 누가는 이것이 '거라사인의 땅 근방 모든 백성'의 반응이었다고 강조한다.

　결과적으로, 예수는 그 지역을 떠난다. 예수는 이방인 영토에 들어가서 귀신을 축출했지만 이것을 목격한 사람들은 예수를 받아들이려고 하지 않는다. 누가복음 전반부에서 이미 드러났듯이 예수는 이방인들을 돕기 위해 준비했다. 그러나 그들은 그를 맞을 준비가 되어 있지 않았다. 예수는 또한 사마리아인으로부터도 유사한 거절을 당할 것이다(9:51~56).

　귀신이 나간 사람은 예수와 함께 있기를 구한다. 그러나 예수는 허락하지 않는다. 대신 그를 보내며 '집으로 돌아가 하나님이 네게 어떻게 큰 일 행하신 것을 일일이 고하라'(39절)고 명령한다. 집으로 번역된 헬라어 단어는 '오이코스'로, 이것은 일반적인 가정의 개념을 나타내지 않는다. '오이코스'는 가장을 중심으로 가장의 보호 아래 있는 온 집안의 사람들과 노예들을 포함하는 매우 넓은 개념이다. 따라서 귀신 나간 사람에게 명한 예수의 명령은 거라사 전 지역에 영향을 미칠만한 하나의 선교 사역과도 같은 것이었다. 그는 예수가 떠난 그 땅에서 하나님이 예수를 통해서 어떻게 큰 일을 행했는지를 온 집(오이코스)에 전파할 것이다. 비록 예수의 공동체가 생겼다는 암시는 없을지라도 그는 이후의 사역을 위해서 그 지역의 사람들을 준비시킬 것이다.

　거라사 땅 사람들의 반응으로 볼 때 거라사 땅에서의 예수의 사역은 마치 실패한 것처럼 보인다. 그러나 거라사의 모든 백성들이 예수를 거부했다 하더라도 그 땅에는 하나님이 예수를 통해서 무슨 일을 행했는지를 똑똑히 보고 온 몸으로 체험한 증인이 살아 있다. 그 사람이 살아서 예수의 복음을 선포하는 한 그 땅에서의 예수의 사역이 실패했다고 말할 수는 없을 것이다.

믿음, 그것만이 살 길이다(8:40~56)

누가는 이 부분에서 매우 정교하게 얽힌 두 개의 사건을 언급한다. 하나는 회당장 야이로의 12세 된 외동딸의 이야기고, 다른 하나는 12년 동안 혈루증으로 앓던 여자의 이야기다. 이 두 개의 이야기는 12라는 숫자, 여자, 그리고 비애감 등의 공통된 요소를 가지고 있다. 그리고 두 개의 이야기는 모두 예수를 믿는 믿음의 능력이 무엇을 가능케 하는지를 보여 준다.

야이로는 유대인 사회를 대표하는 인물로 유대교 회당의 책임자다. 비록 그가 서기관들이나 바리새인들과 같이 일반적으로는 예수에게 대항하는 유대교 지도자 그룹에 속하지만, 여기서는 논쟁을 하려는 것이 아니라 자신의 딸을 위해서 도움을 구하려고 예수께 다가온다.

때로 인간에게 닥치는 시련은 예수님께 나아가게 하고 새로운 삶의 기회를 제공한다. 야이로 역시 딸의 문제로 시련을 당하지만 그로 인해 자신의 권위를 내려놓고 예수의 발 아래 엎드릴 수 있게 되었고 예수는 그의 요청을 수락한다. 예수를 적대시하던 유대교 지도자 가운데 한 사람이 예수를 향하여 자신의 종교적이고 사회적인 장벽을 허물고 있는 것이다.

누가는 그가 '외딸'을 위해서 도움을 구하고 있다고 덧붙임으로 과부의 '독자'의 죽음과 관련된 이전의 이야기(7:11~7)를 청중에게 상기시킬지도 모른다. 이 상황 역시 비애감을 고조시킨다. 누가는 남녀를 교차시킴으로 두 가지의 부활 이야기, 즉 어머니와 아들, 그리고 아버지와 딸의 이야기를 제공한다.

그러나 이 회당장은 심각한 장애에 부딪히게 되는데, 종교적으로 부정한 혈루증 앓는 여자의 방해가 그것이다. 예수가 그 부정한 여자의 일로 지체하는 동안 회당장의 딸은 죽게 되었고 딸의 죽음을 알리는 사자는 회당장에게 "당신의 딸이 죽었나이다 선생을 더 괴롭게 마소서"(49절)라는 비보(悲報)를 전한다. 그의 겸손한 요청은 물거품이 될 위기에 처한다. 동시에 그를 둘러싸고 있는 종교와 사회의 장벽은 다시 견고해지려고 한다.

혈루증은 레위기의 율법에서 부정한 것으로 간주되었다. 관습적으로 월경을 하는 7일 동안 여자들은 부정하다고 유대교는 가르친다. 만약 그 월경이 계속되면 그 불결함도 계속된다. 그리고 이 불결은 다른 사람들에게 전이될 수 있다(레 15:19~31). 따라서 정결하지 못한 사람은 성전을 더럽힐 수 있기 때문에 성전 제의에 참여할 수 없었고, 사람들과의 접촉도 금지되었다.

그런데 이 부정한 상태에 있는 혈루증 앓는 여자가 무리들이 옹위하여 서로 부딪치고 밀쳐 내는 군중들 속에 있는 것이다. 그녀에게는 정결법에 매여 조신하게 몸을 숨기는 것보다 그 부정함으로부터 벗어나는 것이 더 중요한 문제였고, 그러한 판단은 그녀로 하여금 거리로 뛰어나와 군중들 속에서 부딪치며 예수님께 다가가게 했다.

이 짧은 장면에서 누가는 '만지다'(합토마이)라는 단어를 4번이나 사용한다. 왜냐하면 이것은 치료하고 부정함을 전달하는 결정적인 행동이기 때문이다. 치료가 끝나자 예수는 "내게 손을 댄 자가 누구냐?"고 묻는다. 그러나 아무도 대답하지 않는다. 특히 거룩한 사람을 더럽힌 것에 대하여 공개적으로 비난받을 것을 깨달은 그 여자는 더욱 대답할 수 없었을 것이다. 이는 종교적인 사회였던 유대에서는 심각한 문제를 일으킬 수 있는 예민한 문제이기 때문이다.

이 부분은 마태복음 9:18~19과 평행을 이루고 있는데, 마태는 단지 혈루의 근원이 말랐다는 것을 간략하게 보고할 뿐인데 반해, 누가는 그 여자가 군중들 앞에 서서 '된 일을 상세히 보고' 하도록 이끌어 간다. 이는 누가복음이 드러내는 파격성을 다시 한 번 보여 주는데, 그것은 여자에게 "네 믿음이 너를 구원했다"(헤 피스티스 수 세소켄 세)고 말하는 예수의 선언에서 절정을 이룬다. 이제 여자는 하나님이 그녀를 위해서 은밀하게 행하신 일을 모든 사람들 앞에서 고한다. 그녀는 치유를 받음과 동시에 예수를 통해서 자신에게 행하신 하나님의 역사를 증거하고 선포하는 증인의 역할을 하고 있는 것이다.

누가는 '구원하다'(소조)라는 동사를 육체적 고통에서 풀어 주기 위해 언급한 치유 이야기(8:36, 50; 17:19; 18:42; 행 4:9; 14:9)에서 종종 사용하는데, 이 동사를 통하여 치유가 하나님이 예수를 통하여 허락하는 '모든 육체'(3:6)를 위한 '구원'의 일부라고 제시한다. 5:19~20에서처럼 믿음은 장애물에도 아랑곳하지 않는 대담한 행동으로 입증되었다. 예수는 그러한 여자의 행동을 군중들 앞에서 드러냄으로 군중들로 하여금 예수를 통해 하나님이 행하고 있는 일이 무엇인지, 무엇을 행하기를 원하는지를 분명하게 보여 준다. 부정했던 여자는 하나님의 목적을 알고 그녀의 믿음을 보여 주는 모델이 된다. 그리고 혈루증 앓는 여자와 예수의 우연한 만남은 사회에서 '죄인'으로 규정된 다른 여자를 칭찬하기 위해 사용했던 말과 동일한 것으로 끝난다(7:50). "네 믿음이 너를 구원하였으니 평안히 가라"(8:48).

여기서 우리가 주목해야 할 것이 하나 더 있다. 그것은 혈루증 앓던 여자에 대한 예수의 호칭이다. 예수는 그 여자를 향해 '딸아!'라고 부른다. 이렇게 함으로 예수는 그녀를 하나님의 가족의 일원으로 포용한다. 이것은 이제껏 그녀를 소외시켰던 세상의 관점과 하나님의 관점이 확연히 다르다는 것을 보여 준다. 병에서 치유되어 회복된 여성은 사회에 편입됨과 동시에 더 궁극적인 공동체인 하나님나라의 일원이 된 것이다.

그러나 그 부정했던 여자가 자신의 믿음을 간증하는 동안 회당장 야이로의 딸은 결국 죽고 말았다. 야이로는 이제 희망을 잃어버렸다. 그는 더 이상 선생 예수를 괴롭힐 이유가 없었다. 단지 죽은 딸을 애도하는 장소로 되돌아가야 할 일만 남았을 뿐이다. 인간에게 죽음은 그런 것이다. 어찌해 볼 수 없는 절망 그 자체! 그러나 예수는 어찌할 수 없는 그 절망을 믿을 수 없는 희망으로 바꾸어 놓는다.

예수는 '너의 믿음이 너를 구원하였다'라고 여자에게 말한 후 '믿기만 하라'(모논 피스튜손)는 말로 야이로를 격려한다. '그러면 그녀(딸)는 구원받을 것이다'(48, 50절). 이처럼 이 이야기는 12년 동안 관례적으로 부정한 낮은 계층의 여성을 마치 바리새인 시몬이 죄 많은 여성에게서 배운 것처럼(7:36~35), 유대교의 회당 지도자인 높은 계층의 한 남자를 위한 모델로 내세운다. 야이로는 여자가 믿었던 것처럼 믿음을 보여야 할 것이다.

52절에서 예수는 야이로의 딸이 모든 사람들의 생각과는 반대로 잠자고 있다고 말한다. 여기서 '잔다'(카튜도)는 단어는 신약성경에서 부활이 뒤따르게 될 것이기 때문에 일시적인 죽음을 나타낼 때 종종 사용되었다(엡 15:14; 살전 5:10). 나레이터는 '아이야 일어나라'고 예수가 말하자 '아이가 곧 일어났다'고 보고한다. 두 동사(에게이로, 아니스테미)는 예수의 부활과 다른 사람들의 최후의 부활에 일반적으로 사용되는 것이다(11:32; 20:37; 24:6~7). 이 단어들은 누가의 청중들로 하여금 예수가 왕의 권능으로 되돌아 갈 때 믿는 자들을 위해 행할 일반적인 부활의 '처음'(먼저)과 '생명의 주'라고 예표하는 것으로 이 이야기를 받아들이게 한다.

대개 누가복음에서 예수를 통하여 기적이 일어나면 은혜를 받은 사람 혹은 주위 사람들이 하나님께 영광을 돌리는 것으로 그 이야기가 끝나는 것이 관례다. 그러나 이 이야기는 하나님에게 영광을 돌리는 것으로 끝나지 않는다. 오히려 다시 살아난 여자 아이의 부모는 눈앞에서 벌어지고 있는 사실에 대한 놀라움(원문은 '그(녀의) 부모가 놀랐다'고 되어 있다)을 표시한다. 예수는 그들에게 이 일을 증거하라고 명령하는 대신 오히려 이 일에 대해서는 아무에게도 말하지 말라고 경계한다.

우리는 여기서 하나의 날카로운 대조를 강조할 필요는 없다. 왜냐하면 12년 동안 혈루증 앓던 여자와 12세 된 딸이 다시 살아나는 사건을 목격한 회당장 부부 모두 그들이 예수를 통해서 경험한 하나님의 놀라운 은혜를 주목하기 때문이다. 예수를 향한 주체할 수 없는 믿음의 분출로 인해 예수께 다가간 혈루증 앓던 여자가 보여 준 대담성이 강조되는 것처럼, 죽었다 살아난 소녀의 부모 역시 하나님이 베푸신 놀라운 은혜 앞에서 그것을 수용해야만 하는 유대교의 무능력을 드러내는 파격성을 보여 주기 때문이다.

그러므로 이들 모두 하나님이 예수를 통해서 행한 능력을 증거하는 증인의 사명을 감당할 사람들로 해석되어야 마땅할 것이다.

　마가복음의 중심 사상을 메시아 비밀로 이해한 브레데(W. Wrede) 이후,[7] 대개 복음서에 나타나는 예수의 침묵 선언을 문자 그대로 받아들이는 경우가 많았다. 그러나 최근 문학적인 읽기 방법이 밝혀 낸 사실은 그 명령이 오히려 침묵을 깨고 예수의 복음 사역이 갖는 파워를 만천하에 드러내는 것으로 읽어야 한다는 것이다. 여기서 우리는 다시 한 번 내러티브에서 암시되는 문학적 상상력의 세계를 주목하게 된다. 즉 침묵 명령은 도리어 폭로 명령이라는 것을 말이다. 사실 예수의 복음은 비밀로 남아 있을 수 없는 것이지 않은가?

9 부족하지만 고난의 그리스도를 좇아서
누가복음 9장의 주해와 적용

누가복음 9장을 하나로 묶는 소재를 굳이 찾아내자면 '제자'가 될 것이다. 물론 헬라 원문의 경우는 아니지만 한글개역성경의 누가복음 총 24장 가운데 '제자'라는 단어가 11회 나오는데, 가장 많이 등장하는 곳이 바로 9장이다.[1] 예수께서 12제자를 파송하여 자신의 사역을 대리하게 하는 일화로 시작하는 9장은 쟁기를 잡고 뒤를 돌아보아서는 안 된다는 제자도로 마감한다.

너희가 먹을 것을 주어라(9:1~17)

예수는 자신이 선택한 '그 열둘'을 불러 갈릴리 여러 촌으로 파송하여 하나님나라의 사역을 대리케 한다(1~6절). 이로 인해 예수에 대한 소문이 분봉왕 헤롯에게까지 미치면서 헤롯은 세례 요한이 다시 살아난 것인지도 모른다는 풍문 때문에 예수를 보고 싶어한다(7~9절). 제자들은 자신들의 사역을 통해 예수의 능력을 십분 드러낸다. 그 결과를 보고받은 예수는 제자들을 데리고(아마도 쉬기 위해) 벳새다로 가는데, 널리 퍼진 소문 때문에 이곳까지 큰 무리가 따라오게 된다. 그 때문에 하루를 빈들에서 머물며 먹지 못해 '굶주린 군중'이 되지만, 예수는 제자들이 가져온 떡 다섯 개와 물고기 두

마리로 5천 명이 넘는 무리를 먹인다(10~17절).

이때 예수는 제자들에게 "너희가 먹을 것을 주어라"(13절)고 명령하셨다. 이 지시의 말씀은 세 에피소드를 한 데 묶어 주는 스토리의 내부 슬로건이 된다. 예수는 제자들에게 자신을 대리하여 목양(牧羊)할 것을 명령한다. 이 일은 그들이 갖고 있는 자원이나 능력으로는 어림없는 부담스러운 과업이다. 그러나 예수가 자신의 '능력과 권세'를 그들에게 부여했을 때(1절) 이 일은 가능해졌다(6, 10절). 예수의 제자들에게는 오병이어밖에 없었다(13절). 그러나 예수께서 이 제한된 자원을 축복하시고 제자들에게 넘겨 주었을 때 그들은 그것으로 오천 명이 넘는 사람을 먹일 수 있었다. 너희가 먹을 것을 주어라!

1. 파송의 명령과 사역의 수칙(1~6절)

1) 말할 것도 없이 제자들은 예수의 일을 대리한다. 여기서 두 가지 일이 주목된다. 즉 '하나님나라를 선포하는 것'과 '병을 고치는 것'이다(1절). 이 두 가지는 예수께서 해 오시던 일이다. 그리고 제자들이 예수님을 대리했기 때문에 그에 대한 권한과 그 권한을 행사할 수 있는 능력도 예수께서 주신다. 제자가 갖는 부담은 그리스도를 대리하는 것이지만 그것이 또한 과다한 부담을 없애는 근거가 되기도 한다. 제자는 예수께서 주신 것을 갖고 갈 뿐이다. 그리고 그것을 활용할 뿐이다. 능력과 권한을 주신 만큼 그 부담에 자신을 실으면 되는 것이다.

그리스도의 몸인 오늘날의 교회도 두 가지 영역에 책임이 있다. 복음 선포와 사회의 필요(need)를 충족시키는 일이다. 우리에게 복음서의 예수께서 행하셨던 확실한 신유의 권능이 있으면 좋을 것이다. 하지만 복음서에 나타난 예수의 권능은 현재 신유의 은사를 갖고 있는 신령한 그리스도인이라도 따라갈 수 없는 성격의 것임을 현실적으로 인정해야 할 것이다. 오늘날의 신유의 은사는 제한적이고 특정적이며 부분적이다. 신유의 은사를 경홀히 여겨서는 안 되겠지만 그것이 전부인양 오도하여 사회적 물의를 빚고

복음 사역의 걸림돌이 되게 하는 일은 없어야 할 것이다.

하나님께서는 현대인에게 발달된 의료 지식과 기술을 은사로 주셨다. 신유의 은사와 의학적 지식 양자를 모두 잘 활용하여 그리스도의 봉사의 정신을 따라가야 한다. 그리고 예수의 축귀(逐鬼)와 치유는 당시 정황에서는 긴급했던 최대한의 사회봉사였다. 인간에 대한 애정에서 나온 하나님나라의 현현을 보여 주는 1세기 유대적 그리스도의 사역이었다. 이제 우리는 그 인간에 대한 애정을 현대의 조건에서 본받아 하나님나라를 세워나가는 사회봉사로 예수의 신유 사역을 이어받는다.

2) 제자의 사역은 그처럼 전적으로 하나님만 의존할 것을 요구받는다. 아무것도 소유하지 말라고 하셨다. 무엇인가를 보관하는 주머니, 또는 양식을 살 수 있는 돈, 여분의 옷, 자기를 보호할 수 있는 지팡이까지도 금했다(3절). 숙소로 한 집이 정해지면 더 좋은 곳이 생겨도 자기 편의를 위해 옮기지 말아야 한다(4절). 이런 방식의 여행에 기초한 사역은 인간적인 측면에서 볼 때 많은 위험을 감수하는 선택이었다. 물론 이렇게 할 경우 빠르게 움직일 수 있는 기동성(機動性)이 확보된다. 그리고 한 곳에 안주하여 사역을 늦추게 될 안일 타파의 기제가 내포되어 있다. 그러나 어찌 보면 고의적으로 자신을 불가측성의 환경에 내어 맡기는 행위라 할 수 있다.

이것은 사역에 전념하면서 그 사역에 필요한 모든 것을 전적으로 하나님의 지원에 맡기는 믿음의 발로였다. 이스라엘의 12지파 중 레위 지파에게는 갈아먹고 살 땅, 즉 기업(基業)이 없었다. 그들은 하나님의 공급에 의지해 살면서 여호와를 섬기는 일에 전념해야 했다. 그래서 그들은 '여호와가 나의 기업'이라는 고백을 했다(민 18:20; 신 10:9; 18:2; 애 3:24). 예수의 제자들은 이와 동일한 믿음과 실천을 수련하고 있다.

물론 이것은 당시의 특별한 행습이었다. 현대 산업사회의 사역자들이 당시 농경·유목 시대에 연관된 이 특정 지시를 그대로 따르는 것은 가능치도 않고 필요하지도 않다. 하지만 그 정신은 지금도 주의 제자들에게 확실하게 적용된다. 사람을 의지하지 말라. 전적으로 하나님을 신뢰하고 사역 자체에 전념하라. 먼저 그의 나라와 의를 구하는 데 진력하고 그 외의 것들은 하나님의 돌보심에 맡기는(마 6:33~34) '레위 정신'을 가져야 한다. 여호와는 나의 기업이시다!

2. 예수 그리스도의 권능과 헤롯의 정서적 혼란(7~9절)

예수의 지침을 따른 제자들의 사역은 가히 성공적이었다. 그로 말미암아 예수에 대한 소문은 당시 갈릴리의 분봉왕으로서 내치의 권한을 가지고 있던 헤롯 안티파스의 귀에까지 들어갔다(7절). 또한 예수에 대한 소문은 다양한 민간신앙의 오해를 타고 궁금증을 가중시켰다. 예수의 행적이 세례 요한이나 엘리야의 것에 비교되는 점에 주목할 필요가 있다. 이들은 모두 하나님을 향한 절대적 충성을 보인 사람들이었으나 당대의 권력자들에게는 정치적 위협을 느끼게 했던 선지자들이었다. 예수도 그러했음을 반증하는 기사다. 예수는 세속 권력에 관심이 없었으나 권력자들은 그를 두려워했고 위협을 느꼈다. 그것이 예수로 하여금 정치적 형벌인 십자가를 지게 하는 단초(端初)이기도 했다.

이제 갈릴리의 세속 권력자는 예수가 누구인지 궁금해한다. 불안하여 당황한 가운데 의문을 품는다. 과연 예수는 누구인가? 이제 예수께서 자신의 정체를 계시해야 할 만큼, 그에 대해 간절히 알기 원하는 사회적 조바심은 그 절정에 달한다. 이 궁금증은 19~27절의 계시를 기대한다. 예수는 누구인가? 이에 대한 답변은 오병이어의 초월적 능력의 행사에 대한 기록으로 시작된다.

3. 목양을 가능케 하는 예수의 능력(10~17절)

1) '벳새다'는 베드로, 안드레, 빌립 등의 집이 있는 곳으로(요 1:44) 쉬기에 적합한 장소였을 것이다. 예수는 한동안 수고하여 지친 제자들을 이끌고 쉴만한 곳으로 가려했던 것으로 보인다(10절; 막 6:31 참고). 그러나 그들의

이동 장소를 알고 따라온 군중들로 인해 의도했던 목적을 이루지 못하고 예수와 제자들은 다시 사역의 치열함 속으로 몰입해 들어갈 수밖에 없었다. 그러나 예수께서는 이 다수의 불청객을 따스하게 '영접하사' 그들의 필요(need)에 부응하는 노동을 계속하신다(11절). 하나님나라의 일을 이야기하고, 역시 병든 자들을 고치셨다.

우리가 알고 있는 복음서의 예수는 자신의 프라이버시까지 포기해 가면서 사람들의 필요에 민감하게 반응하는 선한 목자였다(막 6:34). 탈진하여 쉬고자 하는데, 시도 때도 없이 찾아오는 사람들 때문에 작은 휴식의 안락함마저 박탈당해 짜증과 스트레스가 누적되는 경험을 해 본 적이 있는가? 예수는 식사할 겨를조차 없었다고 했다(막 3:20). 예수인들 어찌 그런 기본적 인간의 욕구가 없었을까. 그러나 그분께서는 항상 '타자 지향적' 삶을 사셨다. 죽음만이 아니라 삶조차도 '대속적'(代贖的)이었다. 내가 사는 것은 당신들을 살게 하기 위한 것이다. 후에 바울의 사람들은 이렇게 목자의 생활신조를 되뇌었다. "너는 말씀을 전파하라 때를 얻든지 못 얻든지 항상 힘쓰라 범사에 오래 참음과 가르침으로 경책하며 경계하며 권하라"(딤후 4:2).

2) 하나님께서 무리를 먹이신 대표적인 경우는 '만나 사건' 이었다(출 16장; 민 11장). 이스라엘 백성들은 40년 동안 하나님께서 직접 공급하신 만나를 먹고 살았다. 그래서 이들은 사람이 떡으로만 사는 것이 아니라 하나님의 말씀으로 산다는 진리를 깨달았다(신 8:3; 마 4:4). 그 기적의 강도와 규모는 작지만 오병이어의 사건과 많이 유사한 사건은 엘리사가 자신의 생도들을 먹인 일이다(왕하 4:42~44). 기부받은 보리떡 20개와 약간의 채소로 생도 100명을 먹이는 것이 사환의 생각에는 어림없는 일이었다. 그러나 엘리사는 하나님의 말씀을 받아, 주어서 먹게 하라고 반복하여 명령한다. 그래서 "무리 앞에 베풀었더니 여호와의 말씀과 같이 다 먹고 남았더라"(4:44). 막스주의자의 경제적 인간은 사람이 떡으로 산다고 말한다. 그러나 그리스도인들에게 사람은 하나님의 말씀만 있으면 산다.

3) 그렇기 때문에 가진 자원이라고는 떡 다섯 개와 물고기 두 마리밖에 없는 제자들에게 예수께서는 "너희가 먹을 것을 주어라"(13a절)는 지시를 하신다. '주님, 농담이시죠? 어떻게 그렇게 터무니없는 말씀을 ….' 그러나 지시대로 그 오병이어를 예수께 가져왔다. 예수께서는 사람들을 50명씩 무리 지어 앉게 하시고 하늘을 우러러 바라보시며 감사의 축복을 떡에 내렸다. 그리고 제자들은 다시 받아들은 떡과 물고기를 사람들에게 나누어 주기 시작했다.

도대체 무슨 일이 어떻게 발생했는지 우리도 모르고 그들도 모르고 이것을 전해 받아 기록한 복음서 기자(記者)들도 모른다. "모든 일을 근원부터 자세히 미루어 살편"다고 했던(눅 1:3) 역사가 누가도 이것이 어찌된 일인지 더 자세하게 풀어 적을 길이 없었다. 단지 이 일은 그렇게 발생했을 뿐이다. 오천 명이 넘는 사람들이 다 배불리 먹었다. 광야의 이스라엘 백성들처럼, 엘리사의 100생도들처럼 만족스럽고 든든하게 잘 먹었다. 그리고 처음의 오병이어보다 더 많은 부스러기가 남아 열두 광주리를 채웠다. 결국 "너희가 먹을 것을 주어라"는 예수의 지시는 결과적으로 유효한 것이었다. 그것을 명령하는 분의 지시를 따를 때 그 지시는 효력을 갖는다.

청년 시절 이른바 제대로 신학 훈련을 받은 지도자가 없는 상태에서 여름 수련회를 가져야 했다. 그 해 여름 우리는 여러 가지 일로 힘겨웠고 거기에 수련회를 더해야 하는 부담은 거의 압살(壓殺)의 느낌을 가져다 주었다. 그때 하나님께서는 아직 어린 티를 벗지 못한 우리에게 이 말씀을 주셨고 이에 순종했던 우리는 오병이어의 기적을 맛보았다. 없는 자원을 주님께 드려 그분의 축사로 나누어 준 말씀은 천국을 맛보는 넉넉한 수련회의 자원이 되었고 그 몇 안 되는 무리 가운데 이후 세 명의 목사가 나왔다.

"너희가 먹을 것을 주어라." 이것은 스스로를 '지극히 작은 자'와 동일시할 수밖에 없는 나약한 제자들이 이후 거센 풍랑을 헤치고 산 같이 가로막는 장애를 극복하며 하나님나라의 선포와 교회의 과제들을 감당해 나갈 때 없는 자원으로 하나님 앞에서 이어갔던 신앙의 고백이었다. 우리가 갖고 있는 제한된 자원에 매몰되어 그것만 계산하고 있어서는 안 될 것이다. 계산만 하고 있으면 절망뿐이다. 못 한다 하지도 말아야 할 것이다. 오병이어를 예수께 가져다 드리면 그것으로 오천 명이 넘는 배고픈 사람들을 먹일 수 있다.[2]

너희는 나를 누구라 하느냐 (9:18~45)

헤롯의 궁금증으로 대표되던 예수의 정체에 대한 질문은 이제 제자들의 기독론 신앙고백을 유도하는 쪽으로 이야기를 진행시킨다. 베드로의 입을 통해 예수가 메시아, 즉 그리스도임이 공개된다(20절). 그러나 고백과 함께 예수는 그 사실을 아무에게도 이르지 말라는 함구령을 내린다(21절). 대중이 기대하는 '정치적 승리의 메시아' 관과 예수의 심중에 있는 '고난의 대속주로서의 메시아' 관이 충돌하며 오해를 불러올 것이기 때문이었다.

그래서 예수는 베드로의 신앙고백과 함구령에 이어 곧바로 메시아가 고난을 받고 죽임을 당하고 다시 살아나야 한다는 점을 역설하신다(22절). 그렇다고 그리스도가 무력하고 무능한 패배주의자로 오해받아 낙인 찍혀서는 안 된다. 그래서 예수에게 하나님나라의 영광이 부과되어 있다는 점을 산상 변모의 사건으로 증명하고(28~36절), 제자들이 감당 못했던 귀신들린 아이를 낫게 하여 그 권능을 재차 확인한다(37~42절). 그러나 그와 동시에 그리스도가 고난받아야만 된다는 사실을 다시 못 박아 다짐한다(43~45절).

이 단락에서는 영광의 그리스도가 고난의 그리스도여야만 하며 고난의 그리스도가 결국 영광의 그리스도여야 함이 교차되어 묘사된다. 그리고 그 고난과 영광의 길을 제자들이 본받아 동참해야 된다는 당위성이 역설된다.

1. 고난과 죽음의 그리스도 따르기 (18~27절)

1) 이미 헤롯의 의아심에 대한 보고(7~9절)에서 등장했던 예수에 대한 대

중들의 이해를 확인하고 난 뒤 예수는 제자들에게 "너희는 나를 누구라 하느냐"고 물었다. 이에 베드로가 맞는 답을 했지만, 모든 것을 다 이해하고 있지는 못했다. 베드로의 신앙고백의 의중에는 정치적 승리를 통해 민중의 해방과 이스라엘의 회복을 가져올 영광의 메시아가 들어 있었다. 그래서 예수는 함구령을 내리면서 곧바로 고난과 죽음의 필연성을 교훈하신다(22절). '영광의 그리스도'에 대해서는 베드로가 바로 보았으니 '고난의 그리스도'에 대해서는 예수께서 직접 보충 설명을 하셔야 했을 것이다.[3] 베드로는 반은 알았지만 나머지 반은 몰랐다.

누가 뭐라 해도 기독론의 핵심은 '우리의 죄를 위하여 십자가에 달려 돌아가신 그리스도'시다. 오늘날도 교회 밖에서는 점잖은 현인 예수, 종교다원주의 예수, 영원과 상관없이 현실 사회적 이념에만 열광하는 이데올로기 예수 등으로 축소된 그리스도가 무수하게 환영받는다. 반면에 십자가에 달린 그리스도는 아직도 여전히 '스캔들'(σκάνδαλον 스칸달론, 거리끼는 것)이요 '미련한 것'으로(고전 1:23) 지성인과 운동가들에게 따돌림을 받고 있다. 하지만 "십자가의 도가 … 구원을 받는 우리에게는 하나님의 능력이라"(고전 1:18). 인자가 고난을 받고 십자가에 달리는 것은 그래서 필연이었다.[4] 그리스도는 다른 무엇이기 이전에 우리의 죄를 대속하기 위해 십자가에 달려 돌아가셨다가 우리의 생명을 위해 다시 살아나신 구속의 예수시다.

2) 그렇다. 이것은 목숨의 문제다. 한 영혼의 생명에 관한 논의다. 온 천하의 권력과 부와 명예를 다 얻고 나서 정작 그것을 누리는 생명 자체를 잃고 나면 무슨 소용이 있겠는가(25절). 그 모든 것의 중심에는 무엇보다 귀한 '생명'의 이슈가 걸려 있다. 그 생명은 '십자가에 달린 그리스도'를 좇아 고난의 길과 말씀과 영접의 제안을 부끄러워하지 않고 수용하여 따라가는 데 있다(26절). 예수의 길이 현재의 시점에서 볼 때 영광의 길이 아니고 고난과 죽음의 길이라도 그것을 수용하고 따라야 하는 당위를 요청하는 말씀이다. 자기를 부인해야 한다(23a절). 자기의 주장과 편견과 선입견을 부인해야

된다. '날마다,' 즉 삶 전체 속에서 자신에게 부과된 십자가를 짊어지고 고난의 예수가 가리키는 길을 좇아가야만 한다(23b절).

2. 너희는 저의 말을 들으라(28~36절)

1) 이어지는 예수의 변모 사건은 27절에서 예고된 하나님나라의 영광을 목격한 경험이다. 베드로가 황홀경에서 한 감탄의 말은(33절) 이러한 초월적 영광 체험의 결과다. 그는 자기가 무슨 말을 하고 있는지도 모를 지경으로 넋을 잃고 있었다(33b절). 십자가에 달리도록 되어 있는 예수라 해서 패배하는 그리스도가 아니다. 고난은 구속을 위한 필연이지만 인자 곧 예수 그리스도의 실체는 천상의 광채로 증명되는 신성(神性)의 본질임을 과시하는 사건이었다(29절).

2) 왜 이러한 영광을 보였는가? 마태복음과 마가복음에는 기록되지 않은 중요한 단서가 누가의 보고에 들어 있다. 황홀한 영광 중에 나타난 모세와 엘리야가 이 산에서 예수와 나눈 대화의 내용은 다름 아닌 그리스도의 죽음에 관한 것이었다(31절).[5]

마태복음과 마가복음의 기록에는 예수의 수난 예고가 즉각 베드로와의 의견 충돌로 이어져 '고난의 그리스도' 관과 '영광의 그리스도' 관이 날카롭게 대립각을 세우는 내용이 담겨 있다(마 16:21~23; 막 8:31~33). 이러한 의견 대립을 내려다 보시는 하나님께서 예수의 손을 들어 주시는 것이 이 변모의 사건이다. 마태복음과 마가복음에는 다소 모호하게 암시되어 있는 것을 누가는 부연설명을 통해 그 의미를 좀 더 분명하게 해 준다.

변화산에서의 대화 내용은 분명 '그리스도의 죽음'에 대한 것이었다. 그리고 하나님께서는 그들 모두에게 '예수의 관점'을 수용하라고 인을 치신다. "이는 나의 아들 곧 택함을 받은 자니 너희는 저의 말을 들으라"(눅 9:35; 막 9:7; 마 17:5).[6] 너희들은 그리스도가 죽어서는 안 된다고 생각하지만, 고난을 받고 죽는 것이 필연이라고 주장하는 예수의 말이 옳으니 그의 말을 들으라는 준엄한 판결의 소리다. 모든 논란에 종지부를 찍는다. 그리스도는 고난과 죽음의 길을 가게 되어 있다! 예수의 말씀을 있는 그대로 가감 없이 듣고 순종하자. 예수 그리스도의 소명은 고난과 죽음이었고 구속주였다.

3. 하나님의 위엄과 그리스도의 고난(37~45절)

예수는 산 아래 내려와 다시 한 번 영광의 그리스도다운 권능을 행사한다. 파송받아 하나님나라를 선포하고 병을 고치던 제자들이 이번에는 속수무책이었다(40절). 믿음이 부족한 연고였다(41절). 고난의 그리스도는 믿음이 부족한 제자들을 책망하면서(41절) 귀신을 꾸짖어 아이를 고친다(42절).

그 결과는 무엇인가? 현장을 압도하며 사로잡은 '하나님의 위엄'의 충만이었다(43절). 예수는 역시 영광의 그리스도였다. 그들이 고대하던 메시아였다. 승리의 주님이었다. 그러나 이 위엄이 확증된 경이감의 절정의 순간에 예수는 곧바로 다시 '영광의 그리스도'가 결국 '고난의 그리스도'여야 함을 밝힌다. "이 말을 너희 귀에 담아 두라 인자가 장차 사람들의 손에 넘기우리라"(44절). 물론 제자들은 끝내 이것이 의미하는 바를 이해하지 못한다(45절). 그것은 십자가의 죽음과 부활이 있고 나서야 발생할 각성이었다(눅 24:13~49).

제자도: 겸손하지만 당당하게(9:46~62)

이제 갈등의 핵인 그리스도론에 대한 역설은 영광과 고난의 미묘한 결합인 44~45절로 마감되었다. 제자들은 이 시점까지도 이해하지 못했지만 누가복음의 독자들은 이제 분명히 알고 있다. 예수 그리스도는 우리의 죄를 위해 십자가에 달려 돌아가신 구속의 주님이시다. 누가복음 9장의 남은 단락은 그러한 고난의 그리스도를 따라가는 제자들이 갖추어야 할 자세 몇 가지를 짚어 준다. 즉 그리스도의 제자는 겸손한 섬김과 포용의 가슴을 가져야 한다(46~56절). 그러나 고난으로 말미암은 그 어떤 어려움에 굴하지 말고 당당하게 전진해야 할 것이다(57~62절).

1. 질문과 관심 바꾸기(46~48절)

제자들 사이에 '누가 크냐' 하는 이슈를 놓고 논쟁이 벌어졌다(46절). 그 의중을 알아챈 예수의 답변은 제자들의 마음속에 있는 질문과 핀트가 꼭 들어맞는 방향으로 주어지지는 않는다. 즉 '누구를 영접하느냐'에 대한 설명과, 그로 말미암아 '가장 작은 이가 큰 자'라는 결론이다. 결론은 맞는 것 같다. 작은 자가 큰 자라 하니 말이다.

하지만 누가복음에서의 에피소드는 누가의 방식으로 읽어야 할 것이다. 사실상 제자들의 질문 자체가 잘못된 질문이었기에 예수께서 질문을 수정하신 것이다. 질문과 논쟁은 관심에서 나온다. 그들의 관심은 '누가 가장 높기 때문에 최고의 대우를 받아야 하느냐'에 있지만 예수께서는 그들의 내적 갈망의 관심 자체를 바꾸라고 하신다. 그래서 '누구를 가장 극진히 모셔야 하는가'로 질문을 바꾸어 답변을 주신 것이다. 즉 가장 작은 자를 섬기는 것이 예수를 영접하는 것이고 예수를 영접하는 것이 가장 큰 자이신 하나님을 영접하는 것이 된다(48a절).

예수의 마지막 말씀은 묘한 결론을 이끌어 낸다. 가장 작은 자를 영접하는 것이 곧 하나님을 영접하는 것이니 가장 작은 자가 가장 큰 자 곧 하나님이다(48b절). 즉 대접을 받고 영접을 당하는 관점에서 보면 가장 작은 자가 가장 큰 자가 된다는 말씀이다.

예수의 제자는 바른 질문을 해야 한다. 그리고 관심이 달라야 한다. 세상의 가치관에 의해 형성된 이기적 관심을 버리고 주님의 가치관에 의해 조각되는 섬김의 관심을 키워야 한다.

2. 그리스도인의 햇볕 정책(49~56절)

예수님은 사람들을 향한 제자의 자세를 다룬다. 두 부류의 사람들에 대해 생각하게 한다. 첫째, 적극적인 의미의 적은 아니지만 우리와 합류하지 않아 얄미운 사람들이다. 둘째, 우리에게 삐딱하여 적대적이며 노골적으로 우리를 거부하는 사람들이 있다. 이들을 어찌할 것인가? 예수께서는 포용정책을 쓰신다.

1) 제자들의 행보에 동참하지는 않으면서 예수의 이름으로 독자적인 축귀(逐鬼)를 행사하는 사람들이 있었다. 요한은 그것이 마땅찮아 그 일을 하지 못하게 금지시켰다(49절). 하지만 예수께서는 요한의 그런 행위를 칭찬하지 않으셨다. 예수께서는 아군의 정의를 요한과 다르게 하신다. 요한은 '우리와 함께하지 않으면 적군' 이라고 생각했지만 예수께서는 '우리에게 반대하지 않으면 아군' 이라고 정의하셨다(50절).

사실상 예수에게는 편가르기보다 '무엇을 하느냐' 가 더 중요하다. 이는 같은 일을 해도 우리 편이 아니면 적으로 몰아버리는 속 좁은 현금의 세태에 일침이 된다. '주의 이름으로 귀신을 좇는 것' 보다 우리 편이 되는 것이 더 중요하다고 생각하는 편협한 마음을 가져서는 안 된다. 내 교단, 내 교회, 내 그룹에 매여 편싸움을 하기보다 하나님나라에 유익이 되는 일에 가슴을 열어야 하겠다.[7]

2) 반면 사마리아인들은 예수의 일행에게 옹졸했다. 자신들과 다른 예배 장소를 갖고 있는 예루살렘으로 가는 것을 알고 예수와 제자들을 배척했다 (51~53절). 역시 제자들은 벼락을 내리도록 하나님께 구하겠다며 버럭 화를 냈다(54절). 그러나 예수께서는 오히려 그들을 꾸짖으셨다. 그리고 그냥 조용히 다른 곳으로 옮겨가셨다(55~56절).

아직은 우리를 이해하지 못해 적대적인 자세를 보이는 사람들에게 우리도 같이 적대적으로 대하지 말아야 한다. 요한과 야고보의 자세가 우리의 내부 공동체를 위하는 것 같고 결속에 도움이 되리라 생각할지도 모른다. 내부 단속을 위해 일부러 적개심을 고양시키는 것이 요즘 정치인들의 추태

기도 하다. 그러나 우리가 믿는 바 진리에 대해서는 정직해야 할 것이다. 내가 믿는 바를 상대방이 받아 주지 않는다고 그것을 자존심과 연결하여 미워하거나 공격하거나 죽이려 해서는 예수의 제자라 할 수 없다.

편협한 근본주의는 경계해야 한다. 복음은 편협하지 않다. 혼합주의는 금물이라도 포용의 자세는 절대적으로 미덕이다. 적과 싸워 멸절시키려고 하면 적은 더 커진다. 그보다 적이 내 편이 되게 하는 것이 낫다. 그러기 위해서는 역시 햇볕정책이 고수(高手)인 것 같다.

3. 앞만 보고 전진하라(57~62절)

1) 제자 되는 것은 이른바 문화생활의 일부 정도로 생각할 만한 것이 아니다. 시간이 남으면 약간 신경을 쓰는 취미 생활이 아니다. 제자가 된다는 것은 다른 모든 것을 제쳐놓고 예수의 일, 하나님나라의 일을 최우선 순위에 두는 것을 뜻한다. 아마 여차하다 보면 예수가 그러했듯이 들짐승이나 날것들보다 못한 노숙자 신세가 될 수도 있다(57~58절).

잠자리가 없다는 것은 보장된 정착에서 오는 삶의 안일을 포기해야 된다는 의미다. 그러나 사역을 위한 생활의 수단도 없을 것이라 짐작할 필요는 없다. 하나님의 나라와 의를 '먼저' 구하기만 하면 생활의 기본은 하나님께서 책임지신다고 하셨기 때문이다(마 6:33). 하지만 생활의 보장을 위해 제자가 되는 것이라면 그것은 착오다. 노숙자의 처지가 되어도 개의치 않겠다는 각오로 제자의 삶을 선택해야 할 것이다.

2) 유대인에게 죽은 자를 장사 지내는 것은 다른 모든 것에 앞서 치러야 할 종교적 의무로 여겨졌다. 율법 공부도 이보다는 긴급하지 않다. 더구나 부친을 장사하는 것은 가장 급박한 일이었다(창 50:5; 토빗서 4:3; 6:15).[8] 그런데 예수께서는 그 일보다 주님을 따르는 것이 더 중요하다고 말씀하신다(60절). 더구나 그보다는 비중이 낮은 가족과의 작별 인사조차도 시간이 없으니 하지 말라 하신다(62절). 뒤 돌아볼 겨를이 없으니 빨리 자신을 따르라는

말씀이다.

물론 이것은 산상수훈의 몇 가지 가르침들과 마찬가지로 과장법(hyperbole)이다. 예수께서 제자들의 부친 장례를 참석하지 못하게 하거나 가족들에게 예의를 갖추어 작별인사하는 것까지 금지하셨을 리는 없다. 그것은 하나님나라의 긴급성에 대한 역설을 표현한 것이다. 제자가 되는 일은 세상에서 가장 중요한 일이다. 그리스도인의 삶의 목적이 여기에 있으면 이것이 삶의 전부다. 제자도를 포기하는 그리스도인이 정말 그리스도인일까?

10 제자의 의무와 특권
누가복음 10장의 주해와 적용

누가복음은 서문(1:1~4)에서 밝힌 대로 그들 가운데 성취된 예수님 사건의 전모를 근원부터 자세히 연구한 저자가 데오빌로를 위해 '차례대로' 쓴 글이다. 그러므로 다른 어떤 복음서보다 시간적, 논리적 연결을 파악하는 것은 중요하다. 그런 면에서 누가복음 10장을 독립적으로 설명하는 것은 약간의 무리가 있다고 본다.

누가는 일찍부터 주님의 생애를 여행자로서 그리고 있는데, 적어도 9:51부터는 본격적으로 예루살렘을 그 목표로 정하고 발걸음을 내딛는 모습을 기록하고 있다. 지금껏 주님은 갈릴리 이곳저곳을 다니며 순회설교자로 활동하다가 이제 예루살렘으로 향하시는 여정(9:51~19장)에 오르게 된다.

누가복음 10장은 크게 두 부분으로 구성되어 있다. 첫 부분(9:51~10:24)은 제자들의 의무와 특권에 대해 말하고 있고, 그 다음(10:25~11:13)은 제자들이 어떤 사람들인지를 보여 주는 부분이다.

제자들의 의무와 특권(10:1~24)

주님을 따르는 제자들의 의무와 특권을 살피는 10장의 첫 부분(1~24절)은 네 문단으로 구분할 수 있다. 첫 문단(1~12절)은 칠십 인의 파송에 관한 기사고, 둘째 문단(13~16절)은 메시지를 거부한 사람들에 대한 심판선언이요, 셋째 문단(17~20절)은 칠십 인의 사역보고와 주님의 충고며, 넷째 문단(21~24절)은 주님 자신의 기쁨과 감격의 선언이다.

1. 칠십 인 파송: 미리 내다본 세계선교(1~12절)

첫 문단인 칠십 인 파송에 관한 기사부터 차례로 살펴보자. 파송받은 제자들의 앞길에 펼쳐질 두 가지 상황을 예상해서 주님은 적절한 교훈을 하고 있다.

서론적으로 살펴볼 점은 개역성경의 '주께서 달리 칠십 인을 세우사' 라는 번역이 표준새번역에는 '일흔 두 사람'을 세우셨다고 되어 있는 점이다. 하지만 이것은 사본 상의 문제로 설교자에게는 크게 중요하지 않다. 오히려 설교자에게 더 중요한 것은 왜 칠십 인 혹은 칠십이 인을 세우셨는가 하는 점이다.

이스라엘 사람들은 흔히 세상나라의 숫자를 히브리어 성경에 따라 70나라, 혹은 그리스어 성경(70인역)에 따라 72나라로 파악하기에 그들에게 두 숫자는 언제나 서로 섞어 쓸 수 있는 숫자다. 그러므로 주께서 세우신 일꾼의 숫자는 열방을 위한 일꾼이라는 의미가 내포되어 있다. 열두 사도가 이스라엘 열두 지파를 위해 보냄을 받았다면 70인 혹은 72인은 온 세상을 위한 일꾼이라는 의미를 가지고 있다.

미리 내다 보는 일을 즐기는 누가는 여기서도 앞으로 되어질 세계선교의 시대를 미리 내다보고 있다. 말하자면 예루살렘을 향한 여정은 주님의 사명을 중단시킬 수 없고, 오히려 그의 사명은 승천하실 기약 저편의 하나님 우편에서 그 충만한 성취를 가져오기까지 계속될 것을 보여 준다.

그렇다면 왜 하필 둘씩 파송하셨는가? 서로 돕고 격려하기 위해서라는 실제적인 측면도 생각할 수 있지만, 그들의 증인으로서의 사명과 무관하지 않다. 유대사회에서는 믿을 만한 증거가 되기 위해서는 최소한 두 사람의 증인이 필요하기 때문이다(신 19:15). 이런 맥락에서 사도행전에 나타나는 베드로와 요한, 바나바와 사울, 바울과 실라가 동역한 것을 쉽게 떠올릴 수 있다.

또 하나 살펴볼 문제는 '이 후에'(10:1)라고 표현하면서 일꾼들을 파송한 시간과 관련해서다. 만약 이때를 9:51과 관련시키면 예수께서 그 얼굴을 예루살렘으로 향하신 후에도 변함없이 본래의 사명에 충실하신 모습을 알 수 있다. 한 사람의 생의 목표와 자세는 위기에서 더욱 선명하게 드러난다. 무엇 때문에 사는지가 분명한 사람은 위기에도 흔들리지 않는다. 주님은 예루살렘에서의 죽음을 내다보면서도 하나님나라를 선포하는 사역을 중단하기는커녕 오히려 칠십 인을 세우셔서 친히 당신이 가시려는 마을로 앞서 보내심으로 하나님나라를 향한 열정을 쏟아 붙고 계신 것이다.

만약 '이 후에'를 9:1~5과 관련시킨다면 칠십 인 파송은 열두 사도의 파송과 평행을 이룬다고 할 수 있다. 그렇다면 하나님나라 선포의 사명을 열두 제자에게만 한정하지 않고 더 많은 사람들, 즉 칠십 인에게 부여하셨다고 볼 수 있다. 그러므로 전임 사역자뿐만 아니라 구원받은 성도라면 누구나 동일한 사명을 가지고 있음을 설교자는 강조해야 한다.

하지만 여기서는 칠십 인의 행적보다 주님의 분부가 주내용을 이루고 있다. 주님의 분부는 추수할 일꾼을 보내 달라는 특별한 기도의 요청(2절), 당신의 사역자들을 위한 특별한 보호의 암시(3절), 그리고 마지막으로 칠십 인을 파송하시는 주님의 구체적인 지시(4~12절)로 나눌 수 있다. 주님은 여행준비, 여행, 체제, 사역에 관해 상세하게 지시하신다. 이 모두가 오늘 전도자의 삶을 살아야 하는 청중에게 적용할 수 있는 말씀이기도 하다.

2. 복음 거부는 곧 재앙(13~16절)

첫 부분의 둘째 문단은 파송받은 사람들을 영접하지 않는 사람들에 관한 말씀이다. 그러므로 영접한 사람들을 마음에 둔 앞부분과는 사뭇 그 분위기가 다르다. 하지만 결정적인 말씀은 일치하고 있다. 9절 끝부분과 11절 끝부분이 보여 주는 대로, 받아들이는 사람을 향한 축복의 근거나 거부한 사람을 향한 재앙의 근거는 똑같은 "하나님의 나라가 가까이 온 줄을 알라"는 말씀이다. 이 말씀은 전도자에게서 동기의 순수성과 사역의 순수성을 판정하는 시금석이다.

그러면 하나님나라가 가까이 왔다는 것은 무슨 의미인가? 제자들은 어떻게 이해했고, 당시 듣는 사람들은 어떻게 알아들었으며, 오늘 우리에게는 무슨 의미로 받아들여지고 있는지 생각해 볼 필요가 있다. 신약이 말하는 하나님나라는 구약에 존재하지 않던 모습이고 구약 성도들이 대망해 온 하나님나라임에 틀림없다(24절, 참조 요 8:56). 파송된 제자들을 영접하고 그 전하는 말씀을 받아들이면 하나님 백성이 되며, 파송된 자들도 차려 주는 음식을 먹고 마시는 것은 복음을 받아들인 자들과 더불어 새로운 공동체를 이룬 것임을 보여 주는 행위다. 치유는 하나님나라의 임재 표시로 나타나는 것이다.

반면 하나님나라의 메시지를 거부한 동네는 아무런 변명의 여지도 없는 무서운 심판만이 기다리고 있다. 그것을 보여 주는 행동이 발에 묻은 먼지까지 떨어버리는 것이다. 이 행동은 복된 소식을 거부한 동네는 언약 공동체와 아무런 관계도 없다는 것을 보여 주는 경고다. 주님은 자신의 사역에 대한 반응과 파송한 자에 대한 반응을 동일시하고 있다(16절). 그러므로 설교를 심각하게 듣지 않는 것은 말씀을 무시하는 죄악임을 분명히 선언해야 한다.

3. 사역보고의 흥분, 그리고 더 큰 기쁨(17~20절)

첫 부분 셋째 문단은 칠십 인의 사역보고와 주님의 충고를 살필 차례다. 현장에서 돌아온 사람들은 할 말이 많은 사람들이다. 열두 사도의 흥분된 보고의 열기(9:10) 못지 않게 돌아온 칠십 인의 보고의 열기가 감지된다. 앞의 파송기사처럼 여기서도 주님의 말씀이 주조를 이루고 있다. 첫 절(17절)에서만 칠십 인의 분위기나 보고사항이 기술되고 나머지 세 절(18~20절)은 모두 승리의 기쁨으로 흥분한 제자들을 향해 요긴한 교훈에 할애되고 있다. 본문을 다룰 때 설교자는 먼저 청중들에게 흥분된 보고를 할 만한 사역 현장을 가지고 있는지를 물어야 한다. 그리고 거기에서 나오는 기쁨을 확인한 다음 주님의 교훈을 다루어야 문맥에 신실한 설교자가 될 것이다.

주님은 사역의 기쁨으로 감격하는 제자들을 향해 그들이 기쁨의 보고를 하게 된 이면을 공개하고 있다. 즉 몇몇 귀신이 예수 이름에 굴복한 이면에는 그 두목 사탄이 패배한 사실이 있음을 밝히고 있다. 말하자면 그들의 승리는 사탄을 권좌에서 몰아 낸 주님의 결정적 승리에 기인함을 보여 준다. 그러므로 전도자는 반드시 자신이 누구에게 속한 자인지를 알고 현장으로 나가야 한다. 이것을 아는 제자의 길에는 승리만이 약속되어 있으며, 심지어 순교까지도 영광스런 승리자로서 사탄을 결정적으로 패퇴시키는 일이 되는 것이다.

그러나 최후의 관건은 우리의 이름이 하늘에 기록되는 일임을 주님은 여기서 재확인하고 있다. 사역자로서 우리가 주님을 위해 무엇을 했느냐 하는 것도 기뻐할 일이지만, 하나님께서 당신의 자녀 된 우리를 위해 무엇을 하셨는지를 기억하면 우리는 언제 어디서나 영원토록 즐거워할 수 있을 것이다. 주님은 세상에 오셔서 단 한 가지 사역, 즉 사람들을 구출해서서 하나님의 백성 삼아 예배자로 만드는 일을 하셨다. 그러므로 예배자는 한 주간 자신이 한 일로 기뻐하는 자가 아니라, 예배의 자리에 나올 때마다 하나님이 우리를 사랑하셔서 독생자를 보내 주셨음을 성도들과 함께 기뻐하는 자다.

하지만 하늘에 이름이 기록된 것으로 기뻐하는 것은 사역의 기쁨으로 기뻐하는 자에게 더 큰 기쁨의 원천을 보여 주는 것이지 사역의 기쁨을 맛보지도 못한 이들에게 하는 말은 아니다. 능력도 없으면서 하늘에 이름이 있다고 스스로 위로하도록 하는 것은 본문에 대한 엄청난 오용이다.

4. 성령으로 기뻐하시는 예수님(21~24절)

넷째 문단은 하나님께서 지금 나타내 주신 바에 대해 주님께서 기뻐하시고 감격하셔서 말씀하시는 부분이다. 앞에서는 제자들에게 참으로 기뻐해야 하는 사실이 무엇인지 말해 주고, 여기서는 주님 자신이 기뻐하는 모습을 볼 수 있다. 지금 주님은 '성령으로' 기뻐하고 있다. 이것은 앞서 제자들의 기쁨과 견줄 정도의 기쁨이 아니다. 그러나 우리말 성경을 읽으면서 받는 느낌은 전도의 현장에서 돌아온 제자들 편이 더 큰 기쁨인 듯이 보이지만 원문에 사용된 단어를 보면 예수님 편의 기쁨이 더 격렬하다. 모펫은 이를 두고 '기쁨으로 떨었다'라고 실감나게 번역하고 있다.

제자들의 기쁨은 사역에 근거한 기쁨이지만 주님의 기쁨은 그 안에 계신 성령께서 주시는 내적 기쁨이다. 넘쳐나는 기쁨이요 소리치게 되는 기쁨이다. 누가복음 초두에서 오랫동안 기다려 온 하나님의 구원역사가 전개되는 것을 바라볼 때, 성도들의 마음속에 넘쳐나던 동일한 감격이 지금 주님의 마음에서 넘쳐나고 있다. 넘쳐나는 기쁨은 마음속에 가두어 둘 수 없다. 입술로 터져 나올 수밖에 없다. 주님의 경우 성령의 기쁨으로 감사기도를 드리며 동시에 제자들을 향해 축복을 선언하는 것으로 표현되고 있다.

좀 더 자세히 살펴보면 이 문단(21~24절)은 9:51에서 시작한 큰 문단의 완성부분으로, 21~22절은 형식상 하늘 아버지께 드리는 주님의 기도이고 23~24절은 제자들을 향해 축복하시는 부분이다. 21절에는 계시의 주인이신 아버지의 활동이 부각된 반면, 22절은 계시의 대리인인 아들의 독특한 위치를 강조한다. 그렇게 보면 23~24절은 계시의 수혜자인 제자들의 복된 신분을 축복하는 가운데 계시의 역사 속에 탁월한 예수님의 위치가 드러나고 있다.

주님께서는 계시자 아버지로 인한 기쁨으로 먼저 감사와 감격의 기도를 하게 한다. 그러면 예수께서 성령의 기쁨 가운데 찬사를 돌리고 있는 아버지의 행동은 무엇인가? 그 행동은 이중적이다. "이것을 지혜롭고 슬기 있는 자들에게는 숨기시고 어린아이들에게는 나타내심을 감사하나이다"(21절). 여기서 중요한 것은 숨기셨다는 행동과 나타내셨다는 두 가지 행동이다. 둘 다 모두 단순과거, 즉 그 행동이 처음부터 결정되고 불변하는 하나님의 결정임을 보여 준다. 천지의 대주재께서는 숨기기도 하시고 나타내기도 하시는 계시의 주권자시다.

성령으로 기뻐하시는 주님께 기쁨의 또 다른 측면이 있다면, 그것은 예수님 자신이 계시의 대리자가 되시기 때문에 기뻐하신다. 하나님 아버지는 계시의 대권을 아들과 공유하신다. 그러므로 예수님의 말을 듣는 것은 곧 하나님의 말을 듣는 것이다. 하나님을 만나기 위해서 인간은 예수님을 만나야 한다. 예수님은 계시의 대리자의 자격을 구비한 아버지의 상속자다. 아들이라는 칭호가 맨 먼저 시사하는 바는 그가 아버지의 상속자라는 의미다. 서신서에서 '그가 만물보다 먼저 나신 자'라는 말씀이나 '그가 죽은 자들 가운데서 먼저 나신 자'라는 표현은 모두 예수께서 아버지의 합법적 상속자임을 드러내는 표현이다. 이 문맥에서는 예수님께 계시의 대권을 맡긴 것을 알 수 있다.

예수께서 계시자가 되시기 위해서는 계시하실 아버지를 아서야만 했다. 아들만이 아버지를 아실뿐만 아니라 아들만이 아버지를 다른 사람에게 계시하실 수 있다. 아들만이 아버지와 꼭 같으신 분이기 때문이다. 그러나 아버지와 아들의 상호적 지식은 진리의 기반이다. 아버지를 아는 지식을 아들에게 자기 뜻대로 수여하지만 22절의 아들의 소원은 21절의 아버지의 뜻과 일치하고 있다.

아버지의 뜻과 아들의 소원이 합쳐져 어린아이들에게 하나님의 나라에 들어가는 길이 마련되었다. 이제 우리에게는 하나님 아버지와 깊은 관계를 발전시킬 수 있는 가능성이 그리스도 예수 안에서 열려 있다. 더욱이 하나님께서는 우리와 더불어 친밀한 관계를 맺기 원하시므로 우리의 삶에 이 친밀한 관계를 형성하는 데 방해되는 것을 제거해야 하며 주님과 깊은 관계를 형성해 가야 한다.

주님께서 성령의 기쁨으로 기뻐하신 마지막 이유는, 이 축복이 오직 제자들에게만 해당되지만 동시에 그 동일한 것을 볼 줄 아는 모든 자들을 향해 열려진 축복의 말씀도 되기 때문이다. 칠십 인이 본 것을 보는 눈은 복이 있다. 그들은 예수님의 주위에서 일어나는 사건의 실상을 볼 수 있기 때문이다. 그들은 지금 약속된 구속자에게 직접 듣고 있다. 그들은 지금 아버지의 유일한 계시자를 직접 보고 있다. 그것은 아버지와 아들의 소원대로 계시를 받은 결과로 누리는 복이다.

이제 하나님의 구원의 새날은 밝아왔다. 위대한 사람들조차 옛날에는 다만 멀리서 바라만 보던 것을 이제 눈으로 보고 귀로 직접 듣는 새로운 시대가 열렸다. 선지자들은 구약 시대에 하나님의 계획을 가장 가까이서 전달받은 자들이다. 임금들은 그 시대에 가장 중요한 사람들이지만 그들조차 지금 예수님의 제자들이 경험하는 축복을 누리지 못했다. 제자들은 구약의 약속성취를 보고 있기 때문이다.

그러므로 주님은 지금 간접적으로나마 그러나 분명히 자신이 그렇게 오래 기다려온 약속된 메시아임을 증거한다. 열두 제자와 칠십인의 전도자들은 아직 주님의 죽음과 부활의 저편에 서 있고 죽음과 부활은 그들에게 미래의 사건이지만, 설교자 앞에 있는 청중들은 그의 죽음과 부활이 성취된 자리에서 이 복 된 소식을 듣고 있다는 사실을 깨우쳐야 한다. 그리고 동시에 그 특권에 걸맞은 책임을 인식하게 해야 한다.

진정한 제자의 삶(10:25~42)

10장의 후반부는 25절에서 시작하여 사실상 11:13까지 계속되며 제자들이 어떤 사람인지를 보여 준다. 누가는 여기서 유대인의 율법에 따라 하나님을 사랑하고 이웃을 사랑하는 사람으로 제시한다.

1. 율법사와의 문답(25~28절)

후반부 첫 문단(25~28절)에서는 율법사의 완벽한 대답에서 출발해 역으로 이웃사랑의 범위를 확장시킨 후 하나님 사랑의 내용을 구체화시키고 있다. 누가의 특징적 기법에 따라서 여기서도 남자들의 이야기와 여자들의 이야기(38~42절)로 균형을 시도한다.

2. 비유: 사마리아인의 이웃사랑(29~37절)

선한 사마리아인의 이야기를 통해 주님은 우리가 사랑해야 할 이웃이 누구인지 고민하지 않도록 하고 있다. 이웃사랑은 이웃을 골라서 사랑하는 것이 아니라 누구든 도움이 필요한 사람의 이웃이 되어 주는 것임을 보여 준다. 동족 유대인만 이웃이고 이방인은 아니라고 생각하는 당시 유대인에게, 오히려 이웃에게 사랑을 표현한 사마리아 사람을 등장시켜서 이웃사랑이 무엇인지를 나타내고 있다.

불쌍히 여기는 동정심, 가까이 다가서는 친절한 행동, 상처를 싸매고 치료하는 재빠른 손놀림, 응급조치가 끝나자마자 자기가 타고 온 짐승에 태워서 주막으로 데리고 가는 민첩한 판단, 그리고 두 데나리온을 주고 더 지출되는 비용은 돌아오면 갚겠다는 사마리아인을 등장시킨 다음, 율법사에게 그의 본래 질문을 변형시켜 묻는다. "세 사람 중에 누가 강도 만난 자의 이웃이 되겠느냐?" 여기는 오직 하나의 대답만 있을 뿐이다. "자비를 베푼 자니이다."

본문의 1세기 청중들의 세계에서 보면 엄청난 역할의 역전이 있다. 사마리아인이 선한 일을 했다는 사실은 충격적이다. 어쩌면 의도적으로 율법사는 "사마리아 사람입니다"라고 말하지 않고 "자비를 베푼 자니이다"라고 답하고 있는지 모른다. 하지만 이웃이 된다는 것은 자비를 베푸는 것이라는 진리를 부인할 수는 없다. 오늘 청중의 세계에서도 그들의 고정관념 속에 담긴 기피 인물은 누구인지, 그리고 그 생각의 틀을 바꾸어 "가서 너도 이와 같이 하라"는 피해 갈 수 없는 도전을 청중들에게 던지는 것이 설교자의 몫이다.

이웃을 사랑하는 길은 값을 치르는 길이다. 자신을 위해 아껴 둔 포도주와 기름을 붓고 자신의 겉옷자락조차 찢어야 하며 자신의 짐승에 태우는 수고를 감당해야 하고 자신의 지갑에서 지출을 감당해야 하는 것이다. 동시에 바쁜 현대인들도 시간을 드릴 각오를 해야 한다. 일정에 차질을 가져올 손해와 불편을 감당해야 하지만, 하나님의 사랑을 받은 성도는 그런 대가 지불하기를 주저하는 사람이 아니다. 그리스도인들은 도움을 필요로 하는 자들의 이웃이 되는 사람들이다.

3. 말씀보다 우선하는 일은 없다(38~42절)

후반부 마지막 문단에서는 하나님을 사랑하는 것은 말씀을 사랑하는 것이라고 분명히 가르쳐 준다. 동생을 책망하는 마르다가 무슨 큰 잘못을 저지른 것은 결코 아니다. 다만 마르다는 모처럼 오신 분이 전하는 하늘양식보다 자신이 마련할 음식에 온통 마음이 빼앗겨 있을 뿐이다. 주님 섬기는 일에 열심인 것을 비난할 수는 없지만 초조해지다보니 동생 마리아를 신랄하게 비난하기 시작한 것은 책망받을 일이다.

더 나아가, 마르다의 잘못은 주님조차 가르치려 들었다는 점이다. 그녀의 모습을 통해 자기 자신은 잘하고 있다고 생각하는 어리석음을 범하는 이들이 자신을 돌아보게 해야 한다. 동시에 우리는 마리아를 통해서도 배울 점이 있다. 게으른 자가 아니라 육신 돌보는 것보다 영혼 돌보는 일에 더 큰 관심을 기울이는 쪽을 선택한 점이다.

마리아는 좋은 몫을 택하므로 칭찬을 들었는데, 그녀가 선택한 것은 아무도 결코 빼앗을 수 없다는 점에서 다시금 칭찬을 듣고 있다. 그러므로 하나님을 사랑하는 청중들이 하나님의 말씀을 사랑하도록 도전해야 할 직무를 설교자는 수행해야 한다. 주의 발 앞에 앉아 주의 말씀을 듣는 제자의 삶으로의 도전이 무엇보다 우선되어야 한다. 하나님나라를 위한 그 어떤 일도 주님 말씀을 듣는 일보다 우선될 수는 없기 때문이다.

11 이렇게 기도하라!
누가복음 11장의 주해와 적용

누가복음 11장은 이른바 누가복음 여행 사화(9:51~19:27)의 서두 부분에 위치해 있다. 그 내용을 언뜻 보면 서로 연관성이 약한 여러 교훈과 사화(史話)를 한 곳에 모아 놓은 것 같지만, 11장은 크게 기도에 대한 예수님의 가르침(1~13절)과 바알세불 논쟁과 충돌(14~54절)에 대한 것으로 대별해 볼 수 있다. 이 두 큰 단락은 첫 단락의 끝에(13절) '성령'이라는 단어가 등장한 것과, 이에 대비되는 개념으로써 두 번째 단락에 처음 부분부터 등장하는 귀신 혹은 악령에 대한 개념으로 상호 연결되어 있다고 할 수 있다.

먼저, 전반부에 해당하는 예수님의 기도에 대한 가르침은 주기도문(1~4절), 밤에 찾아온 친구의 비유(5~8절)와 기도에 대한 태도(9~13절)로 나눌 수 있다.

그 다음, 바알세불 논쟁에 대한 부분은 그 내용상 상호 연관성을 찾기 어려운 부분이지만, 여러 가지 사건과 가르침이 예수님이 귀신을 쫓아낸 것에 대해 바알세불을 힘 입었다고 주장하는 논쟁과 관련 있다는 측면에서 연관성이 있다. 이 부분을 내용상으로 분류하면 바알세불 논쟁(14~23절), 더러운 귀신(24~26절), 참으로 복 된 자(27~28절), 예수님의 표적(29~36절), 바리새인들과 율법사들에 대한 예수님의 책망(37~54절) 등 다섯 부분으로 나눌 수 있다. 또한 이 부분은 예수님의 축귀사건에 대한 사람들의 상호 다른 태도와 이에 대한 예수님의 반작용에 대한 내용으로 엮여졌다고도 할 수 있다.

기도에 대한 예수님의 교훈(11:1~13)

누가복음에는 다른 복음서나 서신에 비해 기도에 대한 내용이 많이 나온다. 누가복음에 등장하는 예수님은 기도하는 분일 뿐 아니라(3:21; 5:16; 6:12; 9:18, 29; 22:32, 39~46; 23:46), 제자들에게 기도를 구체적으로 가르쳐 주시는 분이다(6:27~28; 10:2; 11:1~13; 18:1~14). 예수님은 구원 사역의 중요한 순간마다 기도하셨으며, 구원 사역을 이루어 나가는 제자들에게도 그 방법이 기도라고 가르치신다.

누가복음 11:1~13은 기도에 관한 예수님의 두 묶음의 교훈(11:1~13; 18:1~14) 중 하나로, 제자들이 어떻게 기도생활을 할 것인가에 대한 구체적인 교훈을 그 내용으로 하고 있다.

1. 주기도문(1~4절)

누가는 여행 사화 시작 부분에서 기도에 대한 세 묶음의 기사와 교훈을 포함시킨다. 즉 주기도문(1~4절), 밤에 찾아온 친구의 비유(5~8절), 기도에 대한 권고(9~13절)다. 이 묶음은 '기도'라는 공통 주제와 '아버지'(2, 11, 13절), '주다'(3, 7, 8, 9, 11, 12, 13절), 그리고 '빵'(3, 5절)이라는 단어들로 상호 묶여 있다. 전체적으로 볼 때 이 내용은 어떻게 기도해야 하는가(1절)에 대한 하나의 대답으로 제시된 것이다.

예수님은 제자들에게 이른바 주기도문을 가르치기에 앞서 어느 한 장소에서 기도에 몰두하셨다. 이러한 예수님의 기도 모범을 따르고자 제자들은 자신들에게도 어떻게 기도해야 하는지 가르쳐 달라고 한다. 세례 요한도 자신의 제자들에게 기도하는 법을 가르쳐 주었다는 말도 덧붙인다(1절). 누가복음의 주기도문은 이렇게 모범적인 기도의 내용과 태도에 대한 제자들의 질문과 요청에 대해 예수께서 구체적으로 답을 주신 것이다.

예수님은 기도할 때 다음과 같이 하라고 말씀하신다(2절). 무엇보다 먼저, 기도의 대상은 하나님으로서 그분을 '아버지'로 부르라고 한다. 구약과 유대교에서는 하나님을 아버지로, 이스라엘을 그 자녀로 여기고 있었지만, 한 개인이 하나님을 '아버지'로 부르는 것은 당시 문화로 볼 때 상당히 의외적이고 동시에 충격적인 것이었다. 특히 예수께서 아람어로 이 말을 했다고 볼 때 - 이 말은 '아바'가 되는데 이는 어린아이가 아버지를 친숙하게 부르는 말이다 - 기도할 때 하나님을 '아빠'라고 부르라고 한 것은 더더욱 충격적인 말이 된다. 그러나 예수님은 하나님을 친히 '아빠'(막 14:36)라고 불렀으며 제자들에게도 기도할 때 그렇게 부르라고 가르치신다.

기도의 대상이 하나님이라면 하나님의 자녀인 신자는 '아빠'이신 하나님께 무엇을 요구하기에 앞서 그분에 대한 기원을 하라고 예수님은 가르치신다. 먼저, 구약성경에서 하나님을 표현하는 방식인 '하나님의 이름'(삼하 6:2; 렘 7:11; 암 9:12)이 거룩하게 되기를 기원해야 한다. 이것은 신자의 기원일 뿐만 아니라 자신이 하나님을 거룩한 분으로 선포하는 삶을 살 것이라는 고백이 되기도 한다.

다음으로 신자가 기원해야 할 부분은 하나님의 나라가 [이 땅에] 임하는 것이다. 이 말은 신자가 죽은 후 영원한 하나님나라에 들어갈 소원을 아뢰는 것이라기보다 이 땅에서부터 하나님의 통치가 임하기를 기원하는 것이다. 잘 알려진 대로 신약성경에서의 하나님나라는 기본적으로 '하나님의 통치'라는 역동적인 개념이므로, 이것이 개인에게는 하나님의 통치를 받겠다는 기도가 되고 세상과 교회에는 하나님의 통치가 온 세상에 미치게 되도록 기원하는 것이다.

이어서 누가복음에 나타나는 주기도문은 세 가지 요청의 내용을 담고 있다. 첫째는 매일매일의 필요한 양식을 구하는 것이고(3절), 둘째는 죄에 대한 용서를 구하는 것이며(4a절), 셋째는 유혹에 빠지지 않도록 기도하는 것이다(4b절).

먼저, 예수님은 매일 필요한 양식을 위해서 기도하라고 가르치신다. 그런데 여기서 '필요한'이라고 번역한 '에피우시오스'라는 헬라어 단어는 '실존을 위해서 필요한', '오늘의', '다음 날의', '미래의', '필요한' 등의 다양한 뜻을 함의한다. 마태복음의 주기도문에서 이 단어는 '일용할'이라는 뜻으로 번역되었는데, 누가복음에서는 '날마다'라는 말이 이미 다른 단어로 쓰였기 때문에 여기서는 '필요한'이라는 뜻이 더 잘 어울린다.

두 번째 요청의 내용은 죄의 용서인데 무조건적인 죄의 용서에 대한 기도가 아니라, 다른 사람들이 우리 자신들에게 잘못한 것을 우리 자신들이 먼저 용서한다는 전제 하에서다. 이러한 용서와 용서받음의 기도내용은 이에 관한 예수의 평상시 가르침과 일치한다(마 18:23~35).

마지막 기도의 내용은 하나님이 그 자녀들을 유혹에 빠지게 내버려 두지 않도록 요청하는 것이다. 이는 구약에서 하나님이 이스라엘 백성을 유혹에 빠지도록 내버려 두었다고 말한 배경에 근거한 것이다(출 16:4; 20:20; 신 8:2, 16; 13:4; 33:8; 삿 2:22). 이러한 배경에서 예수님은 그 제자들에게 기도를 가르침으로써 하나님이 그 자녀들을 유혹에 빠지도록 내버려 두지 않을 것이라는 것을 간접적으로 말하고 있는 것이다.

2. 밤에 찾아온 친구의 비유(5~8절)

기도에 대한 예수님의 두 번째 가르침으로 나오는 '밤에 찾아온 친구의 비유'(5~8절)는 두 단계로 구성되어 있다. 첫째 단계는 밤에 음식을 요구하는 친구의 청을 들어 주지 않는 사람의 이야기다(5~7절). 둘째 단계는 첫 번째 단계의 해석적 결론이다(8절). 첫 번째 단계에서는 두 가지 상호 반대되는 모티브가 동시에 나타난다. 하나는 '친구' 모티브로, 흔히 호의를 갖게 한다. 다른 하나는 한밤중 모티브로서 성가심을 야기한다.

여기서 친구의 모티브가 비유 이야기를 지배하는 것은 자명하다(5, 6, 8절). 또한 여기에는 아마도 유대적 혹은 동양적 친구에 대한 호의가 그 배경에 깔려 있는 것 같다(참조. 창 18:1~8; 히 13:2). 간과하지 말아야 할 사실은 '밤에'(뉘크티온)라는 단어가 사용된 것이 아니라 '한밤중에'(메소뉘크티온)라는 것이다. 동양적인 호의가 친구 사이의 어느 정도의 성가심은 참게 할지라도 '한밤중'에 친구 집의 문을 두드리며 무엇을 요구하는 것은 귀찮게 하는 일이 된다. 특히 모든 가족들이 다 잠들어 있는 상황에서는 분명히 그렇다. 여기서 한밤중은 손님의 시간이 아니라 도둑의 시간이다.

우리는 이야기 속에서 위의 두 모티브가 서로 잘 엮여져 있는 것을 볼 수 있다. '친구' 모티브에 의하면, 집안에 있는 친구는 집밖에 있는 친구의 청을 들어 주어야 한다. 그러나 '한밤중' 모티브에 의하면 그 요청은 들어 주지 않아도 된다. 첫 번째 단계에서는 두 모티브가 긴장 속에 균형을 이루고 있다. 이러한 이야기는 두 번째 단계에서 어떻게 결론 내려질 것인지 기대를 갖게 한다. 그래서 두 번째 단계는 첫 번째 단계에서 발생한 문제에 대한 일종의 해답으로 주어진 것이다.

두 번째 단계를 구분하기 위해 8절에서 누가가 앞뒤 문맥을 구분할 때 흔히 사용하는 '내가 너희에게 말하노니'라는 구를 사용한 것은 주목할 일이다(참조. 눅 15:7, 10; 16:9; 18:8, 14). 이 부분에서 독자는 다음에 무슨 일이 일어날 것인지 기대한다. 그러므로 본문의 구조상 핵심교훈은 8절에 있다고 할 수 있다.

본 비유의 구조는 두 단계로 되어 있는데, 비유의 결론인 8절 자체도 친구의 모티브와 한밤중 모티브가 상호 긴장을 이루도록 구성되어 있다. 8절을 다음과 같이 나눌 수 있다.

A. λέγω ὑμῖν, εἰ καὶ (레고 휘민 에이 카이)
    οὐ δώσει αὐτῷ (우 도세이 아우토)
  ἀναστὰς (아나스타스)
  διὰ τὸ εἶναι φίλον αὐτοῦ (디아 토 에이나이 필론 아우투),

B. διά γε τὴν ἀναίδειαν αὐτοῦ (디아 게 텐 아나이데이안 아우투)
  ἐγερθεὶς (에게르쎄이스)
    δώσει αὐτῷ (도세이 아우토)
      ὅσων χρῄζει (호손 크레제이).

여기서 A부분은 친구의 모티브가 지배하고, B부분은 한밤중 모티브가 지배한다. 위의 구절에서 두 모티브가 키아즘(chiasm, 교차배열) 시적 구조로 비교되어 나타난다. 중심에는 선한 행동(디아 토 에이나이 필론)과 그 반대 행동(디아 게 텐 아나이데이안 아우투)에 대한 내용으로 구성되어 있다.

두 번째 부분에서 '아나이데이아'의 의미는 비유를 해석하는 데 절대적 중요성을 가진다. 먼저, '아나이데이아'는 누구의 고집스러움을 가리키는가? 여기서 '아나이데이아'를 꾸미는 헬라어 인칭 대명사 남성 단수 2격 '아우투'는 문법적으로 각각 '요청하는 친구'와 '요청받은 친구'를 가리키는 것이 모두 가능하다.

그런데 누가복음 11:8과 같은 문학적 구조에서는 요청받은 자는 요청자의 행동을 판단해야 하는 위치에 있어야 한다. 즉 다른 말로 하면 '아나이데이아'라는 단어는 요청받은 자가 요청한 자를 어떻게 평가해야 하는가에 대한 단어가 되어야 한다. 그래서 '아우투'는 본문에서 문 밖의 '요청하는 친구'를 지칭한다. 특히 이 비유에서 3인칭 남성 단수 2격 대명사 '아우투'는 모든 경우에 요청하는 자를 가리킨다는 것도 간과해서는 안 된다. 그러므로 여기서 '아나이데이아'는 요청하는 자 편에서의 간청이라 할 수 있다.

결론적으로 누가복음 11:8은 다음과 같은 의미로 해석된다. '집안에 있는 친구는 집 밖에 있는 친구에게 비록 우정에 근거해서는 요청을 들어 주지 않을지라도, 간절한 요청을 하면 그 청을 들어 주게 될 것이다.' 이러한 해석은 누가복음 문맥에서 이 구절 다음에 나오는 기도에 대한 교훈의 내용과 일치하는 것이다(11:9~10). 한마디로 말해, 밤에 찾아온 친구 비유의 핵심은 기도에 대한 태도, 즉 적극적인 기도에 대한 가르침에 있다.

3. 기도할 때의 태도(9~13절)

밤에 찾아온 친구의 비유가 '적극적인 태도로 기도하라'는 가르침이라면, 곧이어 나오는 세 번째 기도에 대한 교훈(9~13절)은 앞의 비유에 대한 구체적인 적용이며 그 내용을 더 강화시켜 주는 역할을 한다.

예수님은 신자의 기도에 대한 태도로서 '구하라', '찾으라', '문을 두드리라'는 단어로 적극적으로 기도에 임할 것을 주문하신다. 또 이러한 태도로 기도하면 반드시 응답될 것이라는 기도응답에 대한 확신도 덧붙이신다(9~10절). 거기에다 하나님은 기도에 적극적으로 응답하시는 분이심을 비유로써 설명한다.

그러면서 자식이 생선을 달라고 요청할 때 뱀을 주거나, 알을 요청할 때 전갈을 주는 부모가 없는 것이 당연하듯이, 더더욱 신자의 아버지이신 하나님은 기도하는 자에게 응답하시는 분이라는 것이다(11~13절). 특이한 것은 마태복음과는 달리, 구하는 이에게 그 요청한 대로 좋은 것을 준다고 한 것이 아니라 더 구체적으로 성령을 주겠다고 언급한다. 이 구절은 기도의 주요 요청 내용이 성령을 받는 것이 되어야 함을 말하는 것이다.

바알세불 논쟁과 충돌(11:14~54)

1. 바알세불 논쟁(14~23절)

이 기사는 예수님이 벙어리 귀신을 쫓아낸 사건(14a절)과 사람들의 서로 다른 반응(14b~16절), 그리고 이에 대한 예수님의 말씀(17~23절)으로 구성되어 있다. 예수께서 벙어리 귀신을 쫓아내신 결과에 대해 무리들은 놀라움을 나타낸 반면, 어떤 이들은 이것을 예수님이 귀신의 우두머리 – 아마도 사탄 – 의 힘을 빌려서 한 것이라고 주장하고, 또 한 부류의 사람들은 예수님에게 자신의 정당성을 표적을 통해 보이라고 말한다.

예수님의 치유이적에 대한 이러한 부정적인 반응에 대해 예수님은 다음과 같이 논박하고 이 사건의 의미를 가르쳐 주신다. 첫째, 왕국에서 내분이 일어나면 그 나라가 망하는 원리와 같이, 어떤 사람이든 귀신의 힘을 빌려 귀신을 쫓아낸다면 그 귀신왕국은 자멸하게 되어 있다. 그렇다면 어떻게 사람이 귀신의 힘을 빌려 귀신을 쫓아낼 수 있는가?

둘째, 만약 예수님이 귀신의 힘을 빌려 귀신을 내어 쫓는 것이라면 당시 이러한 사역을 하는 유대인들 – 예수님의 말로는 '너희 아들들' – 또한 같은 문제에 걸리지 않는가? 곧 이러한 비난을 하는 유대인들은 자가당착에 빠진다.

셋째, 예수님의 귀신축출 사역이 하나님의 능력에 힘 입은 것이라면 이 사건은 하나님의 나라가 이 땅에 임했다는 것을 의미한다.

넷째, 예수님의 귀신축출 사건은 더 강한 자인 예수께서 지금까지 강한 자로 군림하던 사탄을 무장해제하고 사람들에게 해방을 주는 것이다. 예수님은 이와같이 논박하신 후 자신의 사역에 긍정적으로 반응하지 않는 자는 결국 자신을 반대하는 자라고 말하여, 사람들에게 예수님의 사역에 대해 어떻게 반응해야 할지 결단을 촉구한다.

2. 더러운 귀신(24~26절)

바알세불 논쟁 후 예수님은 더러운 귀신에 관한 이야기를 하신다. 어떤 사람에게서 더러운 귀신이 일시적으로 나갔지만 안식처를 발견하지 못하고 그 사람에게 되돌아와 다른 여러 귀신들과 함께 그 사람을 거처로 삼으면, 그 사람의 나중 상태가 현재보다 더 악화된다는 것이다.

더러운 귀신에 관한 교훈은 한편으론 앞의 바알세불 기사와 연결점이 없는 것처럼 보이지만 축귀에 대한 내용과 귀신들이 '나갔다' 라는 동사로 상호 연관되어 있다. 특히 이 말씀의 바로 앞 구절은 예수님의 말씀에 대해 동의와 반대의 결단을 촉구하는 것인데(23절) – 이 구절과 예수님의 더러운 귀신에 대한 말씀을 연관시켜 보면 – 결국 일곱 귀신이 들어와 최종 상태가 더 악화된 이야기는 예수님을 따르기로 결단하지 않은 사람의 상태를 묘사하는 것이라고 볼 수 있다.

3. 참으로 복 된 자(27~28절)

예수님의 이러한 말씀에 대해 군중 속에서 갑작스런 반응이 나온다. 한 여인이 예수님의 말씀을 듣고 감복하여 예수님을 낳은 어머니가 얼마나 복된가를 히브리어적인 완곡어법으로 "당신을 밴 태와 당신을 먹인 젖이 복이 있도다"(27절)라고 소리친다. 예수님의 어머니에게 복이 있다는 것은 마리아가 엘리사벳을 문안했을 때 "여자 중에 네가 복이 있으며 네 태중의 아이도 복이 있도다"(눅 1:42)라는 말을 상기시켜 준다.

예수님을 옹호하는 이러한 사건에 대해 예수님은 오히려 약간 의외의 말을 한다. "오히려 하나님의 말씀을 듣고 지키는 자가 복이 있느니라"(28절). 이것은 공관복음서에서 참된 가족이 누구인가 하는 논쟁(막 3:31; 마 12:46~50; 눅 8:19~21)에서 예수님이 하신 말씀과 일맥상통한다. 하나님 안에서 참된 가족은 '하나님의 말씀을 듣고 행하는'(눅 8:21) 사람들이듯이 참으로 복 된 자는 예수님의 말씀을 듣고 순종함으로 결국 하나님의 말씀을 듣고 순종하는 자들이라는 것이다. 이 말씀도 23절에서 예수님의 축귀사건을 보고 예수님에게 순종할 것인가 반대할 것인가를 결단하라는 말씀과 흐름을 같이하고 있다.

4. 예수님의 표적(29~36절)

이어서, 예수님은 바알세불 논쟁과 관련해 어떤 이들이 예수께 자신의 정당성을 표적으로 증명하라는 요구(16절)에 대한 답변을 하신다. 먼저, 예수님은 이러한 표적을 요구하는 것은 악한 세대가 하는 짓이며, 요나의 표적밖에는 보여 줄 것이 없다고 말씀하신다. 요나가 자신의 인격과 말씀을 통해 니느웨 사람들에게 표적이 되었듯이, 예수님도 자신의 말씀을 듣는 사람들에게 표적이 된다는 것이다. 즉 요나가 하나님의 말씀들 통해 니느웨 백성의 회개를 촉구했듯이, 예수님도 말씀을 통해 사람들의 회개를 촉구하고 계신다.

예수님은 사람들의 회개를 촉구하기 위해 또 한 가지 예를 드신다. 구약에 나오는 남방 여왕이 솔로몬의 지혜의 말을 들으려고 땅 끝에서 왔는데, 지금 솔로몬보다 더 위대한 예수님의 지혜의 말씀에 사람들이 귀를 기울이지 않는다는 것이다. 결국 예수님의 지혜의 말씀을 듣지 않는 자는 요나의 말을 듣고 회개한 니느웨 백성과 솔로몬의 지혜의 말을 들은 남방 여왕에게서 심판의 메시지를 듣게 되는 것이다. 바로 앞 에피소드와 연결하여 이 구절을 이해하면 결국 그 지혜의 말씀은 하나님의 말씀이고, 사람들은 이에 순종으로 반응하도록 촉구된다.

그래서 언뜻 앞 문맥과 잘 어울리지 않을 것 같은 등불에 대한 이야기가 뒤이어 나오는데(33~36절), 이 구절에서 마음을 등불에 비유하고, 또 이 비유가 예수님의 말씀에 어떻게 반응할 것인가 하는 것을 말하고 있는 것이라고 본다면 그 상관관계가 이해될 수 있다. 눈이 없으면 사리를 올바로 분별하지 못하듯 마음에 등불이 없으면 예수님의 말씀에 올바로 반응하지 못하고, 역으로 마음에 등불이 켜지면 예수님의 말씀에 순종으로 반응하게 된다는 뜻이다.

5. 바리새인과 율법사들에 대한 책망(37~54절)

그리고 나서 예수님은 한 바리새인의 집에 식사 초대를 받게 되는데, 예수께서 식사 시 손을 씻는 정결례를 행하지 않는 것을 보고 그 바리새인이 이상하게 여겼다. 그러자 예수님은 바리새인들과 율법사들에 대한 저주 선언을 하신다. 이것은 누가복음 6:20~26에 나와 있는 축복과 저주 선언을 상기시킨다.

예수님은 먼저 바리새인들에게 세 가지 저주 선언을 하고, 이어 율법사들에게 같은 수의 저주 선언을 하신다. 예수님은 자신을 비난하는 바리새인들에게 겉은 깨끗이 하나 내면은 탐심과 악독이 가득하다는 것을 지적하신다. 사람에게 외모보다 내면의 정결이 무엇보다 더 요구되는 것이다.

바리새인들에 대한 첫 번째 저주 선언은 이들이 경건생활의 외적인 면만 치중하여 그 본질을 잃어버린 것에 관한 것이다(42절). 그들은 물질의 십일조는 드리되, 십일조를 하는 기본정신인 공의와 하나님께 대한 사랑은 버린 것이다. 예수님은 경건의 내적인 면과 외적인 면이 일치해야 함을 역설한다.

두 번째 저주 선언은 바리새인들의 명예욕에 관한 것이다(43절). 바리새인들은 자신들의 종교적 열심과 지식에 대한 자부심으로 회당에서 높은 자리를 차지하고, 어디에서나 자신이 귀중한 존재라고 인정받고 싶어했다. 바리새인에 대한 마지막 저주는 이들이 자신의 본질에 대해 착각하고 있다는 데서 발생하는 것이다(44절). 이들은 스스로를 거룩하고 정결한 사람들이라고 생각했지만 그 실상은 그 반대였다. 이들의 상태는 표시가 없는 무덤과 같아서 사람들이 매일 밟고 지나가지만 시체가 있는 무덤이라는 것을 느끼지 못할 뿐, 실제는 그 속에 썩는 시체가 있는 것이다.

한 율법사가 바리새인들에 대한 예수님의 저주선언을 못마땅하게 여기자, 예수님은 율법사들에게도 같은 수의 저주선언을 한다. 이들에 대한 첫 번째 저주 선언은 당시 율법사들의 행태와 잘 어울리는 것이다. 이들은 '장로의 유전'(막 7:5 참조)이라고 불리는 여러 가지 율법에 대한 세부규정을 만들어 사람들에게 큰 짐을 지우는 반면, 자신들은 이것을 지키지도 않는다. 그래서 예수님은 이들의 잘못이 이중적이라고 지적하신다. 즉 남에게 율법의 짐을 지우는 것과 자신들이 이를 시행하지 않는 것이다.

율법사들에게 내린 두 번째 저주 선언은 이들이 자신들의 조상들이 죽인 선지자들을 존경한다고 떠벌리고 다니면서도 현재의 선지자를 핍박한 것과 관련이 있다(47~51절). 즉 이스라엘 백성은 대대로 선지자들을 죽이고 율법사들은 죽은 선지자들을 존중한다고 말하지만, 현재 선지자인 예수님을 핍박하고 있는 것이다. 예수님은 이러한 행동에 대해 마땅한 보응을 받을 것이라고 한다.

율법사들에 대한 마지막 저주 선언은 이들이 하나님의 말씀을 잘 풀어내어 사람들에게 깨우치게 할 사명이 있고 그 지식으로 하나님의 지혜의 집(잠 9:1)에 들어갈 열쇠를 가진 자들임에도 불구하고 자신들도 이 집에 들어가지 않고, 들어가려 하는 사람들도 들어가지 못하도록 막았다는 데 있다(52절).

율법사들과 바리새인들에게 저주를 선언한 후 예수님이 식사장소에서 나올 때 이들은 적의를 가지고 예수님께 달라붙어 여러 가지 질문을 하면서 예수님의 말에 조금이라도 트집을 잡으려 한다. 그래서 뒤 이어지는 기사에서도 예수님은 계속해서 바리새인들에 대한 비판을 가한다(12:1).

본문에 대한 단상

누가복음 11장을 통해 우리는 크리스천의 삶에서 두 가지 중요한 문제를 점검해 볼 수 있다. 첫째는 기도에 대한 것이다. 누가는 크리스천들이 하나님의 나라를 이루어 나가는 방편으로 인간 편에서 볼 때 적극적인 기도가 요청된다고 한다. 둘째는, 축귀를 비롯하여 예수님의 사역에 대해 사람들은 나름대로 취하는 태도가 있는데 누가는 이 본문을 읽는 자에게 암시적으로 자신이 어디에 속하는지를 점검해 보라는 것이다. 본문은 바리새인들과 율법사들처럼 예수님의 사역을 악령에 의한 것이라고 하든지, 아니면 예수님을 시험하여 또 다른 표적을 보이라고 하는 것은 잘못된 태도며, 오히려 예수님의 축귀와 병 고치는 사역에 놀라워하는 무리들의 태도가 올바른 것이라고 제시한다.

12 종말의 심판을 준비하는 삶
누가복음 12장의 주해와 적용

누가복음 12장을 해석하고 설교하려면 무엇보다 저자가 예수의 전승을 어떻게 모았고 무엇을 전하려 했는지를 파악해야 한다. 이는 각 본문이 가리키는 표면적인 교훈 그 이상으로 전하고자 하는 진정한 교훈을 찾는 작업이라 할 것이다. 이를 위해 먼저 누가복음 12장이 현재 본문으로 발전되기까지의 과정을 살펴보아야 한다. 이러한 작업은 누가복음 12장의 강조점이 어디에 있는지를 보게 하며, 전체의 흐름과 방향을 설정하게 될 것이다.

본문의 형성과정

누가복음의 저자는 이전에 존재하던 자료를 기초로 현재의 본문을 나름대로 재구성했다. 이를 잘 보여 주는 본문이 바로 1:2~3의 내용이다. 중요한 점은 누가복음 저자는 분명 이전의 자료들을 재배치하고 자기가 수집한 자료를 첨가하여 그 무엇인가를 강조하기 위해 현재의 본문을 형성했다는 것이다.

이에 관한 연구를 통해 저자가 강조하고자 했던 부분을 확인하게 되는데,[1] 결국 이들을 살펴보면, 누가복음 저자는 하나님이 제공하시는 물질에 대한 종말론적 관점을 주의 깊게 다루고 있음을 확인할 수 있다. 이로써 종말을 준비하는 마음으로 이 세상을 살아가라는 교훈이 드러난다. 이러한 큰 방향을 파악하고 이제 각 본문을 설명하면서 이 본문에서 어떻게 설교할 수 있을지 그 방향을 제시해 보고자 한다.

본문배열에 대한 분석

누가복음 12장은 잘 구성된 본문으로서, 12:1에서 설정된 배경은 13:1에서 새로 설정되기까지 12장 전체를 통해 한 묶음을 이룬다. 누가복음 12장은 저자가 설정한 청중의 배열을 통해 이야기가 진행된다.

우선, 12:1~12의 내용은 많은 무리 가운데 제자들에게 말씀하신 부분이다. 그러므로 예수의 제자가 된 사람들이 주의깊게 받아야 할 말씀이다. 둘째, 12:13~21의 내용은 무리 가운데 한 사람이 질문을 하자 그 사람에 대해 대답하며 가르친 내용이다. 그러므로 일반적인 사람들을 대상으로 전하고 있다. 셋째, 12:22~40은 제자들에게 전해진 내용이다. 넷째, 12:41~53의 내용은 베드로가 질문한 내용에 대한 대답으로 제시된다. 마지막으로, 12:54~59의 내용은 무리에게 제시되는 가르침이다.

물론 넷째 부분은 같은 '제자모둠'에 속하는 점으로 미루어 볼 때 셋째 부분과 밀접히 연관되어 있다. 이로써 '제자 – 무리 – 제자 – 무리' 순으로 청중이 나열되어 있음을 알 수 있다. 이 구성은 누가복음 저자가 나름대로 의도를 가지고 짠 것임을 살며시 드러내지만 또한 누가복음의 독자가 되는 모든 그리스도인들에게 전하는 교훈임을 잊지 말아야 할 것이다.[2]

제자들을 향한 가르침(12:1~12)

분명한 이해를 위해 누가복음 12:1~12까지의 내용을 살펴보자. 이 본문은 제자들의 사명에 대해 논한다. 그러면서 매우 흥미로운 점은 4절에서 예수님이 제자들을 친구로 부른다는 점이다.[3] 이로써 매우 중요한 교훈을 전하고 있음을 알게 된다. 이를 위해 증거의 당연성을 먼저 제시한 후(1~3절), 증거되어야 할 하나님을 소개하고(4~7절), 뒤이어 '사람의 아들'(人子)을 언급한다(8~9절). 그리고 이들을 증거할 때 성령께서 도우시며 가르치심을 제시한다(10~12절). 이로써 하나님, 예수님, 성령님과 연관되어 증거해야 할 제자들의 사명이 일목요연하게 제시된다.[4]

1~3절의 내용은 바리새인들의 누룩 곧 외식을 주의하라고 가르친다. 누룩은 일상생활에 꼭 필요한 것임에도 불구하고, 정결면에서는 음식재료를 변하게 하는 것이라 부정적인 인식을 보여 주고 있다. 이를 통해 예수의 제자들은 변하지 않는 진실을 지켜나가야 함을 강조한다.

이어서 "감추인 것이 드러날 것이요 숨은 것이 알려질 것이요 어두운 데서 말한 것이 광명한 데서 들리고 골방에서 귀에 대고 말한 것이 집 위에서 전파될 것"이라 말씀하신다. 이는 예수께서 감추어진 하나님의 비밀을 드러내는 분이심을 암시한다. 이러한 가르침이 바로 다음에 따라 나올 것이다. 이로써 12:1~3은 12장 전체를 향한 서론적 역할을 한다.

먼저 드러내고자 하는 가르침은 하나님이 심판의 주인이 되신다는 것이다. 본문 12:4~7은 제자들이 궁극적으로 두려워해야 할 대상으로 하나님을 제시한다. 특히 4절은 이 세상 사람들이 자신들을 죽일 권세를 가진 권력자를 두려워하고 있음을 반영한다. 하지만 그들의 권세는 육적인 것에만 제한되어 있다. 반면 하나님은 죽음 이후의 삶을 다스릴 권세를 가지고 있기에 그분은 진정 우리의 두려움의 대상이 되신다.

그러면서도 하나님은 사람이 세상을 살아가는 동안 세심하게 관리하시는 분이다. 참새 한 마리까지도 관심을 가지고 섭리하시는 분이요, 사람의 머리털까지 세실 정도로 세심한 분이시다. 그러므로 예수의 제자가 된 사람들을 더욱 돌보시고 세심하게 관리하신다. 이는 이 세상에서 살아가는 동안에도 진정 두려워해야 할 대상으로서의 하나님을 전하는 것이다. 이러한 논증법은 랍비들이 많이 사용하던 것으로 '작은 것에서 큰 것으로' (a minori ad maius)의 방법이다.[5]

그러므로 12:4~7은 위의 본문 1~3절의 내용과 연관시켜 볼 때 그 의미를 더욱 분명히 알게 된다. 죽음 이후의 심판주시며 자상하게 돌보시는 하나님이시기에 우리는 그분 앞에서 숨길 것 없이 진실해야 한다는 것이다. 우리가 어디서 무슨 말을 하든지 그것은 마지막 심판의 자리에서 하나도 숨김없이 나타날 것인데 이는 하나님이 머리털을 세듯이 사람의 모든 것을 세밀하게 관찰하시고 관리하시는 분이기 때문이다.

이어서 12:8~9은 '사람의 아들' (人子)에 대해서도 숨길 바 없이 드러내야 할 삶에 대해 언급한다. 다시 말하면, 제자들이 증거해야 할 대상으로 '사람의 아들'이 제시된다. 그 '사람의 아들'은 예수임에 분명하다. 그는 앞으로 하나님의 사자들 앞에서 증인으로 설 분임을 언급함으로써 그의 초월성을 말씀한다. 그분은 단지 이 세상 사람만은 아니시다. 분명 천상에서 하나님의 사자들, 즉 천사들 앞에서 변호인 혹은 검사와도 같은 역할을 할 존재시다. 이러한 역할은 욥기 1~2장에 서술된 바 천상회의를 반영하며 더욱이 다니엘 7:13 이하에 서술된 '사람의 아들 같은 이'의 역할을 반영한다.

여기서 또한 우리가 살펴볼 것은 지상과 천상에서의 관계성이다. 이 지상에서 '사람의 아들'에 대해 어떻게 대하느냐는 천상에서의 보상과 밀접한 연관성을 이룬다. 이 지상에서 사람들 앞에서 '사람의 아들'을 시인하는 자들은 천상에서 하나님의 사자들 앞에서 인정을 받을 것이다. 반면 이 세상 사람들 앞에서 '사람의 아들'을 부인하는 사람들은 하늘에서 부인을 당할 것이다. 이는 물론 4~7절의 내용과 연관시켜 볼 때 지옥에 들어가느냐 아니면 하나님이 준비하신 또 다른 세계로 들어가느냐 하는 문제와 연관되어 있다. 이 역시 1~3절의 내용에서 언급된 바 감추인 것이 드러나는 것과 밀접히 관련되어 있다.

마지막으로 성령의 역할에 대하여 언급된다. 성령은 역할 면에서 볼 때 12:10~12의 내용에서 갑자기 '사람의 아들'보다 강화된다. 이는 말로 '사람의 아들'을 거역하는 것은 용서를 받지만 성령을 모독하는 자는 용서받지 못하게 됨을 말하는 점에서 그러하다.[6]

여기서 강조되는 것은 성령이 항상 제자들과 함께 있으면서 지켜 주실 것이라는 점이다. 성령의 동행과 인도하심을 통해 성령의 역할이 매우 중요하게 대두된다. 성령은 제자들에게 모든 것을 알려 주시며 이 세상의 권세 잡은 자들을 두려워하지 않게 능력과 길을 주실 분이다. 그리고 그들 앞에서 말할 내용까지 주신다. 결국 예수의 제자들을 통해 감추어진 하나님의 진리를 드러내는 역할을 하는 존재다.

설교 제안

위의 본문을 바탕으로 설교할 때 몇 가지 주제가 떠오른다. 우선 하나님에 대한 두려움과 경외감을 가지는 것이다. 하나님은 모든 생명의 창조자요, 최종적인 심판자시기 때문이다. 그러나 오늘날 과학의 발달로 인간의 교만은 인간복제의 수준까지 나아가고 있다. 하나님이 생명의 주인이라는 믿음과 그분에 대한 두려움 대신 인간을 그저 물질적 대상으로만 보기 때문에 그와 같은 시도들이 계속되고 있는 것이다. 이는 근본적으로 영생에 대한 믿음을 가지고 있지 않기 때문이다. 죽음 이후의 영적 세계에 대해 생각할 때 사람들은 하나님을 두려워하지 않을 수 없다. 하나님에 대한 종말론적 삶은 우리로 하여금 하나님을 더욱 의지하게 하고, 하나님 앞에서 두려움과 겸손함을 가지게 한다.

또한 정직함의 중요성이 다시 한 번 드러난다. 이 세상에서 어떻게 하느냐에 따라 하나님의 천사 앞에서의 심판이 그대로 이루어질 것이다. 그러므로 이 세상에서도 예수에 대한 증거와 더불어 정직하게 살아가는 자세는 매우 중요하다. 우리가 정직하게 살면 바로 그 길이 사람답게 살아가는 길이요 또한 사회적 비용도 대단히 줄일 수 있음을 많은 지도자들이 지적하는 바다. 정직은 하나님 앞에서 사람들이 가져야 할 가장 중요한 덕목 가운데 하나임을 인식하고 강조해야 한다. 우리는 어느 것도 숨길 수 없는 영적 세력의 존재를 인정하고 그 앞에 정직하여야 한다.

무리를 향한 가르침(12:13~21)

이어지는 본문은 무리 가운데 어느 사람이 예수님을 향해 질문하는 것으로 시작하여 이에 대한 예수님의 답변으로 진행된다. 이를 통해 재물에 대한 올바른 사용을 가르치신다. 이 본문은 누가복음에만 나오는 것으로 재물을 사용하는 것과 종말론적 심판과의 밀접한 연관성을 강조한다. 나의 것에 대한 욕심을 지나치게 가지는 것을 경계하고 있다.

먼저, 12:13~15은 어느 한 사람의 질문을 소개한다. 즉 선생이신 예수께서 자기 형에게 명하여 유업을 나누게 해 달라는 부탁이다. 이 세상 사람들은 재물에 대해 깊은 관심을 가지고 있다. 하지만, 이에 대한 예수의 답변은 전혀 새로운 것이다. 이는 자신이 유산분배자로 세움을 받지 않았을 뿐만 아니라 오히려 탐심을 버릴 것을 가르치신다. 사람의 생명이 그 소유에 있지 아니하고 다른 데 있음을 암시하는 것이다. 이로써 새로운 방향에서의 생명에 대해 제시하고자 하신다.

그 대안으로 예수께서는 12:16~21을 제시하신다. 이는 넉넉하게 재물을 모은 부자가 이제는 평안히 쉬고, 먹고, 마시고, 즐기기를 원할 때 그만 하나님이 그 영혼을 취하여 가시는 것에 대한 비유다. 여기서 우리는 두 가지 점을 집고 넘어가야 할 것이다. 하나는 물질을 풍성히 주시는 하나님께 감사할 줄 알아야 한다는 것이다. 자신의 여생을 위해서만 그 물질을 사용하고자 할 때 오는 심판을 피할 수 없게 될 것이다.[7] 둘째, 자기의 영혼을 자신이 마음대로 결정할 수 없다는 것이다. 그럼에도 이 부자는 자기의 영혼을 자신이 평안케 하고자 했다. 이것은 하나님의 주권에 대한 침해가 아닐 수 없다.

이 세상의 권세자는 두려워하면서 하나님은 두려워하지 않는 자에게는 종말론적 심판이 가해질 수밖에 없다. 하나님의 주권이 다시 한 번 중요하게 드러난다. 이를 통해 재물을 쌓아두는 부자들에게 경종을 울린다. 그리고 가난한 자들에게 나누어 주는 자선을 요청한다.

위의 비유는 12:5과 밀접한 연관이 있음을 잊지 말아야 한다. 다시 말하면, 몸이 죽은 후에 지옥에 부자를 던져 넣는 심판자 하나님의 모습을 전하고 있는 것이다. 특히 이 비유는 누가복음에만 나타나는 본문으로 저자의 특별한 관심이 엿보이는 부분이다. 다시 말하면, 저자는 이 본문을 통해 부자가 가난한 자에게 자신의 재물을 풀어 베푸는 것에 대해 강조한다. 사람의 존재는 재물의 소유에 달린 것이 아니다. 오히려 하나님의 말씀을 신뢰하고 이를 바탕으로 실행하는 가운데 존재의 의미가 주어지는 것이다.[8] 이것이 진정 하나님 안에서 부유케 되는 길이다.

설교 제안

위의 본문을 사용하여 설교하면 우리는 재분배의 문제를 생각해야 할 것이다. 현재 우리나라는 연소득 2만 달러를 향한 지표를 제시하고 경제정책을 펴 나가려 한다. 하지만, 이기적인 욕심이 계속되는 한 이는 공허한 목표에 지나지 않게 될 것이다. 끝없는 욕망은 결코 사람들에게 만족감을 가져 줄 수 없다.

재분배와 성장 사이에는 좀 더 많은 것들이 생각되어야 한다. 하지만 대부분의 사람들은 끊임없는 성장을 위하여 재투자에 더 관심을 기울인다. 이것이 현실이다. 재투자 역시 적정 혹은 합의된 분배가 이루어지면서 되어져야 한다. 이것이 하나님의 경제법칙을 지켜나가는 길이다.

제자들을 향한 가르침(12:22~53)

누가복음 12:22~53의 내용은 제자들을 향한 가르침으로 다시 바뀐다.[9]

이 부분은 하나님이 보살펴 주심에 대한 설명과(22~34절), 청지기로서의 사명에 대한 해설(35~48절), 그리고 종말론적 심판자로서의 예수의 역할에 대해 서술한다(49~53절). 이로써 경성함과 충실함이 종말의 심판과 연관되어 나타난다.[10]

먼저, 12:22~34의 내용은 앞의 본문과 느슨하게 연결되어 있는 것처럼 보인다. 하지만 자세히 살펴보면 재물에 대한 올바른 사용이라는 점에서 아주 밀접히 연결되어 있다. 또한 하나님의 보살핌이라는 주제로 12:6~7과도 연결된다.

위의 본문 가운데 22~31절은 제자들이 재물에 연연해 할 필요가 없음을 가르친다. "공중의 새를 먹이시고 들의 꽃도 입히시는" 하나님이심을 제시한다. 그러면서 새보다 귀하고 꽃보다 더 중한 하나님의 백성을 하나님이 버려두시겠냐고 질문한다. 이러한 믿음 안에서 하나님의 백성이요 예수의 제자 된 사람들은 먼저 하나님나라를 구하면서 살아야 한다. 여기서 우리는 자연 신학적 자세를 볼 수 있다. 다시 말하면 하나님이 이 세상을 움직이시는 방법과 법칙을 통해 사람들을 향해 섭리하시는 모습을 발견하는 것이다. 그러므로 사람들은 이 세상에 관한 관찰을 게을리 해서도 안 될 것이다.

이어서 32~34절은 제자들이 감당해야 할 역할을 제시한다. 이는 자신의 소유를 팔아 가난한 자들에게 나누어 줌으로써 하늘에 보물을 쌓는 일이다. 이는 16~21절과는 대조적으로 연결되는 부분이다. 이로써 다시 한번 이 땅에서의 일이 하늘의 것으로 연결됨을 보여 준다. 이는 8~9절의 본문에서도 나타난 바 있다.

둘째, 12:35~48은 예수께서 제자들에게 청지기로서의 역할에 대해 가르치는 내용이다. 먼저 35~40절은 청지기의 자세에 대해 언급한다. 주인이 돌아올 때를 기다리며 깨어 있어 주인이 맡겨 준 일을 잘 감당하는 청지기가 되어야 하는 것이다. 이는 항상 종말론적 심판을 준비하는 자의 모습이다.

그리고 도적이 언제 올지 모르나 예비하고 있는 종이 있으면 그 집을 뚫지 못한다고 서술하는데, 그 주인이 언제 돌아올지 모르는 것은 종말의 심판이 언제 이루어질지 모르는 것을 의미한다. 그 주인은 '사람의 아들'로 규정되면서 예수 그리스도의 재림을 지칭한다.[11] 이로써 종말론적 심판을 예비하는 자세의 중요성이 드러난다.

이어서 41~48절은 베드로가 예수에게 왜 그러한 비유를 하는지 질문하고 예수는 이에 대해 답변하는 양식으로 진행된다. 여기서 중요한 점은 지혜로운 종과 어리석은 종 사이의 대조적인 모습이다. 지혜로운 자와 어리석은 자의 차이는 바로 종말에 대해 예비할 줄 아는가 모르는가에 달려 있다. 지혜로운 청지기는 맡겨진 직무를 때를 따라 잘 감당하기에 주인은 그에게 모든 소유를 맡기게 될 것이요, 그렇지 못한 청지기는 종들을 때리며 제대로 일을 하지 않아 주인으로부터 법에 따라 징벌을 받을 것이다.

그러면서 여기에 39~46절의 내용에 47~48절을 덧붙임으로써 그 징벌의 합리성을 찾고 있다.[12] 좀 더 자세히 말하면 주인의 뜻을 알고도 예비치 않은 청지기와 알지 못했기에 예비치 못한 청지기 사이의 차별화가 바로 그것이다. 그러면서 결론적으로 "무릇 많이 받은 자에게는 많이 찾을 것이요, 많이 맡은 자에게는 많이 달라 할 것이니라"고 말한다. 이를 통해 중대한 일을 맡은 자가 신중하고도 진실되게 일할 것을 요청한다.

셋째, 마지막으로, 12:49~53은 누가복음에만 나오는 49~50절의 내용과 예수 첫글 Q에서 가져온 것으로 보이는 51~53절의 내용으로 구성되어 있다. 이러한 자료분석을 통해 저자는 불에 의한 심판을 제시한다. 이는 엘리야 선지자의 사건을 연상케 하는 것으로(왕하 1:9~16 참조), 예수님은 이것을 자신이 받을 세례라고 말씀하신다. 이것은 누가복음 3:15~17의 본문에 서술된 바 성령의 불을 통한 심판을 의미한다. 이로써 다시 한 번 종말에 있을 심판에 대해 강조가 이루어지고 있다.

그 심판이 있을 때의 현상에 대해 51~53절의 내용은 분쟁을 소개한다. 예수께서 이 세상에 오신 것은 화평을 위해서가 아니라 바로 분쟁을 위한 것이라고 말한다. 이는 심판이 이루어진 다음에 가족 안에서도 나타나는 현상으로서의 분쟁을 의미한다. 이 분쟁은 집안에서 일어날 정도로 아주 심각한 것이다. 가장 가까운 사람들조차도 서로 도움이 될 수 없을 심판이 일어남을 예언한다. 이는 미가 7:6에서 온 것으로 최종적 심판의 모습을 강조한다. 바로 이러한 일을 서술함으로써 종말론적 심판으로 나타날 결과의 심각성을 경고한다.

설교 제안

위의 본문으로 설교하면 하나님의 책임과 사람의 책임 사이의 분명한 한계를 설명할 수 있다. 하나님은 자기의 백성 된 예수의 제자들에게 의식주를 공급하실 책임이 있으며, 사람은 그것을 받아 잘 관리할 의무를 지고 있다. 이러한 관계는 사람들로 하여금 하나님을 신뢰하고 맡겨진 임무를 최선으로 감당하게 한다.

이러한 교훈을 바탕으로 우리는 한국의 노사관계를 살펴보고 새로운 길을 제안할 수도 있다. 신자유경제주의의 관점이 팽배하고 있는 이때, 진정 생명을 중하게 여기는 성경의 경제관을 받아들여야 할 것이다. 서로 신뢰하지 못하고 자신만의 입장을 되풀이하거나 주장하는 오늘날의 경제제일주의적 노사관계는 분명 피해야 한다. 우리는 하나님의 교훈을 바탕으로 종말을 준비하는 오늘을 살아야 한다. 이것이 하나님이 우리에게 원하시는 지혜다.

신약성경 가운데 가장 설교하기 어려운 본문 가운데 하나가 바로 12:51~53일 것이다. 물론 집안에서 일어나는 영적 싸움에 적용할 수도 있다. 한 남자가 다른 종교를 가진 여인과 결혼을 하든 그 반대의 경우든, 내적 갈등과 영적 갈등을 가지게 되는 것은 어쩌면 당연한 일이다. 그럼에도 불구하고 하나님에 대한 신앙을 지켜 나갈 때의 모습을 이 말씀과 연결시킬 수 있을 것이다. 물론 하나님에 대한 신앙을 지킴으로 이러한 영적 갈등을 이겨내야 한다.

그렇지만 이런 점만을 강조하면 그리스도의 사랑과 희생이라는 점이 무시된다. 이는 마치 구약성경에 나타난 진멸법과 별로 다르지 않다. 결국 예수님도 이방 혹은 타종교인에 대한 대적과 박멸을 가르치고 있는 것인가? 예수님이 단순히 그 정도의 의미를 가지고 말씀하시지는 않았을 것이다. 그러므로 이 본문은 종말론적 관점에서 보아야 한다. 우리가 이 세상에서 살아가는 동안에는 희생과 사랑의 본이 되신 그리스도 예수의 모습을 닮아 갈 것이지만, 마지막 심판의 자리에서 생기는 구별은 바로 예수님에 의해 판단될 것임을 말하는 것이다. 이러한 점에서 우리의 사랑과 희생은 계속되어야 한다.

무리를 향한 가르침(12:54~59)

이제 예수께서는 무리들에게 종말의 시대에 나타날 징조와, 이를 대하면서 준비하는 자세에 대하여 가르친다. 결국 모든 사람은 현재의 상황을 읽을 줄도 알고 미래를 준비할 줄도 알아야 한다는 것이다. 여기에는 어느 누구도 예외가 없다.

먼저, 12:54~57의 본문은 사람들이 자연 현상을 통해 일기의 변화를 읽을 수 있듯이, 하나님이 보여 주시는 시대의 징조를 읽을 줄 알아야 한다고 가르친다. 이는 바로 하나님이 불을 내려 심판할 시기를 의미한다. 이를 읽지 못하면 심판의 불로 화를 당하게 될 것이다. 이로써 사람들은 이 세상의 자연현상 및 모든 현상을 살피면서 하나님의 손길을 발견할 줄 알아야 한다.[13] 이는 자연 신학적 자세를 포함하여 모든 면에서 하나님의 역사하심을 볼 줄 알아야 한다고 강조한다.

이어지는 12:58~59은 심판이 이르기 전에 시대의 징조를 알고 준비할 것에 대해 가르친다. 이는 자신이 해를 끼친 사람과 화해를 이루라는 것이다. 그렇지 아니하면 심판을 받고 옥에 갇히며 모든 빚을 갚기 전에는 결코

옥에서 나올 수 없을 것이라고 선언한다. 이는 12:5에서 설명된 바 죽음 이후에 지옥에 들어가는 것을 종말론적으로 비유하는 것이다.

결국 위의 본문은 사람들이 시대의 종말에 대한 징조를 보면서 이를 지혜롭게 준비하는 삶을 살아야 한다고 가르친다. 만약 그렇지 못하면 징벌의 심판에 처할 것이요 결국 그곳에서 영원히 벗어나지 못할 것이다.

설교제안

위의 본문을 가지고 설교한다면 하나님의 백성 된 예수의 제자들은 모든 면에서 상황을 정확히 판단할 줄 아는 통찰력을 가져야 할 것이 강조되어야 한다. 많은 사람들이 시대를 읽고 먼저 예상하고 준비하며 대처하는 삶을 살아간다. 시대를 읽을 줄 아는 자세로 앞서 나가는 것은 하나님의 인도하심을 알게 되는 지름길이다. 이러한 준비가 되어 있는 사람은 이 세상에서도 지도자적 위치에 서게 될 것이요, 영생의 길로 인도하는 영적 지도자로서 옳은 길을 택하게 될 것이다.

오늘날처럼 혼란스럽고 혼잡한 사회, 경제, 정치, 교육, 국제정세 등 현 상황을 올바로 뚫고 나갈 사람은 바로 그리스도인들이다. 여기에 하나님이 함께하심으로 지혜를 얻어 그 징조와 길을 잘 찾아 해결해 나갈 수 있는 능력이 있다.

나가는 글

지금까지의 분석을 통해 알 수 있듯이 누가복음 12장은 그리스도 예수의 제자 된 사람들로 하여금 종말론적 심판을 대비해서 재물을 지혜롭게 사용할 것을 가르치고 있다. 누가복음은 하나님께서 기본적으로 그분의 백성에게 필요한 모든 것을 공급해 주시니 걱정하지 말고 하나님나라를 위하여 재물을 사용하라고 권면한다.

그러므로 예수 그리스도의 제자가 된 사람들은 특별히 하나님의 것을 맡은 청지기로서 주위 사람들을 잘 다스리고 섬기며 재물을 지혜롭게 사용할 사명을 가지고 있는 것이다. 이를 충성스럽게 감당할 때 하나님은 우리를 보상의 길로 인도하시며 그것이 복 된 길이 될 것이라고 말씀하신다.

13 너무 늦기 전에 해야 할 시급한 일
누가복음 13장의 주해와 적용

누가복음 13장은 "그때 마침"이라는 말로 시작한다. 이것은 이제부터 시작되는 말씀이 앞의 단락과 깊은 연관이 있음을 암시한다. 사실 예수님은 무리를 향해 단호하고 긴급한 어조로 심각한 내용의 말씀을 하고 있었다. 그것은 이 시대의 징조를 알아차리고, 그에 합당하게 처신하는 것의 중요성과 긴급성을 지적하는 말씀이었다(12:54~59).

예수님은 무리를 향해 서쪽에서 일어나는 구름이나, 남쪽에서 불어오는 바람의 의미는 정확히 이해하면서, 메시아가 눈앞에 와 있는 이 시대의 의미는 이해하지도 않고, 또 어떻게 처신해야 할 것인지를 판단하지도 않는 모습을 지적하시면서 이들을 "외식하는 자"라고 책망하셨다(12:54~57). 이것은 그들이 무식해서 그런 것이 아니었다. 그들은 구름이나 바람의 방향만 보고도 천지의 기상을 미리 알아차릴 만큼 지식이 있으면서도, 메시아가 오신 이 시대의 징조는 고의적으로 모르는 척하고 딴전을 피웠다. 그러므로 이들은 "외식하는 자들"라 할 수 있는 것이다.

이어서 예수님은 이 시대가 이들에게 계속 말해 주고 있는 것은 심판이 임하기 전에 긴급히 하나님과 화해하는 일 곧 시급히 회개를 하는 일이라는 사실과(58절), 또 그 심판은 완벽하고도 영원한 것임(59절)을 비유적으로 말씀하셨다.

중요하고도 긴급한 일(13:1~9)

"바로 그때" 몇 사람이 나타났다는 보고와 함께 13장의 첫 단락이 시작된다. 이 첫 단락은 세 개의 이야기로 구성되어 있다. "바로 그때" 나타난 사람들이 전해 준 이야기와 그 이야기에 덧붙인 예수님 자신의 또 다른 사건에 대한 이야기(실로암에서 망대가 무너져 18명이 치어죽은 사건), 그리고 예수님의 비유(열매 맺지 않은 무화과나무의 비유)가 그것이다.

어떻게 보면 이 단락은 12장의 앞 단락에서 이미 제시한, 이 시대의 징조를 깨닫지 않고 있다는 지적과 회개해야 한다는 말씀의 구체적인 실례라고도 할 수 있다. 이 세 이야기는 동일한 주제를 반복적으로 다루고 있다는 점에서 같은 이야기다. 앞의 두 사건은 "회개"의 중요성을 그리고 뒤의 비유는 회개의 긴급성을 강조한다.

1. 비극적인 두 사건(1~5절)

예수님이 말씀하고 있을 때 나타난 사람들은 충격적인 사건을 보고했다. 빌라도가 여러 명의 갈릴리 사람들을 잔인하게 죽여 그들의 피를 제물에 섞은 것이었다. 이 사건을 보고한 사람들의 의도가 빌라도의 악함을 드러내어 방금 예수님이 말씀하신 긴급히 회개해야 할 죄인이 빌라도 같은 악한 사람이라고 말하려 한 것인지, 아니면 빌라도에게 죽임을 당한 사람들에게 초점을 맞추어 그들이 바로 회개하지 않은 죄 값으로 그렇게 죽은 사람들이라는 것을 드러내고자 한 것인지는 확실치 않다.

그러나 그 당시 유대인들의 통념 곧 남다른 재앙을 받은 사람은 자신의 죄 때문이라는 의식이 보편화되어 있던 상황을 고려할 때, 또 본문에서 예수님이 이 사건과 관련하여 이들에게 하신 대답(2~3절)을 고려해 볼 때, 이들은 빌라도에게 죽은 자들이 다른 사람들보다 죄가 더 많아서 그렇게 죽은 실례라는 식으로 이 사건을 제시한 것으로 보인다.

어쨌든 그들은 이 사건이 자기 자신들에게는 어떤 의미가 있을 것이라는 관점에서 이 사건을 보고 있지 않다는 것, 다시 말해 이 사건과 자신들 사이에서는 어떠한 관련성도 의식하고 있지 않다는 것만은 확실하다(이것이 바로 천지의 징조는 이해하면서 이 시대의 징조는 이해하지 않는 이들의 외식이다).

그러나 예수님은 이들의 기대와는 전혀 다른 측면에서 이 사건을 다루신다. 이 사건은 빌라도가 얼마나 악한 자인가, 그러므로 빌라도처럼 되지 말자는 말을 하고 있는 것이 아니다. 또 빌라도에게 저렇게 참혹한 죽음을 당한 사람들은 얼마나 죄가 많았으면 저랬을까라는 식으로 문제를 다루고 있는 것도 아니다. 예수님은 단도직입적으로 말씀하신다(2절). "너희는 빌라도에게 죽은 사람들이 다른 갈릴리 사람들보다 죄가 더 있는 줄 아느냐. 아니라. 너희도 만일 회개치 아니하면 이와 같이 망하리라."

이러한 해석은 당시 사람들에게는 혁명적 선언이었다. 왜냐하면 그 당시에는 남다른 재앙이 그 자신의 죄 때문이라는 생각이 보편적이었기 때문이다. 예수께서 이 사건을 통해 다루고자 하신 궁극적인 문제는 죽은 그들의 죄도 아니고, 그 지역에 살면서 죽지 않은 다른 갈릴리 사람들의 죄도 아니다. 바로 "너희" 곧 이 사건을 듣는 이 사람들이다. 그러므로 이 사람들은 이 사건을 자신들에게 주는 이 시대의 징조로 대해야 하는 것이다.

이것을 더 확실히 하기 위해 예수님은 이들이 이미 다 알고 있는 유명한 사고 하나를 덧붙이신다(4~5절). 실로암에서 망대가 무너져 열여덟 사람이 치어죽은 사고다. 그러나 이 사고에 대한 예수님의 이해, 그리고 이 사고를 여기에 등장시키는 예수님의 의도는 앞의 사건과 동일하다. 그래서 예수님은 앞에서와 똑같은 말로 결론 내리신 것이다. 즉 일종의 반복 강조다. "치어죽은 열여덟 사람이 예루살렘에 거한 모든 사람들보다 죄가 더 있는 줄 아느냐? 아니라. 너희도 만일 회개치 아니하면 다 이와 같이 망하리라."

서쪽에서 일어나는 구름처럼, 남쪽에서 불어오는 바람처럼 이 사건들이 이 무리들에게 분명하게 선포하고 있는 징조는 무엇인가? 그것은 그 사건을 당한 그 사람들이 아니라, 그 사건에 대해 듣고 있는 너희들의 문제라는 것이다. 이 사건을 듣고 있는 "너희"가 "회개"해야 한다는 것이다. 모두가 죄인이다. 회개하지 않으면 모두가 치명적인 재앙(심판)에 직면하게 되어 있는 죄인일 뿐이다. "너희도 만일 회개치 아니하면 이와 같이 망하리라."

너희도 그렇게 망한다! 심판은 반드시 있다. 이것이 메시아가 오셔서 눈앞에 서 있는 이 시대가 주는 확실한 징조다. 그 심판은 앞에서 말씀하신 대로 하면 결코 거기서 나오지 못할 영원한 심판이고(12:59), 뒤에 있는 말씀으로 하면, 이미 심판이 온 다음에는 다시는 돌이킬 수 없는, 그래서 너무 늦어버린 그러한 심판이다(24, 25, 28, 35절).

그러므로 회개해야 한다. 이것은 멸망의 여부를 결정짓는 극도로 중요한 문제다. 그렇지 않으면 모두가 "이같이 망한다." 이들도 빌라도에게 그렇게 죽임을 당한다는 말은 물론 아니다. 이들도 언젠가 무너지는 망대에 깔려서 죽는다는 말도 아니다. 바로 "심판"을 말하는 것이다. 하나님의 "심판," 이것이 천국을 임하게 하시는 메시아 예수님이 오신 것을 보고 있는 이 시대 이 사람들이 깨달아야 할 징조다.

그래서 세례 요한과 예수님이 공중에게 첫 모습을 드러내시면서 동일하게 선포한 메시지는 "회개하라, 천국이 가까왔다"는 것이었다. 이것을 받아들이지 않는 사람은 그렇게 망할 것이다. 그러므로 이것을 보는 눈, 그리고 이것을 듣는 귀는 복이 있다고 예수님은 이미 말씀하신 것이다(10:23~24).

태풍이 휩쓸고 지나간 남부의 참담한 모습이나, 단 1분 동안의 지진으로 아수라장이 되어버린 터키의 지진현장을 보면서, 수천 명의 생명을 앗아간 뉴욕의 쌍둥이 빌딩의 테러 현장을 목격하면서, 혹은 불타버린 대구 지하철 현장을 보면서, 우리가 의연금을 모으고 분노하는 것과 동시에 해야 할 중요한 일이 무엇인지 이 본문을 가지고 설교할 수 있을 것이다. 시대의 징조를 외면함으로써 우리도 예수님이 지적하신 "외식하는 자"가 되고, 마침내 망하게 될 위험을 언제나 가지고 있지 않은가?

2. 무화과나무의 비유(6~9절)

두 사건을 가지고 회개를 촉구하신 예수님은 이어서 열매를 맺지 않는 무화과나무의 비유를 들어, 이 중요한 회개는 아직 기회가 주어져 있는 동안 시급히 이루어져야 한다는 요지로 말씀을 더 진행시키신다. 열매를 맺을 충분한 기간과 여건을 주었음에도 여전히 열매를 맺지 않고 있는 무화과나무를 이제 찍어버리려던 주인이 다시 일 년 동안의 유예 기간을 더 베풀었다는 비유다.

이 비유는 몇 가지 분명한 메시지를 담고 있다. 첫째, 하나님은 회개하지 않는 죄인이라도 당장 심판해 버리는 것을 원하시는 분이 아니라는 사실이다. 둘째, 그러나 심판은 반드시 있다는 사실이다. 다만 그 심판이 보류되고 있을 뿐이요, 그 보류에는 반드시 한계가 있다. 이 한계가 무화과나무에게는 일 년이었다. 셋째, 심판이 보류되고 있는 것은 심판이 없기 때문이거나, 하나님의 사정 때문이 아니라 죄인들에게 멸망을 면할 회개의 기회를 주려는 하나님의 인자하심 때문이라는 사실이다. 베드로는 이와 같이 심판이 지연되고 있는 현상을 이렇게 해석했다. "주의 약속은 어떤 이의 더디다고 생각하는 것같이 더딘 것이 아니라 오직 너희를 대하여 오래 참으사 아무도 멸망치 않고 다 회개하기에 이르기를 원하시느니라"(벧후 3:9).

그러므로 예수님께서 이 비유를 통하여 무리에게 말씀하시고자 하는 바는 분명하다. 그것은 회개다. 그것도 심판이 오기 전에, 아직 기회가 주어져 있을 때 시급히 회개해야 한다는 것이다. 결국 사람의 영원한 멸망의 여부와 관련된 이 중요한 일 "회개"를 너무 늦어버리기 전에(timely) 시급히(urgently) 해야 하는 것이다. 이것은 본장 이후의 단락들에서도 반복적으로 선포된다(22~30, 31~35절).

안식일에 회당에서 일어난 일(13:10~17)

이어지는 단락(10~17절)은 예수님께서 안식일에 회당에서 가르치고 있었다는 말로 시작한다. 사실 누가복음에서 예수님이 회당에서 가르치는 모습은 이곳이 마지막이다. 그러나 본문은 가르침의 내용이 아니라, 그때 그곳에서 예수님이 일으키신 사건을 기록하고 있다.

예수님이 가르치고 있을 때 거기 한 여인이 있었는데 이 여인이 유난히 관심을 끌었다. 그래서 11절은 "볼찌어다"하는 말로 시작한다(개역성경에는 번역이 생략되어 있지만). 이 여자는 "귀신이 들려 앓으며 꼬부라져 조금도 펴지 못하는" 참혹한 모습으로 18년을 지내온 사람이었다. 예수께서 가르치심을 멈추고 이 여자를 불러서 "여자여, 네가 네 병에서 놓였다"고 말씀하시며 병으로부터의 자유를 선언하시고, 그 여자에게 안수를 하셨다. 그러자 그 여자는 즉각적으로 고침을 받고 병에서 놓이게 되었다.

본문이 이 사건을 통해 제시하고자 하는 것은 예수님께서 회당에서, 그것도 안식일에 이 여자를 고치셨다는 것이다. 그러므로 이 사건을 가지고 이 여자는 왜 귀신에 붙잡히게 되었는가, 혹은 귀신이 주는 병은 어떠한 종류의 병인가, 혹은 그 여자는 어떤 점 때문에 고침을 받았는가 등 이 여자에 초점을 맞추어 본문을 설교하는 것은 이 사건을 제시하는 본문의 의도에 적합하지 않다.

특히 설교자들은 이와 같은 치유 사건을 설교할 때는 무엇인가 고침받을 만한 이유가 그에게 있었고, 그것은 믿음이라고 말하여 그 믿음을 본받도록 촉구하는 감동과 도전이 있는 설교를 하고 싶은 유혹을 받기도 한다. 그러나 이 본문에서는 이 여자가 고침받은 근거가 이 여인에게 있었다는 어떤 암시도 없음에 유의해야 한다. 예수님이 고쳐 주시니 고침받은 것뿐이다.

이렇게 함으로써, 은혜를 입을 근거를 갖추고 있지 않음에도 얽매인 것으로부터 놓이는 은혜를 베푸시는 이분은, 그러므로 이 시대가 알아차리고 회개하면서 맞아들여야 하는 메시아라고 본문은 은연중에 주장하는 것이다. 사실, 본문은 이 여자가 고침받았다는 사실보다 예수님이 이 여자를 고치심으로 말미암아 야기된 안식일의 의미와 관련된 문제에 관심의 초점을 모으고 있다. 6:1~11에서 이미 안식일의 주인에 대한 문제를 다루었던 누가가 여기서는 이제 안식일의 의미의 문제를 다루고 있다.

예수께서 이 여자를 고치시자 일어난 반응은 세 종류의 사람을 통해 나타나고 있다. 지속적으로 하나님께 영광을 돌린 고침받은 여인과, 회당장으로 대표되는 모든 반대하는 자들(14, 17절), 그리고 예수님이 하신 이 일을 영광스러운 일로 여긴 그 외의 온 무리(17절)다. 설교자는 이 세 부류의 사람들의 반응에 초점을 맞춘 한 편의 설교를 시도할 수 있을 것이다.

예수님께서 이 여자를 병에서 풀어 자유케 하신 이 사건은 회당장으로 대표되는 예수님의 대적자들과 정면충돌을 일으켰다. 회당장은 격분하며 무리에게 말했다(14절). 그의 분노는 예수님이 안식일에 병을 고쳤다는 사실에 대한 것이었다. 안식일에 병을 고치심으로 안식일 율법을 어기고, 안식일을 더럽혔다는 것이다. 하나님의 은혜와 사랑의 구현보다 자신들의 종교적인 전통이나 고정관념을 앞세우는 이런 유의 태도는 오늘날 우리에게서도 자주 볼 수 있는 현상이라는 것에 착안한다면, 이 대목에서 우리는 공감을 불러일으키는 적용을 설교에서 구사할 수 있을 것이다.

회당장은 직접적으로 예수님이 아닌 무리에게 노를 발하고 있다. 아마 이 무리는 병 고침을 받으려고 나와 있는 사람들일 것이다. 그러나 그의 분노의 표적은 물론 예수님이었다. 이 대목을 설교할 때 그의 분노가 순수하게 안식일만의 문제 때문이었을까 하는 의문을 제기하면서 개인적인 자존심이나 열등감, 혹은 권위의식도 이유였을 가능성을 적용 차원에서 추측하며 넘어가는 것도 가능할 것이다.

'아무리 병이 심각하고 시급하다 할찌라도 안식일에는 안 된다. 안식일이 아니어도 날이 많으니 다른 날에 고침을 받으라!' 예수님은 회당장 자신은 물론 회당장과 같은 생각을 가지고 있는 무리들을 향하여 "외식하는 너희들"이라고 지칭하시며 정면으로 대응하신다(15~16절). 소나 나귀 등 자신의 가축들이 목마른 것에 대해서는 안식일에도 아무 거리낌 없이 풀어내어 물을 먹이면서(당시 그들은 짐승에 대하여는 안식일에 대한 율법을 관대하게 적용하고 있었다), 그 짐승들보다 비교할 수 없이 더 존귀한 존재인 사람이 18년 동안 사탄에 매여 있는 것을 풀어 주는 일에 대해서는 전혀 융통성도 자비심도 없이 안식일 율법을 요구하는 이 사람들. 이들은 그래서 "외식하는 자들"인 것이다.

예수님은 이들의 이러한 자가당착을 부각시키시면서 안식일에 사람을 고치는 것이 정당하다는 것을 수사학적 질문을 통해 강조하신다. "안식일에 이 매임에서 푸는 것이 합당치 아니하냐?" 예수님은 이 여자에 대해 그들이 그렇게 관대하게 안식일 법을 적용하는 짐승들보다 비교할 수 없이 더 존귀한 존재라는 것을 강조하기 위해 "아브라함의 딸"이라고 지칭한다. 신약이 익숙하게 사용하는 "아브라함의 자손", "아브라함의 아들", "아브라함의 씨"라는 표현과 달리 굳이 "아브라함의 딸"이라고 하시는 의도가 무엇인지를 살펴보는 것도 흥미로운 일일 것이다.

회당장과 예수님 사이의 충돌로 일어난 두 무리 사이의 대조적인 결과에 주목하는 것은 흥미로운 일이다. 예수님이 말씀을 마치자 회당장과 그의 편에 섰던 모든 반대하는 자들은 '부끄러워하였고', 그 외의 온 무리는 '기뻐하는' 결과가 왔다(17절). 모든 반대하는 자들의 외식이 예수님에 의해 통쾌하게 폭로된 것이다. 부끄러움을 당한 사람들은 귀신에 매인 여자를 풀어 주는 일을 '안식일을 어기는 일'로 여긴 사람들이었고, 기뻐하는 사람들은 이 일을 '영광스러운 일'(17절)로 여긴 사람들이었다. 안식일에 예수님께서 여자를 고치신 하나의 사건을 두고 보이는 이 두 무리 사이의 대조적인 모습을 밝히면서 메시지를 전개해 나가는 설교를 한 번쯤 시도해보는 것도 좋을 것이다.

하나님의 나라에 대한 두 비유(13:18~21)

이 단락에서 누가는 두 개의 비유를 들어 하나님의 나라가 어떠함을 잘 드러내고 있다. 하나님의 나라는 무엇과 같다고 할 수 있겠는가? 하나님의 나라를 무엇으로 비유할 수 있겠는가? 같은 비유를 제시하는 마태와 다르게(마 13:31~33) 누가가 비유를 소개하기 위해 도입 질문을 던지는 것은 이 비유들에 대한 관심을 유발시키기 위한 수사학적 전략이라 할 수 있을 것이다.

이렇게 누가는 이중적인 도입 질문을 통해 하나님나라에 대한 관심을 유발한 후, 한 남자가 자기 농장에 심은 겨자씨 한 알의 비유로 하나님의 나라를 설명한다(18~19절). 이 비유의 핵심은 겨자씨의 작음과, 또 그 작은 겨자씨 한 알이 자라서 만들어 낸 결과의 확연한 대조에 있다. 그렇게 작은 한 알의 씨가 결국 공중의 새들이 그 가지에 깃들일 정도의 나무로 자라는 결과에 이르렀다는 것이다. 시작은 눈에 잘 보이지도 않을 정도로 작은 것이었는데, 결국은 5미터 이상 되는 나무가 된다. 그리하여 새들도 편안히 깃들일 수 있는 정도까지 자라난 것이다. 작은 겨자씨는 아주 빠른 속도로, 그러나 씨를 뿌려서 키우는 식물 가운데서는 가장 크게 자라는 것이 특징이다.

흔히 생각하듯이 이 비유는 겨자씨가 큰 나무로 자라가는 과정에 초점이 있는 것이 아니라, 그렇게 자라고야마는 결과에 초점이 맞추어져 있다. 하나님나라의 결국도 그와 같음을 이 비유를 통해 드러낸다. 하나님나라는 예수 그리스도가 비천한 인간의 모습으로 오심으로 사람이 보기에는 미미하게 시작되었지만 반드시 놀랍게 확장될 것임을 이 비유를 통해 선언하고 있는 것이다.

누가는 다시 다음 비유를 도입하기 위해 하나님나라를 무엇에 비유할 수 있을 것인가라는 질문을 던진다. 그리고는 그것은 마치 한 여자가 가루 서 말의 반죽에 갖다 넣은 누룩과 같다고 비유한다(20~21절). 이 누룩이 마침내 가루 서 말의 반죽을 다 부풀게 하고 말았다는 데 이 비유의 초점이 맞추어져 있다. 겨자씨가 하나님나라의 외적인 성장을 비유한 것이라면, 누룩 비유는 하나님나라의 강력한 영향력, 변화시키는 능력을 비유한 것이라 할 수 있다.

구원 얻을 자에 대한 질문과 대답(13:22~30)

1. 예루살렘으로 가는 길에(22절)
　예수님은 각성 각촌 어디에서든지 말씀을 가르치셨다. 그러나 예수님이 일관되게 향하여 가는 최종 목적지는 예루살렘이었다. 9:51에서 예수님의 예루살렘을 향한 여행을 밝힌 누가는 여기서 다시 한 번 이 사실을 확인한다(22절). 그리고 이 사실은 33절에서 예수님께서 가야 할 길은 예루살렘을 향하여 가는 것이며, 그것은 곧 거기서 죽음을 의미하는 것임을 예수님 자신의 단호한 의지 표명 방식으로 또다시 확인시켜 준다.
　누가가 간헐적으로 그러나 일관되게 예수님의 예루살렘을 향한 걸음을 밝히는 의도는 예수님의 예루살렘을 향한 걸음은 단순한 지리적 이동이 아니라 구속사의 성취를 향하여 가는 구속사적 이동임을 독자로 하여금 감지하게 하려는 것이다. 32~33절에서는 예수님께 예루살렘이 갖고 있는 이러한 상징적 의미를 더욱 분명하게 드러내고 있다.

2. 던져진 질문과 주어진 답변(23~30절)
　누가는 예루살렘으로 가는 길에 어떤 사람에 의해서 제기된 질문으로 이 단락을 시작하고 있다. 그 질문은 "단지 소수만이 구원을 얻을 것인가"하는 것이었다. 그러나 예수님은 구원 얻을 자의 수가 얼마나 될 것인지로 대답하지 않으시고, 장차 구원 얻을 사람이 지금 여기서 해야 할 일이 무엇인가로 답하신다. 구원 얻을 숫자보다 더 급하고 중요한 문제가 있다는 암시일 수도 있다. 그것은 "좁은 문으로 들어가기를 힘쓰라"는 것이었다. 구원 얻을 것은 미래시제고, 힘쓸 것은 현재시제다.
　그리고 이어지는 말씀의 대부분은 그렇게 하지 않는 사람들의 마지막 운명을 드러내는 일에 할애되어 있다. 즉 장차 올 심판의 날에 구원 얻지 못한 사람들이 직면할 숨 가쁘고 처절한 상황의 이야기로 가득 차 있는 것이다(24~28절). 이들은 들어가기를 간청하여도 거절당하는 사람들이요(24

절), 문이 그 앞에서 닫혀버린 사람들(25절)이고, 하나님나라 밖으로 쫓겨난 사람들(28절)이요, 하나님께 버린 바 된 사람들(35절)이요, 앞 단락에서의 말씀으로 표현하자면 "망해버린" 사람들이 될 것이다.

이런 상황을 부각시키면서 본문이 강조하고자 하는 일차적인 초점은, 이들이 닫혀버린 문 앞에서 직면하게 되는 가장 큰 문제가 무엇인지를 드러내려는 것이다. 즉 그것은 이들이 너무 늦어버렸다는 사실이다. "들어가기를 구하여도 못하는 자가 많으리라"(24절). "밖에 서서 문을 두드려도 … 나를 떠나가라 하리라"(25~27절). "거기서 슬피 울며 이를 갊이 있으리라"(28절)는 반복적인 표현이 이제는 너무 늦어버렸다는 사실을 강조한다.

장차 얻을 구원이 "지금 여기서"의 문제와 직결되어 있음을 강조하는 것이다. 마치 무화과나무에게 심판이 1년 동안 보류되어 한시적인 기회가 주어져 있듯이, 사람도 아직 한시적인 기회로 주어져 있는 "지금, 여기서" 멸망을 면하고 구원받을 일을 해야만 하는 것이다. "지금 여기"의 기회가 지나버린 다음에는 모두가 너무 늦어버리게 될 것이다.

결국, 예수님은 구원 얻을 자가 적은가라는 질문에 구원 얻을 기회에 대한 말로 답하고 있는 것이다. 설교자는 본문이 강조하는 이 점을 부각시켜서 "너무 늦어버리기 전에" 등의 주제로 한 편의 설교를 시도해도 좋을 것이다.

기회로 주어진 "지금 여기서" 해야 할 일은 좁은 문으로 들어가기를 힘쓰는 것이다. 그러나 "좁은 문" 혹은 "좁은 문으로 들어가기를 힘쓴다"는 것이 구체적으로 무엇을 의미하는지는 확실하지 않다. 그러나 인접 문맥에서 문이 닫혀버린 후에 들어가지 못한 자들과 집 주인이 주고 받는 대화(25~27절)로부터 추론하는 것은 가능하다.

그것은 주님과 인격적인 차원에서, 그리고 주님이 원하시는 방식대로 연결되어 있어야 한다는 것이다. 그들이 닫혀진 문 앞에서 자기들도 주님을 알았고, 주님과 관계가 있었다고 제시하는 것들이 모두 부인당하고 있고, 거절당하고 있음을 주목할 필요가 있다. 마태복음에서는 심지어 주의 이름으로 선지자 노릇하고, 귀신을 쫓아내고, 많은 권능을 행한 것도 오히려 불법을 행한 것으로 정죄되고 있음을(마 7:22) 참고하는 것도 도움이 될 것이다.

앞 단락들에서 멸망을 면하기 위해 기회가 있을 동안 해야 할 일을 강조하면서 그것을 회개로 제시한 사실에 주목하여 메시아 시대에 합당한 "회개"로 추론하는 것도 가능할 것이다.

그렇다면 구원을 얻을 자는 소수인가? 예수님은 끝까지 이 질문에 대하여는 침묵하시는가? 혹자는 24절의 "들어가기를 구하여도 못하는 자가 많으리라"는 예수님의 말씀을 근거로 예수님께서 직답은 하지 않으셨지만 그 수는 소수라고 암시적으로 대답하셨다고 한다. 그러나 24절의 말씀은 '좁은 문으로 들어가기를 힘써도 못 들어가는 자가 많다. 그러므로 결국 구원 얻을 자는 적다'는 의미가 아니다. 이것은 그 밑의 25절에 연결되어야 할 말씀이다. 즉 많은 사람들이 문이 닫혀버린 후에야 들어가기를 구할 것이지만 그들은 들어갈 수 없다는 말씀이다.

또한 구원 얻을 자가 소수라고 결론짓는 것은 바로 앞 단락에서 겨자씨 비유와 누룩 비유를 통하여 제시한 하나님나라의 최종 상태와도 맞지 않는다. 하나님나라는 결국 왕성하게 될 것이다. 오히려 예수님은 29절에서 "사람들이 동서남북으로부터 와서 하나님나라의 잔치에 참여하리라"고 결론지음으로써, 사실은 숫자를 묻는 질문에 대해서도 구원 얻을 자가 많다고 최종적으로 대답하신 것처럼 보인다.

유대인들이 구원을 얻기 위해 지금 여기서 힘써야 할 일을 거부한다고 해서 하나님나라가 텅 빌 일은 없다. 구원을 얻기 위해 힘쓰는 것은 하나님나라를 위해서가 아니라, 그렇지 않으면 영원히 슬피 울며 이를 갈게 될 사람을 위해서다. 유대인 전체가, 아니 지구상의 60억 인구 전체가 구원을 거부한다 해도 하나님은 아쉬울 것이 없다.

유대인들은 선민임을 내세우며 구원을 얻기 위하여 지금 여기서 힘써야 할 일을 거부하고 다른 이들을 이방인이라 멸시하고 있다. 그러나 동서남북에서 사람들이 와서 구원의 문으로 들어갈 것이다. 그리고 하나님나라에서의 그리스도와의 혼인 잔치는 여전히 성대히 베풀어질 것이다(29절). 좁은 문으로 들어가기를 힘써서 마침내 구원에 들어갈 자들은 동서남북에 얼마든지 많다(너희들은 거부한다 할찌라도!). 그러므로 알아야 한다. "나중 된 자로서 먼저 될 자도 있고, 먼저 된 자로서 나중 될 자들도 있다"(30절).

버림받은 자들을 향한 애곡(13:31~35)

1. 예루살렘으로 향하는 길(31~33절)

예수님께서 구원 얻을 자(사실은 구원을 얻지 못할 자)에 대한 긴 말씀을 하고 있을 때, 몇 사람의 바리새인들이 예수님께 나아왔다. 그들은 예수님을 죽이려고 하는 헤롯의 음모에 대한 정보를 제시하면서, 이곳을 떠나 헤롯의 관할권이 미치지 않는 다른 지역으로 갈 것을 권했다.

실제로 헤롯의 그러한 음모가 있어서 예수님을 보호하려고 이런 친절을 베풀고 있는 것인지, 아니면 헤롯을 빙자하여 예수님을 자기들의 영역에서 쫓아버리려는 바리새인들의 음모인지, 혹은 헤롯이 예수님을 자기의 영역에서 쫓아버리려고 일부러 이러한 정보를 꾸며서 예수님의 귀에 들어가게 하려고 바리새인들을 동원한 것인지는 확실치 않다.

그러나 복음서 가운데서 유독 누가만 이 사건을 기록한다는 점에 주목한다면, 누가는 바리새인들이 예수님에게 자신들의 영역에서 떠나 다른 곳으로 가라고 요구하는 행위에 특별한 의미를 부여하고 있음을 짐작할 수 있다. 그것은 앞 단락에서 구원에 들어가기 위한 긴 도전을 받았음에도 이스라엘은 메시아를 거부하고 있음을 상징적으로 암시하면서, 결국 이들은 버림받은 자, 쫓겨난 자, 그 앞에서 문이 닫힌 자가 되어버리고 있음을 상징적 방법으로 선언하고 있는 것이다. 실제로 이렇게 시작된 이 단락은 결국 버림받을 예루살렘에 대한 애곡으로 끝맺는 데로 나아간다.

바리새인들의 권고는 아무런 효과가 없었다. 그것은 오히려 예수님의 단호한 의지가 표명되는 계기를 만들어 주고 있을 뿐이다. 이들이 제시한 위협적인 정보와 권고에 대해 예수님은 자신의 사역의 완성을 위하여 어느 것에도 장애를 받지 않고 끝까지 자기의 길을 가신다는 뜻을 단호하게 밝히신 것이다.

"오늘과 내일 내가 귀신을 쫓아내며 병을 낫게 하다가 제삼일에는 완전하여지리라 하라 그러나 오늘과 내일과 모레는 내가 갈 길을 가야 하리니 선지자가 예루살렘 밖에서는 죽는 법이 없느니라"(13:32~33).

해석의 난해함과 논란이 있으나, 분명한 것은 예수님이 자신의 사역을 완수하기 위해 끝까지 자기의 갈 길을 갈 것이고, 그 길의 끝은 예루살렘이며, 예루살렘은 곧 자신의 죽음을 의미하는 것임을 분명히 인식하고 있다는 사실이다. 인식하고 있을 뿐만 아니라, 그것을 향해 적극적이고 당당하게 다가가고 있는 것이다. 이 점에서 누가가 제시하는 예수님의 예루살렘을 향한 이동은 단순히 지리적인 이동이 아니라, 메시아 사역의 성취를 향한 구속사적 이동이라고 할 수 있는 것이다.

2. 예루살렘아 예루살렘아 나를 다시 보게 되었을 때는 너무 늦으리니 (34~35절)

예루살렘에서의 죽음을 향한 단호함은 돌연 예루살렘을 향한 안타까움과 비통함을 담은 애곡으로 이어진다(34절). "예루살렘아, 예루살렘아!" 물론 여기서 예루살렘은 예루살렘 사람들을 말하며, 이것은 결국 이스라엘 백성을 가리킨다. 암탉이 제 새끼를 날개 아래 모아 보호하는 것처럼 예수께서 이 사람들을 임박한 하나님의 심판으로부터 보호하려고 하셨지만, 그러나 오히려 조상 때부터 하나님의 사자들과 선지자들을 거부하고 죽였던 대로 이제는 메시아이신 예수님마저 거부함으로 그분께서 베풀려고 하시는 심판으로부터의 보호를 원치 않고 있는 모습을 보시면서 애곡하시는 것이다(34절).

이렇게 애곡하시는 것은 메시아를 거부하고 있는 이들의 운명을 아시기 때문이다. 이들은 하나님께 버림받을 것이고 그것은 영원한 멸망을 의미하는 것이며, 이들이 그 사실을 알고 메시아를 알아보고 환영하며 그에게 들어가고자 할 때는 이미 너무 늦어버릴 것임을 알기 때문이다(35절). 이들은 예수님이 다시 오실 그때 곧 이미 문이 닫혀버린 마지막 심판의 때에나 예수님을 다시 보게 될 것이다. 그때서야 비로소 예수님을 바로 알아보고 "찬송하리로다. 주의 이름으로 오시는 이여!" 할 것이다. 그러나 그때는 이미 너무 늦어버려서 자기들의 처지에 관하여는 아무것도 어떻게 할 수가 없을 것이다. 다만 하나님나라 밖으로 쫓겨난 자신들을 발견하고 거기서 슬피 울며 이를 갈 뿐이다(28절).

우리가 살펴본 12:54~13:35의 내용을 하나의 단위로 본다면 메시아가 오신 이 시대의 징조를 읽고 회개의 열매를 맺을 것을 언급하며 시작한 말씀은 천국에 들어가기 위해 좁은 문으로 들어가기를 힘쓰라는 말씀으로 이어지고, 그러나 이것을 거부한 사람들의 마지막 운명이 어떻게 될 것인가를 밝히는 말씀으로 끝맺음하고 있다고 요약할 수 있을 것이다.

14 끝자리에 앉으라
누가복음 14장의 주해와 적용

본문은 세 가지 면으로 그 특성을 정리할 수 있다. 첫째, 본문이 예루살렘 여행 기사 가운데 들어 있다. 누가복음의 전체 구조는 기본적인 마가복음의 이중 구조(갈릴리-예루살렘 구조)에 여행기를 확대한 3중 구조가 그 특징이다. 누가복음은 9:51~19:27에 걸친 긴 여행 기사를 통해 제자도에 관하여 교훈한다.[1] 또한 이러한 구도 속에서 누가복음은 예루살렘을 강조하고 있다.[2]

본문은 예수가 예루살렘으로 여행하는 가운데 제자들에게 하나님나라에 관해 교훈하고 있으며, 제자들을 포함한 사람들의 기대와는 다르게 예루살렘에서 수난과 죽음을 당해야 하는 결정적 사건 앞에서 이 땅의 현실과 하나님나라의 실재 사이에 놓인 건널 수 없는 차이를 극적으로 보여 주려고 한다. 그러므로 본문은 예수의 생애 가운데 특징 없는 일화들(anecdotes)로서 기록되고 있는 것이 아니라, 예수의 사역이 예루살렘에서 마무리될 것을 내다보면서, 그 결정적인 사건과 연관되어야만 의미를 올바로 파악할 수 있는 성격을 가진 이야기라는 점을 기억해야 한다.

둘째, 본문은 종교 지도자들과의 논쟁이라는 문맥 속에서 파악될 수 있다. 예수가 바리새파 지도자의 초청을 받아 그 집을 방문한 정황에서 발전된 이야기를 다루고 있다. 바리새파 사람들은 줄곧 예수에 대한 감시를 놓치지 않았다. 누가복음은 그러한 사실을 복음서 서두에서부터 밝히고 있다.

바리새파 사람들은 종종 "율법학자/서기관"과 같이 등장한다. 이들은 한 집단처럼 행동하면서 예수와 대결한다(5:17, 21, 30; 6:7; 7:30; 11:53; 14:3; 15:2). 바리새인과의 논쟁은 5:17에서 시작하여 19:39~40에서 마치고 있다. 본문은 바리새파 사람의 집에서 식사하는 장면을 통해 바리새파 사람들과 율법학자들의 잘못된 행위를 비판하는 내용을 담고 있다.[3]

바리새파 사람들과 율법학자들과 예수와의 논쟁은 예수의 권위에 도전하는 전통적인 권위와의 충돌로 볼 수 있다. 그들은 자신들의 기득권을 보호하려고 했다. 그들은 유대 사회를 정신적 · 영적으로 지도하는 입장에서 새로운 권위가 자신들의 권위를 침해하는 것을 결단코 막으려고 했다. 이러한 상황에서 예수는 유대 종교 지도자들과 충돌할 수밖에 없었으며, 그것이 결국 예수를 죽음으로 몰고 가는 중요한 원인이 되었다. 예수는 그러한 사실을 명확하게 의식하고 있었다. 이는 한편으로 보면, "권력 투쟁(power struggle)으로 비춰질 수 있지만, 어쨌든 예수는 이들의 현실적인 권위에 어떻게든 반응을 보이지 않으면 안 되었다.

셋째, 본문은 식탁 대화에 속한다. 예수는 이미 바리새파 사람의 식사에 초대받은 적이 있다(7:36; 11:37). 함께 식사하는 것은 친밀한 관계를 전제하는 것이지만, 그렇지 않은 경우도 많이 있음을 본문에서도 확인할 수 있다.

본문은 예수께서 식사에 관해 말씀하실 때, 유대 지도자들이 그리스-로마의 상류층과 같이 '자유인처럼' 비스듬히 기대어 식사하는 방식을 사용한 것을 전제하고 있는 듯하다(14:8의 "카타클리네인" 동사 참조). 중요한 손님을 초대하는 식사는 오후 중간에 시작하여 저녁까지 계속되는 저녁 식사였다. 이때 손님은 최소한 3명에서 최대 9명까지 초대했다고 한다. 그리고 '아쿰베레'(accum-bere)라는 이름의 소파에 기대어 식사하였는데, 이때 소파의 위치(위와 아래)와 식사 자리는 고정된 명칭이 있었다. 즉, 상석 첫 번째 자리에는 집정관과 같은 지체 높은 사람이 앉고 주인은 가장 낮은 소파의 세 번째 자리에 앉았다.[4]

이와 같이 본문은 당대 그리스-로마 시대에 널리 퍼져 있던 '심포지엄'

(symposium)과 유사성이 많다고 보여진다. 심포지엄은 여러 사람들이 같이 식사를 한 후에 2부 순서로서 술을 마시며 대화(주로 철학적 대화)하는 방식을 일컫는 것이었다.[5] 참석자는 지혜로 유명해진 주요 손님, 초대된 손님들과 초대한 주인이었다. 그들은 물론 초대한 주인과 같은 사회적 신분을 가진 상류층 사람들이었다. 또한 초대받지 않은 사람들도 참관하는 경우가 종종 있었다. 본문도 사회적 신분이 높은 바리새파의 지도자(아마도 산헤드린에 속한)가 초대한 식사 자리를 언급하고 있으며, 수종병 걸린 초대받지 않은 사람도 등장한다. 전형적으로 심포지엄의 형태를 띠고 있다고 하겠다.

위에서 우리는 본문이 예수가 예루살렘으로 향하는 가운데 제자들에게 행한 제자도에 관한 교훈을 담고 있는 문맥에 자리잡고 있으며, 그 당시 유대교 종교 지도자들과의 날카로운 대립과 갈등이 전제된 상황을 거론했다. 또한 그리스–로마의 상류층 식사 습관인 심포지엄 방식이 반영된 형식에 대해 언급하였다. 이제 이러한 본문의 성격을 염두에 두면서 본문의 구조에 관해 간단하게 살펴보기로 하자.

본문의 구조

본문은 크게 두 부분으로 나눌 수 있다. 첫째 부분은 '식사 자리'에서 이루어진 교훈과 대화를 보여 주는 14:1~24이고, 둘째 부분은 이와는 구별되는 주제를 다루는 듯한 14:25~35이다.

14:1~24이 통일된 하나의 문단을 이루고 있는지에 대해서는 쉽게 말할 수 있을 것 같다. 이 문단의 통일성에 관해 말하자면, 위에서 말한 식사 자리에서 된 일이라는 것 외에 이 부분이 심포지엄이라는 장르에 잘 맞고, "청하다"와 "만찬, 잔치"라는 단어가 핵심적으로 등장하며, 바리새인에 대한 비판을 일관되게 담고 있고, 종말론적 반전이라는 공통된 주제를 보여 준다는 이유를 들 수 있을 것이다.[6]

둘째 부분은 첫째 부분과 다른데, 그것은 식사 자리에서 주어진 교훈이 아니라, 그 이후에 된 일을 말하고 있다. 그러나 두 부분은 별개의 이야기가 아니다. 식사 자리에서 예수님이 보인 태도와 말씀은 많은 무리로 하여금 예수를 따라 나서도록 했다. 이것은 두 부분의 전후 관계를 보여 주는 것에 불과하다. 아니, 오히려 두 부분은 통일적인 주제로 묶여 있다고 보아야 한다. 그것은 모두 하나님나라에 들어갈 자격을 가진 사람들에 관하여 제자들에게 준 교훈으로 볼 수 있기 때문이다.

따라서 본문의 구조는 하나님나라에 들어갈 사람들과 그렇지 못한 사람들을 대조적으로 보여 주려는 동기를 가지고 파악할 때 잘 이해될 수 있다. 다시 말해, 본문은 엿보기를 즐겨하며 높은 자리에 앉기를 좋아하는 바리새파 사람들, 그리고 핑계를 대면서 초대에 응하지 않거나 가진 것을 버리지 못해 예수의 제자가 될 수 없는 모든 사람들을 거론하면서, 이러한 사람들에 대한 비판의 의미를 바르게 이해하고 예수를 따를 제자들을 대조적으로 제시하려는 목적으로 구성되고 있다.

본문 주해

1. 엿보는 사람들과 예수(1~6절)

본문은 바리새파 지도자의 집에 초대받은 예수가 그 집에 음식을 함께 먹으러 들어간 이야기로 시작한다. 바리새파 사람들은 이미 예수를 식사에 두 번(7:36; 11:37)이나 초대한 적이 있었다. 그들은 또한 예수를 비판하고 모함하기 위해 조직적으로 움직인 것을 누가복음은 보여 준다(5:17, 21, 30; 6:7; 7:30; 11:53; 14:3; 15:2; 19:39~40).

식사 초대와 관련된 본문을 살펴보면, 식사에 초대한 것이 순수하지 못한 동기에서 비롯된 것임을 알 수 있다. 적어도 그 식사에 관련된 사건들의 과정을 보면 그렇게 드러나고 있다. 바리새파 사람들은 7장에서 향유를 부은 여인을 정죄하면서 예수를 비난한다. 11장에서는 예수가 손을 씻지 않고 식사하는 것을 정결 예법에 어긋난다고 정죄한다. 그리고 본문인 14장에서는 예수가 안식일에 율법에 어긋나는 행동을 하는지 "지켜보고" 있다.

예수와 바리새파 사람들은 서로 대적하고 비난하는 관계를 이어갈 수밖에 없었던 것으로 보인다. 바리새파에 대한 누가복음의 이러한 묘사가 그들을 실제보다 더 위선적인 사람들로 만들고 있는 것도 어느 정도 사실일 것이다. 그러나 기본적으로 성향이 비슷한 두 집단은 선명성 경쟁 관계에 놓이게 됨으로써 상대방을 비난하는 태도를 가지게 된다. 이런 관점에서 볼 때, 바리새파와 예수는 선의의 경쟁을 하면서도 서로 대적하는 이중적인 관계를 가지게 되었을 것이다.

그리고 바리새 사람들이 예수를 책잡기 위해 "엿보고"(표준새번역) 있는 상황에서, 예수는 살얼음을 디디는 것과 같이 행동에 제약을 받을 수밖에 없었을 것이다. 물론 예수가 바리새파와의 갈등을 피하려 하지 않고 정면돌파하는 방법을 택했기 때문에, 그가 바리새파의 비난을 받을 일을 하는 것은 시간 문제였을 뿐이다.

예수가 바리새파 지도자의 집에 초대받은 날은 안식일이었고, 공교롭게도(?) 참관하는 사람 중에 수종병 걸린 사람이 기다리고 있었다. 얼마나 적절한 시점인가! 예수는 그를 고쳐 줄 의도를 가지고 율법교사들과 바리새파 사람들에게 질문했다. "안식일에 병을 고치는 것이 옳으냐, 옳지 않으냐?" 이것은 율법의 해석에 관한 질문이었다. 안식일을 누구보다 철저하게 지키기 위해 결국 안식일에 하지 말아야 할 일 39가지를 규정한 사람들이 아닌가? 그런데 율법 전문가인 그들은 침묵했다. 아니 침묵할 수밖에 없었다. 왜냐하면, 안식일에 일하는 것은 옳지 않으나 비상 상황에서는 예외가 인정된다는 것을 그들이 너무나 잘 알고 있었기 때문이었다.[7]

예수께서도 지적한 바와 같이, 안식일에 아들이나 소가 우물에 빠지면 안식일에라도 당장 끌어낼 수 있었던 것이다. 예수는 그를 지켜보며 책잡으려고 하는 바리새파 사람들의 면전에서 수종병 환자를 고침으로써 그들을 침묵시키고, 안식일에 관한 교훈과 이어진 식탁 교훈을 할 수 있는 권위를 확보하고 있다.

2. 높은 자리에 앉는 사람들과 예수(7~14절)

본문은 예수께서 두 부류의 대상에게 말씀하신 내용을 담고 있다. 첫째는 초청을 받은 사람들에게 비유로 말씀하신 것이고(14:7~11), 둘째는 초대한 주인에게 교훈한 내용이다(14:12~14). 첫 번째 대상은 율법교사들과 바리새파 사람들이었고(14:3 참조), 두 번째 대상은 바리새파 지도자를 향한 것이었다(14:1 참조). 두 부류의 사람들은 모두 상류층에 속한 사람들이었다. 그리고 그들은 이미 예수를 대적하는 일에 공모자로서 함께 일해 온 사람들이다.

먼저 예수는 초청받은 사람들이 윗자리를 골라잡는 것을 보셨다. 예수는 '주요 손님'으로서 초청받은 것이 분명한데, 당연히 예수님께 윗자리를 권해야 할 사람들이 예수를 무시하고 높은 자리를 차지하는 데만 골몰하고 있는 양상이다. 그들은 이른바 그리스–로마의 식사 예절과 관습을 잘 알고 있는 사람들이었다. 윗자리는 지혜를 가르치는 주요 손님에게 정해져 있는데, 예수에게 이 자리가 주어졌는지는 본문을 통해 확실하게 알 수 없다. 다만 분명한 것은 예수님은 높은 자리를 골라잡고 있는 종교 지도자들의 모습에 대해 비판하는 말을 하신 것이다.

이것은 위험한 처신이었고, 어떻게 보면 예수 역시 예의를 무시한 언행을 했다고 볼 수 있다. 그런데 한 가지 유의할 사항은 예수께서 비유로 말씀하셨다는 것이다. 비유는 직접적으로 비판의 말을 쏘아붙이지 않고, 간접적으로 감정을 누그러뜨려서 둘러 말하는 방식이다. 물론 비유는 그 당시의 식사 상황과 너무나 분명하게 맞닿아 있어서 자기들을 향한 것임을 알아채고 남을 내용이었다. 그렇다고 해도 예수의 비유는 적절한 수사법의 활용이었다.

예수의 비유는 두 가지 경우를 예로 들어 설명한 것이었다. 첫 번째 경우는 손님으로 초대받아 갔을 때, 주인의 안내도 없이 스스로 판단하여 높은 자리에 앉지 말라는 것이다. 그러다가 나중에 더 지체 높은 사람이 오면, 결국 그 자리에서 내려오는 부끄러움을 당할 것이기 때문이다. 여기서 높은 자리는 꼭 가장 높은 자리를 의미하지 않을 수도 있다. 왜냐하면, 상석의 첫 자리는 이미 정해진 사람이 있을 것이기 때문이다. 그 나머지 자리들을 놓고 신분이 비슷한 사람들끼리 경쟁하면서 자리를 골라잡는 것이 문제가 된 것으로 볼 수 있다.

두 번째 경우는 그 반대의 경우를 예로 든 것이다. 지혜롭고 겸손한 방법은 초대받아 갔을 때 가장 낮은 자리(일반적으로 주인의 자리로 정해진)를 차지하는 것이다. 그러면, 주인이 와서 당연히 더 높은 자리로 안내하여 줄 것이 아니냐는 것이다. 그렇게 되면, 부끄러움이 아닌 영광을 받을(높임을 받을) 것이라는 말씀이다.

예수는 이 비유를 통해 '종말론적 반전'(eschatological reversal)에 관해 말하고자 한다. 예수는 상류층에 속한 사람들이 이 세상에서의 사회적 신분을 자랑하면서 상류 사회의 사교 모임에서 보여 주는 행태를 보고 역겨움을 느끼고, 이를 통박하고 싶은 마음이 들었다. 예수는 상류층 사람들로부터 소외받고 배척받을 각오를 하고 바른 말을 하였다. 이 세상에서의 '영광'은 영원한 것이 아니며, 하나님나라에서 인정받지도 못할 것이기 때문이다. 그래서 예수는 "누구든지 자기를 높이면 낮아질 것이요, 자기를 낮추면 높아질 것이다"라고 말씀하신다.

"현직에 있을 때 처신하는 것을 보면, 그 사람의 인격을 알 수 있다"는 말이 있다. 이것이 이 경우에 잘 맞는 말인 것 같다. 자리가 사람을 만드는 것으로 착각하고, 자신의 인격은 미숙한데도 불구하고 거드름을 피우는 사람들이 얼마나 많은가? 이런 사람들은 반드시 후회할 날이 오게 마련이다.

예수는 두 번째로 자신을 초대한 주인에게 교훈하고 있다. 즉 친한 사람이나 같은 부류의 사람들을 초청하지 말고, 사회적으로 신분이 낮고 어려운 사람들을 초청하라는 것이다. 왜냐하면, 전자의 사람들은 초청에 대한 답례로 다시 초청을 해 올 것이기 때문에 아무런 공적도 남지 않을 것이다. 이러한 사람들을 초대하는 것은 진정한 사랑에서 우러나온 것이 아니며, 이타적인 봉사를 보여 주는 행위가 아니기 때문이다. 그러나 후자의 사람들은 되갚을 능력이 없기 때문에, 의인들이 부활한 후 그들의 초대에 대해 하나님나라에서 보상을 받을 것이다. 주목할 것은 후자의 사람들을 '의인'으로 암시하고 있다는 사실이다. 그들은 비록 이 세상에서는 미천한 사람들일지 모르지만, 하나님의 눈에는 그들이야말로 '의로운' 사람들로 비쳤다.

이러한 말씀의 배경을 알기 위해서는 당시에 있었던 상호 초대의 습관을 이해할 필요가 있다. 상류층에 속한 사람들은 초대를 받으면, 다음에 초대했던 사람들을 다시 초청해야 하는 의무를 지게 된다. 이러한 관습 때문에 다시 초대할 능력이 없으면, 무례에 대한 비난을 감수하면서 아예 초대에 응하지 않는 경우도 있었다.[8]

예수를 초청한 주인은 이러한 교훈을 듣기에 적합한 행위를 보여 주었다. 그는 같은 부류의 사람들을 초청해 놓고 예수의 비판과 책망을 들어야 했기 때문이다. 예수께서 이러한 교훈을 한 목적은 가깝게는 곧 있게 될 예수의 수난과 죽음을 염두에 두고 있었기 때문이며, 멀게는 하나님의 나라에서 있을 큰 잔치(14:15~24)와 비교할 수 있기 때문이었다.

예수는 곧 죽을 운명에 처해 있었고, 최후를 향해 예루살렘으로 가는 중이었다. 이러한 사정을 바리새파 사람들과 율법학자들이 알리 만무했지만, 내재 독자(implied reader)에게는 알려져 있었다고 하겠다. 그렇기 때문에, 본문은 내재 저자(implied author)를 통해 이들의 어리석음을 폭로하고 있다. 더구나 장차 하나님 나라에서 있을 큰 잔치에 이러한 부류의 사람들은 결코 초대받지 못할 것이다.

3. 핑계 대는 사람들과 예수(15~24절)

예수가 주인을 책망하면서 경고했음에도, 식사 중에 있던 한 사람이 "하나님의 나라에서 음식을 먹는 사람은 복이 있습니다"라고 말한 것은 의아스럽다. 그것은 본문에서 유대인 지도자들(특히 메시아를 대망하던 바리새파 사람들)이 스스로 의롭다고 여기는 것을 풍자적으로 폭로하고 있음에 틀림없다. 이제 주제는 이 땅에서의 식사에서부터 "하나님나라에서의 향연"으로 옮아가고 있다.

예수는 또 하나의 비유를 통해 어리석은(?) 유대 지도자들을 교훈한다. 이 비유는 이 세상의 일상생활에서 발견되는 소재를 택하고 있지만, 하나님나라에서의 일을 말하고자 한 것이 분명하다. 예수는 큰 잔치의 초대에 핑계를 대고 오지 않은 세 종류의 사람들을 열거한다. 이렇게 함으로써 하나님나라로의 초대를 거부한 사람들이 얼마나 어리석은 사람들인지를 드러낸다.

보통 상류 사회에서의 초대 방식은 잔치 준비가 되기 전 미리 초대를 청하고, 잔치 준비가 되면 다시 초대를 청하는 것이 상례였다. 또 한 번 초대를 받으면 그 사람을 다시 초대하는 게 불문율이었다. 만약 상호 초대할 능력이 없으면 첫 번째 초대에서 거절하는 것이 오히려 예의에 어긋나는 것이 아니었다. 그러나 첫 번째 초대에 응해 놓고, 두 번째 초대를 거부하는 것은 초대한 사람에 대해 더 큰 모욕이 되었다. 본문은 "준비가 되었으니 오십시오"라고 말하면서(14:17) 초대한 것을 보면 두 번째 초대로 볼 수 있다. 그렇기 때문에 그들이 핑계를 댄 것은 초대한 사람을 크게 수치스럽게 하며 모욕하는 행위에 해당된다.

그들의 변명은 그런 대로 가치가 있는 일이었다! 그러나 따지고 보면 그렇게 시급한 것은 아니었다. 중요한 재산 목록인 밭을 사고 그곳에 가보아야 한다는 것은 대리인을 시켜 밭을 사게 했다는 것을 의미하는 것으로 보인다. 그렇다면 이 사람은 부자인 것이 분명하다. 부자인 그가 늘 다른 사람을 통해 일을 처리할 수 있었다면 대리인을 웬만큼 신뢰할 수 있었기 때문일 텐데, 밭을 산 것을 자랑하는 것처럼 거들먹거리는 것은 어쨌든 잔치에 초대한 사람에게 모욕을 주는 행위일 뿐이다.

겨릿소 다섯 쌍을 산 사람이 그것을 시험하러 가야 하기 때문에 초대에 응하지 못한다는 변명 역시 설득력이 약하다. 이미 거래는 성사되었고, 시험해 보아 잘못 산 것이 드러난다 한들, 그 거래를 무를 수는 없는 노릇이기 때문이다. 그럴 듯한 핑계지만 초대에 응하지 않으려는 구실일 뿐이다.

한편 결혼하여 아내를 맞이한 이유로 초대에 응하지 않은 사람은 어떠한가? 이 사람 역시 신부를 사랑하고 신실함을 과시하는 것 같지만, 초대에 응하지 않음으로써 초대자에게 모욕을 안겨 준 것에 대한 비난은 피할 수 없다. 더군다나 여기에서의 초대는 하나님나라에서의 향연을 의미하는 예수의 초대가 아니던가!

예수는 화가 났다. 그래서 종을 보내 시내 거리와 골목에 있는 "가난한 사람들과 지체 장애가 있는 사람들, 눈먼 사람들과 다리 저는 사람들"을 데려오라고 명령했다. 이들은 앞에서 바리새파 지도자에게 교훈한 내용과 일치한다(14:13).

이런 의미에서 큰 잔치 비유(14:15~24)는 앞 단락과 연속되는 이야기에 속한다. 다시 말해, 전체적인 내용은 유대인과 이방인 사이, 또는 유대교 지도자들과 죄인들 사이에 있게 될 종말론적 반전의 주제를 다루고 있다. 그래도 자리가 남아돌자, 주인은 시골과 변두리인 "큰 길과 산울타리"로 가서 억지로라도 데려와서 잔치 집을 채우도록 한다. 그러면서 "초대를 받은 사람은 아무도 나의 잔치를 맛보지 못할 것이다"라고 선언한다. 이것은 바리새파를 비롯한 종교 지도자들의 콧대 높은 교만과 계속되는 거부를 질타하는 의미를 내포한다.

4. 버리지 못하는 사람들과 예수(25~35절)

종교 지도자들을 질타한 예수의 교훈과 권위에 감동받은 많은 무리가 예수를 따라 함께 나섰다. 보통 사람이라면 많은 사람들이 따르는 것에 흡족해 했을지 모른다. 그러나 예수는 이에 대해 노파심을 가지고 바라본다. 그래서 오히려 따르는 무리를 돌아보며 제자가 된다는 것이 얼마나 어려운 결단을 동반해야 하는지 말씀하신다.

예수는 제자가 되기 위해 갖추어야 할 두 가지 조건을 부정적인 문체로 말씀하고 있다. 첫째, 혈육과 자신의 목숨까지 미워하지 못하면 제자가 될 수 없다는 것이다. 앞 단락에서 잔치 초대에 응하지 않던 사람들이 내세웠던 핑계를 뒤집어 말한 것으로 볼 수 있다. "미워하다"라는 동사를 사용한 것은 강한 표현처럼 보이지만, 그만큼 분명한 결단이 없고서는 감히 제자가 될 수 없음을 시사하고자 한 것이다.

둘째, 자기 십자가를 지고 예수를 따르지 않는 자는 능히 제자가 될 수 없다는 것이다. 십자가란 그 당시 최고로 잔혹한 형벌의 방법이었다. 십자가는 죽음과 고통과 수치를 의미했다. 죽기를 각오하고 고통과 수치를 당할 준비가 되어 있지 않으면 제자가 될 꿈도 꾸지 말라는 선언이다.

예수 그리스도는 이러한 조건을 설명하기 위해 두 가지 비유를 든다. 이 비유들은 언뜻 보면 제자가 되는 것과 직접적인 관련이 없어 보이기도 한다. 망대를 세우고 전쟁을 하는 것과 제자가 되는 것이 어떤 관련성이 있단 말인가? 우리가 여기에서 유의해야 할 것은 비유의 세세한 사항이 아니라 이 비유들의 핵심적인 메시지를 읽어내는 것이다. 예수는 이 비유들을 통해 제자가 되기 위한 중요한 측면을 부각시키려고 한 것이기 때문이다.

비유들의 핵심은 무슨 일을 하기 전에 충분하게 미리 헤아리는 것이 중요하다는 점을 말하려는 것이다. 망대를 세우기에 충분한 비용이 있는지 미리 계산해 보지 않고 망대를 세우고자 한다면, 결국 망대를 세우지 못하고 사람들의 비웃음만 당할 것이다.[9] 또한 전쟁을 하고자 하는 왕이 있다면, 당연히 상대방 군대의 규모를 헤아려 전쟁에 임해야 할 것이다. 그렇게 하지 않고 무모한 전쟁을 일으키게 되면 결국 실패와 불명예를 안고 말 것이기 때문이다.

예수는 두 가지 비유를 말씀하신 후에, "모든 소유를 버리지 않으면 능히 그의 제자가 되지 못할 것이다"라고 하시면서, 제자가 되기 위한 세 번째 조건을 덧붙이고 있다. 참된 제자는 모름지기 혈육에 얽매이지 않고 자기 목숨을 미워할 만큼 맺고 끊음이 분명해야 하고, 자신의 십자가를 지고 갈 희생정신과 각오가 갖추어져 있어야 하며, 이 세상에서의 물질욕과 명예욕를 버리고 하나님만 바라보는 순수함이 있어야 한다.

이 모든 것을 정확하게 인식하고 모든 어려움과 고난을 헤아려 본 후에라야 진정으로 예수의 제자가 되어 그를 따를 것인지를 결단해야 한다. 이것이 바로 예수께서 스스로 권위와 명예를 갖추고 있다고 교만하게 생각하던 종교 지도자들과 수많은 무리에게 하나님나라에서의 큰 잔치에 참여할 수 있는 자격이 있는지에 관해 교훈하려고 한 내용이다.

본문의 적용

본문은 서너 가지 면에서 설교에 적용해 볼 수 있을 것 같다. 첫째, 본문이 예수의 예루살렘 여행의 도상에서 된 일이라는 점을 강조하는 것이다. 예수의 십자가 수난을 앞둔 결정적 시점에서 바리새파와 율법학자들은 안식일에 대한 형식적인 준수에나 관심을 보였다. 그리고 예수의 행위를 엿보면서 비난하는 것에 골몰하였다. 예수와 종교 지도자들간의 대조적인 인물 묘사를 통해 설교 메시지를 선포하면 좋겠다.

둘째, 본문이 식탁 대화라는 점에 착안하여, 심포지엄 형식을 통한 예수의 교훈 내용을 살펴보는 것이다. 높은 자리나 차지하려고 하는 사람들은 분열(고전 1~4장 참조)과 탐욕(고전 11:17~22 참조)만을 드러낼 뿐이다. 함께 식사하는 것(공동 식사)은 사랑, 화해, 기쁨이 넘치는 자리가 될 수 있다. 식사 자리가 문제를 해결하고 하나되는 수단이 될 수 있다.

다른 면에서 보면, 식사는 그 자체로 훌륭한 목적이 된다. 정성을 다해 준비한 식탁이 사람들을 화해로 이끌고 하나님의 은혜를 깨닫게 하는 주제의 「바베트의 만찬」이라는 소설이나 영화 이야기를 예화로 들어보면 좋을 것이다.[10]

셋째, 제자가 되겠다고 섣불리 나서는 많은 사람들과, 제자로 부름받고도 핑계만 대는 삶의 태도를 대조적으로 설명함으로써, 참된 제자직에 관한 메시지를 찾을 수 있을 것이다.

기독교의 메시지가 소위 '값싼 은혜'가 된 지 오래다. 기독교가 사회의 존경을 받고 기독교인들이 사람들의 신뢰를 얻기 위해서는 참된 제자직에 대한 뼈아픈 자기반성과 실천이 요청되기 때문이다. 너무 쉽게 제자가 되려고 하지 말아야 한다는 점을 강조해야 한다.

15 함께 기뻐하고 즐거워하자
누가복음 15장의 주해와 적용

"비유가 아니면 말씀하시지 아니하시더라"(막 4:34). 학수고대하던 '하나님나라'가 예수님의 신분과 사역(person and work)을 통해 인간 역사에 뚫고 들어온 그 놀라운 신비에 두 눈이 휘둥그레졌던 마가는 일찍이 예수님의 비유에 대해 그렇게 남다른 증거를 했다. 그분은 비유의 선포자였다. 아니, 그분 자신이 당시 유대교가 해석해야 할 비유였다.

그런데 마가복음에는 비유보다 예수님의 이적활동과 수난기사가 훨씬 더 많다는 사실을 우리는 알고 있다. 누가는 마가의 기록에 응답이라도 하듯 다른 복음서와 달리 엄청난 양의 예수님의 비유를 소개한다.[1] 마치 비유를 말씀하시는 예수님을 소개하기 위해 복음서를 기록한 것이 아닌가 생각할 정도다. 그 중에서도 누가복음 15장은 통상적인 사건설명이나 설교 형태의 기록 대신, 실제 삶의 경험에서 나온 진리를 해석하는 이야기만 연속적으로 소개하고 있다.[2]

"가까워진" 하나님나라를 직접 몸으로 체험하는 구체적 수단으로서 예수님의 비유는 훨씬 더 강렬하기 때문인가? 또는 하나님도 없고 인간도 보이지 않는 세계에 살고 있는 사람들에게 다시 따뜻한 피가 흐르게 하고 기쁨을 알게 하려는 메시아의 사역이 위기의 절정에 달한 것일까? 드러리(John Drury)도 이 부분을 "누가의 레지스탕스"(Luke's piece de resistance)라고 표현할 만큼 비유에서 피어나는 열기를 인정하지 않았던가?[3] 혹은 14장부터 시작되는 "하나님나라의 축제와 기쁨"은 비유를 써야 되살려 낼 수 있기 때문일까?

세 개의 비유로 가득 채워진 누가복음 15장은 예수님의 비유세계가 갖는 가장 보편적인 특징과 아름답고 매우 감동적인 메시지를 들려 준다.[4] 이 부분은 9:51부터 시작되는 예수님의 예루살렘 여행에서 문학적으로나 신학적으로 가장 중요한 위치에 있기도 하다.[5] 하나님나라의 새 백성을 형성하고 또 가르치는 "제2의 모세"로서 예수님은 광야를 여행하며 수많은 "신명기적인" 이야기와 교훈을 말씀하신다.[6]

우리는 각 비유세계가 무엇을 말하려고 하는지를 파악하고 이해하기 위해 개별 비유의 연구는 물론, 동시에 앞뒤로 이어지는 15장 전체의 문맥을 살펴야 한다. 특히 15장에 소개된 세 개의 비유는 매우 긴밀한 유기적 통일성과 일관성을 가지고 있다. 사실 대부분의 비유 연구가 지나치게 비유의 진정성이나 역사성 문제에 치중되어, 복음서 문맥 속에서 갖는 의미나 역할 연구를 등한시했다. 그러므로 연속적인 비유세계를 이해하면서 그 말씀 속에서 과연 설교 착안점은 무엇인지를 알아본다.

누가복음 15장의 비유세계

누가복음 15장에 연속적으로 나타나는 비유는 누가복음에 나타나는 '두 그룹'의 지속적인 갈등 구도 속에서 선포된 것들이다. 두 그룹이란 한편으로는 예수님을 중심으로 한 제자들과 "세리와 죄인들"의 무리였고, 다른 편으로는 그들을 반대하는 바리새인들과 율법학자들이었다(15:1~2; 7:29~30; 11:53~54; 13:17). 이러한 반목은 특히 누가복음에서 예수님이 당시 유대법에 금지된 "죄인들"과의 식탁교제, 즉 함께 먹고 마신다는 이유로 촉발된 것이다.[7] "죄인들"(the sinners)이라는 칭호는 율법을 지키지 못한 결과 붙여지기도 했고, 종교 지도자들이 붙인 경멸적이고 차별적인 사회적 칭호이기도

했다.⁸

당시 "세리"(tax-collectors)는 로마 정부를 위해 일하는 유대인이었다. 이들은 권력을 미끼로 자기 백성들을 착취한다는 오명을 쓰고 살았으며, 사회에서 도덕적 탕아로 취급되었다.⁹ 더욱이 이방인들의 "더러운" 돈을 만지며 이방인들과 접촉하는 사람들로 인식되었다. 유대인들은 이런 자들을 죄인으로 취급해 일체의 교제를 금지했고 식탁에 같이 앉는 일도 없었다.

그런데 예수님은 이런 세리와 죄인들을 "기쁘게" 영접하고 있다. 누가의 메시아는 왼 백성들로부터는 거절당하고, 소외되었던 죄인들과 회복된 교제를 나누고 있다. 바리새인들의 비난은 한마디로 이스라엘 내에 형성되어 왔던 사회 종교적 질서를 예수께서 거침없이 허물었기 때문인데,¹⁰ 그러한 비난과 불평에 대한 변증으로 예수께서는 16장의 2개 비유를 포함하여 – 청지기 비유와, 부자와 나사로 비유 – 연속적으로 5개의 비유를 말씀하신다.¹¹

1. 잃은 양을 찾는 목자 비유(3~7절)

이것은 비유의 가장 고전적 형태인 단순 비교다(simple comparison).¹² 사람들에게 알려져 익숙한 에피소드를 사용하여 알려지지 않은 새로운 사실을 밝히려는 것이다. 백 마리의 양을 가지고 있던 목자가 만일 그 중 한 마리를 잃었다면 다른 양들을 들에 두고 당연히 잃은 것을 찾아 나서며, 또 찾았을 때 크게 기뻐할 것이라는 익숙한 이야기다.¹³ 예수님은 익숙한 삶의 이야기를 자신의 기쁨을 설명하는 논점으로 사용하고 있다. 비유의 질문형식은 당연히 인정하지 않을 수 없는 결론으로 청중들을 끌어들이며(a fortiori), 죄인들과 함께하는 행위를 비난하는 바리새인과 서기관들에게 "너무나도 뻔한" 대답을 요구하는 것이다.

그러나 익숙한 삶의 이야기지만 이 비유는 청중들이 듣기에 매우 불쾌한 역설(paradox)을 사용하신다. 이 역설의 진의를 파악하는 것이 설교의 핵심이라 할 수 있다. 먼저 아흔아홉 마리를 들에 던져두고 한 마리를 찾아

나선다는 상황(4절)과, 한 마리로 인한 기쁨이 아흔아홉 마리보다 더하다는 설정을 생각해 보아야 한다(7절).[14] 이 역설의 수사법은 메시아의 기쁨의 폭을 그만큼 확대시켜 준다. 그래서 '하나'에 대한 기쁨으로 '아흔아홉'이라는 상징적 그룹의 정체가 무엇이며 이들의 권위적 요구가 무엇인지를 다시 주목하게 만든다.

특히, '하나'와 '아흔아홉'이라는 숫자의 지극한 비대칭성은 청중들의 세계와 비유 세계 사이에 엄청난 거리감이 존재함을 강조하는 행위다. 과연 '한' 마리의 무게와 '아흔아홉' 마리의 무게를 비교하는 것이 물리적으로 가능한 일인가? 이제까지 사회의 그늘 속에 무기력하게 방치되어 왔던 그 '하나'라는 미미한 존재가 지금 비유세계 속에서는 가장 중요한 의미를 부여받고 있다.[15] 비록, 그 '하나'는 대다수의 '아흔아홉'에게는 아무런 상관이나 존재가치가 없는 미미한 것이었지만, 지금 예수께서 가장 중요하게 찾고 있는 존재라고 재해석하고 있는 것이 아닌가. 마치 일백이라는 '전체'를 완성할 수 있는 존재로 회복되고 있지 아니한가. 극단적으로 비대칭적인 그 '하나'가 지금 목자의 지극한 기쁨의 대상이 되고 있는 것이다.

이것이 설교의 주요 요지들이다. 즉 '하나'에 대한 가치와 관심을 일깨우고 그것이 기쁨이 되는 이유를 드러내는 것이 설교의 초점이다. 물론, 이 '하나'에 대한 폭발적인 기쁨은 통상적인 세계에서는 지극히 낯선 것이다. 그러나 그러한 낯섬과 거리감이 바로 청중들의 세계를 뒤흔드는 충격이 되며, '아흔아홉'으로 하여금 자신을 돌아보게 하는 촉매제가 되는 것이다. 이 충격이 설교에 살아 있어야 한다.

우리는 그동안 위장된 '안전지대'에서 특권을 구가하며 '중심'의 자리에서 요지부동하던 그 '아흔아홉'이 아닌가? 이제 그 충격 속에서 자신의 본질을 심각하게 고려해야만 한다. 그러므로 "회개할 필요가 없는 의인 아흔아홉"이라는 비유 언어는 청중들을 안심케 하는 칭찬인 동시에 그들의 가면을 벗기는 목소리다. 이러한 파격은 신적 자유를 제한하려는 어떠한 인간의 노력도 거절한다는 예수님의 의지다.

누가의 "잃은 양을 찾는 목자 비유"는 마태의 비유(마 18:12~14, 이 비유야말로 '잃은 양' 비유다)와 비교하며 읽는다면 그 특징이 더욱 분명해진다. 마태복음에서는 열두 제자들을 대상으로 "하늘나라에서 큰 자"라는 예수님의 교훈과 관련하여 이 비유가 소개된다. 즉 천국에서 큰 자는 곧 "어린아이" 같은 자며, 어린아이 같은 "소자"를 실족케 해서는 안 된다는 교훈이다. 마태의 잃은 양 비유는 실족한 "소자"와 직접적인 관계를 가지면서, 교회 안에서의 범죄한 형제에 대한 교훈(18:15~20)과 '용서'에 대한 긴 설교로 다시 이어진다(18:21~35).

그런데 주목할 점은, 마태의 문맥 속에서 "잃은 양"은 교회 생활을 하다가 세상으로 떨어져 나가 실족된 사람이다. 마태는 '잃다'라는 말로 '플라나오'라는 동사를 사용하고 있는데, 이것은 신자가 죄를 짓고 타락하거나 나쁜 길로 잘못 나간 상태(go astray)를 말한다.[16] 이와 대조적으로 누가의 '잃은 양'은 하나님께 돌아와야 할 '잃은 자'(lost)인 세리와 죄인들을 말한다. 누가의 상황은 교회 밖이며, '잃다'라는 말로 '아폴루미' 동사를 사용한다. 그것은 주인이 가지고 있다가 단순히 잃어버린 것을 말한다. 물론 마태도 '아폴루미'를 사용하지만, 마태의 문맥 속에서는 실족된 후 완전 "멸망된"(perished, 18:14) 상태를 의미한다. 설교의 또 다른 포인트가 여기에 있다.

누가의 "잃은 양"은 곧 "세리와 죄인들"로서, 그들이 도움을 필요로 하는 자들임을 드러낸다. 그래서 누가의 목자는 마태의 목자보다 잃은 자를 찾으려는 열심이 더 간절해 보인다. 이것은 예수님이 죄인들과의 교제를 강력하게 변증하는 목소리로 나타난다.

또한 외부의 잃은 자를 찾는 열심과 관련하여 누가는 죄인을 찾는 "목자의 기쁨"을 두드러지게 강조한다. 그 목자는 죄인들과 함께 먹고 마시는 메시아 자신의 기쁨이다. 이 기쁨은 마태의 '기쁨'보다 더 큰 강도를 가진다. 특히 찾은 즐거움을 그림언어로 확대시키면서("즐거워 [양을] 어깨에 메고," 5절), '어두운' 분위기에서의 "잃은 양"이 아니라 "밝고 즐거운" 분위기에서의 '찾은 양'을 부각시킨다.

유대문학 중 출애굽기의 미드라쉬 라바를 보면(Midrash Rabbah Exodus II.1) 이드로의 목자들이 광야에서 잃어버린 양들을 찾아 나섰을 때, 모세가 잃은 양들을 찾아 너무 기뻐 어깨에 메고 돌아온다는 이야기가 있다. 모세는 곧 하나님의 백성들을 이집트에서 이끌어 낼 지도자였다.[17] 누가의 예수님은 지금 자신을 출애굽 역사의 성취자요 기쁨의 주인공으로 소개하고 있는 것이다.

과연 누가는 마태와 같이 교회 안에서의 질서와 규범에 대한 관심보다, 아직 교회 밖에 있는 '잃은 자들'을 찾는 기쁨을 말하고 있다. 만일 마태의 "잃은 양 비유"가 교회 목회자와 교회 공동체 안의 모든 지도자들을 대상으로 하여 믿음이 약해 실족한 자들이나 또는 범죄한 자들을 어떤 자세로 대할 것을 가르친다면,[18] 누가의 "잃은 양을 찾는 목자 비유"는 죄인을 찾는 기쁨을 강조하면서 메시아가 잃은 자를 찾아 구원하러 왔다는 메시지를 전한다.

특히 죄악에 빠진 인간이 스스로 하나님께 돌아오기를 기다리는 것이 아니라 예수님처럼 찾아 나서는 인간의 노력을 통해 죄인이 회개하고 돌아오게 된다. 그런 면에서 누가의 비유는 잃어버린 영혼에 대한 "인간의 책임"을 또한 강조하고 있다.[19]

2. 잃은 동전을 찾는 여인 비유(8~10절)

이 비유는 잃은 양을 찾는 목자 비유와 같이 '기쁨'의 주제를 반복하고 있다. 비유언어를 통해 적대적인 청중들은 다시 한 번 "공동체적 축제"에 참여하도록 초청된다.[20] 두 비유의 변증적 목소리는 이렇게 요약된다. "만일 이 여인이 잃은 동전을 찾았을 때 이웃과 친구들이 그 여인의 즐거움에 동참했다면, 바리새인들은 죄인 하나가 회개하고 돌아왔을 때 기뻐하던 천사들의 그 기쁨에 훨씬 더(how much more) 많이 동참해야 하지 않겠는가?"[21]

그러나 잃은 동전을 찾는 기쁨에는 앞 비유와 달리 독특한 면들을 가지고 있다. 그것들은 곧 설교의 초점이 된다. 첫째, 즐거워하는 주체가 여인이다. 이 여인은 10개의 동전 중 한 개를 잃고서 그것을 찾기 위하여 쉴새 없이 애쓰고 있다. 그 모습은 마치 앞의 비유에서 목자가 그랬던 것처럼 잃은 자를 찾는 예수님의 모습으로 유추된다.[22] 그 은전의 성격이 고대 유대사회에서의 '결혼 지참금'이었는지, 남편이 사랑의 증표로 맡긴 '예물'이었는지, 또는 가정의 비상시를 위해 준비해 두었거나 유대 축제 시에 사용할 소중한 저축금이었는지는 단지 학자들의 상상일 뿐이다. 그러나 잃은 경제적 수단을 회복하려는 알뜰한 열심과 애착은 누구보다도 가정을 꾸려 가는 가정주부에게 가장 기대할 수 있는 모습이 아닐까?

둘째, 찾는 대상이 생물에서 무생물인 '은동전'(수찜, suzim)으로 바뀌었다. 헨드릭스나 데레트는 비유언어에서 언어유희의 수사법을 제시하면서 히브리어의 은동전을 뜻하는 이 단어가 "사라진 사람"(those that have moved away … yet are still within the house)을 가리킬 수 있다고 하였다.[23] 그렇다면, 단순히 "잃은 양"보다 더 열심을 내어 찾아야 하는 이유가 될 것이다. 즉 찾는 손길을 기다리고 있기 때문이다.

셋째, 비유의 화자는 이 여인의 축제적 행동이 곧 잃은 자를 찾고 즐거워하는 하나님의 축제적 행동으로 연결됨을 말하고 있다. 즉, 여인의 즐거움이 곧 하나님의 기쁨이라고 한다.[24] 그것은 마치 목자의 즐거움이 하늘 천사의 즐거움으로 이해되었던 것과 같다.

앞의 비유에서 목자는 양 일백 마리를 채우기 위해 한 마리를 찾아 헤맸으며, 다음에 이어지는 탕자의 비유에서는 아버지가 "온전한 가족"을 회복하기 위하여 얼마나 힘쓰는지를 보게 된다. 지금 동전비유에서는 이 여인도 목자나 아버지와 같은 열심과 애정으로 열 개의 동전을 회복하기 위하여 잃은 하나를 부지런히 찾고 있는 것이다.[25] 다시 말하면, 잃은 동전을 찾기 위한 여인의 삼중적 노력(8절: 불을 밝혀놓고, 집을 쓸며, 동전을 발견할 때까지 부지런히 찾음)은 아흔아홉을 들에 두고 떠나는 목자의 노력보다 결코 덜 하지 않다. 그 여인은 '전체'를 회복하는 권세가 있는 인물로 설정되고 있으며, 그러한 회복의 축제를 벌일 능력이 있는 인물이다.

이 점을 주목하여 설교적 적용점을 생각한다면 특히 "잃은 자들"을 향한 교회 여성들의 관심과 역할이 얼마나 소중한지를 알게 될 것이다. 비유 속의 여인은 평범한 가정주부다. 이 비유는 다른 복음서와 달리 누가가 계속 부각시키는 여성들의 활발한 공동체적 활동을 요약하는 최고의 에피소드다(예, 예수님의 몸에 향유를 부은 여인, 7:36~50; "자기들의 소유로" 공동체를 섬기던 마리아, 요안나, 수산나의 활동, 8:2~3; 그릇에 누룩을 집어넣어 온 밀가루를 부풀게 하는 여인, 13:21; 낙심하지 않고 끈질기게 기도하는 여인, 18:1~8). 예수님 당시의 대다수 사람들이 헬라 도시문화의 강력한 영향을 받았던 것처럼 모든 삶이 더욱 도시 구조화, 도시집중화되어 가는 현대의 환경 속에서 여성들의 다양한 헌신과 뜨거운 열정을 일깨우는 메시지가 선포되어야 한다.

3. 잃은 아들을 찾는 아버지 비유(11~32절)

이 비유는 "선한 사마리아인 비유"(10:25~37)와 더불어 누가복음에서 가장 아름답고 감동적인 예화적 비유(exemplary parable)다. 유난히 길고 풍부한 이야기 소재와 극적인 전개가 독자들의 마음을 사로잡는다. 예수께서 나타내려고 하는 깊은 신학적 진리와 롤러코스터 같이 예측 불허한 삶의 역동성이 이 한 편의 비유 속에 더할 나위 없이 매력적으로 결합되어 있다. 그래서 오늘날 이 비유는 교회 안에서의 설교뿐만 아니라 오페라, 연극, 소설, 노래 등의 주제가 되면서 이야기 세계의 감동을 재현하고 있다.

이 비유는 대략 세 개의 관점에서 연구되어 왔다. 우선 가장 전통적인 입장은 작은아들 – 소위 "탕자" – 의 관점에서 비유를 이해하며, 죄악된 인간에게 그 죄의 무거움에 관계없이 참회를 촉구하는 것이다(월콕, 아른트 등).[26] 그래서 비유의 제목도 "잃은 아들의 비유"가 된다.

그러나 다른 그룹은 고집스런 형에게 초점을 맞추어, 참회하고 돌아오는 사람들을 가슴을 열고 영접하지 못하고 기뻐하지 못하는 불신앙을 회개하라고 촉구하는 것이 비유의 주제라고 본다(당커, 탈벗 등).[27] 그래서 "기뻐하지 않는 큰 아들 비유"(parable of reluctant brother)라고 부른다. 혹은 위의 두 경우를 포함하여 작은 아들과 큰 아들 모두를 비유의 초점으로 이해하면서 "두 아들 비유"라고 부르는 관점도 있다(T. W. 맨슨).

그러나 두 아들 모두를 사랑과 인내로 포옹하는 아버지의 역할 관점에서 비유를 해석하는 세 번째 입장이 있다(틸케, 슈바이져, 마샬, 예레미야스 등).[28] 이들은 제목을 "아버지 사랑의 비유" 혹은 "아버지의 '지나친 사랑'(prodigal love) 비유" 등으로 붙인다. 비유에서 돌아오는 것은 아들들이 아니라 오히려 아버지라고 보는 것이다.

그런데 이 비유가 문맥 속에서 분명히 의도하는 바를 하나 꼽으라면 그것은 세 번째 관점이다. 탕자를 회복시키고 또 큰 아들을 설득하는 아버지에게 초점을 맞춘다. 그래서 필자는 이 비유의 제목으로 "탕자 비유"나 "고집스런 형 비유"가 아니라 "잃은 아들을 찾는 아버지 비유"가 가장 적절하다고 본다. 그러나 첫 번째와 두 번째 관점도 청중들과의 관계 속에서 각각 연결고리를 가지고 있으며, 그것은 설교의 적용 포인트로 유용하게 사용될 수 있다.

이 비유는 앞의 두 비유와 연속적인 관계에 있다. 즉 세 개의 비유를 일괄하고 있는 비유의 원인이 분명히 제공되고 있으며(1~2절), 비유들이 반복적으로 사용하고 있는 언어들도 세 개의 비유가 공통적인 구조와 공통적인 주제를 갖고 있음을 보여 주고 있다. 즉, "즐거움"(15:6~7, 9~10, 23~24, 32), "잃은 자를 찾음"(6, 9, 24, 32), 그리고 "회개함"(7, 10, 18) 등이다.[29]

그리고 15장 전체는 이렇게 요약될 수 있다. 아버지가 탕자를 영접하고 그에게 잔치를 베풀어 주는 것에 대하여 큰 아들이 불평을 털어놓는 것은 예수께서 죄인들을 영접하고 그들과 함께 먹고 마시는 것에 대하여 바리새인과 율법학자들이 비난하는 것과 같다.[30] 그러나 죄인들을 영접하고 그들과 함께 잔치를 벌이는 예수님의 모습은 이 비유에서 완성된 "가족"을 형성하시는 하나님의 활동으로 절정에 이른다.[31] 즉 비유 속의 아버지는 목자와 여인의 활동을 종합하는 연합적인 시간과 공간을 창조한다. 과연 설교의 초점을 어디에 둘 것인가?

무엇보다 탕자를 맞이하는 아버지의 모습을 주목해야 한다. 아버지의 행동은 독자의 기대감을 훌쩍 뛰어넘는다. 임종 전에 재산을 나눠달라는 작은 아들의 요청 자체를 거절했어야 했다. 더욱이 유대 사회에서 아버지가 엄연히 살아 있는데 재산권을 처분하는 것은 마치 아버지를 죽은 자처럼 취급하는 너무나 불명예스러운 것이었다.[32] 그러나 아버지는 허락했다. 또한 탕자가 자신을 품꾼의 하나로 써 달라고 요청했을 때, 그러한 회개의 기회를 허락하는 것이 통상적이지만,[33] 20절에 묘사된 아버지의 영접은 도리어 어른으로서의 명예를 실추시킬 만큼 자신의 마음을 너무나 쉽게 쏟아놓는 행동이다. 자신의 위엄을 내동댕이칠 정도로 과도한 즐거움을 표시하는 것은 누가의 독자들에게도 쉽게 납득되지 않는 일이다.

그러나 이런 '거리감' 이야말로 아버지의 행동에서 발견할 수 있는 최초의 설교착안점이 될 것이다. 아버지의 "이해할 수 없는" 행동은 죄인을 맞이하는 기쁨의 강도를 증폭시키는 수사법이다. 마치 아흔아홉 마리보다 찾은 한 마리를 더 기뻐하던 목자나, 현재의 아홉 개 동전보다 잃은 한 개의 동전을 찾았다고 잔치를 벌이며 기뻐하는 여인과 같다.

유대법상 아들로서의 모든 권리를 완전히 상실했던 아들은 예기치 못한 아버지의 후한 행동을 통해 온전한 가족 구성원으로 다시 회복된다. 22절에 언급된 "제일 좋은 옷"과 "가락지"와 "신발"은 돌아온 아들을 종으로서가 아니라 "아들"로서 명예를 인정한다는 공식 신호다.[34] 그는 가족의 명예로운 식탁에 흔쾌히 영접되었다. 특히 23절의 "살진 송아지"는 통상적인 가정의 일회용 음식이 아니라 마을 전체 혹은 많은 사람들의 초청을 예상하고 준비하는 음식이다. 따라서 이 식사는 외부적으로도 돌아온 아들을 공동체의 일원으로 삼는 공식적 회복을 선언하는 식사일 것이다.[35]

기쁨이 넘치는 아버지의 식탁은 탕자의 무거운 죄에 대하여 끊임없이 문제를 제기할 모든 비난자들의 목소리를 차단한다. 어떠한 죄인도 용서하시고 사랑하시는 아버지 앞에서 더 이상 불안에 떨 필요가 없는 '당당한' 자녀가 된다. 아버지와의 관계 속에서 부정적이던 작은 아들의 이미지가 밝게 회복된 것이다.

그런데 설교의 주요 포인트는 첫째 아들과 아버지의 관계에서 발견된다. 회복되는 작은 아들의 밝은 이미지와 달리 큰 아들은 매우 부정적인 이미지로 설정되고 있다.[36] 설교자는 이 부분을 세밀히 관찰해야 한다.

· 그는 가족 공동체의 축제에 참여하기를 거부했다. 심지어 아버지가 몸소 나와서 그에게 간청하는데도 그의 분노는 식지 아니하였다(28절). 그의 행동은 분명 아버지를 부끄럽게 하는 행동이었다.[37]

· 그는 자신을 가족으로부터 '멀어지게' 하는 불효자다. 아버지를 부를 때 탕자도 사용하던 "아버지!"라는 칭호 대신 단지 "보십시오!"라는 대단히 불경스럽고 모욕적인 표현을 사용하였다(17, 18a, 18b절). 아버지에 대한 친근감이라든가 경외심은 어디에서도 찾아 볼 수 없다.

· 더욱이 자신과 아버지의 관계를 "노예와 주인"의 관계로 축소하면서 자신의 '정당함'을 근거로 아버지의 '부당함'을 공격하고 있다(29~30절).

· 놀라운 것은 동생의 죄악을 과장하면서 아버지가 사용했던 "나의 이 아들"(this son of mine, 24절)을 그대로 뒤집어 아버지에게 "당신의 이 아들"(this son of yours)이라는 불손한 언어를 사용한다. 그것은 아버지와 가족의 명예를 실추시키는 행동이다. 이러한 모든 언어들은 큰 아들이 가졌던 아버지에 대한 경멸의 강도를 표현한다.[38]

· 무엇보다 큰 아들의 가장 심각한 문제는 자신의 아들 자격(sonship)이 마치 자신의 노력에 의하여 정당하게 얻어진 결과라는 판단과 동시에 동생은 아들 자격을 스스로 만들지 못했기에 형제로서 인정할 수 없다는 판단을 가지고 있다는 사실이다.[39]

그래서 독자들은 큰 아들이 비록 아버지의 모든 명령을 순종한 것처럼 보이지만 사실 그는 법적인 울타리 안에서 불법적인 삶을 살았다고(lawless within the law) 생각하게 된다. 만일, 둘째 아들이 "분명한"(overt) 죄인이었다면, 큰 아들은 "은밀한"(covert) 그러나 "더 악한" 죄인이요 더 심각한 "탕자"

라는 생각을 갖게 된다.⁴⁰ 큰 아들은 탕자의 죄악을 될 수 있으면 크게 드러내고 싶어하지만, 그럴수록 독자는 큰 아들이야말로 참을 수 없는 "탕자"임을 인식한다.

그런 큰 아들에 대한 아버지의 반응이 곧 설교의 초점이다. 아버지의 관용적인 모습은(31절) 정상적인 독자의 기대를 또 다시 뛰어넘는 충격적인 것이다. 아버지의 인내는 작은 아들을 영접할 때보다 더 큰 놀라움을 던져 준다. 큰 아들의 모욕에도 불구하고, "아들아!"(테크논)라는 애정 가득한 부름은 그를 여전히 든든한 가족관계 속에 두고 있는 아버지의 끝없는 사랑을 드러낸다. 더욱이 아버지는 작은 아들이 여전히 큰 아들에게 "이 네 동생"(this brother of yours, 32절)임을 인정하며, 가족의 연합을 계속 추구하고 있다. 구약성경을 보면 하나님은 이스라엘을 "아들"이라고 부른다(출 4:22; 렘 31:9, 20; 호 11:1 등).⁴¹

비유는 한 아들이 다른 아들을 자기 형제로 영접함으로써 이스라엘의 가족이 회복되고 아버지의 기쁨이 완성된다는 이미지를 발전시키고 있다. 그러나 큰 아들과 아버지 사이에 존재하는 엄청난 간격이나, 바리새인들과 예수님 사이에 벌어져 있는 틈은 계속해서 교회가 채워야 하는 수많은 공간들이다.

이 비유는 큰 아들에 대한 아버지의 간곡한 부탁으로 끝을 맺는다. "우리가 즐거워하고 기뻐하는 것이 마땅하다." 비유는 지금 큰 아들로 설정되고 있는 바리새인들에게 "회개한 죄인들"을 더 이상 공동체 안에서 모욕하지 않기를 촉구한다.⁴² 그러면서 아버지의 기쁨, 즉 잃은 자들을 찾는 기쁨에 충만된 예수님의 기쁨이 "하나님의 계획"임을 받아들이라고 한다. 그러나 결론 없이 끝나는 이 비유는 큰 아들이 아버지의 권유에 마음을 열었는지, 또 아버지의 잔치에 동참했는지 구체적으로 밝히고 있지 않다.

과연 큰 아들은 어떻게 반응할 것인가? 그 질문은 사실 교회 안에서 먼저 믿는 모든 성도들에게 던져진 질문이다. 그 질문에 대한 대답은 16장으로 이어지는 두 개의 비유에서 발견된다. 아버지의 마지막 간청을 듣는 큰 아들은 "지혜로운 청지기 비유"(16:1~9)에서 주인에게 쫓겨날 위기에 처한 청지기로 설정된다. 그 청지기는 아버지의 사랑을 받아왔고 아버지의 재산을 관리하도록 먼저 부름받은 바리새인들이다.

그러나 그들은 나름대로의 열심에도 불구하고 주인보다 자신들의 주머니에 들어올 "재물"에 가장 큰 관심을 가진 사람들이었다. 큰 아들이 돌아온 동생을 부담스러워하는 이유도 "자기 몫"을 빼앗길 수 없다는 재물에 대한 집착 때문이 아니었을까?[43] 그들이 곧 주인의 재물을 허랑방탕하며 허비한 사람들이다.[44] 재물에 더 관심이 많았기에 다시 돌아온 탕자 동생이 반가울 리가 없었다. 하나님의 새 가족 공동체에 죄인들과 세리들이 몰려오는 모습을 기뻐할 리 없고, 아버지의 즐거움이 눈에 들어올 리가 없었다.

그러나 비유의 후반에서 청지기는 "회심하여" 주인의 재물을 가지고 사람을 사귀는 지혜를 발휘한다. 그런 긍정적 모습은 아버지의 마지막 간청을 듣고 "회개하며 뉘우치는" 큰 아들의 이상적인 모습이다. 그런데 만일 청지기 비유가 바리새인들에 대한 "긍정적인" 변화를 예상하며 촉구하는 예수님의 목소리라면 곧바로 이어지는 "부자와 나사로 비유"는 변화를 거부하는 큰 아들의 모습을 담고 있다.

이 비유에서 부자는 자기의 '좋은 것들'을 실컷 즐기면서도 음식을 가지고 대문 밖의 가장 소외된 거지 나사로에게 한 번도 내려간 적이 없다. 예수님의 의도는 무엇인가? 대문을 넘어가기를 거절하는 청지기의 결과가 어떠한지를 보여 주는 것이다. 사실 대문을 넘어가서 나사로와 사귀지 못한 이유 때문에 음부에서 부자가 애절하게 간청했던 두 가지 부탁도 모두 거절되었다(16:24, 27~28절). 친구를 사귀어 본 일이 없던 그는 그곳 음부에서도 친구 없는 철저한 외로움을 당하게 되었다. 그것은 곧 재물에 대한 욕심과 집착 때문에 회개하고 돌아오는 '죄인들' 또는 신앙 공동체에서 소외된 그룹들을 사귀거나 영접하지 않는 큰 아들, 즉 바리새인 청중들에 대한 강력한 경고다.

저 세상에서 부자와 나사로 사이에 드리워져 있던 그 큰 구렁은 바로 풍성한 잔칫상과 굶어 죽는 나사로를 갈라놓았던 부자의 '대문'이었다. 그러나 그런 으시시한 운명은 과연 큰 아들이 아버지의 간청을 받아들일 것인지 아니면 거절할 것인지에 달려 있다. "함께 기뻐하고 즐거워 할 것인가?"

하나님의 가족으로 기뻐하자

예수님의 연속적인 비유들은 결국 바리새인들과 '죄인들' 사이에 존재한다고 믿었던 장벽들을 우스꽝스럽게 만들어 버렸다. 그 비유세계들은 인간이 세워놓은 장벽들을 마음대로 넘나들게 하였고, 특히 예수께서 "죄인들"과 함께 먹고 마시는 "천국잔치"의 상징적 혹은 예행적 퍼포먼스를 가상체험토록 함으로서 심지어 바리새인들과 "죄인들"의 운명을 완전히 뒤바꾸어 놓았다.

예수님의 변증은 간단하고 분명하다. 어떤 사회적 계층에 소속되었는가를 불문하고, '지금' 회개하고 돌아오는 자들을 너무나도 기뻐하신다는 메시지다. 직접 가슴을 열고 그 기쁨을 종교인들에게 설명하고 간청하시기 위해 하나님은 맨발로 인간 세상에 뛰어 내려 오셨다. 그분의 자유를 누가 막을 수 있을까? 새 시대 하나님나라에 가장 큰 관심이 무엇인지도 분명히 밝혀졌다. 종교는 특정그룹의 향응을 즐기는 수단이 아니라는 것이다. 종교는 인간들이 위세를 부리는 수단으로 전락될 수 없다는 것이다.

모든 인간들은 예외 없이 구원의 대상이요, 예외 없이 사랑의 대상이다. 진정한 회심 없이 진실한 사랑과 기쁨 없이 행해지는 종교를 거부하면서 하나님은 묵묵히 또 다른 사람들과 함께 먹고 마실 식탁을 준비하실 뿐이다. 누구든지 하나님의 은혜로운 초청에 책임 있게 응답하는 무리들을 백성으로 회복하실 것이다. 복음의 전달자들은 메시아의 잔치 사역을 이 땅에서 재현하는 자다. 소외된 사람들이 없도록 누구에게든지 그것을 힘 있게 웅변해야 한다.

15장의 비유는 복음의 강단 아래 살아가는 아흔아홉과 하나, 목자와 잃은 양, 여인과 목자, 큰 아들과 작은 아들, 청지기와 빚쟁이들, 그리고 부자와 나사로를 한 가족으로 묶어 내려는 한 폭의 구속사적인 그림이다. 한 하나님의 가족으로서 그 동안 역사세계에서 부당하게 멀어지고 격리되었던 모든 비정상적인 관계를 이제는 돌이키고 회복하는 시간으로 만들고 있다. 사람을 찾아 낮은 곳으로 지속적으로 내려가며 자리이동하는 것이 교회들에 대한 요구와 관심이다. 예수님에게서, 목자에게서, 여인에게서, 두 아들 앞에서의 아버지에게서, 그리고 청지기와 나사로에게서, 문은 계속 열리고 닫힌다. 아버지께서 바라시는 진정한 화해의 한 가족이 형성될 수 있을지, 예수님은 큰 아들의 선택에 의존할 만큼 연약한 메시아로 바리새인들을 바라보며 교회를 바라보신다.[45]

그러나 비유언어가 들려 주는 예수님의 마지막 간청은 최종적 심판이라는 부정적 결론으로 다가오지 않는다. 복음 선포자들은 예수님의 설득과 변증이 아직 그의 입술을 떠나지 않고 있다는 사실을 알고 선포한다. 다시 말하면, 홍포 입은 부자는 바리새 청중들과 같이 여전히 이 땅위에 머물러 있다. 그리고 아직 저 세상의 "큰 구렁"이 드리워지지는 않았다. "재물"은 아직 문지방에 놓여 있고, 대문은 여전히 열려 있다. 무엇보다 아버지는 여전히 애절하게 간청하고 있다. "아들아! ⋯ 기뻐하는 것이 마땅하지 아니하냐?"(15:31~32). 메시아의 기쁨도 여전히 생생하게 울려 퍼지고 있다. "나와 함께 즐거워하자 ⋯"(15:6, 9).

16 재물을 극복하는 제자도가 필요합니다
누가복음 16장의 주해와 적용

누가복음 16장은 불의한 청지기, 돈을 좋아하는 바리새인, 연락하는 부자 등의 세 가지 내용을 담고 있다. 이것은 재물에 대한 비판적인 글 모음들이다. 세 가지 모두 재물에 대한 비판적인 견해가 근간을 이루기 때문이다.

불의한 청지기(16:1~13)

재물에 대한 비판적인 글 모음 가운데 첫째 내용은 "불의한 청지기"(8절)에 대한 예수님의 말씀이다. 이것은 다음과 같이 선명하게 두 단락으로 나누어진다. "또한 제자들에게 이르시되"(1절)로 시작되는 비유부분(1~8절)과 "내가 너희에게 말하노니"(9절)로 시작되는 적용부분(9~13절)이다.[1] 적용부분의 마지막 내용이 결국 하나님을 말하는 것으로 미루어 볼 때("너희가 하나님과 재물을 겸하여 섬길 수 없느니라", 13절), 예수님은 주인과 청지기의 관계를 말씀하심으로써 처음부터 하나님과 인간의 관계를 염두에 두신 것임을 추측할 수 있다.

1. 비유(1~8절)

예수께서는 15장에서 세 가지 비유를 바리새인들과 서기관들을 향해 말씀하시고 나서(15:2~3) 16장에서 다시 바리새인들에게 말씀하시기 전에 (16:14~15) 불의한 청지기에 대한 비유를 제자들에게 말씀하셨다(16:1).

예수님은 비유에서 가장 먼저 상황을 언급하신다(1절). 어떤 부자에게 청지기가 있었는데 이 청지기는 주인으로부터 소유를 허비하는 자라는 비난을 받게 되었다. 주인과 청지기 사이에 갈등관계가 발생했다. 주인과 하인 사이의 갈등관계를 다루는 대부분의 다른 비유들에서처럼(눅 12:41~48; 19:11~27; 20:9~18) 문제는 주인에게서 시작된 것이 아니라 청지기에게서 시작되었다. 주인과 청지기의 관계가 하나님과 인간의 관계를 암시하는 것으로 생각할 수 있다면(13절), 여기서 부각되는 것은 하나님과 인간의 갈등관계가 하나님에게서가 아니라 언제나 인간에게서 시작된다는 것이다.

둘째로 예수께서는 이 갈등상황에서 주인과 청지기가 각각 어떤 반응을 나타냈는지 묘사하신다(2~7절). 주인의 반응은 책망으로 요약될 수 있다(2절). 주인은 우선 청지기를 소환하여(포네사스) 청지기에 대한 소문이 사실인지 확인하며 진상을 규명한다. 계속해서 주인은 청지기에게 사무를 정리하게 하고 마침내 청지기의 책임을 추궁하여 해고할 뜻을 밝힌다.

주인의 반응은 불의한 청지기에게 갑작스럽게 일상의 종말이 다가온 것을 의미한다. 주인의 소환으로 말미암아 지금까지 불의를 저지르던 청지기는 절명의 순간에 처하게 되었다. 이것을 하나님과 인간의 관계에서 설명하자면 인간의 불의는 단지 하나님의 개입 이전에만 일상이 된다는 것을 의미한다(눅 12:20~21 참조). 모든 인간은 하나님의 비판이 있을 때까지만 안전할 수 있다.

청지기는 위기를 벗어나기 위한 대책을 세웠다(3~7절). 먼저 그는 생각했다("청지기가 속으로 이르되", 3절). 청지기의 생각은 두 가지로 이루어진다(3~4절). 첫째, 그는 자문한다(3a절). "내가 무엇을 할까"(티 포이에소)라고 묻는다. 청지기는 이런 자문을 던지게 된 이유가 주인이 자신의 직분을 빼앗기 때문이라고 생각한다. 사실상 이것은 터무니없는 생각이다. 왜냐하면 문제의 발단은 주인이 아니라 청지기 자신에게 있기 때문이다. 사람들은 자신이 저지른 불의에 대해서는 뉘우치지 않고 자신이 당하는 불의에 대해서만 화를 낸다. 둘째, 청지기는 자답한다(3b~4절). 그는 청지기 직을 잃은 후에 생계를 유지하기 위한 대책 마련에 부심했다.

그가 여러 가지 궁리 끝에 생각해 낸 첫째 대책은 노동(스카프테인)이었다. 노동은 청지기가 생각해 낼 수 있는 가장 건전한 대책이었지만 능력이 안 된다는 이유로 간단히 포기하고 말았다. 그래서 구걸(에파이테인)이라는 노동보다 훨씬 불건전한 대책을 세웠다. 하지만 이것도 그에게는 별로 유용하지 못했다. 왜냐하면 구걸하기에는 수치심이 앞서기 때문이다.

드디어 청지기는 "내가 무엇을 할까"(티 포이에소) 알게 되었다고 말한다. 그가 실직 후에 생계유지를 위해 선택한 방법은 최악의 것이었다. 청지기가 최선의 방법인 노동을 포기한 것은 물론이고, 하다 못해 구걸이라는 생계수단까지 포기하면서 강구한 대책이란 것이 문서위조라는 일종의 사기극이었던 것이다. 청지기가 이런 길을 가게 된 것은 오직 자신의 생계문제에만 연연했기 때문이다("이렇게 하면 직분을 빼앗긴 후에 저희가 나를 자기 집으로 영접하리라", 4절). 바로 이것이 인간의 누추하고 초라한 모습이다.

청지기가 실직 후의 인생을 위해 선택한 최악의 방법은 주인의 채무자들에게 문서를 위조하게 하는 일이었다(5~7절). 청지기는 주인에게 빚진 자들을 낱낱이 소환했다(5a절). 비유에는 채무자들이 단지 두 사람만 등장한다. 그러나 이것을 주인에게 빚진 자들이 이 두 사람밖에 없었다고 생각하기보다 대표적으로 두 사람을 언급한 것으로 생각하는 것이 좋을 것이다.

여기에 채무의 내용과 수량이 언급된다. 빚의 내용은 기름('엘아이온', 감람유)과 밀('시톤', 곡식)인데, 이것은 대표적인 생필품이다(기름에 대하여는 눅 7:46; 10:34, 밀에 대하여는 눅 3:17; 12:18을 참조하라). 빚의 크기를 위해 백이라는 숫자가 사용된다. 백은 적지 않은 규모를 의미한다(눅 15:4 참조). 청지기는 기름 백 말을 빚진 자에게는 오십 말이라고 고치라 함으로써 매우 과감한 사기성을 보이고(5a~6절), 밀 백 석을 빚진 자에게는 팔십 석이라고 고쳐서 기록하라고 함으로써 조금 주저하는 태도를 취했다(7절).

그런데 주인은 청지기에 대해 특이한 반응을 나타냈다(8절). 바로 불의한 청지기가 지혜 있게 처신한 것으로 보고 칭찬했다는 것이다(8a절). 이 단락이 아직은 비유의 내용에 포함된다는 것은 여기에 사용된 "주인"(퀴리오스)이라는 단어가 앞에서 여러 차례 사용된 사실(3, 5절)에서 어렵지 않게 확인할 수 있다. 어쨌든 주인이 청지기의 두 가지 악한 행위(낭비와 문서조작)에 대해 책망하는 대신 칭찬한 것은 이상한 반응임에 틀림없다. 그래서 이 문제점을 해결하기 위해 어떤 이들은 아람어가 그리스어로 번역되면서 실수가 생긴 것으로 추정하거나('드르브'를 "저주하다" 대신 "칭찬하다"로 번역하고 '스프스르'를 "간교하게" 대신에 "지혜 있게"로 번역했다는 것), 이 문장을 서술문으로 읽지 말고 의문문으로 읽도록 제안했다(즉 "주인이 이 옳지 않는 청지기가 일을 지혜 있게 하였다고 칭찬하겠느냐").

그러나 이러한 추정과 제안은 바로 다음에 이어지는 이 세대의 아들들과 빛이 아들들에게서 나타나는 지혜 비교(8b절)와 문맥상 아무런 연결을 이루지 못한다는 점에서 받아들이기 어렵다. 후 문맥과 연결해서 생각하면 이 문장은 틀림없이 이기적인 지혜를 다루고 있는 것이다. 지혜의 이기성은 이 세대의 아들들이 "자기의 시대를 위해서는"(에이스 텐 게네안 텐 헤아우톤) 지혜롭다는 표현(8a절)과 불의의 재물로 "자신을 위하여"(헤아우토이스) 친구를 삼으라는 표현(9절)으로부터 쉽게 발견해 낼 수 있다.

따라서 이 문장은 "이 옳지 않는 청지기가 ('자신의 시대를 위하여' 또는 '자신을 위하여') 일을 지혜 있게 하였다"고 읽혀지는 것이 옳을 것이다. 따라서 "주인은 모든 점에서 그 청지기를 축하한 것이 아니라 단지 청지기가 자신의 유익과 자신의 이득을 위해서 지혜 있게 처신한 것을 칭찬한 것이다."[2] 주인이 불의한 청지기를 칭찬한 까닭은 "이 세대의 아들들이 자기 시대를 위해서는 빛의 아들들보다 더 지혜로움이니라"(8b절)는 말씀에서 밝혀진다.

이 세대의 아들들과 빛의 아들들이라는 이분법이 당시에 흔하게 사용되던 것이기는 하지만(예를 들면, 쿰란 공동체의 사상), 이 때문에 구태여 누가 다른 사상체계들에 영향을 받았다고 말할 필요는 없다. 사도 요한과 사도 바울도 같은 표현을 사용한 것을 볼 때(요 12:36; 엡 5:8; 살전 5:5~6), 이런 이분법은 이미 초기 기독교에 확립되었다고 말해도 무리가 아니다.

아무튼 여기서 중요한 것은 이 세대의 아들들이 자기의 시대를 위해 온갖 지혜를 자아낸다는 것이다. 그들은 자기의 유익과 이득을 위해서는 물불을 가리지 않고 지혜를 발휘한다. 자신의 유익과 이득에 매우 둔감하고 미련한 신자들과 달리 이 세대의 아들들은 절대 자신의 재산에 손해를 보지 않는다. 이런 점에서 볼 때 세상 사람들은 신자들보다 훨씬 지혜롭다.

2. 교훈(9~13절)

이제 예수께서는 "내가 너희에게 말하노니"(9절)라고 함으로써 분명한 단락구분을 제시한다. 지금부터는 비유에 대한 교훈적 말씀이 전개된다. 이 교훈 단락에서는 세 번 반복되는 '재물'(마모나스, 9, 11, 13절)이라는 단어를 중심으로 재물과 친구(9절), 재물과 충성(10~12절), 재물과 하나님(13절) 등의 세 가지 내용이 연속적으로 흐르는 것을 발견할 수 있다.

1) 재물과 친구(9절)

가장 먼저 예수께서는 "불의의 재물로 친구를 사귀라 그리하면 없어질 때에 저희가 영원한 처소로 너희를 영접하리라"(9절)고 말씀하신다. 불의의 재물 사용에 관한 예수님의 말씀은 앞에서 언급한 이 세대 사람들의 지혜(8b절)를 설명하는 것으로 볼 수 있다. 이 세대 사람들이 지혜롭게 처신한다는 것은, 일례를 들자면 불의의 재물로 친구를 사귀는 것과 같다는 것이다. 이 구절은 이런 문맥 속에서 다음과 같이 두 가지 해석이 가능하다.

만일 이 말씀이 긍정적인 의미를 가지고 있다면 세상살이에서 나타나는 일반적인 삶의 방식에 대하여 진술하는 것으로 생각해 볼 수 있다. 불의의 재물로 친구를 사귀면 환영을 받게 되는 것은 세상살이의 지혜 가운데 하나다. 이것은 앞에서 불의한 청지기가 예상했던 것과 같다. "저희가 나를 자기 집으로 영접하리라"(4절).

하지만 이 해석에서 문제되는 점이 있다. 그것은 "영원한 처소(장막)"(타스 아이오니우스 스케나스)가 무엇을 의미하느냐 하는 것이다. 추측컨대 그 의미는 "끝까지 확실하게" 정도가 될 것이다. 그러나 예수께서 불의의 재물을 사용해서 사람들의 환영을 받는 길을 권장했다고 생각할 수 없다는 점에서 이 해석은 받아들이기 어렵다.

반대로 이 말씀이 만일 부정적인 의미를 가진다면 일종의 조소적인 표현으로 이해할 수 있다. 이 세대의 아들들이 불의의 재물로 친구를 사귀는 지혜를 발휘하더라도 그것이 결국 좋은 결과를 가져오지는 않을 것이다. 재물이 없어지면 친구들은 더 이상 그를 좋은 곳으로 환영하지 않고 내버리게 될 것이기 때문이다.

이것은 마치 바로 앞장에서 언급된 탕자가 "그의 재산을 허비하고"(디에-스코르피센, 15:13), "다 없이 한 후"(15:14), "비로소 궁핍하게 되자"(15:14), "사람이 그를 자기의 들로 보내었다"(에펨프센 아우톤 에이스 투스 아그루스 아우투, 15:15)는 것과 비슷하다. 이때 "영원한 처소(장막)"는 죽음을 나타내는 부정적인 의미다(전 12:5을 참조하라). 예수께서는 불의의 재물로 친구를 사귀는 놀라운 지혜도 결국은 친구들로부터 버림받는 어리석음이 될 것임을 교훈하고 있는 것이다.

2) 재물과 충성(10~12절)

이제 예수의 교훈은 재물과 관련해서 충성(피스토스)에 대한 이야기로 발전한다. 여기에 재물과 관련된 충성의 법칙을 제시하기 위하여 세 가지 대조가 언급된다.[3]

첫째, 적은 것과 많은 것의 대조다(10절). 이 구절은 동일한 내용을 한 번은 긍정적으로 다른 한 번은 부정적으로 표현하기 위해 두 가지 반대개념을 조합시키고 있다. 즉 가장 적은 것(엘라키스토)과 많은 것(폴로), 충성(피스토스)과 불의(아디코스)다. 적은 것과 많은 것에 대한 충성과 불의의 관계는 므나 비유(눅 19:11~27)에서 다시 한 번 잘 설명된다. 이것은 불의한 청지기와 관련해 생각해 볼 때, 청지기가 주인의 재산에 불의한 것을 보니 이미 작은 것에도 불의했음을 알 수 있다거나, 앞으로 더 큰 것에도 불의할 것임을 알 수 있다는 의미다.

예수께서는 이 말씀으로 몇 가지 교훈을 주신다. 작은 일을 하는 것을 보면 큰 일을 하는 것을 알 수 있다. 이런 점에서 작은 일에 대한 자세는 큰 일에 대한 자세를 보여 주는 척도다. 충성된 자는 전반적으로 무엇에든지 충성되고, 불의한 자는 대체적으로 무엇에든지 불의하다. 그러므로 한 가지에 대한 처신은 여러 가지에 대한 처신을 알게 하는 저울이다. 오늘의 충성은 어제와 내일의 충성을 반영하고, 현재의 불의는 과거와 미래의 불의를 반영한다. 지금의 모습은 전후의 모습을 드러내는 잣대다.

둘째 대조는 불의한 재물과 참된 재물이다. "너희가 만일 불의한 재물에 충성치 아니하면 누가 참된 것으로 너희에게 맡기겠느냐"(11절). 예수께서는 불의한 재물에도 충성할 것을 요청하신다. 세상은 어차피 불의한 재물로 가득한데, 그렇다고 이에 대해 그리스도인은 비관하고만 있을 것이 아니라 충성하라는 것이다. 왜냐하면 비록 불의한 재물이라도 그것에 대해 신실한 봉사의 자세를 보이면 참된 것에도 신실할 것이기 때문이다(가이사의 것과 하나님의 것에 대한 말씀을 참조할 것, 눅 20:20~26).

이 말씀이 가리키는 바는 명확하다. 불의는 대항으로 제거되지 않고 충성으로 극복된다. 그래서 불의한 것에도 충성해야 할 필요가 있다. 또한 충성은 반드시 인정을 받기 때문에 불의한 것에 충성하는 사람은 참된 것에도 충성할 사람이라고 인정된다. 더욱이 "누가"(티스)가 하나님을 가리킨다면,[4] 이 말씀은 세상의 일에 충성하지 아니하는 사람은 하나님의 일도 맡지 못한다는 것을 보여 준다(딤전 3:4~5 참조).

셋째, 예수께서는 충성과 관련하여 남의 것(알로트리오스)과 너희의 것(휘메테로스)을 대조시킨다. "너희가 만일 남의 것에 충성치 아니하면 누가 너희의 것을 너희에게 주겠느냐"(12절). 쉽게 생각하면 이 말씀은 남의 일에 충성하는 자가 자신에게 주어질 보상을 얻는다는 것으로 이해할 수 있다(참조.

눅 12:35~38, 42~48). 어떤 사람이든지 남의 일에 신실한 모습을 보이지 않으면서 자기의 유익을 도모할 수는 없는 법이다.

그러나 앞에서와 마찬가지로 "누가"(티스)라는 표현 속에 하나님이 감추어져 있다면 이 말씀은 하나님께서는 남의 것에 충성하는 사람에게 그의 것을 주신다는 생각을 보여 준다. 하나님은 사람에게 개인적인 축복을 주시기 위해 사회적인 조건을 요청하신다. 물론 이런 생각 속에는 우리의 것까지도 우리의 소유가 아니라 모두 하나님의 손에 달려 있다는 생각이 들어 있다.

이런 사실은 어리석은 부자의 비유(눅 12:16~21)에서 잘 드러난다. 비록 부자는 자기의 재물을 쌓아 놓고 즐기려 했지만("내 모든 곡식과 물건", 12:18; "여러 해 쓸 물건을 많이 쌓아 두었으니 평안히 쉬고 먹고 마시고 즐거워하자", 12:19), 하나님께서 부자의 모든 것이 하나님의 손에 달려 있다는 것을 보여 주셨다("어리석은 자여 오늘밤에 네 영혼을 도로 찾으리니 그러면 네 예비한 것이 뉘 것이 되겠느냐", 12:20).

3) 재물과 하나님(13절)

마지막으로 예수께서는 재물과 관련하여 교훈의 절정에 도달하신다. 예수님은 명제적으로 "집 하인이 두 주인을 섬길 수 없다"고 말씀하시면서 그 이유를 교차대조적 배열(chiastic arrangement: 미움 [부정] – 사랑 [긍정], 중히 여김 [긍정] – 경히 여김 [부정])을 따라서 한 번은 감정적 반응으로, 다른 한 번은 지성적 반응으로 제시한다.[5]

이로써 예수께서 내리시는 결론은 자명하다. "너희가 하나님과 재물을 겸하여 섬길 수 없다." 한마디로 말해 하나님과 재물 사이에 선택을 위한 결단이 필요하다는 것을 가르치고 있는 것이다. 이것은 하나님이냐 재물이냐를 선택해야 할 것을 알려 주는 결단요청이다. 사람이 매사에 어떤 주인에게 속해 있다는 것을 보여 줄 뿐만 아니라,[6] 하나님을 섬기면 재물에서 자유롭고, 재물을 섬기면 하나님에게서 멀어질 수밖에 없다는 진리를 제공한다(약 4:4 참조).

돈을 좋아하는 바리새인(눅 16:14~18)

이 단락은 재물에 대한 비판적인 글 모음 가운데 둘째 단락으로서 예수 그리스도의 불의한 청지기 비유를 듣고 있던 바리새인들이 비웃음을 던지는 것으로 시작된다. 바리새인들이 예수의 말씀에 조소를 보내는 것은 그들이 돈을 좋아하는 자들이기 때문이다(14절). 예수께서는 바리새인들의 불량한 태도를 보시면서 직접적으로는 그들의 문제점을 지적하시고(15절), 근본적으로는 바리새인들이 중시하는 율법과 선지자의 의미를 규명하신다(16~18절).

1. 바리새인에 대한 책망(15절)

먼저 예수께서는 사람의 평가와 하나님의 평가가 얼마나 다른지를 보여 주심으로써 조소적인 바리새인의 문제점을 직접적으로 들춰내신다. 바리새인이 사람 앞에서는 스스로를 의롭다 하는 자들(호이 디카이운테스 헤아우투스)로 나타날 수 있지만 하나님 앞에서는 그럴 수가 없다. 왜냐하면 사람은 외모를 보지만 하나님은 마음을 아시기 때문이다. 사람에게서 높임받는 것이 하나님에게는 미움을 받는 것이 될 수 있다는 사실을 명심해야 한다. 따라서 중요한 것은 사람의 눈이 아니라 하나님의 눈을 견딜 수 있느냐 하는 것이다.

2. 율법과 선지자의 의미(16~18절)

그러나 예수님은 바리새인의 문제점을 이 정도로 지적하고 끝내지 않으셨다. 기왕 말을 꺼낸 김에 바리새인들이 중시하는 율법과 선지자의 의미를 밝혀 주심으로써 사람이 진정으로 관심을 두어야 할 것이 무엇인지를 가르치신다. 이렇게 하기 위해 예수께서는 율법과 선지자의 의미를 구속사적인 차원에서 설명하신다(물론 율법과 선지자는 구약을 가리킨다. 눅 24:27, 44f).

예수께서는 구속사의 분기점을 세례자 요한에게 두시면서 요한까지의 시간(메크리 이오안누)과 요한부터의 시간(아포 토테)을 대조시키셨다(16절). 요한까지의 시간은 율법과 선지자의 시간이며, 요한부터의 시간은 하나님나라의 전파 시간이다.[7]

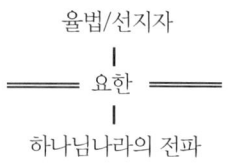

율법/선지자
|
====== 요한 ======
|
하나님나라의 전파

다시 말하면 구속사와 관련하여 두 기간이 언급되는데, 요한은 구속사의 중심으로서 옛 시간과 새 시간을 나누는 분수령이 된다. 예수께서 구속사에 대한 설명으로 말씀하시려는 것은 요한부터 하나님나라가 전파되고 있으므로(눅 4:43; 8:1) 사람이 진정으로 관심을 두어야 할 것은 하나님의 나라라는 것이다. 그러므로 이제 가장 중요한 것은 하나님의 나라에 힘 있게 들어가는 것이다(에이스 아우텐 비아제타이). 바리새인들이 율법과 선지자를 중시한다고 하면서 돈을 좋아하거나 스스로 옳다 하거나 사람 중에서 높임을 받는 것에 관심을 쓰는 것은 크게 잘못되었다.

하지만 예수께서는 혹시라도 율법(그리고 선지자)의 가치를 오해하는 것을 방지하기 위해 두 가지 측면에서 율법의 유효성을 주장하신다. 첫째, 율법의 한 문자를 천지와 비교하신다(17절). 율법의 한 획의 무게가 하늘과 땅을 더한 무게보다 무겁다는 것이다. 천지는 없어지기 쉬워도 율법의 한 획이 없어지기는 어렵기 때문이다. 이것은 구속사가 하나님나라의 시대로 전진한다고 해서 율법(과 선지자)이 무효화되지 않는다는 것을 알려 준다. 하늘과 땅이 존재하는 한 구속사의 전진 가운데서도 율법(과 선지자)은 여전히 유효하다.

둘째, 예수께서는 율법의 유효성을 입증하기 위해 율법 가운데 한 조항을 제시하신다. 그것은 이혼과 간음에 관한 계명이다. 예수께서 의도하시는 것은 하나님나라의 시대가 되면 마구 이혼하고 마구 간음해도 괜찮다는 것이 아니다. 오히려 예수께서는 이 계명이 하나님나라의 시대가 되어도 변함없이 유효한 것임을 말씀하신다.

연락하는 부자 (눅 16:19~31)

재물에 대한 비판적인 글 모음 가운데 마지막 내용은 부자와 나사로에 관한 비유다. 예수님은 비유에서 부자와 가난한 나사로가 살았던 모습을 서술하면서 생전의 경제적인 삶이 사후의 상태를 결정하지 못한다는 것을 교훈하신다(25절).

본문은 이신칭의와 같은 교리를 말하는 것이 아니라, 현생과 이생이 얼마나 다르냐 하는 것과 현생의 경제적 상황이 이생의 상태를 결정하는 조건이 되지 못한다는 것을 보이려고 하는 것이다. 또한 무조건 빈자를 비호하거나 부자를 비판하려는 것이 아니다. 이 비유는 선명하게 두 부분, 즉 생전의 모습(19~21절)과 사후의 상태(22~31절)로 나눠진다.

1. 생전의 모습(19~21절)

부자와 나사로의 생전 모습은 본문 중간에서 한 문장으로 요약된다. "너는 살았을 때에 네 좋은 것을 받았고 나사로는 고난을 받았으니"(25절). 부자의 좋은 것과 나사로의 고난은 다음과 같이 서술할 수 있다. 여기서 부자의 가장 호화로운 생활과 나사로의 가장 비참한 생활이 날카롭게 대조된다.

1) 부자(19절)

부자의 모습은 두 가지로 묘사된다. 첫째, 의상과 관련하여 부자의 모습이 언급된다. 의상은 부와 권세를 가장 잘 나타내는 표식이다(눅 7:25). 부자는 부요의 표식으로 자색 옷과 가는 베옷을 입고 있었다(자색 옷은 값진 것이다, 행 16:14 참조). 또한 부자의 모습은 날마다 호화로이 연락했다(유프라이네인)는 점에서 드러난다. 그의 연락은 매일같이 행해졌으며, 매우 호화로운 것이었다. 이런 연락은 아버지가 돌아온 탕자를 맞이하여 잔치를 베풀면서 연락한 것과 같다(유프라이네인, 눅 15:24, 32).

2) 나사로(20~21절)

여기서 나사로는 이름으로 언급된다. 이것은 익명의 부자와의 아주 극명한 대조를 의도한 것이라 생각할 수 있다. 나사로는 한마디로 말해 가난한 사람(프토코스, 20, 22절 – 개역성경이 이것을 "거지"라고 번역한 것은 의역이다)이었다. 나사로의 비참함은 육체적인 면과 경제적인 면으로 묘사된다. 육체적으로는 헌데를 앓고 있었는데, 그 심각함이 심지어 개들이 와서 핥을 정도였다는 데서 실감나게 표현된다. 동시에 나사로는 경제적으로 비참한 상태에 놓여 있었다. 경제적인 비참함은 우선 거처가 없다는 점에서 잘 드러난다. 그는 부자의 대문간에 던져진(에베블레토) 사람이었다. 게다가 나사로는 부자의 상에서 떨어지는 음식물로 배를 채워야 했다. 음식물의 핍절은 인간의 비참함의 극치를 보여 준다(눅 15:16 참조).

2. 사후의 모습(22~31절)

1) 부자와 나사로의 죽음(22~23절)

비록 부자와 나사로는 엄청나게 큰 차이가 나는 인생을 살았지만 마침내 죽음이라는 동일한 종말을 맞이했다. 나사로는 간단히 죽었다고 진술되는 반면 부자는 죽어 "장사되었다"(에타페)고 묘사됨으로써 호화스러운 장례가 치러졌다는 것을 암시받는다. 그러나 어쨌든 가난한 나사로도 죽고 부자도 죽었다. 죽음은 모든 인간에게 동일하게 찾아온다. 그래서 모든 인간은 죽음 앞에서 동일하다.

그런데 가난한 나사로는 죽음과 함께 천사들에 의하여 아브라함의 품에 들어갔다. "천사들에 의하여"(휘포 톤 앙겔론)라는 표현은 천사들이 사람의 죽음에서 어떤 봉사를 한다는 것을 알려 준다. 아브라함의 품은 낙원 또는 천국에 대한 다른 표현이다(눅 23:42~43 참조).[8] 이와 달리 부자는 죽어서 음부에 들어갔다(23절).

본문을 면밀히 살펴보면 음부가 어떤 성격을 지니고 있는지 어렵지 않게 알 수 있다. 첫째, 음부는 사후의 세계로서 실제적인 공간이다.

둘째, 음부에는 말로 표현할 수 없는 고통이 있다(23절). 음부는 불꽃의 장소로서 불의 고통이 얼마나 심각한지 물 한 방울만 있어도 좋을 정도다(24절; 막 9:48~49 참조). 이것은 음부의 영원한 고통과 절대적인 고통을 가리키는 것이다. 또한 음부는 고민의 장소다(24, 25절). 음부에서는 기쁨이라고는 전혀 찾아볼 수가 없다. 부자는 음부의 고통이 얼마나 심각한지 스스로 말하기를 "이 고통받는 곳"(28절)이라고 말했다.

셋째, 음부에서 겪는 가장 큰 고통은 단절이다. 음부는 천국과 단절된 곳이며(23, 26절), 또한 세상과 단절된 곳이다. 부자는 살아 있는 다섯 형제에게 가서 음부에 관해 설명할 수가 없다. 마지막으로 음부는 하나님과 단절된 곳이다. 부자는 음부에서 하나님의 은혜의 표현인 아브라함의 품을 바라볼 수는 있지만 그 품에 들어갈 수는 없다. 음부에서는 하나님의 은혜를 받을 수 없고, 더 이상 구원을 위한 전도도 있을 수 없다.

2) 부자와 아브라함의 대화(24~31절)

부자는 음부에서 고통 중에 눈을 들어 멀리 아브라함과 그의 품에 있는 나사로를 보면서(23절) 아브라함에게 대화를 신청했다. 부자와 아브라함 사이의 대화는 세 번에 걸쳐 진행되었다.

첫째 대화(24~26절)에서 부자는 불꽃 가운데서의 고통을 덜기 위해 아브라함에게 나사로를 통한 긍휼을 구한다. 여기에는 음부의 고통과 천국의 기쁨이 대조적으로 묘사된다. 둘째 대화(27~29절)에서는 부자가 자신의 형제들이 음부에 오지 않도록 나사로를 보내 알려 주게 하라고 아브라함에게 청원하지만 아브라함은 부자의 형제들이 모세와 선지자들에게서 들으면 된다고 답한다. 셋째 대화(30~31절)에서 부자는 그의 형제들에게 체험적 신앙이 필요하다고 말하지만 아브라함은 성경을 듣지 아니하면 체험으로도 설득할 수 없다고 대답한다. 이렇게 세 번에 걸쳐 진행되는 부자와 아브라함의 대화에는 몇 가지 중요한 교훈들이 나타난다. 무엇보다 사후교류의 불가능성에 관한 교훈이다(16:26).

또한 이 대화에서 모세와 선지자로 대표되는 성경의 중요성이 언급된다(16:29, 31; 16:16~18 참조). 모세와 선지자들이 기록한 성경은 죽은 자가 살아나서 말하는 체험보다 중요하다는 것이다(벧후 1:16~19 참조). 이적보다 말씀이 우선한다.

17 하나님나라의 도래를 맞이하는 제자도

누가복음 17장의 주해와 적용

누가복음 17장은 네 부분으로 나누어 이해할 수 있다. 첫째는 실족과 용서에 대한 교훈이며(1~4절), 둘째는 종의 자세에 대한 교훈(5~10절), 셋째는 감사에 대한 교훈(11~19절), 그리고 넷째는 하나님나라의 임함에 대한 교훈이다(20~37절). 첫째 부분은 다시 실족에 대한 경계(1~2절)와 형제의 죄 용서에 대한 교훈(3~4절)으로 구분할 수 있다. 그러나 이 두 부분은 내용상 밀접하게 연결되어 있다. 그리고 넷째 부분은 현재의 하나님나라의 임함에 대한 교훈(20~21절)과 미래의 하나님나라의 임함에 대한 교훈(22~37절)으로 구분할 수 있다.

실족과 용서에 대한 교훈(17:1~4)

먼저 예수님은 제자들에게 "실족케 하는 일이 없을 수는 없다"고 하신다(1a절). 원문을 직역하면 "실족케 하는 일들이 오지 않게 하는 것은 불가능하다"가 된다. 여기서 '실족케 하는 일들'이란 원어로 '스칸달라'인데, 이것은 원래 '사람으로 하여금 넘어지게 하는 것'을 가리킨다. 그래서 신약에서는 사람으로 하여금 '죄에 빠지게 하는 것'을 의미했다. 여기서는 예수를 믿는 형제로 하여금, 예수를 부인하게 만들거나 믿음이 떨어지게 만들거나 일반적으로 죄에 빠지게 하는 것을 말한다. 이런 일이 없어야겠지만 전혀 없을 수는 없다. 왜냐하면 이 세상에는 죄가 들어와 있으며 우리에게는 죄와 연약함이 있기 때문이다.

그러나 그런 일이 있게 하는 자에게는 화가 있을 것이라고 말씀하신다 (1b절). 죄에 대해서는 그 죄를 지은 사람이 책임을 져야 하기 때문이다. 비록 죄의 배후에 사탄의 유혹이 있고 또 그 모든 것이 하나님의 작정 가운데 있었다 할지라도, 그 죄에 대한 책임은 그 죄를 지은 사람이 지도록 되어 있다(마 26:24 참조). 이것은 성경이 가르치는 바며, 우리가 이해할 수 없는 신비다. 우리는 단지 선하신 하나님께서, 타락이 있고 죄가 있고 또한 구원이 있는 세상 역사 모델을 택하시고, 그 기쁘신 뜻 가운데 운행하고 계신다는 사실을 믿고 고백해야만 하는 것이다.

그리고 나서 예수님은 형제를 실족케 하는 죄의 무서움에 대해 말씀하신다. "저가 이 작은 자 중에 하나를 실족케 할진대 차라리 연자 맷돌을 그 목에 매이우고 바다에 던지우는 것이 나으리라"(2절). 여기서 '이 작은 자 중 하나'는 예수님을 믿는 형제들 중 지위가 낮은 자, 비천한 자, 보잘것없는 자를 가리킨다. 그리고 '연자 맷돌'은 두 부분으로 되어 있는 맷돌 기구 중 윗부분의 돌을 의미한다 – 이 윗쪽 맷돌은 떼어서 옮길 수 있다. 마태복음 18:6의 원문에 의하면 '나귀 맷돌'이라고 되어 있는데, 이것은 옛날 나귀가 이 맷돌을 돌렸기 때문이다. 하여튼 이 연자 맷돌은 대단히 큰 맷돌임이 틀림없다.

그런데 "차라리 연자 맷돌을 그 목에 매이우고 바다에 던지우는 것이 나으리라"는 말씀은 정말 맷돌을 목에 매고 바다에 던지라는 의미가 아니라 그만큼 형제를 실족케 하는 죄가 중대함을 나타낸다. "만일 네 오른 눈이 너로 실족케 하거든 빼어 내버리라"(마 5:29)는 말씀도 문자적으로 그렇게 하라는 의미가 아니라 그만큼 실족케 하는 죄가 중대하고 무서운 것임을 의미한다. 곧 두 눈을 다 가지고 지옥에 들어가는 것보다 한쪽 눈을 가지고 천국에 들어가는 것이 '더 낫다'는 것을 원리적으로 말씀하신 것이다. 그래서 예수님은 이런 실족케 하는 일이 없도록 "스스로 조심하라"고 경계하신다(3a절).

이어 예수님은 '형제 용서'에 대해 말씀하신다(3~4절). "만일 네 형제가 죄를 범하거든 경계하고 회개하거든 용서하라"(3절). 여기서 "죄를 범하거든" 앞에 '네게'(에이스 세)를 가지고 있는 사본들도 많이 있다. 어느 것이 원본인지는 알기 어렵지만, 어쨌든 내용상으로 "네게 죄를 범하거든"으로 이해해야 할 것이다(4절; 마 18:15 참조). 왜냐하면 '경계하라'와 '용서하라'는 말씀은 일반적인 사람들에게 주는 말씀이라기보다 그러한 죄에 의해 침해를 당한 당사자에게 주는 말씀으로 이해하는 것이 옳을 것이기 때문이다. 하지만 이러한 경계와 용서의 원리는 모든 성도들에게 주어지는 교훈임은 분명하다.

그리고 여기서 '경계하다'는 말의 원어는 '에피티마오'인데, 이것은 그 형제에게 찾아가서 그의 죄를 분명히 지적하고 잘못을 뉘우치고 회개하도록 권면하는 것을 말한다.[1] 예수님은 이어서 "만일 그가 회개하면 용서하라"고 말씀하신다. 이것은 우리가 해도 좋고 안 해도 좋은 '권고'가 아니라 반드시 해야 하는 '명령'이다.

다음으로 예수님은 "만일 하루 일곱 번이라도 네게 죄를 얻고 일곱 번 네게 돌아와 내가 회개하노라 하거든 너는 용서하라"(4절)고 하신다. 여기서 '일곱 번'이란 꼭 문자적으로 '일곱 번'을 의미하는 것이 아니라 많은 횟수 곧 무제한의 횟수를 의미한다. 곧 몇 번을 그렇게 하든지 항상 용서해야 함을 말한다.

그런데 여기서 우리가 주목할 사실은 그 범죄자가 와서 "내가 회개하노라"고 말하면, 즉 그 사람이 진실한 회개의 행동을 보이기 전이라도 회개한다는 말을 하기만 하면 일단 용서해 주어야 한다는 것이다. 물론 이 "내가 회개하노라" 하는 말에 '진실성'이 있어야 한다. 단지 건성으로, 거짓으로 회개한다고 말하는 것은 참된 회개로 볼 수 없다. 따라서 "회개한다"고 말하는 그 순간에 진실성이 있고, 참되게 회개한다고 말했다면 용서해 주어야 한다는 의미다.

물론 그렇게 회개한 사람이 다시 그런 죄를 짓고 또 다시 회개하러 온다는 것은 쉬 납득이 되지 않을 수도 있지만, 그래도 우리는 진실한 마음으로 회개하는 것을 받아 주어야 한다. 왜냐하면 인간에게는 육신의 연약함과 부패함이 깊이 스며들어 있기 때문이다. 또한 우리 자신이 하나님에게서 많은 허물을 용서받았기 때문이다(마 18:21~35).

종의 자세에 대한 교훈(17:5~10)

두 번째 부분은 제자들이 지녀야 할 자세에 대한 말씀이다. 이 부분은 "우리에게 믿음을 더하소서"라는 사도들의 요청에서 시작된다. 그런데 7절 이하에서 예수님은 종의 비유를 드시면서 '종의 자세'에 대해 말씀하신다. 그래서 5~6절과 7~10절은 서로 상관이 없는 것처럼 보인다. 그러나 자세히 살펴보면 이 두 부분은 서로 밀접히 연결되어 있음을 알 수 있다. 예수님은 6~10절의 말씀을 연속적으로 하신 것으로 생각되며, 6절과 7절 사이에 어떤 불연속이나 중단이 있다고 보기 어렵다.

먼저 사도들이 예수님께 나아와 "우리에게 믿음을 더하소서"라고 청원했다(5절). 여기서 예수님의 제자들을 '사도들'(호이 아포스톨로이)이라고 불렀는데, 이것은 별다른 의미 없이 열두 제자들을 그렇게 불렀을 수도 있다. 하지만 여기서는 '보냄받은 자들'이라고 하는 원래의 의미가 살아 있다고 생각된다. 곧 이 제자들은 복음전파 사역을 위해 파송받고 나가서 사역을 마치고 예수님께 돌아왔다고 생각할 수 있다. 그들은 현장에서 경험해 보니 능력의 필요성을 절감했을 것이다. 병자를 고치며 귀신을 쫓아내는 일이 그렇게 쉽게 되지는 않았을 것이다. 그래서 그들은 예수님께 나아와서 "우리에게 믿음을 더하소서"라고 청했을 것이다.

그러나 예수님은 이러한 사도들의 요청에 대해 전혀 다른 말씀을 하신다. 도리어 책망조의 말씀을 하신다. "너희에게 겨자씨 한 알만한 믿음이 있었더면 이 뽕나무더러 뿌리가 뽑혀 바다에 심기우라 하였을 것이요 그것이 너희에게 순종하였으리라"(6절). 예수님의 이 말씀은 무슨 뜻일까? 왜 이런 말씀을 하셨을까? 이를 이해하기 위해 우리는 제자들의 청원의 숨은 의도를 파악해야 한다. 왜냐하면 예수님은 종종 사람들의 표면적인 질문에 따라 답하지 않으시고 그 이면의 숨은 의도에 따라 답하시기 때문이다.

그러면 사도들이 청원한 내용의 진짜 의도는 무엇이었을까? 그들은 믿음에 대해 '양적으로' 생각했던 것 같다. 곧 믿음이 많으면 많은 역사, 큰 역사를 일으킬 수 있다고 생각했던 것 같다. 그들이 현장에서 사역을 해 보니 병자가 낫고 귀신이 쫓겨나는 역사가 잘 일어나지 않은 것은 그들의 믿음이 부족한 때문이라고 생각했을 것이다. 예수님도 가끔 제자들에게 "믿음이 적은 자들아"고 책망하지 않으셨던가(마 14:31)? 그래서 그들은 예수님이 그들에 믿음을 더 많이 주신다면 더 많은 역사와 더 큰 능력을 행할 수 있을 것이라고 생각했던 것이다.

그러나 예수님은 믿음에 대한 이러한 '물량적 이해' 가 근본적으로 잘못되었음을 간파하시고 믿음의 '질적 성격'에 대해 말씀하신다. 곧 "너희에게 겨자씨 한 알만한 믿음이 있었더면 …" 즉, 살아 계신 하나님을 믿는 참 믿음이 조금이라도 있다면 그 믿음이 역사했을 것이라는 의미다. 하나님께서 그런 믿음을 귀하게 보시고 들어 주셨을 것이라는 말씀이다. 따라서 예수님은 지금 제자들의 물량적인 믿음에 대한 이해가 잘못 되었음을 지적하시며, 믿음은 근본적으로 살아 계신 하나님을 신뢰하고 의지하는 것임을 말씀하신다.

뿐만 아니라 제자들은 믿음을 자기들이 무슨 일을 하는 데 사용하는 도구로 생각했다. 즉 '믿음이 있으면 내가 무슨 일도 하고 무슨 일도 할 수 있을 텐데 …' 라고 '자기중심적' 으로 혹은 '사업중심적' 으로 생각했다. 이것은 오늘날 많은 한국의 목회자들이 생각하는 것과 비슷하다. 그냥 보통의 방법으로는 목회가 잘 되지 않으니 뭔가 특별한 은사를 받으면 좋겠다는 생각을 한다. 예를 들어, 병 고치는 은사나 귀신을 쫓아내는 은사를 받아 손을 얹고 한 번 기도하면 척척 병이 낫고 귀신이 떠나가면 좋겠다고 생각할 수 있다. 이런 이유에서 하나님께 나아와 "나에게 믿음을 더하소서"라고 기도할 수 있다.

그러나 이러한 기도는 하나님의 영광을 구하기보다 자기중심적이고 이기적인 기도다. 자기의 욕심을 이루기 위해 믿음을 구하는 이기적이고 물량적인 기도다. 그래서 예수님은 이러한 물량적이고 자기중심적인 기도가 잘못임을 지적하시기 위해 참된 믿음은 질적인 것이며 하나님 중심적인 것임을 말씀하신 것이다.

이런 맥락에서 예수님은 밭에서 돌아온 종의 비유를 이어서 말씀하신다(7~10절). 예수께서 갑자기 종의 비유를 말씀하시니 많은 사람들은 이 부분은 앞의 구절들과 관련이 없다고 생각한다. 그러나 이 부분은 앞 구절들과 밀접한 관련이 있으며, 제자들의 잘못된 요청에 대한 예수님의 답변의 계속이다. 이 비유에서 말하고자 하는 핵심 내용은 10절에 나온다. "이와 같이 너희도 명령받은 것을 다 행한 후에 이르기를 우리는 무익한 종이라 우리의 하여야 할 일을 한 것뿐이라 할지니라." 즉 예수님이 말씀하시고자 하는 요지는 너희들은 '종'이라는 것이다. 곧 하나님이 명하신 것을 다 행해야 할 뿐만 아니라 또 다 행했다고 해서 사례를 기대하거나 대접을 기대해서는 안 되는 '종의 신분'임을 잊지 말아야 한다는 것이다.

이것은 사도들의 마음속에 숨어 있던 정곡을 찌르는 것이요, 그들의 근본의도를 파헤치신 것이다. 곧 제자들은 자기중심적으로, 하나님을 믿는 믿음을 이용해서 큰 사역을 하기를 원했던 것이다. 그래서 사람들로부터 칭찬받고 대접받고 사례받는 영광을 누리고 싶었던 것이다. 그들은 한동안이나마 자기들의 원래 신분을 잊어버리고, 하나님의 이름을 이용해 자기 영광을 누리고자 하는 욕망에 사로잡혀 있었던 것이다. 그러나 예수님은 제자들의 이러한 생각이 근본적으로 잘못된 것임을 지적하시며, 이를 위해 종의 비유를 드신 것이다. 즉 제자들은 하나님께서 명하신 것을 마땅히 해야만 하는 존재며 또 그것을 다 했다고 사례나 대접을 기대해서는 안 되는 종의 신분임을 분명히 깨우쳐 주신 것이다(고전 9:16; 롬 1:14).

돌아온 사마리아인(17:11~19)

이어서 누가는 또 다른 한 사건을 기록한다. 그것은 돌아온 사마리아인에 대한 것으로서 감사의 중요성을 가르쳐 준다.

먼저 예수께서 예루살렘으로 가시는 도중에 사마리아와 갈릴리 사이로 지나가셨다고 한다(11절). 아마도 갈릴리 남부 지역과 사마리아 북부 지역 사이의 경계 지역을 지나가셨던 듯하다. 그 이유는 아마 사마리아 사람들이 유대인들을 환영하지 않았기 때문에 피하신 것이라고 생각할 수 있다. 그때 예수께서 한 촌에 들어가셨는데 거기서 문둥병자 열 명이 예수께 나아왔다(12절). 이들은 마을 바깥에 있다가 예수께 나아온 것으로 생각된다. 문둥병자들은 성 안에서 살 수 없었기 때문이다(레 13:46; 민 5:2).

그들은 예수님을 보자 멀리 서서 소리를 질렀다. "예수 선생님이여, 우리를 긍휼히 여기소서"(13절). 여기서 '긍휼히 여기소서'라는 말은 불쌍히 여겨 달라는 뜻이다. 곧 아무도 그들을 도와주지 않고 돌봐 주지 않지만, 버림받고 소외된 그들을 예수께서 불쌍히 여겨서 낫게 해 달라는 뜻이다. 그렇게 부르짖은 이유는 예수께서 수많은 병자를 고치시고 문둥병자도 낫게 하신다는 소문을 들었기 때문일 것이다. 그래서 그들은 기회가 오자 그 기회를 놓치지 않기 위해 큰 소리로 부르짖은 것이다.

그러자 예수님은 이들의 부르짖음을 들으시고 "가서 제사장들에게 너희 몸을 보이라"(14절)고 하셨다. 이것은 예수께서 이들의 병을 곧 고쳐 주실 것이니 제사장에게 가서 몸을 보이고 나은 것을 보고 판단하게 하시려는 의도에서 말씀하신 것이다. 왜냐하면 율법에 의하면 문둥병에 걸렸다가 나은 사람은 제사장에게 가서 진찰을 받고 판단을 받아야 하기 때문이다(레 13

장). 그래서 열 명의 문둥병자들이 제사장들에게로 가다가 깨끗함을 받았다. 예수님의 말씀에 순종하여 행할 때 병 고침의 이적이 일어난 것이다. 아람의 장군 나아만도 선지자 엘리사의 말에 순종하여 요단강에 가서 몸을 씻을 때 그 문둥병이 나았다(왕하 5:8~14).

그렇게 문둥병자 열 명이 예수님의 말씀을 따라 제사장들에게로 가던 도중에 그들 모두가 깨끗이 나음을 입었다. 그러자 그 중 한 사람이 하나님께 영광을 돌리며 예수님께 돌아와서 그 발 아래 엎드려 감사했다(15절). 그런데 그는 사마리아인이었다. 평소 사마리아인이라 냉대받고 차별받으며 살아가던 터인데다 문둥병자로 버림받고 살아가던 차에 그의 불쌍한 처지를 예수께서 긍휼히 여기시고 은혜 베풀어 주신 사실을 생각할 때 너무 감사하여 예수께로 돌아왔던 것이다.

먼저 예수님께 돌아가서 감사하다는 인사를 하고 나서 제사장에게 가도 늦지 않다고 생각한 것이다. 그러나 다른 아홉 명의 생각은 달랐다. 그들은 빨리 제사장에게 가서 깨끗하다는 판정을 받고, 그런 다음 빨리 집에 돌아가서 가족들을 만나고 정상적인 생활로 돌아가야겠다는 생각뿐이었다. 오직 자기 자신의 유익과 장래에 대한 생각뿐이었다. 예수님이 고쳐 주셨다는 사실은 그들에겐 그다지 중요하지 않았으며, 어쨌든 지금 자신들이 깨끗하다는 사실만이 중요하고 전부였다. 오히려 예수께로 돌아가려는 사마리아인을 향해 온갖 멸시와 욕을 다했을 것이다. 이방인인 주제에 잘난 체한다고 핀잔을 주었을 것이다.

그래서 돌아온 사마리아인을 보고 예수님이 말씀하셨다. "열 사람이 다 깨끗함을 받지 아니하였느냐 그 아홉은 어디 있느냐 이 이방인 외에는 하나님께 영광을 돌리러 돌아온 자가 없느냐"(17~18절). 이 말씀은 감사의 중요성을 가르쳐 준다. 하나님께 은혜를 받는 것도 중요하지만 은혜를 주신 하나님께 감사하는 것은 더욱 중요함을 말한다. 왜냐하면 우리 하나님은 우리가 하나님을 하나님으로 인정하고 영광 돌리기를 원하시기 때문이다(롬 1:21 참조). 하나님께 감사할 때 우리의 마음은 순수하며 하나님 중심적이 된다. 그럴 때 우리는 피조물로서의 올바른 지위를 회복할 수 있으며 하나님이 기뻐하시는 자녀가 되는 것이다.

그래서 예수님은 돌아온 그 사마리아인에게 육신의 병 고침뿐만 아니라 영혼의 병 고침까지 선언하셨다. "일어나 가라 네 믿음이 너를 구원하였느니라"(19절). 여기서 '구원'의 개념은 육신의 구원(병 고침)뿐만 아니라 영혼의 구원(하나님의 자녀 됨)까지 포함하는 것으로 이해해야 할 것이다. 단지 병 나은 것을 선언하는 것이었다면 이런 선언은 불필요했을 것이기 때문이다. 문둥병이 나은 것은 누구든지 보면 알 수 있는 것이다. 뿐만 아니라 문둥병자 열 명이 고침을 받았지만 "구원받았다"는 예수님의 선언을 받은 사람은 오직 사마리아 사람 한 사람뿐이었다.[2] 따라서 예수님은 여기서 단지 육신의 구원 이상인 영적인 구원까지 포함해서 종합적으로 말씀하신 것이다.

이런 구원을 가져다 준 것은 이 사마리아인의 '믿음'이었다. 이것은 그의 '믿음'이 그에게 구원을 가져다 준 '주체'나 '원인자'라는 뜻이 아니라 '매개자', '통로'였다는 의미다. 그 사마리아인에게 구원을 가져다 준 주체는 분명 '하나님'(또는 예수님)이셨다. 그런데 이러한 구원을 받아들이는 인간편에서 그것을 가능하게 한 것은 '믿음'이었다. 따라서 그 사마리아인의 편에서 보면 그에게 구원을 가져다 준 것은 바로 그의 '믿음'이었던 것이다. 이것은 그에게 구원을 가져다 준 '근본원인'(제1원인)이 하나님이었음을 부정하는 것이 아니다. 그 제1원인과 동시에 사마리아인의 믿음이 '제2원인'으로 말해지는 것이다. 따라서 이것은 이것이냐 저것이냐의 문제가 아니라 둘 다 옳은 것이며 서로 충돌하는 것이 아니다.

그렇지만 이 사마리아인이 예수께 돌아와서 감사했을 때 비로소 그에게 구원이 임한 것은 아니다. "네 믿음이 너를 구원하였느니라"에서 '구원하였다'는 동사의 시상은 완료다. 이것은 예수께서 이 말씀을 하시기 전에 그 사마리아인은 이미 구원받았으며 지금 그는 구원받은 상태에 있다는 것을 의미한다. 즉 예수님은 이 사마리아 사람이 지금 구원받은 상태에 있다는 것을 선언하신 것이다.

그렇다면 이 사마리아인이 구원받은 시점은 언제일까? 그것은 그가 하나님을 믿었을 때다. 살아 계신 하나님을 확실히 믿고 신뢰했던 때다. 그런 믿음이 있었기에 예수님께 돌아와서 감사를 드렸던 것이며, 이런 감사의 열매를 보시고 예수님은 그가 구원받은 하나님의 자녀임을 확인해 주신 것이다.

현재의 하나님나라의 임함 (17:20~21)

20절 이하에서 예수님은 하나님나라의 임함에 대해 말씀하신다. 먼저 현재의 하나님나라의 임함에 대해 말씀하시고(20~21절), 이어서 미래의 하나님나라의 임함에 대해 말씀하신다(22~37절).

이런 가르침을 주신 직접적인 계기는 바리새인들의 질문이었다. 바리새인들은 예수께 나아와 "하나님의 나라가 어느 때에 임하나이까"라고 물었다(20절). 하나님나라가 임하는 '때', '시기'에 대해 물은 것이다. 그런데 예수님의 답변을 보면 '시기'에 대한 것은 없고, 단지 "하나님의 나라는 볼 수 있게 임하는 것이 아니라"고 말씀하신다. 이것은 어찌된 것일까? 왜 동문서답처럼 보이는 답변을 하신 것일까? 그러나 자세히 살펴보면 동문서답이 아니다. 예수님은 단지 질문의 표면적인 문장에 대한 답을 하신 것이 아니라 바리새인들이 마음속에 가지고 있던 실질적인 내용에 대한 근본적인 답변을 주신 것이다.

그렇다면 바리새인들의 질문의 배후에 숨어 있는 기본 전제는 무엇인가? 그것은 하나님의 나라가 어느 순간에, 갑자기, 눈에 보이게 올 것이라는 생각이다. 곧 하나님의 나라는 이스라엘 백성들이 눈으로 볼 수 있게, 가시적으로 올 것으로 생각했기 때문에 하나님의 나라가 '어느 때에' 오냐고 질문했던 것이다. 이에 대한 예수님의 대답은 "하나님의 나라는 볼 수 있게 임하는 것이 아니다"는 것이었다. 여기에 사용된 '파라테레시스'는

'자세히 봄'(close observation)을 의미한다. 곧 하나님의 나라는 눈으로 볼 수 있도록, 관찰할 수 있도록 오는 것이 아니라는 것이다. 이것은 바리새인들의 잘못된 기본 전제를 깨뜨리시는 것이었다.

이처럼 예수님은 상대방의 숨어 있는 기본 전제를 파악하시고 잘못된 것을 바로잡아 주신다. 그리고 나서 예수님은 "또 여기 있다 저기 있다고도 못하리니"라고 하셨다(21a절). 왜냐하면 하나님의 나라는 볼 수 없기 때문이다. 그래서 하나님의 나라가 "여기 있다"거나 또는 "저기 있다"고 말할 수 없다는 것이다. 즉 (현재의) 하나님나라에 대해 가시적인 장소 설정이 불가능하다는 말씀이다.

그리고 이어서 "하나님의 나라는 너희 안에 있느니라"(21b절)고 말씀하신다. 이 말씀의 의미에 대해서는 많은 논란이 있다. 특히 '너희 안에'(엔토스 휘몬)가 무슨 뜻인지에 대해 의견이 나눠진다. 우선 이것을 '너희 속에' 곧 '너희 마음에'로 보려고 하니, 어떻게 바리새인들의 마음에 하나님의 나라가 있다고 말할 수 있느냐 하는 문제에 부딪힌다. 그래서 많은 사람들은 하나님의 나라는 '너희 가운데'(in your midst, among you) 있다고 본다. 곧 너희 바리새인들 가운데 '예수님'이 계신다, 또는 '예수님'과 '그의 제자들'이 계신다는 의미로 받아들인다.[3]

그러나 이러한 해석은 문제점이 있다. 첫째, 예수님이나 제자들은 우리의 눈으로 볼 수 있다. 만일 예수님과 제자들이 하나님의 나라라면, 그런 것은 눈으로 볼 수 있다. 예수님은 불가시적인 존재가 아니다. 사도들은 예수님을 눈으로 보았고 귀로 들었으며 주목하여 손으로 만졌다(요일 1:1). 따라서 예수님은 여기 있다, 저기 있다고 할 수 있다. 그러므로 이런 해석은 본문의 말씀에 전혀 맞지 않다.

이런 약점 때문에 흐레이다너스처럼(p. 830), 만일 그들은 예수님과 제자들은 보았지만 그들 안에 있는 하나님의 나라는 보지 못했다는 식으로 설명한다면, 이것은 결국 '너희 안에'로 돌아가는 것이 되고 만다. 즉 하나님의 나라는 "너희 가운데 있는 예수님과 그의 제자들 속에 있다"는 의미로 보는 것이 되고 만다. 이것은 결국 하나님의 나라는 '너희 속에, 너희 마음에' 있다는 것과 같아지고 마는 것이다.

둘째, 또 하나의 이유는 헬라어 원어 '엔토스'의 주된 뜻은 아무래도 "within, inside"지 "among"은 아니라는 점이다.[4] 물론 "among"의 뜻으로 사용되는 경우가 있기는 하지만 드물다. 그리고 신약성경에서는 이곳과 마태복음 23:26의 단 두 곳에만 사용되고 있는데, 마태복음 23:26에서는 "…먼저 (잔의) 안을 깨끗이 하라"고 해서 분명히 '안에, 내부에'라는 뜻으로 사용되고 있다. 이와 같은 이유로 헨드릭슨 같은 주석가는 여기서 '엔토스'를 "among"으로 번역하는 것은 정당화될 수 없다고 일축한다.[5]

그렇다면 누가복음 17:21에서 '너희 안에' 있다는 말씀은 무슨 뜻일까? 이것은 바로 앞의 예수님의 말씀과 연결하여 생각해 볼 때 하나님나라의 '내적, 영적 성격'을 가리킨다고 볼 수밖에 없다. 하나님나라는 가시적, 외적 성격을 가진 것이 아니기 때문에 "여기 있다, 저기 있다"고 할 수 없으며, 또 눈으로 볼 수 있게 임하는 것이 아니다. 왜냐하면 하나님의 나라는 지금 성령으로 말미암아, 성도들 안에, 눈에 보이지 않게 역사하시기 때문이다(롬 14:17; 마 12:28 참조).

그렇다면 어떻게 예수님을 믿지 않는 '바리새인들'의 마음속에 있다고 말할 수 있단 말인가 하는 질문으로 다시 돌아오게 된다. 그러나 여기에 많은 학자들의 오류가 있다. 예수님은 하나님의 나라가 '바리새인들' 안에 있다는 뜻으로 결코 말씀하시지 않았다. 예수님이 말씀하신 '너희'는 일반적인 의미에서의 '너희'다. 비록 바리새인들이 이 질문을 하기는 했지만 예수님 둘레에는 많은 제자들이 있었으며 또 섬기는 여자들과 많은 무리들이 있었을 것이다. 그래서 예수님은 이런 질문을 계기로 그를 둘러싼 많은 무리들에게 하나님나라에 대해 중요한 가르침을 주신 것이다.

따라서 여기서 '너희'는 꼭 바리새인들을 가리킨다고 보아서는 안 되며, 일반적인 의미에서의 '너희'로 보아야 할 것이다. 즉 여기서 중요한 단어는 '너희'가 아니라 '안에'며, '너희'란 말은 그냥 따라오는 말로서 일반적

인 의미에서의 '너희'를 뜻하는 것으로 봐야 할 것이다.[6]

그렇다면 예수님께서 왜 '사람들 안에' 있다고 하지 않으셨는가라고 반문할 수도 있다.[7] 그러나 대화체 문장에서 2인칭인 '너희'를 사용하지 않고 일반적인 3인칭인 '사람들'을 사용한다는 것은 매우 어색하며 기계적인 죽은 문장이 되고 말 것이다. 예수님은 구체적인 상황에서 바리새인들의 질문에 대한 답변 가운데 이 말씀을 하신 것이다. 하나님의 나라가 그 가운데 있다고 하신 '너희'는 말하자면 '예수를 믿는 너희'다. 그러나 예수님의 이 말씀의 초점은 그가 믿는 사람이냐 믿지 않는 사람이냐 하는 것에 있지 않고, 하나님의 나라는 믿는 자들의 '안에' 있다고 하신 것이다. 그러므로 하나님나라의 내적, 영적 역사를 말하는 것이기 때문에 그냥 '너희 안에'라고 말씀하셨다. 다시 말하면, 예수님은 여기서 하나님나라의 임함의 '대상'이나 '범위'에 대해 말씀하신 것이 아니라 그 임함의 '성격'에 대해 말씀하신 것이다.

미래의 하나님나라의 임함(17:22~37)

예수님은 계속해서 제자들을 가르치신다. 이것을 보면 예수님의 답변은 단지 바리새인들의 질문에 답하는 것으로 끝나는 것이 아니라, 그들의 질문을 계기로 하나님나라의 임함에 대해 폭넓은 교훈을 주시는 것임을 알 수 있다. 예수님의 주된 관심은 질문을 제기한 몇몇 바리새인들에게 있지 않고 그를 믿고 따르는 제자들에게 있었던 것이다.

그런데 앞의 20~21절에서는 하나님나라의 임함의 성격에 대해 말씀하셨는데, 바리새인들의 가시적인 임함을 비판하다 보니 자연히 '불가시적인 내적 임함'을 강조하시게 되었으며, 그러다 보니 이것은 '현재'의 하나님나라의 임함에 대해 말씀하신 것이 되고 말았다. 그래서 예수님은 균형을 잡으시기 위해 다시금 '미래'의 하나님나라의 임함에 대해 설명하신 것이다(22~37절).

그래서 예수님은 "때가 이르리니"라고 하여 미래의 시점(날들)에 대한 말씀으로 관점을 이동하신다. "때가 이르리니 너희가 인자의 날 하루를 보고자 하되 보지 못하리라"(22절). 그러면 이 말씀은 무슨 뜻일까? 이것은 말세에 환난과 핍박이 심해져서 예수 그리스도의 나타나심을 몹시도 고대하게 될 것을 말한다(참조. 눅 21:8~9; 마 24:21~29; 막 13:5~13).[8]

그리고 나서 예수님은 말세에 거짓 선지자들이 많이 나타나서 미혹할 것임을 예고하시고 경계하신다. "사람이 너희에게 말하되 보라 저기 있다 보라 여기 있다 하리라 그러나 너희는 가지도 말고 좇지도 말라"(23절). 그리고는 그 이유에 대해 설명하신다. "번개가 하늘 아래 이편에서 번뜻하여 하늘 아래 저편까지 비췸같이 인자도 자기 날에 그러하리라"(24절). 이 말씀은 무슨 뜻일까? 예수께서 다시 오실 때에는 모든 사람들이 모든 곳에서 그를 보게 될 것이라는 말씀이다(계 1:7). 따라서 그를 보기 위해 특정한 장소로 가거나 특정한 집회에 참석할 필요가 없다는 뜻이다. 그렇지만 예수님의 재림이 있기 전에 먼저 초림하신 예수님이 많은 고난을 받고 버림받아야만 한다(25절).

그리고 나서 예수님은 다시 마지막 때 재림 직전의 상황이 어떠할지에 대해 말씀하신다(26~30절). 그것은 노아의 때(날들)와 같고 롯의 때(날들)와 같다. 그들은 멸망이 임하기까지 먹고 마시고 장가들고 시집가며, 물건을 사고팔고 곡식을 심고 집을 지었다. 한마디로 그들은 이 세상일에 부지런히 종사하고 있었다. 물론 이런 일들 자체가 나쁜 것은 아니다. 하나님을 잘 믿는 성도들도 먹고 마시며 장가가고 시집을 간다. 그러나 문제는 세상 사람들은 하나님을 전혀 생각하지 않은 채, 그저 세상일에만 매달려 그것에 빠져 있다는 것이다. 이처럼 세상 사람들이 온통 세상일과 경제적인 일에 빠져 있을 때, 온갖 인간적인 계획들과 욕심들이 난무하고 있을 바로 그때 하나님의 심판이 홀연히 임할 것임을 말한다.

그래서 예수님은 성도들에게 특히 재물에 대한 욕심에 빠지지 말 것을 권고하신다(31~33절). 그날에, 곧 마지막 날 예수께서 재림하시는 그날에 만일 사람이 지붕 위에 있고 그 세간이 집 안에 있으면 그것을 가지러 내려오지 말라고 말씀하신다. 또 밭에 있는 자도 이와 같이 뒤로 돌이키지 말라고 말씀하신다(31절). 이 말씀은 원래는 예수께서 재림하는 그날에 취해야 할 태도지만, 또한 말세를 살아가는 성도들의 날마다의 삶의 자세가 되어야 한다.[9] 즉 우리는 날마다 이 세상의 재물에 마음을 빼앗기지 말고 주 예수님께 마음을 드려야 한다.

그래서 예수님은 "롯의 처를 생각하라"고 하신다(32절). 소돔성에 있는 자기 집과 재산들이 불탈 때 그것이 아까워서 뒤를 돌아보다가 소금기둥이 되어버린 롯의 아내는(창 19:26) 오늘날 우리에게 세상을 사랑하는 자의 결국이 어떻게 되는가를 보여 주는 표본이 되고 있다.

이 사건에서 예수님은 다시 일반적인 교훈을 끌어내신다. "무릇 자기 목숨을 보존하고자 하는 자는 잃을 것이요 잃는 자는 살리리라"(33절). 이것은 역설적인 진리다. 자기 목숨을 보존하고자, 얻고자 하는 자는 잃을 것이다. 곧 세상의 재물과 소유를 사랑하여 생물학적인 목숨을 유지하고자 하는 자는 결국 멸망하고 말 것이다. 그러나 그것을 잃는 자 곧 세상적인 삶을 살아가는 것에 소망을 두지 않고, 그러한 세상 사랑과 이기적인 탐욕을 부인하고 하나님을 위해 자기 생명을 드리는 자는 영원한 생명을 얻을 것이다.

결국 이것은 선택의 문제다. 이 세상의 재물을 택할 것이냐, 살아 계신 하나님을 택할 것이냐. 이 세상의 재물을 택한 사람은 결국 자기 생명을 잃고 재물도 잃을 것이다. 그러나 하나님을 택한 사람은 영원한 생명을 얻을 뿐만 아니라 이 세상에서 살아가는 데 필요한 재물도 얻을 것이다. 왜냐하면 하나님은 자기의 자녀를 사랑하시며 돌보시기 때문이다.

그리고 나서 예수님은 마지막 날 재림 때에 있을 일에 대해 두 개의 비유를 통해 말씀해 주신다(34~37절). 첫째 비유는 두 남자가 한 자리에 누워 있는데, 한 사람은 데려감을 당하고 한 사람은 버려둠을 당할 것이라는 이야기다(34절). 둘째 비유는 두 여자가 함께 맷돌을 갈고 있는데, 한 사람은 데려감을 당하고 한 사람은 버려둠을 당할 것이라는 이야기다(35절).

여기서 '데려감을 당하는 자' 와 '버려둠을 당하는 자' 중에서 누가 구원 얻는 자인가에 대해 논란이 있다. 어떤 사람은 이 땅에 '버려둠을 당하는 자' 가 구원받는 자라고 주장한다. 그러나 본문에 사용된 단어와 전체 문맥을 볼 때 '데려감을 당하는 자' 가 구원받는 자며 '버려둠을 당하는 자' 가 심판받는 자다. 왜냐하면 '데려가다' (파라람바노)는 단어는 누가복음과 신약성경에서 '함께 데리고 가다' 는 친근한 의미로 사용되고 있기 때문이다(눅 9:10, 28; 18:31; 마 24:31; 막 13:27; 요 14:3; 살전 4:17 등). 특히 요한복음 14:3에서 예수님이 다시 오셔서 제자들을 천국으로 '데려갈' 것이라고 말할 때 이 단어가 사용되었다.

이에 반해 '버려두다' (아피에미) 동사는 '떠나다, 내버려두다, 팽개쳐 버리다' 의 의미로서 다분히 부정적이다(눅 10:30; 13:35 등). 그리고 37절에 보면, 제자들이 "주여 어디오니이까"라고 물었을 때 예수님이 "주검 있는 곳에는 독수리가 모이느니라"고 대답하셨다. 이것은 곧 땅에 버려둠을 당한 자들에게 죽음의 심판이 있을 것임을 시사한다. 뿐만 아니라 데살로니가전서 4:17에서 사도 바울은 직접적으로 예수님 재림하실 때 우리 성도들은 구름 속으로 끌어 올리어 공중에서 주를 영접할 것이라고 말하고 있다.

그러자 예수님의 이 말씀을 들은 제자들이 예수님께 물었다. "주여 어디오니이까"(37a절) 이 질문은 너무 짤막해서("주여, 어디에") 정확하게 무엇을 말하는지 알기 어렵다. 하지만, 예수님의 재림 장소가 어디냐고 물었다고 보기는 어렵다. 왜냐하면 예수님은 이미 어떤 한 장소에서 재림의 주를 기대하지 말라고 분명히 말씀하셨기 때문이다(23, 24절).

그렇다면 여기의 이 질문은 바로 앞의 말씀 곧 '버려둠을 당하는' 장소를 물었다고 생각된다.[10] 왜냐하면 이어 나오는 예수님의 대답이 바로 '심판' 에 대한 말씀이기 때문이다. "주검이 있는 곳에는 독수리가 모이느니라"(37b절; 마 24:28). 이 말씀은 매우 일반적이고 모호해서 여러 다양한 해석들이 있다.[11] 그런데 그 중 어느 해석이 맞는지도 알기 어렵다. 그러나 분명한 것은 죽은 시체들이 있는 곳에 독수리들이 모여든다는 사실이다. 이 사실은 곧 독수리들이 모여드는 곳에는 살육이 행해졌으며 심판이 행해졌다는 것을 의미한다(겔 39:17~20; 욥 39:30).

그런데 독수리가 꼭 어느 한 장소에만 모여드는 것이 아니라 어디든 주검이 있는 곳에는 모여들듯이, 살육과 심판도 꼭 어느 한 장소에만 국한되지 않을 것임을 시사한다. 즉 제자들이 이 지구상의 어느 한 특정한 장소가 있을까 하여 "주님, 버려둠을 당하는 장소가 어디입니까"라는 뜻으로 물었는데, 이에 대해 예수님은 어느 한 특정한 장소를 생각하지 말라는 뜻으로 이 말씀을 하신 것이 아닐까? 곧 "주검이 있는 곳에는 독수리가 모이듯이, 그리고 그런 현상은 이 지구상 어디에서도 있을 수 있듯이, 하나님의 심판은 온 세상 어디에서나 있을 것"을 말씀하신 것이 아닐까?[12] 이 세상 어디든, 이 우주 어디든 이 세상 재물과 향락에 빠져서 예수님을 믿지 않는 자들에게는 하나님의 무서운 심판이 있을 것이다. 따라서 우리는 늘 깨어 있어 기도해야 할 것이다(마 24:42 참조).

18 하나님나라의 재배치와 역전의 결과들

누가복음 18장의 주해와 적용

누가복음 18장에는 몇 가지 비유와 기적과 일화들이 나타난다. 얼핏 산발적으로 보이는 이 이야기들 속에 하나의 일관된 맥이 흐르고 있음을 발견한다. 여기에 등장하는 인물들은 대부분 양면의 대비 관계를 이루고 있다. 한쪽에는 사회적, 종교적 강자들이 자리한다. 재판관, 관원, 바리새인, 어른들 등이 그들이다. 그리고 다른 한쪽에는 약자들이 자리하고 있다. 힘없는 아낙, 세리, 어린아이들, 장애인들이 놓여져 있다.

세상적인 권력관계의 측면에서 볼 때 우월한 입장에 있는 사람들은 당연히 힘 있는 자들이다. 그러나 하나님나라의 관점에서 볼 때는 그렇지 않다. 힘없이 당할 수밖에 없는 이 무기력한 사람들이 오히려 하나님나라에 우선적으로 받아들여지고 있음을 보게 된다. 하나의 역전이 이루어지고 있는 것이다. 그리고 이 역전의 중심에는 예수 그리스도가 계신다. 특히 그의 고난과 죽음의 예고는 세상의 모든 관계들이 새롭게 만들어질 수밖에 없는 이유를 제시한다.

대비와 역전

누가의 주된 관심 가운데 하나는 이 모든 역전이 일어나는 것은 하나님이 역사의 배후에 세상의 주관자와 심판자로 계시기 때문임을 나타내고자 하는 것이다. 누가는 세상의 판단이 아닌 하나님의 판단과 기준이 우리가 고려해야 할 최고의 가치임을 제시하고 있다. 사람들은 보이는 대상들 앞에 선다. 그것은 관원들일 수도 있고 성전일 수도 있다.

그러나 우리는 보이지 않는 대상을 항상 기억해야 한다. 관원들 너머에는 그들을 세우시고 책임을 물으시는 하나님이 계시며, 성전의 벽 너머에는 사람들의 심부를 꿰뚫어보시는 하나님이 계신다. 사람들의 기도는 더 이상 세상의 힘 있는 자들이 아니라 바로 하나님이 듣고 계신다. 거짓 판단자로 행세하는 사람들은 이 하나님 앞에 아무것도 아닌 자들로 드러나고 만다. 그러나 아무것도 아닌 자들로 판단받고 있던 이들은 하나님의 받아주심 속에서 하나님나라의 새 주역들로 거듭나고 있다.

이런 역전은 예수 그리스도 안에서 가장 크게 이루어진다. 누가복음의 이 부분은 그런 점에서 십자가가 앞에 놓인 예루살렘을 향해 가는 여행기사 가운데 포함되어 있으며, 또한 그 속에 예수님의 세 번째 수난예고를 포함하고 있다. 예고된 십자가와 부활의 빛 앞에서 지금 예시적으로 보여지고 있는 이 이야기들의 등장인물들이 왜 그렇게 서로 다른 결과 속으로 나아갈 수밖에 없는지 밝혀지게 될 것이다. 이제 이런 전체적 시각을 가지고 세부적인 이야기들을 하나하나 살펴보도록 하자.

불의한 권력을 이기는 기도의 힘(18:1~8)

17장 마지막 부분의 종말론적 가르침에 이어서 18장은 종말 시대를 살아가는 성도들의 신앙의 자세에 대한 이야기로 시작된다. 이 이야기의 초점은 "항상 기도하고 낙망치 말아야 될 것"에 모아지고 있지만, 동시에 그런 자세의 배경을 이루는 "인자가 올 때"(8절)의 종말론적 배경을 염두에 두어야 한다. 조엘 그린(Joel Green)이 잘 지적하듯, 누가는 이 두 가지 초점을

동시에 부각시키려 한다.[1]

비유적 가르침 속에는 대비되는 두 인물이 등장한다. 불의한 재판관은 불의한 권력을 대변한다. 그는 하나님을 두려워하지 않으며 사람들을 안중에 두지도 않는 자다.[2] 이에 비해 억울한 일을 당한 과부는 사회적으로 가장 약한 자를 대변한다. 이 두 등장인물 사이에 어떤 접점을 찾기는 어렵다. 만일 재판관이 하나님을 두려워하는 마음을 가졌더라면 하나님의 이름 때문에라도 과부의 억울함에 대해 무관함을 내세우지는 못했을 것이다.

불의한 재판관이 정의를 호소하는 과부의 간청에 귀를 기울인 유일한 이유는 그 과부를 염려해서가 아니라 자기 자신을 염려했기 때문이다. 그는 이렇게 생각한다. "이 과부가 나를 번거롭게 하니 내가 그 원한을 풀어 주리라 그렇지 않으면 늘 와서 나를 괴롭게 하리라"(5절). '괴롭게 한다' (휘포피아조)의 문자적인 의미는 '눈퉁이를 친다'는 말이다. 물론 이 여인이 물리적으로 그에게 가해를 입힐 가능성은 거의 없다. 이는 재판관이 사태를 어떻게 느끼고 있는가 하는 점을 잘 말해 주고 있다. 그만큼 이 여인의 행위가 결연하고 절박하다는 것을 나타낸다. 재판관이 자기보호조치를 생각하지 않을 수 없도록 만들고 있는 것이다. 남은 조금도 생각하지 않는 사람이라 할지라도 자기 자신만큼은 얼마나 끔찍이 생각하고 있는지를 잘 보여 준다. 이것이 불의한 사람을 움직이지 않을 수 없게 만드는 방법이다.

그러나 이것이 하나님께 적용될 때는 경우가 달라진다. 하나님의 응답은 그 동기가 다르기 때문이다. 하나님은 자신의 안위와 유익을 위해 행동하시는 분이 아니다. 그는 사람들을 사랑하시기 때문에 행동하신다. 그러므로 예수님은 '하물며'의 논법을 사용하신다. 유대인들에게 익숙한 '칼 와호멜' 논법이다.[3] 작은 것에 해당되는 진리는 더 비중 있고 큰일에 대해 보다 확실히 적용된다. 불의한 재판관이 자신과 아무 상관 없는 사람에 대해서도 그 끈질긴 태도 때문에 간청을 들어 주지 않을 수 없었다. 그렇다면 비할 바 없이 자비로우시고 의로우신 하나님께서 그 사랑하는 자녀들의 부단한 간청에 대해 더욱 그리시지 않겠는가?

이는 우리로 하여금 굳은 믿음 가운데 하나님께 간청의 기도를 하지 않을 수 없도록 만드는 강력한 논증법이다. 그러나 이것이 분명한 원리임에도 불구하고 실제적인 측면에서는 이런 경험들이 그토록 부족한 이유는 무엇인가? 그것은 사람들이 자기의 믿는 바를 실천으로 옮기지 않기 때문이다.

예수님께서 이를 지적하고 계신다. "그러나 인자가 올 때에 세상에서 믿음을 보겠느냐"(8절). 여기에 나오는 믿음은 헬라어 표현상 관사를 취하고 있다(텐 피스틴). 일반적인 의미에서의 믿음이라기보다 '그 믿음' 곧 비유 속의 여인이 보여 주고 있는 것과 같은 그런 종류의 믿음을 가리킨다.[4] 우리에게 요구되는 것은 바로 이런 종류의 믿음이다. 특히 종말 시대를 살아가는 성도들에게는 이런 믿음이 다른 무엇보다 필요하다. 왜냐하면 마지막에 그날의 연기가 사람들에게 낙심을 가져올 수도 있기 때문이다. 그래서 낙심치 아니하고 항상 기도하는 것이 종말 시대를 사는 성도들의 특징이 되어야만 하는 것이다.

이 비유적 가르침은 그런 점에서 좋은 도입부와 적절한 결론부의 훌륭한 조화를 갖추고 있다. 그 가운데 한 면에서는 누가 특유의 종말론적 특성이 어떤 것인지를 보여 주면서, 또 다른 한 면에서는 그 종말 시대의 성도들의 믿음의 특성이 무엇인지를 양면적으로 잘 보여 주고 있다. 아버지의 마음을 움직일 줄 아는 성도들의 끈질긴 믿음의 간구가 세상의 불의와 그 권력의 벽을 넘어뜨릴 수 있는 힘이 되는 것이다.

홈그라운드의 이점을 이기는 통회의 힘(18:9~14)

누가는 이어서 또 다른 대비적인 두 부류의 인물을 등장시킨다. 한쪽에는 당대에 가장 경건한 부류의 사람으로 인정받던 바리새인이 있고, 다른 한쪽에는 죄인의 부류에 속하는 세리가 있다. 이미 이 두 사람의 신분은 그 자체가 많은 것을 암시하고 있다. 바리새인은 "자기를 의롭다고 믿고 다른 사람을 멸시하는 자들"(9절)의 부류에 속하는 사람이다. 그리고 세리는 그들이 멸시하는 사람들 중에서 가장 대표적인 사람들이다. 이 두 계층의 사람들이 동시에 기도하는 상황이라면, 일반적인 사람들의 평가와 기대가 무엇일지는 이미 결정되어 있다고 볼 수 있다. 누가 세리의 기도에 비중을 두겠는가?

두 사람의 사회적 지위의 차이뿐만 아니라, 그들이 기도하는 장소 또한 이 비유에서는 대단히 중요한 요소로 작용한다.[5] 그들은 다른 곳이 아닌 성전에서 기도하고 있다. 성전이야말로 바리새인에게는 자신의 홈그라운드와 같은 곳이다. 단순히 그의 개인적인 의의 행위들뿐만 아니라 성전을 위한 평소의 그의 열심을 고려할 때, 누구보다 유리한 위치에서 기도할 수 있는 자다. 그가 자신의 의의 항목으로 열거하는 것들 가운데 십일조는 바로 이 성전의 유지를 위해 사용된다. 그는 정한 것 이상으로 십일조를 바치는 일에 열심을 보였다. 그러므로 성전에서 가장 떳떳함을 주장할 수 있는 사람은 바로 이 바리새인일 것이다.

이와 달리 세리는 성전 안에서 가장 주눅 들 수밖에 없는 사람이다. 그는 성전의 유지를 위해 돈을 거두는 사람이 아니라 로마를 위해 돈을 거두는 사람이다. 성전 유지자의 입장에서 보면 세리는 성전을 허는 자다. 그런 그가 성전 안에 들어와 있는 것만으로도 얼마나 주눅 들었겠는가? 그는 감히 고개를 들 수조차 없는 사람이다. 이것이 그의 외적 자세다. 그리고 그의 간구는 죄인인 그 자신에 대한 하나님의 불쌍히 여기심뿐이다. 그가 쓰는 '불쌍히 여기소서'(힐라스쎄티)라는 말은 신약에서 매우 드물게 사용되는 말로, 로마서 3:25의 '화목제물'(힐라스테리온)과 관계된다. 그가 구할 것은 오직 하나님께서 그의 죄를 덮으심으로 그 진노를 옮기시는 것뿐이다.

바리새인이 '자신을 향하여'(프로스 헤아우톤, 우리 번역의 '따로')[6] 기도하는 것과 대조적으로 세리는 오직 하나님의 처분에 자신을 맡기는 것 외에는 달리 아무것도 주장할 것이 없는 사람이다. 바리새인은 스스로의 만족에 도취케 하는 자신의 의를 자기 앞에 진열하지만, 세리는 그 통회하는 마음을 하나님 앞에 바치고 있다. 우리의 기도가 누구의 귀에 들려져야 할 것인지를 잘 보여 준다.

이 비유의 백미는 사람들의 기대를 뒤엎는 예수님의 판정에 있다. 하나님 앞에서 의롭다 하심을 받은 사람은 바리새인이 아니라 오히려 세리라는 것이다. 사람의 높임과 하나님의 높임이 전혀 다른 방식으로 작용함을 예수님은 강조하고 있다. 하나님은 스스로를 낮추는 자를 높이신다. 바리새인과 같이 자신의 의의 행위들에 자신 있는 사람, 혹은 성전이라는 홈그라운드의 이점을 충분히 활용할 수 있는 사람이라도 하나님이 높이시는 자를 결코 이기지 못한다. 하나님은 그 앞에 마음을 쏟아놓는 세리와 같은 죄인의 편에 기꺼이 서 주시는 분이다.

어른들을 이기는 어린아이의 힘(18:15~17)

어떤 사람이 하나님나라에 받아들여지고 있는지를 보여 주고자 하는 누가의 관심과 관련하여 어린아이들 역시 중요한 등장인물이 되고 있다. 이 부분 이후에 누가는 눈에 띄게 마가의 순서와 많은 일치를 이루고 있다. 그런 중에서도 누가는 자신의 관심을 일관되게 유지하는 것처럼 보인다. 어린아이들은 어른들에 비해 무시되고 관심 밖에 놓여지기 쉽다. 이런 상황에 비쳐볼 때 제자들이 어린아이들을 데리고 오는 부모들을 꾸짖는 모습은 쉽게 이해된다.

그러나 예수님은 다른 태도를 보이신다. 아이들을 자신에게로 부르고(프로스칼레오) 계신다. 마가가 흔히 쓰고 있는 예수님의 감정 표현들(이 경우에는 막 10:14의 '분히 여겨')을 누가는 생략하고 있지만, 대신 보다 긍정적인 방식으로 예수님의 관심이 그들을 꾸짖는 제자들보다 그에게로 나아오는 아이들에게 향하고 있음을 보여 준다. 예수님은 아이들을 반겨 주셨다. 그들을 그에게로 불러 주시고 그들을 통하여 하나님나라가 어떤 것인지를 밝혀 주신다.

하나님나라에는 어린아이와 같이 받드는 자가 들어간다. '받든다'(데코마이)는 말은 우리 표현상 떠받드는 것을 연상하기 쉬우나, 오히려 '받아들이는' 것과 관계 있다. 마치 아이들이 그 원하는 것에 온통 마음을 빼앗기고 그것이 주어질 때 계산 없이 기쁘게 취하는 것처럼, 하나님나라를 그런 방식으로 받아들이는 자들이 그 나라에 들어간다. 속으로는 원하면서 겉으로는 체면을 살피고, 속으로는 원치 않으면서 겉으로는 외교적 거래의 자세를 취하는 것은 어린아이들의 속성과는 거리가 멀다.

원하는 그것을 순수하게, 또 전심으로 취하는 어린아이들의 태도는 어른들의 계산적인 태도와 차이를 보인다. 자신에게 유익이 되는 것만을 취하고 그렇지 않으면 버리려 하는 계산적 태도가 아니라, 전심을 다해 그것을 사모하고 다른 모든 것을 다 버려서라도 그것을 취하려는 자세가 하나님나라에 가장 합당하다. 그런 자세의 면에서는 어린아이들이 어른들을 이기는 것이다.

가진 자를 이기는 버린 자의 힘(18:18~30)

하나님나라를 위해 가져야 할 어린아이와 같은 자세의 실제적인 면이 어떠해야 하는가는 이어지는 이야기가 잘 보여 주고 있다. 한 부유한 관원이 영생에 관한 질문을 가지고 예수님을 만나러 나왔다. 누가는 마가와 달리 이 사람을 관원으로 소개한다. 마가의 경우는 이 사람이 "달려와서 꿇어앉아 묻는" 장면을 부각시킨다(막 10:17). 마가가 이런 절박함을 드러내고자 했다면 누가의 경우에는 그의 사회적 지위가 강조되고 있다.

그는 관원으로서의 사회적 지위와 동시에 많은 부를 소유한 사람이다. 남부러울 것 없이 가질 만한 것은 다 가진 자의 위치에 선 한 사람이 부각되고 있다. 그러나 결국에 가서는 자신이 가진 그것들 때문에 영생에서 멀어지고 있는 관원과, 모든 것을 버리고 주를 좇은 제자들의 모습이 대조를 이룬다.

예수님은 이 관원의 질문에 답하기 전에 자신을 '선한 선생님'으로 부르는 그의 호칭을 문제삼고 있다. "하나님 한 분 외에는 선한 이가 없느니라"(19절)는 예수님의 말씀은 '선한 선생님'의 칭호가 그 자신에게 적합하지 않다고 말하는 것이 아니다. 다만 이 관원이 생각하는 선함의 차원의 천박성을 드러내는 표현법이라고 볼 수 있다.[7] 그는 아무에게나 쉽게 붙일 수 있는 표현으로 '선한 선생님'을 남발하고 있다. 예수님을 그런 부류 중의 하나로 칭하고 있는 것이다.

예수님은 이를 받아들이지 않으신다. 그리고 하나님께 속하는 선함의 차원을 그가 보지 못하고 있다는 것을 돌려서 지적하고 계신다. 만일 그가 그 차원 속에서 예수님을 그렇게 불렀다면 그는 무슨 일이 있어도 예수님의 말씀을 따랐을 것이다. 결국 그는 자신이 가지고 있던 예수님에 대한 인식 그 이상을 넘어서지 못한 채 예수님으로부터 돌아서고 만다. 스스로의 천박성을 증거하고 만 셈이다. 예수님은 사람들이 속에 숨기고 있는 이와 같은 은밀한 동기와 전제들을 적발하고 드러내는 면이 놀랍도록 뛰어나신 분이다.

앞서 본 비유 속의 바리새인과 같이 이 관원 역시 자신의 의를 충분히 자랑할 만한 사람이다. 그는 책임 있는 자로서 전생애 동안 하나님의 법을 열심히 지켜왔다. 적어도 소극적 차원에서는 흠잡을 게 없는 사람이다. 그러나 예수님의 새계명은 소극적 차원에 머물지 않는다. 그것은 적극적 사랑으로 나타나야 한다. "네게 있는 것을 다 팔아 가난한 자들을 나눠 주라"(22절)는 요구 앞에 그는 움츠러들고 만다. 그는 이 말씀 앞에서 심히 근심하게 된다. 자신이 가진 것 위에 더 이상의 것을 가지고 싶어하는 그에게 자신이 가지고 있는 전제를 철저히 버리지 않으면 따를 수 없는 하나님나라의 제자도가 제시되고 있는 것이다.

결국 그는 예수님을 '선한 선생님'이라 불렀던 것이 자가당착임을 드러내면서 돌아서고 만다. 예수님은 그 사람의 욕구를 만족시켜 주기 위해 그가 생각하는 차원의 '선한 선생님'으로 계시는 분이 아니다.

예수님은 근심하고 돌아서는 이 사람의 모습을 보시며[8] 하나의 구체적 예를 통해 일반적 원리를 말씀하신다. "재물이 있는 자는 하나님의 나라에 들어가기가 어떻게 어려운지 약대가 바늘귀로 들어가는 것이 부자가 하나님의 나라에 들어가는 것보다 쉬우니라"(24~25절). 하나의 강조법이 사용되고 있다. 사람이 자신이 가진 것을 포기한다는 것이 얼마나 어려운지를 나타내는 표현으로 보아야 할 것이다.

강조법의 특성을 잘 고려한다면, 이 구절의 문자적 어려움을 피하기 위해 약대(카멜론)를 노끈(카밀론)으로 바꾸어 읽는다든지 바늘귀를 당대의 같은 이름을 가진 한 좁은 문으로 이해하려는 것과 같은 시도를 할 필요는 없을 것이다. 지극히 큰 것과 지극히 작은 것의 대비는 예수님의 강조법 표현들 속에 빈번히 등장하고 있다(들보와 티, 약대와 하루살이 등).

그러나 어려운 일이 불가능한 일은 아니다. "사람의 할 수 없는 것을 하나님은 하실 수 있다"(27절). 사실 크든 작든 하나님나라를 위해 자신을 전적으로 포기하는 일은 하나님의 도우심 없이는 이루어질 수 없는 일이다. 이같이 버림의 제자도를 실천하고 있는 자들을 향해 예수님은 "금세에 있어 여러 배를 받고 내세에 영생을 받지 못할 자가 없다"고 말씀하신다(30절).

부자 관원과 같이 버리지 못하는 사람은 자신이 가진 것의 한계 속에 살 수밖에 없다. 그리고 영생에 관심이 있더라도 그 영생은 그에게 멀리 떨어져 있는 것일 수밖에 없다. 그러나 버린 자들에게는 새로운 부요함이 주어진다. 하나님나라의 새 관계 속에서 여러 배의 부모들, 형제들, 자녀들을 얻게 될 것이다. 그들의 은사를 통해 자신의 부족이 채워지며, 자신의 은사를 통해 그들의 부족이 채워지게 될 것이다. 금세에 누리는 이런 축복은 내세에 누리게 될 영원한 축복의 미리 맛봄이 되며, 그 가운데 영생의 소망이 현실의 실재가 될 것이다.

그렇다면 진정으로 부요한 자가 누구인가? 버리지 못한 관원은 그가 가진 많은 것에도 불구하고 자기 하나밖에 알지 못하는 가난한 삶을 살겠지만, 버린 제자들은 그 무소유 가운데서도 모든 것을 가진 넉넉함을 맛볼 수 있다. 이것이 하나님나라의 공동체적 부요가 세상의 우상숭배적 부요를 이길 수 있는 길이다.

세상을 이기는 십자가의 힘(18:31~34)

이제 예수님은 자기 자신에게로 이야기의 초점을 모으고 있다. 자신의 수난, 죽으심, 부활에 대하여 세 번째 예고를 하고 계신다. 누가의 경우는 마태나 마가와 달리 앞의 두 번의 예고(9:22, 43~45)와 먼 간격을 두고 있다. 그 사이에 누가는 여행기사의 풍성한 내용들을 배열하고 그가 강조하고자 하는 독특한 메시지를 잘 살려내고 있다.

예수님의 죽으심과 부활은 누가가 생생하게 보여 주고 있는 하나님나라의 승리의 다양한 측면들을 말할 수 있게 하는 원천적 사건이다. 왜 그러한지를 보여 주기 위해 누가는 '저희'의 행동과 '저'의 행동을 대비시키고 있다. "저희는 채찍질하고 죽일 것이니 저는 삼 일 만에 살아나리라"(33절). 후에 사도행전에서는 '저희'의 행동과 '하나님'의 행동이 대비된다.

이런 차이는 수난과 부활 예고가 놓여진 이야기의 흐름상 이 시점 속에서는 예수님 자신만이 부활 사건의 가장 확실한 예고자요 증언자기 때문에 생긴 것으로 보인다. 십자가 사건 전인 지금의 시점에서 그는 자신이 살아날 것에 대해 말씀하고 계시지만, 제자들은 이를 하나도 깨닫지 못하고 있다. 그러나 때가 되면 그들은 하나님이 행하신 일에 대한 부활의 증언자들이 될 것이다.

하나님나라와 관련한 모든 역전 사건의 배후에는 이와 같은 근원적인 대역전의 사건이 자리 잡고 있다. 사람들은 '인자' 되신 예수 그리스도를 자신들의 판단 아래 죽음에 내어 주겠지만, 하나님은 죽은 자 가운데 다시 그를 일으키실 것이다. 이것이 사람들 위에 심판이 되어 이제는 그를 통해 구원으로 나아오지 않으면 안 되도록 하실 것이다. 세상이 십자가로 그를 이긴 것 같지만, 오히려 하나님은 십자가를 통해 세상을 이기시는 것이다. 그리고 하나님의 이 위대하신 승리와 통치 속으로 우리와 세상을 부르고 계신 것이다.

눈 뜬 자를 이기는 눈먼 자의 힘(18:35~43)

18장의 마지막 이야기 속에서 우리는 구걸로 연명하는 한 맹인이 어떻게 예수 그리스도를 통해 광명을 되찾고 하나님나라 백성이 되는지를 보게 된다. 누가는 마가와 달리 그의 이름(바디매오)을 소개하지는 않는다. 그 사람의 구체성보다는 장애인으로서의 그의 일반적인 사회적 위치에 관심을 두기 때문으로 보인다.

이 이야기 속에서 우리는 이 맹인이 사람들의 눈에 귀찮은 한 존재에 지나지 않음을 보게 된다. "나를 불쌍히 여기소서!" 그의 절박한 외침과는 달리 사람들은 그를 꾸짖어 잠잠히 시키려 할 뿐이다. 장애인인 그는 이 같은 외침에도 불구하고 그가 속한 사회 속에서 항상 2차적·3차적인 취급의 대상으로 여겨져 왔을 것이다. 어쩌면 지금까지는 그런 취급을 감내해 왔는지 모른다. 그러나 지금은 사정이 다르다. 그는 멈추지 않는다. 더욱 심히 소리 지르고 있다. 그 소리가 가서 닿아야 할 목적지인 '다윗의 자손' 그분의 귀에 자신의 소리가 들리기까지 포기하지 않겠다는 결연한 자세를 볼 수 있다.

우리는 여기서 18:1 이하에서 비유적으로 가르친 내용의 한 실제를 만나게 된다. 여리고의 이 맹인은 낙망치 않고 끈기 있게 부르짖고 있다. 그리고 그 기도가 실제로 응답받고 있다는 하나의 산 실례가 되고 있다. 이렇게 18장 전체는 초반과 종반이 내용상 좋은 포괄구조(inclusio)를 형성한다.

종말 시대에 필요한 '그 믿음'을 가진 자는 이와 같이 보지 못하는 맹인이라도 눈 뜬 사람들보다 더 명확한 것을 본다. 예수를 볼 수 있는 그 믿음이 눈을 뜨고도 예수를 보지 못하는 불신의 우맹을 이기는 것이다.

오늘에의 적용

누가복음 18장 속에 기록된 이 이야기들은 오늘의 상황 속에서 우리에게 무엇을 가르치고 있는가? 무엇보다 먼저 하나님나라가 어떤 방식으로 세상을 이기는가 하는 점을 잘 보여 주고 있다. 그것은 하나님 자신이 그 은혜와 사랑, 그리고 구원의 능력 면에서 얼마나 크고 놀라운 분이신가 하는 점과 관련 있다.

예수 그리스도는 비참하고 초라한 십자가 위의 죽음에서 세상을 일으키는 놀라운 역전을 이루어내신 분이다. 이런 하나님을 우리가 알고 믿을 때 세상 속에서의 우리의 지위가 어떠하든 그것에 의지하지 않고 하나님만을 전적으로 의존하여 나아갈 수 있게 되고, 바로 그곳에서 세상의 질서와 관계들을 뒤바꾸는 놀라운 역전의 사건이 일어남을 보게 될 것이다. 이것이 세상 가운데 있는 하나님나라의 비밀이다.

때로 그것은 가장 약하고 미미한 것으로 보일 수 있다. 사람들에게 멸시 받는 것일 수도 있다. 그러나 중요한 것은 하나님께서 이 미미하고 보잘것 없는 것들을 통해 그 나라를 이루어가신다는 점이다. 오늘날의 교회가 자기 의를 자기 앞에 진설하는 바리새인의 교회와 같이 되어 있다면 이곳에 하나님의 통치가 깃들기는 어렵다. 하나님의 자비와 긍휼의 은혜가 이런 곳에서는 빛을 나타내지 못하기 때문이다.

오늘의 한국 교회가 점점 이런 바리새인의 교회처럼 되어가고 있지 않은가! 교회들마다 하나님의 은혜의 빛이 아니라 세상적·인간적 빛을 더해 줄 수 있을 것으로 기대되는 사람들을 붙드는 데 열심을 보인다. 그런 사람들이 교회를 떠날까 봐 전전긍긍하고 있는 것이다. "주님이 필요 없는 사람은 갈 테면 가시오" 하고 왜 말하지 못하는가? 마치 사람들의 영광이 교회를 빛내 줄 수 있는 것처럼 가려는 사람 못 가게 붙들고 있는 교회가 되어 있진 않은가?

물론 우리는 사람들을 쫓아낼 필요는 없다. 그러나 진정으로 교회는 "난 주님을 떠나서는 살 수 없어요. 난 주님밖에는 달리 찾아갈 사람이 없어요" 하고 고백하는 사람들의 모임임을 강조하지 않을 수 없다. 온갖 구박을 주어 쫓아내려 해도 주님 떠나서는 살 수 없는 그런 자들이 사람의 멸시를 두려워하지 않고 오직 하나님의 긍휼만을 구하며 주님 안에 머무르려 하는 열망이 가득한 곳이 참 교회의 모습이다.

이런 교회 안에서는 세리와 같은 자들이, 멸시받는 죄 많은 여인 같은 자들이, 사회적 약자들인 고아나 과부, 장애인들이 자신의 고향에 온 느낌을 받을 수 있다. 오늘날 교회는 알코올이나 약물중독자들, 전과자들, 파산자들, 집 없는 사람들, 행려병자들, 장애인들 등이 찾아올 때 따뜻하게 영접해 주는 곳이 되어야 한다. 그들이 새 삶의 용기와 희망을 얻는 곳이 되어야 한다.

그러나 오늘의 교회가 이런 곳이 되고 있는가? 차가운 정죄의 눈초리, 귀찮아하는 표정들, 교인들의 기도의 도움이 필요함에도 불구하고 오히려 자신의 파산을 숨겨야만 하는 비참함, 온갖 뒷말들, 이런 것들로 인해 오늘의 교회는 하나님을 꼭 만나야 할 사람들을 그로부터 멀어져 가게 만드는 인간의 벽들을 두텁게 쌓고 있다.

그렇다면 우리는 크게 오해하고 있는 것이다. 주님의 귀가 누구를 향해 열려 있는지를 우리는 분명히 보아야 한다. 그 귀는 세리의 통회와 탄식을 향해 열려 있고, 사람들의 웅성거림 속에서도 절박하게 들려오는 맹인의 부르짖음을 향해 열려 있다. 또한 주님의 의의 판정이 누구에게 주어지고 있는지 확실히 알아야 한다. 얼마나 철저하게 사람들의 기대와 판단을 뒤바꾸어 놓는 주님이신지 알아야 한다.

이제 교회는 세상의 뒤를 좇느라 심히 어두워진 그 눈을 하나님나라의 빛 앞에서 바르게 뜨고 그 나라의 제자도를 온전히 회복해야 한다. 이것이 세상을 이기는 길이며, 또한 세상을 하나님나라의 빛으로 비출 수 있는 길이다. 세상은 지금 그 빛을 간절히 갈망하고 있다.

19 종반을 의식한 예수님의 구원 사역
누가복음 19장의 주해와 적용

본문은 누가복음 9:51부터 시작되는 '예루살렘을 향한 여행기사'(9:51~19:44)의 긴 내러티브 단락이 마무리되는 동시에 예수님의 메시아적 사역이 마침내 예루살렘 안에서, 특히 성전을 중심으로('성전에 들어 가사', 45절; 참조 20:1; 21:37, 38; 22:53) 새롭게 펼쳐지는 장이기도 하다.

따라서 누가복음 19장은 예수님의 사역과 관련하여 지리적 전환이 일어나는 곳이며, 이 지리적 전환은 예수님의 선지자-메시아적 사명의 최종적 국면이 다다랐음을 알리는 신학적 의미가 담겨 있기도 하다. "그러나 오늘과 내일과 모레는 내가 갈 길을 [마땅히] 가야 하리니 선지자가 예루살렘 밖에서는 죽는 법이 없느니라"(눅 13:33), "예수께서 열두 제자를 데리시고 이르시되 보라 우리가 예루살렘으로 올라가노니 선지자들로 기록된 모든 것이 인자에게 응하리라"(눅 18:31).

이런 점에서 누가복음 19:1~10은 앞의 18장과의 긴밀한 유대관계 속에서 이해할 필요가 있으며, 11~27절은 메시지의 내용과 위치에서 '여행기사'의 전환적 기능과 역할을 한다. 따라서 '여행기사'와 함께 나타나는 제자도 역시 19장 전반부에 강하게 드러나고 있다.

한편, 누가복음 19장은 크게 네 개의 단위로 구성되어 있다. 1)예수님께서 삭개오를 방문하는 사건(1~10절), 2)므나의 비유(11~27절), 3)예수님의 예루살렘 입성과 예언(28~44절), 그리고 4)예루살렘 성전 방문과 정결사건

(45~48)이다. 이제 각각의 단락을 살펴보도록 하자.

삭개오 방문: 아브라함의 언약자손(19:1~10)

본 단락은 18:35에서부터 시작되는 내용과 함께 고려해 볼 필요가 있다. 먼저 이 두 단락(18:35~43과 19:1~10)은 그 지리적 배경이 여리고(18:35 및 19:1)로 소개된다. 더욱 주목할 필요가 있는 것은, 이 두 단락에서 초점을 맞추고 있는 두 인물은 당시 유대 사회에서 소외 내지 경멸의 대상임에도 불구하고 예수님께서 이들과 교제를 나누며 이들에게 구원을 선언하고 있다(눅 18:42; 19:9)는 점이다.

말하자면 하나님의 구원하심과 관계없다고 여겨지던 부류(장애인과 세리)의 사람들이, 하나님의 메시아이신 예수님으로부터 직접 치유와 인정하심을 받아 하나님의 긍휼 가운데 자신들도 '아브라함의 언약자손' 임을 감격스럽게 깨닫게 된 것이다.

19장 첫 단락에서 소개된 자는 삭개오라 불리는 자다. 그의 직업은 유대인들, 특히 경건한 바리새인들이 가장 혐오스러워하는 세리였는데, 삭개오는 오히려 이 일에 상당한 업적과 인정을 받고 있는 세리장(아르키텔로네스)이었다(2절).[1] 이 같은 매국노적 행위로 그의 재산은 점점 늘어가게 되어 그 누가 보아도 그는 부자(플루시오스)인 것이 확실했다(2절).

하지만 유대인으로서 로마제국의 앞잡이 노릇을 하는 삭개오는 자신의 재산이 늘어나면 늘어날수록 동족 유대인들과 하나님 앞에서 자신의 민족적, 종교적 정체성에 적지 않은 번민이 있었을 것이다. 독자들이 누가복음 18장에서 예수님과 부자 청년과의 대화를 염두에 둔다면, 지금 19장에 소개되고 있는 세리장(죄인)이면서 동시에 부자인 삭개오가 하나님나라에 들어가기가 극히 어려운 환경(눅 18:24~25; 참조 12:13~21; 16:19~31)에 속한 자임을 염두에 두어야 한다.

삭개오는 예수님께서 자신의 마을인 여리고를 지나가신다는 소문을 듣고, 자신의 키가 작은 것과 예수님을 보고자 하는 무리가 많다는 사실을 알고 사람들이 여리고를 통과하면 꼭 지나가야 하는 길목 옆 뽕나무로 올라간다. 그 이유는 갈릴리를 중심으로 그 소문이 파다했던 예수라는 사람이 어떤 분인지 한 번 보기라도 했으면 하는 마음 때문이었다. 삭개오의 이런 마음에는 그 동안 자신의 넉넉한 재물에도 불구하고 여리고 지역 주민들에게서 소외된 자신의 처지 때문에 세리와 죄인의 친구(눅 7:34; 참조 5:32)로 소문난 예수라는 인물에 대한 동경이 어느 정도 싹터 있었을 것이다.

그러나 삭개오의 이 같은 마음은 그야말로 마음의 소원일 뿐 자신이 올라가 있던 그 뽕나무를 예수께서 지나는 순간 차마 그 이상의 어떤 말이나 행동을 나타내 보일 수는 없었다. 예수님께서 삭개오를 향해 목적을 갖고 먼저 우러러 보시고 이르시기(5절) 전에는 말이다.

"삭개오야 속히 내려오라 내가 오늘 네 집에 유하여야 하겠다"(5절).

이 구절 속에는 삭개오를 향한 예수님의 주도적 부르심(initiative calling)이 돋보인다. 먼저 삭개오의 이름을 알고 즉각적으로(속히) 부르시며 명령하는(내려오라) 모습이 그러하다. 이뿐만 아니라, 예수님께서는 오늘(세메론, 눅 2:49; 4:43; 9:22; 13:26, 33; 15:32; 17:25; 22:37; 24:7, 26, 44) 삭개오, 즉 죄인의 집(7절)에 마땅히 꼭('신적 동사 인 '데이' 가 사용됨) 머물러서 그와 함께 식사를 하겠다는 요구를 하시기 때문이다.

예수님의 이런 제안을 전혀 예상치 못했던 삭개오는 예수님에 대한 소문뿐 아니라 그의 권위에 압도당하면서 몹시 흥분하지 않을 수 없었을 것이다. 율법교사인 랍비는 고사하고 경건하게 하나님을 믿는 바리새인들이라면 자신의 초대에 응한 자들이 없었기 때문이었다. 성경은 예수님의 뜻밖의 요청에 대한 삭개오의 마음상태를 잘 묘사해 주고 있다.

"**(삭개오가) 급히 내려와 즐거워하며 영접하거늘**"(6절).

속히 내려오라는 예수님의 명령에 따른 즉각적인 순종('급히'는 '속히'와 같은 헬라어임)과 함께 기쁨[2] 가운데 예수님을 영접하는 삭개오는, 실상 한 사람의 경건한 유대인이나 율법 교사를 맞이하는 것이 아니라 메시아로 이 땅에 오신 예수님, 즉 하나님의 아들(눅 1:35; 3:22; 4:41; 8:28)을 자신의 집으로 모심으로 '주의 구원과 영광' (눅 1:77; 2:11, 30~32; 3:6; 9:48; 10:21~24)을 보는 특권과 기쁨을 얻게 된 것이다.

반면 평소 세리장 삭개오의 직업과 행실을 못마땅하게 여겼던 여리고 주민들은 예수님의 말과 행동에 적지 않은 실망을 하게 되었다. 죄인의 집으로 알려진 세리장의 가정에 들어가 음식을 먹고자 하는 랍비나 메시아는 그들의 관습과 신앙에 전혀 어울릴 수 없는 이미지였기 때문이다.

그러나 똑같은 예수님의 말씀(5절)이 삭개오에게는 '복음' 그 자체였다. 이 '복음'을 들은 후에 뒤따라 오는 삭개오의 결단(8절)은 누가복음에 나오는 참 회개의 표식임을 단적으로 보여 준다. 메시아를 통한 하나님의 방문을 기꺼이 영접함으로써 자신의 절대적 가치였던 재물이 상대적 의미로 새롭게 자리매김하게 된 것이다. 재물에 대한 자유함이나 포기가 구원의 표식에 대한 필요충분 조건은 아니지만, 하나님께 참으로 회개한 자(특히, 부자)는 재물에 대한 바른 청지기 사명을 깨닫고 그것을 실행할 수밖에 없다는 누가복음의 메시지(눅 3:8~14; 12:13~21; 16:1~13)가 여기서도 유효함을 보여 준다.

결국 이런 점에서 삭개오는 약대가 바늘귀로 들어가는(눅 18:25) 부자로서, 이 일이 단순한 사람의 선행이 아닌 하나님의 긍휼하심으로 인한 것임을 시사한다(눅 18:26~27). 본문은 삭개오의 이 같은 결단이 참 회개에 따른 것이라는 사실을 계속되어지는 예수님의 선언을 통해 확증시켜 준다.

"**오늘 구원이 이 집에 이르렀으니 이 사람도 아브라함의 자손임이로다 인자의 온**

것은 잃어버린 자를 찾아 구원하려 함이니라"(9-10절).

다시 한 번 예수님의 권세가 구원의 현재적이고 즉각적 표현인 '오늘'이라는 용어를 통하여 나타나고 있으며, 삭개오가 하나님의 언약자손임을 선언함으로써 하나님의 구원역사의 반전(reversal)을 보여 주고 있다. 그리고 그 구원역사의 반전은 이 땅에 인자로 오신 예수님의 메시아적 사명에 기인한다.

게다가 삭개오에게서 16장과 18장에서 불가능할 것 같았던 '회개한 부자'로서의 이미지뿐 아니라, 15장에서 잃었다가 다시 얻은 둘째 아들의 이미지가 함께 나타난다. 그리고 이 모두는 삭개오의 회개와 구원이 하나님에 의한 주권적 방문하심이요 긍휼에 따른 용서하심임을 말한다.

므나의 비유: 제자의 삶의 자세(19:11~27)

삭개오의 사건과 분리됨 없이, 특히 9~10절에서 나타난 예수님의 구원선포와 자기이해 선언과 맞물리면서 '여행기사'의 마지막 비유, 즉 므나의 비유 단락(마 25:14~30; 막 13:34~35 참조)이 시작된다. "저희가 이 말씀을 듣고 있을 때에 비유를 더하여 말씀하시니"(11a절). 여기서 '저희'는 일차적으로 예수님을 따르는 사도들과 그 외의 제자들을 고려할 수 있으며 또한 함께 있는 주위의 무리들을 포함한 것으로 보인다. 이 점은 비유 안에 나타나는 '열 명의 종들'인 제자들(13절)과, '백성'(14절) 내지 '곁에 섰는 자들'(24절)로서 무리들을 각각 유비시켜 생각할 수 있다.

1. 역사적 사실에 기초한 비유

본문은 예수님께서 이 비유를 주신 것이 의도적임을 말해 주는데(11절의 헬라어 '디아'와 '호티' 참조), 이는 한마디로 자신이 예루살렘으로 올라가시는 이유(눅 9:22, 51, 58; 13:32~35; 18:31~34)에 대한 청중들의 오해 때문이다. 즉 이들이 기대했던 하나님의 나라는 이 땅에서 전적으로 물리적이고 정치적인 방법으로 민족적 이스라엘의 해방을 원했던 것이지만, 예수님의 하나님 나라 복음의 선포는 이 땅을 무시하지 않으나 초월하는 우주적 이스라엘 백성의 구원을 의미했던 것이다(행 1:6~8 참조).

이 비유는 헤롯과 아켈라오(Achelaus)가 각각 기원전 약 40년과 4년에 로마로부터 이스라엘 백성을 다스릴 수 있는 권한을 받으러 간 역사적 사실에 기초하는 것으로, 당대 유대인들에게 잘 알려진 사건을 배경으로 한다. 이 같은 역사적 사실을 유비적으로 하여, 예수님은 이제 곧 예루살렘에 도착하여 십자가 죽음과 부활 이후 자신의 별세(텐 엑소돈 아우투= 눅 9:31 참조), 즉 이 땅을 떠나 하나님의 보좌 우편에 앉아 주(主)로서 하나님의 백성들을 다스리게 될 것과 정한 때에 자기 백성을 위하여 다시 이 땅에 오실 사건(행 1:11; 2:36; 5:30~31; 7:55~56; 13:33~34; 17:31)을 내다보며 베푸시는 비유다.

따라서 예수님은 왕위를 받아가지고 오려고 먼 나라로(12절) 떠나는 귀인으로, 은 열 므나를 귀인으로부터 각각 하나씩 받은 종들은 일차적으로 예수님의 제자들로, 또 그 귀인을 미워하여 그가 왕위를 받아 돌아오는 것을 반대하고 거절하는 백성들은 메시아이신 예수를 깨닫지 못하고 핍박하는 유대인들, 특히 유대 종교 지도자들과 바리새인들로 이해될 수 있다.

2. 능력 평가가 아닌 태도 평가

여기서 예수님의 제자로 부름받은 자들이 충성되게 그 맡겨진 일들을 할 수 있는 기한은 이 땅에서의 제한된 시기인데, 바로 '예수님께서 이 땅에 돌아오시기까지'(13절)다. 그때가 되면 예수님의 제자들은 각각 어떻게(15절) 충성한 것을 공정하게 평가받게 된다. 이때 나타나는 평가는 매우 대조적이다. 비록 각각의 제자들의 능력에 따라 다른 결과를 낳을 수 있겠지만, 이들이 주님께로부터 받은 평가는 능력이 아닌 자세 내지 태도의 문제였음을 보게 된다.

말하자면, 한 므나로 열 개와 다섯 개의 므나를 남긴 각각의 두 종들이 주인의 인정과 칭찬을 받았고, 한 므나를 수건으로 싸두었다가(즉 전혀 일하지 않았다가) 자신의 불충성 내지 불순종을 회개하지 않고 합리화하는 종은 악한 자로 심한 책망을 받는다. 이뿐 아니라 이 악한 종은 자신이 과거에 받았던 재산까지 착한 종에게 빼앗기는 낭패를 맛본다.

이렇게 이 세 번째 종이 악한 종으로 판명된 것은 그가 무능해서가 아니라 오히려 자신이 받은 그 능력과 권한을 – 그것이 아무리 미미한 것이라 할지라도 – 전혀 활용하지 않은 게으름에서 온 것이었다. 그리고 이런 게으름은 왕위를 받고 돌아올 주인과 그의 당부를 심각하게 여기지 못한 세 번째 종의 어리석음에 있는 것이었다. 이것은 한마디로 그가 주인을 신뢰하지 못함으로 '주인과 종'의 바른 관계 가운데 있지 못했음을 시사한다.

이처럼 바른 제자도는 무엇보다 자신을 제자로 부르신 그분과 그분의 뜻을 전적으로 신뢰하고, 또 그것을 위해 성실하게 순종하며 사는 자여야 한다.

3. 심판자로의 귀환

한편, 이 비유는 또 하나의 대상을 향해 심판의 메시지를 준다. 그들은 왕위를 받아 오려고 먼 나라로 떠난 귀인(예수님)을 미워하고 그의 왕 됨을 원치 않던 자들(유대 종교 지도자들과 바리새인들)로서(14절), 귀인에 대해서는 원수들(27절)인데, 이들은 결국 자신의 생명을 잃게 되는 것으로 끝나고 만다. 착한 종의 나중(열 고을 권세를 차지하는 자)과는 가히 비교할 수 없는 비극적 종국이 아닐 수 없다.

따라서 이 비유는 무엇보다 이 비유를 말씀하시는 예수님의 자기이해, 특히 예루살렘에 들어가셔서 죽게 되고 승천하게 될 일에 대한 의미를 분명히 인식하고 있음을 보여 준다. 또한 예수님의 떠남 이후 자신의 제자들이 지극히 작은 것에 충성하여(17절) 각각 어떻게 살아야 할 것을 교훈하면서, 자신의 메시아와 주 되심을 거절함으로써 하나님의 뜻을 저버리는 자들이 장차 받을 진노의 심판을 강하게 경고한다.

예루살렘 입성과 그 예언: 왕이신 예수(19:28~44)

본 단락은 다른 세 복음서에서도 공동으로 보도해 주는 예루살렘을 향한 승리의 입성이다(마 21:1~11; 막 11:1~22; 요 12:12~19). 그러나 이 단락의 마지막인 41~44절과 37절 및 39~40절은 누가복음에서만 발견된다. 그러나 본문을 자세히 살펴보면 예수께서 아직 예루살렘 시내 안으로 들어가시지 않은 것을 보게 된다.

28절에 보면 여전히 예루살렘을 향하여 가고 계시는 예수님을 볼 수 있는데, 감람산이 위치한 벳바게와 베다니(29절)는 예루살렘에서 2~3km 떨어진 동네들이다. 41절에서도 예루살렘 시내에 가까이 가셔서 그곳에 있는 성(도시)을 보시고 눈물을 흘리는 예수님을 보게 된다. 어쨌든 예수님과 제자들은 이제 목적지인 예루살렘에 거의 도착한 상황이다. 이제 예수님께 하나님의 선지자적 메시아로서 이 예루살렘 성 안에서 자신의 사명(십자가 고난의 죽음)을 이루어야 할 때가 온 것이다.

예루살렘 성 내에 들어가기 직전 예수님께서는 제자 둘을 불러 보내시면서 아직 아무 사람도 타보지 않은 나귀 새끼를 끌고 올 것을 명령하신다. 혹 나귀 새끼의 주인이나 이웃 사람들이 반대할 경우 '주가 쓰시겠다'(호 티 호 퀴리오스 아우투 크레이안 에케이, 31절)라고 답변할 것까지 함께 일러 주신다. 예수님의 명령에 따라 나귀 새끼를 가지고 온 제자들이 자신들의 겉옷을 그 나귀 위에 걸쳐 놓고 예수님을 태우며 예루살렘을 향할 때 벳바게와 베다니의 주민들 역시 자신들의 겉옷을 길 가에 펼치며(왕하 9:13 참조) 예수님과 그 제자들을 맞이했다.

여기서 예수님이 나귀 새끼를 타시고 예루살렘에 입성코자 하심은 스가랴 9:9의 예언적 성취를 의식한 것으로 독자들이 왕적 메시아로서 예수님의 이미지를 읽을 수 있다(왕상 1:32~37 참조). 감람산에서 제법 내려갔을 즈음 그 곳의 적지 않은 주민들을 목도하면서 제자들은 자신들이 지금까지 보아온 예수님의 이적들을 새삼 떠올리면서 기쁨과 환호 속에 하나님을 찬양하기 시작했다.

비록 이들의 기쁨과 환호는 장차 있을 예수님의 메시아적 운명을 헤아리지 못하는 무지 속에서 터져 나온 것이었음에도 불구하고, 메시아 예수님을 보내신 것에 대한 하나님께 찬양이라는 점에서 나름대로의 의미가 있었을 것이다.

"찬송하리로다 주의 이름으로 오시는 왕이여 하늘에는 평화요 가장 높은 곳에는 영광이로다"(38절).

시편 118:26의 인용구절과 누가복음 2:14을 상기시키는 이 구절은 마태복음과 마가복음에 비해 다윗의 후손으로서의 왕적 이미지가 약한 것은 사실이지만(마 21:9; 막 11:10) 여전히 왕적 메시아로서 예루살렘에 임하시는 예수님을 분명히 해 준다. 뿐만 아니라 여기서 그 왕(호 바실류스)이라고 단순히 표현한 것은 오히려 19:27의 '나의 왕 됨'의 비유 문맥과 동일시하려고 한 누가의 의도가 있다고 볼 수 있다.

어쨌든 유대인의 주요 절기에 예루살렘을 방문하는 순례자들을 환영하면서 하나님의 선하신 구원의 뜻이 자신들의 땅에 임하기를 기원하며 불렀던 이 시편의 노래가 지금 나귀 새끼를 타고 예루살렘에 입성하시는 예수님께 초점을 맞추어 불려지는 것은 큰 의미가 있는 것이다.

그러나 제자의 온 무리(37절)와 달리 무리 중 어떤 바리새인들(39절)은 이 노래가 예수님께 맞추어져 불리는 것을 못마땅하게 여기면서 제자들이 이 같은 노래를 하나님께 부르지 못하도록 예수님께 요구하고 있다. 독자들은 바리새인들이 예수님의 사역 초기부터 줄곧 예수님과 논쟁의 상대자들(눅 5:17, 21, 30; 6:7; 7:30; 11:53; 14:3; 15:2; 16:14; 18:9~14)이었음을 상기할 필요가 있다. 다시 말해, 이들은 예수님이 누구인지를 깨닫지 못하고 거절함으로 결국 하나님과 그분의 뜻을 저버리게 되는 자들로 전락될 뿐이었다. 이들에 대한 예수님의 짧은 답변은 매우 단호하며 권세 있는 확신에 차 있다.

"내가 너희에게 말하노니 만일 이 사람들이 잠잠하면 돌들이 소리 지르리라"(40절).

말하자면, 예수님을 향한 제자들과 무리들의 환영과 찬미는 하나님께로 말미암은 섭리와 계획이기에 어느 피조물도 이를 거스를 수 없다고 하는 예수님의 의지적 선언인 셈이다. 이런 점에서 바리새인들은 하나님의 뜻과 시기를 제대로 분별하지 못하는 거짓 지도자들이기에 이들의 무지로 인한 하나님의 나타날 심판이 또한 강하게 암시되어 있다.

비록 단호한 의지 가운데 깨닫지 못하는 바리새인들을 책망하셨지만, 예루살렘 도시를 내려다보시며 하나님의 시기를 분별치 못하는 이스라엘 백성들의 무지와 어리석음 앞에 예수님은 눈물을 흘리지 않을 수 없으셨다(눅 6:21, 25; 7:13; 8:52; 느 1:4; 렘 9:1; 13:17 참조). 이스라엘 백성들의 평화와 회복을 위해 하나님께서는 이미 메시아를 보내셨건만(눅 1:79; 2:14, 29; 7:50; 8:48; 19:38 참조) 이들은 아직도 영적 장님으로 남아 있다(시 122:6; 렘 15:5 참조). 참으로 답답하고 안타까운 일이 아닐 수 없다. 오늘 그리고 여기서 벌어지고 있는 하나님의 일(42절)을 자신들의 교만과 관습 때문에 더 이상 볼 수 없다면 이들은 기필코 하나님께서 정하신 심판의 날들을 피하지 못할 것이다(43절; 참조 눅 5:35; 10:12; 12:46; 17:22, 26, 31; 21:6, 22, 23; 암 4:2; 8:11; 9:13; 사 39:6; 렘 7:32~34; 19:6; 33:14; 49:2; 슥 14:1; 말 4:1).

비평적 학자들은 43~44절에 묘사된 내용이 예루살렘 멸망이 있은 주후 70년 직후의 내용을 매우 사실적으로 표현해 주는 것으로 해석하지만, 70인역 성경에 나타난 하나님의 심판적 사건을 묘사하는 용어들(사 3:26; 29:1~4; 렘 6:6~21; 8:18~22; 겔 4:1~2; 21:22; 26:8 참조)을 고려할 때, 이 본문을 예언적 문맥으로 간주하는 것은 그리 어렵지 않다.

이 본문은 이스라엘 성과 성전 건축의 기초가 되는 돌까지 무너짐으로써 완전한 파괴에 도달할 하나님의 심판을 여실히 예언해 주고 있다. 이러한 하나님의 심판은 이스라엘 백성의 구원을 위해 이 땅에 오신 메시아 예수를 거절함으로써 하나님의 방문이나 권고(참조 눅 1:68, 78; 7:16; 행 6:3; 7:23; 15:14, 36)를 이미 무시한 이유며, 이로 인해 장차 올 심판의 권고를 받는 날을 또한 피할 수 없게 된 것에 기인한다.

성전정결: 진정한 권위와 리더십(19:45~48)

예수님은 예루살렘에 도착하셔서 먼저 성전에 들어가신다. 성전은 이미 예수께서 직접 '내 아버지의 집'(눅 2:49)이라고 언급했던 곳이다. 그렇다면 하나님 아들로서의 예수님이 성전에 대해 품고 있는 열심과 그 권세는 당연한 것이다. 즉, 성전이 산헤드린 공회원들의 권세 속에서 그 본연의 거룩한 기능을 하지 못하고 오히려 거짓 종교 지도자들의 돈벌이 장소로 전락한 것을 목격한 예수님이야말로, 이에 대해 거룩하고 책임 있는 분노를 드러낼 유일한 분이었다(마 21:12~13; 막 11:15~19; 요 2:13~17 참조). 말하자면, 거짓 권세와 외식된 리더십을 청산할 참된 권세와 리더십은 예수님 자신에 의해서만 가능한 것이었다. 바로 이 표식이 드러나는 장소가 성전이다.

"기록된 바 내 집은 기도하는 집이 되리라 하였거늘 너희는 강도의 굴혈을 만들었도다"(46절).

누가복음 안에서 3장 이후 기도에 충실한 '기도의 사람'은 예수님 자신 뿐이라 해도 과언이 아니다(눅 3:21; 5:16; 6:12; 9:18, 28~29; 10:21~22; 11:1; 22:39~46; 24:50~51). 비록 제자들이 예수님께 어떻게 기도해야 할지 가르쳐 달라고 묻긴 하지만, 대부분의 제자들 역시 기도에 실패하는 자들로 나타난다. 이들이 예수님처럼 '기도의 사람들'로 나타나는 것은 사도행전에서다. 이것은 예수께서 친히 '움직이는 성전'으로서 하나님의 새 구원시대에 이미 성전을 대체하고 있음을 암시해 준다. 이와 마찬가지로 예루살렘에 위치한 하나님의 성전을 '강도의 굴혈'로 만든 것만큼이나 거짓 종교 지도자들은 예수님을 세리와 죄인의 친구로 정죄하면서 강도처럼 여겼다.

한편, 예루살렘에 이르자마자 성전에 들어가셨던 예수님은 계속해서 '날마다'(토 카쓰 헤메란, 47절) 성전에 들어가셔서 가르치셨다. 성전 안에서 참된 권세와 리더십을 놓고 예수님과 산헤드린 공회원들(대제사장들과 서기관들과 백성들의 두목들)간의 갈등이 더욱 첨예하게 일어난다. 결국 이들이 예수님을 죽이기로 모의하게 되었다. 이제 이들이 두려워하는 것은 하나님이나 그분의 뜻이 아니라 다만 성전 세금을 내 줄 백성들뿐이었다.

이처럼 예수님과 성전의 운명은 불가분리의 관계에 있으면서 서서히 그 역할과 기능의 종반부로 치닫게 된다. 아이러니컬하게도 '하나님의 사람들에 의해' 하나님의 율법으로 참 하나님의 아들인 예수와 참 하나님의 집인 예수의 몸이 극심한 멸시와 배척을 받는 것이다.

맺는말: 죽음의 문턱에서의 구원선포

누가복음 19장에 흐르는 전반적인 이미지는 계속되는 구원 선포와 함께 이미 임박한 하나님의 진노와 심판이다. 이것은 오늘 이미 여기에 임한 하나님의 방문(메시아 예수)을 깨닫지 못한 무지와 그의 왕 되심을 거절한 교만에 초점이 있다. 이 하나님의 진노와 심판은 예상 밖으로 그 당시 하나님을 경외하던 바리새인들과 종교 지도자들에게 초점이 놓여 있는 반면, 하나님의 긍휼과 자비는 역시 예상 밖으로 그 당시 상상할 수 없었던 세리장에게 주어졌다.

이처럼 하나님의 구원과 심판은 인간의 상식과 관습을 반전시키고 초월하는 것이며, 죄인을 향한 하나님의 끊임없는 찾으심이요, 스스로 의롭다 하는 자들을 향한 하나님의 냉혹한 등 돌림인 것이다. 그러므로 먼저 나 자신부터 아브라함의 자손임을 감격하면서 하나님의 긍휼하심을 입고 지극히 작은 것에도 충성하는 자가 되고자 할 필요가 있다. 또한 정죄가 아닌 용서의 심령을 품고 이웃을 사랑하면서 주의 이름으로 다시 오실 그분을 사모하며 우리가 일하고 거하는 처소를 기도의 집으로 날마다 세워나가야 할 것이다.

20 예루살렘에서의 환호와 적대
누가복음 20:1~21:4의 주해와 적용

예루살렘에서 예수님은 낮에는 주로 성전에서, 밤에는 주로 감람산에서 보내셨다(21:37). 사람들은 예수님을 만나러 아침 일찍 성전으로 모여들었고(21:38), 예수님은 이들을 기꺼이 가르치시고 복음을 전하셨다(20:1).

예수님을 대하는 예루살렘 사람들은 크게 두 종류로 나뉘었다. 예수님의 가르침에 "귀를 기울여" 즐겨 듣던 백성들(19:48)과, 예수님을 죽이려고 혈안이 되어 있던 유대인 지도자들이었다. 예수님은 사람들의 환호와 적개심, 인기와 시기의 상반된 분위기에 쌓여 지상에서의 마지막 주간을 보내셨던 것이다.

예수님의 설교를 듣던 무리들은 당분간 - 본의 아니게 - 지도자들로부터 예수님을 보호하는 역할을 했고, 유대 지도자들은 이들을 자극하거나 성난 군중의 분노에 부딪히지 않고 예수님을 제거하기 위해 갖은 지혜를 짜내야 했다. 누가는 이것을 유대 지도자들이 예수님을 죽일 기회를 "찾고 있었다"(19:47)라는 말로 표현하고 있다.

이 단락에는 예수님을 해하려고 했던 유대 지도자들의 노력과 이에 대한 예수님의 대응(20:1~40), 그런 와중에서도 사람들을 가르치셨던 예수님의 교훈(20:41~21:4)이 수록되어 있다. 이는 예루살렘 입성과 성전 청결이 있은 후부터, 성과 성전의 파괴와 마지막 날에 있을 일을 교훈하신 예수님의 설교 사이에 있었던 일이다.

예수님의 권한에 대한 질문(20:1~8)

    누가는 이 사건이 있었던 때를 "그날들 중 하루"로 소개한다. 예수님이 앞에서 말한 것과 같이 활동하시던 어느 날이었다는 의미다. 여느 날처럼 그날도 예수님은 성전에서 백성들을 가르치고 계셨다. 그 가르침이란 천국의 "복음을 전하는" 것과 다른 내용이 아니었기 때문에 누가는 "예수님이 백성을 가르치시며 복음을 전하고 계셨다"고 기록했다.

    바로 그때 "(전, 현직)대제사장들, 율법사들 그리고 장로들," 즉 유대 사회를 실제적으로 주도했던 최고 조직 산헤드린의 대표들이 예수님에게 접근해 왔다. 이들의 모습은 명백히 적대적이었고 (아마도) 위압적이었다. 예수님이 예루살렘에 도착한 후 일어난 일련의 사태, 즉 성전에서 장사하는 사람들을 내어 쫓으시고, 성전 책임자들에게 허락도 받지 않고 멋대로 사람들을 가르치시는 이런 일들에 대하여 그들은 분개했고 예수님을 죽이려고 했다. 그들은 이러한 방향으로 공회 곧 산헤드린에서 그 대책을 심각하게 의논했고 중지를 모아 예수님이 (그들의 입장에서 보면) 불법적 활동을 하고 있는 현장으로 달려온 것으로 보인다.

    "무슨 권한으로 이런 일들을 하는지 우리에게 말하라. 너에게 이 권한을 준 사람이 누구냐?" 그들이 가지고 온 질문이었다(2절). 그들이 지적한 "이런 일들"이란 19장 끝에 기록되어 있는 "날마다 사람들을 가르치시는 것"(19:47)과 "상인들을 성전에서 내어 쫓은 일"(45절)을 가리킨다. 성전을 관리할 뿐만 아니라 성전 안에서 일어나는 모든 일들을 감독할 권한을 가진 산헤드린과 그 대표인 대제사장은 예수님에게 이런 권한을 조금도 나눠 준 적이 없다. 이에 비해 순례객들의 편의를 위해 그들은 상인들에게 동물을 팔고 돈을 바꾸도록 허용했다.

    그렇다면 예수님은 그들이 허용한 것을 방해하고 멋대로 활동함으로 하나님이 그들에게 주셨다고 생각했고 로마 황제조차 인정해 준 성전관할권에 정면으로 도전한 셈이다. 산헤드린이 그런 권한을 가지고 있었다. 따라서 예수님이 어떻게 답을 하시든지 산헤드린의 권한을 침해했다는 논리를 피해갈 수는 없다고 그들은 생각하고 있었던 것 같다.

예수님은 그들의 질문에 순순히 대답하지 않으셨다. 대답하셔야만 하는 의무가 있었던 것은 아니다. 누구든 산헤드린의 권위에 굴복해야 한다고 생각한 것은 유대 지도부의 생각이었을 뿐이다. 예수님은 그리스도요 하나님의 아들이 아니신가! 그들은 이 점을 믿지 않았기 때문에 자신들의 권위를 내세우는 행동으로 하나님의 권위에 도전했던 것이다. 예수님의 권위는 하나님에게서 온 것이다. 따라서 성전을 관할하는 그들의 권위보다 더 높은 것이요 하나님의 집인 성전에서 부당한 일을 추방하고 마땅한 일, 즉 가르치고 복음을 전하는 일을 충분히 하실 수 있는 분, 아니 해야만 하는 분이시다. 그래서 예수님은 오히려 그들에게 역공세를 취하시고 대답을 강요하셨다. 사실 이것이 바른 순서인 것이다.

"나도 너희에게 하나 물어보겠다. 나에게 말하라." 누가는 여기서 예수님의 말을 끊었지만 마태와 마가는 이것이 단서 조항, 즉 "너희가 대답을 한다면 나도 말하겠다"와 연결되어 있음을 밝혀 두었다(마 21:24b; 막 11:29). 대답 대신 질문하는 것은 대답을 회피하는 방법으로 흔히 사용된다. 더 곤란한 질문을 하여 상대방으로 하여금 답을 할 수 없게 하고, 이에 근거하여 자신의 침묵을 정당화하는 방법이다. 그러나 예수님은 이것을 대답 회피의 방법으로 사용하신 것 같지는 않다. 왜냐하면 그들에게 던진 질문, 즉 세례 요한의 권위에 대한 질문은 곧바로 예수님의 권위에 대한 질문과 연결되어 있기 때문이다.

예수님은 세례 요한에 관하여 질문을 던지셨을 뿐만 아니라 곧 이어 나오는 비유(9~18절)에서 – 좀 애매하기는 하지만 – 자신의 권한이 어디에서 온 것인지 충분히 답하셨기 때문이다. 하지만 왜 이런 방식으로 문제를 풀어 가셨을까? 예수님 편에서 보면 사실 유대 지도자들이 예수님에게 무례한 짓을 한 것이다. 그들은 예수님의 사역과 가르침에 긍정적으로 호응하거나 회개와 믿음으로 이 땅에 시작된 하나님의 나라를 맞아들이지 않고 오히려 그 나라의 임금으로 오신 예수님께 대항한다. 죽이려 한다. 온갖 계교(計巧)를 만들어낸다. 그래서 그들의 악의적인 질문에 직접 응하지 않으시고 대응질문을 하심으로 그들의 이 적대 행위를 지적하고 대항하신 것이다.

예수님의 질문은 "요한의 세례가 하늘로부터 왔느냐, 사람에게서 왔느냐"로 세례 요한의 권위에 대한 것이다. "하늘"은 유대인들의 언어관습에 따르면 "하나님"의 대용어다. 하나님께서 모세를 통해 "YHWH"(여호와, 야훼)로 자신의 이름을 알려 주셨고, 또 "하나님"(엘로힘)이란 단어가 있었지만 유대인들은 감히 이 두 단어를 발음하지 못하고 "주님"(아도나이), 혹은 본문에서와 같이 "하늘"을 그 대용어로 사용했다. 따라서 "하늘로부터 왔느냐"는 질문은 '그의 세례가 하나님에게서 온 것이냐'를 뜻한다. 즉 예수님은 하나님께서 시켜서 요한이 세례를 준 것인지 아니면 자기 멋대로 세례를 준 것인지를 질문하셨던 것이다.

예수님의 질문에 답하는 것은 어렵지 않다. 둘 중 하나를 선택하는 것이기 때문이다. 그러나 어떤 문제든지 둘 중 하나를 선택하는 것이 가장 어려운 것도 사실이다. 특히 본문의 사건처럼 순수하게 질문에 직면하지 않고 선택에 따르는 결과를 미리 예측하고 이 예측된 결과에 근거해 – 정치적으로 – 더 좋은 답을 고르려고 하면 누구든지 진퇴양난의 늪에 빠지고 만다. 대사장들, 서기관들, 장로들도 이 늪에 빠졌음을 알았다.

"하늘로부터"라는 대답은 "그러면 왜 그를 믿지 않았느냐"라는 후속 질문을 야기하고 세례 요한을 믿지 않은 유대 지도부를 곤경에 몰아넣는다. "사람에게로부터"라는 대답은 예수님의 설교를 듣고 있던 사람들의 믿음과 맞지 않기 때문에 사람들이 돌을 들어 그들을 칠 사태를 야기할 수 있다. 이런 결론에 도달한 그들은 가장 편리한 대답, "모릅니다"를 선택했다.

그들이 대답할 수 없다는 것은 예수님이 이미 예측하신 바였다. 예수님을 대적하는 그들이 스스로 세례 요한을 믿지 않았다고 고백하거나, 믿지도 않은 세례 요한을 하나님의 선지자로 인정할 리는 없었다. 세례 요한뿐 아니라 예수님에게 호감을 가졌고 찬사를 보내며 그 가르침을 받고 있던 무리들을 자극하며 '그는 선지자가 아니다' 고 말할 용기도 그들은 갖고 있지 않았다. 알고 있으면서도 "모른다"고 말하는 것도 옳은 태도는 아니지만, 아무튼 그들은 정치적 결단을 내린 것이다. 모른다고 말하고 예수님의 답변을 듣지 않으면 그만인 것이다. 그들은 자신들의 질문을 철회하는 길을 선택했다.

유대 지도자들의 질문은 예수님의 대답, "나도 무슨 권한으로 이런 일들을 하는지 말하지 않겠다"로 끝나고 말았다. 예수님의 대답 방식은 지도자들의 "모른다"와 좋은 대조를 보인다. 예수님은 알고 계셨지만 그들이 예수님의 요구에 응하지 못했기 때문에 말하지 않겠다고 하신 것으로 보이기 때문이다. 그러나 예수님은 그들이 요구한 방식이 아닌 전혀 다른 방법, 즉 예수님 자신이 선택하신 비유라는 방법으로 자신의 권한이 어디에서 온 것인지를 가르쳐 주셨다.

포도원 농부들의 비유(20:9~19)

비유란 예수님을 믿는 사람들, 즉 당신의 제자들에게는 하늘나라/하나님나라의 비밀을 알려 주는 것이요, 권한에 대한 질문을 가지고 왔던 유대 지도자들처럼 예수님을 믿지 않는 사람들에게는 오히려 비밀을 가리는 역할을 한다. 예수님의 비유를 그들이 정확하게 이해할 수 없는 것은 당연한 일이었다. 그러나 예수님을 믿는 눈으로 보면 이 비유는 예수님의 권한이 어디에서 왔는지뿐만 아니라 지금은 뒤로 물러서는 유대 지도자들이 잠시 후 예수님에게 어떤 일을 할 것인지도 알려 준다.

어떤 사람이 포도원을 만들었다. 그리고 그 포도원을 농부들에게 세를 주고 먼 나라로 떠났다. 때가 되어 포도원에서 생산된 것, 즉 세를 받기 위해 종들을 보냈다. 그러나 농부들은 종들을 때리고 모욕하고 빈손으로 보냈다. 두 번 세 번 종들을 보냈지만 결과는 같았다. 방법을 찾던 주인은 아들을 보내기로 결심했다. 농부들이 자신의 아들은 공경하리라는 기대에서였다. 그러나 농부들은 그가 포도원의 상속자임을 알고 그의 재산을 빼앗기 위하여 작당하고 오히려 아들을 죽여 버렸다.

    포도원을 만들고 이것을 농부들에게 세를 주고 떠났으며 적당한 때에 세를 받으려고 종들을 보낸 주인은 하나님에 대한 비유이다. 포도원에 일하도록 부름받은 농부들은 이스라엘(백성, 특히 그 지도부)에 대한 비유이다. 세를 받도록 보냄받은, 그러나 고난만 당하고 빈손으로 주인에게 돌아가야 했던 종들은 하나님이 이스라엘에게 보내신 선지자들, 의인들의 비유이다. 그 마지막에 세례 요한이 들어 있다(16:16). 예수님은 자신이 제시한 질문에도 간접적으로 답변하고 계신 셈이다. 마지막에 보냄을 받은 주인의 아들은 예수님에 대한 비유이다. 보냄을 받은 예수님의 권위는 보내신 분, 즉 아버지 하나님의 권위가 된다.

    예수님은 이렇게 유대 지도부의 질문에 답하셨을 뿐만 아니라 그들이 자신을 어떻게 할는지도 이 비유로 이미 예언하셨다. 그들은 앞에 보냄을 받았던 선지자들을 홀대(忽待)했던 것처럼 자신을 "포도원 밖에 내어 쫓아 죽일 것이다." 누가의 견해를 따르면 이러한 살해 의사는 이미, 즉 예수님이 예루살렘에 도착한 날부터 있었다. 예수님은 그렇게 될 것을 더 오래 전부터 알고 계셨다(9:22; 13:13 참고).

    그렇다면 예수님은 권위에 대한 질문을 가지고 자신에게 왔던 유대 지도부 인사들, 즉 대제사장들과 서기관들과 장로들에게서 이미 이러한 독한 마음을 읽고 계셨다고 말해도 좋을 것이다. 농부가 희망을 걸고 마지막으로 사랑하는 아들을 보냈지만 농부들이 살해하고 말았다는 이 비유는 – 예수님이 느끼신 분위기로는 – 상당히 긴박한 상황에서 나온 것이다.

    예수님은 "농부들이 그 아들을 죽였다"고 말하신 다음 곧이어 "포도원 주인이 그들을 어떻게 하겠느냐"고 물어보셨다. 마태복음에서 이 문장은 무리들에게 주는 직접 질문으로 기록되어 있고 듣던 사람들이 대답한 것으로 되어 있지만, 마가복음과 누가복음에서는 수사학적 질문으로 취급되고, 그래서 설교하시던 예수님이 바로 이어서 직접 대답하셨다. "그가 와서 이 일꾼들을 죽이고 포도원을 다른 사람들에게 줄 것이다"(16절 참조). 비유의 세부 사항은 정확하게 똑같지는 않지만 전체 이야기는 별로 다르지 않다. 예수님은 이스라엘의 운명이 선지자들과 예수님을 대하는 그 태도 때문에 결국 달라질 것이라고 규정하신 것이다.

아들을 죽인(=죽일) 이스라엘을 하나님이 버리실 것이다. 그리고 하나님의 축복은 이제 다른 사람들에게 주어질 것이다(마태복음은 이스라엘과 달리 주인에게 제때에 포도원 과실을 바칠 다른 사람들, 다른 백성이 예수님을 믿는 사람들로 이루어질 교회라는 사실을 밝히고 있지만 누가복음의 비유는 이런 부분으로 발전하지는 않는다).

비유의 중대성을 알아차렸기 때문일까? 비유를 들던 사람들은 이 부분에서 "그런 일이 일어나서는 안 된다"고 말한다. 그들이 이 비유의 의미를 잘 몰랐다 하더라도 그들의 기대가 틀린 것은 아니다. 예수님은 지금 이스라엘의 민족적 운명에 관해 말씀하고 계셨기 때문이다. 당시 이스라엘의 운명이 하루아침에 달라진다는 것은 상상도 할 수 없는 일이었다.

하지만 그들은 이 비유의 엄중함을 전혀 몰랐음이 분명하다. 특히 운명의 갈림길이 지금 그들 앞에 서 계시며, 조금 전 유대 지도부의 위압적 질문에 대항했던 바로 그 예수님에게 달려 있다는 사실을 알았을 사람은 아무도 없다. 예수님의 제자들조차 예수님이 이때 하신 말씀이 실제 이스라엘의 미래를 가르는 확고한 선언이었음을 전혀 눈치 채지 못했을 것이다.

사람들은 고개를 흔들었지만 누가는 이 부분에 예수님이 사람들을 "똑바로 쳐다보시며" 말씀하셨다는 표현을 사용하여 사람들의 대답이 함축하고 있는 것과는 전혀 다른 내용의 말씀을 단호하게 선언하셨음을 알리고 있다. 이때 예수님이 하신 것으로 적혀 있는 17절 이하의 말씀은 "주인이 농부들을 진멸하고 포도원을 다른 사람들에게 줄 것이다"는 비유 속의 말을 반복 설명하는 역할을 한다.

예수님은 "건축가들이 버린 돌이 모퉁이의 기준석이 되었다고 기록되어 있지 않느냐? 이것은 어떻게 된 일이냐?"(17절 참조). 예수님은 마치 '아니다 너희 기대가 틀렸다' 고 말씀하신 것처럼 보인다. 예수님을 따르면 지금이 시편 118:22~23의 말씀이 이루어지는 때다. 건축가들이란 이스라엘 지도부를 뜻하고, 그들이 버린 돌은 예수님에 대한 비유어다. 그들은 이 돌을 "버렸지만"(그리고 또 버릴 것이지만) 이 돌이 "모퉁이의 기준석"이 되고 이제 새로운 집으로 지어질 것이다. "모퉁이 돌", "모퉁이의 기준석"이란 당시 집을 지을 때 기준이 되도록 모퉁이에 처음 놓는 가장 반듯하고 가장 중요한 돌을 가리키는 것으로, 사람들에게는 쓸모없다고 버림받은 돌이 하나님의 계획, 하나님나라에서는 기초석이 된다는 뜻이다.

이스라엘의 지도자들은 예수님을 거부하고 시험하며 빌미를 잡기 위해 권위에 대한 질문을 가지고 왔었다. 그러나 잠시 후에는 그를 죽일 것이다. 이스라엘 중에 예수님을 믿는 사람들은 아주 극소수였다. 전체적으로 말한다면 이스라엘에 속한 모두가 예수님을 버린/버릴 것이다. 그러나 예수님에게서 이미 하나님의 나라, 하나님의 구속의 나라는 시작되었다. 예수님의 죽음은, 그렇게 죽을 예수님은 이 나라의 확고한 기초석이 될 것이다(이 점은 마태복음에 아주 강하게 표현되어 있다).

예수 그리스도는 하나님이 세우신 모퉁이 돌로서 "이 돌 위에 떨어지는 자는 깨어질 것이고, 이 돌이 사람들 위에 떨어지면 그들을 가루로 만들어 흩어버릴 것이다"(18절 참조). 예수님으로 말미암아 세워지는 새로운 건축물, 즉 하나님의 나라, 하나님의 교회는 그 어떤 것도 대항할 수 없고 지옥의 권세라도 무너뜨릴 수 없다는 말씀이다.

서기관들과 대제사장들은 예수님의 비유 전부를 이해하지는 못했다. 이것은 설교를 듣던 사람들도 마찬가지였을 것이다. 왜냐하면 예수님이 말씀하신 비유란 예수님을 믿는 믿음 위에서만 바르게 이해될 수 있는 것인데 – 예수님과 관련된 것이기 때문에 그렇다 – 이들은 예수님을 믿기는커녕 오히려 반대하거나 아니면 유능한 선지자쯤으로 따르고 있었기 때문이다. 이런 태도는 완전하지도 않고, 예수님의 기대에도 턱없이 부족한 것이다.

따라서 비유는 그들에게 무엇을 알리는 수단이 아니라 눈으로 보고 듣는 것까지 가리어버리고 혼란에 빠지게 하는 수단이 되었다. 지도자들이 알아차린 것은 이 비유 속에 그들에 관한 내용이 들어 있다는 것이다. 그리고 그들을 부정적으로 다룬다는 사실이다. 이 사람들이 알았을 가능성이 있는 것을 더 말해 본다면 그들이 예수께 대항하고 있고 그렇게 대항해 보았자 망할 뿐이라는 정도일 것이다.

아무튼 비유를 들은 결과는 극심한 분노를 낳았다. 그래서 그들은 현장에서 즉각 예수님을 잡으려고 했으나(19절) 예수님을 따르는 것으로 보이는 군중에 대한 두려움에서 분노를 행동으로 옮기지는 못했다. 해소되지 않는 분노란 쌓여갈 뿐이다.

세금에 대한 질문(20:20~26)

유대인 지도부는 계속 예수님을 지켜보았으나 뚜렷한 혐의점을 찾지 못하자 자신들이 직접 예수님에게 손을 대는 것보다는 로마 총독에게 넘기는 것이 더 쉬운 길이라고 생각하고 총독에게 예수님을 고소할 구실을 찾으려고 했다. 그래서 사람들을 선량한 청중으로 위장하여 예수님에게 보내 질문하게 했다. 마태와 마가는 이들이 바리새인과 헤롯당원임을(마 22:16; 막 12:13) 밝혀 놓았다.

그들이 질문 형식으로 가지고 온 것은 세금 문제였다. 그러나 예수님의 역공세에 휘말려 말 한마디 못하고 물러선 쓰라린 경험이 있는 그들은 예수님이 더 이상 그런 방식으로 직접적인 답변을 피하고 묘한 자신만의 방법으로 대답하지 못하도록 하기 위해 우선 미사여구를 늘어놓으며 그물을 쳤다. "당신은 바로 말씀하시고 가르치시며 사람을 외모로 대하지 아니하시고 오직 참으로써 하나님의 도를 가르치시는 줄 우리가 압니다"(21절 참조). 이렇게 바닥을 다진 다음 "황제에게 세금을 바치는 것이 옳습니까, 옳지 않습니까"를 질문한다면 정직하게 대답하지 않을 수 없지 않겠는가 하고 계산했던 것이다. 예수님께 적대적이고 어떻게 해서든지 예수님을 제거하려는 간악한 의도가 번득이는 부분이다.

'바치는 것이 옳다'고 답하신다면 분명 백성들이 가만히 있지 않을 것이다. 하지만 그들이 알고 있는 예수님은 이렇게 말씀하실 분은 아니다. '바치는 것이 옳지 않다'고 말할 가능성이 더 큰데, 이렇게 되면 그를 황제의 적으로 총독에게 넘길 수 있고 로마법으로 다스릴 수 있을 것이다. 손도 대지 않고 코를 푸는 더 좋은 방법이 아닌가! 그들은 예수님을 확실히 총독에게 넘길 수 있는 묘안이라고 생각하고 있었다.

그러나 예수님은 그들의 간사한 꾀를 금방 알아차리셨다. 그리고 전혀 어렵지 않게 그들의 흉계를 벗어나셨다. 부수적으로, 우리에게는 이 사건을 계기로 오히려 하나님의 뜻, 하나님의 지혜를 가르쳐 주셨다. 예수님이 가르치신 교훈은 "가이사의 것은 가이사에게, 하나님의 것은 하나님께 바쳐라"다.

사건의 맥락에서 본다면 예수님은 황제에게 세금을 바치는 것은 옳다고 말씀하신 것이다. 그 근거는 데나리온에 새겨진 글과 상이 황제의 것이라는데 있었다. 유대인들이 하나님의 백성임을 자처하면서 어쩔 수 없이 황제의 얼굴이 새겨져 있고 황제의 이름이 들어 있는 데나리온을 사용할 수밖에 없고, 때로는 헌금으로까지 바쳐야 한다면 황제에게 세금을 바치는 것은 옳다는 것이다. 세금을 바치는 책임은 세금을 정당화하는 예수님에게 돌아가는 것이 아니라 황제의 힘과 영향력을 막지 못한 유대 지도부, 그리고 그들의 조상에게 있는 것이 된다.

예수님의 가르침의 더욱 빛나는 부분은 사람들이 가지고 있는 것 중에 하나님에게 속하는 부분이 있음을 지적하신 것이다. 이 말씀을 하신 상황이 적극적 교훈을 주실 만한 상황이 아니었기 때문에 하나님에게 속한 것이 과연 무엇인지를 이 사건의 기록에서 들을 수는 없다. 그러나 누가복음은 이 문제와 관련하여 21:1~4에 기록된 과부의 엽전 이야기에서 어떤 것이 바른 헌금인가를 말하고 있다.

　예수님의 대답은 핵심을 찌르면서도 지혜가 넘치는 것이었다. 하나님의 지혜를 사람의 지혜가 이길 수 없다. 예수님의 대답에 위장하여 무리 속에 잠입했던 바리새인과 헤롯당원은 아무런 빌미도 잡지 못하고 예수님의 대답을 생각하며 입을 닫고 말았다.

부활에 대한 질문(20:27~40)

　사두개파는 유대 지도부의 핵심 세력으로 행정/정치/종교 영역뿐 아니라 경제적 부분까지 장악하고 있었다. 그들은 사독의 후예를 자처했지만 신앙/종교의 영역보다는 사실상 정치적 사회에서 기득권을 행사하는 층에 속했다. 그들은 영적 존재도 부활도 믿지 않았고 모세오경만을 인정했다.

　이 사람들 중 몇 명이 예수님에게 와서 말꼬투리를 잡으려 했다는 사실은 예수님을 제거하려는 산헤드린의 의지가 확고함을 드러낸다. 모든 분파의 사람들이 합동하여 같은 일을 추진하는 것은 당시로서는 아주 드문 일이었다. 예수님을 죽이기 위해, 평소 서로 경쟁하고 시기하며 싸우던 이 사람들이 모두 의기투합하여 연합했다는 것은 따라서 묘한 역설이 아닐 수 없다. 그것은 악을 이루기 위한 악의의 연합이었다.

　사두개인들이 제기한 문제는 부활이 없다는 그들의 교훈에 근거한 것이었다. 그렇지만 이 부활에 관한 질문이 왜 하필 이때 제기되었는지는 의문이다. 앞에서 바리새인들이나 유대 지도부가 들고 왔던 문제처럼 그렇게 긴박한 것 같지도 않고 예수님의 대답 여하에 따라 어떤 결정적 공격이 예수님에게 사용될 수 있는지도 미지수기 때문이다. 결정적인 단서를 찾다가 실패하자 사소한 문제라도 제기해보자는 그런 심리가 작용한 것은 아닐까? 아니면 다른 계파 사람들이 예수님을 몰아붙이는 데 실패하자 사두개인들이 보란 듯이 나섰을 수도 있다. 아무튼 복음서 기자들이 이 사건을 보도한 이유도 앞의 질문들과는 다소 다른 것처럼 보인다. 즉 이 질문이 예수님을 괴롭히고 궁지에 몰아넣는 것이었기 때문이 아니라 이 질문이 동기가 되어 신자들에게 꼭 필요한 예수님의 교훈이 선포되었기 때문이다. 이런 관점에서 보면 사두개인들의 등장은 예수님의 복음의 한 부분을 알려 주는 동기로 작용했다고 말해야 할 것이다.

사두개인들은 부활을 믿지 않았다고 했다(27절). 그들이 그 근거로 사용하는 논리 중 하나는 실천적 성질의 것이다. 모세의 법을 따를 때 형님이 결혼했다가 후손이 없이 죽으면 - 그 가산과 기업을 보존, 유지하기 위하여 - 시동생이 형수와 결혼하여 형님의 이름으로 가계를 이어갈 자식을 낳아 주어야 한다(신 25:5).

모세가 이런 명령을 남겨 놓았다면 부활은 당연히 없어야 한다고 그들은 생각했다. 만약 부활이 있다면 일곱 형제가 있고 시동생의 의무를 다하기 위해 차례차례 형수와 결혼했는데도 모두가 아이를 남기지 못하고 죽고 여인도 죽었을 때 누구의 부인으로 부활해야 하는지가 난감하기 때문이다. 그래서 그들은 자신들이 필승논법이라고 생각하는 이 질문을 예수님께 가지고 왔던 것이다. 그리고 자신 있게 "부활 때에 이 여인은 누구의 아내가 되어야 할까요" 하고 예수님께 질문했다(33절).

사두개인들이 이 질문을 했을 때 그들은 아마 - 제사장들, 서기관들, 장로들이나 서기관들, 혹은 바리새인들이 그렇게 했듯이 - '예'나 '아니오'라는 단순한 대답을 기대한 것 같다. 그러나 예수님은 순순히 그들의 요구대로 대답하지 않으시고 전혀 다른 관점에서 답하셨다. 시집가고 장가가는 것은 이 세상의 일이다. 저 세상의 사람들, 즉 죽음에서 부활하는 사람들은 시집이나 장가가는 일이 없다. 따라서 누구의 남편, 누구의 아내라는 관계나 이름마저도 존재하지 않는다. 그것은 모두가 같은 인격체로 하나님 앞에 하나님의 자녀로 서는 것으로서(36절) 육체적 삶과는 전혀 다른 것이다.

사두개인들의 오해는 죽을 이 세상의 인생과 죽지 않을 부활의 삶을 비교한 실수에서 비롯된 것이다. 죽을 수 없는 천사들 같은 존재를 죽을 인생의 언어로 표현했기 때문이다. 예수님은 이 점을 – 그들이 인정하는, 따라서 감히 그들도 거부하지 못하도록 – 모세 오경의 한 구절로 증명하셨다. 모세에게 하나님은 "아브라함의 하나님, 이삭의 하나님, 야곱의 하나님"으로 자신을 알리셨다(출 3:6). 일단 죽어 이 세상을 떠났다면 하나님 앞에서는 더 이상의 – 이 세상과 같은 – 인간관계가 존재하지 않는다. 하나님과 한 사람의 수직적 관계가 존재할 뿐이다.

뿐만 아니라 하나님의 자녀들은 이 세상에서 이미 살아 있는 자로 취급된다. 부활이란 이 관계가 계속되어 만들어내는 결과다. 부활은 이생의 모든 관계를 초월하고 육체의 한계를 변화시킨다. 하나님은 죽은 자들의 하나님이 아니라 산 자들의 하나님이시다. 예수님의 말씀 중 '죽었다'거나 '살았다'는 표현은 특별한 성경적 용어로 설명해야 한다. 마지막 날 모든 사람이 부활한다. 현재의 삶과 대조되는 표현이다.

그러나 그 부활은 두 종류로 구분된다. 생명의 부활과 심판의 부활이다. 심판의 부활은 하나님의 심판에 따른 영원한 죽음을 뜻하기 때문에 성경적인 의미로는 부활이라고 부를 수 없다. 즉 살았다는 것은 하나님께서 예비하신 축복과 영생, 영광을 위한 부활에 참여하는 것을 의미한다. 하나님은 죽은 자들의 하나님이 아니라 산 자들의 하나님이라고 하심으로써 생명에 들어가지 못할 사람들의 하나님으로 불리는 것을 거부하신 것이다.

예수님은 부활에 관한 한, 사두개인들 편에 서 계시지 않고 바리새인들 편에 서 계셨다. 이 사실을 알아차린 서기관들이 예수님에게 "선생님의 말씀이 옳습니다"고 동조 발언을 하자 사두개인들은 아무런 대꾸도 하지 못했다. 예수님의 지혜와 지식을 당할 수 있는 사람은 어디에도 없었다.

예수님의 메시아관(20:41~44)

예수님께서 메시아로 오셨지만 예수님의 활동은 사람들이 기대하던 메시아관과 같지 않았다. 이 때문에 그리스도란 칭호와 관련하여 예수님의 모호한 태도가 나타났다. 즉 사람들이 예수님께서 의도하신 그러한 내용을 가지고 메시아란 칭호를 사용하면 예수님은 긍정적으로 대답하셨다. 칭찬하셨다. 그러나 사람들이 그들 나름대로의 기대와 생각을 가지고 접근해 오면 예수님은 마치 메시아가 아닌 것처럼 소극적인 반응을 보이셨다. 이런 이유로 메시아로 오신 예수님은 무엇보다 먼저 "메시아가 어떤 분이며 어떤 역할을 하시는가"를 사람들에게 가르치셔야 했다. 먼저 메시아의 역할을 수정해 주시며 이런 관점에서 자신을 믿고 따를 것을 요구하신 것이다.

사람들은 메시아를 "다윗의 자손"으로만 알고 있었다. 그러나 예수님은 다윗 앞에 그리고 위에 계신 분이셨다. "왜 사람들이 그리스도를 다윗의 자손이라고 하느냐"란 질문은 단편적으로만 알고 있는 사람들의 메시아관을 수정하시기 위해 던지신 것이다. 다윗과의 관계만을 조명한다면 그리스도는 다윗의 자손이 아니라 다윗의 주님이시다. 예수님은 이 점을 성경을 통해 가르치셨다. 다윗이 그리스도를 주님이라고 부르지 않았느냐? 그런데 어떻게 그의 자손이 될 수 있는가?

예수님의 이 말씀은 예수님을 믿는 사람들에게는 예수가 누구인지를 더 강하게 확신시키는 역할을 했고 그를 믿지 않는 사람들, 처음 만나는 무리들, 바리새인들에게는 이 말씀이 의문만 증대시켰음이 분명하다. 그리스도와 관련된 문제는 증거가 확실한가에 있는 것이 아니라 작은 증거라도 믿음으로 수용하느냐와 관련되어 있었다.

지도자들에 대한 경고(20:45~47)

마태복음에는 이 부분에 바리새인과 서기관들을 향해 예수님께서 탄식하신 내용이 집중적으로 길게 수록되어 있다. 그러나 마가와 누가는 아주 요약된 형태의 간단한 경고만 수록하였다. 누가복음에서 경고를 받은 대상은 "서기관"들뿐이다.

예수님은 제자들에게 외형적으로 보이려는 서기관들의 가식, 자랑, 허풍 등을 조심하라고 하셨다. 그들은 긴 옷을 입고 다니는 것을 좋아하고, 시장에서 문안받는 것과 회당의 상좌와 잔치자리의 상석을 좋아했다. 과부의 가산을 삼키고 외식으로 길게 기도하는 자들이었다. 이러한 형식적이고 가식적 신앙생활은 – 예수님의 말씀에 따라 표현하면 – 하나님의 칭찬은 고사하고 엄중한 심판을 받게 된다. 이러한 부정적 지도자상에 대조되는 이야기가 다음 단락에 나온다.

과부의 두 렙돈(21:1~4)

얼마나 바치는 것이 잘하는 일일까? "하나님의 것은 하나님께" 바치라는 말씀은 도대체 무엇을 얼마만큼 하나님께 바치라는 말일까? 이런 질문에 대한 답이 두 렙돈을 하나님께 바친 한 과부의 얘기에 들어 있다.

앞의 설교를 할 때 예수님은 연보궤 앞에서 사람들이 헌금하는 광경을 보고 계셨다. 그의 눈앞에서 부자들이 보란 듯이 헌금을 넣는 것을 보셨고 또 한 과부가 두 렙돈(= 한 고드란트, 이 표현은 마가복음에 나온다)을 넣는 것을 보셨다. 예수님에게는 그리고 예수님을 보내신 하나님에게는 헌금의 많음보다 마음과 정성이 더 필요하다. 이런 관점에서 보면 과부의 헌금 두 렙돈이 부자들의 계산하기도 어려운 헌금보다 더 값지고 고귀한 것이다. 그 이유는 부자들은 많은 것들 중에 지극히 작은 한 부분을 바쳤지만 이 과부는 가난한 중에 생활비 전부를 넣었기 때문이다. 예수님은 마음과 정성을 살피는 분이시다.

21 성전 파괴와 인자의 오심
누가복음 21:5~38의 주해와 적용

문제제기: 해석의 차이

누가복음 21:5~38은 예루살렘 입성 이야기(19:28~40)와 예루살렘에 대한 애가(19:41~44) 및 예루살렘 성전청결 이야기(19:45~46)에 뒤이어, 누가복음 19:47에서 시작되는 성전에서 진행되는 강화의 절정부를 형성한다. 다른 공관복음서들에서도 그 평행 단락들(마 24장; 막 13장)이 발견되는 본 단락은 그 해석상 매우 어려운 문제들을 불러일으켜 왔다. 그러한 문제들은 주로 본 단락이 다루는 주제가 성전파괴에만 관련된 것인가, 아니면 세상 끝(즉 예수의 재림)과도 관련된 것인가와 연관되어 있다.

만일 성전파괴에만 관련된 것이라면, 25~27절의 우주적 현상과 인자의 오심 묘사는 어떻게 설명할 것인가? 또한 28절의 "구속이 가까이 왔다"는 구절과 31절의 "하나님의 나라가 가까운 줄을 알라"는 구절은 어떻게 이해할 것인가? 만일 세상 끝과도 관련된 것이라면, 32절의 "이 세대가 지나가기 전에 모든 일이 다 이루리라"는 구절은 어떻게 설명할 수 있을 것인가? 또한 성전파괴 관련 소단락들과 세상 끝 관련 소단락들 사이의 구분은 어떻게 이루어지는가?

보다 구체적으로, 10~11절의 징조들과 25~28절의 징조들, 그리고 29~33절의 무화과나무 징조는 각각 성전파괴와 관련된 것인가, 아니면 세상 끝과 관련된 것인가? 만일 이러한 징조들이 세상 끝과 관련된 것이라면, 이러한 징조들은 세상 끝이 아무런 징조도 없이 갑자기 임하리라고 가르치는 누가복음 12:35~48과 17:24, 26~35절의 교훈들과 어떻게 조화를 이룰 수 있는가?[1]

위의 문제들을 해결하기 위해 지금까지 제기되어 왔던 다양한 제안들은 그 어느 것도 모든 문제들을 만족할 만하게 해결하지 못했다. 하지만 본문의 진정성을 인정하고, 본문의 전체적 논점 전개의 일관성을 존중하며, 예루살렘 성전 관련 문맥(19:28~21:4)의 흐름에도 일치하고, 누가복음의 다른 세상 끝 관련 구절들(예. 12:35~48; 17:24, 26~35)과의 논리적 충돌을 피하면서도, 위의 문제들을 가장 잘 설명해 줄 수 있는 유일한 가능성은 위의 두 입장들 중 전자(즉 본 단락 전체가 예루살렘 성전파괴와 관련된 것으로 보는 입장)의 경우로 보인다.[2]

이 입장과 관련하여 대개 25~27절의 인자의 오심 구절이 큰 난점으로 제기되지만, 그 구약적 배경에 비추어 고찰해 보면 이 입장이 오히려 가장 적절한 해석적 가능성임을 확인할 수 있다. 이러한 필자의 입장의 타당성은 아래 석의(釋義)의 진행과정에서 보다 구체적으로 확인될 수 있을 것이다. 본 단락(눅 21:5~38)은 다음과 같이 소단락들로 구분될 수 있다.

    1) 성전파괴에 대한 예수의 예언과 그에 관한 사람들의 질문(5~7절)
    2) 성전파괴에 앞서 임할 참화들(8~11절)
    3) 성전파괴에 앞서 제자들이 감수해야 할 핍박(12~19절)
    4) 예루살렘에 임할 참화들과 제자들의 피난(20~24절)
    5) 인자의 임함(25~28절)
    6) 무화과나무의 비유(29~33절)
    7) 경성할 것에 대한 권면(34~36절)
    8) 계속되는 예수의 성전 사역(37~38절)

성전파괴 예언과 관련 질문들(21:5~7)

사람들이 성전의 아름다움과 그 성전에 드려진 장식물들에 관심을 빼앗기고 있을 때(5절), 예수는 그 성전이 파괴될 날이 이를 것인데, 그 파괴의 정도가 얼마나 심한지 "돌 하나도 돌 위에 남지 않을" 것이라고 선언하신다 (6절). 사실 누가는 예루살렘 파괴에 대한 예수의 예고를 이미 두 번이나 언급했다(눅 13:34~35; 19:41~44). 그럼에도 누가가 본 문맥에서 이 문제를 다시 언급하고 있는 것은 그가 이 문제를 얼마나 중요하게 생각하고 있었는지를 보여 준다.

성전의 웅장함과 아름다운 장식들은 사람들의 관심을 사로잡고, 또한 그 성전과 그 안에서 제사를 드리는 자들이 하나님과 좋은 관계를 맺고 있는 것처럼 안심시킬 수 있을지는 모른다. 그러나 실제로 그 성전은 하나님 앞에서 기쁨의 대상이 되지 못하고 오히려 심판의 대상이 되고 있음을 예수는 명확히 하고 계신다. 이 아름다운 성전은 사람들에게 거짓된 안전을 제공하고 있으며, 그 결과 예레미야 시대의 성전과 마찬가지로(참조. 눅 19:46; 렘 7:11) 하나님 앞에서 심판의 대상이 되어 파괴될 운명에 처해 있다는 것이다. 누가복음 19:47부터 시작된 성전 지도자들에 대한 예수의 비판은 이처럼 성전 자체의 파괴선언으로 그 절정에 달한다.[3]

예수의 이러한 충격적인 선언은 그의 청중들에게 그 시간과 징조들에 관한 질문을 야기시킨다. "그러면 어느 때에 이런 일이 있겠으며, 이런 일이 일어나려 할 때에 무슨 징조가 있겠습니까?"(7절). 누가가 제시하는 질문의 형태는 마가의 형태(막 13:4) 및 마태의 형태(마 24:3b)와 비교해 볼 때 상당한 시사점을 던져 준다.

마태가 '세상 끝'(쉰텔레이아스 투 아이오노스)이라고 명시적으로 밝히고 있고, 마가도 '모든'(판타)이라는 형용사를 통해 암시적으로 시사하고 있는 세상 끝에 대한 내용을 누가는 질문 가운데서 제외시키고 있다. 그 결과 누가가 제시한 질문은 세상 끝과는 무관하고 성전파괴에만 관련되고 있다.[4] 누가가 예수님에 대한 사람들의 질문을 이런 형태로 제시하는 것은 앞으로 제시해 나갈 예수의 답변내용과 무관하지 않을 것이다. 그렇다면 예수의 답변(8~36절)은 전반적으로 세상 끝보다는 성전파괴와 긴밀하게 관련된 것으로 보는 것이 자연스럽고 적절하다.

성전파괴 전 임할 참화들(21:8~11)

누가는 이제 성전파괴의 시간과 징조들에 관한 예수의 답변을 제시해 나가기 시작한다. 예수의 답변은 성전파괴 사건에 앞서, 거짓 메시아들의 출현, 세계정세의 불안, 지구상의 재해들, 천상의 놀라운 현상들이 있게 될 것임을 확언하신다. 본 소단락에서 언급된 징조들을 세상 끝이 아니라 성전파괴에 대한 징조들로 보아야 한다는 점은 명백해 보인다.

물론 어떤 이들은 8절의 '때'(호 카이로스)라는 표현과 9절의 '끝'(토 텔로스)이라는 표현을 세상 끝으로 보려는 시도를 한다.[5] 그러나 7절의 질문에서 문제의 초점이 되고 있는 때는 세상 끝이 아니라 성전파괴의 때라는 점을 고려해 볼 때, 8절의 '때'와 9절의 '끝'도 성전파괴의 때로 보는 것이 질문과 대답 사이의 논리적 연결로도 자연스럽다.[6] 그렇다면 8~9절이 묘사하는 징조들은 AD 70년의 성전파괴 사건 이전에 있었던 팔레스타인 내의 다양한 메시아 사칭 인물들(예. 드다, 갈릴리의 유다; 참조. 행 5:36~37; 20:29~30)과 예루살렘 전쟁 이전의 정치적 소요사태들 또는 AD 66년의 예루살렘 전쟁 자체를 지칭하는 것으로 보인다.[7]

10~11절은 8~9절의 징조들과 같은 기간 동안에 일어나는 징조들을 언급하지만,[8] 그 강도가 좀 더 강화된 느낌이다. 10절은 9a절의 내용을 보다 구체적으로 언급한다. "민족이 민족을, 나라가 나라를 대적하여 일어날 것이다"(참조. 대하 15:6; 사 19:2). 이는 아마도 AD 66년 예루살렘 전쟁 자체를 지칭하는 것으로 보인다.

11a절은 성전파괴에 앞서 이 땅에 일어날 재난들(즉, 큰 지진, 기근, 온역)을 지칭한다. 이런 재난들은 구약성경과 신약성경에서 자주 하나님의 심판에 수반되는 특징적인 현상들로 언급되는데, 여기서도 그와 같은 심판과의 연관성이 시사되고 있는 것 같다(참조. 겔 38:19~22; 사 5:13~14; 학 2:6; 행 11:28; 계 6:8, 12; 8:5; 11:13, 19; 16:18 등).

11b절은 징조들의 절정을 이룬다. '하늘로부터 공포와 큰 징조들이 있을 것이다.' 이와 유사한 표현이 25절에서도 나타나는데, 이와 유사한 표현들은 구약에서 큰 나라의 멸망을 상징적으로 묘사하는 데 자주 사용된다(참조. 사 13:9~10, 13; 겔 32:5~8; 욜 2:10, 30~31; 암 8:9; 또한 참조. 계 6:12~14). 흥미롭게도 요세푸스는 AD 70년 예루살렘 성전의 파괴를 전후한 사건들을 11b절과 유사한 표현으로 묘사하고 있다(War 6.288~315).[9] 그렇다면 우주적 징조에 대한 예수의 답변은 예루살렘의 함락과 성전파괴에 이어지기까지의 사건들을 상징적으로 언급하고 있는 것으로 이해될 수 있을 것이다.[10]

성전파괴 전 감수해야 할 핍박(21:12~19)

12절의 "이 모든 일들"(투톤 판톤)은 8~11절에 묘사된 사건들을 지칭하는 것으로 보이며, 그럴 경우 "이 모든 일들 전에" 일어날 것으로 묘사된 12~19절의 사건들은 예루살렘이 포위되어 파괴되는 사건 이전에 일어나는 일들을 지칭한다.[11] 그렇다면 12~19절이 기술하는 기간은 누가가 사도행전에서 다루고 있는 기간과 상당 부분 겹친다. 실제로 12~19절의 표현들 가운데 상당수는 사도행전에서 묘사될 사건들을 내다보고 있다는 인상을 지울 수 없다.

12절의 "손을 대어 핍박하며"는 사도행전 4:3; 5:18; 12:1; 21:27 등을 내다본다. "회당과 감옥에 넘겨 주며"는 사도행전 5:19, 22, 25; 8:3; 12:4~6; 16:16~40; 22:4, 19; 26:10~11 등을 내다본다. "임금들과 통치자들 앞

에 끌려갈 것이다"는 사도행전 12:1~11; 23:24~24:27; 25:1~26:32 등을 내다본다. 13절의 "이 일이 도리어 너희에게 증거가 되리라"는 표현은 아마도 12절에 묘사된 핍박 상황들이 제자들에게 복음증거의 기회들이 될 것임을 의미하는 것으로 보인다(참조. 막 13:10).¹² 그렇다면 13절은 사도행전 1:8; 4:33 등을 내다보는 것 같다.

이처럼 12~13절에서 묘사된 예루살렘 성전의 파괴에 앞서 제자들이 직면하게 될 박해상황과, 그 가운데서도 제자들이 감당할 증인의 역할에 대한 예수의 예고는 사도행전에서 기술된 교회의 역사적 경험을 통해 매우 인상적으로 그 성취가 입증된다.

14~15절은 12절에서 언급된 박해상황에서 대적들에게 답변할 것을 미리 준비하지 말 것에 대한 예수의 권면을 기술한다. 이는 마가복음 13:11과 같은 내용을 다루고 있는데 표현방식은 상당히 구별된다. 사실 마가복음 13:11은 누가복음 12:11~12에서 보다 가까운 평행구가 발견된다. 특히 두 곳에서는 말할 것을 가르쳐 주시는 분이 '성령'이심을 밝히고 있다. 하지만 본 구절(14~15절)에서는 '성령'에 대한 언급이 생략되어 있는데, 이는 어쩌면 누가복음 12:11~12에서 이미 언급했기 때문에 반복을 피하기 위한 것일 수도 있고, 혹은 예수의 역할을 강조하기 위한 것일 수도 있다.¹³ 14~15절의 이러한 권면은 사도행전 4:8~14; 6:10; 13:8~12 등을 내다본다. 특히 15절의 '능히 변박할 수 없는' (우 뒤네손타이 … 안테이페인)이라는 표현은 사도행전 4:14의 '변박할 말이 없는지라' (우덴 에이콘 안테이페인)에서 인상적으로 반영되고 있다.

16a절에 기술된 가족으로부터의 배반은 사도행전에서 직접 언급되고 있지는 않지만, 누가복음 12:53; 14:26; 18:29 등은 제자들에게 이러한 일이 특징적으로 기대되는 현상임을 분명히 하고 있다. 16b절의 '그들이 너희 중에 몇을 죽일 것이다'는 사도행전 7:54~60; 12:1~2; 26:10을 내다본다. 예수께서 죽음을 경험하신 것과 마찬가지로 제자들도 그 경험에 동참하는 것은 자연스러워 보인다. 하지만 '너희 중에 몇을' (엑스 휘몬)이라는 표

현은 죽음 당하는 것이 교회의 통상적인 경험은 아닐 것임을 제안해 준다.

17절은 제자들이 직면할 적대감들을 기술한다. "또 너희가 내 이름을 인하여 모든 이들에게 미움을 받을 것이다." 제자들이 '모든 이들에게'(휘포 판톤) 미움을 받는다는 표현은 과장적인 것이 분명한데, 이는 마가복음 13:13을 그대로 반영한 것이다. 누가가 사도행전(2:47; 3:9; 4:21; 5:13; 19:31 등)에서 그리스도인들이 칭찬과 교제의 대상이 되고 있음을 기술하고 있다는 사실은 누가 자신도 이 표현을 과장적인 것으로 이해했음을 보여 준다. 하지만 제자들이 많은 사람들에게 널리 미움을 받았다는 사실은 사도행전 28:22이 잘 증언해 준다.

제자들의 안전을 보장하는 18절의 격언적인 선언('너희 머리털 하나도 상하지 않을 것이다')은 사도행전 27:34에서 인상적으로 반향되고 있다. 하지만 예수의 이 선언은 12~17절에서 기술된 내용들과 상반되어 보인다. 특히 16절의 '그들이 너희 중에 몇을 죽일 것이다'라는 예측과는 너무도 대조적으로 보인다. 하지만 18절의 선언과 유사한 언급이 발견되는 누가복음 12:7("너희에게는 오히려 머리털까지도 다 세신 바 되었나니")의 문맥은 이 선언의 의미를 시사해 준다.

12:4~5은 몸을 죽이고 그 이상은 못하는 자들을 두려워하지 말고, 오히려 죽인 후에 지옥에 던져 넣을 권세가 있는 분을 두려워할 것을 권면하고 있다. 이는 제자들을 박해하는 자들이 혹시 그들의 육체적인 생명을 빼앗아 갈 수 있을지는 몰라도(참조. 16절), 제자들의 영원한 생명까지 위협하지는 못할 것임을 보여 준다. 그렇다면 18절의 선언은 박해자들이 제자들을 아무리 극심하게 박해한다 해도, 하나님께서는 그들의 영적 안전을 철저히 보장해 주실 것임을 밝히고 있는 것으로 이해될 수 있다.[14]

19절은 18절에서 선언된 영적 안전보장이 어떻게 확보될 수 있는지를 설명해 준다. 제자들은 박해의 기간을 충실하게 인내해 나감으로써, 하나님께서 보장해 주신 생명(타스 프쉬카스)을 얻을 수 있는 것이다. 이렇게 볼 때, 19절은 16절과 18절의 상호연관성을 암시적이지만 효과적으로 드러내

보여 준다.[15]

예루살렘에 임할 참화들과 제자들의 피난(21:20~24)

5~19절에서 예루살렘 파괴에 앞서 일어나야 할 사건들을 소개한 누가는 이제 예루살렘 파괴의 과정과 그 상황에서 제자들의 대처방안을 보다 생생하게 묘사한다. 예루살렘은 군대들에 의해 포위당할 것이며, 이는 그 도시와 성전의 끝이 가까웠음에 대한 징조가 될 것이다(20절). 따라서 제자들은 이러한 징조를 보게 되면 예루살렘으로 들어가서는 안 되고, 예루살렘 주변에 있는 자들은 비교적 안전한 산으로 도망해야 하고, 그 도시 안에 있는 자들은 밖으로 피난해야 한다(21절).

이제 예루살렘은 더 이상 안전한 곳이 아니라, 오히려 하나님의 징벌의 대상이다(22절). 예루살렘은 선지자들을 죽이고 그녀에게 파송된 자들을 돌로 쳤을 뿐 아니라, 그들을 위해 오신 메시아 예수께서 "암탉이 자기 새끼를 날개 아래 모음 같이" 그 백성을 끊임없이 모으려 했지만 이를 거절했다(눅 13:34). 그 결과 그 예루살렘은 하나님의 징벌의 대상이 되는 운명에 직면하게 된 것이다(참조. 눅 13:35; 19:41~44).

이러한 징벌이 시행되는 때는 위험에 가장 쉽게 노출될 수밖에 없는 아이 밴 여인들과 젖먹이는 어미들에게 화가 있을 것이다. 하나님의 진노는 누구에게나 예외 없이 큰 환난으로 임할 것이기 때문이다(23절). 예루살렘 백성들은 살육을 당하고 포로로 잡혀가는 운명에 처할 것이며,[16] 예루살렘 도시 자체는 이방인들의 손에 파괴를 당하고, "이방인의 때가 차기까지"[17] 더 이상 하나님 백성의 중심으로서의 역할을 감당하지 못할 것이다(24절).

20~24절은 마가복음 13:14~20과 평행을 이루는데, 두 단락 사이의 어구적 평행은 매우 제한적이며(20절의 네 단어, 21a, 23a절), 대부분의 기술들은 현저한 차이를 보인다. 마가는 '멸망의 가증한 것'과 관련된 이해하기 힘

든 징조에 대해 언급하는데 반해(막 13:14), 누가는 예루살렘 도시가 포위당할 것이라는 점을 명백히 언급한다(20절). 마가는 환난이 닥칠 때 도망하는 방식과 관련된 구체적인 지침을 포함하고 있는데 반해(막 13:14~16; 참조. 눅 17:31), 누가는 단순히 예루살렘으로부터 나가라는 간략한 지침만을 제시할 뿐이다(21b절).

누가는 예루살렘 멸망을 하나님의 징벌이자 진노라는 언급을 포함시킴으로써, 이 사건의 신학적 의미를 밝힌다(22, 23b절). 마가복음 13:20의 수수께끼 같은 언급('만일 주께서 그날들을 감하지 아니하셨다면, 모든 육체가 구원을 얻지 못할 것인데, 자기의 택하신 백성을 위하여 그날들을 감하셨다')은 생략되어 있다. 그 대신 누가는 유대인들의 죽음과 포로에 대해 언급하며, 예루살렘이 이방인들에 의해 짓밟힐 것임을 언급한다(24절).[18]

이러한 차이들은 누가가 마가의 기술을 재진술하는 과정에서 생겨난 것으로 설명될 수 있다. 누가는 아마도 AD 70년의 성전파괴 사건 이후에 그의 복음서를 저작하는 상황에서, 마가의 암시적 기술들을 이미 일어난 역사적 사건들에 비추어 보다 명시적으로 자세히 기술한 것으로 보인다(20, 24절). 또한 누가는 예루살렘 성전의 파괴로 말미암아 충격에 쌓여 있었을 그의 독자들에게 그 사건이 갖는 신학적 의미를 좀 더 명시적으로 밝힐 필요가 있었을 것이다. 그래서 그는 하나님의 징벌과 진노에 대한 언급을 보다 강력하게 진술한다(22, 23b절).

인자의 임함 (21:25~28)

대다수의 학자들은 25~28절에 언급된 징조들과 사건들을 세상 끝(즉 예수의 재림)과 관련된 것으로 이해하려 한다. 하지만 이미 앞서 지적했듯이, 다음 몇 가지 요소들은 본 소단락이 세상 끝이 아니라 성전파괴와 관련된 것으로 간주되어야 함을 촉구한다.

첫째, 7절의 질문은 성전파괴의 때와 그것을 지시해 주는 징조와 관련되어 있으며, 따라서 어떤 명백한 주제전환의 요소가 없는 상황에서 25절 이하도 성전파괴에 관한 질문을 다루고 있다고 보는 것이 자연스럽다.

둘째, 24절과 25절 사이에 아무런 시간적, 사건적 단절도 언급되거나 암시되지 않고 있다는 사실은[19] 25절 이하도 20~24절과 마찬가지로 성전파괴와 관련된 내용을 다루고 있음을 시사한다.

셋째, 32절의 "이 세대가 지나가기 전에 모든 일이 다 이루리라"는 언급에서 '모든 일'은 본 소단락을 포함하여 31절까지의 모든 내용들을 지칭한다고 보는 것이 가장 자연스러우며, 그럴 경우 예수의 예측이 잘못되었다는 사실을 인정하지 않는 한 본 소단락은 세상 끝이 아니라 성전파괴와 관련된 것으로 보아야 할 것이다.[20]

넷째, 누가복음 12:35~48; 17:24, 26~35절에서 세상 끝은 아무 징조도 없이 갑자기 임하리라고 하였는데, 25~28절을 세상 끝에 대한 징조로 본다면 둘 사이에 충돌이 불가피하다. 따라서 이러한 충돌을 피하기 위해서는 성전파괴와 관련된 것으로 보아야 한다. 필자의 이러한 입장과 관련해 가장 중요한 장애물로 대두되는 25~27절의 '하늘의 징조들'과 '인자의 임함' 관련 표현들은 그 구약적 배경을 살펴보면 장애물이 아니라 오히려 매우 인상적인 지지 기반이 될 수 있다.[21]

바로 위에서 지적했듯이, 25절은 24절과 아무 단절 없이 앞 단락의 사건들에 자연스럽게 연결되는 현상들을 기술하는 것으로 보인다. 그렇다면 25~26절은 예루살렘이 포위 당한 후에 '인자의 임함'으로 표현된 성전파괴 사건 자체가 일어나기 직전 또는 그 사건 자체를 묘사해 주는 것으로 보인다.

25절의 '해와 달과 별들에 있을 징조들'과 26절의 '하늘의 권능들이 흔들림'은 흔히 세상 끝에 대한 징조로 간주되어 왔지만 이는 필연적인 해석이 아니다. 이러한 표현들은 이사야 13:10("하늘의 별들과 별 떨기가 그 빛을 내지 아니하며 해가 돋아도 어두우며 달이 그 빛을 비취지 아니할 것이로다")과 34:4("하늘의 만상이 사라지고 하늘들이 두루마리같이 말리되")을 반영하고 있는 것으로 보인다(참조. 눅 21:11). 이사야 13:10은 바벨론 제국의 멸망을 묘사한 것이고, 이사야 34:4은 에돔을 비롯한 열국들에 대한 하나님의 심판을 묘사한 것이다. 만일 이방 나라들과 제국들의 몰락을 묘사하는 데도 이러한 묵시적 언어가 사용되었다면, 하물며 하나님의 택하신 민족과 그들의 신앙의 중심인 성전의 파멸을 묘사하는 데 이러한 묵시적 언어가 사용되는 것은 너무도 자연스럽다. 그렇다면 25~26절의 묵시적 표현들은 반드시 세상 끝을 묘사할 필요가 없으며, 얼마든지 하나님의 심판에 의한 예루살렘과 그 성전의 정치적 몰락을 묘사할 수 있는 것이다(참조. 겔 32:7; 욜 2:10; 암 8:9; 또한 참조. 요세푸스, *War* 6.288~315).[22]

한편 마가복음 평행단락에서는 나타나지 않는 25b절의 '땅에서는 민족들이 바다와 파도의 우는 소리를 인하여 혼란한 중에 곤고할 것이다' 라는 표현들은 선지서 일부(사 3:24~4:1; 33:9; 34:1~15; 렘 4:23~26; 나 1:4~5 등)에 반영하는 것으로 보인다. 이러한 구절들 역시 이스라엘이나 제국들의 멸망을 묘사하고 있다. 결국 25b절의 표현도 자연스럽게 예루살렘 멸망을 묘사할 수 있다.

27절('그때에 사람들이 인자가 구름 가운데 능력과 큰 영광으로 오는/가는 것을 볼 것이다.')은 대다수의 학자들에 의해 마지막 때 예수의 재림을 지칭하는 것으로 간주되어 왔다. 그러나 본 구절 역시 그 구약적 배경에 비추어 해석할 때 예루살렘 성전의 파괴와 연관을 갖는 것으로 결론을 내리는 데 큰 어려움이 없다.

먼저 다니엘 7:13~14에 기초하고 있는 본 예언은 문맥에 비추어 이해하는 것이 필요하다. 다니엘 7:13~14에서 '인자의 오심'은 인자가 땅으로 오는 것이 아니라, 권위와 영광을 받기 위해 하나님께로 가는 것과, 그 결과 인자의 권위와 왕권이 온 세상에 인지되는 것을 의미한다. 그런데 성전파괴는 인자의 심판자로서의 권위가 온 세상에 공개적이고 구체적으로 인지되는 종말론적 심판행위로 간주될 수 있으며(참조. 눅 13:34~35; 19:41~44), 따

라서 이 구절은 예루살렘 성전파괴를 지칭하는 데 매우 적절하게 적용될 수 있는 것이다.[23]

그럴 경우 28절의 '이런 일들'은 성전파괴로 절정을 이루는 일련의 사건들을 지칭할 것이다.[24] 그렇다면 '너희 구속(헤 아폴뤼트로시스)이 가까웠다'는 표현은 미래의 최종적 구속을 의미하기보다는 예루살렘에 대한 종말론적 심판행위와 관련된 하나님의 활동을 의미하는 것으로 보아야 한다. 특히 28절의 '너희'가 7절에서 질문을 던진 제자들이라면,[25] 본 구절은 예루살렘에 대한 인자의 심판이 진행되는 동안 고난 가운데 인내해야 했던 제자들에게, 인자로서 예수의 진정한 권위를 입증해 준 성전파괴와 더불어 제자들의 구속이 보다 확고하게 보장될 것임을 확인해 준다.

예루살렘에게 약속되었던 구속(참조. 눅 1:68; 2:25, 38)은 더 이상 예루살렘을 위한 것이 아니고, 역설적으로 그 예루살렘이 심판을 당하는 상황 가운데 예수의 진정한 심판적 권위를 인지하고 그의 구속을 소망하는 자들을 위한 것이 되었다.[26] 따라서 제자들은 고난 중에도 머리를 들고 자신들의 구속을 확신 가운데 기대해야 하는 것이다. 이런 점에서 본 구절은 18~19절의 약속('너희 머리털 하나도 상하지 않을 것이다. 너희의 인내로 너희 영혼을 얻을 것이다')을 재확증해 주는 효과를 갖는다.

무화과나무의 비유(21:29~33)

지금까지 제시된 해석적 입장을 따를 경우, 29~30절의 무화과나무 비유의 의미는 분명하다. 팔레스타인 내에서 너무도 흔히 볼 수 있는 '무화과나무'는 대개 다른 '모든 나무들'과 마찬가지로 늦은 봄이 되어서야 잎사귀를 낸다. 따라서 팔레스타인 내에 사는 사람이라면 누구든지 무화과 잎사귀가 나타나는 것을 보고서 여름이 바로 임박해 있음을 감지하게 된다.

이와 마찬가지로 20~24절(참조. 10~11절)의 징조들은 25~27절의 성전파괴 사건에 대한 놓칠 수 없는 분명하고도 임박한 징조가 될 것이다. 구약성경에서뿐 아니라(사 28:3~4; 렘 8:13; 호 9:10, 16; 욜 1:7, 12; 미 7:1~6) 예수의 가르침 가운데서도(눅 13:6~9; 막 11:12~14, 20~24) 무화과나무는 이스라엘에 대한 심판주제와 관련하여 자주 등장하는데, 본 문맥에서 예루살렘 성전에 대한 심판과 관련하여 무화과나무가 비유의 소재로 등장한 것은 매우 적절하고 의미심장하다.

31절의 '이런 일들'(타우타)은 앞의 비유에서 무화과나무에 잎사귀가 나타나는 것에 해당하는 현상들(즉, 20~24절)을 지칭한다. 이런 일들이 일어나는 것을 보게 되면, 제자들은 '하나님나라가 가까이 온' 것을 알게 된다. 누가복음에서 하나님나라 주제는 자주 예수의 현재적 사역과 연관해서 소개되어 왔다.[27] 그런데 이제 여기서는 그 동일한 주제가 성전파괴 사건에 나타나게 될 예수의 심판적 통치 사역과 관련하여 소개되고 있다.[28]

32절에서 누가는 성전파괴와 관련된 7절의 질문에 대한 예수의 긴 답변의 결론을 제시한다. '이 세대가 지나가기 전에 모든 일들이 다 이루어질 것이다.' 이 결론적 답변에서 예수는 '모든 일들'(판타), 즉 8~31절(특히 25~28절)에서 예언된 사건들의 시한(時限)을 '이 세대가 지나가기 전'으로 명백히 규정하신다.

그런데 '모든 일들'을 세상 끝으로 보는 이들은 '이 세대'가 무엇을 의미하는지와 관련하여 다양한 제안들을 해 왔다. 어떤 이들은 누가가 '세대'를 '인류'라는 의미로 사용했다고 제안한다.[29] 하지만 이러한 제안은 그것을 지지해 줄 언어적 증거를 갖지 못한다.[30] 어떤 이들은 '이 세대'가 세상 끝 징조들이 주어지는 세대를 지칭한다고 제안한다.[31] 하지만 이러한 제안은 세상 끝에 속한 세대가 세상 끝을 볼 것이라는 식의 무의미한 반복어법으로 귀결될 수밖에 없다.[32]

사실 이러한 다양한 시도들은 이 세대 안에 이루어질 일들이 세상 끝과 관련된 것이라는 전제로 말미암아 생겨나는 문제들(특히, 예수께서 예언하신 대로 세상 끝이 '이 세대' 안에 도래하지 않은 문제)을 해결하기 위해 도출된 부자연스러운 제안들이다. 그러나 이 세대 안에 이루어질 '모든 일들' 을 성전파괴와 관련된 것으로 이해한다면, '이 세대' 가 예수 당대 사람들을 지칭한다고 보는 자연스런 해석[33]을 받아들이는 데 아무 어려움이 없다.

이제 우리가 25~32절까지를 위와 같이 해석해야 하는 이유가 분명해졌다. 첫째, 만일 우리가 25~28절을 세상 끝에 대한 언급으로 이해할 경우, 32절의 예수의 예언은 거짓된 것으로 드러날 수밖에 없다.[34] 하지만 25~28절을 성전파괴에 대한 언급으로 이해할 경우, 예수의 예언은 AD 70년 예루살렘 성전파괴 당시 성취되었고, 예수의 예언을 들었던 사람들('이 세대') 중 많은 이들이 그 사건을 목격했을 것이다.

둘째, 만일 우리가 25~28절을 세상 끝에 대한 언급으로 이해하고, 29~31절을 세상 끝에 있을 징조로 이해할 경우, 이는 앞의 누가복음 구절(12:35~48; 17:24, 26~35)과 상충된다. 29~31절에서는 세상 끝에 대한 징조가, 그리고 32절에서는 그 시한(時限)이 언급되고 있는데 반해, 위의 구절들에서는 세상 끝에 대한 무지가 선언되고 있을 뿐 아니라, 그 시점을 예견하려는 시도 자체가 부정적으로 다루어지고 있기 때문이다. 하지만 우리가 25~32절 모두를 예루살렘 성전파괴와 관련된 언급으로 이해할 경우, 이러한 상충의 문제는 아무런 무리 없이 해결된다.[35]

계속되는 예수의 성전 사역(21:34~38)

34~36절은 사람들의 질문(7절)으로 비롯된 예수의 긴 답변을 종결짓는다. 실제로 성전파괴의 때와 그 징조들에 대한 예수의 답변은 33절에서 마무리되었다. 이제 본 소단락은 지금까지 제시된 예수의 답변과 관련하여 제자들이 갖추어야 할 자세에 대한 권면을 기술해 나간다.

제자들은 이러한 위기상황에 직면하여 조심해야 한다. '그렇지 않으면 방탕함과 술 취함과 생활의 염려로 마음이 둔해져서, 그날이 덫과 같이 갑

자기' 제자들에게 임할 것이기 때문이다(34절). 여기서 '그날' (헤 헤메라 에케이네)은 일차적으로는 예루살렘과 성전에 대한 심판의 날을 지칭할 것이다. 그러나 아마 누가는 예수의 이 권면을 자신의 독자들에게 기술하는 가운데, 성전에 대한 심판의 날과 유사한 측면을 갖는 마지막 심판 때와도 연결해서 이해할 것을 기대했던 것 같다.[36]

그리고 그의 이러한 기대는 35절의 진술에서 보다 명확하게 드러난다. '이 날은 온 지구상에 거하는 모든 사람에게 임할 것이다.' 사실 성전파괴 사건을 하나님의 심판자로서의 종말론적 통치권 행사의 한 예로 본다면, 성전파괴 사건을 내다보며 살아가는 예수 당대의 사람들뿐 아니라 예수의 재림을 기다리며 살아가는 누가의 독자들도 공히 '그날' 의 심판을 피하기 위하여 '항상 기도하며 깨어 있어야' 하는 것이다(36절).

마지막 소단락(37~38절)은 누가복음 19:41부터 시작된 예수의 성전 사역을 종결짓는다. 예수의 예루살렘 사역은 구석에서 행해진 것이 아니라(참조. 행 26:26), 성전에서 모든 사람들이 들을 수 있도록 공개적으로 행해졌다(37절). 그리고 모든 백성은, 성전과 더불어 심판의 대상이 되고 있는 성전 지도자들과 달리(참조. 눅 19:47), 그 가르침에 매우 호의적인 반응을 보였던 것이다(38절; 참조. 눅 19:48).

비록 유대교 지도자들의 불순종으로 예루살렘과 그 성전이 심판의 대상이 되었을지라도, 모든 유대인들이 심판의 대상이 된 것은 아니다. 그들 중 많은 백성은 예수의 가르침에 호의적이었으며, 그들은 여전히 하나님나라를 소유할 수 있는 대상들이다(참조. 행 2:41; 4:4; 5:14; 6:7).

22 예루살렘에서의 마지막 일들
누가복음 22장의 주해와 적용

누가복음 22장은 누가복음의 마지막 단락을 시작하는 첫 부분이기 때문에, 22:1~24:53에서 논하는 예수 그리스도의 죽음과 하늘로 올려지심에 관한 이야기와 자연스럽게 연결된다. 이것을 다시 세분화하면, 유월절과 최후의 만찬(22:1~38)에 관한 이야기와, 예수의 수난, 죽음, 장사됨(22:39~23:56)에 관한 이야기, 그리고 예수의 부활과 승천(24:1~53)에 관한 이야기로 구분된다.

전체의 개요

누가복음 22장만 보면 다음과 같이 세분화된다. 즉 예수에 대한 음모(1~2절), 유다의 배반(3~6절), 유월절 준비(7~13절), 마지막 만찬(14~23절), 큰 자에 관한 논쟁(24~30절), 베드로의 부인 예고(31~34절), 전대와 배낭과 검에 관한 교훈(35~38절), 감람산의 기도(39~46절), 예수의 잡히심(47~53절), 베드로의 부인(54~62절), 예수를 희롱함(63~65절), 끝내 예수가 공회 앞에 서는 장면(66~71절) 등이다.

누가복음 22장의 개요를 좀 더 세부적으로 나누어 보면 다음과 같다.

살해 음모와 유다의 배반 기회(1~6절)

　유대인들의 살해 음모(1~2절)

　　1절 – 유월절이 임박함

　　2a절 – 살해 음모

　　2b절 – 백성이 추종함으로 실행에 못 옮김

　가롯 유다의 배반 기회(3~6절)

　　3절 – 유다에게 사탄이 들어감

　　4절 – 유다의 제안

　　5절 – 대제사장과 군관들이 돈을 주기로 약속함

　　6절 – 예수를 넘겨 줄 기회를 찾음

유월절 만찬과 성만찬 제정과 유다의 배신 예고(7~23절)

　유월절 만찬의 준비(7~13절)

　　7~8절 – 베드로와 요한을 보냄

　　9절 – 유월절 장소에 대한 문의

　　10~12절 – 예수께서 명하심

　　13절 – 제자들이 이행함

　유월절 만찬과 성만찬 제정(14~23절)

　　14절 – 예수께서 만찬에 참여함

　　15절 – 유월절 만찬에 관한 소감

　　16절 – 지상에서 최후의 유월절 만찬임을 언급함

　　17~18절 – 다시 포도나무에서 난 것을 마시지 않겠다고 하심

　　19a절 – 떡을 자신의 몸이라 선언함

　　19b절 – 자신을 기념하라고 명하심

　　20절 – 잔을 자신의 피로 세운 새 언약이라 선언함

　유다의 배신 예고(21~23절)

　　21절 – 이미 알고 계심

22절 - 배반하는 자에게 화가 있을 것을 선언함
23절 - 제자들이 누가 배반하는 자인지 서로 물음

서열논쟁(24~30절)
  서열 문제로 제자들이 다툼(24절)
  섬기는 자가 큰 자(25~27절)
    25절 - 세상의 지배방식
    26a절 - 제자들과 세상의 방식이 무관함을 언급
    26b절 - 섬기는 자
    27절 - 유대인의 식사 풍습으로 예수의 섬김을 강조
  하나님나라의 권세(28~30절)
    28절 - 제자들이 예수의 삶에 동참
    29절 - 하나님나라의 권세를 위임
    30절 - 열두 지파에 대한 통치의 권세

베드로의 부인 예고와 제자들에 대한 권면(31~38절)
  베드로의 부인 예고(31~34절)
    31절 - 영적인 냉혹한 현실
    32a절 - 베드로를 위해 기도하심
    32b절 - 형제들의 믿음을 굳게 하라고 명함
    33절 - 베드로의 충성 다짐
    34절 - 베드로의 세 번 부인을 예고함
  환난에 대한 권면(35~38절)
    35절 - 전도여행의 일을 상기시킴
    36절 - 제자들에게 행장을 대비하도록 함
    37절 - 이사야의 예언이 성취될 것
    38절 - 제자들이 예수의 뜻을 이해 못함

겟세마네 동산의 기도(39~46절)
  감람산에서 기도를 당부하심(39~40절)
    39절 – 감람산에 가심
    40절 – 기도 요청
  순종의 기도(41~44절)
    41절 – 무릎을 꿇고 기도하심
    42절 – 하나님의 뜻을 구하는 기도
    43절 – 천사의 수종
    44절 – 간절한 기도
  제자들에게 재차 기도 요청(45~46절)
    45절 – 제자들이 슬픔을 이기지 못해 잠이 듬
    46절 – 재차 기도 요청

예수가 체포되심(47~53절)
  유다의 배신행위(47~48절)
    47절 – 유다가 체포조를 인도해 옴
    48절 – 유다의 가증스런 행동을 지적함
  제자들의 저항과 예수의 무저항(49~51절)
    49절 – 의분에 찬 제자들의 문의
    50절 – 대제사장의 종의 귀를 칼로 침
    51절 – 예수께서 그 종의 귀를 고쳐 줌
  예수의 자발적인 의사표시(52~53절)
    52~53a절 – 예수께서 체포 방식의 부당함을 지적하심
    53b절 – 자발적인 의사표시로 체포되심

베드로의 삼중 부인(54~62절)
  베드로가 상황을 살펴봄(54~5절)

54a절 – 예수께서 대제사장에게 끌려감

54b절 – 베드로가 뒤따라감

55절 – 베드로가 상황을 살핌

베드로의 부인(56~60절)

56~57절 – 첫 번째 부인

58절 – 두 번째 부인

59~60절 – 세 번째 부인

베드로의 회상과 통곡(61~62절)

61a절 – 예수께서 베드로를 쳐다보심

61b절 – 베드로가 예수의 말씀을 회상함

62절 – 베드로의 통곡

대제사장 집에서 조롱당하심과 산헤드린의 심문(63~71절)

조롱당하심(63~65절)

63절 – 예수를 희롱하며 때림

64절 – 선지자 노릇하라고 놀림

65절 – 예수를 욕함

심문당하심(66~71절)

66절 – 산헤드린 공회에 서심

67a절 – 그리스도인지 심문함

67b~68절 – 직접적인 증언을 거부하심

69절 – 간접적으로 밝히심

70a절 – 하나님의 아들이냐고 재차 심문함

70b절 – 예수께서 시인하심

71절 – 산헤드린이 심문을 마침

본문에 나타난 누가복음의 일관된 신학적 주제

1. 예루살렘 중심성

누가복음은 지역적으로 예루살렘을 강조하는데, 이러한 특징이 이 단락에서도 확인된다. 즉 누가복음 19:28에서 예수님은 예루살렘으로 입성하는시데, 이후 이 복음서의 끝 부분까지 마가복음의 보도와 병행을 이룬다. 비록 누가복음이 이방인 저자에 의해 기록된 보편주의적 복음서긴 하지만, 저자는 한편으로 기독교 신앙의 뿌리가 유대교에 있음을 특별히 강조한다.

처음부터 끝까지 예루살렘, 특별히 성전은 이 복음서에 나타난 활동들의 중심이다. 제사장 사가랴가 봉사했던 곳도 성전이었고(1:5~23), 아기 예수가 하나님께 드려진 곳도 성전이었으며(2:22~38), 예수의 부모가 예수를 발견한 곳도 성전이었다(2:41~52). 예수께서 세 번 시험받았던 이야기에서도 예루살렘 성전은 마지막 시험의 배경을 이룬다(4:9~13). 9:51은 예루살렘으로 가는 여행에 대한 긴 보도인데, 예수께서 성전에서 가르치는 것으로 끝나며(19:45~48), 이 복음서 자체도 예수의 추종자들이 성전에서 하나님을 찬송했다는 이야기로 끝난다(24:52~53; 4:11).

누가복음 22장의 이야기는 예루살렘에서 일어나는 일들이라는 점에서, 전체 누가복음과 잘 연결된다.

2. 기도

누가복음은 예수께서 기도한 기사를 일곱 번 보도하는데, 이것은 다른 복음서에는 나타나지 않는다. 예수는 세례받을 때(3:21), 치유 사역 때(5:16), 열두 사도를 선택하기 전에(6:12), 베드로가 예수를 메시아로 인식하기 전에(9:18), 변화산에서(9:29), 기도를 가르치기 전에(11:1), 그리고 십자가 위에서(23:34, 46) 기도했다.

또 22장에서 예수는 베드로를 위하여 기도했고(22:32), 다른 복음서에는 보도되지 않은 기도의 중요성에 관한 세 가지 교훈을 했다. 강청하는 친구의 비유(11:5~8), 불의한 재판관의 비유(18:1~8), 바리새인과 세리에 관한 비유(18:9~14) 등이다. 바울도 끈기 있게 기도할 것을 권고했다(롬 12:12; 골 4:2; 살전 5:17). 분명한 것은 기도는 상황을 변화시킨다는 것이다. 하나님은 진지하고 끈기 있는 기도를 들으시고 응답하신다.

본문 주해

1. 유다의 배신과 유월절 만찬 준비(1~13절)

누가복음의 마지막 부분은 예루살렘에서의 예수의 마지막 날들에 대한 이야기로 시작되며, 십자가 처형, 죽음, 부활 그리고 제자들에게 나타남, 승천에 관한 보도로 이어진다.

유월절은 출애굽기 12:1~27에 잘 나타나 있다. 무교병은 유월절과 밀접한 관련을 가진 것으로서, 이스라엘 백성들이 출애굽을 할 때 '누룩'을 넣지 않은 떡을 먹은 데서 유래했다. 즉 무교절은 무교병을 먹으면서 이스라엘 백성들이 애굽에서 종살이를 하던 고난을 기억하고 마침내 하나님의 도우심으로 해방된 것을 기념하는 절기다. 이 절기는 니산월 15~21일(오늘 우리 달력으로 4월 첫 주간)에 치러진다.

3절에는 사탄의 활동이 기록되어 있다. 예수께서 광야에서 사탄의 시험을 다 이기신 후, 사탄은 얼마동안 떠나 있었다(눅 4:13). 그런데 여기 예루살렘의 마지막 일들이 진행되는 동안 사탄이 다시 들어왔다. 그러나 비록 마귀의 권세가 현실적으로 항상 존재하지만, 누가복음은 사람이 하나님의 능력을 힘입어, 예수께서 했던 것처럼(4:1~13), 악한 유혹을 물리칠 수 있다고 가르친다(10:19; 엡 6:13; 약 4:7; 벧전 5:8~9).

이렇게 사탄의 유혹에 넘어간 유다는 대제사장들에게 가고 있다(4절). 성전의 경비와 질서를 유지하는 임무는 레위인들이 맡았고 대제사장은 이들을 감독하였는데, 여기서 많은 부정부패가 싹텄다.

유월절 양을 니산월 14일 오후에 성전 안뜰인 '제사장의 뜰'에서 도살했는데, 그 해에는 목요일이었다. 이 유월절을 지내기 위한 예수의 지시는 (22:10~12) 그가 이미 유월절 식사를 그 밤에 예루살렘에서 하기 위해 준비했던 것을 보여 준다(당시 물동이를 가지고 다니는 것은 여자들이 하는 일로 여겨졌기 때문에, 남자가 가지고 다니는 것은 이상한 일이었다). 여인의 모습이 누가복음 22장에 등장하지는 않지만, 누가복음 전체에서 여인이 강조되는 것을 비추어 볼 때, 이것은 여인의 역할을 남성에게서 찾으려는 의도라고 여겨진다.

2. 성만찬 제정과 배신 예고(14~23절)

유대인들에게 유월절 식사는 조상들이 애굽의 노예 상태에서 해방된 것을 기념하는 것이다. 기독교인에게 주의 만찬, 또는 성만찬은 죄와 죽음으로부터의 해방과 하나님나라에서의 새 생명을 기념하는 것이다. 시내 산에서 하나님이 이스라엘 백성과 맺었던 언약은 짐승의 피를 이스라엘 백성에게 뿌림으로써 확증되었다(출 24:7~8). 예수님은 예레미야 선지자가 선포했던(렘 31:31~34) 새 언약(21:20; 고전 11:25)을 맺는다.

누가복음 9:10~17에 나오는 오병이어 사건은 네 복음서에 모두 기록되어 있는 유일한 기적 이야기다. 마태복음과 마가복음은 또 다른 비슷한 사건을 보도한다(마 15:32~39; 막 8:1~10). 누가복음 9:16에 사용된 표현은 "최후의 만찬"(22:19)을 연상하게 한다.

14절에 언급된 '때'는 그리스어로 '호라'인데, 중요한 시간 혹은 예정된 시간을 의미한다. 이제 하나님께서 섭리하시는 시간 곧 예수께서 기다리신 시간이 다가온 것을 표현하고 있다. 이때가 목요일인데 이는 니산월 15일의 해진 후이다.

16절에서 "다시 먹지 아니하리라"는 말씀은 마가복음 14:25에 비교된다. 어떤 사본에는 "먹지 아니하리라"고 되어 있다. 또 누가복음에서는 예수께서 식사 전과 식사 후에(20절) 포도주 잔을 두 번 주신 것으로 기록한다. 이것은 누가가 유월절 식사와(15~18절), 하나님과 그 백성 사이의 새로운 언약을 축하하는 기념 식사를(19~20절) 구별했기 때문이다. 여기서 언급된 '잔'은 예수의 희생적 죽음을 의미하는 '피'를 언급하는 것이다. 이는 희생 제사(출 30:14; 레 22:14; 눅 2:24)나 순교(사 53:10)를 가리키는 용어에 비교될 수 있다. 이 구절에서 표현된 "나누라"는 명령은 누가복음 9:16에서 많은 무리를 먹이시는 예수의 행동을 일깨워 주면서, 우리에게 대속의 은총을 새롭게 일깨운다.

3. 서열 논쟁(24~30절)

비슷한 논쟁에 대해서는 9:46, 마태복음 18:1, 마가복음 9:34을 보라. 열두 제자 사이의 자리다툼은 앞에 나타났던 논쟁인데, 여기서 다시 나타나 있다(24절). 그러나 예수님은 자신을 낮고 천한 사람들과 동일시 하신다. 서열에 관한 말씀은(30절) 자연스럽게 섬김에 관한 말씀에 뒤이어 나온다. 하나님의 백성의 공동체에서 다스리는 사람은 예수님처럼 스스로를 종으로 여기는 사람이며, 주님을 위해 고난과 죽음도 감당할 준비가 되어 있는 사람이다(마 19:28~31; 딤후 2:11~12).

섬기는 자에 관해서 말씀하고 있는 여러 본문이 있다(마 20:28; 막 10:45; 요 13:12~15; 7:36; 벧전 5:5). 이 구절들이 강조하는 바는 스승이 한 일을 제자들도 행해야 한다는 점이다. 이와 대비되는 이방인의 임금들에 관해서는 마태복음 20:25~27의 본문과 23:11 그리고 마가복음 9:35과 10:42~44의 본문 가운데 나타나 있는 가르침들을 보라.

4. 베드로의 부인 예고(31~34절)

예수님은 베드로가 스스로는 연약하지만 하나님을 의지할 때 얼마나 강해질 수 있는지를 잘 아신다. 시몬을 향해서 "시몬아, 시몬아!"라고 두 번 반복해서 부르는 것은 예수의 다급한 심정을 보여 주는 대목이다. 여기서 다시 기도의 모습이 나타나는데, 이는 누가복음의 전체 특징과도 잘 연결된다. 다급할 때, 유일한 출구는 오직 기도밖에 없다.

예수께서는 32절에서 시몬이 장담하는데도, 그가 부인할 것이라는 사실을 예고한다. "베드로야!"라고 부르는 것은 그의 별명인데, 이를 통해 예수께서는 아주 친근하게 그를 일깨워 주고 있는 것을 알 수 있다

5. 환난에 대한 권면(35~38절)

이제부터 제자들은 자신들의 삶을 스스로 책임져야 하고, 적에 대해 스스로를 방어해야 한다. 35절에 나타난 "··· 때에"관한 언급은 여러 곳에 나타나 있다(9:3; 10:4; 마 10:9~10; 막 6:8~9). 주님은 36절에서 "전대 있는 자는 가질 것이요 주머니도 그리하고 검 없는 자는 겉옷을 팔아 살지어다"라고 말씀하신다. 이 지시가 문자 그대로 이행되기를 원했는지는 판단하기 쉽지 않다. 그러나 제자들은 분명히 그렇게 생각했을 것이다(38절, 또한 49~50절).

37절에서 예수께서는 이사야 53:12을 인용하시는데, 하나님의 종의 대속적 고난에 대해 노래하는 시의 한 부분이다. "이루어져 감이니라"는 구절은 "끝남이니라"라고 이해할 수 있다. 제자들이 말한 "검 둘이 있나이다"에 대한 예수님의 대답인 '족하다'는 말은 '검 두 자루면 충분하다'는 뜻이든지, 아니면 '이것으로 충분하다'는 뜻이다.

6. 겟세마네 동산의 기도와 체포되심(39~53절)

누가는 일반적으로 기도에 대해 관심이 많다. 여기서도 누가는 이 사건에 대해 특별한 중요성을 부여하고 있다. 다른 복음서에는 이 기록과 병행하는 본문이 없다. 여기서 언급된 기도의 장소는 예수가 밤마다 가던 감람산(21:37)이다. 예수님은 예루살렘에서 일어날 마지막 비극적인 일들을 통해 제자들의 믿음이 약해지고 파괴될 것을 경계하고 있다. 여기서 다시 기도가 강조되는데, 39절처럼 습관화된 기도생활을 통해 모든 시험을 이길 수 있다(46절).

예수께서 무릎을 꿇고 기도하는 장면은 하나님께 예배하는 자세다. 헬라어에서 경배하다는 말 속에는 무릎을 꿇는다는 속뜻이 있다. 이렇게 기

도하시는 주님을 돕는 천사의 존재는 예수께서 광야에서 40일 동안 주리며 시험받을 때 천사가 수종을 들었던 장면을(막 1:13) 떠올리게 한다.

"땀이 땅에 떨어져 핏방울 같이 되더라"는 표현은 예수의 괴로움을 극명하게 보여 주는 구절이다. 기도는 결코 쉬운 것이 아니다(막 14:33~34; 히 5:7~8). 여기서 "힘쓰고 애써"라는 표현에 쓰인 헬라어 '아고니아'는 본래 경기나 전쟁을 의미하는 말이다. 이는 죽음에 대한 두려움이 예수로 하여금 간절히 기도하게 한 것이 아니라, 사탄과의 실제적인 싸움에 임하시는 모습을 보여 주는 것이라고 그 의미를 새길 수 있다. 예수의 기도는 다름 아닌 승리해야만 하는 결정적인 전쟁에 이미 돌입해 있다는 사실을 보여 준다. 기도는 곧 전쟁이다.

53절에서 "날마다 너희와 함께 성전에 있을 때에"라는 말씀처럼, 예수께서는 성전에 있었다(19:47; 21:37). 예수님은 어둠의 권세에 대해 언급하는데, 악의 세력은 일시적인 승리(요 13:30)요, 궁극적인 승리는 하나님께 있다(요 1:5; 골 1:13).

7. 베드로의 삼중 부인(54~62절)

22:34에서 예수께서 예언한 것이 성취되었다. 베드로의 부인은 독자들에게 미래에 대한 불안감을 증폭시키는 역할을 한다. 61절에 사용된 '돌이켜'라는 단어는 헬라어 동사 '엠불레포'인데, 누가복음에서 예수께서 청중들을 꾸짖거나 타이를 때 쓰였다(7:9, 44; 9:55; 10:23; 14:25; 23:28).

세 번씩이나 주님을 부인한 베드로는 마지막에 통곡했다. 통곡할 일을 왜 했는지 독자들은 의아하게 생각할 수 있다. 그러나 누가복음은 예수의 경고에 대해 베드로가 즉각적으로 돌이켜 회개한 것이라고 증언한다.

8. 조롱당하시는 하나님(63~65절)

예수께서는 자신이 조롱당할 것을 반복적으로 예고했다. 그 예고가 여기서 성취된다. 이러한 조롱은 예수의 예언자적 권위에 대한 심각한 도전이다.

여기서 사용된 '욕하더라'는 단어는 헬라어로 '블라스페메오'다. 이는 불경과 조롱 혹은 욕설만을 의미하는 것이 아니라, 신학적인 의미에서 하나님의 능력을 부인하는 신성모독을 의미한다. 누가복음은 이런 방식으로 예수의 적대자들이 하나님을 대적하는 자들이라는 사실을 지적하기 위해서 불경스런 장면을 활용한다.

9. 공회에서 심문(66~71절)

공회는 낮에만 재판을 진행할 수 있고 판결을 내릴 수 있었다. 그럼에도 심문은 진행되었고 예수께서는 고발자의 질문에 '그렇다' 또는 '아니다'로 답변하기를 거부하셨다. 증거가 없었음에도 예수님의 답변은 가장 중한 범죄인 신성 모독으로 판결받는다(막 14:62~64; 요 19:7).

니산월 15일은 금요일 아침이다. 정오(12시) 경에 예수께서는 십자가에 달리게 될 것이고(23:44), 그의 시체는 해지기 전에 장사될 것이다. 해가 지면 안식일이 시작되기 때문이다(23:54).

"날이 새매"라는 말로 시작되는 66절은 산헤드린에서 이루어질 예수에 대한 본격적인 심문으로 뭔가 스산한 분위기를 자아낸다. 이러한 묘사는 세 번 계속될 심문(산헤드린, 빌라도 앞, 헤롯 앞)의 전주곡이다. 다시 시작된 심문은 예수의 신분에 대한 질문으로 시작된다. 이미 예수가 그리스도라는 정체성은 누가복음에서 여러 번 계속되어 왔다(2:11, 26; 4:41; 9:20; 20:41~44). 그리고 인자가 고난받게 될 것이라는 관점도 이미 여러 차례 언급되었다(9:22, 44; 17:25; 18:31~33).

"이제부터는"이라는 표현은 어두움의 권세가 본격적으로 발호될 것이라는 사실을 예고한다. 이미 이러한 표현은 누가복음에 자주 등장했다(1:48; 5:10; 22:18; 행 18:6). 여기서 인자가 하나님의 권능의 우편에 앉을 것이라는 말씀은 심판주의 표상을 반영한다. 즉 예수께서는 지금 자신을 심문하는 자들을 심문하는 심판주가 될 것임을 스스로 선언하고 계신다.

본문의 설교적 적용

내 인생에 일어날 마지막 일들은 어떤 것일까? 누가복음 22장에서 우리는 마지막 공생애를 숨 가쁘게 마무리하시는 예수의 모습을 발견한다. 예수께서는 살인 음모가 진행되고 사랑하는 제자의 배반이 이어지는 암울한 상황 속에서도 굴하지 않고 묵묵히 십자가를 향한 행진을 계속해 나가신다.

우리는 어떤가? 과연 시시각각으로 다가오는 죽음의 위협 앞에서 이렇게 담담할 수 있는가? 자신의 죽음을 준비하면서 이렇게 담대하게 대처할 분이 예수 이외에 또 누가 있겠는가? 겟세마네 동산에서 행하신 기도의 모습이 보여 주고 있듯이, 예수께서는 철저하게 하나님의 뜻에 굳건하게 서 계신다. 이것은 위로부터 오는 능력을 힘 입고 담대하게 죽음과 맞서서 싸워 나가는 모습을 친히 우리 인생에게 보여 주시는 예수의 모범적인 모습이다. "이런 사람을 세상이 감당하지 못하느니라"(히 11:38)는 말씀처럼, 죽음의 위협에도 굴하지 않고 담대한 믿음으로 나아가는 모습을 예수께서는 우리에게 친히 보여 주고 있다.

내 인생의 마지막 순간에 나는 과연 무엇을 해야 하는가? 예수께서는 기도하셨다. 그리고 묵묵히 인내함으로 기다리면서 하나님의 인도하심을 구하며 나아가셨다. 과연 우리의 모습은 어떠한가? 아무리 경제적으로 어려워도 아직 내 인생의 마지막은 오지 않았다. 그런데 무슨 큰일을 만난 것처럼 낙심하고 좌절하며 두려워하는 사람들이 우리 주위에 많이 있다. 그런 사람은 아직 인생이 무엇인지 잘 모르는 사람들이다. 내 생애의 마지막 순간에 과연 나는 어떻게 대처해야 할 것인가? 담담하게 죽음을 맞이하고 준비하는 지혜롭고 믿음이 충만한 자세가 우리에게 절실히 요청된다. 기도하면 어떤 어려움도 이길 수 있다.

예수께서는 조롱과 멸시도 묵묵히 참고 이겨 나가신다. 심지어 굴욕적인 심문까지도 개의치 않으신다. 과연 우리의 모습은 어떠한가? 우리는

"예수는 나의 힘이요 내 생명 되시니 …"라는 찬송을 부르는데, 과연 그 찬송 그대로 예수를 그렇게 믿고 나아가는가? 그렇다면, 내 인생의 위기를 대하는 자세가 달려져야 한다. 더 나아가서 내 인생의 마지막 순간에 일어날 일들에 대해서도 진정 책임감 있는 그리스도인의 삶의 모습을 가져야 한다. 그러면 예수께서 공생애의 마지막 일들에서 승리하신 것처럼, 우리도 하나님 앞에서 승리할 것을 믿는다.

23 인류의 구원이 된 정치범 예수의 이야기

누가복음 23장의 주해와 적용

복음서의 클라이맥스는 예수의 십자가 사건이다. 바울과 그의 가르침을 이어받은 교회는 예수의 십자가 죽음을 그리스도교 신앙의 핵을 구성하는 영적 사건으로 정의한다. 우리의 복음은 다름 아닌 "십자가의 도"며, 구원의 통로고, 여기에 하나님의 능력과 지혜가 충만하게 담겨 있다(고전 1:18, 24). 지난 2000년 동안 무수히 많은 영적 주해와 설교와 논문이 하나님의 은혜와 구원의 표징으로서의 십자가에 대해 편만(遍滿)하게 쏟아져 나왔다. 이 짧은 지면으로 그 풍요로운 축적 위에 진정 의미 있는 무엇을 얼마나 더 할 수 있을까?

진정 예수의 십자가 사건이 함축한 의미는 심오하게 복합적인 다면성을 지니고 있다. 하지만 여기서는 복음서 기자 누가의 의도성이 독특하게 엿보이는 한 단면을 부각시켜 본문을 읽어보고자 한다. 예수의 처형이 당시로서는 민감한 정치적 사건이었다는 점이다. 팔레스타인 내의 로마와 유대 실력가들인 집정관, 분봉왕, 대제사장, 그리고 정치적으로 열중하던 대중이 예민하게 예수의 처형을 놓고 그 이해관계를 교차시켰다.

이러한 정치적 역학 관계 속에서 누가복음은 나름대로의 정치적 목적을 품고 예수의 이야기를 기록했다. 물론 정치적 목적이 주 관심이었다는 말은 아니다. 누가복음은 분명히 종교 문헌이다. 주목적은 그리스도교의 복음을 선포하기 위한 것이었다. 그러나 누가의 복음서는 다분히 정치적이었다. 누가는 로마 제국이 교회에 대해 갖는 의혹의 눈초리에 적지 않게 부담을 느꼈다. 그래서 명백하게 정치범으로서 십자가에 달린 예수에 대한 적절한 변명 내지는 설명에 상당히 신경을 쓰면서 내러티브를 마무리해 간다.[1] 우리도 이번에는 이 중요한 말씀을 정치적(!)으로 읽어본다.

공동의 적을 놓고 친구가 된 적들(23:1~25)

'정치 안정'이란 것이 정말 있는 것인지, 아니면 유토피아 속의 이상(理想)인지 모를 상황을 우리는 현실에서 자주 보아온다. 정파간의 이합집산(離合集散)을 식은 죽 먹듯이 하면서 공동의 경쟁자나 적이 나타나면 이념의 양극에 위치하여 서로 죽일 듯 하다가도 암묵적 또는 공개적 협력을 보이는 정략적 얄팍함을 우리는 누차 목격해 왔다.

갈릴리의 분봉왕이던 헤롯과 로마 제국의 권력을 대표하여 유대의 관할권을 쥐고 있던 총독 빌라도는 서로 적지 않게 껄끄러운 관계를 유지해 오고 있었다.[2] 또한 대제사장과 고위제사장들[3]은 유대 사회의 특성상 유대인들 전체를 통제하는 문화권력을 확보하고 있었다. 이들이 로마 총독 빌라도나 분봉왕 헤롯과 미묘한 긴장관계를 유지하고 있었음은 더 말할 것도 없다. 그런데 대중의 인기를 누리며 그 마음을 사로잡아 자신들의 신경을 곤두서게 만들었던 예수를 조리돌림하며 완벽하게 제거하는 데는 이 세 권력 진영의 이해관계가 교묘하게 일치되었다.

그러한 희화적(戲畵的) 상황을 비웃듯이, 누가는 이렇게 잘 요약하여 만평(漫評)했다. "헤롯과 빌라도가 전에는 원수이었으나 당일에 서로 친구가 되니라"(12절). 여기에 대제사장과 고위제사장들, 그리고 부화뇌동하는 다중(多衆)까지 가세해서 현란한 동상이몽의 정치 드라마를 구성한 것이 이 단원의 현재 장면이다. 하나님께서는 이런 아비규환의 정치 역학의 산물을 인간 구원의 복음으로 전환하는 인류 최대의 기적을 연출하신다.

1. 정치꾼 빌라도의 정치학(1~7, 13~25절)

이 현장에서 가장 정치적으로 신경을 많이 써야 했던 사람은 빌라도였다. 그가 집정관으로서 유대라는 로마 제국 동쪽 변방에 와 있는 것을 대단히 기뻐했을 것 같지는 않다.[4] 그와 같은 위치에 있는 야심 많은 정치인들이 대부분 그랬듯이 그의 마음은 항상 중심부 로마에 있었을 것이다.

독특한 종교 문화를 지니고 있는 유대인들이 로마 제국이라는 거대 질서의 체제에 협력하면서 기본적인 평화와 안정을 유지할 수만 있다면 빌라도에게는 더 바랄 것이 없었다. 당대의 유대 사가(史家) 요세푸스의 증언에 따르면 빌라도는 유대인들의 악평을 입어 원만한 관계를 유지하지 못했고 결국 나중에는 로마 황제의 소환을 받아 돌아갔다.

1) 빌라도의 정치적 고민

그런데 자칭 '유대인의 왕'이라 하는 카리스마적 인물이 반란 도모의 죄로 기소 당하여 그 앞에 끌려왔다. 로마의 납세 거부를 선동했다는 죄목도 그를 따라왔다(2절). 빌라도가 예수에 대해 내렸던 판단의 근거를 누가는 자세하게 설명하지 않는다. 하지만 그는 예수에게서 별다르게 위험한 정치 성향의 행위를 찾아볼 수 없다고 생각했다(4절).

예수에게 '당신이 고발된 대로 유대인의 왕이냐'고 물었을 때 그 답변은 애매모호하여 부정과 긍정을 동시에 내포하고 있었다. 개역성경은 "네 말이 옳도다"라고 번역하여 예수께서 자신이 왕이라는 것을 긍정한 것 같은 인상을 주지만 헬라어 원문 '에페, 쉬 레게이스'를 직역하면, "당신이 그렇게 말하고 있군요"가 된다(3절).

이것은 긍정이지만 긍정이 아니고, 그렇다고 부정이라 할 수도 없는 애매한 답변이다. "당신이 한 말이 틀린 것이라 할 수는 없지만 당신이 염두에 두고 있는 그런 의미는 아니다"라는 것이 예수의 답변이다. 아마 요한복음에서의 답변이 갖고 있는 의미가 여기에도 함축된 것으로 보아야 할 것이다.

예수께서는 자신의 나라가 이 세상에 속한 것이 아니라는 것을 전제하고 나서 자신이 왕이라고 했다(요 18:36~37). 그래서인지 빌라도는 예수가 왕됨의 주장을 부인하지는 않았으나 그것이 세속 권력을 목적으로 하지 않았음을 알아 이른바 반역의 죄가 없다는 결론을 내린다. "내가 보니 이 사람에게 죄가 없도다"(4절).

그러나 빌라도는 자신 관할 영역의 정치적 안정을 위해 껄끄럽지 않은 관계를 유지해야만 하는 종교 지도자들의 비위도 맞추어야 했다. 직접적으로 심각한 폐해는 없을 것같이 보이나 다수가 따른다는 차원에서 언제든지 사회불안의 동인이 될 위험성이 내재해 있어 그대로 놓아 두고 싶지도 않았다. 빌라도의 곤란한 입장이 우유부단해 보이는 그의 태도에서 확연하게 읽힌다.

그러던 중 일순(一瞬) 이 곤경을 슬쩍 비껴가면서 책임을 떠넘길 출구를 발견했다. 그가 갈릴리 출신이라는 점에 착안하여 갈릴리의 책임자인 분봉왕을 존중하는 척하면서 예수를 헤롯에게 떠넘기면 되리라는 생각이 든 것이다(6~7절). 그렇게 이날 평상시의 정적(政敵) 빌라도와 헤롯은 팔자에도 없는 친구 행색을 했다(12절).

한편으로 볼 때 정치는 삶이다. 그리고 삶은 넓은 의미의 정치다. 목사도 지혜로운 정치를 하지 않을 수 없다. 비둘기같이 순결한 것만으로는 일을 망가뜨릴 수 있는 것이 삶의 현장이다. 뱀같이 지혜로워야 할 때가 있다. 아니, 오히려 그래야만 하는 경우가 참으로 많다. 또한 한평생 목회를 하면서 비둘기를 잃어버리고 뱀으로만 남는 분들을 보는 것은 크게 슬프다. 뱀의 머리에 비둘기의 가슴을 가져야 하는 목회자들의 어려움은 꽤나 크다. 일찍이 예수께서는 그 험난한 삶을 예고하셨다. 그러나 우리가 가야만 할 길이다.

2) 정치적 결정이 사법적 판단을 압도할 때

결국 헤롯은 별다른 처분 없이 희롱이나 하다가 예수를 빌라도에게 되돌려 보냈다(11절). 빌라도는 예수를 고발하던 종교 지도자들을 다시 모아 설득을 시도해 본다(13절). 타협안을 위한 설득은 이렇게 진행된다. 1) 내가 심문해 보았으나 심각한 범죄가 발견되지 않았다(14절). 2) 헤롯도 그에게서 특별한 범죄 사실을 찾지 못해 이렇게 되돌려 보내지 않았는가(15절). 3) 그러므로 내가 잘 지도해서 내보내겠으니 이 정도로 마무리하자(16절).[5] 그러나 무리들은 이를 완강하게 거부하면서, 차라리 민란 때 잡힌 바라바를 내어달라고 외쳤다(19절).

빌라도가 세 번씩이나 같은 시도를 해 보았지만 결국 십자가형에 처하기를 강요하는 무리들의 압력을 이겨내지 못했다. "카티스퀴온 하이 포나이 아우톤"(23절, 그들의 소리가 이겼다). 소리가 원리를 압도할 때 우리는 망가지기 시작한다. 이것은 빌라도의 이름이 그리스도인들의 신앙고백에서 언제나 언급되어 영원토록 기억되게 만든 치명적인 순간이었다.[6]

어찌 보면 빌라도가 억울해 보일지도 모른다. 하지만 그는 가장 정의롭게 '사법적 판단'이 요청되는 일에 자신의 입장을 고려하는 이기심에 휘둘려 '정치적 결정'을 내리는 비겁과 우(愚)를 범한 수많은 정치꾼의 화신이 되었다. 우리 민족이 얼마나 정치 때문에 망가졌는지…. 정치적인 정치 동물들은 멀쩡한 경제도 파괴하고, 법도 와해시키며, 도덕도 훼손하는가 하면 종교와 신앙마저 세속적 가치와 맞바꾸었다.

2. 교활하고 무책임한 헤롯 안티파스의 무능(8~12절)

헤롯은 예수가 상대할 가치도 없는 정치인이었다. 그는 이 심각한 상황에서 기적 쇼를 기대하는 그런 종류의 사람이었다. 그가 예수를 보고 심히 기뻐했다 한다(8절). 웃지 못할 아이러니다. 죽음을 향한 고난에 진입한 예수를 보고 헤롯은 어린아이처럼 기뻐했다. 지금 진리와 오류, 구원과 지옥, 생명과 사망이 교차되는 심각한 순간에 갈릴리의 패권자는 농담처럼 예수의 광대 됨을 기대하는 천박함을 과시한다.

1) 여우라 불리었던 사람

여기서 언급된 헤롯은 헤롯 대왕의 여러 아들 중의 하나로서, 대왕의 사후(死後)인 주후 39년까지 갈릴리를 책임졌던 사분봉왕 헤롯 안티파스를 가리킨다(눅 3:1).[7] 헤롯 안티파스의 주변에는 일찍부터 예수를 따르던 이들이 있었다. 그의 집사인 구사와 그 아내 요안나는 예수의 사역을 재정적으로 후원하던 사람들이었다(눅 8:3). 안티파스의 젖동생(유모의 아들) 마나엔은 나중에 안디옥 교회의 선지자 교사들 중의 하나로 언급되었다(행 13:1).

이렇게 예수에 대한 정보를 전해 주는 사람들이 주변에 있었기 때문이었는지 그는 항상 예수에 대해 궁금해 했다. 예수와 제자들의 권능 행사의 소문이 번져나가면서 혹자들이 예수를, 안티파스가 죽인 세례자 요한의 환생(還生)으로 보는 시각이 있자 그는 무척이나 당황하면서 예수를 만나보고 싶어했다(9:7~9).

이런 소문이 불안감을 가중시켰는지 안티파스는 한때 예수를 제거하려 했던 것 같다(13:31). 이때 예수는 그 정보를 전달해 준 바리새인들에게 거침없는 폭언으로 안티파스를 모욕했다. "가서 저 여우에게 이르되 오늘과 내일 내가 귀신을 쫓아내며 병을 낫게 하다가 제삼일에는 완전하여지리라 하라 그러나 오늘과 내일과 모레는 내가 갈 길을 가야 하리니 선지자가 예루살렘 밖에서는 죽는 법이 없느니라"(13:32~33).

확실히 헤롯 집안은 여우라 불려도 손색이 없을 만큼 외교에 능숙한 정치꾼들이었다. 헤롯 대왕의 아버지인 안티파테르(Antipater)나 헤롯 대왕은 주변 국제 정세에 변화가 있을 때마다 기가 막히게 차기 패권자를 읽어내 동맹의 대상을 바꿔치기 하면서 팔레스타인의 권력을 탈취한 정략가들이었다.[8]

2) 아무 말도 하지 말아야 할 때

바리새인의 외식을 질타하시던 예수께서는 이런 부류의 진실하지 못한 기회주의적 권력자를 특별히 티 나게 싫어하셨던 것 같다. 그래서 여우라 불렸던 그 안티파스 앞에 보내진 예수는 입을 다물어 버렸다. 헤롯은 기롱하듯이 신기한 기적이라도 볼까 해서 여러 가지로 심문을 했으나 끝내 예수는 아무 말도 하지 않았다(9절).

예전에 청문회 때 '모르쇠'라는 별명을 얻었던 기업가가 있었다. 그렇게 고집스럽게 이기적이고 무책임한 모르쇠들도 많다. 하지만 정말 아무 말도 하지 않고 침묵을 행사해야만 할 때가 있다. 무능한 철부지 사분봉왕의 철딱서니 없는 질문에 예수께서 무슨 대답을 할 수 있었을까. 그 어떤 진지한 답변이나 논설이라도 아마 돼지에게 진주를 던져 주는 꼴과 마찬가지였을 것이다(마 7:6).

침묵이 좋을 때가 있다. 차라리 입을 다무는 것이 최선의 메시지일 때다. 그 무슨 말을 해도 꼬투리가 되거나 입을 연 언급 자체가 오히려 그 말이 담은 진실성까지 훼손할 때 우리는 침묵하고 오직 하나님께만 말씀을 드린다. "나의 영혼이 잠잠히 하나님만 바람이여 나의 구원이 그에게서 나는도다"(시 62:1).

직접 만나보니 예수가 별 대단한 인물이 아니구나 생각한 안티파스는 그를 노리개 취급한다. 진지하게 고민하여 재판할 필요도 없다는 식의 경멸이었다. 한때 예수의 소문을 듣고 두려워하던 헤롯은 오늘 마음껏 안심하며 그 예수에게 모욕을 주고 조롱하여 왕의 옷을 입혀 어릿광대를 만든 뒤 빌라도에게 돌려보낸다(11절). "그는 멸시를 받아서 사람에게 싫어 버린 바 되었으며 간고를 많이 겪었으며 질고를 아는 자라 마치 사람들에게 얼굴을 가리우고 보지 않음을 받는 자 같아서 멸시를 당하였고 우리도 그를 귀히 여기지 아니하였도다 그는 실로 우리의 질고를 지고 우리의 슬픔을 당하였거늘 우리는 생각하기를 그는 징벌을 받아서 하나님에게 맞으며 고난을 당한다 하였노라"(사 53:3~4).

3. 분별력 없는 다중(多衆)의 변덕(13~31절)

'정치적'(!) 정치인들인 빌라도와 헤롯을 움직이는 여론의 압력을 구성하면서 실제로 예수를 십자가에 못 박게 만드는 사람들을 누가는 불특정 다수를 가리키는 '무리'라는 말로 표현하고 있다. 이 장은 "무리가 다 일어나 예수를 빌라도에게 끌고 가서"로 시작한다(1절). 이 무리들은 빌라도의 결정을 뒤집으려고 저항의 함성을 발하며(5절), 예수를 처형하고 바라바를 풀어 달라고 요구하는 일치된 소리를 질러댔다(18절).

1) 예수 주변의 무리

여기서 예수를 십자가에 못 박으라고 외치는 '무리'는 어디서 나타났을까? 적어도 복음서에서는 바리새인과 사두개인, 그리고 일부 종교지도자들 외에 예수에게 조직적으로 저항하던 무리는 이때까지 없었다. 오히려 대제사장들과 서기관들이 예수에게 손을 대지 못한 것은 예수를 따르며 그의 특출한 권위를 인식하던 백성들을 두려워했기 때문이었다(21:38의 '라오스' - 백성; 22:2의 '라오스'와 6절의 '오클로스' - 다중).

그러나 이 시점에서는 일군의 시위대들이 노골적으로 예수를 비난하며 빌라도에게 압력을 넣고 있다. 복음서가 특별하게 다른 무리를 상정하지 않고 있다면 이 시위대는 애초에 예수를 좇아다니던 그 사람들을 포함하는 것으로 보아 큰 무리가 없다.

예수가 사로잡히는 시점에서 군중의 심리에 미묘한 변화가 일어났다. 제자 중의 하나인 가룟인 유다에게 충성심의 변화가 있었던 것도 이와 같은 순간적 여론 동향의 기복과 무관하지 않았을 것이다. 또한 이러한 여론 동향의 변화가 있지 않았으면 대제사장들이 본문에서 보는 바와 같이 함부로 예수를 공격할 수도 없었을 것이다.

누가복음 23:1에서 사용된 헬라어 '플레쏘스'가 특별히 산헤드린을 가리키며, 반면 '오클로스'는 예수를 따르던 민중적 성격의 무리를 가리킨다는 주장은 그 근거를 찾기 힘들다.[9] 사실상 누가를 비롯해 복음서 기자들은 '플레쏘스'와 '오클로스'를 기술적으로 구분하지 않고 번갈아 가며 사용하고 있을 뿐이다.

2) 사람은 사랑의 대상일 뿐

결국 예수를 귀찮게 할 정도로 몰려 좇아다니던 사람들은, 환경의 변화로 주도하는 분위기의 색깔이 바뀌자 다수가 침묵으로, 상당수는 방관으로, 일부는 변절로 치달았다. 이유야 무엇이었든 실망하여 변절로 탈바꿈한 '무리'는 대제사장과 고위 제사장들의 선동에 휩쓸렸다. 대중은 자신의 욕구와 감정에 따라 이기적으로 움직인다. 한때 '민중'이라는 이름으로 미화되던 그런 다중의 개념은 감상적인 추상(抽象)의 수준을 넘지 못한다.

하나님의 사랑의 대상이며 하나님나라 역사의 인간 차원의 주체로서 '민중'을 논할 수는 있다. 하지만 그들은 사랑과 은혜의 대상일 뿐 하나님의 역할을 대신하는 최선의 '민중신'은 절대로 아니다. 오히려 그들은 연약하여 변덕스러우며, 특정 경험, 지역정서, 이기심, 얕은 감정에 의해 좌우되는 '대중'(大衆)으로 불려야 할 것이다. 이 대중은 예수를 추앙하기도 하고 예수를 십자가에 못 박기 위해 소리를 지르기도 한다. 그리고 곧 이어 후회도 쉽게 한다(48절).

사람을 사랑하되 사람을 의지하지 말라. 사람은 하나님의 형상대로 만들어졌기 때문에 가능성이 있지만, 또한 사람은 죄인이기 때문에 온전하게 믿을 수 있는 존재가 아니다. "나 여호와가 이같이 말하노라 무릇 사람을 믿으며 혈육으로 그 권력을 삼고 마음이 여호와에게서 떠난 그 사람은 저주를 받을 것이라 그는 사막의 떨기나무 같아서 좋은 일의 오는 것을 보지 못하고 광야 간조한 곳, 건건한 땅, 사람이 거하지 않는 땅에 거하리라"(렘 17:5~6). "여호와께 피함이 사람을 신뢰함보다 나으며 여호와께 피함이 방백들을 신뢰함보다 낫도다"(시 118:8~9).

사람을 기피하는 자폐증이나 인간을 불신하는 피해망상증 환자가 되어서는 안 된다. 그리스도의 제자는 온화한 미소를 잃지 말고 가슴 열어 받아 주는 사랑을 위한 인간 신뢰에 인색하지 말아야 한다. 그러나 나의 생존이나 보호를 위한 의존적 기댐은 아예 생각지 않는 것이 좋을 것이다.

단지 사람을 위하며 그들을 사랑하여 섬겨라. 그리고 아무것도 기대하지 말라. 나를 따른다 해서 그들에게 목을 매지 말아야 한다. 사람들은 결국은 이해관계에 민감하여 손쉽게 등을 돌리기도 하고 언제 그랬냐는 듯이 내 앞에 나타나 예기치 않던 미소 작전을 구사하기도 한다. 기대지 말고 사랑하기, 쉽지 않으나 몸에 익혀야 할 인간관계다.

3) 세 번 부인한 예수의 대중

여기서 우리가 만나는 '무리'는 이렇게 악해질 수 있는 다중(多衆)이다. 현실을 외면해서는 안 된다. 정치인들은 표 때문에, 애써 획득한 민주주의를 폄하할 수 없기 때문에 다중에 대한 맹목적 예찬으로 진실을 흐리는 것은 바람직한 일이 아니다. 흔히 말하는 '여론'(輿論)은 꼭 진리를 따라가지 않는다.

이들은 고집스럽게 자신들의 뜻을 관철시켰다. 빌라도는 그 주변의 여론에 굴복했다. "예수를 넘겨 주어 저희 뜻대로 하게 하니라"(25b절). 이 오판한 악중(惡衆)은 빌라도의 설득을 세 번씩이나 거부하고(18, 21, 23절) 결국에는 누가로 하여금 이런 결론을 내리게 만들었다. "저희의 소리가 이긴지라"(23b절). 아마 어떤 이들은 여론의 승리라는 개념으로 생각할지도 모르겠다. 하지만 이들의 승리는 사실상 처절한 패배의 시작이었다.

이것은 베드로의 3회 부인에 필적하는 우리 죄인 모두의 예수 부인이었다. 하나님께서 원하시는 일이 아닌데도 사무엘에게 인간 왕을 달라고 요구하여 결국 뜻을 이루었지만 그것은 이스라엘에게 결코 득이 아니었다(삼상 8:1~18). 뜻대로 되었다고 복이 아니다.

예수가 저들을 위해 무슨 일을 했던가? 다중의 고발 이면에는 지난 날 예수 행적의 선함이 교차된다. 저는 온 유대 땅을 돌아다니며 사람들을 계몽했다. 사례비로 돈을 받은 것도 아니고 인기를 사려고 술수를 부리지도 않았다. 단지 영혼들을 향해 온 마음을 쏟아 부었을 뿐이다. 안타까이 울기도 했고 꾸중도 마다하지 않았으며 식사할 겨를을 갖지 못하는 고단함 가운데 제 정신이 아니라는 말을 듣기까지 했다. 그리고 질병이든 귀신들림이든 문제를 해결하면서 사람들의 필요에 민감하여 혼신을 다해 그들을 섬겼다. 너무 힘들 때는 무리를 피해 한적한 곳으로 가서 기도를 하기도 했다.

그런데 그 모든 진실한 사랑이 '소요와 선동'이라는 죄목으로 되돌아오고 있다. 예수는 이렇게 야속한 대중의 배신 앞에 여전히 아무 말도 하지 않았다. "그가 곤욕을 당하여 괴로울 때에도 그 입을 열지 아니하였음이여 마치 도수장으로 끌려 가는 어린양과 털 깎는 자 앞에 잠잠한 양같이 그 입을 열지 아니하였도다 그가 곤욕과 심문을 당하고 끌려갔으니 그 세대 중에 누가 생각하기를 그가 산 자의 땅에서 끊어짐은 마땅히 형벌받을 내 백성의 허물을 인함이라 하였으리요"(사 53:7~8).

4) 그 사람들의 멸망에 대한 가슴 아픈 예고

누가 자신들의 참 지도자인지 몰라 엉뚱한 인물을 택하는 감정적 오판을 아는가? 우리의 정치 현실을 잘 생각해 보아야 할 것이다. 이리저리 감정 몰이의 대상이 되어 이용당하며 고함치는 군상으로 전락한 민주주의 우중의 어두운 단면이 있다. "저희의 소리가 이긴지라"(23절). 과연 이들이 이긴 것일까? 이것은 일시적인 정치 승리였으나 사실은 돌이킬 수 없이 철저한 실패였다. 군중은 자신들의 뜻을 이루었다. 잠깐은 만족했을 것이다. 그러나 엄청난 실수였다.

군중은 어리석을 수 있다. 군중은 결코 미화되어야 할 '신의 대리인'이 아니다. "민중이 신이다"라고 외치던 일부 곡학아세의 신학은 이제 정직하게 회개해야 한다. 결코 민중은 신이 아니다. 민중은 좋은 지도자를 만나거나 스스로 각성할 만한 자각이 있으면 신의 음성을 대리하는 통로가 될 수 있지만, 눈이 멀면 잔악함을 양산하는 악중(惡衆)이 되기도 한다.

억울하고 분하기 그지없는 그 모든 배반의 참언에 일체 침묵으로 일관하던 예수께서는 자신을 위해 우는 여인들을 향해 비로소 입을 열어 저들의 안타까운 미래에 대해 경계와 탄식을 발하신다. '안스러운 것은 내가 아니라 당신들이다. 가여운 것은 내가 아니라 당신들의 자식들이다'(28절).

지금 외관은 예루살렘의 딸들이 예수를 위해 울고 있으나 실상 울고 있는 것은 예수며 애곡의 대상은 예루살렘이다(참고, 19:41). 지금 로마는 잘못 없는 푸른 나무 예수에게 이렇게 고난의 도구가 되고 있다. 그러니 죄악이 관영한 마른 나무 예루살렘의 고통의 도구로 로마가 사용될 때 그 가혹함의 정도가 얼마나 심하겠느냐는 말씀이다(29~31절, 참고, 21:5~23). 저들은 결국 주후 66~74년 로마에 저항하여 싸우다가 처참하게 멸망하고 말았다.

십자가 예수의 용서와 그 순종의 완성(23:32~46)

이렇게 예수의 죽음은 정치적 모함이었으며 미련한 오판인가 하면 이스라엘 심판의 역설적 모델이었다. 그러나 하나님께서는 이 흉측한 십자가 사건을 인류를 위한 당신의 은혜의 통로로 전환시키셨다. 그것은 인간의 악한 의도로 발생한 한 개인의 불행을 오히려 다중을 구원하기 위한 은혜의 방편으로 섭리하시는 하나님의 명작이었다.

일찍이 자기를 해하려 했던 형들을 용서하며 요셉은 이렇게 은혜의 하나님의 역사를 고백했었다. "요셉이 그들에게 이르되 두려워 마소서 내가 하나님을 대신하리이까 당신들은 나를 해하려 하였으나 하나님은 그것을 선으로 바꾸사 오늘과 같이 만민의 생명을 구원하게 하시려 하셨나니 당신들은 두려워 마소서 내가 당신들과 당신들의 자녀를 기르리이다 하고 그들을 간곡한 말로 위로하였더라"(창 50:19~21).

하나님께서 예수를 다시 살리신 후 예수는 요셉의 경우와 같이 위로를 베풀며 구원의 복음을 만방에 선포할 준비를 하실 것이다(눅 24장). 그러나 이 시점에서는 그러한 전화위복(轉禍爲福)의 은혜를 예비하기 위해 용서와 약속의 말씀을 사력을 다해 발언하신다. 이 말씀은 가슴에 손을 얹고 눈물을 글썽이며 들어야 한다.

1. 저들을 용서하여 주소서(32~38절)

십자가에 달린 예수의 정체는 아이러니컬하게도 비웃음과 조롱 속에서 또렷하게 부각된다. 예수는 하나님의 택하신 자 '그리스도'였다. 그는 구원의 주 메시아였다(35절). 그러나 이런 방식으로 메시아였다. 제자들이 이것을 몰랐었다. 마태와 마가의 기록에 따르면 이러한 메시아 됨을 부인하려다가 베드로는 사탄이라는 소리를 들어야 했다(마 16:23; 막 8:33).

예수는 진정 왕이셨다(37~38절). 그러나 이런 방식으로 왕이셨다. 백성들은 구경하고 있고 관원과 군병들이 '너 자신이나 구원하라'고 조롱하는 말을 들을 때(35~36절) 예수님은 실제 그들을 위한 구원의 길을 열고 계셨다.

저들의 구원은 돌을 떡으로 만드는 경제적 부흥이나, 사람들을 깜짝 놀라게 하는 종교적 기적, 온 세계 패권을 일시에 거머쥐는 정치적 혁명에 있지 않았다(눅 4:1~13). 그들의 구원은 그 모든 실패의 근본적 원인이었던 죄 용서에 있었다. 예수께서는 이를 위해 오셨다. 자신을 조롱하며 못 박아 죽이는 그 모든 이들을 향해 말씀하신다. "아버지여 저희를 사하여 주옵소서 자기의 하는 것을 알지 못함이니이다"(34절).[10]

"그는 실로 우리의 질고를 지고 우리의 슬픔을 당하였거늘 우리는 생각하기를 그는 징벌을 받아서 하나님에게 맞으며 고난을 당한다 하였노라 그가 찔림은 우리의 허물을 인함이요 그가 상함은 우리의 죄악을 인함이라 그가 징계를 받음으로 우리가 평화를 누리고 그가 채찍에 맞음으로 우리가 나음을 입었도다 우리는 다 양 같아서 그릇 행하며 각기 제 길로 갔거늘 여호와께서는 우리 무리의 죄악을 그에게 담당시키셨도다"(사 53:4~6).

2. 네가 나와 함께 낙원에 있으리라(39~43절)

사람이 온 천하를 얻고도 자기 목숨을 잃으면 아무 소용이 없다(눅 16:26; 마 16:26; 막 8:36). 모든 것을 다 잃은 것 같은 순간에도 그 생명을 얻어 하나님나라에 속하게 되면 그는 온 세상을 얻은 것과 다를 바 없다. 아무런 소망 없이 십자가 위에서 죽어가던 한 사람은 단 한마디의 고백과 믿음으로 자신의 목숨을 얻었다. "예수여 당신의 나라에 임하실 때에 나를 생각하소서"(42절).

구원은 목숨을 얻음이며, 목숨을 얻는 것은 예수 그리스도를 통해서다. 예수께로 가면, 예수의 이름을 부르면, 예수를 의지하면 그는 구원을 얻는다. 예수가 열쇠며 통로며 길이기 때문이다.

- "누구든지 주의 이름을 부르는 자는 구원을 얻으리라"(행 2:21).
- "다른 이로서는 구원을 얻을 수 없나니 천하 인간에 구원을 얻을 만한 다른 이름을 우리에게 주신 일이 없음이니라 하였더라"(행 4:12).
- "주 예수를 믿으라 그리하면 너와 네 집이 구원을 얻으리라"(행 16:31).

이렇게 자신을 생각해 달라고 말하며, 믿음을 갖고 '예수께' 자신을 의탁한 강도는 이런 확고한 답변을 얻었다. "내가 진실로 진실로 네게 이르노니 오늘 네가 나와 함께 낙원에 있으리라"(43절). 도피가 아니다. 그냥 가장 현실적인 현실이며 가장 희망적인 희망이고 가장 확실한 구원이다. 이 제한된 세계의 물리적 굴레 안에 무슨 대단한 희망이 있다고 그렇게 애착을 갖고 모든 것을 거는가? 어제도 이제 충분히 연로하여 꺼져 가는 육신에 임한 질병으로 고통받는 모매님을 보았다.

"지금 이 시간에도 누군가는 삶의 무게가 너무 버거워 차라리 먼저 간 저들을 오히려 부러워하며 스스로의 목숨을 끊고 싶다는 무서운 생각을 하고 있을지도 모른다. 생로병사의 괴로움으로 가득 차 있기에 인생을 괴로움의 바다라 했던가. 얼마나 더 가슴을 찢으며 울어야 이 인생의 괴로움은 종착역에 다다를 수 있을까?"[11]

다시 말하지만 도피가 아니다. 우리에게는 낙원이 있다. 이 세상은 결코 낙원이 아니다. 예수의 이름을 의지하여 갈 천국이 있다. 그래서 예수는 우리를 대신하여 고통의 죽음을 겪으셨다. 예수와 함께 낙원으로 가자!

3. 내 영혼을 부탁하나이다(44~46절)

누가는 다른 복음서보다 더 자신이 가야만 하는 길에 대해 아버지께 철저하게 순종하는 예수의 모습을 부각시켰다. 예수의 마지막 발언은 이와 같은 순종의 완성이었다. 어둠이 임하고 결국 성소의 휘장이 찢어진 것은 이렇게 예수를 죽게 만드는 유대 종교에 대한 심판의 암시다.

그러면서 예수는 가꿔온 순종의 꽃을 피운다. 요한복음의 표현을 빌자면 다 이룬 것이다(테텔레스타이, 요 19:30). "아버지여 내 영혼을 아버지 손에 부탁하나이다"(46절).[12] 누가복음의 예수는 하나님의 말씀을 대언하며 능력을 행한 선지자로서, 가난하고 눌린 자를 해방하는 혁명의 주로서, 인류의 죄를 짊어지기 위해 묵묵히 고난받는 주의 종으로서 모든 것을 다 성취한 뒤 이제 자신의 영혼을 하나님 아버지께 의뢰한다.

예수는 자신의 할 일을 다 하셨다. 이제 남은 것은 하나님의 몫이며 그분께서 성령으로 충만케 하여 세우고 파송할 제자들의 몫이다. 신실하신 하나님 아버지께서는 그 의뢰를 받아 선지자들의 예언대로 예수를 다시 살려 영광에 들어가게 하시고(눅 24장), 결국 "죄 사함을 얻게 하는 회개"가 예루살렘에서 시작하여 온 세계로 전파되게 하실 것이다(눅 24:47).

정치적 승리도 거둔 예수(23:47~56)

예수는 그렇게 아름답게 숨을 거두었다. 어둠과 휘장 손상으로 하나님께서도 예수의 옳음과 그를 못 박은 모든 무리들의 잘못을 현시(顯示)하셨다. 이는 즉각적으로 정치적 반전을 불러온다. 무책임하고 기회주의적인 수장 빌라도가 예수의 십자가형을 명령했다. 그런데 그 명령을 받아 처형을 진두지휘한 백부장이 되어진 모든 일을 목격하면서 예수의 의를 선언하고 하나님께 영광을 돌린다. "이 사람은 정녕 의인이었도다"(47b절). 중립적 위치에서 명령을 수행하던 사람이 명백하게 정서적으로 예수 지지로 돌아선 것이다.

　방관자처럼 구경하러 모여들었던 대중들도 모두 예수가 옳았으나 억울한 일을 당했다는 점에 확신을 갖고 가슴을 치며 돌아갔다(48절). 그 중에는 같이 소리질러 십자가에 못 박으라고 외치던 악중의 일부였던 사람들도 있었을 것이다. 회개와 통한의 제스처로 가슴을 치면서 안타까워한다. 이제 고함을 지르며 십자가형을 강요하던 그 무리들은 보이지 않는다. 더 이상 무슨 할 말이 있었을까? 여기 대중의 지지 확보에서도 죽은 예수가 죽인 대제사장의 도당들을 이겼다.

　또한 예수는 범죄자로 처형당했으나 의인의 무덤에 묻혀서 의인으로 인정받았다. 선하고 의로운 요셉은 빌라도에게 예수 시신을 요청하여 얻어냈다. 그리고는 정성껏 정결한 세마포로 싸서 순결한 무덤에 넣는다(52~53절).

　우리의 경험과 비교한다면, 독재 정부의 탄압으로 죽은 민주 열사들을 생각할 수 있을 것이다. 군부가 폭도로 몰아 무참하게 죽인 광주 시위대의 시신들이 나중에 망월동 묘지에 안장되어 그 고귀한 정신을 기리게 되었다. 혹자는 그들을 폭도로 사살했으나 다른 이들은 그들을 열사로 추앙하여 정성스레 모셨다.

　이처럼 예수의 시신은 범죄자의 것에서 의인의 성체(聖體)로 승격되었다. 말도 못하고 죽어 패배한 것 같았으나 예수는 죽어서 승리했다. 물론 아직 승리는 완성되지 않았다. 하나님께 맡겨진 그의 영혼은 이제 부활의 영광을 발현하는 전적인 승리를 앞두고 있다.

24 너무 기뻐 믿을 수 없는 사실
누가복음 24장의 주해와 적용

본문의 주해

누가복음의 대단원인 24장은 예수의 '부활'과 '승천'을 보도한다. 이 두 사건에 대한 제자들의 반응은 '근심'과 '두려움'으로 시작하여(4~5절) '놀라움'과 '기쁨'으로 이어진 후(37, 41, 52절), 하나님을 '경배'하며 '찬송'하는 것으로 끝난다(52~53절). 십자가는 예수 그리스도에 관한 이야기의 끝이 아니었다. 그 뒤를 이은 부활과 승천으로 또 다른 새로운 역사가 시작되었다(행 1:1~11; 2:32~36). 누가복음 24장의 내용은 다음과 같이 분해할 수 있다.

1. 무덤을 찾아간 여인들과 베드로(1~12절)
2. 엠마오로 가는 두 제자에게 나타난 예수(13~35절)
3. 예루살렘의 제자들에게 나타난 예수(36~43절)
4. 예수의 마지막 교훈과 당부(44~49절)
5. 예수의 승천(50~53절)

처음 네 단락에서 누가는 예수의 부활을 이야기하되 각각 다른 방식으로 다른 강조점을 부각시킨다. 1~12절은 특별히 '빈 무덤'에 관심을 집중시킨다. 13~35절은 부활한 예수의 첫 번째 출현을 서술하고 그의 부활이 구약성경에 자세히 예언된 사실임을 강조한다. 36~43절에서 예수는 제자들에게 자기의 몸을 만져보라고 청하고 그들 앞에서 음식을 먹음으로써 자신이 환영(幻影)이 아님을 증명한다. 44~49절에서는 구약에 약속된 하나님의 구원을 성취한 예수가 제자들에게 그 구원을 온 세상에 전파하도록 명령하고 위임한다. 마지막 단락(50~53절)은 그리스도의 승천을 부연 설명 없이 짧게 보도한다.

1. 무덤을 찾아간 여인들과 베드로(1~12절)[1]

예수의 부활사건의 첫 증인과 메신저는 여자들이었다. 그들은 갈릴리에서부터 예수를 함께 따라 온 여인들로서 십자가 처형뿐 아니라 그의 시신이 장사된 무덤까지 따라가 보았던 목격자들이다(23:50~56). 그들은 시간에 쫓겨 제대로 처리하지 못했던 예수의 몸에 향품과 향유를 바르기 위해 안식 후 첫날 새벽에, 즉 그들이 다시 움직일 수 있는 가장 이른 시각에, 무덤을 다시 찾았다(1절).

그런데 무덤 입구를 막아놓았던 크고 무거운 돌이 굴려 옮겨져 있었고(2절), 그 안에 있어야 할 예수의 시신은 보이지 않았다(3절). 어쩔 줄 몰라 당황하는 그들에게 갑자기 눈부신 옷을 입은 두 남자(천사, 23절)가 나타나 예수는 여기 계시지 않고 살아나셨다고 알린다(4~6절). [그가] 살아나셨다(일으킴을 받았다)는 동사의 부정과거 수동태(에게르쎄, has been raised)는 이 일이 하나님의 행위로 말미암았음을 암시한다.

천사들은 또 이 일이 예수 자신의 약속대로 이루어진 것을 상기시킨다. "그가 갈릴리에 계실 때 너희에게 어떻게 말씀하셨는지 기억하라 '인자가 죄인의 손에 넘겨져 십자가에 못 박히고 제삼일에 다시 살아나야 하리라' 하셨느니라"(6~7절 참조, 비교. 9:22, 44; 13:32~33; 17:25; 18:32~33). 7절에서 사용된 동사 '데이'(must)는 예수(인자)의 체포와 십자가 처형, 부활이 모두 하나님이 확정하신 계획에 따라 일어난 사건들이었음을 보여 준다. 누가는 이 동사를 그의 복음서에서 18번이나 사용하면서 구약성경에 예언되고 예수

의 삶으로 성취되어 나가는 하나님의 계획을 강조한다(참조. 26, 44절).[2]

그 여인들은 천사의 말을 듣고서야 비로소 까맣게 잊고 있던 예수의 말씀을 기억하고 돌아가 열한 사도와 다른 모든 이에게 자신들이 보고 들은 바대로 예수의 부활소식을 전했다(8~9절). 하지만 사도들은 빈 무덤과 천사에 관한 그들의 증언이 터무니없게(레로스, nonsense) 들려서(개역: 허탄한 듯 뵈어) 믿지 않았다(11절). 이 여인들의 숫자는 율법이 인정하는 증인의 수(신 19:15)를 훨씬 초과했음에도 불구하고(10절, 막달라 마리아, 요안나, 야고보의 모친 마리아, 그들과 함께 한 다른 여자들; 참조. 막 15:40; 16:1), 그들의 증언은 그 내용의 비합리성뿐 아니라 당시 유대 사회의 여성에 대한 편견 때문에도 더욱 가볍게 취급받았을 것이다.

그러나 베드로는 그들의 말을 그냥 쉽게 넘겨버리지 않았다. 왜냐하면 베드로는 바로 이틀 전 예수를 세 차례나 부인하는 과정에서 그의 초월적인 지식과 말씀의 힘을 절감했기 때문에(23:31~34, 54~62) 그의 약속을 상기시키는 그들의 증언을 무시할 수 없었을 것이다. 베드로는 곧 무덤으로 달려가 그 안을 들여다보았다. 하지만 무덤 안에서 시신은 보지 못하고 수의만 발견한 그는 무슨 일이 일어났는지 스스로 이상하게 여기면서 집으로 돌아갔다(12절). 여기서 이상히 여기다(싸우마제인, wonder)라는 단어는 빈 무덤이 베드로에게 일으킨 질문들과 그 질문들에서 시작된 믿음의 첫 걸음을 암시하는 것 같다.[3]

2. 엠마오로 가는 두 제자에게 나타난 예수(13~35절)

이 부분의 기사는 누가의 독특한 자료로서 그의 아름다운 회화적 필체가 가장 돋보이는 대목이다. 여기 등장하는 두 사람의 제자는 예루살렘에서 충격적인 주말을 보낸 후 엠마오[4]의 집으로 돌아가고 있었으리라 짐작된다. 그들은 함께 걸어가면서 예루살렘에서 일어났던 모든 일들에 대하여 서로 이야기하고 있었다(14절). 사실상 그들의 대화는, 15절의 동사(쉬제테인)가 보여 주듯이, 매우 열띤 토론과 논쟁의 성격을 띠고 있었다.[5]

19b~24절은 그들이 벌인 토론의 주제가 무엇인지를 보여 준다. 그들은 무엇보다도 '빈 무덤'의 의미에 대해 논쟁을 벌였을 것이다(22~24절 참조). 이때 그들 앞에 예수가 나타났다. 그는 이야기에 열중하고 있는 그들에게 가까이 가서 그들과 함께 걸었으나 그들은 눈이 가리어서 예수님을 알아보지 못했다(15~16절). 부활 이후 처음 나타난 예수의 모습은 보통 사람의 외모를 지니고 있었지만 원래 그를 알았던 제자들도 즉시 알아볼 수 없을 만큼 그렇게 달라져 있었다(비교. 막 16:12; 요 20:14~15).

예수가 그들의 대화 내용에 대해 질문하자 그들은 침통한 얼굴을 하고 멈춰 섰다(17절). 예루살렘에서 겪은 일로 매우 낙심하고 슬퍼했기 때문이다. 그들 중 한 사람인 글로바는 도대체 예루살렘에 머물면서 거기서 최근에 일어난 일을 어떻게 알지 못하느냐고 반문했다(18절). 예수는 그것이 무슨 일이냐고 되물었고, 그들은 나사렛 예수에 관한 일들을 바로 당사자에게(!) 소상히 말해 주었다(19b~24절). 즉 예루살렘의 대제사장들과 관리들이 하나님과 모든 백성 앞에서 행동과 말에 힘이 있는 선지자(19절)[6] 예수를 법정에 넘겨 주어 사형 선고를 받게 하고 십자가에 못 박아 죽였다(20절)는 것이다.

사실상 예수를 선지자 이상의 인물로 생각했던 두 제자는 그가 바로 이스라엘을 구원할 자라고 소망했으나 그 소망은 그의 죽음과 함께 사라지고 말았다(21절). 그들은 계속해서 예수의 무덤을 방문했던 여인들이 그의 시신은 보지 못하고 천사를 만났으며, 다른 동료 제자들(베드로 등)도 역시 그의 무덤이 비어 있음을 발견했다는 사실을 전해 주었다(22~24절).

이에 대해 예수는 그들의 미련함(아노에토스, foolishness)과[7] 더디 믿는 마음(브라데이스 테 카르디아 투 피스튜에인, slow-heartedness to believe)을 책망했다(25절). 그들은 무엇보다 '고난을 통해 영광에 이르는' 그리스도(메시아)의 길을 여전히 이해하지 못했고 마음으로 받아들이지 못했던 것이다. 그리스도가 먼저 십자가의 고난을 받은 후 그의 영광에 들어가는 것은 하나님의 계획에 따라 반드시 일어나야 할(데이, must) 순서였고(26절), 그것은 또한 예수가 제자들에게 이미 여러 차례 예고했던 내용이었다(9:20~22, 44~45; 18:31~34). 예수는 이제 그들에게 다시 한 번 모세와 모든 선지자로부터 시작해 성경 전체에서 자기에 관하여 쓴 것들을 설명해 주었다(27절). 그 결과 구약성경은 그들에게 비로소 열린(디에노이겐)[8] 책이 되었고 그들의 마음이 속에서 뜨겁게 타올랐다(32절).

날이 저물어 목적지에 당도하자 제자들은 예수를 강권하여 그들의 처소에 모셨다(28~29절). 함께 식사할 때 예수는 빵을 들어 축사한 후 떼어서 그들에게 주었고(30절), 그제서야 그들의 눈이 열려서 예수를 알아보았다(30~31a절). 그리고 그 순간 예수는 그들의 시야에서 사라졌다(31b절). 예기치 않은 주님의 출현과 가르침으로 그의 부활을 확인한 그들은 즉시 밤길을 되돌아 달려가서 예루살렘의 사도들과 제자들에게 자신들이 보고 들은 것을 알렸다(33~35절).

3. 예루살렘의 제자들에게 나타난 예수(36~43절)

이 단락의 장면은 앞 단락(13~35절)과 그대로 연속된다. 사도들을 포함한 제자들이 한 데 모여 그의 출현에 관한 이야기를 나누고 있을 때 예수 자신이 몸소 그들 가운데 나타나서 '너희에게 평화가 있을지어다'라고 인사한다(36절). 이 인사말은 승리로 끝난 그의 사역을 요약하는 축복과 위로의 선포였다.

그러나 제자의 무리는 그를 유령으로 생각하고 놀라며 무서워했다(37절). 그들은 아직도 그가 살아나서 그들 앞에 서 있다는 사실을 받아들이기 어려웠다. 예수는 그들의 당황함과 마음속의 의심을 간파하고(38절) 그들에게 십자가 처형의 흔적이 남아 있는 자신의 손과 발들을 보고 만져서 확인하라고 권한다(39절; 비교. 요 20:20, 25, 27).

예수의 부활체는 여전히 물리적 요소를 지니고 있었다. 고린도전서 15:35~49이 제시하듯이, 부활의 몸은 영화롭게 변화된 상태긴 하지만 또한 물리적 신체성의 요소를 계속 보유하는 까닭에 현재의 몸과 유사한 동시에 다른 측면들도 있다. 부활한 예수는 제자들에게 자신이 정말 살아있음을 확실히 증명해 보이기 위해 그분이 할 수 있는 모든 것을 다했다.

예수께서 제자들에게 손과 발을 내보이는 동안에도(40절) 그들은 그의 부활을 완전히 믿지 못하고 있었다. 엄밀히 말하자면, 그들은 반신반의(半信半疑)하고 있었던 것으로 보인다. 왜냐하면 누가는 그들이 아직 믿지 못한 이유를 너무 기뻐서(아포 테스 카라스, because of joy)라고 밝히는데(41a절), 만일 그들이 그를 끝까지 예수와 동일시하지 않았다면 결코 그런 기쁨도 느끼지 못했을 것이기 때문이다. 그들은 정말 죽었던 예수가 다시 살아났다고 인식하게 되자 잠시 동안 거의 마비된[9] 채 어찌할 바를 몰랐던 것 같다.

예수는 자신의 육체적 부활을 더욱 확실히 알게 하기 위해 여기에 먹을 것이 좀 있느냐고 물었고(41b절) 그들에게서 받은 구운 생선 한 토막을 그들 앞에서 받아먹음으로써 자신이 한낱 유령이 아니라 분명히 몸을 지닌 실체임을 입증했다(42~43절).

예수가 자신의 손과 발에 남아 있는 십자가형의 상처를 암시한 대목(39~40절)과 제자들 앞에서 생선을 먹는 장면(42~43절)은 신자들이 앞으로 갖게 될 부활의 몸의 성격과 조건을 유추하는 성서적 근거로 삼기 어렵다. 이를테면 이 본문을 근거로 신자의 몸이 부활한 다음에도 이전에 손상되었던 신체의 흔적을 간직할 것이고 계속해서 땅의 음식을 먹을(수 있을) 것이라고 생각한다면 그것은 지나친 추론이다.

고린도전서 15:35~54의 진술에 의하면, 우리가 입게 될 부활의 몸은 그리스도의 형상을 입은, 썩지 않고, 영광스럽고, 능력 있는, 하늘의 질서에 속한 몸이다. 그것은 '성령'에 의해 생명을 얻고 활력을 공급받는 영의 몸(소마 프뉴마티콘)으로서 현세의 물리적, 신체적, 정신적 제약과 한계를 초월하고 시간과 공간의 장벽을 뛰어넘어 자유롭게 활동하며 존재할 것이다.[10] 그러므로 본문의 기사들은 어디까지나 제자들에게 자신의 신체적 부활의 진정성을 입증하는 예수 그리스도의 특별한 자기 계시 방식으로 이해해야 할 것이다.

4. 예수의 마지막 교훈과 당부(44~49절)

이제 예수는 제자들에게 지금까지 자신에게 일어났던 일들과 앞으로의 일들을 설명하기 시작한다. 도대체 그는 어떻게 해서 지금 그들 앞에 다시 서게 되었는가? 십자가와 부활은 그에게, 그리고 또한 그들에게 무엇을 의미하는가? 그는 다시 살아난 지금부터 과연 무엇을 하려고 하는가? 예수는 십자가 사건 이전부터 그들에게 자기가 겪게 될 일들에 관하여 누누이 예고하였음을 상기시킨다.[11] "내가 전에 너희와 함께 있을 때에 너희에게 말하기를 모세의 율법과 선지자들의 글과 시편에 나를 두고 기록한 모든 일이 반드시 이루어져야 한다"고 하였다(44절). 그는 일찍부터 제자들에게 구약성경 전체(모세 율법, 선지서들, 시편)가 자신에 관하여 예언하고 있으며 그 예언들은 꼭 성취될 것이라고 가르쳤다(4:18~21; 9:30~31; 11:29~32; 18:31~33; 20:17, 42~43; 22:37; 요 5:39).[12]

여기서 예수는 다시금 제자들에게 성경책을 열어 주었다(비교. 32절). 더 정확히 표현하자면, 그들로 하여금 성경을 깨닫게 하려고 예수가 먼저 한 일은 그들의 마음을 열어 주는(디에노익센) 것이었다(45절). 그는 자신(그리스도)에 관하여 기록된 구약의 약속들을 세 개의 동사, 즉 1)고난받다(파쎄인), 2)살아나다(아나스테나이), 3)전파되다(케뤽쎄나이)로 요약한다(46~47절). 즉 그는 그리스도(메시야)로서 하나님의 뜻에 따라(데이, must) 고난을 받아야 했고(참조. 시 22; 69; 사 52:13~53:12), 살아나야 했다(참조. 시 16:8~10; 110:1). 그러므로 이제 제자들은 그의 이름으로 죄 사함을 받게 하는 회개를 예루살렘에서 시작하여 모든 족속에게 전파해야 한다(참조. 사 40:3~5; 암 9:15).

제자들은 지금까지 예수를 둘러싸고 일어난 모든 사건들의 목격자요 증인이었다(48절). 예수는 곧 그들을 땅 끝까지 파송할 계획을 품고 있었으며(행 1:8), 따라서 그들에게 먼저 필수적인 장비를 갖춰 주어야만 했다. 바로 이 목적을 위해 그들에게 머지않아 성령을 보내 주겠다고 약속하는데(49a절),[13] 이 성령의 보내심은 또한 그의 아버지께서 이미 오래 전부터 선지자들을 통해 약속하신 것이었다.[14]

제자들이 해야 할 일은 예루살렘을 떠나지 않고 거기에 머물러 있으면서 위로부터 오는 능력을 옷 입는(엔뒤세스쎄, clothe) 것이었다(49b절; 비교. 행 1:4, 8). 그들을 세상 앞에서 예수의 유력한 증인으로 만드는 것은 그들이 예수의 목격자와 동반자로서 쌓아 온 경력이 아니라 그들에게 와서 능력을 입혀 줄 성령이었다(12:11~12).

5. 예수의 승천(50~53절)

누가는 예수의 승천을 보도하는 유일한 복음서 기자다. 그는 이 복음서의 마지막을 다음과 같은 일련의 짧은 기사들로 끝내고 있다. 첫째, 예수가 제자들을 예루살렘 밖 베다니까지 데리고 나간 것과 손을 들어 그들을 축복한 것(50절), 둘째, 그들에게 축복하면서 그들을 떠나 '하늘로 올려진'(아네페레토 에이스 톤 우라논, he was carried up into heaven)[15] 것(51절; 비교. 행 1:9~11), 셋째, 그들이 '그에게 경배하고'(프로스퀴네산테스 아우톤, worshipped him) 크게 기뻐하며 예루살렘으로 돌아간 것(52절), 넷째, 그들이 줄곧 성전에서 하나님을 찬양하며 지낸 것(53절) 등이다.

아무 설명 없이 극히 간결하게 연결된 위의 기사들은 이 복음서의 후편인 사도행전 1:1~11의 기사와 자연스럽게 포개지면서 하나가 된다. 본문의 승천 기사에 의하면, 하나님의 구원을 성취한 예수가 이 땅에서 그의 제자들에게 보인 마지막 행위는 축복(율로게인, bless)이었고, 그에 대해 제자들이 마지막으로 보인 응답은 [경배와] 찬양(프로스퀘네인, worship; 율로게인, praise)이었다.

본문의 메시지와 적용

1. 부활에 대한 불신과 회의

누가복음 24장 본문은 예수의 신체적 부활(bodily resurrection)에 관하여 다음과 같은 두 가지 메시지를 던져 준다.

첫째, 사도들을 포함한 모든 제자들은 예수의 부활에 대하여 근본적으로 불신하는 태도를 가지고 있었으며 그것을 믿고 받아들이기 위해서는 거듭되는 확실한 증거들이 필요했다. 본문은 1세기의 제자들이 21세기 현대인들과는 달리 복음서의 기적들에 대해 활짝 열린 세계관을 가지고 있었다는 주장을 무력하게 만든다. 부활에 대한 제자들의 처음 반응은 현대인의 반응과 마찬가지로 매우 회의적(skeptical)이었으며 그들은 계속되는 증언과 증거들 앞에서도 결코 쉽사리 설복당하지 않았다.

사도들은 맨 처음 예수의 빈 무덤(3절)과 천사의 메시지(7절)에 관한 여인들의 증언(8~10절)을 들었을 때 그들의 말이 터무니없게(비합리적으로) 들려서 믿지 않았다(11절). 그 다음 그들은 주께서 과연 살아나셨다는 베드로의 증언을 들었다(34절). 그리고 엠마오 도상에서 주님을 만나고 돌아온 두 제자의 증언을 들었다(35절). 그럼에도 그들은 자신들 앞에 직접 나타난 예수를 유령으로 여기고 무서워하면서 마음으로 의심했다(37~38절). 더구나 상처 자국이 남아 있는 예수의 손과 발을 보고 나서도(39~40절) 그들은 너무 기뻐서 아직 믿지 못했다(41절). 결국 그들을 더 납득시키기 위해 예수는 그들 앞에서 굳이 생선 한 토막을 '먹어 보일' 필요가 있었던 것이다(42~43절). 사실상 그는 제자들에게 자신이 정말로 부활하였고 몸을 지니고 있음을 증명하기 위해 그가 할 수 있는 모든 것을 다하셨다.

제자들이 처음에 보인 불신과 회의는 그들이 당초에 예수의 부활을 기대하거나 소망한 적이 없었음을 보여 준다. 예수에 대한 그들의 기대와 희망은, 엠마오의 두 제자가 대변하듯 십자가와 함께 모두 사라졌으며, 따라서 그의 부활은 꿈에도 상상치 못한, 현실이라고 믿기에 두렵고 어려운 사건이었다. 하나님이 하신 일에 대해서는 오히려 여인들이 다른 어떤 제자들의 그룹보다 더 민감하고 신속하게 반응했다.

본문이 부활 사건의 첫 번째 증인들로서 여성들을 내세우고 있다는 점은 여기 기록된 부활 기사의 역사적 신빙성이 매우 높다는 또 하나의 증거가 된다. 왜냐하면 만일 1세기의 교회가 이 기사를 조작했다면, 구태여 당시 사회에서 경시당하는 여인들을 그 사건의 주요 증인들로 등장시키지는 않았을 것이기 때문이다.

부활은 기독교 복음과 신앙의 핵심을 이루는 내용이지만(롬 4:24; 고전 15:1~19), 그리스도의 교회는 처음부터 그 역사적 사실에 대한 증언과 메시지를 신속하게 믿지 못했다. 제자들이 그들에게 누차 예고되고 가르침받았던 예수의 부활을 믿기 어려웠다면, 오늘날 신자들에게도 주님의 재림과 그에 따른 신자의 육체적 부활은 여전히 믿기 어려운 교리임에 틀림없다. 바로 그 때문에 제자들에게 성령이 오셔야 했고(행 2:1~13, 32~33) 지금도 성령은 부활의 메시지를 듣는 사람들의 마음속에 오셔서 일하셔야만 한다(고전 2:10~16).

둘째, 부활의 복음은 그것을 전하는 사람에게 항상 특별한 인내를 요구한다. 오늘날 예수의 십자가와 부활 사건을 유일한 구원의 길로 선포하려는 전도자는 부활의 메시지를 처음 전했던 인물들의 심정을 기억할 필요가 있다. 예수께서 사역의 중요한 시점들에서 제자들에게 십자가의 고난과 부활의 소망을 이야기할 때마다 그들이 보였던 무관심과 몰이해를 생각해 보라. 부활의 첫 증인이었던 여인들이 직접 보고 들은 바를 전했을 때 그들이 곧바로 받아야 했던 냉소와 경시의 눈빛을 상상해 보라. 자신들에게 나타난 주님을 각각 전하고 난 시몬과 글로바 등이 다음 순간 홀연히 나타난 그분을 모든 동료가 유령처럼 두려워하고 의심하는 것을 보았을 때 어떤 심정이었을까 짐작해 보라.

그러므로 우리도 부활의 메시지를 다른 사람들에게 전할 때 성령의 인도를 받으며 인내를 연습해야만 한다. 그들이 처음에 그 메시지를 듣고 비웃고 돌아선다고 해도 너무 놀라거나 낙심할 필요가 없다. 제자들은 많은 증언과 증거를 접한 후에야 비로소 불신의 장벽을 넘어설 수 있었다. 오늘날 사람들도 그 메시지를 받아들이기 위해서는 성령의 내적 증거와 아울러 그렇게 많은 부활의 증인들이 필요할 것이다.

2. 하나님의 계획과 약속의 말씀

누가복음 24장은 하나님이 언제나 그의 계획에 따라 행하시며 그 계획은 우리에게 미리 약속의 말씀을 통해 주어진다는 사실을 가르친다. '하나님의 계획과 약속'이란 주제는 맨 처음 1~2장에서 강조했던 주제인데, 또다시 마지막 장에 도입됨으로써 이 복음서 전체를 괄호로 묶고 있다.

24장에서만 3번 등장하는 동사 '데이'(must)는 오래 전에 확정되고 구약성경에 예고되었던 하나님의 계획이 예수 그리스도를 통해 그대로 이루어져야만 한다는 사실을 매번 강조한다(7, 26, 44절). 그 계획은 바로 예수 그리스도의 '체포'와 '십자가' 처형과 '부활'의 사건을 핵심으로 하며(7, 26, 46절), 그의 이름으로 '회개'하고 '죄 사함'을 얻는 복음이 예루살렘부터 땅 끝까지 전파될 것을 포함한다(47절).

빈 무덤 앞에서 어찌할 바를 모르던 여인들은 천사들로부터 그(예수)가 "갈릴리에 계실 때 너희에게 어떻게 말씀하셨는지 기억하라!"(6b절)는 책망 섞인 권고를 받았다. 좌절과 낙망 속에서 귀향길을 가던 엠마오의 두 제자는 부활한 주님으로부터 "미련하고 선지자들이 말한 모든 것을 마음에 더디 믿는 자들아!"(25절)라는 꾸중을 들었다. 거듭된 증언과 증거들에도 불구하고 여전히 부활의 사실을 믿기 꺼려하던 모든 제자들은 주님으로부터 "내가 (전에) 너희와 함께 있을 때에 모세의 율법과 선지자들의 글과 시편에 나를 가리켜 기록된 모든 것이 (반드시) 이루어져야 한다"고 말하지 않았느냐는 질책을 받았다(44절).

한마디로, 본문에서 제자들은 하나님/주님의 약속의 말씀을 들을 때 마음에 새겨두지 않고 그냥 가볍게 넘겨 버렸기 때문에 책망을 들었다. 우리 자신도 그런 경솔한 태도를 경계해야 한다. 성경 안에는 우리가 이해하기 어렵고, 따라서 받아들이기 힘든 약속들이 많이 포함되어 있다. 그러나 우리는 나에게 익숙한 사고의 범주를 따라 그 말씀들을 듣기보다 그 약속을 하시는 하나님의 신실성과 능력을 믿는 마음으로 들어야 한다(롬 4:17b~22).

하나님이 그의 약속을 반드시 지켜 이루신다는 생각은 우리의 믿음과 소망의 기초가 된다. 오늘날 우리가 믿고 기다려야 할 가장 중요한 하나님의 약속들 가운데 하나는 그리스도의 '재림'이 동반할 신자의 일반적 '부활'이다. 신약성경이 수없이 예고하고 있는 이 약속도[16] 하나님의 원대한 계획 속에서 앞으로 우리에게 어김없이 이루어질 것이다. 하나님은 그의 자녀들에게 영원한 생명을 주시고 그가 지으신 새 하늘과 새 땅에 그들을 거하게 하실 것이다(계 21~22장).

그러므로 만일 그러한 세계가 지금도 하나님의 약속을 따라 보이지 않게 다가오고 있다면, 그 세계를 준비하는 일이야말로 우리에게 가장 우선적인 과제가 되어야 한다. 우리가 그 세계에서 누리게 될 삶은 지금 이 세상에서 누리는 삶과 도저히 비교할 수 없을 만큼 길고도 복 되기 때문에 그 미래에 관한 일들은 오늘의 어떤 관심사보다도 훨씬 중요하다.

3. 성경의 중심 주제와 깨달음

누가복음 24장은 또한 우리가 성경을 올바로 읽고 이해하기 위해서 먼저 기억해야 할 원리가 무엇인지를 보여 준다. 부활한 예수가 본문에서 세 번씩이나 강조한 바에 따르면, 구약성경은 전체적으로 예수 그리스도에 관한 책이다.

먼저 27절에서, 예수는 엠마오로 가던 두 제자에게 모세와 모든 선지자들로부터 시작하여 성경 전체에 자기에 관하여 쓴 일을 그들에게 설명해 주었다. 다음으로 44절에서는, 그가 이미 공생애 초기부터 제자들에게 구약성경의 모든 책들 가운데 자신에 관하여 성취될 예언들이 골고루 들어 있음을 가르쳤다고 말한다. "내가 (전에) 너희와 함께 있을 때에 너희에게 말하기를, 모세의 율법과 선지자의 글들과 시편에 나를 두고 기록한 모든 일이 (반드시) 이루어져야 하리라"고 했다.

이어서 46~47절에서는, 예수가 자신에 관하여 구약성경에 기록된 모든 예언들의 핵심을 '십자가의 죽음'(그리스도가 고난을 겪으고)과 '부활'(사흘 만에 죽은 사람들 가운데서 살아날 것과)과 '그를 믿어 얻는 죄 사함'(그의 이름으로 죄 사함을 받는 회개)과 그 믿음의 '전 세계적 전파'(모든 민족에게 전파될 것이다)로써 요약한다.

누가복음 24장 본문은 구약성경의 '기독론적 이해', 즉 구약성경을 그리스도에 관한 예언과 성취의 관점에서 통합적으로 읽고 파악하려는 해석방법론이 후대 교회에서 시작되어 발전한 것이 아니라 원래 예수 자신에게서 시작되어 그의 제자들에게 전승되었음을 가르친다. 신약성경과 아울러 구약성경의 모든 책들이 다루고 있는 중심 주제는 '예수 그리스도'며, 그 모든 책들이 기록된 목적은 결국 한 가지 '그리스도 예수 안에 있는 믿음을 통하여 영생과 구원을 얻게 하는 것'이다(요 5:39; 20:31; 딤후 3:15; 롬 1:2~4; 3:21~22; 16:25~26).

그러므로 우리는 성경을 대할 때마다 언제나 이 중심 주제와 목적을 염두에 둘 필요가 있다. 성경 가운데 어떤 본문을 읽고 연구하든지 우리의 근본 동기는 항상 그 안에서 예수 그리스도를 알고 '믿음'으로 '죄 사함'과 '구원'을 (더욱 온전히) 얻으려는 것이 되어야 한다.

성경의 참된 이해는 그것을 연구하는 사람의 지능과 열심과 노력에 달려 있지 않다. 우리는 그 사실을 신약 시대의 바리새인들과 서기관들에게서 확인할 수 있다. 사도 바울도 다메섹 도상에서 주님을 만나기 전에는 그들과 같은 처지에 있었다. 성경 안에서 예수를 자신의 구원자로 만나지 못하는 사람에게 성경은 닫혀 있는 책이다. 오늘날에도 진정한 의미의 (회개, 죄 사함, 믿음, 거듭남을 포함하는) 회심을 거치지 않은 사람들이 성경을 연구대상으로 삼아 열심히 읽고 토론하고 가르치고 그것에 관하여 글을 쓸 수 있는 가능성은 얼마든지 있다.

본문은 사람들에게 닫혀 있던 성경이 어떻게 열리게 되는지 두 가지 과정을 말해 준다. 첫째, 32절에서 엠마오의 두 제자는 길 위에서 만난 주님이 그들에게 성경을 열어 주었고, 그때 그들의 마음이 속에서 뜨겁게 타올랐다고 회상한다. 예수가 그들에게 성경을 열어 준 방법은, 27절이 말하듯이, 성경 전체에 걸쳐 기록된 자기에 관한 사항들을 자세히 설명해 준 것이었다. 성경은 그 책의 전체 주제인 '예수 그리스도의 구원 사역'의 빛 아래서 비로소 열려지기 시작한다.

둘째, 45절에서 예수는 성경을 깨닫게 하려고 그들[제자들]의 마음을 열어 주었다. 여기서 그가 연 것은 성경이 아니라 제자들의 '마음'이었다. 그 목적은 그들이 성경을 깨닫도록 하기 위해서다. 사도행전 16:14에서도 주님은 바울의 설교를 듣고 있던 루디아의 마음을 열어 믿음으로 반응하게 하셨다. 본문 45절을 앞 뒤 문맥(44절과 46~47절)과 연결해 보면, 이 두 과정이 분리되지 않고 동시에 일어남을 알 수 있다.

성경이 오늘도 열린 책이 되기 위해서는 위의 두 가지 과정이 모두 일어나야 한다. 먼저, 성경의 각 책과 본문들은 '예수 그리스도'와의 유기적인 관련 속에서 마침내 한 권의 책으로 통합되고 열려지기 시작한다. 그러므로 누구나 성경 안에서 예수를 자신의 구주로 만난 후에야 그 책 각 부분의 내용들을 새롭고 온전히 깨달아가게 된다. 그리고 다른 사람들에게 성경을 그렇게 그리스도 중심적으로 설명해 줌으로써 그 책을 열어 준다.

다음으로, 어떤 사람이 성경 안에서 예수를 자신의 구주로 만나기 위해서는, 그래서 그 책의 내용을 이해하기 위해서는, 하나님/성령님이 그 사람의 '마음'을 열어 주셔야만 한다. 성경이 우리에게 구원에 이르는 지혜를 줄 수 있는 까닭은 오로지 성령의 영감 때문이다(딤후 3:15~17; 벧후 1:20~21). 성경을 포함하여 하나님이 우리에게 은혜로 주신 모든 것을 분별하기 위해 우리의 마음은 반드시 성령의 조명과 깨우침을 받아야 한다(고전 2:9~16).

4. 예수의 승천의 의미

부활 이후 40일 동안 여러 장소에서 제자들에게 나타났던(행 1:3) 예수는 그들이 모두 지켜보는 가운데 하늘로 올라갔다. 이 공개적 승천의 의미는 대략 다섯 가지로 생각할 수 있다.

첫째, 예수의 지상 사역은 끝났다. 부활의 몸을 입은 예수는 분명히 지상을 떠나 하늘로 올라갔다. 따라서 그의 제자들은 더 이상 그의 육체적 출현을 기다려서는 안 된다.

둘째, 예수의 천상 사역이 시작될 것이다. 그의 승천은 지상과의 작별인 동시에 하나님의 우편에 앉아 권능의 주로서 활동하는 시발점이기도 하다(눅 22:69).

셋째, 성령의 시대가 시작되었다. 교회는 예수가 떠난 후에야 비로소 하나님이 약속하신 또 다른 보혜사(성령)를 기다렸고(행 1:4), 승천한 예수는 중보자로서 그들에게 성령을 보내 주었다(행 2:30~36).

넷째, 예수는 승천했던 방식으로 이 땅에 다시 올 것이다. 그의 재림도 특정한 시간과 장소에서 가시적으로 일어날 것이다(행 1:9~11; 비교. 눅 21:27).

다섯째, 제자들은 예수의 재림 때까지 이 땅에서 위임받은 사명을 성취해야 한다. "너희가 어찌하여 서서 하늘을 쳐다보느냐"(행 1:11a)라는 천사의 말은 제자들의 관심사가 땅에 있어야 할 것을, 즉 그리스도의 증인들로서 땅 끝의 모든 족속들에게 나아가야 함을 상기시킨다.

주

I

1장

1. 한글 개역은 이 단어를 '내력'이라고 번역한다.
2. J. B. Green, *The Gospel of Luke*, (NIGTC; Grand Rapids: Eerdmans, 1997), p. 2.
3. C. H. Talbert, *What is a Gospel?: The Genre of the Canonical Gospels* (Philadelphia: Fortress Press, 1977); idem., "Once Again: Gospel Genre," *Semeia* 43 (1988), pp. 53~73.
4. R. A. Burridge, "What are the Gospels? A Comparison with Graeco-Roman Biography," *SNTSMS* 70 (Cambridge: Cambridge University Press, 1992).
5. 사도행전이 예수에 관한 전기가 아님은 너무도 분명하다. 누가복음과 사도행전의 관계에 대해서는 Green, *Luke*, pp. 6~10을 보라. 두 작품의 문학적 일체성에 대해서는 일찍이 무라토리안 정경과 Irenaeus 등이 증언해 준다.
6. 본 논문은 F. J. F. Jackson and K. Lake (eds), *The Acts of the Apostles, II: Prolegomena II: Criticism* 5 vols (Grand Rapids: Baker, 1920~1933), pp. 489~510에 실려 있다.
7. D. E. Aune, "The New Testament in Its Literary Environment," *LEC* 8 (Philadelphia: Westminster, 1987), pp. 120~131.
8. L. Alexander, "The Preface to Luke's Gospel. Literary Convention and Social Context in Luke 1.1~4 and Acts 1.1," *SNTSMS* 78 (Cambridge: Cambridge University Press, 1993), pp. 102~106.
9. 참조. I. H. Marshall, *Luke: Historian and Theologian* (Exeter: Paternoster, 1970).
10. 영어판은 *The Theology of Saint Luke* (London: Faber, 1960)라는 제목으로 번역 출판되었다.
11. 참조. R. Maddox, *The Purpose of Luke-Acts* (Edinburgh: T. & T. Clark, 1982), pp. 100~157; C. M. Tuckett, *Luke* (Sheffield: Sheffield Academic Press, 1996), pp. 33~48.
12. Tuckett, *Luke*, p. 48.
13. Green, *Luke*, p. 22.
14. 실제로 누가는 예수를 지칭하는 다양한 호칭들 가운데 '주'를 가장 자주 사용한다.
15. 참조. J. A. Fitzmyer, "The Gospel according to Luke I-IX," *AB* 28 (Garden City: DoubleDay, 1981), pp. 200~204.
16. Tuckett, *Luke*, pp. 79~81.
17. 영(프뉴마)이라는 단어가 나타나는 횟수: 마태-19회; 마가-23회; 누가-36회; 요한-24

회; 사도행전-70회. 누가의 성령론에 대해서는 J. D. G. Dunn, *Baptism in the Holy Spirit* (London: SCM Press, 1970); M. M. B. Turner, "Power from on High. The Spirit in Israel's Restoration and Witness in Luke-Acts", *JPTS* 9 (Sheffield: Sheffield Academic Press, 1996) 등을 보라.
18. 특히 18절의 '주의 성령이 내게 임하셨으니' 라는 구절을 주목하라.
19. 누가복음에 나타난 '가난한 자'에 대해서는 D. P. Seccombe, *Possessions and the Poor in Luke-Acts* (Linz: Fuchs, 1984); 김경진, 「누가신학의 제자도와 청지기도」(서울: 솔로몬, 1996) 등을 보라.
20. E. Bammel, "프토코스", *TDNT* VI, p. 888.
21. J. Jervell, *Luke and the Divided People of God. A New Look at Luke-Acts* (Minneapolis: Augsburg, 1982), 특히 pp. 41~74.
22. J. T. Sanders, *The Jews in Luke-Acts* (London: SCM Press, 1987).
23. 지금까지 언급한 신학적 관심사들 외에도 누가복음에는 몇몇 특별한 관심사들이 있다. 누가복음에 자주 나타나는 예수 자신의 기도에 대한 언급들(3:21; 5:16; 6:12; 9:18, 28~29; 10:21~22; 11:1; 22:41~46; 23:46)과, 기도에 관한 몇몇 비유들(11:5ff.; 18:1ff.; 18:10ff.) 및 기도에 대한 권면들(6:28; 11:2; 22:40, 46; 참조. 20:47)은 누가가 기도에 대하여 특별한 관심을 가지고 있었음을 보여 준다. 또한 마리아의 노래(1:46~55), 은총의 노래(1:68~79), 천사들의 영광송(2:14), 시므온의 노래(2:29~32) 등과 같은 아름다운 찬양 시들(참조. 2:20; 5:25~26; 7:16; 13:13; 17:15; 18:43)은 누가의 또 다른 관심사였던 것 같다.
24. 누가가 연대기적 순서에 얽매이지 않고 그의 자료들을 배열하는 경향은 두 가지 측면에서 설명될 수 있다. 첫째, 누가가 기본적으로 채택하고 있는 1세기 당시 역사 기술 방식은 오늘날과는 상당히 다른 연대기적 정확성의 기준을 가지고 있었다. 둘째, 누가는 여기서 한 걸음 더 나아가 그의 신학적 진리를 제시하기 위해 1세기 당시의 기준에도 철저하게는 얽매이지 않았던 것으로 보인다. '장르'에 관한 위의 논의를 참조하라.
25. 예. Conzelmann, *Luke*, pp. 18~94.
26. 19:28~44은 여행 단락과 예루살렘 단락 양쪽에 연관되어 있는 전환적 단락이다. 즉, 본 단락은 여행 단락의 절정이자 예루살렘 단락의 도입 역할을 하고 있다. 그러나 그 실제 내용이 예루살렘 자체와 긴밀하게 연결되어 있기에, 예루살렘 단락에 포함시키는 것이 보다 적절할 것으로 보인다.
27. 누가복음 9:51에서 단절된 마가의 구조는 누가복음 18:15에 가서야 회복된다.
28. 참조. G. N. Stanton, *The Gospels and Jesus* (Oxford: Oxford University Press, 1989), pp. 95~97.

3장

1. 김경진, 「잃어버린 자를 찾아오신 주님」(한국성서학연구소, 2000), p. 30; cf. Herman Ridderbos, *Studies in Scripture and its Authority* (Grand Rapids: Eerdmans, 1978), pp.

20~36.
2. 디아테사론은 주후 172년 수리아(Syria)의 그리스도인이던 타티안(Tatian)이 당시 세계의 중심지였던 로마에 가서 발견한 복음서를 하나로 통합하여 만든 복음서다. 우리말로는 "사중복음"(四重福音)이라 부른다. 참조. Christopher Tuckett, *Reading the New Testament* (London: SPCK, 1987), p. 8; J. Stevenson(ed.), *A New Eusebius* (London: SPCK, 1977), pp. 97~104.
3. "하나님은 복음서의 조화를 영감되게 하신 것이 아니라, 네 개의 구별된 것들을 영감되도록 선택하셨으며, 우리도 우리의 해석을 통해 하나님의 선택을 손상시키기보다는 이를 존중해야 한다": 윌리암 클라인, 크레그 블롬버그, 로버트 하버드, 「성경해석학 총론」(류호영 역; 생명의 말씀사, 1997), p. 626.
4. 리차드 A. 버릿지, 「네 편의 복음서, 한 분의 예수」(김경진 역; 기독교연합신문사, 2000), p. 252.
5. 임박한 종말론 경향의 완화와 핍박적 요소의 희석은 누가복음의 사회적 배경 및 상황과 관련된 것으로, 뒤에서 좀 더 상세하게 다뤄질 것이다. 요컨대, 이러한 완화와 희석의 경향은 누가복음의 기록연대를 80년대로 추정케 하는 또 다른 요인이 되는 것이다; 참조. I. Howard Marshall, "Commentary on Luke," *NIGTC* (Grand Rapids: Eerdmans, 1978), p. 34; C. F. Evans, "Saint Luke," *TPI NTC* (London: SCM, 1990), p. 14.
6. 누가가 그 복음서를 쓸 때 마가복음을 참조하였다는 사실의 근거로 우리는 누가복음의 서문을 의지할 수 있을 것이다(눅 1:1~4). 여기서 누가가 그 이전에 붓을 들어 "우리 중에 이루어진 사실", 즉 예수님의 행하심과 가르치심(행 1:1)을 기록한 사람으로 마가와 그의 복음서를 염두에 두었다는 것은 일반적으로 수용되고 있는 가능성이다. Marshall, *Commentary on Luke*, p. 41; Evans, *Saint Luke*, p. 123; 참조. Joel B. Green, *The Gospel of Luke* (NICNT; Grand Rapids: Eerdmans, 1997), p. 15.
7. 이와 관련된 대표적인 책이 Richard Bauckham(ed.), *The Gospels for All Christians: Rethinking the Gospel Audiences* (Grand Rapids: Eerdmans, 1998)다.
8. Kyoung-Jin Kim, *Stewardship and Almsgiving in Luke's Theology* (Sheffield: Academic Press, 1998); 한역, 「누가신학의 제자도와 청지기도」(도서출판 솔로몬, 1997), pp. 69~71; 참조. E. E. Ellis, "The Gospel of Luke," *Century Bible* (London: Nelson, 1966), p. 54; E. Schweizer, *The Good News according to Luke* (London: SPCK, 1984), p. 6.
9. 유대인들 위주의 구원을 주장하는 자들을 유대주의자(Judaiser), 혹은 율법주의자(Legalist)라고 부르는데, 그들의 주장의 내용이 사도행전 15:1에 언급되어 있다: "… 너희가 만일 모세의 법대로 할례를 받지 아니하면 능히 구원을 얻지 못하리라 …"(참고 갈 2:14). 요컨대, 이들의 주장에 따르면, 이방인들이 유대인처럼 하나님의 백성이 되기 위해서는 유대인처럼 할례를 행하고, 음식을 가려 먹으며, 안식일이나 유월절 같은 절기를 준수해야만 한다는 것이다. 다시 말해, 구원을 받으려면 우선 유대인이 되어야만 한다는 논리다. 이런 주장에 반대하여 기록된 서신이 갈라디아서와 로마서 같은 교리서신이다. 참조. John Ziesler, *Pauline Christianity* (Oxford: Oxford University Press, 1992); *The Epistle to the Galatians* (London: Epworth, 1992).
10. Robert J. Miller(ed.), *The Complete Gospels* (Sonoma, Cal.; Polebridge, 1994), p. 117.

11. W. Schmithals, *Das Evangelium nach Lukas* (Zürich: Theologischer Verlag, 1980), p. 17; D. Guthrie, *New Testament Introduction* (Leicester: IVP, 1978), p. 95; G. B. Caird, "The Gospel of St. Luke," *Pelican Gospel Commentaries* (London: A & C Black, 1968), p. 14, 44.
12. J. A. Fitzmyer, "The Gospel according to Luke," *Anchor Bible* (New York: Doubleday, 1981), p. 59; 김경진, 「누가신학」, pp. 58~59.
13. 로버트 G. 헐버, 「이해를 위한 신약성서 연구」(김영봉 역; 컨콜디아사, 1991), p. 60.
14. P. F. Esler, *Community and Gospel in Luke-Acts* (Cambridge: University Press, 1987), pp. 30~45; 참조. 알렌 버히, 「신약성경 윤리」(김경진 역; 도서출판 솔로몬, 1999), pp. 197~199.
15. 김경진, 「하나님의 나라와 윤리」(도서출판 그리심, 2003), pp. 123~124.
16. 마가복음 9번; 누가복음 39번 = 누가복음 4:29, 31, 43; 5:12; 7:11, 12, 37 등.
17. 김경진, 「누가신학」, p. 65; 「잃어버린 자를 찾아오신 주님」, pp. 49~51.
18. H. J. Cadbury, *The Style and Literary Method of Luke* (Cambridge, Mass.; Harvard University Press, 1920), pp. 245~249.
19. Martin Kahler, *The so-called Historical Jesus and the Historical Biblical Christ* (Philadelphia: Fortress, 1970), p. 80.
20. T. Baumeister, *Die Anfange der Theologie des Martyriums* (Münster: Aschendorff, 1980), p. 99; M. Hengel, *Studies in the Gospel of Mark* (London: SCM, 1985), p. 134; E. Best, *Mark: The Gospel as Story* (Edinburgh: T & T Clark, 1988), p. 53. 마가복음의 핍박 모티프에 대한 좀 더 상세한 설명은, 김경진, 「누가신학」, pp. 85~91을 참조하기 바란다.
21. Baumeister, *Die Anfange*, pp. 90~107.
22. H. Conzelmann, *The Theology of St. Luke* (London: Faber & Faber, 1960), p. 233.
23. 김경진, 「누가신학」, p. 68.
24. Conzelmann, *The Theology of St. Luke*, p. 113.
25. Miller(ed.), *The Complete Gospels*, p. 117.
26. Joel B. Green, *The Theology of the Gospel of Luke* (NTT; Cambridge: University Press, 1995), pp. 76~84.
27. 이런 맥락에서 필그림은 누가복음에 대한 자신의 저서의 제목을 아예 「가난한 자들을 향한 복음」이라고 명명했다; W. E. Pilgrim, *Good News to the Poor: Wealth and Poverty in Luke-Acts* (Minneapolis: Augsburg, 1981).

4장

1. 이 주제와 관련하여 김경진, 「부자를 위한 성서 해석」(서울: 프리칭아카데미, 2007)과 오덕호, 「하나님이냐 돈이냐?: 누가복음 16장의 문학, 역사비평적 연구」(서울: 한국신학연구소, 1998) 일독을 권한다.

5장

1. R. Morgenthaler, *Statistik des neutestamentlichen Wortschatzes* (Zürich: Gotthelf, 1958).
2. 기도를 칭하는 헬라어 원어가 여럿 있고, 기도라는 명시적 단어가 없어도 정황상 기도임이 명백한 구절도 있다(눅 10:21~24). 따라서 용어가 사용된 숫자를 정확히 세는 데는 어려움이 있다. 이에 관해서는 필자가 쓴 "Theology of Prayer in the Gospel of Luke," *JETS* 43 (2000). pp. 675~676을 참고하라.
3. W. Ott, *Gebet unt Heil: Die Bedeutung der Gebetsparaenese in der lukanishcen Theologie* (München:Koesel, 1965); O. G. Harris, "Prayer in Luke-Acts: A Study in the Theology of Luke" (Ph.D. dissertation: Vanderbilt University, 1966).
4. 이 주제에 관한 학자들의 주장에 대한 요약은 Kyu Sam Han, "Theology of Prayer," pp. 676~679를 참고하라.
5. Kyu Sam Han, ibid., pp. 679, 691~693.
6. S. Smally, "Spirit, Kingdom and Prayer," 또 누가복음 11:13과 사도행전 4:31, 8:15~17 참고.
7. Oscar Cullmann, "Baptism in the New Testament," *SBT* 1; Naperville, Il: Alec R. Allenson, 1950), p. 19.
8. P. T. O'Brien, "Prayer in Luke-Acts," *TB* 24 (1973), p. 115.
9. Richard Longenecker, "Taking Up the Cross Daily: Discipleship in Luke-Acts," in *Pattern of Discipleship in the New Testament* (Grand Rapids: Eerdmans, 1996), pp. 56~57.
10. J. M. Creed는 누가신학에는 예수님의 수난 이외에 십자가에 대한 가르침이 없다고 주장한다. 그러나 그의 주장은 C. K. Barrett에 의해 설득력 있게 반박되었다. Barrett는 누가복음은 십자가의 도를 제자들의 생활패턴으로 제시하고 있다고 주장했다. 누가는 제자들의 실천적인 삶을 강조했기에, 십자가 신학의 포괄적 제시보다는 삶의 현장에서 제자들이 십자가를 지는 삶을 살 것을 강조했기 때문이다("Theologia Crucis‐in Acts?," in *Theologia Crucis* [eds, C. Anderson and G. Klein; Tübingen: Mohr, 1979]. p. 76).
11. 이미 누가복음 6:12에서 예수님이 산에서 기도하셨던 것을 기록함으로 변화산에서의 기도는 늘 하시던 산기도의 일부임을 보여 준다.
12. 지면상 본 논문에서는 이 두 구절을 다루지 않으려 한다. 필요하면 필자의 글 "Theology of Prayer in Luke" pp. 684~686을 참고하라.
13. 다수의 학자들은 누가복음 10:21~24도 예수님의 기도의 가르침이라고 한다. 필자도 동의하나 기도란 단어가 구체적으로 나오지 않고 가르침의 의미도 다른 네 군데와 중복됨으로 본 소고(小考)에서는 생략한다. 필자의 영어 원문을 참조하길 바란다.
14. Joachim Jeremias, "The Lord's Prayer in Modern Research," *ExpT* 71 (1960), pp. 141~146.
15. 비교 Talbert, *Reading Luke*, p. 132.
16. Plymale, *Prayer Texts*, p. 55.
17. 누가복음 11:13과 사도행전 1~2장의 관계에 관한 자세한 설명은 Talbert, Ibid., p. 133

을 참고하라.
18. Craig Blomberg, *Interpreting the Parables* (Downers Grove, IL: InterVarsity, 1990), p. 271.
19. Ibid., p. 271. Green 또 누가복음 17:20과 18:8을 여닫이 문구(inclusio)로 보았다(*Gospel of Luke*, p. 637).
20. Marshall, *Luke*, p. 670.
21. 분사인 '데오메노이'는 이곳에서 수단을 의미한다고 보아야 한다. "기도를 통하여 항상 깨어 있기를 …"(ἀγρυπνεῖτε δὲ ἐν παντὶ καιρῷ δεόμενοι).
22. Rudolf Schnackenberg, "Die lukanische Eschatologie im Lichte von Aussage der Apostelgeschichte," in *Glaube und Eschatologie* (E. Graesser and O. Merk; Tübingen: Mohr, 1985), pp. 261~262.
23. E. E. Eillis는 이 점에 관해 다음과 같이 설명한다 – "because the eschatological reality is present, the length of the interval until the consummation is of no crucial significance," *Eschatology in Luke* (Philadelphia: Fortress, 1972), p. 19.

6장

1. I. H. Marshall, *Luke: Historian and Theologian* (Grand Rapids: Zondervan, 1970).
2. J. Hull, *The Holy Spirit in the Acts of the Apostles* (London: Lutterworth, 1967), p. 164.
3. E. Jüngel, *Paulus und Jesus: eine Untersuchung zur Präzisierung der Frage nach dem Ursprung der Christologie* (Tübingen: Mohr, 1964), p. 263.
4. 예를 들면, 롬 1:4, 11; 2:29; 5:5; 7:6; 8:1~17, 23~27; 14:17; 15:13, 16, 19, 27, 30; 고전 2:4~26; 3:16; 6:11, 17, 19; 7:40; 9:11; 12~14; 고후 1:22; 3:1~18; 4:13; 5:5; 13:13; 갈 3:1~5, 14; 4:6, 29; 5:5, 13~26; 6:1, 8; 빌 1:19; 2:1; 3:3 등.
5. 그러나 Dunn과 Smalley는 이 관계를 다루고 있다. J. Dunn, *The Christ and the Spirit: Pneumatology* (Grand Rapids: Eerdmans, 1998), pp. 133~141; S. Smalley, "Spirit, Kingdom and Prayer in Luke-Acts," *NovT* 15 (1973), pp. 59~71 (64).
6. 이것에 대한 전반적인 논의는 본서 5장을 참조.
7. M. Rese, *Alttestamentliche Motive in der Christologie des Lukas* (Gütersloh: Gerd Mohn, 1969), p. 145.
8. O. Merk, O. Merk, "Das Reich Gottes in den lukanischen Schriften," in *Jesus und Paulus* (eds. E.E. Ellis & E. Grässer; Göttingen: Vandenhoeck & Ruprecht, 1975), p. 268.
9. R. Maddox, *The Purpose of Luke-Acts* (FRLANT 126; Göttingen: Vandenhoeck & Ruprecht, 1982), p. 133.
10. R. Denova, *The Things Accomplished Among Us: Prophetic Tradition in the Scriptural Pattern of Luke-Acts* (JSNTSup 141; Sheffield: SAP, 1997), p. 134; Maddox, *Purpose*, p. 133; R. C. Tannehill, *The Narrative Unity of Luke-Acts: A Literary Interpretation*, vol.

I, (Philadelphia: Fortress, 1986), p. 63.
11. F. S. Spencer, *The Portrait of Philip in Acts* (JSNTSup 67; Sheffield: JSOP, 1992), p. 39.
12. 예를 들면, B. Witherington, *The Acts of the Apostles: A Socio-Rhetorical Commentary* (Grand Rapids: Eerdmans, 1998); J. Fitzmyre, *The Acts of the Apostles: A New Translation with Introduction and Commentary* (New York: Doubleday, 1998).
13. A. Prieur, Die Verkündigung der Gottesherrschaft: Exegetische Studien zum lukanischen Verständnis von basilei, a τoυ θεoυ(투 테우) (WUNT 2.89; Tübingen: Mohr, 1996), pp. 115~117.
14. Dunn, *Pneumatology*, p. 136: "Do not concern yourselves about the when of the kingdom; but the what of the kingdom that which concerns you is that you shall receive power when the Spirit comes upon you."
15. A. D. Agua, "The Lukan Narrative of the 'Evangelization of the Kingdom of God' : A Contribution to the Unity of Luke-Acts," in *The Unity of Luke-Acts* (ed. J. Verheyden; Louvain: LUP, 1999), p. 657. "To be a witness of Jesus means to bear witness to the kingdom of God."
16. Dunn, *Pneumatology*, pp. 137~138. 사실 던의 이러한 주장은 그의 성령론의 핵심적 내용 중의 하나인 제자들의 하나님나라 경험은 오순절에 처음으로 맛보는데, 이것은 성령을 통해서 가능하기 때문이라는 그의 주장과 연관된다. 그러나 복음서에 기록되어 있는 하나님나라의 축복과 경험은 성령이 아니라 바로 기독론적 사건인 예수의 오심과 그의 사역으로 말미암아 가능함을 많은 구절에서 보여 준다(예컨대, 눅 5:1~11; 7:36~50; 8:1~3, 48; 9:21~27, 60; 10:1~20; 11:2, 14~22; 12:31~32; 13:10~17; 14:15~24; 15:1~32; 17:21; 19:1~10; 22:29 etc.). 따라서 하나님나라의 도래의 주인이신 메시아와 함께했던 제자들은 이미 오순절 전에 하나님나라를 경험했음에 틀림없다. 기독론과 관련된 하나님나라의 축복에 관한 보다 상세한 내용은 다음 문헌들을 보라. Merk, "Das Reich Gottes," pp. 216, 219; Marshall, *Luke: Historian and Theologian*, pp. 128~144.
17. W. H. Shepherd, *The Narrative Function of the Holy Spirit as a Character in Luke-Acts* (Atlanta: Scholars, 1994), pp. 179~180.
18. Prieur, *Verkündigung*, p. 158.
19. 아쉽게도 NIV와 한글성경은 일부 중요한 사본에 기록된 이 중요한 어구를 생략하고 있다.
20. V. C. Pfitzner, "'Pneumatic' Apostleship? Apostle and Spirit in the Acts of the Apostle," in *Wort in der Zeit: Festgabe für Karl Heinrich Rengstorf* (eds. W. Haubeck and M. Bachmann; Leiden: Brill, 1980), p. 219.
21. 이것에 관한 전반적 논의는 본서 4장을 참조.

II

1장

1. 이에 대한 상세한 논의를 위해서는 필자의 책 "A Dynamic Reading of the Holy Spirit in Luke-Acts," *JSNTSS* 211 (Sheffield: Sheffield Academic Press, 2001)의 5장을 참조하라.
2. 누가복음의 서문은 앞에서 다룬 내용을 염두에 둘 때, 누가 – 행전의 서문으로 보아야 한다.
3. 한글 개역성경에서 내력, 표준새번역에서 '이야기'라고 번역된 이 헬라어 단어 '디에게시스'는 영어성경에서 account(NIV) 또는 narrative(RSV)로 번역되었다. 참고로 이 헬라어 단어의 동사형인 '디에게오마이'는 누가복음 8:39; 9:10; 사도행전 8:33; 9:27; 12:17에서 사용되고 있다.
4. 데오빌로가 누구인지에 대한 논의는 적지 않았지만 여전히 그의 정체성과 관련된 몇 가지 의문들(그 민족적 기원이 이방인인가 유대인인가 혹은 '하나님을 경외하는' 유대교로 회심한 이방인인가, 로마 정부의 관리인가 아니면 단지 높은 사회적 신분을 갖고 있는 자인가)은 확실치 못한 실정이다. 그러나 데오빌로가 복음을 받아들여 회심한 기독인으로 보는 데에는 학자들이 거의 동의하고 있다. '각하'로 번역된 헬라어 '크라티스토스'는 사도행전 23:26; 24:3; 26:25에도 사용되었다.
5. Robert C. Tannehill, *The Narrative Unity of Luke-Acts: The Gospel according to Luke*, vol. 1 (Philadelphia: Fortress Press, 1986), pp. 15~20.
6. 엘리사벳의 시련은 다음과 같은 구약의 여성들을 상기시킴으로써, 이 가운데 역사하실 하나님의 선하신 섭리와 뜻을 예기시켜 준다. 사라(창 16:1; 18:11), 리브가(창 25:21), 라헬(창 30:1), 삼손의 어머니(삿 13:2), 그리고 한나(삼상 1~2장).
7. C. A. Evans, "Luke", *New International Biblical Commentary* (Peabody: Hendrickson, 1990), p. 25를 참조하라.
8. 누가복음 1~2장에서 묘사된 주요 인물들은 성령의 충만이나 인도함을 받아 결국 예수님의 증인들로 나타나는데, 이것은 사도행전의 주요 인물들에게도 동일하게 나타나는 주된 특징이다. 자세한 논의를 위해서는 필자의 *A Dynamic Reading of the Holy Spirit*, pp. 196~203을 보라.
9. 누가복음 1~2장에는 하나님께 영광을 돌리는 세 개의 찬미 단락이 나오는데 그 첫째가 1:46~56에 나오는 마리아에 의한 찬미(the Magnificat)고 둘째는 1:67~79에 있는 사가랴의 찬미(the Benedictus)며, 마지막 찬미는 위의 두 개와 비교할 때 다소 짧은 2:28~32에 나타나는 시므온의 것(the Nunc Dimittis)이다. 이 세 찬미들은 누가 – 행전 전체의 중심 주제를 파악하는 데 필수적인 것이다. 마리아와 사가랴의 찬미들에 대한 구조 분석에 대해서는 Joel Green, *The Gospel of Luke* (NICNT; Grand Rapids: Eerdmans, 1997), pp. 98~101, 112~114을 보라.
10. Darrell L. Bock, *Luke* (Downers Grove: IVP, 1994), pp. 46~47.
11. D.L. Bock, *Luke*, pp. 47~48.
12. 주 예수에 대한 표현은 사도행전에서 더욱 두드러지게 나타난다(행 1:21; 4:33; 7:59;

8:16; 9:17; 10:36; 11:17, 20; 15:11, 26; 16:31; 19:5, 13, 17; 20:21, 24, 35; 21:13; 28:31).

2장

1. 시오노 나나미, 「로마인 이야기」, 제6권(한길사, 1997), p. 18.
2. 이 문제에 대해서는 W. Hendriksen, *The Gospel of Luke* (Edinburgh: Banner of Truth, 1984), p. 172f.을 보라.
3. Jakob van Bruggen, *Lucas* (Kampen: Kok, 1993), p. 101.
4. S. Greijdanus, *Lucas* I (Amsterdam:: H. A. van Bottenburg), 1940, p. 143.
5. 참조. Greijdanus, *Lucas* I, p. 14
6. 참조. Zerwick, *Biblical Greek* (Rome: Editrice Pontificio Instituto Biblico, 1990), p. 360.

3장

1. 누가복음 1~2장은 복음서의 나머지 부분(3~24장)과 수많은 연결점이 있기 때문에, 누가복음 3~24장은 1~2장을 염두에 두고 기록된 것이지 그 역은 불가능하다. 3:2에서 요한과, 더욱이 사가랴는 이미 알려진(요한은 1:13~17과 57~80절에서 사가랴는 1:5~25과 57~80절에서) 사람들로 거의 아무 부가적인 언급 없이 소개되고 있다. 같은 구절의 '말씀'이라는 어휘도 1~2장에서 벌써 아주 많이 사용되었고(1:37~38, 65; 2:15, 17, 19, 29, 50~51), 요한의 사역 장소인 '빈들(광야)' (3:2, 4)도 1:80에서 이미 주의 깊게 언급되었다. 그리고 3:16의 '나보다 능력이 많으신 이' 도 1~2장에서 이미 알려진 분을 언급하고 있는 것이다. 더 자세한 논의에 대하여는 Joseph A. Fitzmyer, "The Gospel according to Luke I~IX", *The Anchor Bible* (New York: Doubleday, 1970), p. 450; John Nolland, *Luke 1~9:20*, *Word Biblical Commentary* (Dallas: Word Books, 1989), pp. 137, 144; Robert H. Stein, *Luke*, *The New American Commentary* (Nashville: Broadman Press, 1992), p. 126 등을 참고하기 바람.
2. '티베리우스 황제의 통치 15년에' 라는 표현에서 그 통치 원년을 아우구스투스와 공동통치 연도인 주후 11/12년으로 볼 것인가, 그가 죽은 주후 14년 8월 19일로 볼 것인가, 그 해를 온전한 1년으로 여겼을 것인가, 또는 어떤 달력을 사용하였는가 등의 문제 때문에 우리가 정확한 연도를 아는 것은 불가능하다. 그러나 아마도 누가는 아우구스투스 황제의 사망시점으로 보아 티베리우스 황제 15년은 주후 28년에서 1년 전후가 될 것이다.

  나머지 인물들의 통치나 즉위 연도는 언급되지 않았는데, 빌라도는 주후 26~36년 사이에 유대의 총독이었고, 헤롯 안디바는 헤롯대왕의 아들로서 주전 4년~주후 39년 사이에 갈릴리의 분봉왕이었으며, 그의 이복형제 빌립은 주전 4년~주후 34년 사이에 이두래와 드라고닛의 분봉왕이었다. 그리고 루사니아가 아빌레네를 통치한 기간은 불분명하다.

마지막으로 2절의 두 대제사장 중 안나스(주후 6~15년 사이의 대제사장)는 가야바(주후 18~36년 사이의 대제사장)의 장인으로서 대제사장 직에서 물러났고, 그의 아들이 주후 16~17년 사이에 대제사장이었으며 현재는 자신의 사위가 대제사장으로 있으나, 여전히 영향력이 있는 인물이었다. 복음서들에서는 '대제사장들'이라는 복수형이 사용되었고, 사도행전 4:6과 요한복음 18:19에서는 안나스가 대제사장으로 불리고 있다. 참고. Fitzmyer, pp. 455~458; H. Hoehner, *Chronological Aspects of the Life of Christ* (Grand Rapids: Zondervan, 1977), pp. 29~44.

3. George Eldon Ladd, *A Theology of the New Testament*, rev. ed. (Grand Rapids: Eerdmans, 1993), p. 37.

4. Ibid.

5. 요한의 세례의 기원에 대하여, 쿰란 공동체의 기존 회원들이 일상적으로 행한 정결의식, 이 방인들이 유대교로 개종할 때 행한 개종자 세례, 구약의 정결의식 등과의 연관성을 놓고 학자들간에 논의가 많았다. 그러나 요한의 세례는 이 중에서 마지막 경우(구약의 정결의식)를 들여와 임박한 하나님나라의 관점에서 회개를 요청함으로써 세례의식에 새로운 의미를 부여한 것으로 보아야 할 것이다. 참고. Fitzmyer, pp. 459~460; Ladd, pp. 37~39.

6. Darrell L. Bock, *Luke, The NIV Application Commentary* (Grand Rapids: Zondervan, 1996), p. 109.

7. 누가는 예수, 베드로 그리고 바울의 사역들도 구약을 인용함으로써 소개하길 즐겨한다(눅 4:18~20, 행 2:17~21; 13:47).

8. 누가가 하나님의 구원의 도래에 대하여 이미 1~2장(1:47, 69, 71; 2:11, 30)에서 많이 준비하고 있었음이 분명하다.

9. Fitzmyer는 요한을 예언적 설교자라고 지칭하면서, 세 가지 설교의 예를 각각 첫째(7~9절)는 종말론적이고, 둘째(10~14절)는 윤리적이며, 셋째(15~17절)는 메시아적이라고 한다: Fitzmyer, p. 463.

10. 예수가 왜 요한이 주는 회개의 세례를 받았는가의 질문에 대한 대답이 다양하지만(예를 들면, 1)회개하기 위하여, 2)요한의 사역이 하나님으로부터 온 것이라는 것을 확증해 주기 위하여, 3)모든 의를 이루기 위하여, 4)원래 요한의 제자여서 그에게 세례를 받기 위하여, 5)자신의 고난과 죽음을 상징적으로 예견하는 표로 세례에 순종하기 위하여, 혹은 6)솔직히 모른다 등) 누가는 이에 대하여 침묵하고 있다. 하지만 22절 후반의 표현에서 보면 회개하기 위하여 세례를 받은 것은 아닌 것 같다.

11. 대표적인 해결책들은 다음과 같다. 1)누가는 나단을 거쳐 다윗 계보를 따랐고 마태는 솔로몬의 계보를 따랐기 때문에, 마태의 족보는 다윗의 후손이라는 법적 계보고 누가의 족보는 실제 조상을 따라간 것이다. 2)마태복음 1:16의 야곱과 누가복음 3:23의 헬리는 어찌되었든 예수의 조상이라는 것이다. 이에 대한 설명이 다양한데, 첫째, 이 두 사람은 형제간이었는데, 야곱이 죽자 헬리가 형 대신 남편의 역할을 하여 요셉을 나았기 때문에, 헬리가 요셉의 생부고 야곱은 법적인 아버지. 둘째, 마태의 족보는 요셉의 족보고, 누가의 족보는 마리아의 족보다. 셋째, 헬리가 마리아의 부친인데, 그에게 아들이 없어서 요셉을 입양했기 때문에, 마태의 족보는 원래 요셉의 족보고 누가의 족보는 그가 입양된 집안의 족보다.

7장

1. J. B. Green, *The Gospel of Luke* (NICNT; Grand Rapids: 1997), p. 282.
2. I. H. Marshall, *The Gospel of Luke. A Commentary on the Greek Text*, (NIGTC; Exeter: Paternoster, 1978), p. 276.
3. Marshall, *Luke*, p. 276.
4. Green, *Luke*, p. 283.
5. Green, *Luke*, p. 284.
6. 마태와 누가의 이야기 형태들 중 어느 것이 원형에 더 가까운 것인가를 판단한다는 것은 쉽지 않다. Marshall, *Luke*, pp. 277~228은 이 문제와 관련하여 간략하면서도 균형 잡힌 논의를 제공해 준다.
7. 사실 예수의 이러한 태도는 마태복음의 평행 이야기에서는 더욱 충격적인 어조로 표현되고 있다(마 8:11~12). "또 너희에게 이르노니 동서로부터 많은 사람이 이르러 아브라함과 이삭과 야곱과 함께 천국에 앉으려니와 나라의 본 자손들은 바깥 어두운 데 쫓겨나 거기서 울며 이를 갊이 있으리라"(참조. 눅 13:28~29).
8. Marshall, *Luke*, p. 277.
9. Green, *Luke*, pp. 289~290.
10. 두 단락 사이의 이러한 연관성은 첫째 단락(눅 7:1~10)이 누가복음 4:27을 인상적으로 반영하고 있다는 점으로 미루어 더욱 두드러진다.
11. Green, *Luke*, p. 290. 두 이야기 사이의 다른 세부적인 차이에 대해서는 F. Bovon, *Luke 1. A Commentary on the Gospel of Luke 1:1~9:50* (Hermeneia; trans. C. M. Thomas; Minneapolis: Fortress Press, 2002), p. 268을 보라.
12. 참조. J. Nolland, *Luke 1~9:20*, WBC, 35a (Dallas: Word Books, 1989), p. 323.
13. Nolland, Ibid, p. 329.
14. 사실 누가복음 4:18~19에서도 이사야 61:1~2을 인용하는 가운데 '우리 하나님의 신원의 날' 구절이 생략되고 있음은 예수의 현재적 사역에 심판적 요소는 결여되어 있음을 강력히 시사해 준다.
15. 참조. Nolland, Ibid, pp. 330~331.
16. Marshall, *Luke*, p. 293.
17. Marshall, *Luke*, pp. 303~304. 마태복음의 평행구(11:19b)에서는 '자녀들'이 '행한 일'로 바뀌어 나타나고 있다. 마태는 아마도 마태복음 11:2의 '일'과의 연결을 위해 '자녀들'을 '일'로 바꾸었던 것으로 보인다.
18. '그 자녀들'이 요한과 예수 자신들을 지칭한다는 견해는 누가복음 7:31~34과 7:35 사이의 대조적 의미를 충분히 드러내 보여 주지 못한다는 점으로 미루어 볼 때 타당성이 없어 보인다; Nolland, *Luke 1~9:20*, pp. 346~347; 참조. Bovon, *Luke 1*, pp. 287~288.
19. 본 단락과 유사한 이야기들이 마가복음 14:3~9(//마 26:6~13)과 요한복음 12:1~8에서 발견되지만, 이들은 동일한 이야기들로 보이지 않는다. 하지만 이야기의 발전 과정에서 마가는 누가에게, 누가는 요한에게 영향을 끼쳤을 가능성은 배제할 수 없어 보인다. 이에 대한 간략한 논의들에 대해서는 L. Morris, *Luke* (Leicester: IVP, 1974), p. 146;

Marshall, *Luke*, pp. 305~306; Nolland, *Luke 1~9:20*, p. 352를 보라. 이와 다른 견해에 대해서는 Bovon, *Luke 1*, pp. 291~292를 보라.
20. 누가복음의 흐름상 예수를 초청한 바리새인의 집은 아직 나인 성으로 보인다.
21. Green, *Luke*, pp. 305~306.
22. Nolland, *Luke 1~9:20*, p. 353.
23. "서기관과 바리새인들이 의논하여 가로되 이 참람한 말을 하는 자가 누구뇨 오직 하나님 외에 누가 능히 죄를 사하겠느냐."
24. Marshall, *Luke*, p. 304.
25. 본 마지막 단락에 대한 훌륭한 논의가 K. E. Bailey, *Through Peasant Eyes* (Grand Rapids: Eerdmans, 1980), pp. 1~21에서 발견된다. 특히 p. 21에서 제시된 본 단락의 다양한 신학적 모티브들 목록은 매우 유용하다.
26. Marshall, *Luke*, p. 313.
27. 그렇다면 누가는 그의 복음서에서 그 앞선 만남을 생략하고 있다. Marshall, *Luke*, pp. 306~307; Green, *Luke*, pp. 308, 313.

8장

1. 윤철원, 「누가복음서 다시 읽기」(서울: 이레서원, 2000), p. 173.
2. F. W. Danker(rev. and ed.), *A Greek-English Lexicon of the New Testament and other Early Christian Literature*, (BDAG 3rd, Chicago/London: Univ. of Chicago Press), p. 385.
3. 참조. C. Keener(정옥배 외 역), 「성경배경주석(신약)」(서울: IVP, 1993), pp. 241~242.
4. B. J. Malina/J. H. Neyrey, "Honor and Shame in Luke-Acts: Pivotal Values of the Mediterranean World," in J. H. Neyrey(ed.), *The Social World of Luke-Acts: Models for Interpretation* (Peabody: Hendrickson, 1991), p. 44.
5. B. J. Malina/R. L. Rohrbaugh, *Social-Science Commentary on the Synoptic Gospels*, (Minneapolis: Fortress, 1992), pp. 335~336.
6. 참조. G. Theissen, *The Gospels in Context: Social and Political History in the Synoptic Tradition* (Minneapolis: Fortress, 1991), p. 110.
7. 참조. W. Wrede, *The Messianic Secret* (Cambridge: James Clarke & Co. Ltd., 1971)(독일어판 1901년).

9장

1. 헬라 원문의 경우는 이렇게 통계를 낼 수 없다. 예를 들어 1절의 '열두 제자'도 헬라 원문에서는 '투스 도데카'로서 그저 '열둘'(The Twelve)이며 6절의 '제자들'도 헬라 원문에서는 주어로 명시되지 않고 그저 동사형이 '그들'을 가리키고 있기 때문에 그렇게 번역되었다.

하지만 이들을 독특하게 '사도'라고 표현한 경우(10, 12절)까지 포함하면 13회가 된다. 실상 헬라 원문의 '마쎄테스'(=제자)의 등장 횟수로 보더라도 9장이 6회로 최고의 위치에 있다. 6장에서 5회 등장하는데 그곳에서는 열두 제자의 부름이 기록되어 있기 때문이다.
2. 김득중은 오병이어 기사(記事)의 목적이 예수와 제자들 사이에 질적인 차이가 있다는 점을 알려 주기 위한 것이라 본다. 비록 제자들도 하나님나라의 복음을 전파하고 예수께서 주신 권능으로 아픈 자들을 고쳤지만 예수처럼 오천 명 이상을 먹이는 권능은 행사하지 못했고, 그 일로 예수의 특수함을 보이려 했다는 주장이다(「누가복음(1)」, 대한기독교서회, pp. 469~471). 이 일이 구약의 모세와 엘리야를 연상시키면서 창조주요 공급자신 하나님의 신성(神性)을 예수의 정체에 암시하는 구실을 하는 것은 분명하다. 그러나 여기서 1~6절에서 고양된 제자들의 능력을 현실화하려는 고의성을 찾기는 어려운 것 같다. 복음서 일화의 기조는 일관성을 갖는다. 제자들을 포함하여 사람들은 제한된 자원을 갖고 있고 그래서 무능하며 무력하다. 그러나 예수께서 개입하시면 그 무능은 권능이 되고 무력(無力)은 강력(強力)이 된다. 그것이 복음서를 기록한 여러 이유 중의 하나다.
3. 베드로의 고백은 당시의 메시아관을 반영하고 있다. 쿰란 공동체의 경우에는 왕으로서의 메시아와 대제사장으로서의 메시아를 동시에 기대하고 있었다. 하지만 예수는 자신의 메시아 역할을 이사야서의 고난받는 종에서 확인하고 있다. 물론 이런 관점은 기존 당대 문헌 어디에서도 발견되지 않는다. 제자들과 대중이 이해하지 못하는 것이 무리가 아니다. 예수의 함구령은 이러한 사회적 분위기에 기인한다.
4. 23절 헬라 원문을 이끄는 동사 '데이'(반드시 …해야 한다)는 필연성을 가리킨다. 한글개역성경에서는 이 함의가 너무 약하다. 그 어감을 살리려면 "많은 고난을 받고 … 죽임을 당하고 제삼일에 살아나야만 하리라"고 번역해야 할 것이다.
5. 여기서 한글개역성경에서 '별세'로 번역된 헬라단어는 '엑소도스'로서 '탈출', 또는 '떠남'이라는 뜻이다. 누가가 예수의 죽음을 영광의 승천과 동일시하는 것은 요한복음의 관점과 유사하다.
6. "저의 말을 들으라"(아우투 아쿠에테)는 뚜렷하게 70인역의 신명기 18:15(autou akousesthe)를 염두에 둔 말씀이다. Joseph A. Fitzmyer, *The Gospel According to Luke I – IX* (New York and others: Doubleday, 1981), p. 803; I. Howard Marshall, *The Gospel of Luke: A Commentary on the Greek Text* (Grand Rapids: Wm. B. Eerdmans, 1978), p. 388.
7. 민수기 11:24~30의 모세의 자세와 비슷하다. 성막에 나아오지 않고 자신의 진중에서 하나님의 신이 임한 엘닷과 메닷에 대해 여호수아는 금지를 요구했으나 모세는 대승적 자세로 수용한다. "네가 나를 위하여 시기하느냐? 여호와께서 그 신을 모든 백성에게 주사 다 선지자 되게 하시기를 원하노라"(민 11:29).
8. Marshall, *The Gospel of Luke*, p. 411.

12장

1. 예수 첫 글 Q의 형성과 발전에 관한 논의를 알아보기 위해서는 필자의 책 「예수에 관한 첫 글 Q」(대구: 나의주, 2002)를 참조하라.
2. Norval Geldenhuys, *The Gospel of Luke*, NICNT (Grand Rapids: Eerdmans, 1979), p. 348. 저자는 본문의 해설에서 청중의 변화에 대하여 세심한 주의를 기울인다.
3. 김득중, 「누가복음 II」, 대한기독교서회 창립 100주년 기념 성서주석(서울: 대한기독교서회, 1993), p. 105. 그는 이러한 표현이 공관복음서 안에서 오직 여기에만 나타난다고 한다.
4. 그렇다고 해서 성삼위일체적 하나님의 개념이 여기에 형성된 것은 아니다.
5. 참조. Joseph Fitzmyer, *The Gospel according to Luke I~IX*, Anchor Bible (New York: Doubleday, 1983), pp. 957~958.
6. 이러한 점은 12:10~12이 12:8~9의 내용과는 좀 다른 관점이나 다른 편집자에 의해 쓰여지거나 수집된 본문임을 암시한다. 다시 말하면 하나님의 영에 대한 강조가 생겨난 이후에 형성된 본문으로 여겨진다. 이로써 예수의 지상생활이 끝난 후 최초의 제자모듬에서 이 말이 생겨났을 가능성이 많다.
7. 부자의 독백 가운데 '나의 것'에 대한 강조가 지나치게 되어지고 있음을 알 수 있다. 김득중, 「누가복음 II」, p. 110 참조.
8. 참조. Fitzmyer, *Luke 10~24*, p. 969.
9. 여기서 사용된 자료는 거의 예수 첫 글 Q에서 가져온 것으로 여겨진다.
10. Fitzmyer, *The Gospel according to Luke 10~24*, p. 984.
11. 참조. Fitzmyer, *The Gospel according to Luke 10~24*, p. 987.
12. 누가복음에 사용된 이 자료들은 예수 첫 글 Q에서 온 자료들로 보인다.
13. 참조. Fitzmyer, *The Gospel according to Luke 10~24*, p. 999.

14장

1. 누가복음이 의존하고 있는 마가복음의 여행 기사는 10장에 나타나고, 마태복음은 19~20장에 나타난다. 이에 비해 누가복음의 여행 기사는 길게 확대되면서 강조되고 있는 것을 알 수 있다.
2. 누가복음이 예루살렘을 중심으로 기록되고 있는 점은 복음서 전체를 통해서 계속해서 발견되고 있다. 탄생 기사에 이어 어린 예수가 성전에 등장하며(2:22, 41~51), 시험 기사가 마태복음의 그것과 다르게 클라이맥스가 예루살렘에서 끝나는 것으로 재편되고 있다(4:9). 갈릴리 사역의 마지막에 나타나는 변화산 사건은 예수의 예루살렘 여행과 죽음을 분명하게 준비하는 것임을 말해 준다(9:31). 예루살렘 여행에 관련된 언급은 9:51을 시작으로 13:22, 33~34; 17:11; 18:31; 19:11, 28에 계속해서 나타난다. 예수가 부활한 이후에, 예수는 예루살렘을 중심으로 모습을 나타내며, 마지막에는 "이 성에 머물러 있으라"(24:49)는 당부로 끝맺고 있다. 이에 관한 논의는 Luke T. Johnson, *The Writings of the New Testament*

(Minneapolis: Fortress Press, 1999), p. 220을 참고하라.
3. Robert C. Tannehill은 "The Narrative Unity of Luke-Acts: A Literary Interpretation," *The Gospel According to Luke* Vol. I (Philadelphia: Fortress, 1986), p. 171에서 종교 지도자들이 등장하는 네 가지 '전형적인 장면'(type-scenes)을 말한다. 1)예수가 세리와 죄인들과 식사하는데, 바리새인들이 불평하는 장면(5:29~32; 15:1~32); 2)예수가 유대 지도자들 면전에서 안식일에 병을 고치고, 이들이 이를 두고 말하거나 침묵하면서 비난하는 장면(6:6~11; 13:10~17; 14:1~6); 3)예수가 바리새인의 집에서 식사할 때 갈등이 발생하고, 예수가 바리새파의 행위를 비판하는 장면(7:36~50; 11:37~54; 14:1~24); 4)유대 지도자가 예수께 영생을 얻는 문제에 관해 질문하고, 이에 응답하면서 율법에 대한 해석과 부가적인 요구가 이어지는 장면(10:25~37; 18:18~23). 따라서 우리의 본문은 위에서 2)와 3)의 항목에 다같이 해당된다.
4. 이에 관한 설명은 존 필치/브루스 말리나, '축연', 「성서 언어의 사회적 의미」, 이달 역(서울: 한국장로교출판사, 1998), 143~146쪽을 참고하라.
5. 이에 관한 자세한 설명은 오덕호, 「문학-역사비평이란 무엇인가?」(서울: 대한기독교서회, 2000), 180쪽을 참고하라.
6. 오덕호, 「문학-역사비평이란 무엇인가?」, 177쪽.
7. Norval Geldenhuys, *The Gospel of Luke*, The New International Commentary on the New Testament (Grand Rapids, Michigan: Eerdmans Publishing Company, 1983), p. 387를 참고하라. 유대교에서는 일부 랍비들에 의해 안식일을 어길 수밖에 없는 경우를 허용하는 논의를 한 점을 보여 준다(b. Sabb. 128b, b. B. Mes. 32b). 그러나 쿰란 공동체는 어떠한 경우에도 안식일을 범하는 것을 금지했다(CD 11:13~14).
8. 오덕호, 「문학-역사비평이란 무엇인가?」, 184쪽 참고.
9. 이는 수치를 당하는 결과를 낳고 만다. 고대 사회에서는 명예와 수치의 문제를 매우 중요하게 생각했기 때문에, 처신에 신중하지 않으면 안 되었다. 이에 관해서는 '명예/수치', 「성서 언어의 사회적 의미」, 178쪽을 참고하라.
10. 〈바베트의 만찬〉에 대한 줄거리와 해설 부분은 필립 얀시, 「놀라운 하나님의 은혜」(서울: IVP, 1999), 21~27쪽을 참고할 수도 있다.

15장

1. 복음서에는 총 59개의 비유가 소개되고 있는데, 마가복음에는 7개, 마태복음에는 22개, 그리고 누가복음에는 30개의 비유가 있다. 그런데 누가의 비유 30개 중 21개가 예루살렘 여행 기사 가운데 등장하며 그 중 19개가 누가에만 나오는 소위 'L' 비유다.
2. 정종성(C-S Cheong), "A Dialogic Reading of the Steward Parable (Luke 16:1~9)," *SBL* 28(New York: Peter Lang, 2001), pp. 108~123.
3. J. Drury, "The Parable in the Gospels," *History and Allegory* (London: SPCK, 1985), p. 139.
4. 정종성, 「복음서의 비유를 어떻게 읽을 것인가」(서울: ESP, 2000), pp. 12~13; 최갑종, 「예

수님의 비유연구」(서울: 기독교문서 선교회, 1993, 2001), pp. 19~25.
5. 누가의 여행기사 속에서 갖는 누가복음 15장의 비유의 중요성에 대하여, 정종성의 "예수님의 비유와 바흐친 독자", 「누가복음 새로읽기」, 김영봉 오덕호 편(서울: 한들출판사, 2001:158~181), 특히 pp. 158~159을 볼 것.
6. D. P. Moessner, *Lord of the Banquet: The Literary and Theological Significance of the Lukan Travel Narrative* (Minneapolis: Fortress, 1989), pp. 260~264; 김득중, 「누가의 신학」(서울: 컨콜디아사, 1995), pp. 227~234.
7. F. W. Danker, "Luke 16,16-An Opposition Logion," *JBL* 77 (1958), pp. 231~243.
8. Marcus Borg, *Jesus A New Vision: Spirit, Culture, and The Life of Discipleship* (San Francisco: Harper & Row, 1987), p. 133; C. H. Talbert, *Reading Luke: A Literary and Theological Commentary on the Third Gospel* (New York: Crossroad, 1992) pp. 147~148; D. A. Neale, "None But the Sinners: Religious Categories in the Gospel of Luke", *JSNT* Sup 58 (Sheffield, UK: Sheffield Academic Press, 1991) p. 191.
9. Borg, *Jesus A New Vision*, p. 145.
10. Borg, *Jesus A New Vision*, pp. 132~133, 145.
11. Ehrhard Kamlah, "Die Parabel vom ungerechten Verwalter(Luk. 16:1ff.) im Rahmen der Knechtsgleichnisse," *Abraham unser Vater* (O. Betz, M. Hengel and P. Schmidt eds. Leiden: Brill, 1963), pp. 276~94, esp. p. 292.
12. 정종성(C-S Cheong), *A Dialogic Reading*, pp. 79~80.
13. 이 비유와 유사한 이야기는 에스겔 34:11, 15~16; 18:23과 이사야 49:22 등에서 발견된다.
14. 참조. J. D. M. Derrett, "Lost Sheep and the Lost Coin," *Law in the New Testament* (London: Darton, Longman & Todd, 1970) p. 36.
15. 정종성, "예수님의 비유와 바흐친 독자," pp. 167~168.
16. 김득중, 「복음서의 비유들」(서울: 컨콜디아사, 1988), p. 113.
17. Herman Hendrickx, *The Parables of Jesus* (San Francisco: Harper & Row; London: Geoffrey Chapman, 1986), p. 148.
18. 마태의 비유는 교회의 목회적 매뉴얼이다. 한 사람이라도 실족치 않게 깊이 배려해야 하며, 만약 실족한 자가 있다면, 반드시 다시 회복시키고 찾으라고 한다. 오늘날 많은 프로그램을 교회가 진행하면서, 정작 그 프로그램의 목표가 되는 가장 중요한 "사람"을 희생시키는 일이 허다하다. 모든 프로그램 진행자들은 프로그램이나 거창한 사역의 규모보다 바로 한 성도라도 실족하지 않도록 하는 일과 넘어진 자를 용서하고 회복시키는 일이 더욱 중요함을 잊지 말아야 한다.
19. 크레그 블롬버그, 김기찬 역, 「비유해석학」(서울: 생명의 말씀사, 1996), p. 228.
20. I. H. Jones, *The Matthean Parables: A Literary and Historical Commentary* (Leiden; New York: E. J. Brill, 1995) pp. 279.
21. Talbert, *Reading Luke*, pp. 148~149; Derrett, "Lost Sheep," pp. 49~50; J. Nolland, "Luke 9:21~18:34", *WBC* 35b, (Dallas, TX: Word Books, 1993) p. 776.
22. S. Durber, "The Female Reader of the Parables of the Lost," *JSNT* 45 (1992) pp.

59~78, esp. p. 70.
23. Hendrickx, *Parables of Jesus*, p. 149; 블롬버그, 「비유해석학」, p. 229; J. D. Derrett, "Fresh Light on the Lost Sheep and the Lost Coin," *NTS* 26 (1979), p. 51.
24. C. S. LaHurd, "Rediscovering the Lost Woman in Luke 15," *BTB* 24/2 (1994) pp. 66~76, esp. p. 72.
25. Turid K. Seim, *The Double Message: Patterns of Gender in Luke-Acts* (Edinburgh: T & T Clark, 1994), p. 128; Hendrickx, *Parables of Jesus*, p. 149.
26. Michael Wilcock, *The Saviour of the World: The Message of Luke's Gospel* (Leicester and Downers Grove: IVP, 1979), pp. 149~157; William Arndt, *The Gospel according to St Luke* (St. Louis: Concordia, 1956), p. 350.
27. Frederick Danker, *Jesus and the New Age: A Commentary on St. Luke's Gospel* (Philadelphia: Fortress, 1988), p. 275; Talbert, *Reading Luke*, p. 147.
28. Helmut Thielcke, *The Waiting Father* (London: J. Clarke; New York: Harper & Bros, 1959), pp. 17~40; Eduard Schweizer, *The Good News according to Luke* (Atlanta: John Knox; London: SPCK, 1984), pp. 247~248; I. H. Marshall, *The Gospel of Luke* (Exeter: Paternoster; Grand Rapids: Eerdmans, 1978), p. 604; J. Jeremias, *The Parables of Jesus* (London: SCM, 1972), p. 128.
29. Talbert, *Reading Luke*, p. 147.
30. Talbert, *Reading Luke*, p. 147.
31. Robert C. Tannehill, "Luke", *Abingdon New Testament Commentaries* (Nashville: Abingdon Press, 1996), p. 243.
32. Tannehill, *Luke*, p. 240; K. E. Bailey, *Poet and Peasant: A Literary-Cultural Approach to the Parables in Luke* (Grand Rapids: Eerdmans, 1976), pp. 161~169. 유대 사회는 이것을 강력히 경고하며 금지한다(Sirach 33:19~23).
33. 블롬버그, 「비유해석학」, p. 224.
34. Tannehill, *Luke*, p. 242.
35. Tannehill, *Luke*, p. 242.
36. 그러한 인물설정은 예수님에 의해 의도된 것이다. O. Hofius, "Alttestamentliche Motive im Gleichnis vom verlorenen Sohn," *NTS* 24 (1977~1978) pp. 240~248, esp. pp. 242~243, 245~246.
37. Hendrickx, *Parables of Jesus*, p. 157.
38. Talbert, *Reading Luke*, 150; Nolland, *Luke*, p. 787; Danker, *Luke*, pp. 171~172.
39. Hendrickx, *Parables of Jesus*, p. 158.
40. Talbert, *Reading Luke*, p. 151; Danker, *Luke*, p. 170.
41. Tannehill, *Luke*, p. 244.
42. 블롬버그, 「비유해석학」, p. 227.
43. Hendrickx, *Parables of Jesus*, p. 151.
44. 누가는 신약에서 두 번밖에 나오지 않는 "허비하다"(디아스코르피조)라는 동사를 아들과 청지기에 공통적으로 사용함으로서, 재물사용에 대한 누가의 관심이 청중들과 어떤 깊은

관계가 있음을 짐작케 한다.
45. 세 개의 비유, "잃은 양을 찾는 목자"(눅 15:3~7), "잃은 동전을 찾는 여인"(15:8~10), "잃은 아들을 찾는 아버지"(15:11~32)는 누가복음 15:1~17:4의 연속적인 문맥 속에서 누가의 일관된 관심을 다음과 같이 보여 준다.
주논증(Major Premise): "회개하는 죄인 하나에 대하여 하늘에서는 큰 기쁨이 있다."
소논증(Minor Premise): "네 형제가 죄를 짓거든 그를 책망하고, 그가 회개하거든 용서해 주라."
결론(Conclusion): 그러므로, 예수께서 회개하는 죄인들을 영접하고 함께 즐거워하며 기뻐하는 것이 마땅하다."
자세한 내용은 정종성(C-S Cheong), *A Dialogic Reading*, pp. 97~140을 참고할 것.

16장

1. 어떤 이는 7절까지를 비유로 생각하고 8절부터를 새로운 단락으로 생각하는데, 이런 구분은 비유 부분에 결론이 없다는 문제점과 "주인"을 주어로 하는 8절과 "나"를 주어로 하는 9절을 연결시키기 어렵다는 문제점을 극복하지 못한다. 또 어떤 이는 8a절에서 비유가 끝나고 8b절부터 적용이 시작된다고 주장하지만, 이것은 8a절와 8b절이 모두 지혜에 대한 언급으로 엮어져 있다는 것을 놓치고 만 것이다. 어떤 이는 9절을 비유에 포함시키는데, 이런 시도는 9절이 1~12절 그리고 13절과 함께 공통적으로 재물 문제를 다루는 적용 부분이라는 것을 간과한 것이다.
2. Bovon, F., *Das Evangelium nach Lukas*, 3. Teilband: Lk 15,1-19,27, (EKK III/3), Benziger / Neukirchener: Düsseldorf / Neukirchen-Vluyn 2001, p. 78: "… der Herr den Verwalter nicht in jeder Hinsicht beglückwünscht, sondern ihn nur dafür lobt, mit Verstand gehandelt zu haben, das heißt zu seinen eigenen Gunsten und zu seinem Gewinn."
3. Fitzmyer, J. A., "The Gospel According to Luke(X-XXIV)," *AB* 28A (Double Day: The Anchor Bible 1985), p. 1107.
4. Bovon, *Lukas* 3, p. 94.
5. Fitzmyer, *Luke*(X-XXIV), p. 1110.
6. Wiefel, W., "Das Evangelium nach Lukas", *ThHNT* 3 (Berlin: Evangelische Verlagsanstalt, 1988), p. 295.
7. Conzelmann, H., *Die Mitte der Zeit. Studien zur Theologie des Lukas* (Tübingen: Mohr, 1954), p. 1. Aufl.; 1977, p. 6. Aufl.(= *The Theology of St. Luke*, London: SCM Press 1960, 1982)은 누가복음 16:16을 구속사 설명을 위한 열쇠로 사용하면서 누가가 누가복음과 사도행전에서 예수 그리스도를 시간의 중심으로 삼아 세 기간을 가진 구속사론을 전개했다고 주장한다(Mitte, p. 15, 17, 104): 첫째 시간 - 이스라엘의 시간(세례자 요한으로 대표됨), 둘째 시간 - 예수의 시간, 셋째 시간 - 교회의 시간. 그러나 이것은 누가복음 16:16이 너무나도 분명하게 세례자 요한을 구속사적인 중심으로 제시한다는 사실을 간과한 것이다.

8. 누가복음의 낙원에 관해서는 조병수, "향연의 낙원", 「신약신학저널」 2(2001), pp. 326~345를 참조하라.

17장

1. 참조. S. Greijdanus, *Het heilig evangelie naar de beschrijving van Lucas*, II, (Amsterdam: H. A. van Bottenburg, 1941), p. 811.
2. 참조. J. van Bruggen, *Lucas* (Kampen: Kok, 1993), p. 318f.
3. G. Vos, *The Kingdom and the Church* (1903, reissued by Eerdmans, 1951), p. 34; G. E. Ladd, *The Gospel of the Kingdom* (Grand Rapids: Eerdmans, 1959), p. 17f.; S. Greijdanus, *Lucas*, II, p. 829f., J. van Bruggen, *Lucas*, p. 320f., D. L. Bock, *Luke 9:51~24:53*, p. 1416 등.
4. Liddell-Scott의 *A Greek-English Lexicon*(1968)에 보면 '엔토스'의 뜻으로 "within, inside"만 제시하고 있으며 "among"은 전혀 나타나지 않는다. 그리고 누가복음 17:21의 '엔토스 휘몬'을 "in your hearts"로 번역하고 있다.
5. W. Hendriksen, *The Gospel of Luke* (Edinburgh: Banner of Truth, 1979), p. 810.
6. G. Vos도 1948년에 출판된 *Biblical Theology. Old and New Testaments*, p. 382에서 종전의 자기 견해를 바꿔 누가복음 17:21에서는 천국의 '내면성'(inwardness)이 표현된 것으로 본다. 한 걸음 더 나아가서 누가가 "in the midst of"를 나타내고자 할 때는 항상 '엔 메소'라는 표현을 사용한다고 지적하면서, 누가와 70인역에서는 interiority의 개념을 나타낼 때에는 항상 '엔토스'를 사용한다고 말한다. 뿐만 아니라 "in the midst of"의 의미를 지지하기 위해 인용된 본문들은 모두 고대 헬라어에서 취한 것이며 Hellenistic 시대의 것이 아니라고 지적하고 있다. G. Vos가 그의 견해를 바꾼 것에 대하여는 박형용 박사의 "하나님 나라의 實現", 「神學正論」제1집(1983. 3.), p. 132 註 38을 보라.
7. Greijdanus, *Lucas*, II, p. 830.
8. Greijdanus, *Lucas*, II, p. 831.
9. Greijdanus, *Lucas*, II, p. 836.
10. Van Bruggen, *Lucas*, p. 325.
11. 참조. Bock, *Luke*, p. 1439f.(여기에 일곱 가지 견해가 소개되어 있다).
12. Zmijewski, Bock, Van Bruggen 등.

18장

1. Joel B. Green, *The Gospel of Luke* (NICNT; Grand Rapids: Eerdmans, 1997), p. 637. 17장의 종말 강화에 이어 18:8까지를 같은 단락에 포함시키는 그린의 관점도 좋은 것이라고 본다(p. 28).
2. 이런 상황은 시편 기자들이 하나님을 향해 하소연하는 내용들 가운데 빈번히 등장한다(참

고, 시 36:1; 10:4; 14:1 등).
3. 참고, Robert H. Stein, "Luke", *NAC* 24B, (Nashville: Broadman Press, 1992), p. 445.
4. 참고, Green, *The Gospel of Luke*, p. 637.
5. 이 점은 Michael Farris가 잘 지적하고 있다. Michael Farris, "A Tale of Two Taxations: Luke 18:10~14b", in V. George Shillington ed., *Jesus and His Parables: Interpreting the Parables of Jesus Today*(Edinburgh: T&T Clark, 1997), pp. 23~33, 특히 p. 25.
6. 하워드 마샬의 경우는 '프로스 헤아우톤'을 독립적으로 강하게 읽는 것을 반대한다. 아람어 표현의 배경 속에서 '서서'라는 동사를 강조하는 보조적 표현으로 보고 있다. 사본 D속에 '프로스 헤아우톤' 대신 '카쓰 헤아우톤'(그 홀로, 따로)이 사용된 예도 하나의 방증으로 제시한다. 또한 이 표현을 '소리 내지 않고 그 자신에게 조용히'의 의미로 읽을 수 있는 가능성도 살피고 있지만 유대인들의 기도의 습관을 고려할 때 그 가능성은 낮은 것으로 보고 있다. 이에 관한 논의를 위해서는 보라, I. Howard Marshall, *The Gospel of Luke*, (NIGTC; Grand Rapids: Eerdmans, 1978), p. 679.
7. 참고, Marshall, *The Gospel of Luke*, p. 684.
8. 18:24의 '저를 보시고'는 헬라어 텍스트 속에 '그가 근심하는 것을'(페리루폰 게노메논)이 괄호 처리되어 포함되고 있다. 이것이 없는 형태가 주류 사본들 속에 나타나고 있지만, 일부 사본에서는 이를 포함하고 있다. 누가가 앞의 말을 연이어서 반복하고 있는 스타일을 사용하고 있음을 고려할 때 이 반복적 표현을 무시하기는 어렵다. 메쯔거는 이를 C급으로 판정하고 있다. 보라, Bruce M. Metzger, *A Textual Commentary on the Greek New Testament*, 2nd edn.(United Bible Societies, 1971, 1994), p. 143.

19장

1. 흥미로운 것은 누가복음이 '죄인'으로서의 세리에 대한 관심뿐만 아니라 그 평가에서도 우호적이라는 사실이다. 물론 여기서 우호적이라고 하는 것은 '회개하는 죄인'으로서의 세리에 있다(눅 3:12; 5:27~28, 30; 7:29; 15:1; 18:10 참조).
2. 누가-행전에서 기쁨은 하나님의 주권적 구원계획이나 역사에 따른 하나님 백성의 자발적 반응이었다(눅 1:14; 2:10; 10:20; 13:17; 15:5, 32; 19:37; 24:41, 52; 행 2:46; 3:19; 13:52; 16:34).

21장

1. 더욱이 이처럼 다양하고 복잡한 문제들은 콘첼만(H. Conzelmann)의 종말 '지연' 이론 이래로 제기되어온 누가복음의 종말론에 대한 다양한 견해들과 연관되어 학자들 사이에서 더욱 복잡하게 다루어져 왔다. 하지만 본 논의에서는 이러한 방대한 신학적 문제들을 상세히 다룰 수 없으며, 단지 본 단락 이해에 좀 더 직접적으로 연관된 문제들을 좀 더 단순한 형태로 다루고자 한다. 콘첼만의 '지연' 이론에 대해서는 그의 저서 *The Theology of Saint Luke*

(trans. G. Buswell; London: Faber, 1960), pp. 95~136을 보라. 특히 본 단락에 대한 그의 견해에 대해서는 pp. 125~132를 보라.
2. 이러한 입장을 취하는 몇몇 학자들은 다음과 같다: A. Feuillet, "Le discours de Jesus sur la ruine du Temple d´apres Marc XIII et Luc XXI, 5~36", *RB* 55 (1948), pp. 481~502; 56 (1949), pp. 61~92; A. Salas, *Discurso escatologico prelucano. Estudio de Lc 21:20~36* (Biblioteca de La Ciudad de Dios, I/16; El Escorial, 1967); O. da Sinetoli, *Luca. II vangelo dei poveri* (Assisi, 1982), pp. 636~656 등; 위의 정보들은 V. Fusco, "Problems of Structure in Luke's Eschatological Discourse (Luke 21:7~36)", in G. O´Collins, S. J. and G. Marconi (eds), *Luke and Acts* (trans. M. J. O´Connell; New York: Paulist Press, 1991), pp. 227 note 24로부터 빌린 것이다.

   본 단락에 대한 마태복음 평행구와 관련해서는 R. V. G. Tasker, *The Gospel according to St. Matthew* (London: Tyndale Press, 1961), pp. 223~231; 마가복음 평행구와 관련해서는 N. T. Wright, "Jesus and the Victory of God," *Christian Origins and the Question of God*, 2 (London: SPCK, 1996), pp. 339~366(Wright는 누가복음 관련구절에 대해서도 가끔 주목한다); R. T. France, *The Gospel of Mark* (NIGTC; Carlisle: Paternoster Press, 2002), pp. 497~546 등이 필자의 입장을 지지한다.
3. 사실 성전 관련 가르침과 이야기는 19:41~21:38에 걸쳐 나타나고 있는데, 흥미롭게도 그 전체 단락의 처음(19:41~44)과 끝(21:5~38)이 성전파괴에 관한 가르침으로 감싸여져 있다는 사실은 본 대단락의 초점을 매우 두드러지게 성전에 대한 심판주제에 맞추고 있음을 보여 주는 것 같다.
4. R. Maddox, *The Purpose of Luke-Acts* (Edinburgh: T. & T. Clark, 1982), p. 118; R. H. Stein, *Luke*, NAC 24 (Nashville: Broadman Press, 1992), p. 512.
5. C. F. Evans, *Saint Luke* (TPINTC, London: SCM Press, 1990), pp. 738~739.
6. J. Nolland, "Luke 18:35~24:53," *WBC* 35c (Dallas: Word Books, 1993), pp. 991~992;
7. Maddox, *Purpose*, p. 119.
8. I. H. Marshall, "The Gospel of Luke", *NIGTC* (Exeter: Paternoster Press, 1978), pp. 765~766; J. A. Fitzmyer, "The Gospel according to Luke X-XXIV", *AB* 28a (New York: Doubleday, 1985), pp. 1334~1335; Fusco, 'Structure', p. 81; Nolland, *Luke*, pp. 992~993.
9. 참조. Tacitus, *Histries* 5.13; 마카베우스2서 5:2~3.
10. Marshall, *Luke*, p. 765; Evans, *Luke*, pp. 740~741; Stein, *Luke*, p. 514; Nolland, *Luke*, p. 992.
11. Maddox, *Purpose*, p. 116; Stein, *Luke*, p. 516.
12. Maddox, *Purpose*, p. 116; Stein, *Luke*, p. 517; Nolland, *Luke*, p. 996.
13. 특히 15절에서 '나' ('에고' 즉, 예수 자신)가 강조되고 있음은 이러한 가능성을 높여 준다; Stein, *Luke*, p. 517.
14. E. E. Ellis, "The Gospel of Luke", *NCBC* (Grand Rapids: Eerdmans, 1966), p. 244; Marshall, *Luke*, p. 769; Stein, *Luke*, p. 518.
15. 참조. Nolland, *Luke*, p. 998.

16. 요세푸스에 따르면, 유대전쟁으로 말미암아 1,100,000명이 목숨을 잃었고(대부분 무교절 절기를 지키기 위해 예루살렘에 모여들었던 유대인들), 97,000명이 포로로 잡혀갔다고 한다(War 6.420). 비록 요세푸스의 기록이 과장된 것이라고 할지라도, 그 참상의 정도가 어떠하였는지는 가히 짐작할 수 있다.
17. '이방인의 때가 차기까지'(아크리 후 플레로토신 카이로이 에트논)는 이방인들이 예루살렘을 지배하는 제한된 기간을 지칭한다. 그리고 그 기간이 지나면 예루살렘/이스라엘이 회복될 것이 시사되고 있다(참조. 롬 11:25~32). 몇몇 학자들은 이 기간에 해당하는 '이방인의 때'를 이방인들에 대한 선교의 기간이라고 제안한다; Maddox, *Purpose*, p. 120; 참조. Marshall, *Luke*, pp. 770, 773~774.
18. 참조. Marshall, *Luke*, p. 770.
19. 참조. Maddox, *Purpose*, p. 120; Fusco, 'Structure', p. 86. 24절과 25절 사이의 이러한 단절의 부재는 25절 이하를 세상 끝으로 보려는 학자들에게 많은 어려움을 제기해 왔으며, 그 결과 다양한 해결책들을 제안해 왔다. 하지만 그러한 해결책은 그 어느 것도 만족할 만하지 못하다; 참조. Maddox, *Purpose*, p. 149 note 82. 그런데 만일 25절 이하를 계속해서 성전 파괴와 관련된 기술로 본다면, 이러한 단절의 부재는 아무런 문제가 되지 않으며, 오히려 이러한 입장의 강력한 지지요소가 된다.
20. '모든 일'과 '이 세대'가 무엇을 지칭하는가와 관련된 논의는 다음 장(제6장)에서 다룰 것이다.
21. A. R. C. Leaney, *The Gospel according to St Luke*, (BNTC; London: A. & C. Black, 1966, 2nd edn), pp. 262~263.
22. Leaney, *Luke*, p. 262; Wright, *Victory*, pp. 362~363.
23. Leaney, *Luke*, pp. 70, 262; Wright, *Victory*, pp. 361~362. 복음서 안에서 '인자의 오심' 표현은 다양한 종말론적 상황들에 적용되고 있으며(예. 변화산 사건, 십자가 죽음, 부활, 승천, 오순절 성령강림, 성전파괴, 재림 등), 재림은 그 다양한 적용들 중 한 경우일 뿐이다; 참조. Leaney, *Luke*, p. 70; R. T. France, *Divine Government: God's Kingship in the Gospel of Mark* (London: SPCK, 1990), pp. 64~84.
24. Maddox, *Purpose*, p. 121.
25. Maddox, *Purpose*, p. 122. 본 강화가 진행되는 동안 예수의 강화의 대상이 바뀐 표지가 없음을 주목하라.
26. 참조. J. B. Green, *The Gospel of Luke* (NICNT; Grand Rapids: Eerdmans, 1997), p. 741.
27. 참조. M. Wolter, "Reich Gottes" bei Lukas', *NTS* 41 (1995), pp. 541~563.
28. Wright, *Victory*, p. 364.
29. Conzelmann, *Luke*, p. 131; Leaney, *Luke*, p. 263.
30. Maddox, *Purpose*, p. 113; Evans, *Luke*, p. 759.
31. Ellis, *Luke*, pp. 246~247; Marshall, *Luke*, p. 780.
32. Evans, *Luke*, p. 759. 그밖의 다양한 견해들과 그에 대한 비판에 대해서는 Maddox, *Purpose*, pp. 111~115를 보라.
33. Maddox, *Purpose*, p. 115. 참조. 누가복음 7:31; 11:29~32, 50, 51; 16:8; 17:25; 사도행

전 2:40. 위 구절들에서 '이 세대'는 예수 당대 사람들을 지칭하는 것(또는 적어도 포함하는 것)이 분명하다; 참조. Stein, *Luke*, p. 528.
34. Evans, *Luke*, p. 758.
35. 참조. Wright, *Victory*, pp. 360~365, 특히 p. 365.
36. 참조. Leaney, *Luke*, p. 263. 이러한 전환은 마가의 경우 좀 더 확실하며(13:32), 마태의 경우 아주 명백하다(마 24:36); 참조. France, *Mark*, pp. 501~505.

23장

1. 이를 위해서는 각종 신약성경 개론서를 참고하도록 하라. 김득중의 "누가 문서의 정치적 해석,"「누가의 신학」(컨콜디아사, 1991), pp. 14~188를 읽으면 이에 대한 논쟁이 자세하게 소개되어 있다.
2. 실제로 무슨 일 때문에 빌라도와 헤롯 안티파스가 불편한 관계에 있었는지를 기록하고 있는 성서 외적 증거는 없다. 여러 주석가들이 누가복음 13:1의 사건을 그 이유로 지적하고 있다. 하지만 구체적인 사건을 대지 않더라도 갈릴리 책임자로서의 분봉왕과 유대 관할자로서의 빌라도 사이에 팔레스틴 유대인 전체에 대한 주도권을 놓고 권력 암투가 있었을 것은 당연한 일이다. 누가가 여기서 언급한 것은 그러한 구조적 경쟁관계였을 것이다.
3. 대제사장은 율법상 한 명이다. 개역성경에서 복수인 '대제사장들'로 언급한 부류의 사람들은 '고위급 제사장들'로 보는 것이 더 적절하다. 이에 대한 오해는 헬라어 본문이 양자를 구분하는 별도의 용어를 사용하지 않고 대제사장을 가리키는 '아르키에류스'의 복수형으로 '고위 제사장들'을 지칭하기 때문에 생겨난다. E. P. Sanders, *Judaism* (SCM and Trinity, 1992), pp. 327~328를 참고하라.
4. 로마의 제정(帝政) 하에서 속주의 총독은 로마의 최고 관직인 집정관들 중에서 나왔다. 로마에서 영향력을 행사하기 위해서는 속주의 총독 경력을 갖는 것이 중요했다. 앨버트 앨, 오광만 옮김,「신약시대의 사회와 문화」(생명의 말씀사, 2001), p. 136.
5. 개역성경은 "때려서 내보내겠다"고 번역을 했으나 헬라 원문은 반드시 매질을 언급하는 것이 아니었다. 사용된 동사 '파이듀오'는 일반적으로 어린아이들을 훈육하는 일을 가리킨다. 물론 고대의 훈육은 초달을 포함하고 있었기에 이 단어는 가벼운 체형(體刑)을 암시하고 있다. 반면 마가복음 15:15에서 사용된 '프라겔로오'는 십자가에 달기 전에 가해지는 잔혹한 채찍질을 가리키는 동사다.
6. 물론 사도신경에 '빌라도'가 언급된 것은 예수의 십자가 사건의 구체적 역사성을 위한 것이지 빌라도의 죄가 다른 사람들의 죄보다 유달리 컸기 때문은 아니었다.
7. 헤롯 안티파스에게 부여된 명칭은 '테트라아르케스'(1/4 영역의 지배자)였다. 일반적으로 분봉왕이라 할 수 있는 '에쓰나르케스'(민족의 지배자)보다는 열등한 위치에 있는 직함이었다. 문자 뜻을 그대로 살리면 그는 '사분봉왕'이었다.
8. 유승원, "신약성서의 세계,"「신약성서개론: 한국인을 위한 최신 연구」(대한기독교서회, 2002), pp. 32~34를 참고하라.
9. 김득중,「누가복음 II」(대한기독교서회, 1993), pp. 487~488에서 '플레쏘스'가 '의회' 사

람들만을 가리킨다고 했다. 하지만 실제로 누가는 8:37, 19:37, 25:24 등에서 '오클로스' 와 같은 의미로 이 단어를 사용했다. 오직 사도행전 23:7에서만 이 단어가 공회 전체를 가리키는 데 사용되었다. 그러나 이때도 공회를 다중으로 지칭했을 뿐이다. 더구나 사도행전 25:24는 누가의 '무리' 가 전 유대인이었던 것으로 돌이켜 회상한다. '오클로스' 가 일반 다중이 아닌 억압받으면서 의식화된 '민중' 을 가리킨다는 민중신학의 주장은 헬라어상의 근거를 갖지 못한다. 더구나 23:4~5에서 예수를 기소하는 무리도 '오클로스' 였다.
10. 일부 사본에 예수의 이 기도가 없기 때문에 '후대 삽입' 과 '후대 삭제' 사이에 논란이 많았다. 하지만 중요 사본들이 예수의 이 말씀을 포함하고 있으며, 또한 '용서' 와 '기도' 는 누가복음의 전반에 걸쳐 중요한 주제다(김득중, 「누가복음 II」, p. 512). 주후 70년 예루살렘 성전의 소화(燒火)와 함께 결과적으로 유대인들에게 심판이 임했다는 점과, 초기 교회의 반(反)유대주의 경향이 용서의 발언을 삭제한 사본들을 만들어냈을 수 있다(I. Howard Marshall, *The Gospel of Luke: A Commentary on the Greek Text* [Grand Rapids: Eerdmans, 1978, rep. 1989], p. 867).
11. 유승원, 「뒤집어 읽는 신약성서」(대한기독교서회, 1999), p. 265.
12. 이것은 시편 31:5이다. 시편 31편은 억울하게 고난과 조롱을 당하는 사람이 하나님을 의뢰하면서 결국 하나님께서 부여하시는 승리의 영광에 들어감을 노래한다.

24장

1. 공관복음(마 28:1~10; 막 16:1~8; 눅 24:1~12)과 요한복음(요 20:1~18)의 부활 기사 사이에는 몇 가지 차이점들이 나타난다. 이 차이점들의 설명에 관해서는 J. Wenham, *The Easter Enigma: The Resurrection Accounts in Conflict?* (Grand Rapids: Zondervan, 1984); G. Osborne, *The Resurrection Narratives: A Redactional Study* (Grand Rapids: Baker, 1984), p. 149 n. 2를 참조하라. 최근에 D. L. Bock, "Luke 9:51~24:53," *ECNT* 3B (Grand Rapids: Baker, 1996= 2000), 1885~1888은 이전의 여러 시도들을 비평적으로 검토한 후 보다 그럴듯한 설명을 제안하였다. 그의 설명에 의하면, 요한은 먼저 자신이 경험한 부활 사건을 자신의 관점에서 이야기하고 나서(요 20:1~10) 마리아의 이야기(11~18절)로 되돌아간다.
2. 누가복음 2:49; 4:43; 9:22; 11:42; 12:12; 13:14, 16, 33; 15:32; 17:25; 18:1; 19:5; 21:9; 22:7, 37; 24:7, 26, 44.
3. Osborne, *The Resurrection Narratives*, p. 114; D. L. Bock, *Luke*, *The NIV Application Commentary* (Grand Rapids: Zondervan, 1996), pp. 607~608.
4. 엠마오(Emmaus)의 위치는 아직도 불확실하며 예루살렘과의 거리도 사본들간에 차이가 있다. 대부분의 사본들은 양자 사이의 거리를 60 스타디아(stadia)[약 11 km]로 기록하고 있다. 이에 관한 자세한 논의는 Bock, *Luke 9:51~24:53*, 1907~1908을 보라.
5. 누가복음 22:23; 사도행전 6:9; 9:29에서 사용된 이 동사의 용법을 참조하라.
6. 누가는 특히 '선지자' 로서의 예수를 자주 언급하고 있다(눅 4:16~30; 7:16, 22~23, 39; 9:9, 18; 13:31~35; 행 3:14~26; 10:38~39).

7. 로마서 1:14; 갈라디아서 3:1, 3; 디모데전서 6:9; 디도서 3:3을 비교하라.
8. 32b절: 호스 디에노이겐 헤민 타스 그라파스(그가 우리에게 성경을 열어 주었을 때에; 비교, 개역: 성경을 풀어 주실 때에).
9. Bock, *Luke*, p. 620.
10. 고린도전서 15:35 이하의 '부활의 몸'에 관해서는 필자의 졸고 "죽은 자들이 어떤 몸으로 오는가? 고전 15:35~58의 '부활의 몸'에 관한 주석적 연구",「성경과 신학」26(1999), pp. 63~132를 참조하라.
11. 누가복음 9:22, 44; 17:25; 18:31~33; 22:37을 참조하라.
12. 이에 관해서는 R. T. France, *Jesus and the Old Testament: His Application of the Old Testament Passages to Himself and His Mission* (Vancouver: Regent College Publishing, 1992), 특히 pp. 83~163, 259~263을 참조하라.
13. 요한복음 7:39; 14:16~17, 26; 15:26; 16:7~15를 비교하라.
14. 이사야 32:15; 44:3; 에스겔 36:26~27; 39:29; 요엘 2:28~32를 참조하라.
15. 어떤 사본들(A*, D, 그리고 옛 라틴 사본들)에는 51b절의 '카이 아네페레토 에이스 톤 우라논'(그리고 그가 하늘로 올려졌다)란 어구가 빠져 있다. 만일 이 부분이 원문에 포함되지 않았다면, 우리는 여기서 예수의 '승천'(ascension)을 말할 수 없고, 단지 그가(31절에서와 마찬가지로) 제자들을 '떠나' 갑자기 사라진 것만을 말할 수 있을 것이다. 하지만 이 어구가 원문에 포함되었을 가능성은 아주 높다. 위의 어구와 동일한 사본상의 증거를 보이는 52a절의 '프로스퀴네산테스 아우톤'(그들이 그에게 경배하였다)에 대해서도 우리는 같은 결론을 이끌어낼 수 있다(Bock, *Luke 9:51~24:53*, 1949~1950을 참조하라).
16. 마태복음 22:23~33 par.; 요한복음 5:25~29; 6:39~40, 44, 54; 11:24~25; 고린도전서 15:50~54; 고린도후서 5:1~10; 빌립보서 3:20~21; 데살로니가전서 4: 13~17; 요한계시록 20:4~6; 20:13.

원어 일람표 (히브리어/헬라어)

P. 12
디에게시스 διήγησις

P. 15
퀴리오스 κύριος

P. 18
호이 프토코이 οἱ πτωχοί
아니 עָנִי
아나브 עָנָו

P. 78
바실레이아 투 테우
  βασιλεία τοῦ θεοῦ

P. 82
에프타센 ἔφθασεν
에프 휘마스 ἐφ' ὑμᾶς
엔토스 휘몬 ἐντὸς ὑμῶν
에스틴 ἐστιν
엔토스 ἐντὸς

P. 83
메타 파라테레세오스
  μετὰ παρατηρήσεως
엔토스 ἐντὸς
에스틴 ἐστιν

P. 84
호 노모스 투 프튜마토스 테스 조에스
  ὁ νόμος τοῦ πνεύματος τῆς ζωῆς

P. 85
메타노에이테 μετανοεῖτε
피스튜에테 πιστεύετε

P. 86
디카이오쉬네 δικαιοσύνη

P. 90
유앙겔리사스타이 프토코이스
  εὐαγγελίσασθαι πτωχοῖς
케륔싸이 아이크말로토이스 아페신
카이 튀플로이스 아나블렙신
  κηρύξαι αἰχμαλώτοις ἄφεσιν,
  καὶ τυφλοῖς ἀνάβλεψιν
케륔싸이 에니아우톤 퀴리우 데크톤
  κηρύξαι ἐνιαυτὸν κυρίου δεκτόν
유앙겔리사스타이 εὐαγγελίσασθαι
케륔싸이 κηρύξαι
칼레사이 καλέσαι
유앙겔리조마이 εὐαγγελίζωμαι
케륏쏘 κηρύσσω
칼레오 καλέω

P. 91
유앙겔리조마이 εὐαγγελίζωμαι
케뤼쏘 κηρύσσω
아페스탈렌 ἀπεστάλην
카이 καί

P. 93
페리 테스 바실레이아스 투 테우
  περὶ τῆς βασιλείας τοῦ θεοῦ
페리 예수 투 나자레누
  περὶ Ἰησοῦ τοῦ Ναζαρηνοῦ
텐 에팡겔리안 투 파트로스
  τὴν ἐπαγγελίαν τοῦ πατρὸς

P. 94
에세스테 무 마르투레스
  ἔσεσθέ μου μάρτυρες
디아마르투로메노스 텐 바실레이안 투 테우
  διαμαρτυρόμενος τὴν βασιλείαν τοῦ θεοῦ

P. 96
유앙겔리조마이 εὐαγγελίζωμαι

P. 99
에테토 호 파울로스 엔 토 프뉴마티
  ἔθετο ὁ Παῦλος ἐν τῷ πνεύματι
데이 δεῖ

P. 120
에레모스 ἔρημος

P. 126
카탈뤼마 κατάλυμα

P. 129
유도키아 εὐδοκία

P. 143
엔 테 에레모 ἐν τῇ ἐρήμῳ
밥티스마 메타노이아스 에이스 아페신 하마르티온
  βάπτισμα μετανοίας εἰς ἄφεσιν ἁμαρτιῶν

P. 172
아네르 플레레스 레프라스
  ἀνὴρ πλήρης λέπρας

P. 177
카이노스 καινός
네오스 νέος

P. 208
데이 δεῖ
케뤼쏜 κηρύσσων
유앙겔리조메노스 εὐαγγελιζόμενος

P. 209
유앙겔리조마이 εὐαγγελίζωμαι

P. 210
에피트로포스 ἐπίτροπος
스포로스 σπόρος

P. 213
파라 παρά
에피 ἐπί
엔 메소 ἐν μέσῳ
에이스 εἰς
뮈스테리온 μυστήριον

P. 218
푸 헤 피스티스 휘몬
  ποῦ ἡ πίστις ὑμῶν

P. 220
레기온 λεγιών
아뷔쏘스 ἄβυσσος

P. 221
오이코스 οἶκος

P. 223
합토마이 ἅπτομαι
헤 피스티스 수 세소켄 세
  ἡ πίστις σου σέσωκέν σε

P. 224
소조 σῴζω
모논 피스튜손 μόνον πίστευσον

P. 225
카튜도 καθεύδω
에게이로 ἐγείρω
아니스테미 ἀνίστημι

P. 234
스칸달론 σκάνδαλον

P. 253
에피우시오스 ἐπιούσιος

P. 254
뉙티온 νύκτιον
메소뉙티온 μεσονύκτιον

P. 255
레고 휘민 에이 카이
  λέγω ὑμῖν, εἰ καὶ
우 도세이 아우토 οὐ δώσει αὐτῷ
아나스타스 ἀναστὰς
디아 토 에이나이 필론 아우투
  διὰ τὸ εἶναι φίλον αὐτοῦ
디아 게 텐 아나이데이안 아우투
  διά γε τὴν ἀναίδειαν αὐτοῦ
에게르쎄이스 ἐγερθεὶς
도세이 아우토 δώσει αὐτῷ
호손 크레제이 ὅσων χρῄζει

P. 256
디아 토 에이나이 필론
  διὰ τὸ εἶναι φίλον
디아 게 텐 아나이데이안 아우투
  διά γε τὴν ἀναίδειαν αὐτου
아나이데이아 ἀναίδεια
아우투 αὐτου

P. 294
카타클리네인 κατακλίνειν

P. 318
테크논 τέκνον

P. 324
포네사스 φωνήσας
티 포이에소 τί ποιήσω

P. 325
스카프테인 σκάπτειν
에파이테인 ἐπαιτεῖν
티 포이에소 τί ποιήσω
엘라이온 ἔλαιον
시톤 σῖτον

P. 326
퀴리오스 κύριος
에이스 텐 게네안 텐 헤아우톤
  εἰς τὴν γενεὰν τὴν ἑαυτῶν
헤아우토이스 ἑαυτοῖς

P. 327
마모나스 μαμωνᾶς

P. 328
타스 아이오니우스 스케나스
  τὰς αἰωνίους σκηνάς
디에스코르피센 διεσκόρπισεν
에펨프센 아우톤 에이스 투스 아그루스 아우투
  ἔπεμψεν αὐτὸν εἰς τοὺς ἀγροὺς αὐτοῦ
피스토스 πιστός
엘라키스토 ἐλαχίστῳ
폴로 πολλῷ
아디코스 ἄδικος

P. 329
티스 τίς
알로트리오스 ἀλλότριος
휘메테로스 ὑμέτερος

P. 330
티스 τίς

P. 332
메크리 이오안누 μέχρι Ἰωάννου
아포 토테 ἀπὸ τότε
에이스 아우텐 비아제타이
  εἰς αὐτὴν βιάζεται

P. 334
유프라이네인 εὐφραίνειν
프토코스 πτωχός
에베블레토 ἐβέβλητο
에타페 ἐτάφη

P. 335
휘포 톤 앙겔론 ὑπὸ τῶν ἀγγέλων

P. 337
스칸달라 σκάνδαλα

P. 339
에이스 세 εἰς σέ
에피티마오 ἐπιτιμάω

P. 340
호이 아포스톨로이 οἱ ἀπόστολοι

P. 347
엔토스 휘몬 ἐντὸς ὑμῶν

P. 348
엔토스 ἐντὸς

P. 352
파라람바노 παραλαμβάνω
아피에미 ἀφίημι

P. 357
휘포피아조 ὑπωπιάζω

P. 358
텐 피스틴 τὴν πίστιν

P. 359
힐라스쎄티 ἱλάσθητί
힐라스테리온 ἱλαστήριον
프로스 헤아우톤 πρὸς ἑαυτὸν

P. 360
프로스칼레오 προσκαλέω

P. 361
데코마이 δέχομαι

P. 363
카멜론 κάμηλον
카밀론 κάμιλον

P. 370
아르키텔로네스 ἀρχιτελώνης
플루시오스 πλούσιος

P. 371
데이 δεῖ

P. 373
디아 διά
호티 ὅτι

P. 374
텐 엑소돈 아우투 τὴν ἔξοδον αὐτοῦ

P. 376
호티 호 퀴리오스 아우투 크레이안 에케이
  ὅτι ὁ κύριος αὐτοῦ χρείαν ἔχει

P. 377
호 바실류스 ὁ βασιλεύς

P. 380
토 카쓰 헤메란 τό καθ᾽ ἡμέραν

P. 386
야웨 יהוה
엘로힘 אֱלֹהִים

P. 401
쉰텔레이아스 투 아이오노스
  συντελείας τοῦ αἰῶνος
판타 πάντα

P. 402
호 카이로스 ὁ καιρὸς
토 텔로스 τὸ τέλος

P. 403
투톤 판톤 τούτων πάντων

P. 404
우 뒤네손타이 ··· 안테이페인
  οὐ δυνήσονται ··· ἀντειπεῖν
우덴 에이콘 안테이페인
  οὐδὲν εἶχον ἀντειπεῖν
엑스 휘몬 ἐξ ὑμῶν

P. 405
휘포 판톤 ὑπὸ πάντων
타스 프쉬카스 τὰς ψυχὰς

P. 410
헤 아폴뤼트로시스 ἡ ἀπολύτρωσις

P. 411
타우타 ταῦτα
판타 πάντα

P. 413
헤 헤메라 에케이네 ἡ ἡμέρα ἐκείνη

P. 422
호라 ὥρα

P. 425
아고니아 ἀγωνία
엠블레포 ἐμβλέπω

P. 426
블라스페메오 βλασφημέω

P. 431
에페, 쉬 레게이스 ἔφη· σὺ λέγεις

P. 433
카티스퀴온 하이 포나이 아우톤
  κατίσχυον αἱ φωναὶ αὐτῶν

P. 436
라오스 λαός
오클로스 ὄχλος
플레쏘스 πλῆθος

P. 443
테텔레스타이 τετέλεσται

P. 446
에게르쎄 ἠγέρθη
데이 δεῖ

P. 447
레로스 λῆρος
싸우마제인 θαυμαζεῖν
쉬제테인 συζητεῖν

P. 448
아노에토스 ἀνόητος
브라데이스 테 카르디아 투 피스튜에인
  βραδεῖς τῇ καρδίᾳ τοῦ πιστεύειν
데이 δεῖ

P. 449
디에노이겐 διήνοιγεν

P. 450
소마 프뉴마티콘 σῶμα πνευματικόν
아포 테스 카라스 ἀπὸ τῆς χαρᾶς

P. 451
디에노익센 διήνοιξεν
파쎄인 παθεῖν
아나스테나이 ἀναστῆναι
케뤽쎄나이 κηρυχθῆναι
데이 δεῖ

P. 452
엔뒤세스쎄 ἐνδύσησθε
아네페레토 에이스 톤 우라논
 ἀνεφέρετο εἰς τὸν οὐρανόν
프로스퀴네산테스 아우톤
 προσκυνήσαντες αὐτὸν
율로게인 εὐλογεῖν
프로스퀴네인 προσκυνεῖν

P. 455
데이 δεῖ

P. 460
프뉴마 πνεῦμα

P. 461
프토코스 πτωχός

P. 465
데오메노이 δεόμενοι
아그뤼프네이테 데 엔 판티 카이로 데오메노이
 ἀγρυπνεῖτε δὲ ἐν παντὶ καιρῷ
 δεόμενοι

P. 466
투 테우 τοῦ θεοῦ

P. 467
디에게오마이 διηγέομαι
크라티스토스 κράτιστος

P. 471
투스 도데카 τοὺς δώδεκα

P. 472
마쎄테스 μαθητής
데이 δεῖ
엑소도스 ἔξοδος
아우투 아쿠에테 αὐτοῦ ἀκούετε

P. 476
디아스코르피조 διασκορπίζω

P. 478
엔토스 ἐντός
엔토스 휘몬 ἐντὸς ὑμῶν
엔 메소 ἐν μέσῳ

P. 479
프로스 헤아우톤 πρός ἑαυτὸν
카쓰 헤아우톤 καθ ἑαυτὸν
페리루폰 게노메논
 περίλυπον γενόμενον

P. 480
에고 ἐγώ

P. 481
아크리 후 플레로토신 카이로이 에트논
 ἄχρι οὗ πληρωθῶσιν καιροὶ ἐθνῶν

P. 482

아르키에류스 ἀρχιερεύς
파이듀오 παιδεύω
프라겔로오 φραγελλόω
테트라아르케스 τετραάρχης
에쓰나르케스 ἐθνάρχης
플레쏘스 πλῆθος

P. 483

오클로스 ὄχλος

P. 484

호스 디에노이겐 헤민 타스 그라파스
  ὡς διήνοιγεν ἡμῖν τὰς γραφάς
카이 아네페레토 에이스 톤 우라논
  καὶ ἀνεφέρετο εἰς τὸν οὐρανόν
프로스퀴네산테스 아우톤
  προσκυνήσαντες αὐτὸν

*θ는 원칙적으로 'ㅆ'으로 음역했으나, 필자가 'ㅌ' 혹은 'ㄸ'를 선호한 경우 필자의 의견을 존중했습니다.
*υ는 원칙적으로 'ㅟ'로 음역했으나, 필자가 'ㅜ'를 선호한 경우 필자의 의견을 존중했습니다.